湖北交通运输年鉴
(2017)

《湖北交通运输年鉴》编辑委员会 编

人民交通出版社股份有限公司
China Communications Press Co.,Ltd.

图书在版编目(CIP)数据

湖北交通运输年鉴.2017/《湖北交通运输年鉴》编辑委员会编.—北京：人民交通出版社股份有限公司，2017.12

ISBN 978-7-114-14471-4

Ⅰ.①湖… Ⅱ.①湖… Ⅲ.①交通运输业–湖北–2017–年鉴 Ⅳ.①F512.763-54

中国版本图书馆CIP数据核字(2017)第321582号

Hubei Jiaotong Yunshu Nianjian (2017)

书　　名：	湖北交通运输年鉴(2017)
著 作 者：	《湖北交通运输年鉴》编辑委员会
责任编辑：	赵瑞琴　陈　鹏
出版发行：	人民交通出版社股份有限公司
地　　址：	(100011)北京市朝阳区安定门外外馆斜街3号
网　　址：	http://www.ccpress.com.cn
销售电话：	(010)59757973
总 经 销：	人民交通出版社股份有限公司发行部
经　　销：	各地新华书店
印　　刷：	北京盛通印刷股份有限公司
开　　本：	880×1230　1/16
印　　张：	24.5
字　　数：	804千
版　　次：	2017年12月　第1版
印　　次：	2017年12月　第1次印刷
书　　号：	ISBN 978-7-114-14471-4
定　　价：	180.00元

(有印刷、装订质量问题的图书由本公司负责调换)

领导关怀
LINGDAO GUANHUAI

2016年11月10日，交通运输部党组书记杨传堂（前排右二）在十堰市竹山县调研"四好农村路"建管养工作

2016年11月4日，省委书记蒋超良（前排左七）调研汉江崔家营航电枢纽工作

2016年10月19日,中直机关工委副书记段余应(右一)在黄黄高速公路管理处红安党支部调研基层党建工作

2016年1月24日,交通运输部党组成员刘小明(左二)在湖北检查春运及交通运输安全生产工作

2016年7月14日,省委副书记、常务副省长王晓东(左四)在洪湖市万全镇黄丝村检查指导抗洪救灾工作

2016年11月1日,省委常委、副省长黄楚平(左二)出席三峡翻坝江北高速公路建设动员大会

2016年5月17日,省人大常委会党组书记、常务副主任李春明(前排左二)检查指导崔家营航电枢纽防汛抗旱工作

2016年8月2日,副省长曹广晶(前排左三)检查指导宜昌市公路灾后重建工作

2016年7月6日,副省长许克振(前排右二)在武汉市新洲区检查指导交通抗洪救灾工作

2016年6月20日,副省长甘荣坤(左二)在黄冈市蕲春县张榜镇指导蕲宿公路抢险救灾工作

领导活动
LINGDAO HUODONG

2016年7月16日，省交通运输厅厅长何光中（前排左一）检查指导黄冈交通防汛救灾工作

2016年3月11日，省纪委驻交通运输厅纪检组组长刘汉诚（右三）检查指导黄黄高速公路管理处勤廉工作

2016年6月16日,省交通运输厅副厅长谢强(左四)检查武汉地铁安全应急工作

2016年6月17日,省交通运输厅副厅长程武(左一)检查指导恩施州交通运输局履职尽责工作

2016年12月12日,省交通运输厅副厅长王本举(左三)调研黄黄高速公路管理处红安党支部建设

2016年7月5日,省交通运输厅总工程师姜友生(左二)检查指导咸宁市防汛减灾工作

2016年2月24日,省交通运输厅重点办主任高进华(前排左一)调研麻竹高速公路大悟段建设

2016年8月1日,省交通运输厅副厅级干部石先平(前排左二)慰问京珠高速公路一线职工

2016年9月9日,省交通运输厅副巡视员刘立生(右一)慰问湖北交通职业技术学院教师

2016年6月1日,省交通运输厅副巡视员阮云旻(左三)检查指导仙桃市交通运输局履职尽责工作

防汛抗灾

2016年6月至7月，湖北省大部分地区多次遭遇区域性特大暴雨，呈现出降雨多、强度大、范围广、灾害重的特点，省内高速公路、普通公路、农村公路、航道设施受损严重。

2016年6月30日至7月2日，黄冈市英山县国省县道干线因大暴雨袭击，受灾严重

2016年7月4日，孝感市大悟县宋长线陈湾桥基础冲空

2016年7月5日，咸宁市国省干线公路因大暴雨袭击，受灾严重

2016年7月9日，黄冈市罗田县境内大别山红色旅游公路路基路面冲毁垮塌

2016年7月9日，武汉市汉南区港通码头装卸机械被淹没

2016年6月20日，黄冈市英山交通抢险突击队清理318国道塌方

2016年6月21日，恩施交通运输部门抗洪救灾保畅通

2016年6月21日，宜昌交通运输部门抗洪救灾保畅通

2016年6月24日，十堰市房县交通运输部门抢险保通

2016年7月6日，黄冈市公路养护工人清理滑坡路面

2016年7月6日，武汉市新洲区交通运输部门抗洪救灾保畅通

2016年7月6日，黄冈交通突击队连夜加固堤坝

2016年7月1日，京港澳高速公路（湖北段）珠京向山体滑坡险情处置

2016年7月19日，沪渝高速公路金龙隧道入口边坡冲刷

2016年7月19日，沪渝高速公路庙垭隧道突水

2016年8月26日，黄冈大别山红色旅游公路水毁重建现场

交通工程建设
JIAOTONG GONGCHENG JIANSHE

2016年2月6日，麻城至武穴高速公路正式通车试运营

2016年2月6日，保康至宜昌高速公路襄阳段正式通车试运营

2016年2月6日，麻城至竹溪高速公路宜城至保康段开通试运营

2016年10月15日，十堰至房县高速公路全线通车运营。图为十房高速马蹄山特大桥

2016年11月30日，武汉城市圈环线高速公路洪湖段全面建成。图为洪湖东枢纽互通

2016年2月1日，荆（荆门）新（石首新厂）线一级公路范家台大桥建成通车

2016年7月18日，宜昌至喜长江大桥正式通车

2016年12月30日，丹江口市土关垭镇至武当山旅游经济特区一级公路丹江口境内段正式通车

2016年12月，宜昌五峰宝塔坡至后河旅游公路全线贯通

2016年1月12日,荆州客运枢纽站正式投入运营

2016年12月1日,武汉至孝感城际铁路正式通车

2016年5月31日,武汉市首条有轨电车试跑

2016年12月28日,武汉地铁6号线一期工程开通试运营。图为地铁站内展示的真实火车

2016年12月28日，武汉首条快速公交线——雄楚大街BRT开通试运行

2016年8月8日，白洋长江公路大桥正式开工建设

2016年9月28日，武穴长江公路大桥全面开工建设

2016年11月1日，三峡翻坝江北高速公路建设项目正式启动

2016年8月19日，建设中的沌口长江公路大桥

2016年9月20日，武汉四环线后官湖特大桥主桥全线贯通

2016年11月21日，麻竹高速公路大悟段步丈岭隧道实现整体双向贯通

2016年12月7日，建设中的沙市至公安公铁两用桥

2016年,荆州松滋市"四好农村路"示范线王麻线桥梁树立的限速限载标牌

2016年7月1日,汉江上第一座集装箱港口——荆门沙洋港正式开港营运

2016年8月2日,黄梅县小池港区滨江综合码头正式开港

2016年12月27日,汉江雅口航运枢纽主体工程开工建设

部省重大活动
BUSHENG ZHONGDA HUODONG

2016年11月9日，全国"四好农村路"运输服务工作现场会在十堰市竹山县召开

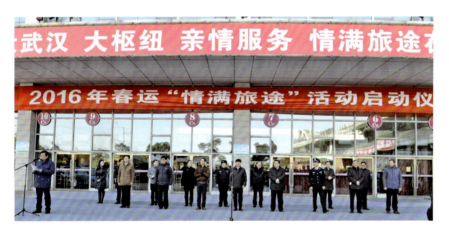

2016年1月24日，交通运输部、公安部、国家安监总局、全国总工会、共青团中央在武汉杨春湖客运换乘中心共同启动春运"情满旅途"活动

2016年1月19日，省政府在汉召开全省春运电视电话会议

2016年3月18日，召开全省治理长江干线非法码头联合新闻发布会

2016年5月25日，全省治理非法码头现场会在黄石召开

2016年5月26日，省政府组织召开全省综合交通运输工作会议

2016年6月16日，交通建设"四新技术"推广应用及生态环保循环利用路面材料技术交流会在老河口市召开

2016年8月12日，全省交通灾后恢复重建现场会在黄冈罗田县召开

2016年11月29日,全省"四好农村路"建设推进会在荆门钟祥市召开

2016年12月9日,长江中游城市群公路合作联席会第二次会议在武汉召开

2016年12月13日,省交通运输厅、长江航务管理局和9市州政府共商湖北长江航运发展大计

2016年4月6日,武汉—法国里昂铁路货运班列开通运行

2016年4月21日,武汉铁路局与快货运合作互联网+公铁联运项目铁路干线首次发车

2016年1月12日,南航开通深圳—武汉—迪拜航线

2016年2月5日,武汉—武当山航线正式通航

2016年5月20日,省交通运输厅与黄冈市政府签订合作协议

2016年12月16日,省交通运输厅与国家开发银行湖北省分行签订融资合作协议

行业管理和交通文化
Hangye Guanli He Jiaotong Wenhua

2016年1月22日，神农架林区公路部门除雪保畅通

2016年1月31日，京珠高速公路管理处确保道路安全畅通

2016年1月31日，十堰市路政人员在209国道鲍竹路三关隧道口保障车辆安全通行

2016年1月31日，宜昌五峰县养路工在鸦来线千丈崖段除雪保畅

2016年5月13日起,黄黄高速公路管理处联合团风县地方海事局开展综合执法专项行动

2016年9月21日零时,启动全省货车违法超限超载专项整治"零点行动"

2016年11月11日,中国邮政速递物流华中(武汉)陆路邮件处理中心的速递物流

2016年9月12日,第八届全国交通运输行业"中车株机·捷安杯"轨道列车司机职业技能竞赛湖北省选拔赛在武汉举行

行业管理和交通文化

2016年12月15日，全省高速公路路政执法技能竞赛落下帷幕

2016年9月27日，全国交通运输行业职业技能大赛湖北省选拔赛暨全省交通行业"品质杯"公路职业技能大赛在咸宁举办

2016年10月24日，湖北省交通运输行业"品质杯"职业技能大赛机动车驾驶培训教练员职业技能竞赛在荆州落幕

2016年9月22日,湖北省交通运输行业"品质杯"职业技能大赛船舶驾驶员决赛在武汉落幕

2016年10月27日,举行全省高路系统"品质杯"收费业务技能竞赛决赛

2016年10月28日,湖北省公路局代表队获中国技能大赛暨第八届全国交通运输行业筑路机械职业技能大赛挖掘机、装载机和团体总分三项冠军

2016年6月16日,武汉地铁举行消防应急疏散和火灾逃生演练

2016年9月1日,黄黄高速公路管理处与安徽省高界管理处等单位在鄂皖省际共管隧道举行联合应急演练

2016年6月28日,省交通运输厅召开纪念建党95周年大会

2016年10月14日，省交通运输厅乒乓球代表队获"德鲁泰杯"第四届全国公路职工乒乓球大赛男子团体、女子团体冠军

2016年11月10日，省交通运输厅代表队在第四届湖北省职工排舞大赛中获团体项目一等奖

2016年11月14日，全省高速公路第七届职工体能技能竞赛落下帷幕

2016年11月15日，湖北省综合交通运输行业"中邮保险杯"乒乓球、羽毛球大赛开赛

《湖北交通运输年鉴》编辑委员会

主 任 委 员： 何光中　湖北省交通运输厅 党组书记、厅长
副主任委员： 王本举　湖北省交通运输厅 副厅长
委　　　员： 石　斌　湖北省交通运输厅宣传中心 主任
　　　　　　 王　炜　湖北省交通运输厅办公室 主任
　　　　　　 冯学斌　湖北省交通运输厅法规处 处长
　　　　　　 李　敢　湖北省交通运输厅计划处 处长
　　　　　　 夏焕运　武汉市交通运输委员会 巡视员
　　　　　　 石大发　黄石市交通运输局 副局长
　　　　　　 卫　真　十堰市交通运输局 副局长
　　　　　　 金国联　襄阳市交通运输局 副局长
　　　　　　 张德义　宜昌市交通运输局 工会主任
　　　　　　 万正祥　荆州市交通运输局 党组成员
　　　　　　 高宏林　荆门市交通运输局 副局长
　　　　　　 董进行　鄂州市交通运输局 党组成员
　　　　　　 朱光辉　孝感市交通运输局 副局长
　　　　　　 郑志武　黄冈市交通运输局 副局长
　　　　　　 余　智　咸宁市交通运输局 工会主任
　　　　　　 沈新燕　随州市交通运输局 副局长
　　　　　　 杨国卫　恩施土家族苗族自治州交通运输局 副局长
　　　　　　 李水祥　仙桃市交通运输局 副局长
　　　　　　 周亚辉　天门市交通运输局 副局长
　　　　　　 从孝君　潜江市交通运输局 副局长
　　　　　　 袁发才　神农架林区交通运输局 副局长
　　　　　　 刘　畅　湖北省交通运输厅公路管理局 副巡视员
　　　　　　 邵　迈　湖北省交通运输厅道路运输管理局、物流发展局 副局长
　　　　　　 徐大福　湖北省交通运输厅港航管理局、地方海事局 调研员
　　　　　　 陈　缅　湖北省交通运输厅高速公路管理局 副巡视员

《湖北交通运输年鉴》编辑室

主　　编： 石　斌
编　　辑： 甘惠萍

编 辑 说 明

一、《湖北交通运输年鉴(2017)》是省交通运输厅连续编纂的第27卷年鉴，主要反映2016年全省地方交通发展的新成就、新经验和新问题，涵盖铁路、民航、邮政、公路、水路等综合交通部门。本卷年鉴既突出2016年度交通发展的特点，又保持与历年年鉴内容的连续性，为各级领导、全省交通运输系统干部职工和各界人士研究湖北交通运输提供信息，积累资料。

二、本年鉴设特载、大事记、概况、交通运输发展战略研究及前期工作、交通基础设施建设、交通基础设施养护和管理、综合交通和水陆运输、安全应急管理、交通财务费收和筹融资、交通法治、交通科技与培训教育、交通综合管理、党群工作和精神文明建设、调查研究、专题资料、全省交通运输系统领导名录、获奖名录、统计资料等18个栏目。

三、本年鉴记述2016年内容，凡未标注具体年份的记述，也均为2016年内容。

四、本年鉴照片由各单位提供，编辑室补充并审定编排。

五、本年鉴统计资料由湖北省交通运输厅计划处提供，其他栏目的同口径统计数字，均以统计资料数字为准。

六、本年鉴由各市(州)交通运输局(委)、综合交通各部门和湖北省交通运输厅厅直单位、厅机关各处室供稿。稿件均经有关部门领导审核，编辑复审，主编审定，年鉴编委会终审。

七、《湖北交通运输年鉴(2017)》的出版发行，得到全省交通系统各级领导和职工的大力支持，在此一并致谢。错漏之处，敬请读者指正。

目 录

特 载

稳中求进　务实重行
　　奋力开创黄金时期交通运输工作新局面
　　——何光中同志在2017年全省交通运输工作
　　会上的讲话 2

大事记

2016年大事记 10

概 况

全省交通运输概况 18
全省高速公路概况 20
全省普通公路概况 22
全省道路运输和交通物流发展概况 24
全省水路交通概况 26
全省铁路运输概况 29
全省民航运输概况 30
全省邮政业发展与管理概况 35

武汉市交通运输 38
　概况 38
　江岸区 40
　江汉区 41
　硚口区 42
　汉阳区 42
　武昌区 43
　青山区 44
　洪山区 45
　蔡甸区 45
　江夏区 47
　东西湖区 48
　经济技术开发区 49
　黄陂区 49
　新洲区 51

黄石市交通运输 52
　概况 52
　大冶市 53
　阳新县 54

十堰市交通运输 55
　概况 55
　丹江口市 57
　郧阳区 58
　郧西县 59
　房县 60
　竹山县 61
　竹溪县 62
　茅箭区 62
　张湾区 63
　武当山特区 63

襄阳市交通运输 64
　概况 64
　枣阳市 66
　宜城市 68
　南漳县 68
　保康县 70
　谷城县 70
　老河口市 71
　襄州区 72
　襄城区 73
　樊城区 73

宜昌市交通运输 73
　概况 73
　宜都市 75
　枝江市 76
　当阳市 77
　远安县 77
　兴山县 78
　秭归县 79

长阳土家族自治县 80
　　五峰土家族自治县 81
　　夷陵区 82
　　西陵区 83
　　伍家岗区 83
　　点军区 83
　　猇亭区 84
荆州市交通运输 85
　　概况 85
　　荆州区 87
　　沙市区 88
　　江陵县 89
　　松滋市 90
　　公安县 91
　　石首市 92
　　监利县 93
　　洪湖市 94
　　荆州开发区 95
荆门市交通运输 95
　　概况 95
　　京山县 97
　　沙洋县 98
　　钟祥市 99
　　东宝区 100
　　掇刀区 100
　　漳河新区 101
　　屈家岭管理区 101
鄂州市交通运输 102
　　概况 102
　　鄂城区 104
　　华容区 104
　　梁子湖区 104
孝感市交通运输 105
　　概况 105
　　孝南区 106
　　汉川市 108
　　应城市 109
　　云梦县 109
　　安陆市 110
　　大悟县 111
　　孝昌县 112
黄冈市交通运输 113
　　概况 113
　　黄州区 115
　　团风县 115
　　红安县 116
　　麻城市 117
　　罗田县 118
　　英山县 118
　　浠水县 119
　　蕲春县 120
　　武穴市 121
　　黄梅县 121
　　龙感湖区 122
咸宁市交通运输 123
　　概况 123
　　咸安区 124
　　嘉鱼县 125
　　赤壁市 126
　　通城县 127
　　崇阳县 128
　　通山县 129
随州市交通运输 129
　　概况 129
　　曾都区 131
　　广水市 132
　　随县 132
　　大洪山风景名胜区 133
恩施土家族苗族自治州交通运输 133
　　概况 133
　　恩施市 135
　　利川市 136
　　建始县 137
　　巴东县 138
　　宣恩县 138
　　咸丰县 139
　　来凤县 140
　　鹤峰县 141
仙桃市交通运输 142
　　概况 142

天门市交通运输	143
概况	143
潜江市交通运输	145
概况	145
神农架林区交通运输	147
概况	147

交通运输发展战略研究及前期工作

物流基地研究 150
交通规划管理 150
规划编制 150
专项研究 151
交通建设前期工作 151
  重点工程前期工作 151
  站场物流前期工作 151
  港航工程前期工作 151

交通基础设施建设

全省交通基础设施建设 154
全省农村公路管理 155
武汉长江中游航运中心建设 156
湖北省交通投资集团有限公司 157
省管交通建设项目 158
  宜昌至张家界高速公路项目群 158
  武汉四环线高速公路西四环线 158
  武汉四环线高速公路南四环线(龚家铺至中州段) 159
  武汉四环线高速公路北四环线(武湖至吴家山段) 159
  武汉至深圳高速公路武汉段 159
  武汉至深圳高速公路嘉鱼至通城段 159
  武汉城市圈环线高速公路洪湖段 159
  武汉城市圈环线高速公路孝感南段 159
  麻城至竹溪高速公路大悟段 160
  鄂州至咸宁高速公路 160
  银川至北海高速公路建始(陇里)至恩施
    (罗针田)段 160
  老河口至宜昌高速公路老河口至谷城段 160
  利川至万州高速公路湖北段 160
  武汉硚口至孝感高速公路 161
  宜都至来凤高速公路鹤峰(容美)至宣恩
    (当阳坪)段 161
  沌口长江公路大桥 161
  石首长江公路大桥 161
  青山长江公路大桥 161
  嘉鱼长江公路大桥 161
  白洋长江公路大桥 162
  汉江碾盘山至兴隆段航道整治 162
  汉江雅口航运枢纽建设 162
各市州交通建设重点项目 162
  武汉市 162
   黄陂区前川中环线工程开工 162
  黄石市 163
   武九铁路客运专线(武九高铁)阳新段建设 163
   棋盘洲长江大桥连接线建设 163
   412省道黄石至阳新一级公路阳新县太子段
    (筠山隧道)建设 163
   308省道兴国至富池段建设 163
   316国道军垦农场至大冶花犹树段改建 163
   315省道排市至肖家咀段改建 163
   413省道大田至三溪段改建 163
  十堰市 163
   郧阳区城关至杨溪铺镇一级公路建设 163
   郧漫线城关至大堰一级公路建设 163
   346国道竹山县潘口至五房沟、韩溪河至
    县河段改扩建工程建成通车 163
   346国道竹溪县县河至黄龙、花桥寺至关垭段
    一级公路改扩建 163
   丹江口浪河至盐池河二级公路改建 163
   郧漫路孙家湾至上津段改扩建工程建成通车 163
   房县榔口至沙河公路改扩建 164
   房县青峰至万峪河公路改扩建 164
   318省道房县门古寺至中坝公路改扩建 164
   郧西县城关天丰至将军河汉江大桥段改扩建 164
   竹溪县桃源至向坝二级公路改建 164
   238省道竹溪桐树沟至习武基、泗水至界梁段
    二级公路改建 164
   郧白路郧县城关至南化塘二级公路改扩建 164
   446省道白浪五○厂至茅塔段改扩建 164
   317省道竹山县佑城至竹坪段改建工程开工 164

3

郧阳沧浪洲汉江大桥建设 164
丹江口陈家港物流园综合码头建设 164
襄阳市 164
襄阳东津站枢纽城市综合配套工程暨东津公铁
　　换乘中心开工建设 164
316 国道襄阳城区段改建 165
207 国道襄阳市北段改建 165
303 省道贾洲至谷城格垒嘴段改建 165
316 国道襄州周家岗至陈家湾段改建完工 165
316 国道谷城三岔路至水星台段改建完工 165
河谷大桥及接线建设 165
302 省道老河口雷祖殿至丹江口五龙山段改建 165
谷城县城至水星台公路改建完工 165
宜远线宜城城区至火车站连接线改建 165
217 省道襄州区黄渠河至乔洼段改建 165
346 国道宜城汉江二桥及接线开工建设 165
218 省道东津至峪山改建 166
346 国道宜城至南漳段（南漳段）改建 166
303、316 省道汉十高速谷城互通至丹江口段
　　改建工程开工 166
440 省道枣阳城区至汉十高速琚湾互通段
　　改建工程开工 166
328 国道老河口市孟楼至仙人渡改建工程开工 166
316 国道枣阳城区至常庄段改建 166
襄阳西综合物流园建设 166
襄阳东农产品物流园建设 166
襄阳同济堂物流配送中心建设 166
襄阳汽车客运西站建设 166
宜昌市 167
318 国道万城大桥至云池一级公路建成通车 167
三峡翻坝江北高速公路开工建设 167
宜长一级公路开工建设 167
宜昌东山至猇亭一级公路建设 167
宜黄一级公路改建 167
宜昌火车东站至龙泉一级公路开工建设 167
香溪长江公路大桥建设 167
长阳龙舟坪至宜都五眼泉一级公路建设 167
远安盘古至棚镇一级公路开工建设 167
茅坪作业区二期工程滚装泊位水工建筑及
　　护岸工程通过交工验收 168

宜昌港主城港区云池作业区一期工程通过
　　竣工验收 168
宜昌三峡保税物流中心建设 168
宜昌货运中心（白洋物流园）建设 168
宜昌东站物流中心建设 168
三峡坝区（茅坪）货运中心建设 168
姚家港物流园开工建设 168
三峡翻坝转运体系宜都市红花套物流园 168
云池物流园建设 168
荆州市 168
荆州客运枢纽站正式投入运营 168
江陵跃进综合码头 1 号散货泊位工程通过
　　交工验收 168
荆州水上搜救应急管理系统县级平台建成
　　投入使用 169
省道雅澧公路松滋段大修完工 169
监利县花园至王巷公路改建完工 169
监利县精准扶贫重点建设项目竣工 169
329 省道监利段改建完工 169
监利县陈沱口至分盐公路改建完工 169
269 省道监利段改建工程完工 169
353 省道监利段改建完工 169
354 省道监利县黄歇口至白鹭湖公路改建
　　工程开工 169
监利县严场至汪桥公路改建工程开工 170
荆门市 170
荆门城区绕城公路西外环建设 170
荆门城区绕城公路东外环改扩建 170
439 省道江山至石牌改扩建 170
襄荆高速公路荆门出入口沿线综合整治完工通车 170
荆门市钟祥港石牌综合码头建设 170
荆门市沙洋港中心港区一期综合码头建设 170
沙洋港江汉运河港区后港综合码头建设 170
鄂州市 170
鄂州综合客运枢纽站建设 170
葛店 316 国道（北四号路至北八号路）路面
　　改造开工 171
省道铁贺线下柯至沼山段路面改造 171
省道汽李线樊口转盘至吴楚大道段（旭光
　　大道）改建 171

武汉新港三江港区一期综合码头建设 171
湖北星丰金属资源有限公司废金属加工项目码头
  1号、2号泊位完工 171
孝感市 171
  孝（感）汉（川）应（城）快速通道建设 171
  316国道孝感段改建工程通车 171
  新316国道云梦段全线通车 171
黄冈市 171
  241省道团风县白鹤林至方家墩段改建 171
  318国道团风县标云岗至方高坪段改扩建 171
咸宁市 172
  咸通高速马桥连接线建成通车 172
随州市 172
  麻竹高速公路浪河互通正式通车 172
  麻竹高速公路随州西段长岗、洪山连接线
    建成通车 172
  随州市中心客运站 172
天门市 172
  天门市竟陵至多宝公路改建 172
  311省道天门市香马冲至周家湾段改建 172
潜江市 172
  247省道汉江大桥潜江岸接线建设启动 172
  318国道潜江段一级公路改造 172
  潜江港泽口港区综合码头工程建设 172
  高石碑至枣潜高速公路积玉口互通一级公路建设 173
  247省道汉江大桥至潜江渔洋一级公路建设 173
农村公路建设 173
  武汉市 173
  黄石市 173
  十堰市 173
  襄阳市 173
  宜昌市 174
  荆州市 174
  荆门市 174
  鄂州市 174
  咸宁市 174
  随州市 174
  恩施土家族苗族自治州 174
  仙桃市 174
  天门市 175
  潜江市 175
旅游公路建设 175
  黄石市 175
  宜昌市 175
  荆州市 175
  黄冈市 176
  咸宁市 176
  恩施土家族苗族自治州 176
交通建设和质量管理 176
  交通基本建设管理 176
  交通基础设施建设市场管理 177
  交通建设造价管理 177
  交通工程质量监督 178
  厅重点办工作 178

交通基础设施养护和管理

高速公路养护 182
普通公路养护 182
航道养护 182
渡口管理 182
市州公路养护及改革 183
  武汉市 183
  黄石市 183
  十堰市 183
  襄阳市 184
  宜昌市 184
  荆州市 184
  荆门市 185
  鄂州市 185
  黄冈市 185
  咸宁市 185
  随州市 186
  恩施土家族苗族自治州 186
  天门市 187
  潜江市 187
厅直养护经营管理单位 187
  京珠高速公路管理处 187
  汉十高速公路管理处 189
  鄂西高速公路管理处 191

随岳高速公路管理处 …… 192	高速公路应急管理 …… 217
黄黄高速公路管理处 …… 194	道路运输应急管理 …… 217
武黄高速公路管理处 …… 195	水路运输应急管理 …… 218
崔家营航电枢纽管理处 …… 197	
江汉运河航道管理处 …… 197	
高速公路联网收费中心 …… 198	

综合交通和水陆运输

- 综合交通 …… 202
- 全省道路水路运输 …… 202
- 节假日运输 …… 202
- 交通运输节能减排 …… 203
- 全省道路运输业发展 …… 203
- 班线运输 …… 204
- 旅游客运 …… 204
- 城市公交运营 …… 204
- 城市轨道交通运营 …… 205
- 客运出租车运输 …… 205
- 城乡客运一体化 …… 205
- 农村客运 …… 205
- 全省交通物流行业管理及发展 …… 205
- 驾驶员培训行业管理 …… 206
- 道路从业人员培训 …… 206
- 机动车维修和检测 …… 206
- 水路运输管理 …… 206
- 长江航运管理 …… 207
- 港口管理 …… 208
- 船舶检验 …… 208

安全应急管理

- 全省水陆交通安全 …… 212
- 工程安全监督 …… 213
- 农村安保工程 …… 213
- 道路运输安全监督 …… 213
- 海事监督 …… 214
- 港口危险货物安全监管 …… 215
- 全省交通应急管理 …… 215
- 普通公路应急管理 …… 216

交通财务费收和筹融资

- 交通预算管理 …… 220
- 全省交通费收 …… 220
- 全省普通公路费收 …… 221
- 水路交通规费征稽 …… 221
- 交通建设筹融资 …… 221
- 利用世界银行贷款项目工作 …… 222
- 交通内部审计 …… 222

交通法治

- 交通法治建设 …… 224
- 交通行政立法 …… 224
- 交通行政执法 …… 224
- 执行队伍建设 …… 225
- 普法依法治理 …… 225
- 厅行政审批工作 …… 225
- 高速公路路政管理 …… 226
- 普通公路路政管理 …… 226
- 道路运政执法监督 …… 227

交通科技与培训教育

- 科技项目研究与管理 …… 230
- 标准化工作 …… 231
- 交通环境保护 …… 232
- 交通信息化 …… 232
- 厅直职工教育与培训 …… 233
- 湖北交通职业技术学院 …… 233
- 襄阳市交通职业中等专业学校 …… 235
- 荆州港航职工中等专业学校 …… 235
- 恩施州交通高级技工学校 …… 236

交通综合管理

- 机构编制 …… 238

干部工作	238
干部培训	238
援藏援疆	238
挂职调研	239
新农村建设	239
交通职业资格	239
人员招聘	239
工资	239
职称	240
外事	240
目标管理	240
社会管理及综合治理	240
信访	241
档案管理	241
省人大建议、政协提案办理	241
研究室工作	241
机关后勤服务	241
湖北省综合交通运输研究会	242
湖北省公路学会	242
湖北省运输与物流协会	243
湖北省交通建设监理协会	244
湖北省交通会计学会	244
湖北省城市公共交通协会	245
湖北省交通造价研究会	245
湖北省交通历史文化学会	245

党群工作和精神文明建设

党建和行业精神文明建设	248
精准扶贫办实事	248
党风廉政建设	249
交通运输工会	249
离退休干部工作	251
交通青年工作	251
交通宣传报道	251

调查研究

关于农村物流创新跨行业融合发展模式的研究
　　何光中 ……………………………………… 254

进一步发挥纪检派驻机构监督作用的实践与思考
　　刘汉诚 ……………………………………… 258
多元投资主体下的高速公路安全管理思考　谢强 …… 262
弘扬务实重行工作作风　当好供给侧结构性改革
　　先行者　王本举 ………………………………… 264
创新监管模式　打造品质工程　姜友生 ………… 266
浅谈如何完善交通重点项目建设督办考核机制
　　高进华 ……………………………………… 269
撸起袖子筑牢安全生命线　以改革发展铺就平安
　　公路　熊友山 …………………………………… 271
总结公交示范城市经验　带动公交行业跨越发展
　　陶维号 ……………………………………… 273
充分发挥水运优势　加快推进交通运输行业
　　供给侧结构性改革　王阳红 ………………… 277
关于交通精准扶贫工作情况的调研报告　研究室 …… 281

专题资料

省人民政府关于加快武汉长江中游航运中心建设的
　　实施意见 …………………………………… 286
省委财经办(省委农办)、省交通运输厅关于
　　巩固"村村通客车"成果建立农村客运
　　长效发展机制的意见 ……………………… 288
湖北省公路水路交通运输"十三五"发展规划纲要 …… 290
湖北省"十三五"交通扶贫规划 ………………… 301
湖北省普通国省道接养和移交办法 ……………… 306
关于推进"四好农村路"建设的实施方案 ……… 308
湖北省水运工程设计企业和施工企业信用评价
　　实施细则 …………………………………… 310
湖北省交通运输安全应急"十三五"发展纲要 …… 312
省交通运输厅关于公路水路交通运输"十三五"
　　信息化建设发展的指导意见 ……………… 317

全省交通运输系统领导名录

厅领导及厅机关处(室)负责人名单	324
厅直属单位领导名单	325
市(州)交通运输局(委)、县(市) 　　交通运输局领导名单	327

获 奖 名 录

全国五一劳动奖章、全国工人先锋号 ……………… 338
全国模范职工之家、全国模范职工小家、
　全国优秀工会工作者 …………………………… 338
2014—2015年度全国"安康杯"竞赛
　优胜集体、优胜班组 …………………………… 338
2016年中国技能大赛—第八届全国交通运输行业
　职业技能大赛优胜单位和个人 ………………… 338
2016年全国工会职工书屋示范点 ………………… 338
湖北五一劳动奖状(章)、湖北省工人先锋号 …… 338
湖北五一劳动奖章 ………………………………… 338
2015年度劳动竞赛先进集体和先进个人湖北五一
　劳动奖状(章)、湖北省工人先锋号 …………… 338
2016年省职工职业技能竞赛先进个人 …………… 339
2015年湖北省职工(劳模)创新工作室 …………… 339
2016年湖北省职工(劳模)创新工作室 …………… 339
2015年度"湖北五一巾帼奖""湖北省女职工建功
　立业标兵岗""湖北省女职工建功立业标兵" … 339
2015年度全省"安康杯"竞赛活动优胜单位 …… 339
全省工会示范职工服务中心 ……………………… 339

统 计 资 料

2016年主要指标表 ………………………………… 342
2016年公路技术等级情况图 ……………………… 344
2016年公路行政等级情况图 ……………………… 344
2016年公路桥梁数量比重图(按跨径分) ………… 344
2016年公路隧道数量情况图 ……………………… 344
2016年中部六省公路基本情况排名(一) ………… 345
2016年中部六省公路基本情况排名(二) ………… 345
2016年中部六省公路基本情况排名(三) ………… 345
2016年中部六省公路基本情况排名(四) ………… 345
2016年全国公路基本情况排名(一) ……………… 346
2016年全国公路基本情况排名(二) ……………… 347
2016年全国公路基本情况排名(三) ……………… 348
2016年全国公路基本情况排名(四) ……………… 349

特载

稳中求进　务实重行
奋力开创黄金时期交通运输工作新局面
——何光中同志在2017年全省交通运输工作会上的讲话

(2017年1月12日)

同志们：

这次会议的主题是：认真贯彻落实党十八届六中全会、中央、全省经济工作会议，以及全国交通运输工作会议精神，总结2016年全省交通运输工作，表彰先进，交流经验，分析形势，部署2017年重点任务，动员全省交通运输系统广大干部职工坚持稳中求进总基调，切实抓住和用好交通运输发展黄金时期，务实重行，克难奋进，为我省率先在中部地区全面建成小康社会当好先行。

下面，我讲三个方面的意见。

一、2016年全省交通运输工作成效显著

2016年是"十三五"开局之年，是全省交通运输抢抓重大机遇、应对重大挑战、经受重大考验、取得重大成果的一年。在省委、省政府的正确领导下，在交通运输部的大力支持下，全省交通运输系统全力保发展、保重点、保民生、保安全、保开局，全面完成2016年各项目标任务，奋力实现了"十三五"良好开局。

（一）全面从严治党步入新常态。一是全面压实"两个责任"。牢固树立"把抓好党建作为最大的政绩"理念，坚持第一时间学习传达贯彻落实从严治党各项决策部署。研究制定党建工作、党风廉政建设主体责任清单，带头落实主体责任管理要求，健全完善"三会一课"等制度，总是在总结和安排部署工作时，首先总结和安排部署党建工作，再总结和安排部署业务工作。全力支持执纪问责，坚持以问责促履责，认真落实省委"主体责任问责年"要求。坚持问题导向，深入开展财务报销违规问题和行风建设"十项专项治理"。支持驻厅纪检组建立纪律审查协作机制，营造风清气正的政治生态。二是深入开展"两学一做"学习教育和"三抓一促"活动。厅党组以上率下，厅领导带头讲党课，学习教育做到横向到边、纵向到底，保持发展党的先进性和纯洁性。秉持"一个支部一个家"的理念，扎实开展"四+N"支部主题党日活动，总结推广并践行"三评一赞""四岗三亮"等工作法，"红旗党支部"创建实现全覆盖。三是巡视整改取得阶段性成效。针对省委巡视组反馈的5个方面、18个问题、66个具体事项，细化分解，建立清单，销号管理，一对一、点对点整改落实到位。注重查找问题根源，着力建立长效机制，相继出台20项制度。四是扎实推进履职尽责督促检查。层层成立领导小组和工作专班，制定实施方案。通过建立厅领导联系点、省级政风督查员明察暗访、参加媒体问政、发放意见函、上门走访等形式，征集意见建议7011条、1978个问题。目前，已全部整改到位。省厅被评为优秀单位。十堰、潜江、黄冈、林区等地交通运输局获评第一。五是精神文明建设结出硕果。省厅连续五届荣获全省党建先进单位、连续四届获全国文明单位。全国文明单位达12个，省部级文明单位达148个。许湘秦等14人获全国、全省五一劳动奖章，仙桃公交7路线等获"全国工人先锋号"。汉十"善为·治道"等一批文化品牌进一步擦亮。

（二）基础设施建设取得新业绩。一是超额完成投资任务。完成公路水路固定资产投资1010亿元，为年度目标的112%。其中：高速公路382.3亿元，为年度目标的100.6%；普通公路428.6亿元，为年度目标的112.8%；港航66.5亿元，为年度目标的132.9%；物流站场132.6亿元，为年度目标的147.3%。二是重点项目稳步推进。枣潜高速荆门北段、鄂咸高速等8个项目开工建设，已建、在建高速公路总里程达7105公里。白洋、石首等9座长江大桥在建，创历史之最。建成一级公路549公里，二级公路1330公里。汉口北等一批客货枢纽投入运营。"645"工程纳入国家规划。汉江五级枢纽开工兴建，雅口枢纽主体工程开工建设。小池、沙洋等港口建成开港，汉江首条集装箱定班航线开通运营。

坚持规划引领，一张蓝图抓到底。"十三五"综合交通运输发展规划、公路水路交通运输发展"十三五"规划、交通扶贫规划等相继发布。湖北长江经济带综合立体绿色交通走廊建设专项规划、武汉长江航运中心总体规划等编制工作有序推进。

（三）服务民生获得新进展。一是圆满完成防汛救灾任务。面对"98+"历史罕见洪涝灾害，广大干部职工紧紧围绕"防汛、抢险、救灾"任务，连续奋战在受灾严重第一现场，圆满完成道路抢通、防汛救灾物资运输、受灾群众转移等任务，累计投入抗灾保通人员9.9万人次，机械设备2.8万台班、运输车辆7923辆、海巡艇2837艘次、社会船舶54艘次，转移疏散受灾群众10万余人。二是大力实施灾后恢复重建。及时制定实施方案，建立项目库，以省政府名义召开现场会，多方筹集资金，分片督导督办，严格质量监管，有力推进"百千万工程"落地实施。完成投资143亿元，占计划的45.8%，全面实现第二阶段"畅通出行"目标任务，得到部省领导及社会各界的充分肯定。圆满完成咸丰灾后重建包保任务。三是扎实推进交通精准扶贫。加快推进"四好农村路"建设，全国"四好农村路"运输服务工作现场会、全省农村公路暨交通扶贫工作会在竹山召开，全省"四好农村路"建设推进会在钟祥召开。巩固"村村通客车"成果，新改建农村公路1.3万公里，每年安排1亿元用于农村客运发展。加快推进大别山等四个片区资源路、旅游路、产业园区路建设。积极推进农村物流融合发展、服务电商工作。十堰市政府出台农村物流融合发展方案，赤壁、宜城等12个省级农村物流试点示范建设取得阶段性成果。四是交通运输物流"降本增效"成效显著。"一降两惠""一绿一免"共计为社会让利46亿元，占全省高速公路通行费收入177亿元的26%。

（四）行业治理能力提升新水平。一是依法行政能力明显增强。推动《湖北省公路路政管理条例（修订）》立法审议，即将出台。加强规范性文件管理，建立健全了规范性文件合法审查机制。持续加强执法队伍素质提升，开展"送法进基层"19场次。推进执法信息化建设，启动"双随机一公开"，建立了随机抽查事项清单。二是质量安全生产形势持续稳定。出台交通运输安全生产"党政同责、一岗双责"暂行办法，建立健全安全责任体系。持续推进"平安交通"建设和"品质工程"创建。开展道路运输平安年、水上交通安全整治、危货运输治理、"打非治违"等活动，组织各类突发事件应急演练80余场次。通过政府购买服务、聘请外省专家、交叉检查等方式，加强重点工程质量安全监督检查，工程质量水平稳中有升。三是治超新政全面实施。省政府出台治超工作实施意见，建立完善省市县三级组织领导机构。联合公安、经信、质监等部门印发治超方案，加大治超新政宣传力度。各地路政与公安交警、运政开展联合执法，推广应用科技治超，建立信息共享与惩处机制，保持了治超高压态势，非法超限超载得到有效遏制。四是队伍建设全面加强。深入开展调查研究并加强成果应用转化。开展不同层次的培训教育，加强干部轮岗交流。厅直系统引进各类人才47名，队伍结构进一步优化。在第八届筑路机械职业技能大赛上，囊括三项第一，创最好成绩。交职院强化学生技能培养，在全国两项大学生创业创新大赛中取得优异成绩。

（五）行业改革构建新机制。一是综合交通运输改革有所突破。省政府成立综合交通运输工作领导小组，全面负责综合交通运输的组织领导和统筹协调工作。多式联运、综合交通枢纽、公共信息联盟等试点示范项目有序推进，综合交通运输规划、项目对接、春运、大文明创建等协调机制进一步完善。二是"放管服"改革落实有力。下放内河船员一类证书核发、省际市际客运经营许可等8项省级事项，取消道路运输经理人资格证核发等4项行政权力。完成跨省大件运输并联审批联调联试。取消教练员资格认定，驾培维修改革取得实质性进展。开展"红顶中介"清理，发布省级中介服务事项清单。三是筹融资新机制基本形成。"十三五"省级筹融资方案已报批，省厅与国开行湖北分行达成500亿元战略合作协议。枝江等地创新思维，积极争取地方政府债券和政策性贷款，推广应用PPP、特许经营吸引社会资本。香溪长江大桥、水布垭清江大桥等一批PPP项目稳步推进。四是稳步推进养护管理改革。出台高速公路养护代履行实施办法，完善高速公路费收、养护等四项业务检查考核标准，每季度组织开展大检查、大排名，理直气壮加强高速公路行业监管。出台普通干线公路日常养护检查考核办法，强化省市两级考核，并将考核结果作为年终考核、小修保养资金切块规模的重要依据。

（六）转型发展迈出新步伐。一是交通运输服务品质显著提升。开展畅安舒美示范路、农村生态文明示范路创建，建成标准化公路管理站50个、普通公路服务区13个。全省实现县县通公交。武汉公交实行换乘优惠，日优惠量达80万人次。黄石、咸宁、随州等6市交通一卡通实现全国互联互通。12328电话系统实现部、省、市三级联网。武汉市推进"一带一路战略、长江经济带战略"，集装箱铁水联运列入国家第一批多式联运示范工程。出租汽车改革深入推进，14个市州拟定网约车实施细则，并公开征求意见。二是智慧交通建设扎实推进。交通云数据中心正式投入使用，全省交通运输数据资源整合工作有序开展。"一厅五局"门户网站群实现集约化管理维护，省厅门户网站在省直绩效评估中连续五年第一，在全国交通行业绩效评估中连续四年排名前三。高速公路ETC车道达659条，用户达192万。市州级城市公交实现智能调度，安装使用电子站牌1400余块。武汉市列入全国首批"智慧交通"示范城市。三是绿色交通建设有力开展。强力推动非法码头治理，367个长江沿线、204个汉江沿线非法码头被取缔。新增新能源公交车近1000台，淘汰黄标车2000余台。全省3065家二类以上维修企业参与"绿色维修"创建，达标率为93%。

同时，综治维稳、信息宣传、老干、工青妇群团、教育培训、职业资格、造价、后勤服务等各方面工作整体推进，卓有成效。

这些成绩的取得，归功于各级党委政府的坚强领导和各相关部门的大力支持，凝聚了全省交通运输系统广大干部职工的心血和汗水。在此，我代表厅党组，向在座各位同志并通过你们向广大交通运输系统干部职工，表示衷心的感谢并致以崇高的敬意！

二、准确把握我省交通运输发展新要求新形势

（一）深刻领会习近平总书记关于交通运输工作重要指示精神，明晰发展思路

习近平总书记高度重视交通运输工作，对交通运输事业寄予殷切期望、给予亲切关怀，并作出一系列重要论述。2016年9月，习近平总书记对交通运输工作作出新的重要指示。概括起来，主要是"七个重点、四项要求"。七个重点：一是紧紧抓住交通运输发

展黄金时期；二是建好"四好农村路"；三是促进物流业"降本增效"；四是积极服务"三大战略"；五是创新发展综合交通运输；六是大力弘扬"两路"精神；七是全面加强党的建设。四项要求：一是把握机遇，加快发展；二是真抓实干，久久为功；三是组织创新，管理创新；四是找准位置，履职尽责。

深刻领会习近平总书记重要指示精神，就是要坚持把全面从严治党作为党的建设的鲜明主题，强化交通运输发展保障。深入学习贯彻六中全会精神，认真落实"两个责任"，全面加强党的建设，全面加强党对交通运输工作的领导，充分发挥党组织的战斗堡垒和党员先锋模范作用，努力把党建政治优势，转化为引领和促进交通运输改革发展的强大力量，奋力开创交通运输系统党建工作新局面。

深刻领会习近平总书记重要指示精神，就是要坚持把推进供给侧结构性改革作为主线，落实当好先行发展要求。围绕"三去一降一补"，大力推进供给侧结构性改革，着力补齐交通基础设施发展短板，提供优质高效交通运输公共服务产品；深化"放管服"改革，释放改革红利；加强新经济研究，大力培育交通运输发展新动能；积极发展先进货运组织形式，促进交通物流业"降本增效"；扎实推进客运服务均等化和城乡交通一体化，努力提升基本公共服务水平，使交通运输真正成为发展的先行官，奋力开创交通改革发展新局面。

深刻领会习近平总书记重要指示精神，就是要坚持把构建综合交通运输体系作为重点方向，明确交通运输发展路径。继续推进综合交通运输体制机制改革试点，加快构建有利于综合交通运输发展的组织管理、工作运行、综合协调体系；积极服务国家"三大战略"和省委"一元多层次"战略体系，加快实施"十三五"综合交通运输发展规划，加强信息资源开放与共享，促进各种运输方式高效衔接、深度融合，奋力开创现代综合交通发展新局面。

深刻领会习近平总书记重要指示精神，就是要坚持把办人民满意交通作为出发点和落脚点，坚定交通运输发展目的。持续推进"四好农村路"建设，久久为功；崇尚实干，打赢交通扶贫脱贫攻坚战；坚守安全发展的底线、红线，建设"平安交通"；弘扬"工匠精神"，严格交通建设工程质量监督，打造"品质工程"；坚持走可持续发展之路，贯彻落实习近平总书记"共抓大保护，不搞大开发"重要指示精神，加强绿色智慧交通建设，多办贴近民生的实事好事，奋力开创交通服务民生新局面。

深刻领会习近平总书记重要指示精神，就是要坚持把弘扬"两路"精神作为提升行业软实力的重要举措，激发交通运输发展动力。践行社会主义核心价值观，深入开展文明创建活动，培育交通文化品牌，树立先进典型，激励广大干部职工立足本职，履职尽责，顽强拼搏，甘当路石，奋力开创交通文化建设新局面。

（二）坚持问题导向，清醒认识我省交通运输发展形势

当前，我省交通运输发展仍处于黄金时期，形势总体向好，但我们也要清醒地认识到挑战依然严峻，困难和问题依然很多。

一是对标全面从严治党还有差距。党的建设还存在薄弱环节，少数单位和党员干部"四个意识"不牢固，党建工作推进不够平衡，责任压力逐级递减现象在一定范围内存在。管党治党宽、松、软问题仍然存在。部分党员干部担当意识不强、纪律松弛、作风不实、履职尽责不力，对待工作淡漠冷漠，推诿扯皮。有的党组织和党支部书记"严管"抓得严，"厚爱"抓得弱。"四风"问题特别是"文山会海"依然很严重。

二是扩投资稳增长压力仍然很大。各级政府公共财政对交通投入有限，地方债券资金用于交通力度不大、额度不多，利用政策性贷款成效不大，推广运用PPP模式引进社会资金项目不多，投资动力不足、资金筹措能力不强，资金缺口较大。

三是质量安全维稳形势依然严峻。在建项目多、技术难度大，与设计、施工、监理、质量监督等技术人力资源矛盾日益凸显。水上交通、道路运输、工程质量、危化品港口码头等安全监管任务仍然十分繁重。新业态给行业带来新考验，网约车与传统出租车融合发展有待破题。农村客运监管力量薄弱，农村交通运输安全形势不容乐观。民生交通社会舆论舆情关注、信访投诉高位运行。

四是转型发展任重道远。观念不新、思路不多，对建设黄金期后如何保持可持续发展等深层次问题重视和研究不够。各种运输方式衔接不畅、效率不高的问题突出，结构不优、大而不强的问题始终没有得到根本扭转，水运优势没有得到充分发挥，公路重建轻养等问题依然存在。打通"最后一公里"，提升服务品质，降低交通物流成本，满足群众多样化需求等方面任务艰巨。

五是管理体制机制亟待完善。行业管理权力、责任、义务边界如何厘清，省市县三级交通运输主管部门财政事权如何划分，部门与业务管理机构之间职责如何界定等亟待破题。高速公路管理体制机制还有待进一步改革和完善。公路、运管、港航、质监等事业单位分类改革性质不一，市县政府对公路建养管运投入不足、人员经费保障不力。

对这些困难和问题，我们要认真深入调查研究，采取切实可行措施，加以解决。

三、扎实做好2017年各项工作

2017年是实施"十三五"规划的重要一年，是供给侧结构性改革的深化之年，也是我省交通运输"重点项目开工年"，必须全力做好交通运输工作。

总体要求：全面贯彻党的十八大和十八届三中、四中、五中、六中全会精神，按照中央、全省经济工作会议和全国交通运输工作会议部署，坚持稳中求进工作总基调，牢固树立和贯彻落实五大发展理念，适应引领把握经济发展新常态，坚持"当好发展先行官、建成祖国立交桥"战略定位，

坚持以推进行业供给侧结构性改革为主线，着力完善交通网络，提升运输服务品质，切实强化发展保障，以优异成绩迎接党的十九大和省十一次党代会胜利召开。

主要目标：公路水路完成固定资产投资805亿元，其中，高速公路300亿元，普通公路340亿元，物流站场90亿元，水运建设75亿元。建设一级公路400公里，二级公路800公里，新改建农村公路10000公里，实施公路安全生命防护工程20000公里。全面完成灾后恢复重建"百千万"工程。干线公路超限率控制在3%以内。高速公路通行费征收180亿元。ETC"一站式"服务网点突破3000个，用户达250万户。公路水路管养水平不断提升，高速公路PQI平均值达到92以上。交通运输重点领域改革、治理体系和能力现代化建设、绿色智慧交通建设取得新成效。安全生产形势保持稳定。

重点抓好以下八个方面的工作：

（一）以迎接党的十九大胜利召开为契机，突出抓好全面从严治党。一是强化科学理论武装。深入开展"两学一做"学习教育和党风廉政建设，把学习贯彻党的十九大和省十一次党代会精神作为重要政治任务进行部署，纳入党组织中心组专题学习，切实把思想和行动统一到中央、省委各项决策部署上来。二是严格落实"两个责任"。层层压实党组织的主体责任和党组织书记的"第一责任人"责任。有效运用监督执纪"四种形态"，严格执行"五个禁止"，重点在惠农资金、工程建设、财务报销、行政执法等方面抓好监督执纪问责。坚持严管与厚爱相结合，贯彻"惩前毖后、治病救人"方针，建立容错机制，为敢于担当的干部担当，为敢于负责的干部负责，形成想干事、能干事、干成事、不出事的良好氛围。开展省委巡视反馈问题整改回头看，巩固深化履职尽责督促检查工作成果。严肃规范党内政治生活，落实党内监督各项措施。抓住重要节点，坚决防止各类问题变异反弹，对违反纪律规定的严肃处理，绝不姑息迁就，同时追究主管领导、主要领导的主体责任和纪委的监督责任。关于党风廉政建设工作，下一步还要召开专门会议进行总结和部署。三是夯实支部建设。构建"四+N"支部主题党日长效机制，持续开展"红旗党支部"创建，不断增强党组织的凝聚力，努力实现"一个支部一个家、一个支部一面旗、一个支部一品牌"。

（二）以"重点项目开工年"为载体，突出抓好重大工程建设。一是加快项目前期工作。完成"十三五"发展规划，今年至关重要。如果项目前期工作不能到位，"十三五"规划就要落空。各单位要对标综合交通运输规划，加快专项规划的编制，大力推进规划项目的前期工作。省厅将进一步分解细化推进前期工作责任和目标，加强考核通报。要通过简化程序、优化服务，交叉作业、并联作业，提高工作效率，及时启动一批高速公路、普通国省干线、综合客货运枢纽、港口航道等重点项目，力争完成高速公路"十三五"计划建成项目的前期工作。二是加快推进项目建设。实施清单管理，明确落实责任主体、完成时间节点、考核通报机制，力争武深高速嘉鱼北段等19个项目实质性开工，确保2017年底已建和在建高速公路总里程突破7500公里。加快推进宣鹤高速、保神高速、青山长江大桥、普通国省省道、客货运站场等项目建设。支持交职院新校区建设。三是强化资金保障。研究推进交通运输财政事权和支出责任划分改革，加快构建"政府主导、分级负责、多元筹资、规范高效"投融资新机制。各地要借鉴荆门的融资模式和经验，做大做强交通融资平台，用好用足政策性贷款和开发性金融政策，主动与大型国有企业衔接合作，规范推广应用PPP、特许经营等模式，切实提高资金保障能力。同时，要按计划完成国家补助项目建设任务，省厅将制定车购税资金使用考核办法，并将考核结果与燃油税资金分配、评先评优挂钩。四是加强督办考核。加大绩效评价力度，严格落实项目建设奖惩制度。通过领导联系、巡检督办、分析通报、驻点督办、发函约谈等形式，加强检查督办。对重大项目或进展滞后的项目，要采取一对一交办、面对面约谈、执行效能与计划资金挂钩等措施，解决重难点问题，切实加快推进项目建设。

（三）以交通精准扶贫脱贫为目标，突出抓好"四好农村路"建设。一是加快完善贫困地区交通基础设施。着力推进干线公路外通内联、农村公路通村畅乡。加大"四好农村路"建设力度，评选一批、培树一批"四好农村路"示范县。研究制定农村公路养护管理实施办法和桥梁养护技术指南，推动农村公路管养责任落实。加强农村公路建设质量监管，加大路域环境整治力度。打造旅游渡运公交一体化示范工程。二是继续实施"特色致富路"。统筹安排省级财政交通专项资金，支持大别山区、秦巴山区、武陵山区、幕阜山区加快实施一批资源路、旅游路、产业开发路改造建设，推广"交通运输+电商快递""交通运输+特色产业""交通运输+旅游休闲"等扶贫模式，增强贫困地区内生发展动力。三是提高农村交通运输服务保障能力。继续巩固"村村通客车"成果，提升农村客运服务品质，加快农村客运公交化进程。加强老旧客运站和综合运输服务站改造建设。推动交通运输、商贸物流、邮政快递、供销等网络设施融合发展，全面提升农村物流服务水平。四是继续实施交通灾后恢复重建"百千万"工程，确保6月底前完成既定任务，实现"便捷出行"的目标。

（四）以加快构建长江黄金水道综合立体交通走廊为重点，突出抓好综合交通运输体系建设。一是加快武汉长江中游航运中心建设。贯彻落实加快武汉长江中游航运中心建设的实施意见，深化"2+9"合作机制，加快推进"645"工程，开工建设蕲春水道等航段，确保纳入交通运输部"十三五"内河重点建设项目如期推进。推动汉江河口三期等项目主体工程实质性开工。二是大力发展多式联运。支持多式联运枢纽站场、集疏运体系建设。

加快运输装备升级改造，大力推广应用集装箱等标准化运载单元。培育多式联运经营企业，加快武汉市推进"一带一路战略、长江经济带战略"集装箱铁水联运示范工程建设，稳步推进"沪汉蓉""武汉—西安""襄阳—宁波"班列发展。三是优化综合运输体系。推动武汉加快建设国家综合运输服务示范城市，重点协调推进综合客运枢纽、城市货运集疏运中心等项目建设。研究推进湖北顺丰国际物流核心枢纽等工程建设，加快快运物流等配套体系规划布局研究，做好相关协调服务工作。加强交通综合体的研究，探索实施路径，积极推进客运、货运等综合体建设。支持龙头骨干运输企业做大做强。深入开展无车承运人试点工作，培育平台型公司发展，大力推进甩挂运输发展，降低物流成本。四是提升城市客运服务水平。加大对11个省级公交示范创建试点城市的跟踪指导，积极申报第三批国家公交都市，持续推进城市公交进社区、小区、城市新区，不断提高城市公交的覆盖率。加快掌上公交、电子站牌发展步伐。有序取消巡游出租汽车经营权有偿使用费，建立承包费集体协商与动态调整新机制，大力推进公司化。抓住武汉等"一主两副"城市，稳步推进巡游出租车与网约车融合发展。

（五）以安全生产为最大民生，突出抓好质量安全监管。一是实施安全生命防护工程。深刻吸取鄂州"12·2"重大道路交通事故教训，启动公路安全生命防护"455工程"，用4年时间，建立"省、市、县、乡、村"五级联动机制及责任体系，省级财政投入50亿元，基本完成国省道、县道、乡道及通客车村道的安防工程建设。实施渡运安全生命防护工程，加快乡镇渡口和渡船达标改造速度，提高航道安全设施保障能力。二是严格工程质量监管。以创建"品质工程"为目标，加强交通建设市场监管的同时，更加注重对项目法人的管理；在全面履职尽责、加强质监队伍建设的同时，充分发挥专家、政府购买服务的作用。建立从业单位诚信评价体系，实行黑名单管理。开展工地试验检测、混凝土质量等六个专项治理，提升工程质量安全管理水平。以推进沌口长江大桥、雅口枢纽创建交通运输部施工标准化示范项目为载体，以点带面，促进质量安全主体责任落实。三是切实加强安全监管。贯彻中央推进安全生产领域改革发展的意见，强化监管责任，严格落实企业主体责任。继续开展"6+1"平安交通专项行动和"平安工地"创建活动。突出重点区域、重点部位、重点时段和重点单位，采取"四不两直"方式，加大明察暗访力度。加强"两客一危"车辆监管，引入第三方监测，进一步强化重点营运车辆联网联控。严格落实客运站"三不进站、六不出站"管理规定。规范港口危化品堆放、储存、装卸、运输管理，建立船舶装载货号电子标签管理监控平台。开展隐患排查治理攻坚行动，挂牌一批、督办一批、整改一批重大安全隐患点(段)。开展多层次交通应急演练，提升应急处置能力。四是深入推进治超工作。扎实开展"两个专项行动"，加强与交警联合执法协作，深入开展区域联动治超，提升治超工作成效。积极推行科技治超，在国省干线重要路段布设50处不停车检测系统，稳步推进高速公路治超站和入口称重设施建设。

（六）以深化体制机制改革为突破口，突出抓好交通运输治理能力建设。一是深化综合交通运输改革。做实省级综合交通领导小组办公室，发挥统筹、协调和督办作用；完善相关协调机制，扎实做好综合交通重点工程通报、信息联盟工作。在综合交通枢纽、物流大通道、综合运输服务一体化、多式联运、集疏运体系、综合交通体系建设等重点项目、重点领域，加强各种运输方式的衔接，形成典型示范。继续推进武汉、黄冈等市开展综合交通运输体制机制改革试点，鼓励各地根据自身实际，推进"一城一交"改革。二是深化事业单位分类改革。各地要按照国家和省要求，积极争取本地党委政府支持，参照厅属业务局分类改革性质定性，深化事业单位改革。各地要借鉴黄石等地做法，依法将业务管理机构人员、工作经费纳入地方财政预算。支持县市运管与物流机构借鉴荆州模式，实行一门两牌、合署办公，提升管理效能。支持市州物流机构借鉴武汉、宜昌模式，发挥综合交通优势，建立交通主导的市级物流综合管理体制机制。研究完善高速公路管理机制，有效整合资源，提升综合管理水平。三是深化养护管理改革。执行高速公路养护代履行实施意见，建立路况技术指标定期检测机制，督导经营单位加大养护投入。联合相关单位，探索建立高速公路收费动态调整机制。建立普通公路养护管理质量考核排名、通报、约谈等制度，健全养护质量与资金、项目计划挂钩机制。四是深化道路运输改革。简化和优化审批程序，扩大客运企业在班线运力投放、班次增减和途经站点等方面的自主权。推动客运价格管理改革，规范长途客运接驳运输管理和包车客运发展。积极提升联网售票系统服务功能。大力推行计时培训、计时收费、先培训后付费等驾培服务模式。五是深化港航海事改革。贯彻落实航道法，推动航道建管养政策落地，推行航道定额管理和养护市场化。研究建立汉江、江汉运河通航设施统一协调管理机制。加强海事队伍"三化"建设。六是提高依法治理能力。扎实推进法治政府部门建设，严格落实重大决策和规范性文件合法审查制度，进一步完善行业管理法规制度体系。推动《湖北省公路路政管理条例(修订)》出台并加强宣贯，继续实施"七五"普法规划。加强和规范交通运输行政执法行为，依法依规理顺高速公路路政管理。进一步修改完善权责清单，规范行政许可，强化事中事后监管，全面实施"双随机一公开"。

（七）以创新驱动为主引擎，突出抓好绿色智慧交通建设。一是加快推进绿色交通建设。建立完善绿色公路建设考核标准，明确技术要求，加大"四新"技术推广应用力度，加快推进公路钢桥建设。继续巩固长江干线非法码头治理成果，推动完成"规范一批、提升一批"治理任务。加快推进汉江沿线非法码头治理。二是加强节能减排和环境保护。实施高速公路服务区排污治理和节能环保改造。推广新能源汽车，提升公共交通出行分担率。推动港口和船舶污染物接收、转运和处置设施建设，开展船舶港口防污染专项检查，加大对超标排放污水和尾气不达标船舶处罚力度。三是大力推进智慧交通建设。加强信息化顶层设计，加快交通运输数据资源整合，推进一个数据资源中心、两大基础平台（数据交换平台、大数据应用平台）和三大支撑体系（数据交换共享体系、信息与安全保障体系、服务运维体系）建设，实现全省交通运输数据资源互通共享。推进路网管理与联网运行平台建设。扩大高速公路 ETC 应用范围。加快北斗系统在交通运输领域的应用。四是深入实施"互联网+交通运输"。大力推进"互联网+"在高效物流、便捷出行、运输服务等方面的应用。积极推进道路运输联程联运。做好安全畅通与应急处置系统、建设与运输市场信用信息服务工程、统计分析和投资计划管理系统等项目建设和应用。

（八）以"忠诚干净担当"为标尺，突出抓好行业自身建设。一是加强领导班子建设，做到"四讲"。要讲政治。加强政治理论学习，坚定理想信念。强化政治纪律和政治规矩，把纪律始终挺在前面。自觉增强"四个意识"，在思想上、政治上、行动上与党中央保持高度一致，自觉维护以习近平同志为核心的党中央权威，始终做政治上的明白人。防范和杜绝习惯思维、惯例思维、惯性思维定式。要讲担当。务实重行做表率，切实当好先行官。要勤政，真抓实干，切实抓住和用好黄金时期，发扬"两路精神"。切实扛起管党治党责任，创造性地开展工作。要讲团结。坚持民主集中制，充分听取意见，集思广益，群策群力。既讲分工，又讲协作，坚持分工不分家，互相补台不拆台，主动担责不推责。与人为善，大有容乃大，心往一处想，劲往一处使。要讲廉洁。诚实做人，干净做事，学法学规、懂法懂规，依法依规办事。严格自律，习惯他律，坚持自己不伸手，管好身边人不伸手。切实把班子打造成为听党指挥、团结协作、干净办事、担当有为的战斗集体。二是加强干部队伍建设，践行"四铁"。加大干部选任、交流和培训力度，推进形成能上能下的选人用人机制，培养锻造一支具有"铁一般信仰、铁一般信念、铁一般纪律、铁一般担当"的干部队伍。坚持好干部"五条标准"，关心年轻干部成长，让敢于担当、勇于创新的干部有为有位。充分发挥工青妇等群团组织作用，关心干部职工身心健康，严格落实带薪休假制度。加大交通职业教育力度。进一步加强和改进离退休干部工作。三是加强行业精神文明建设，深化"四创"。深入开展文明单位、文明行业、文明示范窗口、青年文明号创建活动，打造一批在全省甚至全国叫得响的文化品牌，全力提升行业软实力。进一步完善大交通文明创建工作机制，打造"十行百佳"群英谱。坚持典型引路，挖掘和培育一批新的先进典型，加强先进典型梯队建设。

新春佳节将至，各地要按照部省安排部署，扎实做好春运组织、安全监管、应急处置、政务值守等工作，切实做好综治信访维稳、走访慰问帮扶等工作，严格执行廉洁自律规定，过一个欢乐祥和、文明廉洁的春节。

同志们，全面建成小康社会已进入攻坚决胜阶段，交通运输行业肩负着先行一步、率先突破的历史重任。让我们在省委、省政府的坚强领导下，务实重行，砥砺奋进，扎实工作，撸起袖子加油干，全面完成各项目标任务，用优异成绩迎接党的十九大和省十一次党代会的胜利召开！

大事记

2016年大事记

1月

12日 副省长许克振在武汉港阳逻港区三期作业区、武汉航交所等地调研武汉长江中游航运中心建设情况,省交通运输厅厅长尤习贵参加调研。许克振在武汉港阳逻港区三期作业现场,了解进出港集装箱运输、货物组织流向、未来发展潜力等情况;实地调研武汉航交所建设情况,并召开武汉长江中游航运中心建设座谈会。

△ 荆州客运枢纽站正式投入运营。荆州客运枢纽站是交通运输部确定的国家公路运输枢纽项目,按一级客运站标准建设,占地82.1亩,总投资1.2亿元。集客运、住宿、餐饮、超市、加油等为一体。

13日 2016年度世界可持续交通奖颁奖典礼在美国华盛顿举行,湖北省宜昌市获"世界可持续交通奖"。

15日 省政府召开汉江孤山、新集、雅口、碾盘山四级枢纽工程建设推进会,副省长许克振出席会议并讲话。4个枢纽所在地地方政府部门、省直相关单位及项目建设单位,省交通运输厅厅长尤习贵和省港航管理局局长王阳红参加会议。

18日至19日 交通运输部党组成员、总规划师戴东昌一行到宜昌秭归县开展扶贫调研,重点了解山区县市扶贫工作主要做法和好的经验。

19日 省政府在武汉召开2016年全省春运电视电话会议,贯彻落实全国春运电视电话会议精神,副省长许克振出席会议并对全省春运工作作出部署。省交通运输厅厅长尤习贵参加会议并发言。

21日 省交通运输厅与中国交通通信信息中心签订战略合作协议,双方发挥各自优势,加强新技术的研究开发和推广应用,重点在"互联网+"交通示范工程、北斗导航卫星示范应用、交通大数据整合应用、专业技术人才培养等方面加强合作交流,共同提升双方信息化建设、管理和应用水平。

24日 交通运输部、公安部、国家安监总局、全国总工会、共青团中央,以"亲情服务,温暖春运旅途"为主题,在武汉杨春湖客运换乘中心共同启动2016年春运"情满旅途"活动。交通运输部党组成员兼运输服务司司长刘小明,湖北省副省长许克振、省交通运输厅厅长尤习贵、副厅长谢强,公安部、国家安监总局、全国总工会、共青团中央有关司局领导出席启动仪式。

26日 省交通运输厅、省财政厅、省物价局联合印发《关于下放出租汽车经营权有偿使用审批的通知》,明确出租汽车经营权有偿使用审批权下放至市、县(市)人民政府,由当地交通运输主管部门按照国家、省有关法律法规相关要求,组织制订实施方案,报送当地人民政府审核批复。

28日 省港航管理局与钟祥市人民政府签订《关于加快钟祥市水运经济发展战略合作意向书》。根据协议,双方将在加快推进钟祥市皇庄和石牌综合码头、水上搜救中心、平安航道等水上重点工程项目建设,加强执法队伍建设和提高水上交通安全监管能力,在进一步构建网络完善、运输结构合理、枢纽衔接顺畅、运输服务安全高效、运输方式绿色环保、辐射作用凸显的现代水路运输体系等方面开展合作。

29日 沪鄂高速英山区域应急联动联席会在黄黄高速公路管理处召开,来自沪鄂高速英山区域地方政府、消防、高速公路收费、路政、养护、机电、交警等7家部门、单位共同下发沪鄂高速英山区域恶劣天气应急联动机制,签署突发事件应急联动协议。

2月

6日 省交通运输厅厅长尤习贵到新荣村客运站检查落实春运"情满旅途"各项工作情况,向春节期间坚守岗位的交通工作者致以节日的问候。副厅长谢强、省道路运输管理局局长陶维号陪同检查。尤习贵一行先后来到车站售票大厅、客服中心,重点察看进站安全检查落实情况、出站门检记录,听取春运组织开展和安全制度落实情况汇报,并与客运站志愿服务者"小红帽"亲切交谈。

△ 麻城至阳新高速公路麻城至武穴段、潜江至石首高速公路潜江至江陵段、武汉城市圈环线高速公路咸宁西段、武汉城市圈环线高速公路仙桃段、岳阳至宜昌高速公路宜昌段、利川至万州高速公路湖北段、保康至宜昌高速公路襄阳段、麻城至竹溪高速公路宜城至保康段、宜昌至张家界高速公路当阳至枝江段、宜昌至张家界高速公路宜都至五峰(渔洋关)段等10条高速路段正式通车试运营。

16日 一艘载重吨位1400吨的货船顺利通过崔家营船闸,是该船闸通航六年来单艘货船吨位的最高纪录。

18日 副省长曹广晶实地考察汉口北客运站建设情况。曹广晶认真听取专题汇报,详细询问项目进展情况、投融资方式、建设方式等事项,并指出,要在加强项目安全管理的同时,继续加快工作进度,力争尽早投入使用。

24日 省政府召开专题会议部署全省集中治理长江非法码头工作,副省长许克振出席会议并作重要讲话。长江沿线各市州政府分管副市长,各市州交通运输局(委)、港航局主要负责人,长江航务管理局及省发展改革委、交通运输厅、水利厅、国土资源厅、环境保护厅、公安厅等相关单位负责同志参加会议。

26日 湖北交通职业技术学院召开第三届教职工代表大会第二次会议，省交通运输厅厅长尤习贵出席大会并讲话。

28日 当枝一级公路金沙收费站ETC车道与收费站同步开通，这是全省普通收费公路首条ETC车道。该路起于当阳市子龙渠化路口，止于枝江市马家店接318国道，全长55.41公里。该路经湖北省人民政府批准设立金沙收费站，自2016年2月28日起开始试运行，核定收费年限20年。

3月

3日至4日 副省长许克振到荆门、襄阳、十堰等地调研汉江碾盘山、雅口、新集、孤山4大枢纽工程建设情况。省交通运输厅副厅长马立军陪同调研。许克振实地查看4大项目坝址，详细听取十堰市、襄阳市、荆门市政府负责人和省发展改革委、交通运输厅、水利厅、环境保护厅、长江水利委员会负责人以及4个枢纽业主单位代表关于项目进展情况的汇报。

7日至8日 浙江省副省长孙景淼带队来汉调研武汉港口建设发展情况，并就加强两省港口岸线合作进行座谈。副省长许克振出席座谈会，省交通运输厅厅长尤习贵、副厅长马立军、省港航管理局局长王阳红参加座谈。孙景淼一行到武汉新港阳逻港集装箱三作业区，了解港口建设运营情况，参观武汉港务集团监控大厅。

15日 水利部印发《关于公布2015年度国家水土保持生态文明工程名单的通知》（水保〔2016〕101号），确定沪蓉国道主干线宜昌至利川段工程、汉江崔家营航电枢纽工程为生产建设项目国家水土保持生态文明工程。

16日 省直机关工委常务副书记郭俊苹带领工委组织部、团工委一行，就贯彻落实省委《关于落实全面从严治党要求进一步加强省直机关党的建设的意见》，压实三级责任，推进机关党建工作到省交通运输厅调研，并主持召开部分机关支部书记、厅直单位党委书记、基层支部书记代表参加的座谈会。

18日 由省交通运输厅、省水利厅、省公安厅、长江航务管理局联合举办的全省治理长江干线非法码头新闻发布会在汉召开。省交通运输厅副厅长谢强介绍治理长江干线非法码头工作的背景和意义，通报治理非法码头第一阶段工作进展情况，并就下一步重点任务进行安排部署。长江航务管理局副局长朱汝明、省水利厅副厅长刘元成、省公安厅治安总队副总队长黄志勇分别介绍本单位开展治理长江非法码头工作的相关情况和下阶段工作安排。

△ 副省长甘荣坤带领省交通运输厅副厅长马立军、荆州市委宣传部部长王守卫一行赴交通运输部，就湖北318国道建设及危桥改造事宜请求交通运输部给予大力关注与支持。交通运输部党组成员、综合规划司司长戴东昌，规划司副司长任锦雄，公路局副局长王太与甘荣坤一行进行座谈。

21日 省委常委、常务副省长王晓东带领省直有关部门到五峰调研，视察台小国道渔洋关绕城线项目建设工地。

28日 省交通运输厅与长江航务管理局在省港航局举行调研座谈会，共商共推长江湖北段黄金水道建设开发。省交通运输厅厅长尤习贵、副厅长马立军，省港航管理局局长王阳红，长江航务管理局局长唐冠军，长江航道局，长江海事局，长航公安局，中国水运报刊社负责人参加座谈。

29日 鄂州至咸宁高速公路（梁场）开工仪式在鄂州市鄂城区长港镇梁场举行，标志着鄂州至咸宁高速公路正式开工建设。省交通运输厅党组成员、省交通重点建设领导小组办公室主任高进华，省联投集团总经理刘行念，黄石市人民政府副市长薄银根，大冶市人民政府副市长邓勇，鄂州市委书记李兵，市委常委、市委秘书长熊明新，副市长吴友安等出席活动。

4月

1日 湖北省首次四级机动车驾驶教练员职业技能鉴定在武汉市机动车驾驶人振华路考场举行，鉴定分为理论考试和实操考试两个环节，共有169名教练员参加。

5日 友和道通航空有限公司首架A300-600货机正式投入运营，执飞南亚、中亚航线。作为华中地区唯一一家全货运航空公司，也是国内首家引进该机型的货运航空公司，填补了国内中程货机空白。A300-600货机主要用于国内航空货运快递网络以及4500公里航程的国际运输，最大业载约48吨，满载最大航程6小时。

6日 省委组织部在湖北省交通运输厅干部大会上宣布省委关于何光中同志担任省交通运输厅厅长、党组书记的任职决定。

△ 首趟武汉至法国里昂集装箱班列从吴家山铁路中心站开出。该列车载有汉产机械产品、电子产品、化工产品及服装，将从阿拉山口出境，横跨哈萨克斯坦、俄罗斯、白俄罗斯、波兰、德国等6个欧亚大陆国家，至法国里昂全程约11300公里，用时约16天。

12日 由交通运输部安全总监成平为组长的检查组到湖北检查指导防汛抗旱工作，督导湖北省交通运输系统贯彻落实防汛抗旱部署情况。省交通运输厅厅长何光中，长江航务管理局、武汉市交通委员会等负责人参加汇报会。

14日 省交通运输厅召开全省交通运输行业履职尽责督促检查工作视频动员会。厅长何光中作动员讲话，要求全省交通运输广大干部职工勇于担当，主动作为，勤勉工作，履职尽责，保障湖北交通运输"十三五"良好开局。驻厅纪检组组长刘汉诚宣读全省交通运输系统履职尽责督促检查工作方案。

15日 交通运输部部长杨传堂在武汉向湖北省通报长江航务管理体制改革情况，听取湖北交通情况汇报。副省长许克振汇报情况，希望交通运输部在长江"645"工程、农村公路、精准扶贫、汉江梯级开发、货运机场建设等方面给予湖北大力支持。交通运输部副部长何建中,长江航务管理局局长唐冠军,省交通运输厅厅长何光中、副厅长马立军、程武,总工程师姜友生等参加座谈。

28日至29日 交通运输部全国公路桥梁安全运行管理调研组到湖北调研公路桥梁安全运行管理工作。省交通运输厅副厅长谢强参加调研座谈并介绍湖北公路桥梁管理运行情况。

5月

5日 省委书记、省人大常委会主任李鸿忠在宜城雅口航运枢纽工地,宣布汉江五级枢纽建设工程开工。省委副书记、常务副省长王晓东作动员讲话,副省长许克振主持会议。省交通运输厅厅长何光中参加动员会。加快推进湖北境内汉江五级枢纽工程建设,是落实党中央国务院和省委、省政府战略部署、推动长江经济带和汉江生态经济带建设的重要举措,对于改善汉江防洪、灌溉、航运条件,促进资源综合利用和水生态保护具有重要意义。

7日 武汉至成都"中远海运号"铁水联运班列首发仪式在武汉北滠口货场举行,副省长许克振宣布班列开通。武汉至成都"中远海运号"铁水联运班列全程1347公里,运行时间30小时,按照定点、定线、定车次、定时、定价模式,由武汉铁路局、中远海运集装箱有限公司、武汉港航发展集团合作运营。首趟班列装载100个集装箱、2100吨货物,先从上海水运抵达武汉阳逻港,再换乘货运列车运往成都。

17日 省人大常委会常务副主任李春明一行到崔家营航电枢纽检查指导防汛抗旱工作。省交通运输厅副厅长程武,省国资委、省电力公司、省水利厅及襄阳市等有关单位领导陪同检查。李春明一行沿枢纽坝顶交通桥沿线察看船闸、泄水闸、电站厂房等防汛抗旱主体建筑工程,详细询问枢纽水库库容及调度情况,现场检查厂房设备设施运行工况。

18日 省委副书记、常务副省长王晓东调研武汉港规划建设,了解多式联运发展、海关监管区设置、危化品整改问题及武汉长江中游航运中心建设相关政策和措施落实情况。王晓东一行先后调研花山港区、阳逻港三期建设运营情况,听取武汉市政府、武汉港发集团关于武汉长江中游航运中心建设情况的汇报及建议。省发改委、省财政厅、省交通运输厅、省安监局、武汉铁路局、武汉海关等相关省直部门汇报支持武汉航运中心建设的相关政策和措施。副省长许克振,省政府副秘书长程用文,省交通运输厅厅长何光中,省港航管理局局长王阳红等有关单位负责人参加调研。

△ 省交通运输厅厅长何光中在湖北交通职业技术学院调研时强调,学院要强化意识形态和专业品牌建设,培养政治素养好、专业技术好、市场满意度高的交通职业技术人才。

△ 襄州区217省道黄渠河至乔洼改建工程、310省道襄州长王集至老河口袁冲段改建工程开工建设,总投资超过3.5亿元。

19日 省交通运输厅厅长何光中宣布省交通运输厅精准扶贫点洪湖万全镇黄丝村幸福路开工建设。新开工的幸福路约2公里,贯通不通公路的2个村民小组。何光中与荆州市领导一起为省交通运输厅爱心妈妈服务站揭牌。

20日 省交通运输厅厅长何光中带领副厅长马立军、省港航局局长王阳红、省公路局局长熊友山、省运管局局长陶维号、省高管局局长张磊、省交通质监局局长章征春等一行视察黄冈唐家渡港区临港新城综合码头施工建设现场。黄冈市委书记刘雪荣、黄冈市政府副市长王浩鸣、市交通运输局局长周银芝、市直有关部门和黄州区政府负责人陪同视察。

25日 全省治理非法码头现场会在黄石召开。副省长许克振出席会议,省交通运输厅厅长何光中、省港航管理局局长王阳红参加会议。

26日 省政府组织召开全省综合交通运输工作会议。副省长许克振强调,总结"十二五"成绩,分析形势,研究部署"十三五"工作,动员全省交通运输战线同志立足新起点,锐意进取,为"建设祖国立交桥、打牢发展大底盘"努力奋斗。

△ 全长1.88公里、总投资1300多万元的273省道襄州区程河镇埠口段改线工程顺利建成,与河南244省道成功对接,为鄂豫两省、唐河两岸人民群众便捷往来增加一条省际通道。

27日 交通运输部在大连召开铁水联运暨多式联运推进会,发布全国第一批16家多式联运示范项目名单和7家多式联运培育项目名单,湖北省汉欧国际集装箱铁水联运列入示范项目,黄石棋盘洲港铁水联运列入培育项目。

6月

12日至13日 省委书记李鸿忠到鹤峰县龙潭村宣(恩)鹤(峰)高速公路项目建设工地调研。省交通投资集团公司总经理龙传华、省直有关部门负责同志等陪同调研。

14日 全省农村公路暨交通扶贫工作会议在竹山县召开。省交通运输厅厅长何光中在会上强调,要全面总结"十二五"以来全省农村公路和交通扶贫工作经验,正确把握面临的新形势、新要求,推进全省农村公路发展和交通扶贫工作再上新台阶。十堰市委副书记、市长张维国陪同与会代表参观考察。襄阳市交通运输局,竹山县委县政府,蕲春县、利川市、秭归县、通山县交通运输局作交流发言。

16日 省交通运输厅在老河口市举行交通建设"四新技术"推广应用及生态环保循环利用路面材料技术交流会,省人大常委会原副主任任世茂,省政府参事徐健,省交通运输厅总工程师姜友生,副巡视员刘立生,襄阳市人大常委会副主任杜军,老河口市委书记郑德安等领导参加会议。来自建设、管理、设计、生产等单位的5位专家就新型橡胶沥青路面、热再生利用技术应用、路面设计技术以及橡胶沥青在路面养护工程中的应用等作交流发言。

29日 国家多式联运示范工程项目——阳逻港集装箱铁水联运一期工程开工。该工程的实施,将有效打通港区与铁路"最后一公里",将铁水之间货物转运时间、运输成本均降低10%以上,切实推进武汉长江黄金水道建设。

△ "我的公交我的城"重大主题宣传活动走进武汉。新华社、《人民日报》、中央电视台等10余家中央媒体和《湖北日报》等地方媒体就武汉市城市公共交通发展及公交都市创建推进工作进行采访。省交通运输厅厅长何光中,副厅长谢强、程武,省道路运输管理局局长陶维号分别参加采访和座谈。"我的公交我的城"重大主题宣传活动由交通运输部主办,中国交通报社承办。

7月

1日 汉江上第一座集装箱港口——沙洋新港正式开港营运。省交通运输厅厅长何光中,荆门市委书记别必雄,市委副书记、代市长张依涛,省港航管理局局长王阳红,卓尔集团董事长阎志,武汉新港管理委员会、荆州海关等单位领导出席开港仪式。

△ 8:00时起,通行京珠高速蔡甸站至汉蔡高速琴台站区间的7座以下(含7座)小型客车的通行费将统一由蔡甸区政府支付。

6日 副省长许克振到武汉市新洲区视察交通抗洪救灾工作。省交通运输厅厅长何光中、武汉市副市长刘立勇、省公路管理局局长熊友山、新洲区区委书记胡亚波陪同视察。许克振一行现场察看106国道新洲段郑园桥、县道新李线举水河桥水毁情况和举水河堤交通防汛抗灾工作,召开座谈会布置全省交通防汛抗灾工作。

9日 省交通运输厅厅长何光中到黄冈市英山县、罗田县慰问一线抢险救灾的交通干部职工,指导防汛救灾工作。何光中察看了英山县境内省道中大线、县道长张线、大别山红色旅游路吴家山段沿线水毁灾情;察看了罗田县境内大别山红色旅游公路全线,在路基路面冲毁的三河口,路基大范围垮塌的大地坳,山体滑坡、发生泥石流两万余立方米的小弧坪,冲毁400米的金家河等几处严重损毁路段,详细了解损毁和抢通情况。

11日 省交通运输厅厅长何光中一行到鄂西高速公路管理处督导调研防汛救灾工作。何光中一行在沪渝高速公路鄂西段K1400+130段沉降区施工现场,听取鄂西高速公路管理处关于沉降区形成原因、施工方案和抢救进度的详细汇报,亲切慰问日夜战斗在一线的鄂西抢修人员。

12日 副省长许克振在省交通运输厅厅长何光中陪同下,到恩施州建始县视察交通公路抗洪救灾工作。许克振一行现场察看209国道、建始县邺州镇漆树垭滑坡、长梁乡白沙线和沙坝村受损县道,详细询问交通公路部门处置措施和下一步恢复方案,召开座谈会布置全州交通公路防汛救灾和灾后重建工作。

14日 省委副书记、常务副省长王晓东到洪湖市万全镇黄丝村检查指导抗洪救灾工作。王晓东听取省交通运输厅驻村工作队关于黄丝村防汛、扶贫工作汇报后,要求驻村工作队员再鼓干劲,配合当地党委政府一起帮助群众渡过难关,将防汛救灾、灾民安置、疫情预防等工作作为头等大事来抓。省政府秘书长王祥喜参加检查。

△ 交通运输部部长杨传堂专门听取湖北交通抗灾保畅通汇报,称赞湖北交通系统党员干部身先士卒,广大交通职工顽强拼搏,展示了交通先行官敢于担当的风采。副省长许克振、省交通运输厅厅长何光中汇报湖北交通灾情及抗灾保畅通工作。

16日 副省长许克振、省交通运输厅厅长何光中到武穴、蕲春检查指导交通防汛救灾工作。许克振一行察看省道松白线武穴市冯秀段水毁公路、红色旅游公路蕲春界岭段水毁恢复情况,并慰问战斗在救灾一线的武警交通官兵和交通公路抢险队伍。

18日 省交通运输厅厅长何光中赴赤壁检查交通防汛救灾工作。何光中在赤壁市水毁受灾严重的418省道渣枫线、214省道仙崇线、107国道、361省道随车线和农村公路检查灾情,详细听取赤壁市交通运输局防汛救灾情况汇报。

20日 省交通运输厅厅长何光中到麻城察看交通水毁灾情并指导防汛救灾工作。何光中一行到麻城市顺河镇察看被洪水冲毁的杨高山大桥、寸腰石大桥、西张店大桥,在受灾严重的214省道矮李线、346国道胜麻线察看灾情。每到一处,他都要详细询问水毁公路桥梁情况,并现场提出重建指导建议。

24日 武警部队司令员王宁上将率队前往孝感市府河大堤,实地了解洪灾情况,指导抗洪抢险工作。视察期间,王宁司令员听取省交通运输厅厅长何光中的情况汇报。

△ 省交通运输厅厅长何光中带领省港航局局长王阳红一行人到天门、孝感查看灾情,指导救灾工作。何光中一行在天门察看龙骨湖分洪区和黄潭镇水灾情况,在孝感察看孝汉公路孝感段淹水路段和幸福坑与杨赛湖之间被冲毁的护堤,详细了解孝感市交通运输部门防汛救灾具体工作,慰问一线武警官兵和交通运输职工。

26日 2016年全省公路养护工作会在汉召开。省交通运输厅厅长何光中为迎国检创国优"养护杯"竞赛先进集体和先进个人颁奖。

28日至29日 副省长许克振在省交通运输厅厅长何光中陪同下,到神农架林区检查交通公路灾后恢复重建工作。许克振一行实地察看307省道茨八线2处地质灾害、机场路滑坡体、龙降坪边坡治理情况,与茨介坪公路应急保障中心、野马河服务区建设,慰问施工一线养护职工。神农架林区党委书记周森锋、区长李发平等陪同调研。

8月

8日 白洋长江公路大桥正式开工建设。该大桥是国家高速公路网G59呼和浩特至北海高速公路的重要控制性工程，是宜昌至张家界高速公路在湖北省宜昌市境内跨越长江的通道，线路全长15.68公里，其中长江大桥长2216.5米，设计为双塔钢桁梁悬索桥，主跨1000米，大桥两岸接线长13.46公里。

9日 省交通运输厅与省联合发展投资集团有限公司（以下简称"联投公司"）签订战略合作协议。《协议》约定双方共同发挥各自优势开展多方位、多层次合作，建立政企合作良好关系。双方将建立领导会晤制度，建立联系机制，定期和不定期进行信息沟通与工作磋商。厅长何光中、副厅长谢强、总工程师姜友生、重点办主任高进华，联投公司董事长、党委书记李红云等出席签字仪式。

△ 副省长许克振率省直相关部门负责人到孝昌县小河镇、季店乡及诺克特药业公司受灾现场，调研指导灾后重建工作。省交通运输厅厅长何光中陪同调研。许克振仔细查看桥梁受损情况，询问施工进展，要求工程保进度、保质量、保安全，保障群众通行。

12日 全省交通灾后恢复重建现场会在罗田召开。会议总结交通防汛救灾工作，部署灾后恢复重建，明确工作目标，分级落实责任，动员全省交通运输系统竞进作为、实干快上，确保全面完成交通灾后恢复重建任务。副省长许克振、省交通运输厅厅长何光中出席会议并讲话。

22日 宜昌市船舶交易中心正式揭牌。宜昌市船舶交易中心是长江沿线第一家"零收费、一站式"的交易平台，为船舶交易主体提供信息发布、价格磋商、合同订立、合同履行全链条服务，并将逐步丰富航运保险、航运仲裁、航运招标代理、线上线下联动、航运金融、大客户定制等服务项目。

26日 "武汉经开港至上海港航线"启航活动在武汉会议中心举行。武汉市副市长刘立勇、武汉新港管委会主任张林、湖北省港航管理局局长王阳红、武汉海关副关长王捍洲、武汉经济开发区管委会主任李忠等参加启航活动。同时，满载135个集装箱汽车零部件的轮船从武汉经开港码头出发，直航至上海集并。这是武汉经济开发区开通的首条长江至上海的江海直达航线。

30日 交通运输部总工程师周伟一行8人到天门市就抗灾救灾工作进行调研。省交通运输厅总工程师姜友生、省公路管理局局长熊友山陪同调研。调研组一行先后实地察看107省道皂市段水毁滑坡抢修现场、胡市镇水陆李大桥北分洪口区和348国道黄潭超限站段，每到一处，调研组都对该市各地的受灾情况和转移安置情况进行详细了解，并听取灾后重建和生产自救工作汇报。

9月

6日 省委副书记、常务副省长王晓东在省政府副秘书长程用文、十堰市委书记周霁、市长张维国的陪同下，走进汉十高速郧西管理所，亲切看望并慰问工作在一线的干部职工。

12日 由省交通运输厅、省人力资源社会保障厅、省总工会主办，武汉市交通运输委员会、武汉地铁集团有限公司承办，郑州捷安高科股份公司协办的第八届全国交通运输行业"中车株机·捷安杯"轨道列车司机职业技能竞赛湖北省选拔赛暨湖北省交通运输行业"品质杯"职业技能大赛轨道列车司机职业技能竞赛启动仪式在武汉举行。

14日 省重点提案现场办理工作座谈会在黄陂召开。副省长许克振出席会议并作重要讲话，督办《关于加大对农村公路投入的建议》提案，武汉市副市长刘立勇参加会议。省交通运输厅副厅长谢强汇报提案办理情况。

18日 三峡升船机正式启动试通航。三峡升船机具有提升高度大、提升重量大、上游通航水位变幅大和下游水位变化速率快的特点，其过船规模为3000吨级，最大提升重量15500吨，最大提升高度113米，上游通航水位变幅30米，下游水位变化速率约±0.50米/小时。三峡升船机投入运行后，客船及部分货船过坝时间将由3个多小时缩短至40分钟，大大提高船舶过坝效率，与长江三峡双线五级船闸组合使用，通航能力提升20%。

19日 武汉市2016年"公交出行宣传周及绿色出行"活动启动仪式在汉口火车站西广场举行。武汉市交委、市公交集团、市地铁集团、市环投自行车服务有限公司领导以及人大代表、政府参事、交通专家、市民代表、志愿者150余人参加启动仪式。

28日 代省长王晓东、副省长许克振到交通运输部与部长李小鹏会谈，部省达成共识，成立工作小组推进"十三五"发展规划对接，开展部省战略共建，加快湖北交通发展。交通运输部党组成员、规划司司长赵冲久，办公厅主任陈健，公路局局长吴德金，省政府秘书长王祥喜，省交通运输厅厅长何光中参加会谈。

△ 武穴长江公路大桥主桥试桩工程正式开钻，标志着武穴长江公路大桥项目全线开工建设。武穴长江公路大桥是湖北省"十三五"重点工程项目，是连接大别山旅游经济带、长江经济带、昌九经济走廊的重要连接通道。主桥批复方案为主跨808米钢箱混合双塔斜拉桥。项目将沪蓉、武英、沪渝、杭瑞4条东西向高速公路连线成网，是打通鄂赣皖豫4省毗邻地区的省际南北向快速通道，其建设对于完善湖北省高速公路网和过江通道布局、改善鄂赣皖豫4省毗邻地区尤其是大别山革命老区的对外交通运输条件具有重要意义。

10月

13日至15日 第二届中国"互联网+"大学生创新创业大赛在华中

科技大学举行。湖北交通职业技术学院获"挖掘机智能管家"项目银奖，是全国行业类高职院校中唯一获奖院校。

15日 十堰至房县高速公路全线建成通车。十房高速是湖北省"九纵五横三环"骨架公路网中的第七纵，是国高网G59的重要组成部分，起于丹江口市六里坪镇，止于房县城关镇，全长63.933公里。

18日 省交通运输厅厅长何光中到随州调研交通运输工作，与市委书记刘晓鸣、市长郄英才就交通发展交换意见，达成共识。省交通运输厅将大力支持随州交通运输发展，支持随州建成鄂北交通枢纽城市。

19日 中直机关工委副书记段余应一行到红安党支部调研基层党建工作，省直机关工委常务副书记郭俊苹、省交通运输厅副厅长程武、黄冈市委副书记刘海军参加调研。段余应一行参观应急保畅基地大厅、红色文化长廊、党员点赞台、党团活动室等党建工作阵地，详细了解"三评一赞"工作法、党员"微承诺"、支部组织生活等基层党建工作情况。

24日至25日 由省交通运输厅、省人力资源和社会保障厅、省总工会主办，省道路运输管理局承办的2016年湖北省交通运输行业"品质杯"职业技能大赛机动车驾驶培训教练员职业技能竞赛在荆州市晶葳驾校圆满落幕。省交通运输厅、省人社厅、省运管局和荆州市相关部门领导到现场观摩比赛。来自全省15市（州）共30名教练员参加竞赛比拼。

26日 省交通运输厅厅长何光中到仙桃市调研交通运输工作。何光中一行实地察看武汉城市圈环线高速公路西流河连接线工程、沔东中心客运站建设工程、国网通航仙桃通用机场和仙桃港码头建设工程，就仙桃"十三五"时期交通运输事业发展和相关重点工作提出建议和要求。

△ 省交通运输厅厅长何光中一行到潜江市调研综合交通运输工作。何光中一行先后到潜江公交总站、318国道潜江段一级公路改造项目、潜江港泽口港区综合码头建设项目、广华治超站、351省道灾后重建项目等地实地察看，听取潜江市交通项目建设、行业管理、公交化改革等方面工作汇报。

27日 由省人力资源和社会保障厅、省总工会和省交通运输厅联合举办，省高速公路管理局承办的全省高路系统"品质杯"收费业务技能竞赛决赛在京珠高速公路管理处举行。全省47家高速公路经营管理单位近万名收费人员参加选拔，进入决赛30人。楚天高速程蓉获得竞赛总成绩第一名，京珠高速梁俊和吴曼曼分别获得竞赛总成绩第二名和第三名。

△ 湖北省地方海事局下发江汉运河禁航令。江汉运河全线将于2016年10月31日零时至11月6日零时封航，禁航期间江汉运河龙洲垸船闸、高石碑船闸将停止开放。这是江汉运河通航两年来首次实行禁航。

28日 湖北省公路管理局代表队在2016年中国技能大赛暨第八届全国交通运输行业筑路机械职业技能大赛中，获挖掘机、装载机和团体总分3项冠军。本次大赛为交通运输部、人力资源和社会保障部、中华全国总工会联合举办的国家一级类竞赛，来自全国26个省市近100名选手在柳工园区参加竞赛。

30日 保康至神农架高速公路开工建设。保神高速公路起于保康县后坪镇，与呼和浩特至北海高速公路（保宜高速襄阳段）相接，止于神农架林区阳日镇，全长43.183公里，概算投资63亿元，工期48个月。项目的建成对完善湖北高速公路网布局，打通神农架对外快速通道，加快鄂西生态文化旅游圈资源整合，更好实施"两圈两带"发展战略具有重要意义。

11月

1日 翻坝江北高速公路建设项目在宜昌市夷陵区正式启动。该项目起于宜昌市夷陵区太平溪新港，途经乐天溪镇、蹬子溪、牛溪口、晓峰河，在黄花乡与沪蓉高速宜巴段相接，全长38公里。其中，大桥36座，隧道10条，互通式立交3处。概算总投资48亿元，工期42个月。建设标准为双向四车道高速公路，项目设计速度80公里/小时，路基宽24.5米，计划于2020年6月底建成通车。

2日 省交通运输厅厅长何光中一行到省邮政管理局进行专题调研座谈，就共同贯彻落实省委、省政府促进全省邮政业发展有关意见、开展交邮合作、促进寄递物流安全发展等工作深入交流。省邮政管理局党组书记、局长唐顺益介绍全省邮政体制改革及邮政业发展有关情况。

4日 省委书记蒋超良在汉江崔家营航电枢纽调研时强调，充分发挥枢纽在航运、发电、防洪、灌溉、环保、旅游等方面的综合效益，坚持走生态优先、绿色发展之路，助力汉江生态经济带建设。省委常委、省委秘书长傅德辉参加调研。

9日 受省委书记蒋超良委托，省委副书记、代省长王晓东在襄阳会见来鄂调研的交通运输部党组书记杨传堂。省政府秘书长王祥喜、省交通运输厅厅长何光中参加会见。

9日至10日 全国"四好农村路"运输服务工作现场会在湖北竹山县召开。交通运输部党组书记杨传堂出席会议并强调，全国各地交通运输部门要持续贯彻落实习近平总书记关于"四好农村路"的重要指示精神，全力提升农村交通运输服务能力和水平，为强农惠农富农、全面建成小康社会提供更好的运输服务保障。副省长许克振出席会议。湖北省交通运输厅厅长何光中作大会经验交流。

10日 省交通运输厅厅长何光中到十堰市郧西县湖北口回族乡和郧阳区柳陂等地，调研综治和交通扶贫工作。何光中强调，要筑牢安全防线，不断创新综治工作，确保一方稳定平安；要补齐交通短板，精准发力，继续深入推进交通扶贫工作，为全面建成小康社会提供交通保障。十堰市市长张维国陪同调研。

11日 省交通运输厅厅长何光中到崔家营航电枢纽管理处开展调研工作。何光中在崔家营枢纽坝顶交通桥沿线察看船闸、泄水闸、电站厂房、生态鱼道等主体建筑工程，询问船闸运营、库区水位调度、电站生产、基层班组配备等基本情况。

15日 黄黄高速公路管理处联合省高警二支队，黄梅县人民政府，鄂赣皖3省毗邻地区高速公路经营管理单位，辖区交警、路政、应急、消防、医疗、安监等13家职能部门，在鄂东高速黄梅区域成功举行"2016—激战冰雪"联合应急保畅演练，全力备战2017年春运及恶劣天气省际高速公路安全保通工作。

21日 麻城至竹溪高速公路大悟段步丈岭隧道实现整体双向贯通。步丈岭隧道是麻竹高速公路大悟段控制性工程，全长1730米，分左右线设置。

29日 全省"四好农村路"建设推进会在荆门钟祥召开。省交通运输厅厅长何光中出席会议并讲话，总工程师姜友生主持会议。

30日 武汉城市圈环线高速公路洪湖段交安工程专项及项目整体交工验收会在汉召开，标志着洪湖段全面建成。武汉城市圈环线高速公路洪湖段起于荆州洪湖市东荆河五湖南侧，与仙桃段对接，止于洪湖市燕窝镇团结村附近，与嘉鱼长江公路大桥北岸接线相接。路线全长19.70公里，全部为桥梁结构。

12月

1日 武汉至孝感城际铁路正式通车，武汉城市圈内武汉至黄石、黄冈、咸宁和孝感4条城际铁路全部建成通车，形成以武汉为中心的半小时生活圈。武汉至孝感城际铁路全长61.3公里，设计速度200公里/小时。

9日 省交通运输厅厅长何光中、总工程师姜友生一行调研武汉港航发展集团有限公司。何光中表示，省交通运输厅将大力支持港发集团做大做强，做大绿色低碳低运输成本的水运产业，优化湖北经济发展环境。何光中一行察看建设中的长江中游航运中心大厦，听取港发集团汇报。

△ 长江中游城市群公路合作联席会第二次会议在武汉召开。会议讨论长江中游城市群互联互通协同推进具体项目和鄂湘赣治理货车非法改装及超限超载工作信息共享事宜。省交通运输厅厅长何光中出席会议并讲话。

12日 省交通运输厅厅长何光中一行调研咸宁嘉鱼县长江非法码头治理和船舶水污染防治工作。何光中一行到嘉鱼鱼岳港弹子洲作业区和三湖连江外滩码头，实地察看非法码头、非法砂石堆场取缔后的岸滩场地覆绿情况，检查客渡船水污染防治情况，详细了解客渡船防油污具体措施和处理过程，听取咸宁市关于交通工作以及嘉鱼县非法码头治理工作情况汇报。咸宁市市委书记丁小强、副市长周勇陪同调研。

13日 省交通运输厅、长江航务管理局和省内9个市(州)政府在省港航海事局召开座谈会，共同谋划合力推进湖北长江黄金水道建设事宜。省交通运输厅厅长何光中，长江航务管理局局长唐冠军、省公路管理局局长熊友山、省道路运输管理局局长陶维号，武汉、黄石、襄阳、宜昌、荆州、鄂州、黄冈、咸宁、恩施等9市(州)政府领导，交通运输局(委)和港航海事局主要负责人等参加会议。

16日 省交通运输厅与国家开发银行湖北省分行(以下简称国开行湖北分行)签订《融资合作协议》。双方约定，自2016年至2020年，双方在各类金融产品上将合作融资500亿元，共同推动湖北省交通基础设施建设和交通扶贫事业发展。省交通运输厅厅长何光中，国开行湖北分行行长钟钢出席签字仪式并讲话。

27日 汉江雅口航运施工标准化示范工程启动暨主体工程开工建设现场推进会在宜城市雅口航运枢纽工程右岸施工现场召开。雅口航运枢纽是湖北省规划汉江9级开发境内的第7级，位于宜城市，下距汉江河口446公里。船闸设计为千吨级，形成高等级航道69公里，项目总投资33.5亿元，施工期49个月，是一个以航运为主，结合发电，兼顾灌溉、旅游等水资源综合开发功能的项目，对改善汉江防洪、灌溉、航运条件，促进资源综合利用和水生态保护具有重要意义。

28日 副省长许克振率领省直有关部门组成调研组，赴武汉港阳逻港区、武汉航交所等地调研武汉长江中游航运中心建设情况，省交通运输厅厅长何光中参加调研。

△ 武汉地铁机场线和地铁6号线一期工程开通试运营。地铁机场线是地铁2号线北延线，全长19.8公里，设站7座，起于天河机场，至金银潭站与2号线一期工程贯通运营。地铁6号线一期工程从沌口开发区的体育中心到金银湖公园，全长35.95公里，工程总投资272.36亿元，全部为地下线，设站27座，是武汉轨道交通网中最长的地铁线路，与轨道交通1、2、3、4号线实现无缝换乘。

△ 武汉首条快速公交线——雄楚大街BRT开通试运行。雄楚大街BRT全线13.6公里，采用"快速通道+灵活线路"混合式运营模式，即由1条BRT主线和24条常规公交BRT辅线组成，与常规公交同台共站，起点为武昌静安路，终点为光谷佳园路。

△ 汉江钟祥港正式开港投入试运营。汉江钟祥港石牌港区是定位于港口、物流园、工业园三位一体的综合性现代化港口，总规划面积25平方公里，设计年通过能力2000万吨，建设21个1000吨级泊位，是汉江规划建设功能最齐全及最大的散件杂货、集装箱综合码头之一。一期综合码头项目总投资3.2亿元，已建成4个千吨级泊位。

概況

【全省交通运输概况】 2016年，全省完成公路水路固定资产投资1009.95亿元，为年度目标的112.22%。全年新增公路里程7199公里，其中一级公路229公里、二级公路450公里、四级公路8309公里，减少三级公路105公里、等外公路1684公里。等级公路所占比重达到96.02%，比上年提高0.78个百分点，二级及以上公路所占比重达到13%，与上年持平。至2016年底，全省公路总里程26.02万公里，公路密度139.96公里/百平方公里，实现100%的县市通国道、99%的县市通一级及以上公路、100%的乡镇通国省道、98%的乡镇通二级以上公路、100%的建制村通沥青（水泥）路。全省内河航道通航里程8637.95公里，与上年保持一致，其中33.5公里四级航道升为三级航道，78.2公里五级航道升为三级航道。等级航道所占比重71%，三级及以上航道所占比重21.8%。

高速公路建设。全省高速公路完成固定资产投资382.3亿元，为年度目标的100.6%，比上年下降12%。保康至神农架高速公路、枣阳至潜江高速公路荆门北段、鄂州至咸宁高速公路等8个项目开工建设，全省在建高速公路16个，项目总里程578公里，已建在建高速公路项目总里程6782公里。白洋长江公路大桥、石首长江公路大桥等9座长江大桥在建，长江大桥在建数量创历史之最。

2016年6月5日，武汉新港三江港区综合码头一期工程施工中

普通公路建设。全省普通公路完成固定资产投资428.6亿元，为年度目标的112.8%。完成一级公路549公里、二级公路1330公里，新改建农村公路13822公里。完成公路大中修526公里，危桥改造56座，安保工程1519公里。52个精准扶贫县完成公路固定资产投资243.5亿元，占全省的56.8%；完成旅游资源扶贫路、产业扶贫路、20户以上自然村、窄路面加宽等项目建设9614公里，占全省的69%。创建市州级畅安舒美示范路段30余条、县市区级畅安舒美示范路段100余条，建成农村生态文明示范路和管养示范路120余条。

港航建设。全省港航建设完成固定资产投资66.5亿元，为年度目标的132.9%。省政府出台《加快武汉长江中游航运中心建设的实施意见》。"645"工程（"武汉至安庆6米、武汉至宜昌4.5米"长江深水航道整治工程）纳入国家规划。汉江雅口航电枢纽、荆州煤炭储配基地一期、宜昌港主城港区白洋作业区二期等18个项目开工建设。汉江沙洋港、仙桃港、丹江口港及黄梅小池滨江综合码头等先后开港，新增港口通过能力2235万吨，新增三级以上高等级航道110公里。汉江三大航道整治工程基本完工，汉江下游航道常年可通行千吨级船舶。116座装有卫星定位系统的新型太阳能航标投入使用，荆门碾盘山至武汉段实现昼夜通航。武汉阳逻港区、黄石棋盘洲港区集装箱铁水联运工程分别列入第一批"国家级"示范项目、培育项目。宜昌市船舶交易中心挂牌运行，成为长江沿线首家"零收费、一站式"交易平台。

站场物流建设。全省道路运输物流站场建设完成投资132.56亿元，为年度目标的147.3%。其中客运站场建设完成投资12.9亿元，货运物流设施建设完成投资58亿元，分别为上年的110%和190.48%，城市公交、出租汽车、驾校、维修、道路客运等完成投资61.66亿元。全省建成公路客货运（物

2016年2月6日，麻城至武穴高速公路正式通车试运营

流)站场18个,其中客运站场10个、货运枢纽(物流园区)8个。全省52个扶贫县共完成客运站场建设投资6.35亿元,为年度计划的107.02%,建成客运站4个,改造农村综合运输服务站6个,建成城乡公交化运营班线港湾式候车亭185个。

运输服务。全年完成公路客运量8.82亿人次,比上年增长0.30%,旅客周转量487.33亿人公里,比上年减少0.40%;完成公路货运量12.27亿吨、货物周转量2506.85亿吨公里,分别比上年增长5.92%、5.30%。完成水路客运量0.57亿人次、旅客周转量3.34亿人公里,分别比上年增长0.30%、0.94%;完成水路货运量3.57亿吨、货物周转量2666亿吨公里,分别比上年增长9.00%、7.23%。完成港口吞吐量3.5亿吨,比上年增长6.4%;集装箱吞吐量141.4万标箱,比上年增长6.57%。其中武汉港集装箱吞吐量113.3万标箱,比上年增长6.57%。推行农村客运公交化改造,拥有公交化运营车辆3600余辆,占全省农村客运车辆的15.7%,公交通达2427个行政村,占比9.3%。全省66家长途客运企业891条线路加入长途客运接驳运输联盟。全省货船平均吨位达到1880载重吨,万吨船舶运力规模以上企业105家。新开通"中远海运号"沪汉蓉铁水联运集装箱班列、沪汉陕铁水联运班列、武汉经开县至上海港的江海联运集装箱航线和中三角省际集装箱班轮公共航线。汉江第一条干支相连的集装箱定班航线沙洋港—武汉港开通运营。

抗洪救灾。面对"98+"罕见洪涝灾害,全省交通职工围绕"防汛、抢险、救灾"任务,圆满完成道路抢通、防汛救-灾物资运输、受灾群众转移等任务,累计投入抗灾保通人员9.9万人次、机械设备2.8万台班、运输车辆7923辆、海巡艇2837艘次、社会船舶54艘次,转移疏散受灾群众10万余人。及时制定灾后恢复重建实施方案,建立总投资312亿元的灾后重建项目库和升级改造项目,启动"百千万工程"(创建"百条示范路"、重建"千座连心桥"、改建"万里扶贫路")。至2016年底,全省完成恢复重建投资143亿元,占计划的45.8%,全面实现第二阶段"畅通出行"目标任务。

公路养护。全省高速公路投入养护资金10.97亿元,推行养护技术状况定期检测机制,对排名后5位的单位进行约谈,对上年检测未达标的4条高速路段进行挂牌督办。制定普通国省道接养和移交管理办法及实施细则,开展普通国省道的接养和移交工作,厘清公路部门管养范围和职责。完成普通公路大修工程794.7公里、中修工程265.9公里。委托专业单位对全省公路路况、桥梁隧道进行全面检测,确保公路桥梁运行安全。209国道十堰段"畅安舒美"示范公路创建工程获中国公路养护工程奖,107、207、316、318国道创建"畅安舒美"示范公路全面启动。

路政治超。制定高速公路治超专项整治行动方案,部署入口称重设备建设,修订完善超限行政处罚文书,查处超限车辆7126辆,入口劝返2733辆,实施行政处罚75起,全省高速路网货车超限率从年初的12.61%下降至2.88%。加大违法非公路标志标牌、桥下空间清理整治力度,成功申请法院强制拆除违法非公路标志牌1处。省政府出台《关于进一步加强货车非法改装和超限超载治理工作的实施意见》,建立完善省市县三级组织领导机构。联合公安、经信、质监等部门印发治超方案,加大治超新政宣传力度。各地路政与公安交警、运政开展联合执法,推广应用科技治超,建立信息共享与惩处机制,保持治超高压态势,非法超限超载得到有效遏制。全年检查货运车辆457.4万台,查处违法超限车辆37.8万台,卸货115.3万吨。超限检测站点货车检测率增加12.33%,查处的违法超限车辆比上年下降14.48%,"双排车"杜绝上路行驶。

绿色交通。全年新增新能源公交车近1000台,淘汰黄标车2000余台,做好上年淘汰的68049辆营运黄标车的跟踪核查。全省3065家二类以上维修企业参与"绿色维修"创建,其中2865家企业达标,达标率93.48%。开展全省港口船舶防污染整治专项行动,成立督查组100余个,出动检查人员1000余人次,检查船舶955艘次,立查立改船舶防污染问题300余处。组织编制全省船舶港口污染物接收处置方案,开展港口作业扬尘监管专项整治,全省首个交通运输部试点岸电项目在武汉港集装箱码头正式投入运营。推进LNG水上加注站试点示范,2个项目成功入选交通运输部第二批9个试点示范中。建立汉江梯级枢纽联合生态调度机制。深入汉江等重点水域,开展对船舶废气、船舶垃圾、船舶油污水、船舶生活污水防治和排放的专项检查;禁止单壳化学品船和600载重吨以上单壳油船进入汉江、江汉运河航行。利用老旧船舶报废更新和内

318国道枝江段廉政阳光公路示范路

河船型标准化资金补贴政策,推动船舶更新改造。

科技与信息化。全省高速公路联网路段ETC车道数659条,覆盖率98%,电子支付率28.68%,分别比上年增长3个百分点和6个百分点。与银行合作设立ETC"一站式"服务网点2226个,实现县级城市全覆盖。推进客运站安全管理智能化和移动稽查设备项目建设,为全省配发149套运政移动稽查设备,建设9个客运站安全管理智能化试点。四级协同系统中道路运政管理、从业人员管理、驾培机构联网监管与服务、检测站联网监管与服务、道路运输安全监管五大系统建设稳步推进,运政系统在全国率先实现互联互通。武汉市入列全国首批"智慧交通"示范城市,手机APP用户达320万。全省134个客运站实行联网售票,17个市(州)、102个县(市、区)实现道路客运联网售票全覆盖,部分站点延伸到乡镇。实现联网联控平台与运政信息系统之间业务闭环,"两客一危"车辆入网率提升到98.5%。潜江为全市农村客运车辆免费安装北斗卫星定位终端,并接入重点营运车辆联网联控系统。首次建立汉江及江汉运河通航设施统一调度联席会议制度,首次公布汉江航道维护尺度信息,首次通过政府购买服务对5000吨级江海直达集装箱船检验质量进行抽查。启用湖北省自行研发的港口危险货物监管系统,成功实现与长江海事危货信息"互联互通"。武汉在汉江河口推广电子航道图应用,宜昌在全国率先推动船检档案管理电子化、科技化和现代化。

安全监管。出台交通运输安全生产"党政同责、一岗双责"暂行办法,建立健全安全责任体系。全省公路部门开展隐患排查整治活动1286次,排查出各类隐患4059个,整治隐患3959个,整改率98%。十堰市"区域性应急物资储备仓库"投入使用。道路运输部门出动执法人员177890人次、检查企业13168家次、查处违规车辆12071台次、查处违法违规人员5464人次,整改安全隐患7299处,列入重点监管名单市级50家、县级393家,责令停产整顿企业115家。港航部门发布7种标准化渡船新船型,完成160艘渡船报废更新,创建20处平安示范渡口;建立隐患整改台账,实行销号处理,重大隐患直接挂牌督办。完善应急处置数据库,新增20艘执法趸船、执法艇;新吸纳社会打捞船9艘、拖轮44艘;首批新增42名潜水员。荆州公安县在全省率先成立第一家由地方编制部门批复的水路交通综合执法大队。

行业改革。省政府成立综合交通运输工作领导小组,全面负责综合交通运输组织领导和统筹协调工作。多式联运、综合交通枢纽、公共信息联盟等试点示范项目有序推进,综合交通运输规划、项目对接、春运、大文明创建等协调机制进一步完善。下放内河船员一类证书核发、省际市际客运经营许可等8项省级事项,取消道路运输经理人资格证核发等4项行政权力。完成跨省大件运输并联审批联调联试。全面开放驾培市场,取消教练员资格认定。开展"红顶中介"清理,发布省级中介服务事项清单。省交通运输厅与国家开发银行湖北分行达成500亿元战略合作协议。枝江等地积极争取地方政府债券和政策性贷款,推广应用PPP、特许经营吸引社会资本。香溪长江大桥、水布垭清江大桥等一批PPP项目稳步推进。出台高速公路养护代履行实施办法,完善高速公路费收、养护等4项业务检查考核标准。

转型发展。开展"畅安舒美"示范路、农村生态文明示范路创建,建成标准化公路管理站50个、普通公路服务区13个。全省实现县县通公交。武汉公交实行换乘优惠,日优惠量达80万人次。黄石、咸宁、随州等6市交通一卡通实现全国互联互通。12328电话系统实现部、省、市三级联网。武汉市推进"一带一路战略、长江经济带战略"集装箱铁水联运列入国家第一批多式联运示范工程。出租汽车改革深入推进,14个市州拟定网约车实施细则,并公开征求意见。交通云数据中心正式投入使用,全省交通运输数据资源整合工作有序开展。"一厅五局"门户网站群实现集约化管理维护,省交通运输厅门户网站在省直绩效评估中连续五年第一,在全国交通行业绩效评估中连续四年排名前三。强力推动非法码头治理,367个长江沿线、204个汉江沿线非法码头被取缔。

【全省高速公路概况】 2016年,全省高速公路征收通行费177.43亿元,比上年增长4.76%。贯彻执行省委省政府"一降两惠"("一降"是指,全省实行联网收费的高速公路、长江大桥收费标准在现行收费标准基础上总体降低10%左右,"两惠"是指,货车优惠、客车优惠)政策,全年为运输物流成本减负约10.23亿元;"绿色通道""重大节假日"惠民政策持续施行,让利社会约36.25亿元。加快推进ETC建设和用户群拓展,全省高速公路联网路段ETC车道数659条,覆盖率98%,电子支付率28.68%,分别比上年增长3个百分点和6个百分点。与银行合作设立ETC"一站式"服务网点2226个,实现县级城市全覆盖。高速公路开放、共享发展理念不断凸显,创新收费结算模式,协助蔡甸区政府实现汉蔡高速区间通行费由地方政府统一支付,促进高速公路与地方经济融合发展。京珠高速公路管理处主动对接沿线地方产业升级和旅游开发,通过实施收费广场改造等专项举措打通服务"最后一公里",高速公路经济效益和社会效益实现和谐发展。

收费征管。印发联网运营检测、标准化收费站创建、清分管理办法等一系列联网收费管理制度,研发启用通行费清分核系统,健全完善各项制度和操作流程。深入开展"标准化收费站"创建活动,年内新增标准化站所26个,站容所貌和收费窗口服务形象得到提升。加大联网稽查力度,成立2个督导组、9个片区稽查队,抽查50多个收费站,查处各类逃费嫌疑车辆11000余辆,补缴通行费78万余元,实现全省联网收费路段稽查全

2016年10月27日,全省高路系统"品质杯"收费业务技能竞赛决赛现场

覆盖。引入第三方专业检测机构,对新建成的12个项目进行联网运营检测,提出整改要求,有效确保新路段及时达标并如期开通。成功举办2016年度"品质杯"高路系统收费业务技能竞赛,以程蓉、梁俊等为代表的"高路工匠"充分展示精湛的业务技能。

道路养护。突出问题导向,深入分析"十二五"国检结果,对照国检标准要求,进行再整改再落实,全年各路段共投入养护资金10.97亿元。着重抓好道路技术状况评定工作,各单位均按要求完成道路和桥隧技术状况年度评定,为养护决策提供科学依据。印发养护市场信用信息管理办法、养护大中修工程竣工验收办法,出台《湖北省高速公路养护代履行实施意见(试行)》,探索建立养护监管激励新机制。推行养护技术状况定期检测机制,对排名后5位的单位进行约谈,对2015年检测未达标的4条路段进行挂牌督办。开展全省高速公路标志标牌调查和咨询,组织汉宜高速虎牙枢纽互通标志标牌整改,实施独柱墩匝道桥的安全评估,督促军山长江大桥安全隐患处治。组织沥青路面预防性养护施工技术交流,大力推广养护"四新"技术应用。开展基于"北斗系统"大跨径连续梁桥形变实时监测系统课题研究,着力提升科技养护水平。随岳、鄂西高速公路管理处和楚天公司在年度行业大检查中排在前列。

通行服务。以驾乘人员接触最密切、体验最直接、反响最突出的服务区作为重要切入点,强力推进高速公路服务区履职尽责督促检查,成立6个督查小组,督促各服务区落实环境卫生、经营规范等4大类37项整改措施。制定印发服务区经营管理办法、服务质量等级评定办法,每季度组织服务质量专项检查和督办整改。开展"荆楚行、湖北情"服务竞赛活动,通过"优秀服务区管理公司""服务区知名品牌""十大服务明星"和"十大美味菜肴"竞赛评选活动,营造服务质量创先争优的良好态势。完善母婴室、无障碍通道和卫生间等人性化服务设施,推进电动汽车充电桩、

LNG加气站等新能源设施建设,大力提升服务区功能。研究构建服务区诚信考核体系和诚信考核办法,开发服务区APP,逐步建立多方位、立体化的服务监管机制。省交通投资公司、楚天公司以创建全国一流服务区品牌为目标,加大设施投入,提升特色服务,创新经营理念,汉十孝感、汉宜潜江等服务区成为高速公路靓丽窗口风景线。

路产路权。大力开展治超专项整治行动,成立治超领导小组和工作专班,制定治超专项整治行动方案,部署入口称重设备建设,修订完善超限行政处罚文书,查处超限车辆7126辆,入口劝返2733辆,实施行政处罚75起,全省高速路网货车超限率从年初的12.61%下降至2.88%。加大违法非公路标志标牌、桥下空间清理整治力度,成功申请法院强制拆除违法非公路标志牌1处。贯彻"放管服"改革精神,实施路产赔偿收费主体调整,完善路政许可管理办法、许可监督管理规定等制度,全年办理行政许可事项2564件,无一起投诉举报。开发建成路政执法综合平台,设立公益宣传牌30块和执法服务点36处,组织举办路政执法技能竞赛,路政队伍依法行政能力进一步提升,省高速公路管理局获全国交通运输系统"六五"普法先进集体。

安全生产。健全安全应急组织机构体系,制定安全生产隐患自查标准

2016年9月21日起,全面禁止"双排车"进入高速公路

和安全应急工作考核实施办法，推行安全应急专项考核及第三方暗访机制，安全监管力度明显加大。加快应急处置服务中心组建步伐，编制全省高速公路应急保畅与公众服务"十三五"发展规划和突发事件总体应急预案，规范路况信息和应急信息报送，形成上下衔接、内外协同的应急信息联通架构。推进路网运行监测系统建设，与气象、交通流量、"两客一危"等系统数据对接，与高德地图进行战略合作，路网应急监测预警能力大幅提升。全力抓好春运、防汛、重大节假日安全保畅工作，尤其是在防汛抗灾工作中，全省高速公路系统及时处置各类险情524处，排除隐患478处，协助多地安全转移受灾群众1.7万余人。全年未发生一起安全生产责任事故和死亡10人以上重大事故。黄黄、鄂西高速公路管理处共同主导G50、G42结对共建活动，打造路网东、西门户"应急前哨站"，创新构建省际联动、东西联动的良好格局。

文明创建。探索建立"七个一"（即每周一句廉政警句、每月一个廉政故事、每月一次廉政微测试、每季一篇廉政热点文章、每半年一部廉政教育片、每年一次党风廉政教育参观、每年一次廉政党课）党风廉政教育机制，层层传导压力，层层压实责任。推进履职尽责督促检查，从5个方面27项具体内容入手，集中开展专项整治并全部整改到位。高速公路创建品牌集群效应持续放大，汉十"善为·治道"获评全国交通运输优秀文化品牌，"微笑京珠·情满荆楚"获全国交通运输行业文化建设卓越单位，"全国五一劳动奖章""湖北五一巾帼奖"等省部级以上荣誉16项。

（李虎子）

【全省普通公路概况】 2016年，全省普通公路完成固定资产投资429亿元，为年度目标的113%；完成一级公路549公里，为年度目标的137%；完成二级公路1330公里，为年度目标的133%；新改建农村公路13822公里，为年度目标的138%。全省公路通车总里程达到26万公里。襄阳、十堰、潜江等市的建设进展较快。以全国、全省"四好农村路"现场会为契机，加速推进扶贫公路发展。52个精准扶贫县完成公路固定资产投资244亿元，占全省的57%；完成旅游资源扶贫路、产业扶贫路、20户以上自然村、窄路面加宽等项目建设9614公里，占全省的69%。以"品质杯""施工标准化"等活动为载体，开展建设市场综合督查，首次完成2015年施工企业信用评价，深化实施设计企业信用评价，质量安全稳步提升。以建设项目绩效评价为重点，首次开展公路系统绩效管理评价，对全省"十二五"交通公路项目进行全面审计核查，对"普通公路建设省级补助资金"项目进行专项资金试点评价，对"养护工作经费"项目进行年中试点绩效监控，初步建立专项转移支付资金绩效目标体系。

发展思路更加明晰。全省公路水路交通运输"十三五"发展规划、交通扶贫规划、普通公路灾后重建规划相继发布，公路养护、路政、安全应急、人才队伍、信息化等专项规划陆续出台。"十三五"公路建养资金补助政策进一步优化，较之"十二五"大幅提升。《湖北省公路路政管理条例（修订）》顺利通过审议。《湖北省普通公路可持续发展管理体制的研究》得到省政府高度重视。事业单位分类改革的现状分析及对策研究、公路治超现状及对策思考等课题得到省交通运输厅表彰。主动适应省发改委关于转变咨询服务方式的要求，修订普通公路工程可行性审查，初步设计办法细则，前期工作品质大幅提升，速度全面加快。十堰、恩施、宜昌、襄阳等市州前期工作进展较快。全省完成"十三五"规划的一、二级公路项目工程可行性评审247个6974公里、初步设计审查53个2321公里，分别为规划里程的61%、25%。

抗洪救灾保障有力。面对"98+"的连续8轮强暴雨肆虐，面对74.4亿元直接经济损失，公路部门在组织领导、技术保障、人力财力物力支援上倾力保障，取得防汛抢通、灾后重建的胜利。灾情发生后，全省公路系统迅速启动防汛救灾二级应急响应，省公路管理局成立由主要领导牵头的防汛领导小组，局领导采取分片包保督导。组织17个工作组、6个督导组奔赴重点受灾区域技术督导，先后派出432人次奔赴一线指导公路阻断和水毁灾情。各级公路部门完善应急预案，成立工作专班，加强组织部署，明确相关部门和人员职责，为公路抗灾保通提供坚强的组织保障和技术支持。全省公路系统按照"除险、抢通、恢复"三步工作法，采取"抓早抓实、合力保障、集中攻坚、加强值守"等措施，

2016年2月28日，当枝一级公路金沙收费站ETC车道与收费站同步开通

2016年，荆州松滋市修建的街河市镇新星村"四好农村公路"示范线

全力开展公路应急抢险保通工作。全省累计投入人力56985人次、机械设备27359台班，投入救灾资金21384万元，发布路况信息292条，较好地完成了应急抢通任务。向麻城、武穴、蕲春、五峰等地调运公路钢桥8座，紧急架设钢桥5座300延米，向天门调运冲锋舟4艘，转移群众5000余人，转运救灾物资30余吨，查巡险情100余处，确保救援通道畅通，得到部省领导和社会各界充分肯定。灾毁过后，省公路管理局迅速编制灾后恢复规划，组织召开全省交通灾后恢复重建现场会，制定"三原则"（应急与谋远相结合、恢复与改善相结合、重建与发展相结合），明确三个阶段目标（基本出行阶段、畅通出行阶段、快捷出行阶段），建立总投资312亿元的灾后重建项目库和升级改造项目，启动"百千万工程"（创建"百条示范路"、重建"千座连心桥"、改建"万里扶贫路"），全力开展灾后恢复重建工作。截至12月底，全省完成公路恢复重建投资141.27亿元，为总目标的45.28%，圆满实现前两阶段的目标任务。

养护基础筑牢夯实。制定普通国省道接养和移交管理办法及实施细则，组织开展普通国省道的接养和移交工作，厘清公路部门管养范围和职责，宜昌、襄阳、武汉、仙桃、林区等地进展较快。制定普通干线公路日常养护检查考核办法，加强省市两级对日常养护检查频率和考核力度，将考核结果作为省公路管理局对各市(州)公路管理机构年终考核、小修保养资金分配的重要依据，与其他养护工程计划规模相挂钩。由市(州)决定2000万元小修保养考核资金对县市的分配，初步建立日常养护管理约束激励机制。按照国检标准，修订养护基层站点管理图表，做到科学、合理、易懂、易用。加强养护工程项目管理，实行月统计制、定期通报制，养护工程顺利实施。全省完成公路大修工程794.7公里，为年度计划的242%；完成中修工程265.9公里，为年度计划的105%。委托专业单位对全省公路路况、桥梁隧道进行全面检测，严格落实"桥隧安全运营十项制度"，确保公路桥梁运行安全。出台公路管理站建设标准，编制普通国省道服务区规划，加大站点建设力度。建成标准化公路管理站50个、普通公路服务区13个。全面启动G107、G207、G316、G318等4条国道"畅安舒美"示范公路创建工作。209国道十堰段"畅安舒美"示范公路创建工程获得中国公路养护工程奖。

公路保护成效明显。推动成立省市县三级新一届治超领导机构，协助召开全省治超工作动员部署会。报请省政府印发《关于进一步加强货车非法改装和超限超载治理工作的实施意见》，出台《湖北省公路不停车超限检测系统建设指导意见》与《湖北省公路不停车超限检测系统建设指南(试行)》，50套不停车超限检测系统建设稳步推进。联合开展两个整治违法超限运输车辆专项行动，细化拓展省内外区域联动治超举措，路面治超强度加大，政府主导、公路主推、部门联合、综合施策、长效治理治超工作格局进一步健全。黄冈、宜昌、襄阳等市州推进迅速有力。全年检查货运车辆457.4万台，查处违法超限车辆37.8万台，卸货115.3万吨。超限检测站点货车检测率增加12.33%，查处的违法超限车辆比上年下降14.48%，"双排车"基本杜绝上路行驶。路养联合

武陵山绿色旅游公路

巡查、涉路施工许可监管、非公路标志与路域环境集中清理整治等进一步加强。武汉、咸宁、仙桃等地依法查纠侵害公路权益行为。全省完成涉路工程技术方案审查15件，开展200余次治超大行动、非公路标志大清理、路域环境大整治、公路桥梁安全保护区大整治等专项行动。完成国省干线集镇过境路段整治40处，查处路政案件1.38万起，拆除违章建筑642处1.9万平方米，清理非公路标志2.1万块、公路堆积物3万余处2.8万平方米、占道经营2.1万处。以第二个"路政宣传月"和治超新政宣贯为重点，通过群发手机公益短信、首播电视动漫公益广告、评选法治微电影、刊载报纸网络、印送资料手册、喷挂标牌标语等方式，增进社会共识，提升行业形象。微广告《超限猛于虎》广泛传播，用鲜血和生命捍卫公路尊严的治超员形象通过媒体传播深入人心。

安全工作全面加强。制订党政同责一岗双责管理办法，与市州、处室签订安全应急目标责任状，明确安全应急工作责任，完善安全应急内业整理归档标准，实现安全生产痕迹管理。全省公路部门开展隐患排查整治活动1286次，排查各类隐患4059个，整治隐患3959个，整改率98%。省安委会挂牌督办的孝感107国道交通隐患路段、省公路管理局挂牌督办的17处普通公路重大安全隐患基本完成。全年完成危桥改造项目101座、安保工程2626.4公里。207国道襄阳城紫薇园至黄龙观路段和襄阳市城区段改建工程四标分别获省交通运输厅"平安公路""平安工地"称号。十堰"区域性应急物资储备仓库"投入使用，宜昌"区域性应急物资储备仓库"推进顺利。广泛开展全省反恐应急、隧道突发事件等系列应急大演练，集中开展钢桥架设、冲锋舟等系统拉练培训，演练培训覆盖面广、针对性强、组织保障有力。

改革创新全力推进。落实普通公路收费"三减两免"及渡口免费等政策，全年完成通行费征收1.99亿元，减免费用2186万元，免费渡运5.595万班次，保持安全生产稳定、服务水平持续提升。优化行政许可流程，推行首问负责制、一站式服务等举措，受理办结涉路施工活动许可190件、超限运输许可4075件，解答办理公众诉求1216起，群众满意率100%。积极推进与政策性银行合作，主动与国开行、农发行对接，共同推进扶贫公路发展。推广香溪长江大桥为代表的PPP试点、水布垭清江大桥为代表的EPC模式，荆门、黄冈等地通过构建多个筹资平台，对辖区内重点公路建设进行分工负责，分项目筹融资包建，为普通公路筹融资拓展新空间。加大公路行业事业单位分类改革的指导和协调力度。全省17个市(州)公路管理部门基本完成事业单位类别划分工作；77%的县市区公路管理部门完成事业单位类别划分工作。加大普通公路养护工程标准化设计、EPC建设管理模式研究、柔性半柔性基层应用、大跨径桥梁全寿命安全保障体制等课题研究。荆州、荆门等推广应用"水稳填充大粒径碎石基层"和"新型抗弯拉水泥混凝土路面"技术，宜昌、恩施等大力推行桥梁预防性养护技术，提高资金使用效益。编制公路数据资源整合方案和超限治理数据接口技术规范，完成路政治超系统软件及养护、治超省级数据的迁移。

行业品牌倾力打造。第八届全国交通运输行业筑路机械操作工职业技能大赛中，湖北代表队一举囊括挖掘机、装载机和团体总分三项冠军，在全国首次实现大满贯。全省5人获全国、全省"五一劳动奖章"，1人获"湖北首席技师"，30多人获省交通运输厅"技术能手"称号。把握防汛抗灾、灾后重建等焦点，及时跟进公路防汛抗灾工作和灾后重建任务进展，编发"公路抗洪群英谱"信息120多条、《公路抗灾保通简讯》12期，打造麻城市周全寿劳模突击队等一批先进集体品牌以及英山县叶金峰等一批先进个人品牌。开展社会主义核心价值观教育活动，"铺路石"精神、"最美养路工"形象深入人心；开展"学树建创"先进典型创建活动，全省公路系统3家单位获省部级以上表彰。武汉、荆州、恩施、孝感、咸宁、襄阳等市(州)公路管理局连续多年保持省级最佳文明单位称号；宜城市207国道服务区获"全国交通运输行业文明示范窗口"称号，"公路孝女"王何林被授予"全省三八红旗手"。全省湖北公路网站、湖北公路新闻微信"两位一体"新媒体宣传阵地影响不断扩大，微电影《1314———一生一世，一路有你》广泛传播。

(耿峥)

【全省道路运输和交通物流发展概况】 2016年，全省完成道路运输固定资产投资132.6亿元，为年度目标的147.3%，其中：客运站场建设完成投资12.9亿元，货运物流设施建设完成投资58亿元，分别为上年的110%和190.48%。全省52个扶贫县完成站场建设投资21.08亿元，为年度计划的101.69%。全年建成客运站10个、物流项目8个，改建农村综合运输服务站6个，建成城乡公交化运营班线港湾式候车亭185个。

1. 均等化服务水平稳步提升

运输服务保障务实高效。开展春运"情满旅途"活动，完成春节、清明、五一、端午、中秋、国庆、元旦等节日运输保障任务。全年完成公路客运量8.82亿人次、旅客周转量487.33亿人公里，公路货运量12.27亿吨、货物周转量2506.85亿吨公里。各地投融资改革探索推进，投融资渠道不断拓宽，PPP建设模式、利用政府债券资金投资建站等在潜江、襄阳、荆门等地相继启动。

城乡运输物流创新融合发展。11月9日，全国"四好农村路"运输服务工作现场会在十堰竹山县召开，竹山县积极推进客货联盟、交农携手、运邮结合等融合发展模式获得肯定。全省36个县市完成县级农村物流融合发展规划编制，32个项目纳入"十三五"全省农村交通物流发展项目库，启用湖北农村交通物流标示标牌，启动重点物流园区(企业)联系制度建设，进一步加快甩挂运输试点建设。秭归、宜城、恩施等12个省级农村物流试点示范建设取得阶段性成果。同时，积极推行农村客运公交化改造，拥有公交化运营车辆3600余辆，占全省农村客运车辆的15.7%，公交通达2427个行政村，占比9.3%。鄂州、老河口等地形成城市公交与短途客运公交化融合共赢的局面，黄陂区实现城际公交与城乡公交网的无缝对接，神农架林区推进景域客运交通无缝衔接。

农村客运长效机制初步建立。深入开展"村村通客车"回头看活动，继续落实省级农村客运发展每年1个亿专项资金政策，全省大部分县市配套建立了农村客运发展专项资金。严格落实"县管、乡包、村落实"政策，建立健全农村客运监督考核、农村道路交通安全监管和四方联合审查等机制。以政风行风热线反映问题为导向，对部分地区农村客运"留不住"问题开展深入研究分析，配合当地政府落实相关政策，确保村村通客车长期稳定运行。全省各地积极组织对因水毁暂时停班的"村村通客车"情况进行摸底排查，引导停运班线尽快恢复运行。

燃油补贴申报严格规范。组织各地开展2015年度城市公交、出租汽车、农村客运价格补助审核工作，及时解答申报中的问题，按照规定程序做好审核、公示、上报工作。妥善处理武汉市新洲区部分农村客运车辆补助范围界定问题、咸丰县畅达客运公司截留抵扣油补资金问题。省道路运输管理局派出督查组对部分重点县市农村客运成品油价格补助工作情况和8家公交企业新能源汽车申报数据进行抽查复核。联合财政部湖北专员办对13家公交企业进行督查，发现问题及时整改。

2. 行业治理能力得到增强

法制体制建设不断完善。启动修订《湖北省道路运输条例》立法前期调研工作，配合省厅将条例修订作为2017年立法预备项目上报省人大。进一步完善规范性文件制定程序，建立健全规范性文件审查制度，完成规范性文件清理，制定保留、废止、失效三个方面清单并公布，共清理规范性文件66件，其中公布废止19件，公布失效21件。建立应诉工作机制，妥善处理两起行政诉讼案件。支持市县运管与物流机构借鉴荆州模式，实行一门两牌，合署办公，整合资源，提升管理效能；借鉴武汉、宜昌模式，发挥综合交通优势，建立市级交通主导的物流综合管理体制和工作机制，为降低物流成本提供支撑。

"放管服"改革落实有力。全面取消和下放省际、市际道路运输省级行政审批权限，做好线路审批权的下放和承接指导工作，推进客运线路资源配置机制和道路客运价格市场化改革。大力支持长途客运接驳运输联盟发展，全省66家长途客运企业891条线路加入长途客运接驳运输联盟。停办新增道路旅游客运运力计划分配，扩大道路客运企业经营自主权。无车承运人试点工作顺利开局，遴选上报武汉小码大众科技有限公司等10家公司作为第一批试点企业。完成机动车租赁和机动车综合性能检测由审批改为备案工作。实现驾培许可职责归位，全面开放驾培市场，全面取消教练员资格考试，推行"计时培训、按学时收费、先培训后付费"驾培服务模式，覆盖率57.16%，提前完成50%以上的年度目标。启动从业人员网络远程继续教育系统备案工作。推动出租汽车经营权有偿使用审批权下放至市、县(市)人民政府，指导各地制定城市版的《出租汽车行业改革意见》和《网约车细则》，14个城市已拟定网约车实施细则并向社会公开征求意见。

城市公交实现转型突破。深入推进公交示范城市创建，引进第三方按年度对创建城市进行考核评价。持续推进公车公营改革，天门、咸丰、京山等10个市县完成公车公营改造，改造挂靠车辆近400辆，投入资金超过3.5亿元。指导秭归开通2条公交线路，实现全省县县通公交。创新公交发展模式，全省培树武汉"快干支微"、宜昌快速公交、襄阳智慧公交、荆州多元化公交、老河口一体化公交、赤壁县级品牌公交等六种典型发展模式，开通微循环公交线路130余条，定制公交82条；武汉公交每日换乘优惠量80万人次；宜昌开通"1+26"BRT线路，BRT走廊客流占比达59.27%；潜江市采取PPP模式对以园林城区25公里范围内的5条农村客运班线进行公交化改造。推进一卡通互联互通工作，黄石、荆门、咸宁、随州、潜江等地与全国交通一卡通实现互联互通；武汉公交卡与城市圈7地市实现互联互通，IC卡发行量达到2500万张，年刷卡量20亿人次，占总出行量的57%，年刷卡额近25亿元。

行业绿色发展深入推进。加大营运黄标车、老旧车淘汰力度，做好2015年淘汰的68049辆营运黄标车的跟踪核查，加强对无证经营、未办理证件年审手续经营的非法、违规营运车辆的运政执法检查，加强对营运黄标车和老旧车淘汰进度的统计和督办工作。组织全省3065家二类以上维修企业参与"绿色维修"创建达标，全行业投入资金22359万元，购置、更新和改造维修节能环保设施设备6685台套，其中2865家企业完成创建达标，占比93.48%。在营运车辆中积极推广应用新能源车，全年新增新能源公交车近1000台，总投资10亿余元。

3. 安全维稳工作稳中有为

安全管理基础不断夯实。进一步健全完善"上下联动、横向到边、纵向到底"的领导、部门、岗位三级安全管理责任体系，推进"人、车、企、点、线、网"六位一体管理模式。全省大部分市(州)运管机构单独设立安全科，配备专职安全管理人员，定期召开季度安全例会，分析安全形势，研究解决问题，安排部署安全工作。不断完善公路路政、运政协调推进治超工作机制，建立联合治超联席会议制度，进一步加强工作信息互联互通。大力推进客运站安全管理智能化和移动稽查设备等2个项目建设，为全省配发149套运政移动稽查设备，建设9个客运站安全管理智能化试点。

安全专项整治效果明显。会同公安、安监等部门开展安全生产月和"道路运输平安年"活动，开展客运站安全、危险货物道路运输、"平安交通"

建设、安全生产隐患排查治理攻坚、出租车"打黑"等多项整治行动。吸取"12·2"鄂州重大道路交通事故教训,开展交通运输安全隐患大排查,大力推行安全生产"双随机"执法检查,全年8次派出46个督导工作组深入一线,对重点时段、重点部位、重点环节进行安全督查,督导公安县宏泰运输公司3起客车严重超员问题整改。全省出动执法人员177890人次、检查企业13168家次、查处违规车辆12071台次、查处违法违规人员5464人次,整改安全隐患7299处,列入重点监管名单市级50家、县级393家,责令停产整顿企业115家。

应急保障作用充分发挥。做好G20、世界互联网大会等重要敏感期间道路客运安全管控工作,落实源头安检制度,实时上报车辆、乘客数据,未发生安全稳定问题。组织开展乘客逃生和防汛抢险(战备)集结演练,14家公司95台车辆参演,有效促进全省道路运输应对突发事件能力提升。防汛救灾期间,组织10个防汛救灾工作组,到孝感、蔡甸、洪湖等受灾一线指挥救灾工作,动员全省各级运管机构调用应急运力1948辆,接送救灾人员11956人次,运送救灾物资27847吨,运输砂石料约15000立方米,疏散受灾群众104215名,填装沙袋7370包,为全省防汛救灾提供道路运输服务保障。

信访维稳工作有力有效。开展化解信访积案攻坚活动,组织力量进行全方位、拉网式排查,及时摸排掌握可能引发集体上访的重点事、重点人和一些苗头性、动态性问题,排查信访积案5件,其中妥善化解3起,依法导入司法程序2起,重点督导武汉、公安、汉川三地行业管理部门妥善处理出租汽车上访事件,指导监利、应城等地开展公交改革。全年受理群众来信、来访154件,比上年下降60.5%。

4.信息化建设加快推进

持续推进道路运输管理四级协同信息系统项目建设。四级协同系统中,道路运政管理、从业人员管理、驾培机构联网监管与服务、检测站联网监管与服务、道路运输安全监管五大系统建设稳步推进,在全国率先实现运政系统互联互通年度工作目标。进一步加强湖北省公路水路运输市场信用系统、安全畅通与应急处置系统建设的组织和协调,继续做好全国汽车电子健康档案系统湖北试点工作。智能公交由点到面,全面铺开,武汉市入列全国首批"智慧交通"示范城市,手机APP用户达320万;武汉、荆州、仙桃等地安装使用电子站牌1400余块。

全面推广联网售票系统应用。全省134个客运站实行联网售票,实现中心平台、联网售票、票务结算"三统一",全省17个市(州)102个县(市、区)实现道路客运联网售票全覆盖,部分站点已延伸到乡镇,系统纳入客运车辆14324辆、客运线路6144条,官方网站累计访问量3500余万人次,网站及手机APP平台售票近16万张。

不断升级联网联控系统效能。完成联网联控监管平台全面升级改造,实现联网联控平台与运政信息系统之间业务闭环,"两客一危"车辆入网率提升到98.5%,增加平台考核管理、手机APP等模块,加大对运管部门、运输企业和运营商考核力度,积极探索北斗导航技术在农村客运的应用示范,为湖北省道路运输四级协同系统提供数据和应用支撑。潜江为全市农村客运车辆免费安装北斗卫星定位终端,并接入重点营运车辆联网联控系统,保障了农村客运安全运营。

5.全面从严治党和软实力建设成效显著

持之以恒抓好作风建设。坚持以巡视问责和电视问政曝光问题整改为契机,分系统和机关两个层次开展作风整顿,制定公布权力清单、责任清单,加强对重点岗位和关键环节监督。公开通报电视问政相关责任人的追责问责情况。积极参加2轮共4次党风政风热线直播,对群众反映的20个问题逐一调查核实,及时反馈结果,办结率100%,群众满意度98%。对省纪委通报的落实党风廉政建设责任制不力问题,制定整改方案,在主体责任、监督责任、会议费管理、纪律作风及制度规定等5个方面提出15条整改措施。将省委巡视组反馈意见分解成5大项、49个整改任务,明确整改措施,建立整改台账。

加强人才队伍和精神文明建设。分层次开展系统干部职工综合素质及业务技能培训,在道路客运、公交、出租车、物流等10个领域培养一批骨干人才,建立一批专家库,打造阶梯式人才队伍。组织开展"讲好运输物流故事、传递运输物流好声音"系列活动,制作"十二五"改革发展成果画册和专题片,开展"回眸十二五、奋战十三五"汇报演讲活动。十堰市城市公交集团有限公司城市客运第三分公司4路女子品牌线路和仙桃市公交总公司7路线获"全国工人先锋号",亨运集团物流公司左建军获"全国物流行业劳动模范",荆州市驾驶员培训学校教练员刘远松获"湖北省五一劳动奖",武汉正元置业有限公司出租车驾驶员陈远凯获"2015年感动交通十大年度人物""全国交通运输行业文明职工标兵"。

(吴颂原)

【全省水路交通概况】 2016年,水运建设投资完成66.5亿元,为年度确保目标的133%。松虎航线、唐白河、螺山干渠内荆河加快推进工可编制。江河口三期、荆州煤炭储配基地一期、宜昌港主城港区白洋作业区二期等18个项目前期工作取得进展。全省新增三级以上高等级航道110公里,超过全国新增高等级航道总里程的1/5。汉江沙洋港、仙桃港、丹江口港及黄梅小池滨江综合码头等先后开港,新增港口通过能力2200万吨。全省港口吞吐量3.5亿吨,比上年增长6.4%。完成水路货运量3.5亿吨、货物周转量2624.5亿吨公里,分别比上年增长8.9%、7.2%。全省货船平均吨位1880载重吨,万吨船舶运力规模以上企业105家。全省辖区水域发生运输船舶事故6起,死亡7人,直接经济损失32.49万元,未发生一起死亡3人以上责任事故,港口危货、

2016年7月1日，汉江上第一座集装箱港口——荆门沙洋港正式开港营运

工程建设零事故、零伤亡。

2016年主要做了以下工作：

1. 长江中游航运中心建设取得突破性进展

顶层设计为航运中心加快发展提供政策保障。省政府出台《加快武汉长江中游航运中心建设的实施意见》，明确航运中心总体定位、具体目标、重点任务；长江港航建设专项资金由"十二五"每年5亿元增加到"十三五"每年10亿元，航道建设比照高速公路土地政策和税收政策；成立航运中心建设协调领导小组，理顺体制机制；《武汉长江中游航运中心总体规划》完成初稿，荆州、黄冈、鄂州、咸宁、巴东、丹江口等地港口总规修编工作加快。武汉港航发展集团组建运营，鄂东港口资源整合迈出实质性步伐，为鄂东5市港口差异化、专业化发展打下坚实基础。全省完成集装箱吞吐量142万标箱，比上年增长6.6%，其中武汉港完成集装箱吞吐量113万标箱，中转箱比例40%，滚装汽车72.1万辆，比上年增长8.6%。武汉港作为长江内河第一大集装箱港、第一大商品车港的地位不断巩固。武汉阳逻港区、黄石棋盘洲港区集装箱铁水联运工程分别被列入第一批"国家级"示范项目、培育项目，汉欧货运班列全年发运2.12万标箱，比上年增长42.5%，回程班列货量居全国第一。武汉至上海洋山江海直达、泸—汉—台(基隆)快班、武汉至东盟四国、武汉至日韩等品牌航线稳步壮大。新开通"中远海运号"沪汉蓉铁水联运集装箱班列、沪汉陕铁水联运班列、武汉经开港至上海港江海联运集装箱航线和中三角省际集装箱班轮公共航线。多式联运基础设施建设步伐加快，阳逻铁路进港一期工程开工建设，黄石港疏港铁路项目进展顺利，宜昌紫云铁路项目基本建成。装载能力1000个标箱、载重1.5万吨的江海直达船型设计开发加快推进。武汉航交所重组挂牌运行一年，交易量10亿元。宜昌市船舶交易中心挂牌运行，成为长江沿线首家"零收费、一站式"交易平台。黄石新港口岸正式开关，电子口岸和通关便利化取得进展。

2. 汉江航道建设、航运开发取得突破性进展

汉江航运梯级开发提速加力。5月5日，时任省委书记李鸿忠在雅口航运枢纽现场主持夹河、孤山、雅口、新集、碾盘山五级枢纽建设开工动员会。省政府采取强有力措施，成立由省领导担任总指挥长的汉江五级枢纽建设总指挥部，全力督办落实2020年

2016年12月26日，汉江雅口航运枢纽主体工程开工建设

丹江口以下建成千吨级航道的目标。12月实现雅口、孤山、夹河枢纽主体工程开工，碾盘山枢纽进场道路开工的目标任务。汉江碾盘山至河口段高等级航道基本建成。历经六年，汉江三大航道整治工程基本完工，汉江下游航道实现常年可通行千吨级船舶目标。116座装有卫星定位系统的新型太阳能航标投入使用，荆门碾盘山至武汉段实现昼夜通航。汉江河口至蔡甸2000吨航道整治工程项目工程可行性报告获批复。荆门沙洋港、钟祥石牌港相继开港运营。汉江沿线建成拥有集装箱、件杂货和散货综合功能的现代化直立式高桩港口码头。汉江历史上第一条干支相连的集装箱定班航线沙洋港——武汉港正式开通。

3.落实"长江生态大保护"、治理非法码头工作取得突破性进展

在省领导直接领导下，省联席办科学调度、周密部署、精心组织，在长江汉江干线强力推进非法码头整治，一举扭转多年来积弊丛生的乱占滥用岸线现象，长江干线的武汉、黄石、宜昌、鄂州、咸宁和汉江干线的荆门、潜江等市(州)走在前列。截至6月30日，长江367个、汉江204个非法码头被关停取缔，清退岸线60余公里。面对"98+"灾情，全省港航海事系统堵口、守堤，救灾民、送物资。全省水路交通防汛投入资金2144.6万元、防汛救灾人员17290人次、防汛应急车1955台次、执法艇2391艘次，调度防汛船舶储备运力436艘次，夺得防汛抢险救灾的胜利。争取3300万元财政补助资金，全省完成灾后重建投资1.5亿元。12月，组织开展全省港口船舶防污染整治专项行动，成立督查组100余个，出动检查人员1000余人次，检查船舶955艘次，立查立改船舶防污染问题300余处。组织编制全省船舶港口污染物接收处置方案，开展港口作业扬尘监管专项整治，推动全省首个交通运输部试点岸电项目在武汉港集装箱码头正式投入运营。推进LNG水上加注站试点示范，在交通运输部第二批9个试点示范项目中，湖北入选2个。建立汉江梯级枢纽联合生态调度机制。深入汉江等重点水域，开展对船舶废气、船舶垃圾、船舶油污水、船舶生活污水防治和排放的专项检查；禁止单壳化学品船和600载重吨以上单壳油船进入汉江、江汉运河航行。利用老旧船舶报废更新和内河船型标准化资金补贴政策，推动船舶更新改造。5年来全省核准拆、改、建船舶1778艘、177.9万总吨、1.7万客位，完成拆、改、建船舶1271艘，其中拆解1020艘，防污改造242艘，新建大长宽比示范船8艘、LNG示范船1艘。

4.夯实安全救助体系、打造本质安全成效显著

夯实安全基层基础，县、乡镇、村组、船主逐级签订乡镇船舶安全"四级"责任状，全省1730处渡口、2425艘船舶安全监管责任分解到589名海事人员肩上。发布7种标准化渡船新船型，申请中央专项奖励资金1636万元，完成160艘渡船报废更新，成功创建平安示范渡口20处。开展水上交通安全知识进校园活动。顺利通过交通运输部海事局2016年度船检机构资质不定期检查，组织完成近100名小船营运检验适任制验船师考试增强源头保障能力。黄冈、宜昌等地试点推进陈家坞、麻城将军、长阳向王庙3处渡口实现渡运"公交化"，恩施积极探索"3+2"学生渡运管理模式，十堰、恩施分别联合陕西安康、湖南湘西海事机构，建立共抓共管新机制。仙桃制作渡口分布图和海事监管网络图，黄冈、咸宁采取领导分片包干，定期开展明察暗访。专项行动整治隐患，开展事故案例对照剖析，深刻汲取"6·1"东方之星事件和"8·12"天津港爆炸事故教训。围绕打造"平安水域"，开展"安全生产月"、港口危货"专家会诊"、客渡船和危险品船检验质量"回头看"、砂石船非法运输治理、航道安全设施检查及综合执法集中行动等近10项专项整治，核查客渡船3096艘、砂石运输船954艘、危险品船28艘、港口危货企业67家，发现问题客渡船496艘、砂石船300余艘，排查港口危货安全隐患221个(其中重大安全隐患10个)；建立隐患整改台账，实行销号处理，重大隐患直接挂牌督办。修订《湖北省水路交通突发事件应急预案》，完善水上应急处置预警预防机制，拓宽预警信息收集、发布渠道。完善应急处置数据库，新增执法趸船、执法艇20艘；新吸纳社会打捞船9艘、拖轮44艘；首批新增42名潜水员。组织开展全省执法艇驾驶员技能比武，武汉、荆门、孝感、咸宁、黄石、鄂州、随州等联合相关单位举办船舶消防乘客疏散、水源环保、重大气象灾害和反恐等应急演练，荆州、宜昌联合长江航务等部门开展港口危险货物安全应急演练。

5.加快改革创新、推动水运转型升级成效显著

推进"放、管、服"改革，将省际普通货船营运证配发权限下放市(州)；将港口经营许可等由前置审批改为后置审批。推行船员诚信管理、船员违法记分、船舶进出港电子签证等新规，推广"AIS信息服务平台"和"船员口袋工程"。首次建立汉江及江汉运河通航设施统一调度联席会议制度，首次公布汉江航道维护尺度信息，首次通过政府购买服务对5000吨级江海直达集装箱船检验质量进行抽查。全年落实省固定资产投资补助6.84亿元，襄阳小河港、喻家湾港、荆门江汉运河港区后港综合码头、天门岳口港尝试PPP模式，武汉创新港口经营资质预警管理，黄冈深入村组为当地群众开办船员培训班，宜昌推动整合3家航运企业打造长江流域最大滚装运输企业。推广应用交通运输部海事局"两大平台""四大系统"，启用湖北自行研发的港口危险货物监管系统，成功实现与长江海事危货信息"互联互通"。完成水上搜救系统二期工程竣工验收和县级指挥平台试点推广。完成湖北省重点水域电子巡航试点示范工程工程可行性编制。汉江航道整治指挥部首次运用无人飞行航拍器和声呐技术，全方位立体监控施工质量。武汉在汉江河口推广电子航道图应用，宜昌在全国率先推动船检档案管理电子化、科技化和现代化。推动省财政落实水路交通规费替代性资金，进一步优化基本支出和项目支出结构，系

统保障能力得到加强。推动基层港航海事部门深化改革,开展执法人员转岗学习、执法大比武、大练兵等活动,促进"三转三升"。荆州公安县在全省率先成立第一家由地方编制部门批复的水路交通综合执法大队,宜昌市全面提升执法人员素质。襄阳、仙桃、潜江等先行先试,通过内部发文组建综合执法队伍,为后期争取编制部门认可奠定基础。荆州、孝感、荆门等部分市县成功争取到取消收费后地方财政补助。对接上海航运机构、长江航务管理部门,持续深化"2+9"合作机制,推动长江中游航运中心和"645"工程建设。联合港航企业、铁路、海关和口岸部门,推动多式联运和对外开放。协调南水北调局、汉江枢纽业主,推动建立通航调度机制。携手市县,与襄阳、宜昌、监利、钟祥、阳新等市县政府签订合作备忘录,凝聚水运发展合力。加强省际协调,与河南、湖南建立省、市二级协调机制,共推唐白河、松西河跨省航道建设,与浙江、西藏、新疆开展结对共建,深化鄂湘赣中三角水运发展合作。

6. 党建和党风廉政建设务实推进

牢固树立"把抓好党建作为最大的政绩"理念,紧紧扭住落实主体责任这个"牛鼻子",建立党委、总支、支部三级责任清单。以"抓班子带队伍好、守纪律讲规矩好、谋大事促发展好、严管理保安全好、创品牌树典型好"五条标准,在全省港航海事系统开展"领航先锋"五好班子创建。秉持"一个支部一个家"的理念,扎实开展"4+N"支部主题党日活动,开展支部书记与处室负责人履职能力同考核的试点。收集精准扶贫、项目审批、违规收费、惠农补贴、专项经费监管、招投标管理、渡运安全、规范中介服务等方面意见、建议36条,开展涉农资金、安全监管装备配置、航道养护等专项审计检查。在灾后重建中优先恢复水毁学生渡口,集中开展"三无船舶"整治,落实行风热线承诺。新增"六型"文明示范窗口22个,总数达到135个,全系统省级文明单位11个。武汉汉江所"千里汉江第一哨"获得全国海事系统好形象好品牌称号。

(陈珺)

【全省铁路运输概况】 2016年,武汉铁路局围绕建设安全、现代、进取、精细、文明的新武铁,开展三年规划决战攻坚,圆满完成各项工作任务和预期奋斗目标。

安全基础得到新加强。全年消灭一般B类及以上责任行车事故,杜绝造成旅客死亡责任行车事故,确保全国"两会"、党的十八届六中全会、G20峰会,以及管内特大洪涝灾害等重要时期的安全稳定,夺取安全全年和安全生产1300天,取得建局以来最好安全成绩。

运输经营创造新业绩。全年旅客发送量1.59亿人,连续11年快速增长,近3年年均增运1000万人左右。货运向现代物流转型进一步加快,大宗货物市场得到巩固,多式联运发展迅猛,"中欧"班列品牌扩大,城际快运网络通达,全年完成货物发送量6744.2万吨,比上年增长2.5%。经营管理、综合开发、合资公司发展成效显著,全年实现盈利34.3亿元,比上年增盈7.5亿元,经济总量在"湖北企业100强"中排名第八位。

路网建设实现新跨越。全年完成基本建设投资185.3亿元,比上年增长57.7%。襄阳北增建上行系统改造、武孝城际铁路按期开通运营。到2016年底,全局铁路营业里程突破5000公里,比建局时增加2000余公里。有7个在建项目、13个拟建项目纳入国家《中长期铁路网规划》,这些项目实施完成后,全局铁路总营业里程将达到7800多公里。

民生福祉取得新成效。全局人均工资连续三年快速增长,由建局时期的全路靠后跃升到中部靠前。职工保障性住房开工4252户,竣工4750户,住房公积金提高三个百分点。基本建成205个文明和谐站区,一线职工生产生活条件显著改善。

坚定不移地求实强基保安全。规范安全管理,完善"1862"安全风险管理体系,开展武汉北、武昌东安全标准化示范站区创建,推进路局和运输站段安全生产指挥中心建设,实现安全管理创新发展。大力整治安全隐患,以高铁安全、旅客安全、宜万山区铁路安全为重点,开展安全大检查和隐患排查整治,提高安全风险防控能力,600多名干部职工圆满完成宜万线隧道突水、危及运输安全应急抢险。大力提高设备管理水平,深化修程修制改革,强化动车组、和谐型机车高级修能力建设,实施车辆检修"看板"管理,探索机车"数据检修",推行固定设备检养修分开,为确保行

2016年5月7日,武汉—成都"中远海运号"多式联运班列首发

车安全提供保障。大力提升职工标准化作业能力，扎实开展"风险预警、靶向培训、限期达标"工作，深化"学、练、比"活动，在全路12项技能竞赛中，获得2个团体第一、3个单项第一。全面压实干部安全责任，建立全局456个车间、3700多个班组的"全覆盖"干部包保制度，实施"一岗一月一表"干部工作量化考核，完善排队抓尾、差点公示、重点约谈、诫勉谈话机制。

坚定不移地改革攻坚稳增长。推进运输产品、运输结构、运输服务提档升级，完成运输收入248.4亿元，比上年增长3.7%。客运围绕调结构、扩总量深化挖潜。不断完善客运列车开行方案，"9·10"调图后全局日均办理客车达到512对，比上年增加48.5对，高铁和动车组列车达295对，占比58%，客运产品结构的优化，较好地适应需求结构的新变化，改善旅客出行体验。节假日客流旺季，单日发送旅客最高达到83.7万人。货运聚焦稳大宗、促转型全面发力。先后与武钢、平煤等重点企业签订"1+N"战略合作框架，大宗协议运量比上年增加320万吨。与中远海运等船运公司和港口深度合作，全年开行铁水联运集装箱班列58列。城际快运班列联通东西南北，辐射国内20余个主要城市，形成以武汉为中心的"米"字形货物快运网络。开行"中欧"班列122列，比上年增长31%。建立95306货运网上营业厅、荆楚服务平台、APP手机订仓系统。全年日均装车3217车，比上年增长9.6%。

坚定不移地开拓创新增效益。坚持一手抓综合经营开发，一手抓精细化经营管理，最大限度提质增效。加大综合经营开发力度，实施一体化运作机制，推进重点开发项目落实，全年实现多元经营综合创效4亿元，比上年增长11.1%。创新经营管理机制，实施"以收定支、收支弹挂"的预算调整机制，完善工效挂钩考核办法。优化管理结构和劳动生产组织，改革多元经营投资模式，整合中力集团、武黄公司等非运输业务，优化建设项目管理机构，调整长荆线车务管界，提高管理效能。深化劳动组织改革，全年累计节约和挖潜人力资源9700余人，保证运输生产需要。开展"在册不在岗"专项整治，先后有1476人返岗工作，599人被终止或解除劳动合同。大力开展全员节支创效，节约物资设备采购成本3.46亿元，实现资金创效5亿元，争取地方社保、维稳、教育培训等政策补贴3.06亿元，实现控股合资公司增盈9.8亿元。

坚定不移地补强短板促发展。紧盯重点建设项目，加强施工组织，狠抓工程质量安全，全面完成总公司下达的建设任务和投资指标。襄阳北增建上行系统开通后，比开通前日均增加2200辆，最高达到2.06万辆，进一步畅通入川通道；武孝城际铁路开通运营，标志着武汉城市圈交通一体化基本完成，湖北成为全国城际铁路开通和运营数量最多的省份。抓好基础设施更新改造，完成更新改造投资28.35亿元，干线能力、点线配套、安全基础、客货设施、民生保障等方面的短板进一步得到补强。加强科技创新，"大型客运站调度技术作业管理系统""高速铁路岗位培训体系研究"等4项成果获得铁道科学技术奖，参与完成总公司9项和铁路局42项科技发展项目。

坚定不移地加大投入惠民生。在保证职工收入增长、推进保障性住房建设和文明和谐站区建设的同时，投入6500万元扩建、改造8个行车公寓，投入1.1亿元新建、整治10个单身公寓，投入1018.7万元用于职工住宅项目专项整治，协调各级地方政府稳步实施"三供一业"移交工作，有效解决一大批职工用水、用电、通勤、就医、住宿、停车等问题。开展助困、助学、助医活动，全年累计投入帮困资金3900万元，救助职工和家属3万人次。

坚定不移地紧抓严抓优生态。开展"两学一做"学习教育，突出思想建设和制度建设、班子建设和队伍建设、廉政建设和政治生态建设，出台加强党的建设、加强党委会建设、党建工作责任制、各级党组织书记抓基层党建公开承诺和联述联评联考等一系列制度，分系统召开党组织书记抓基层党建述职评议考核会6场，召开标准化党支部建设现场推进会5场。建立覆盖路局、站段、党支部、党员四级"武铁党员信息快车"微信群，培训党支部书记、支部委员和党员骨干27期5226人。全局党员领导干部为联系点支部讲党课728场次。建立干部履职管理系统，常态化开展作风督察，全年下发通报18期，实名曝光245人次。巩固中央巡视成果，领导人员多占住房、在册不在岗、干部经商办企业等13项专项。健全落实"两个责任"体系，实践"四种形态"，对76名领导干部进行约谈、函询和诫勉谈话，22个单位召开违规违纪问题专题民主生活会，全年立案104件，给予纪律处分114人，对所有被处理的党员干部点名道姓分期通报全局。

（欧阳书娟）

【全省民航运输概况】 2016年，天河机场吞吐量达到2000万吨，国际地区旅客突破240万人次。辖区机场完成旅客运输2403.4万人次、货邮18.3万吨、起降架次31万架次，分别比上年增长12.2%、13%、10.4%。辖区航空安全水平总体平稳。

1. 民航湖北监管局

夯实安全基础，强化安全监管。以机场改扩建，特别是天河机场二跑道启用及三期建设为重点，深化机场安全绩效管理，继续对接湖北机场集团"六个一"监察模式，狠抓阶段性风险管控，提高安全管理实效性；以南航湖北分公司安全绩效管理试点为契机，全面推进各运输公司实施安全绩效管理，构建以突出问题为核心的风险管理常态机制；以"平安民航"建设和安保绩效管理建设为抓手，强化安检、消防和安保应急处置能力建设，提高空防安全裕度。十堰武当山机场是新开航机场，存在专业人员不足、管理经验欠缺、管理体制不顺等问题，将其列为年度监管重点单位，帮助机场梳理运行管理薄弱环节，并对其中253个问题分级分类持续跟踪。友和道通航空公司新引进A300机型，在补充运行合格审定期间重点关注公司新机队的组建和新运行程序的建立。在A300-600陆续投入运营后，针对同时运行波音与空客两种机型老龄飞机的情况，将公司安全管理体系建设与老旧机型运行安全作为日常监管重点，密切跟踪公司管理状况与运行动态。加强通航作业运行监管。针对通航企业发展空中游览项目，与企业一起研究规章要求、制定审定程序，抓细抓实运行前准备工作；针对上半年全国通航安全形势下滑的情况，督促通航单位深入开展安全自查，对屯仓通航、新民通航等重点单位进行安全评估；制定辖区外通航公司在湖北辖区内作业的任务备案和计划申请工作程序和流程，与湖北空管分局就通用航空飞行管理程序、飞行监视系统引接、履行空管职能等内容进行专题研讨，从源头抓好安全监管。6月底至7月初，受连续集中强降雨影响，天河机场进场交通中断，导致大面积航班延误。监管局第一时间启动应急预案，成立处置小组开展现场检查和督导，及时恢复运行秩序。对运输航空公司开展复杂天气运行专项检查，督促企业完善危险天气应急预案，落实换季学习及安全警示要求。

严格依法行政，服务行业发展。组织全员学习宣贯《安全生产法》，并结合通航违规飞行案例，研讨该法与民航规章的对接，厘清行政处罚的边界问题。同时，结合民航局《落实民航安全生产管理责任指导意见的通知》，探索如何将绩效管理与安全生产管理责任有效融合，进一步明晰安全监管责任和安全生产主体责任界限，督促企业树立责任意识，完善安全管理体系。通过日常行政检查中发现的问题，深层次分析各单位存在的风险源和系统性原因，有针对性地制定执法监管措施，充分发挥好行政约见、安全整顿、行政处罚等各类执法手段的优势，提高综合执法效果。对奥凯返航事件中暴露出的凌云公司维修管理漏洞，一方面按照规章实施行政处罚，另一方面督促公司完善内部管理程序，强化岗位监督责任。对武当山机场久整不改的问题，实施行政约见。强化《整改通知书》法律审查程序，明确《整改通知书》须经法律审查和分管局领导签批再发出，交由航安办统一编号、备份；巩固行政处罚安委会集体决议机制；强化整改问题闭环管理，持续跟踪每一个整改问题的后期复查工作，确保每个问题有始有终。自主开发"通航运行监管平台"，初步解决通航企业作业运行监管难题；对湖北辖区多家通航企业申请开展水上载客游览飞行等业务，不断研讨水上运行监管手段、标准，为水上安全监管做好能力储备；为方便湖北辖区2家航校学员进行执照理论考试，完成飞行员执照考试考点建设项目。截至12月底，参加理论考试950人次。

2. 南航湖北分公司

打牢持续安全基础，安全形势总体平稳。2016年安全飞行再超10万小时，其中分公司82346小时，帮飞25832小时，连续保证空防安全271个月和客舱安全228个月，确保地面交通、消防和公共卫生安全，全年未发生人为原因严重差错(含)以上等级不安全事件，发生一般差错2起，年度安全得分98.748分。制定《进一步加强安全生产工作的意见》17个方面40项具体工作措施；推广杜邦安全理念和管理方法；实施管理人员安全绩效考核，制定管理人员发生不安全事件处理办法；稳步推进安全绩效管理试点。开展各类安全检查126次，发现各类问题246项，下发整改通知单72份；排查隐患28条，关闭28条，整改率100%。紧盯重点单位、重要岗位、关键环节，先后完成航班换季、武汉机场二跑道运行、机型混飞等共9期专项风险分析报告，风险管理能力稳步提升。飞行部组织技术讲评27次，QAR超限事件发生率保持平稳；飞机维修厂A检270架次，C检8架次，多次完成改装及重大维修项目；运行指挥部安全保障航班41672班，放行出港航班25651班；客舱部保障重要航班49个，开展机上医疗急救32次，连续19年保证客舱安全；保卫部处置机上不安全事件69起，圆满完成两会、G20峰会等重大活动期间的空防安全保障任务；分公司全年累计安全行车248万公里，获南航安全管理先进单位等荣誉。

提高精准施策能力，经营业绩持续增长。全年完成运输总周转量5.62亿吨公里，旅客运输量475.71万人次，货邮运输量4.64万吨。全年新增航线3条、新开航线3条；引导其他公司经停武汉航线23条；南航武汉始发的国际线15条，其中国际大线4条。春运净利润同比增加近500万元；旺季克服7月连续暴雨不利因素，利润同比增加2000余万元。2016年湖北始发国内市场南航叠加产投比为102.75%，客座率为83.51%。南航在汉中转旅客15万人次，空铁中转3万人次。2016年直销占比53.8%，同比提升18个百分点，代理费支出同比大幅减少。落实南航e行，强化"一机在手，全程无忧"经营新理念，推出"专属会员日登机牌""暑假儿童直销服务""三省麦当劳合作"等活动，全年南航微信粉丝、手机APP下载增量18万人。国际货邮完成2776.1吨，同比增长36.53%；收入同比增长21.38%。完成三产经营收入2100万元。

增强服务创新意识，服务品质不断提高。建立短信评价周例会制度，做到立评立改，累计改进工作110余项。2016年短信评价为4.6分，同比提高0.09分；差评率1.45%，同比降低0.69个百分点。累计分派处理旅客投诉2358件，旅客投诉率为1.29‰。开辟急转旅客绿色通道、中转旅客休息区和南航中转柜台，增设中转行李集结区，完善空铁中转服务标准，实现多地经武汉中转旧金山、莫斯科、罗马和迪拜一票到底服务。实施"行李立放"措施，武汉出港行李破损583件，同比减少25.73%。改进和提升迎送客标准及质量，乘务员形象持续改观。全年航班执管正常率76.14%，同比增长7.97%；关门正常率93.2%，同比增长4.09%；出港正常率70.96%，同比增加9.36%；非天气原因恶性延误率0.62%，同比减少0.56%。

打造南航中部支撑，深入推进战略转型。充分利用地理区位优势，主动对接广州、北京双枢纽，为南航战略转型提供有力支撑。2016年整体中转完成收入17354.25万元，指定国际航线中转完成收入9690.26万元，其中澳新增幅6%，美洲增幅4%，其他国际中转完成6175.40万元，国内中转完成1488.59万元。国际长航线盈利能力增强，旧金山、莫斯科、罗马、迪拜4条国际大线平均客座率分别为86.7%、84.5%、73%、80.1%，利润比上年略有提升。夏秋换季期间，加班武汉—济州航线；冬春换季加密武汉—首尔往返航线；继续执行莫斯科、旧金山、罗马、迪拜及普吉等国际航线。

实施固本强基工程，提升综合管理能力。坚持"求实创新、改革精进、厚植基础"的综合管理工作指导思想，努力加强综合管理工作的标准化、信息化、规范化建设，夯实综合管理基础，为各项工作开展提供保障。完成飞行信息平台、维修综合管理信息平台一期建设并上线运行；分公司微信公众号日访问量突破3000人次；作为首家试点单位，完成货物全流程跟踪管理系统项目建设；EFB系统顺利推广使用。全年完成培训252项、25112人次。

3. 东航武汉公司

安全形势持续平稳。公司全年安全飞行83710小时，起降42983架次，分别比上年增长8.8%、12.3%，未发生人为原因一般差错及以上不安全事件。坚持"党政同责，一岗双责"，抓好安全生产，梳理分析安全形势和风险隐患，研究制定有效管控措施98条。加强重点问题、重复性问题整治，各运行单位对照安全整顿重点清单，检查、整改问题96项，均全部完成整改。开展运行单位年度运行质量审计，及盐城、南宁航站外站审计，跟踪验证完成整改12项。成立公司安全风险管理委员会，启动东航安全管理体系持续改进工作。抓制度支撑。全面梳理公司运行保障系统，优化管控流程65条，修订完善安全及运行文件31个；发布《公司领导干部安全行为规范》《一般差错事件相关责任人安全考核管理程序》，明确安全管理责任，严格安全绩效考核；规范安全信息管理，加强信息的收集、分析及利用，全年获取各类安全运行信息1153条。深入推进SeMS及"平安民航""平安东航"建设。抓科技支撑。推进EFB(电子飞行包)全面上线运行；完善MORCS(运行风险控制系统)，重新界定特殊机场和复杂天气下运行风险权重，强化预先控制和过程控制；完善QAR译码分析三级管控制度，QAR三级事件发生率5.28%，运用监控结果开展针对性训练培训。严格训练和评聘标准，开展资质排查，聘任机长22人、一副21人。首次举办"系统安全思维"专题讲座、公司安全管理人员能力提升培训班，持续提升各级安全管理人员安全管理技能。依托SMS加强风险管控，结合实际运行需求，开展专项安全运行风险评估31期，重点防范短跑道着陆、天河机场二跑道运行等风险。梳理航班大面积延误及防台、防汛、反恐等各类应急预案，编制应急检查单，完善应急处置流程。加强飞机技术状况监控，结合新机型运行特点，加大空地技术交流；强化规范维修，开展维修定检118架次，及时排除飞机故障。

经营效益持续提升。优化航线布局，推动营销创新，提升旺季收益品质。

2016年，东航武汉公司引进8架波音737-800型新飞机，实现机队更新换代

全年实现运输总周转量5.73亿吨公里，运送旅客524万人次，分别比上年增长7.2%、12.8%。围绕"做强主基地"发展战略，新增运力重点投入本场运行，陆续加密武汉始发至上海、深圳、广州等一线城市航班密度，协调总部及分子公司，适时新开武汉始发、串飞至二、三线城市航班。2016年东航旅客吞吐量、货邮运输量在武汉天河机场市场份额为20.6%和19%，分别比上年提升1个和3.1个百分点。按照广沪、深沪快线统一运行要求，及时优化调整驻场飞机过夜点布局和航线计划。加强航班收益分析，科学调整舱位布局。与湖北地区所有代理人重新签订销售代理协议，从核心代理入手，配合代理从传统渠道向TMC代理转型。拓展直销，2016年新签集团客户90家。直销销售收入完成T1指标。货运部门抓住快件、国际货、季节性货品和中转联程销售，实现货运收入同比增长19.2%，完成T2指标。结合市场及旅客需求，深化与酒店、旅行社及主流OTA的合作，借助"互联网+"思维，开发了洼地航班、自由行、个性化及旅游、日韩套票等丰富多样的营销产品，推出武汉杜莎夫人蜡像馆、万达汉秀、汉街旅游集市、东航校园行等系列增值服务产品。东航武汉营销微平台粉丝增至2.39万人，信息阅读量累计达80余万人次。提高货运中

转运输效率,优化中转预售方案,实现货运中转收入比上年增长55.2%。

重大项目稳步推进。加快推进基地建设。建立完善基建项目审批和协调机制,组织制定南区办公用房平面布置方案,配合完成南区室内精装修设计和弱电智能化设计方案,加强对外协调,努力解决建设中遇到的各项困难,协调推进北区项目规划调整及方案设计,配合做好项目报批报建工作,切实做好土地置换收尾工作,南区项目进展顺利,已于去年底完成结构封顶,北区项目已完成方案设计。早作谋划,积极研究提出南区搬迁所需物品清单,启动南区办公楼管理模式研究,做好搬迁的前期准备工作。启动T3贵宾室项目。根据机场T3航站楼建设进度,紧锣密鼓推进T3贵宾室建设项目。为确保项目质量和进度,委托东投公司建设,配合完成T3贵宾室立项并获总部批准;完成T3贵宾室四个分区的差异性功能及设备需求确定,借鉴东航浦东旗舰贵宾室的经验,完善T3贵宾室设计方案,提升品牌服务"硬实力"。完成机队优化调整。2016年顺利引进8架波音737-800型新飞机,圆满完成11架老旧飞机处置工作,是公司历史上退出和引进飞机规模最大的一年。经优化调整,公司波音飞机更新换代,至2016年底拥有27架波音737-800型客机,机龄平均仅有3.2年,成为中部地区最年轻的机队,竞争实力不断增强。

4. 国航湖北分公司

安全态势总体平稳。修订网上准备监控、副驾驶理论教员管理、资质类管理流程等20余项规章制度。加强中断起飞、发动机空停、应急撤离等各类特情处置的学习与训练,全年共制作发布风险警示专辑22期。从组织管理层面评估安全风险,加强安全信息的收集、分析与应用。开展人员资质、维修质量、机坪安全、代理人监管、航卫管理五项专项整治,排查安全风险隐患,集中整治薄弱环节。对52项危险源,进行实时监控和月度风险评估预警。对新开航线实行干部滚动带飞。利用QAR数据分析,掌握飞行人员技能情况。推进标准操作程序(SOP),对安全工作关键控制点进行细化梳理、学习宣贯、推广应用、监督检查及效果验证。在生产组织实施过程中,强化全员安全情景意识,狠抓航前准备和驾驶舱资源管理,重新梳理误放滑梯、颠簸伤人等关键风险点,开展站坪特种车辆作业跟班写实等。强化训练过程管理,制定重点带飞、固定带飞和定向提升等个性化培养方案,增加训练升级"中队评估"环节。坚持机长两级评审制度、B类教员教学演示评估模式。落实重点航线、敏感时期勤务派遣规定。

服务品质稳步提升。制定六项"预服务"岗位规范,建立"空地一家亲"微信平台,提供"中转旅客温馨提示卡",畅通服务保障链条。修订服务过程管理考核办法,将过程管理固化为日常服务管理常态机制。针对CSS数据波动幅度大、下降明显的环节,做好分析整改,形成闭环管理。优化服务检查方式,搭建检查员交流平台,建立信息共享、相互提示的工作模式。加大与服务单位沟通力度,强化对重复性问题的过程管控。立足旅客视角,分析、找准根源,从流程完善、产品优化、意识培树、技能提升等方面形成长效管理机制。

生产组织平稳顺畅。以提升首班正常率、关舱门正常率和快速过站成功率为目标导向,细化业务衔接标准,优化信息传递流程,健全跨单位、跨部门协作配合的会商决策机制,提高运行组织效率和品质。加强对航班内部原因延误的梳理、分析、跟踪和反馈,对武汉天河机场塔台切换、双跑道运行等情况,制定专项保障预案,确保运行平稳顺畅。畅通与空管、机场等驻场单位间的协同联动,建立健全代理人定期沟通机制。对特殊天气、自然灾害、机场航路限制等运行环境变化情况的跟踪监控,及时发布预警预报。做好恶劣天气应对组织,提前根据天气变化趋势制订人员调整方案,防止因机组执勤时间超时影响航班运行。完善航班应急保障分级响应机制,细化应急启动、人员到位、资源协调等关键环节工作标准。及时总结运行决策经验,固化应急协调会会商内容。

5. 友和道通航空有限公司

2016年,公司在巩固原有航线武汉—达卡、武汉—比什凯克的基础上,新开武汉—孟买、武汉—德里、武汉—马德拉斯、深圳—大阪、深圳—吉隆坡等多条定期国际货运航线,进一步巩固公司在"一带一路"沿线地区国家航空货运优势。4月6日,公司首架A300-600飞机首航成功,共有3架A300-600飞机投入运行。全年飞行里程282.2万公里,飞行时间4260小时,全年运行46条不同航线、涉及25个不同机场,货邮运输量23951吨。

6. 湖北机场集团公司

安全运营全面达标。机场集团未发生责任原因的不安全事故、重大服务质量投诉事件和公共事件,顺利通过民航中南地区机场安全考核。武汉天河机场成功抗御开航22年以来最严重的洪涝灾害,ACI服务测评得分4.84,平均航班放行正常率76.12%。全面加强安全服务管理,开展鸟害防治"天网"行动等多项专项治理,组织安全监察及隐患排查行动40余次,直接查处违章行为15起,提出安全整改问题101项,通过挂牌督办,完成97项。做好反恐防暴工作,加强联勤联动,提高空防安全管理水平,处置虚假恐怖信息4起。组织对机场二跑道飞行程序和一跑道周边障碍物进行清理工作。各支线场站安全总体平稳,恩施机场顺利通过民航中南局航空安保审计;襄阳机场通过空地联动,大幅提高4个机位的高峰保障能力;神农架机场保障冬季复航;宜昌空管站保障各类飞行4.5万架次。

运输总量稳步增长。机场集团(含武当山机场)完成旅客吞吐量2250.3万人次、货邮吞吐量17.88万吨、起降架次19.34万架次,分别比上年增长11.6%、13.1%、9.5%。其中,12月17日,武汉天河机场旅客吞吐量首次突破2000万人次。全年完成旅客吞吐量2077.16万人次,比上年增长9.7%;完成国际及地区旅客吞吐量230.27万人次,比上年增长32.3%,

连续4年居中部第一。航线网络进一步织密、优化，全年新增国内航点8个、国际航点5个。国际及地区业务客流在整体客流中占比达11%，中转旅客在整体客流中占比达4.4%，同比均提高2个百分点。"空空""空铁""空地"分别中转旅客31.3万人次、29.1万人次、31.5万人次，分别比上年增长41.33%、31.39%、33.13%。支线机场保持良好发展态势，襄阳机场旅客吞吐量突破80万人次；恩施机场旅客吞吐量近50万人次，比上年增长22%；武当山机场完成旅客吞吐量近40万人次。

经济规模持续扩大。机场集团总资产219.11亿元，比上年增长24.14%；所有者权益148.56亿元，比上年增长10.43%；总负债70.54亿元，资产负债率32.2%，比上年提高8.4个百分点，短期债务风险总体可控。

收入水平不断提高。机场集团实现营业收入13.11亿元，比上年增长17.7%；利润总额1.49亿元，其中净利润0.99亿元；实际上交税费1.04亿元，旗下成员企业连续多年被评为A级纳税人。经营活动产生的现金流量净额4.84亿元，比上年增长56.14%。机场集团获评2015年度湖北省出资企业负责人经营业绩考核A级企业。武汉T3航站楼开始第一批招商工作。襄阳机场在转型发展、机制创新等方面深入实践探索，全年实现净利润599万元，连续三年盈利。

重大项目陆续建成。武汉天河机场三期扩建工程基本完工，总面积49.5万平方米的T3航站楼基本建成，全年完成投资74亿元，累计完成投资175亿元，占总投资额的95.84%。8月18日，二跑道率先投入使用，机场放行正常率比启用前提高5.8%。襄阳机场改扩建工程航站楼主体工程基本完工。2月5日，武当山机场正式通航。

企业改革不断深化。加强顶层设计，9月正式出台《关于解放思想深化改革加快企业做大做优做强的实施意见》，从10个方面提出60条重大改革发展任务，并细化分解为196项具体措施。明确提出"温馨、平安、便捷、智慧、绿色、文明"六个机场建设理念，制定"市场化、一体化、标准化、信息化、多元化、国际化"的"六化"战略路径。10月28日，第一届董事会正式组建完成，现代企业法人治理结构健全完善；制订董事会、党委、经营层三套班子高效运行和决策细化清单；开展组织机构变革，实施新"三定"方案，实行"三级架构、两级管理"。11月28日，调整后的机构和人员全部到位。

7. 宜昌三峡机场有限责任公司

2016年，宜昌三峡机场全年完成旅客吞吐量153.57万人次，比上年增长23.42%；飞机起降1.43万架次，比上年增长22.11%；完成货邮吞吐量3806.7吨，比上年增长5.4%。经营总收入24337.58亿元，比上年增长18.27%。宜昌三峡机场围绕"三核六率"管控要求，核心竞争力不断提升，资产负债率控制在38.45%，人均效能比上年增长11.88%，企业素质和品质显著增强。

落实内控管理，管控效能大幅提升。公司全年开展培训270余次、3881人次。引进大专以上学历安检社会成熟人员18名、大专以上应届毕业生7名，大专以上学历员工占比由原来的62.3%提升至65.4%。宜昌三峡机场出台及修订《宜昌三峡机场人员引进管理规定》《宜昌三峡机场工商事务管理办法》《宜昌三峡机场媒体平台运行管理规定》等各类规章制度43项。加强行政督办力度，全年完成督办工作205件，督办完成率96.70%，比上年提升4.70%。

推广安全绩效管理，安全风险有效管控。持续推进"SMS""SeMS"体系建设，强化安全风险管控意识，实现第20个"安全年"目标。制定下发《宜昌三峡机场安全绩效管理方案》，完成民航中南地区支线机场安全绩效管理现场观摩会及湖北辖区安保绩效推广等活动。进一步修订及完善机场安全绩效管理流程，通过SOP标准作业、安全阿米巴等管理手段，夯实安全绩效管理，《运行安全绩效管理》被民航干部管理学院选定为培训课程。开展安全大讲堂、安全知识竞赛、反恐应急演练等多类安全活动。开展内部审核3次，各类检查12次，发现整改项目106个，整改完成104项，整改完成率98.1%。9月，宜昌三峡机场顺利通过民航中南局安保审计，11月获"民航中南地区200万以下机场安检机构评估第二名"。全年获国家及主管部门荣誉4项、省市级9项、集团3项。

市场环境不断改善，旅客流量再创新高。2016年，机场新增福州、兰州、呼和浩特、西宁、温州、济南6个航点，累计通航城市数量22个，其中省会城市16个。国际航线在上年韩国航班试运行基础上，陆续开通韩国仁川、大邱、釜山、襄阳、清州5个城市国际航班，实现一点多发，吸引韩国籍游客赴宜昌旅游，提高宜昌市国际知名度。抢抓节假日旺季机遇，机场春运加班426架次、10月单月旅客吞吐量达到15.9万人次。宜昌三峡机场2016年国际航班旅客吞吐量3.16万人次，平均客座率76.9%，其中韩国籍旅客1.74万人次，占比55%。

8. 民航湖北空管分局

2016年，分局保证各类飞行683333架次。本场起降146101架次，区域指挥380060架次，进近指挥157172架次。比上年增长7.3%，其中日高峰596架次、小时高峰42架次。设备运行正常率99.99%，重要天气预报准确率89%，观测错情率0.01‰。地面安全行车46.36公里。

强化安全管理，安全形势保持平稳。年初继续与各单位签订安全责任书，明确单位的安全主体责任、领导的安全领导责任和员工的安全岗位责任，将安全目标分解到每个部门、岗位和环节，把考核结果指标和过程指标有机结合，使安全责任有效落到实处。采取有效措施，对新空管小区转场搬迁、第二跑道及新塔台小区启用等有针对性地制定安全举措。多次召开安全工作研讨会，同时调整领导值班制度；深入基层及时掌握一线工作动态，研究分析不同时期安全形势和存在问题，落实各项工作措施。严格落实安全奖惩制度，通报表彰安全保障2起，查处不安全事件1起，对不安全事件相关领导和责任人进行严肃处理，进一步在全员中树立安全"底线"思维和"红线"意识。结合二跑道启用、转场搬迁等新要求、新设备、新人员为切入点，改进运行手册框架，优化运行程序，为中南空管局组织的QSMS手册深度优化工作的开展奠定良好基础。

高度重视典型不安全事件暴露出的规律性、趋势性问题，切实加大安全预警、风险管控。结合运行实际，开展危险源梳理；组织安全评估，发布风险管理简报；督促各运行部门围绕"五大危险源"(带新培训、人为差错、军民航相撞、跑道侵入、外部因素干扰)开展风险管理工作，在安全巡查和运行质量监督检查中，加强对风险管理措施的落实情况进行检查，确保风险管控工作落到实处。同时做好重点风险管控监督工作。全年实施加强机场三期建设期间分局管网的保护工作，落实塔台运行风险的管控措施，重视区调甚高频覆盖不全的问题。加强风险信息分析利用。根据运行信息识别运行风险，及时发布安全风险通告，并加强对运行部门《风险通告执行控制单》的检查，监督运行部门有效落实风险缓解措施。

完善运行质量督查机制，持续推进运行督查常态化，对运行质量监督检查的组织、检查单的制定、检查的过程、记录的填写、整改建议的提出到整改的回访等各环节加强管理。结合工作实际，加强过程管理监督，重点关注管制现场运行秩序、技保"五种重点设备"和"五个环境问题"，气象MDRS工作的保障以及各运行部门的应急管理工作，对发现问题整改情况进行回访。强化人员资质管理，开展管制员资质排查，全年完成管制员执照注册109人次，新增执照注册10人次；气象专业执照注册8人次，新人执照注册2人；通导专业执照注册9人次。

抓好运行管理，服务品质不断提升。面对航班总量持续增加、空域资源不足的局面，组织开展人员培训、设施设备调整和协议签署等工作，确保武汉天河机场二跑道顺利启用。配合完成沪兰空中通道建设空域调整相关协调工作。开展流量管理与航路航线接收率、跑道容量等动态因素关联的研究工作，清理航班虚报站时刻，提高时隙资源利用率；推行管制和气象部门共同协商、共同决策的流控方案制定程序，使流量管理更加精细化。2016年转场搬迁工作对设备的考验，是线路跨越4000公里、工程周期8个月。按照分局统一部署，技术保障部在全力保障安全生产运行的同时还要兼顾配合武汉天河机场三期空管工程建设项目的实施。同时克服武汉遭遇50年来最大暴雨的恶劣天气，全力参与各项设备的安装、调试、试运行等工作。8月8日，顺利完成转场工作；8月18日，圆满完成机场二跑道启用。

9.华南蓝天航空油料有限公司湖北分公司

2016年，分公司秉承"以人为本、安全发展"的理念，坚持"安全第一、预防为主、综合治理、持续改进"的方针，强化"红线意识"和"底线思维"。通过落实安全责任、加强安全基础、加大安全监管，防控安全风险，稳步推进各项重点、难点工作。分公司武汉、宜昌、襄阳、恩施、神农架、十堰6个现场全年保障航班108100架次，加注航油593421.98吨，比上年分别增加10.26%和15.87%。其中十堰供应站2月5日开航，截至12月底保障航班2388架次、加注航油8456.12吨。

强化合规管理，狠抓责任落实。逐级签订《安全生产责任书》和《业绩考核责任书》；分解下达安全工作任务清单，做到安全责任全覆盖，落实作业现场主体责任、职能部门监管责任和分公司领导领导责任。开展危险化学品企业标准化作业达标换证工作，分公司所辖现场全部实行二级达标。定期证照审核和员工资质复查，杜绝无证经营和无证上岗。定期对所辖作业现场进行安全检查，发现问题277项，及时进行整改，安全检查覆盖率100%和安全检查整改率100%。

坚持问题导向，管控安全风险。投资约400万元，完成机场油库挡水墙改造、强制排水系统建设、应急救援设备配备及库区排水沟清理。敦促相关方完成临空产业园和机场北工作区约8公里管线迁建，重要区域安装视频监控设备，适时传输现场状况。加大安全投入，确保设备本质安全。分公司20万元以上设备、设施维修有9项，20万以上的投资项目有7项。完成改造加油车移动紧停系统、加油车车载视频监控系统、长输管线电子地图更新、长输管线重点区域视频监控、油库低压配电柜改造、油库卸油站变压器更换、应急发电机采购安装等隐患。

保税油业务平稳运行。10月开始，海关监管油气系统正式投入运行，相关数据正常录入系统。全年接收保税航油60批次、2453个油槽车，采购数量131339.83吨，比上年增长48.10%；加注国内外保税油航班11098架次、130101.65吨，分别比上年增长29.01%、46.84%，其中外航保税油航班加油架次4432架次、43312.64吨，内航国际段保税油航班加油架次6666、86789.01吨。

加强应急演练，提升应急能力。修订、完善各类应急预案和现场处置方案144份，完成重大危险源和应急预案报备工作，定期组织开展联合应急演练。2016年，组织各类应急演练139次、1314人次。专题学习《GB30077-2013危险化学品单位应急救援物资配备标准》，并按要求配备各类应急设备和器材。

(李文斌 符栋峰)

【全省邮政业发展与管理概况】 2016年，全省邮政业业务总量累计完成192.1亿元，比上年增长39.8%；业务收入(不包括邮政储蓄银行直接营业收入)累计完成150.48亿元，比上年增长30.6%。全省快递业务量累计完成7.73亿件，比上年增长52.1%；业务收入累计完成87.17亿元，比上年增长46.3%。全省邮政普遍服务和快递服务满意度稳中有升，消费者申诉处理满意率97%。全力推进重点工作落地见效,主动做好巡视整改工作,扎实开展"十三五"规划编制工作,有序推动邮政企业改革创新,有效推进快递企业持续发展,圆满完成重要节点全省寄递渠道安全和服务保障任务。全省邮政业在经济社会发展中的作用不断发挥,日均服务超过550万人次,支撑网络零售额近1200亿元,占湖北社会消费品零售总额比重达到9%,新增就业人数1万余人。

1. 紧扣发展主题主线,全省邮政业发展环境进一步优化

12月22日,省邮政管理局与省发展改革委联合印发《湖北省邮政业发展"十三五"规划》,对"十三五"时期全省邮政业改革发展做出全面部署。武汉、黄石、宜昌、荆门、孝感、黄冈、恩施已发布当地邮政业发展"十三五"规划。全省、各市(州)邮政业"十三五"规划与地方"十三五"国民经济和社会发展规划纲要、区域规划、综合交通运输发展等专项规划有序衔接,《湖北省国民经济和社会发展第十三个五年规划纲要》明确将邮政业发展相关内容纳入其中。

11月24日,省人民政府出台《关于促进全省快递业健康发展的实施意见》,结合全省快递业发展实际,从加强规划引领、保障快递用地、加大财税支持、拓宽融资渠道、改进车辆管理、完善安全监管体系、规范市场秩序、建设专业人才队伍等方面提出促进全省快递业发展的保障措施。咸宁市、十堰竹山县出台促进当地快递业发展的实施意见。

积极争取行业发展扶持政策。省邮政管理局争取2016年省财政继续投入普遍服务专项建设项目补贴2000万元,用于改造或重建44处网点,进一步改善群众用邮环境。争取全省邮政普遍服务邮运车辆连续第二年获政策支持,377台邮运车辆可在全省免费通行,每年为全省邮政企业节约运行成本近1000万元。全省邮政管理部门争取邮件、快件分拨中心安检设备补贴资金1492.5万元,其中省邮政管理局争取1125万元,宜昌、恩施、襄阳、黄冈、黄石、孝感、鄂州7个市(州)局争取367.5万元。宜昌争取地方政府补贴60万元用于快递业视频监控中心建设。随州广水村邮站建设获政府补贴资金100万元。恩施宣恩县争取村邮站建设资金300万元及每年运营补贴20万元。武汉积极为快递企业电动车办理通行证,协调解决"最后一公里"通行难题。

深入推进改革发展。持续深化放管服改革,按照国家邮政局要求精简经营邮政通信业务审批程序,优化快递业务经营许可和仿印邮票图案及制品审批环节,推进许可企业信息公开,实现全流程网上审批。不断推进企业改革创新。省邮政公司在全国排名提升到第7位,快递、包裹业务量完成3442万件,比上年增长179%。开展邮政企业和快递企业创新合作试点,提高邮政基础设施利用效率,恩施宣恩县,襄阳枣阳市、保康县,宜昌夷陵区积极开展"快邮合作"试点,形成示范效应。继续推进县级邮政管理机构建设,随州广水市、宜昌夷陵区、恩施利川市邮政管理局获国家邮政局批复成立,仙桃、十堰竹山县邮政业发展中心获地方批准成立。按要求稳步推进与协会脱钩工作。

2. 优化基础网络设施布局,全省邮政业发展能力进一步增强

全省邮政普遍服务营业场所乡镇覆盖率、建制村通邮率均达到100%。继续大力推动村邮站建设工作,2016年全省新建村邮站12853个,村邮站总数达17150个,行政村覆盖率达67.8%。继续深入推进"快递下乡"工程,全省乡镇快递网点2868个,覆盖率100%,村级快递服务网点2325个,村级覆盖率10%。加快快递类专业物流园区建设,湖北鄂州国际快递货运机场获批并纳入民用机场布局规划,十堰邮政管理局为快递园区建设争取专项补贴资金30万元,咸宁邮政管理局协同交通部门为快递企业进驻物流园区提供优惠政策,襄阳宜城邮政管理局助推快递企业入驻县级快递产业园,产业聚集效应凸显。全省智能快件箱投放数不断提高,末端服务能力显著增强。加快推进快递进校园工程,全省高校规范收投率100%。强化快递网点标准化建设,全省建成标准化快递网点3435个,标准化率50%。武汉市被国家邮政局授予"快递示范城市"荣誉称号。

加快推进产业协同工程。启动服务现代农业示范工程,全省农村地区收投快递包裹1.7亿件,直接服务农产品外销20.75亿元以上,荆州洪湖莲藕、咸宁赤壁猕猴桃、宜昌秭归脐橙、黄冈蕲春蕲艾等特色农产品通过快递进一步拓宽销路。深入推进快递

2016年11月9日,全国"四好农村路"运输服务工作现场会代表参观十堰竹山快递物流园区

2016年"双11"期间，EMS华中陆运处理中心运转中

服务制造业示范工程，建立湖北省快递服务制造业项目库并定期更新，全省已累计开展联动试点项目44个，直接服务的制造业年产值达90.12亿元。襄阳速尔服务汽车制造业、黄石大冶、阳新快递服务轻纺、制鞋业示范成效明显。

继续推进交邮融合发展。积极促成省邮政速递物流公司与省交通运输厅运管物流局签订战略合作框架协议，协作开展农村快递物流示范点建设，加强对交邮合作、农村物流、城市配送、客货运班车运输等新型合作模式的试点示范与总结推广。十堰竹山交邮合作实现优势互补、资源共享，交邮高效协同发展获交通运输部、国家邮政局认可。荆门钟祥中通、圆通进驻张集镇农村综合运输服务站，利用城乡班车进行快件运输，镇级4条班线覆盖至全镇28个村。

加强行业人才队伍建设。4月6日，省邮政管理局、省教育厅联合印发《关于加快发展湖北邮政行业职业教育的实施意见》，提出促进全省邮政职业教育规模稳定增长、人才培养质量不断提升、从业人员素质明显提高等八项措施。推进邮政、快递专业建设，促进校企合作，推进产学研融合，组织相关院校踊跃参与全国"互联网+"快递大学生创新创业大赛并取得佳绩。有序开展快递员从业资格鉴定考试，全年完成快递业务员职业技能鉴定1212人次，考点逐步向县级延伸。加强行业精神文明建设力度，配合国家邮政局开展的"寻找最美快递员"活动，咸宁圆通张洋获评"最美快递员"。

3. 切实依法行政，全省邮政市场秩序进一步规范

加强邮政普遍服务监督。积极组织宣贯新修订的《邮政普遍服务监督管理办法》。依法履行局所撤销审批、停限办业务审批等权限，全年受理营业场所撤销审批4件，经营邮政通信业务审批1件。对2015年46个省财政普遍服务补助资金项目进行实地检查，认真开展"十三五"邮政普遍服务和机要通信基础设施建设项目行业审查。加强邮政普遍服务监督检查，全年出动检查人员8384人次，检查1488个营业场所，下达检查通报102份、责令改正通知书105份，行政处罚1起。开展建制村通邮率调查和农村网点服务检查，农村网点检查覆盖率66%。开展邮政专用标志车辆专项检查，建立全省1436辆邮政专用标志车辆管理台账。组织全省机要通信专项整治及交叉互查，排查安全隐患72个。开展省内6个市(州)信件寄递时限监测活动，约谈责任企业并督促整改。开展邮政行业价格监测，对存在的问题及时督导整改。监督邮政企业销毁无着信件19199件。开展《丙申年》《玄奘》等邮票印制与销售专项监督检查，检查邮票销售网点145个，调查用户2428人。

强化邮政市场监管工作。积极宣贯《快递业务经营许可管理办法》和快递末端网点备案管理规定，针对上海麦力、北京日益通等少数企业涉嫌违法违规经营事件，及时发布风险提示，并加强执法检查。开展全省快递市场清理整顿专项行动，打击快递业务经营许可类违法违规行为，维护快递市场秩序。全年检查快递企业及网点7465家次，出动检查人员20102人次，下达责令改正通知书960份，行政约谈129家次，行政处罚95件，其中停业整顿4家，罚款43.74万元。开展全省快递市场诚信体系建设试点工作，在国家邮政局信用体系建设中期评估中表现良好。宣贯新修订的《集邮市场管理办法》，加强集邮市场监管。进一步加强邮政用品用具质量监管，对抽检中发现产品不符合规范的企业开展督导检查。

推进依法行政综合管理。编制完成"三个清单"，全面应用执法信息系统。加强行政执法监督，制定《湖北省邮政行政执法评议考核办法(试行)》。成立行政执法案件审查小组，开展2016年全省邮政行政处罚案卷评查工作。省邮政管理局及11个市(州)邮政管理局建立法律顾问制度。建立全省邮政业发展与管理工作月度专题分析制度，加强统计数据分析研究，统计工作能力不断提高。组织第四次邮政行政执法资格全国统一考试湖北考场考试工作，109人获得执法资格，进一步提高行业管理人员依法行政能力。

4. 扭住安全工作关键，全省寄递安全监管进一步强化

持续夯实安全监管基础。加强与综治、公安、国家安全等部门协作配合，建立健全信息共享对接机制。黄冈市综治委将"平安寄递"首次纳入全市"平安建设"并开展"平安寄递"创建活动，宜昌邮政管理局协调市综治办将寄递渠道安全纳入社区网格化管理。组织专项考核组，实地开展寄递渠道安全管理综治考核工作。多渠道宣贯国家邮政局出台的《禁止寄递物品管理规定》《赈灾包裹寄递服务和安全管理规定》。创新安全监管方式，武汉邮政管理局开发并上线运行全市快递行业信息管理系统，黄石邮政管理局联合市公安局建立寄递企业治安管理档案，有效加强监管力度。强力推动企业落实安全主体责任，加强从业人员安全教育培训和用户安全教育宣传，荆州邮政管理局开展执法人员带队、企业安全人员参加的分片区、分组交叉互查。

强力推动落实收寄验视、实名收寄、过机安检"三个100%"等安全制度。各市(州)邮政管理局将寄递渠道反恐怖防范工作落实到日常执法检查内容中，开展明察暗访，督导企业落实"三个100%"安全制度。G20峰会期间组织全省61位社会监督员明察暗访，对300家邮政、快递网点执行100%收寄验视、100%实名登记制度情况进行监督检查，并通报检查结果、督促立即整改。落实《邮政业安全生产设备配置规范》，全省配置X光安检机214台，基本实现进出全省快件100%过机安检。分4个片区组织5期安检设备操作培训，确保发挥"100%过机安检"屏障作用。

着力强化应急管理保障。开展全省寄递渠道危化品和易燃易爆物品安全专项整治，继续联合做好寄递渠道禁毒、反恐、打击侵权假冒、扫黄打非等工作，省邮政管理局普遍服务处被授予"2016年全省'扫黄打非'先进集体"。圆满完成春节、两会、G20峰会、文博会等重要节点全省寄递渠道安全保障工作。

(乔杨)

武汉市交通运输

【概况】 至2016年底，全市公路通车里程15926.86公里，路网密度198.37公里/百平方公里。其中，高速公路633.5公里、一级公路993.12公里、二级公路1620.47公里、三级公路552.78公里、四级公路11968.96公里、等外公路158.03公里。等级公路比重达到98.9%。按行政等级划分，国道429.98公里、省道948.45公里、县道741.01公里、乡道4509.65公里、村道8650.08公里、专用公路14.19公里。水泥混凝土、沥青混合料路面14723.28公里，砂石路面360.84公里，路面铺装率为98.63%。客运站17个，其中一级客运站6个、二级客运站11个。

基础设施建设。全年完成交通固定资产投资382.2亿元，比上年增长14.7%。天河机场三期完成投资63.4亿元，第二跑道正式启用，T3航站楼主体结构全面封顶；机场交通中心完成投资6.7亿元，主体结构施工完成。武汉四环线高速公路西段完成投资7.3亿元，一期土建工程，二期路面工程及三期机电、交安、绿化、房建工程完工。武深高速公路武汉段完成投资16.3亿元，一期土建工程完成，二期路面工程完成50%以上工程量。沌口长江大桥完成投资16亿元，主塔成功封顶，主桥过渡墩及辅助墩均施工完成，南岸滩区少支现浇箱梁全部浇筑完成。青山长江大桥完成投资7.6亿元，南岸、北岸引桥桩基分别完成61.0%、39.1%。武汉四环线高速公路南段完成投资5.8亿元，桩基、承台、墩柱、盖梁、现浇梁、预制梁分别完成总量的86.2%、69.0%、67.0%、59.4%、33.5%、21.7%。武汉四环线高速公路北段完成投资5.4亿元，桥梁桩基、承台、墩柱、盖梁、现浇梁分别完成总量的34.1%、12.8%、12.7%、4.9%、5.1%。完成港航建设投资36.2亿元，武船双柳基地、年丰防汛备料码头、宏达恒信储运码头等6个港口项目基本完工。船舶交易服务中心、金口重件码头二期等工程实现开工。

完成道路运输行业投资22.9亿元，汉口客运中心启动基坑施工，新荣客运站完成站级核定工作，天河机场交通中心基本建成，汉口北客运站完成项目建设。12月1日，武汉至孝感城际铁路建成并正式开通运营。

综合运输。交通运输换算周转量4001.19亿吨公里，比上年增长4.13%。完成货运量49981.81万吨、货物周转量3082.35亿吨公里，分别比上年增长3.73%、4.42%；港口货物吞吐量9000万吨，比上年增长6.45%，其中集装箱吞吐量113.3万标准箱，比上年增长6.69%。完成客运量28639.35万人、旅客周转量1151.43亿人公里，

2016年9月20日，武汉四环线汉江特大桥在建中

2016年12月9日，建设中的武汉四环线高速公路南四环线

分别比上年增长3.7%、4.5%。航空港旅客吞吐量2077.2万人，比上年增长9.7%。获批全国综合交通枢纽示范城市、现代物流创新发展试点城市、中国快递示范城市和多式联运示范工程。

路政管理。开展全市渣土车和砂石料车集中整治，完成渣土车3624辆、砂石料车1516辆安装密闭软覆盖和限载装置。采取流动与固定治超检测相结合、行业内外联动和跨区域联合执法等方式，干线公路货运车辆检测率逐步上升。全年检查货运车辆4.5万台次，处理非法超限运输车辆1.9万余台次，非法超限运输率控制在3%以内。印发《武汉市公路路政巡查管理规定》，推进路政管理驻站，建立养护与路政联合巡查机制。查处路政案件71起，清理堆积物1.9万平方米，清理占道经营2262处，路损追偿率100%。规范涉路许可审批，推行涉路施工标准化作业，重点做好地铁施工监管，保障347国道汉段、318国道东升段、104省道蔡甸段运行安全。开展公路非标志标牌专项整治，开展集中行动135次，投入机械设备1800台次，拆除各类违规广告牌3781块，拆除总面积3.6万平方米，整治标志牌360块。完成4个集镇过境路段整治。推进公路基层执法站所"三基三化"建设，6个基层站（队）完成建设任务。

抗灾应急。6—7月，全市发生多轮强降雨天气，导致多条公路损毁中断，公路部门全力开展应急抢通工作，做好公路应急保通。累计投入抗灾保通人员1.1万余人次、机械设备1900余台班，防汛应急车辆220余台次，投入救灾资金944万元。雨停水退过程中，及时组织抽排积水、修补路面和设施、维修路基、扶正路树等，按照"应急与谋远、恢复与改善、重建与发展"结合的原则，开展灾情调查，制定恢复重建技术方案和实施计划，启动实施"十百千"工程（创建"十条示范路"、重建"百座连心桥"、改建"千里扶贫路"），全市灾毁项目完成投资4.49亿元。开展公路危险路段专项治理，全面排查公路临水临崖、急弯陡坡、安保设施、桥梁（废弃桥梁）等，排查公路危险路段1725处，完成整治416处。对7个养护应急中心实施提升建设。

质量监督。全市交通监督在建项目35个，其中高速公路1个、普通公路30个、水运工程4个。全年开展各类工程质量监督日常巡检176次、专项检查4次、综合检查2次、异地交叉检查2次，质量安全监督覆盖率100%。对受监督项目进行抽查实体质量39791点，合格37264点，合格率93.6%。其中，路基工程抽查7749点，合格7678点，合格率99.1%；路面工程抽查24472点，合格22830点，合格率93.3%；桥梁工程抽查6516点，合格5789点，合格率88.8%；交通安全设施抽查1054点，合格967点，合格率93.6%。下发质量安全抽查意见通知书18份、监督计划书29份、监督通知书31份、交工意见书24份、停工通知书6份，工程整改完成率100%。

安全管理。全年发生各类交通运输死亡事故20起，死亡31人，与上年相比，事故次数持平，死亡人数上升34.8%。两会、春运、G20峰会等重点时段和节假日期间交通运输安全生产态势平稳。地方海事部门监管的通航水域内未发生水上交通事故，轨道交通运营、水陆危货运输、交通建设施工等高危行业和领域安全生产状况保持稳定。发生一次死亡3人以上较大事故2起、一次死亡6人的涉旅道路运输安全事故1起。

法治建设。10月1日，武汉市政府令颁布实施《武汉市公交专用道管理办法》。制定《市交委重大行政决策实施办法》，对市交委重大行政决策的范围、程序、责任和监督等作出具体规定。市交委列入重大行政决策目录清单事项49项全部按规定程序运作。对近5年来制发的涉及交通行政事务的规范性文件进行专项清理，对13份以市交委或市交通行业管理部门发布的行政性文件宣布失效。印发《市交委关于落实交通运输行政权力下放工作的通知》，下放行政权力84项。新建行政权力清单、程序清单和责任清单，对列入清单的事项逐项制订工作流程图，将责任主体明确到每个单位、每个环节，并在武汉交通政务网上公开。落实"先照后证、五证合一"工商注册登记制度改革，积极推进社会信用体系建设，配合完成省、市信用信息目录调整和信息录入工作。窗口办理业务64298件，其中行政审批事项4233件，其他服务事项60065件，按时办结率100%。落实行政执法人员持证上岗和资格管理制度，举办行政执法业务培训6期，法治业务培训人员300余人次。组织执法人员20名参加2016年执法评议考核全国网上统一考试，成绩全部合格。以优化基层交通运输执法队伍、规范执法机构设置、完善执法制度标准为切入点，对全市交通行政执法单位的"三基三化"建

2016年12月28日，武汉408路观光车开线运营

设进行具体部署，推出12个基层执法示范单位，全市50多个交通基层站所提升了执法装备水平，逐步建成管理规范、形象统一、保障有力的基层执法体系。

节能减排。开展绿色交通城市试点建设、新能源车推广应用、突出环境问题整改等工作，促进武汉市交通运输业可持续发展。4月22日，经交通运输部专家组对项目现场核实、听取汇报、审阅资料、质询答辩，武汉市绿色交通城市试点项目通过交通运输部考核验收，试点工作圆满完成；7月，武汉市获交通运输部授予"绿色交通城市"称号，获2016年交通运输节能减排奖励资金1410万元。4月底，完成新能源公交车基础设施建设和接车调试，共建成36个充电站、900多根充电桩，800辆新能源公交车全部上线营运。完成纯电动客运出租汽车投放营运711辆。5月底，完成非法码头整治年度目标任务，全市122个拟取缔码头严格按照"砂清、场平、趸船离岸、岸线复原"标准完成取缔任务，取缔趸船237艘，取缔沿江堆砂场301个，转运存砂520万吨。

信息化建设。推进"互联网+交通"及交通运输大数据中心建设。研究建立武汉市交通行业数据资源目录体系，为数据汇集接入交通数据中心打下基础。实现出租车、公交车等行业数据，后期开展相关平台数据接口接入工作。9月实现与市交管局专网联通，接入部分市内交通主干道交通视频信号；与湖北机场集团签订《武汉天河机场与武汉市交通经济技术信息中心数据共享合作协议》，待T3航站楼全面建成后，将打通数据网络通道，接入机场航班动态、视频等信息。建设武汉市交通运行协调指挥中心（TOCC），12月12日，施工单位、监理单位进场。依托武汉市交通运行协调指挥中心（TOCC）、交通运输行业运行指数系统和全市路网监测系统等项目的建设，统一构建交通云平台。开展视频监控平台信息源汇集工作，接入客运出租、港航船运、公路治超等重点地段视频监控。完成全市路网监测系统与交委视频监控平台接入整合及升级工作。建成行业运行监督管理系统、客运信息报告统计系统。完善交通出行服务网综合信息服务功能。完善交通出行服务信息查询功能，开发并推出武汉交通出行服务网站手机版。

（刘元林）

【江岸区】 2016年，江岸区经济和信息化局不断提升依法行政和服务发展能力水平，加强交通运输市场和安全生产监管，进一步优化辖区交通运输市场环境。全区在册货运车辆19520台，核定载重量135095吨，其中新增货运车辆3227台，办理货运车辆异动业务1912台；完成货运量3204万吨、货物周转量30438万吨公里；货运年审车辆13907台，《道路运输经营许可证》和《道路运输证》按时年审率100%。

运输市场监管。强化市场监管职能，对违规经营行为依法实施行政处罚。常态化在发展大道、竹叶山、金桥大道沿线定人定点巡查监管，不定期对新荣客运站周边和堤角轻轨站进行检查。强化重要节点监管，外整客运秩序、内疏旅客出行，全年重大节假日期间未发生交通安全事故，无乘客投诉和旅客滞留现象。开展全区机动车维修企业专项治理，出动执法人员200余人次，排查小汽修460余家，发放告知书近300份、整改通知书259份，查扣设备38台（件）。对班线车辆站外揽客摄像64起，查扣道路运输证3本、线路牌1块、违法营运车辆4台，取缔违规驾培点4家、无证汽修店3家。开展堤角轻轨站阳逻出租车聚集违规经营和长江干线江岸段非法码头集中整治，取缔沙石码头23个。

行政许可。做好市级行政权力下放承接，及时完善103项行政权力职责界定和3个清单。全年完成35家交通运输企业质量信誉考核。办理行政许可10件，其中普通货运经营许可8件、机动车维修经营许可2件，新增货运车辆3227台，办理货运车辆异动业务1912台，核发旅游客运标志牌8220张，其中省际3830张、市际4390张，落实"先照后证"工商抄告函3批91户。江岸区经济和信息化局驻区政务中心窗口被授予湖北省交通行政审批"明星窗口"、连续11年被区政务中心评为"文明窗口"。全年处理群众投诉案件174起，其中无证汽修店油漆扰民39起、"的士"违规38起、班线车站外揽客25起、驾校13起、黑车及其他59起。

安全生产。全面推进各项安全生产责任制的落实，充分发挥行业主管部门监督指导职能，基本实现安全生产形势持续稳定目标。全年组成40个安全检查小组到企业进行检查指导，走访重点企业313家。组织道路运输冬防春运、安全隐患排查、危险货物运输清理等专项行动,下达整改通知96件,督办整改隐患800余个。落实24小时车辆动态GPS监控,抽查运营车辆1629台次,查办整改动态监控管理不到位问题70起、违反停车休息制度车辆272车次、超速超载和疲劳驾驶等交通违章212起。

物流工作。全年规模以上交通运输仓储邮政业实现营业收入62.5亿元,比上年增长31%;现代物流业实现营业收入66.5亿元,比上年增长22%;3家物流企业获批国家3A及4A级物流企业资质,组织辖区3户物流企业参加中国北京多式联运企业年会,6户企业参加中国武汉中部物流服务贸易博览会;推荐中储股份汉口公司转型升级为市级物流快销品配送中心。

(刘元林)

江汉区交通运输局组织危化品运输企业应急演练

【江汉区】 2016年,区城市管理委员会(交通运输局)开展客运站周边交通秩序专项整治行动,继续打击道路运输非法营运,坚持"安全第一、预防为主、综合治理"的方针,强化源头管理,严格履行"三关一监督"安全管理职责,狠抓道路运输行业监管。

运输管理。辖区道路运输行业全年完成货运量575万吨、货物周转量14200万吨公里。从事旅游包车、三类以上班线客车和运输危险化学品道路专用车辆)和长途汽车客运站"两客一危"企业14家,一般监管交通运输企业164家,其中一类机动车维修企业10家、二类机动车维修企业34家、三类机动车维修企业90家、重点物流(货运)企业15家、汽车租赁企业8家、客运出租车企业7家。普货车辆年审2642台,新增普通货物运输企业3家、机动车维修企业3家、货运车辆136台;做好清理长期未年审、未运营车辆工作,全年转出车辆105台、注销车辆999台、报废黄标车49台。加强道路运输行业监管,驾驶员继续教育学时签注及从业资格证年审876人次,发放旅游客运标志牌11030张。

"打非治违"工作。采取突击检查、联合执法和集中整治等方式,做好辖区内"黑的"整治工作,强化春节、国庆等节假日期间对汉口火车站、金家墩客运站、武商武广商圈及周边等重点地段和窗口地带监管力度。开展联合治超执法行动98次,出动执法人员1327人次、执法车辆275台,检查车辆1079台,暂扣车辆139台,卸载货物982.31吨。在青年路客运站、金家墩客运站和汉口火车站周边查处违章车辆63台,其中"黑的"3台,班线客运站外揽客、甩客27台,危化品运输车辆1台,市内出租车拼客、拒载、议价1台,教练车4台,货车未随车携带有效证件27台。制定江汉区打击取缔整治无证维修企业方案,对维修企业进行安全检查7次,处理维修投诉2起,取缔无证维修企业30余户。对无证和大气污染的维修企业行政执法5次,督促企业参加安全员培训80人。

安全生产管理。加强辖区客运站、"两客一危"企业安全生产监管,充分利用联网联控系统加强"两客一危"车辆动态监控,深化"安全带—生命带"活动,抓好企业重点时段、重点环节安全监管工作,加强从业人员管理,严厉打击超员、超速、长途客运车辆违反凌晨2时至5时停车休息制度行为。严格道路危险品运输企业资质清理和车辆审查,加强客运站规范化管理,督促落实各项安全管理制度,切实消除隐患。组织企业开展综合性应急演练演习,推进道路运输企业安全生产标准化达标工作。开展客运、危险品运输、客运站、普货、机动车维修、客运出租车等行业专项检查8次,开展日常检查78次,下达安全隐患整改通知书20份,约谈客运企业、客运站10次,落实上级督办案件15起,处理货运投诉10起,通报典型违规事件3起。按照事故原因未查清不放过、事故责任人未处理不放过、事故责任人和群众未受教育不放过、整改措施未落实不放过的"四不放过"原则,严格落实对4家事故单位进行督办督查,约谈企业负责人,督促企业落实整改项目,对全部企业进行整改复查验收。组织"两客一危"道路运输企业及汽车客运站主要负责人参加安全管理教育培训,培训人员130人次。

春运工作。春运期间,辖区火车站和客运站发送旅客393.27万人次,其中铁路发送旅客340万人次、公路发送53.27万人次。设立春运服务质量举报电话,及时受理旅客投诉,查处违规违章行为。金家墩客运站开通24小时免费车,保证夜间到站旅客转乘疏散。联合江汉交管大队、综合办、汉口站派出所开展夜间巡查,清理金家墩长途客运站周边违规拉客人员,处置不听劝诫、非法拉客大巴司机1名。春运期间,基本上做到"旅客无滞留、安全无死亡、优质服务无曝光"的总体要求。

驾培管理。武汉市公路运输管理处下放驾培机构9家,辖区运政信息

江汉区交通运输局组织安全生产新"两化"系统培训

系统新增机动车驾驶员培训企业11家、教练车505辆。全年处理驾培机构投诉案件20起，对企业进行安全检查4次，下发安全生产督办件5件，组织企业参加省驾培机构规范培训1次。

现代物流业发展。引进大型外资高新科技医药物流企业——多可特医疗器械公司在江汉经济开发区注册落户，办公面积700多平方米。推荐中外运湖北有限责任公司、长航武汉汽车物流有限公司2家资产上亿的国际航运公司参与评选4A级物流企业认定。辖区湖北省农业生产资料集团有限公司评定为国家5A级物流企业。中外运湖北有限责任公司、武汉长航汽车物流公司、湖北盐业集团有限公司成功评定为国家4A级物流企业。

（杨琪琪）

【硚口区】 2016年，区城市管理委员会（交通运输局）扎实做好涉及城管（交通）的环境监管执法工作，硚口至孝感高速公路开工，趸船整治超预期完成，硚口区趸船整治成果被《长江日报》、新浪网等媒体专题报道。全年引进物流企业3家，完成81项交通行政权力事项程序清单、责任清单及外部流程图编制工作，发放省际线路牌2100张、市际线路牌1900张，年审道路运输证1225本，完成汽车维修许可4家、普通货运许可30家，抽查班线及旅游营运车辆3540台次，取缔无证无照店面11家，办理交通行政执法案件106件。

行业管理。全年审验客运车辆110台次、货运车辆1225辆，年审验率100%。严格质量信誉考核，完成辖区客运企业5家、货运企业28家的初审意见评定上报工作。强化客运站日常监管，坚持每天1次例巡、每周1~2次抽检。加大"三不进站、六不出站"落实力度，严格"三品"检查、客车安全例检、出站门检和进站客车"五证一单"等重点环节的监督检查，督促客运站保持良好秩序，做好规范服务、安全运营。开展汛期保障和应急储备运力工作。汛期，成立临时物资抢运组，安排人员抗洪抢险，保障了市民群众生命财产安全。严把机动车维修和驾培管理市场准入关，加强行政许可审批管理。

运输市场监管。加强客运监管，着力做好客运站周边和汉正街、古田、长丰大道等重点地段监管工作，严厉查处班线客运站外揽客、出站不出城、兜圈打转、超越许可事项擅自从事班线客运经营及非法营运等道路客运违法经营行为。全年组织客运市场专项整治行动6次，出动执法车辆260台次、执法人员980人次，检查车辆3540台次，查处违规车辆42台。开展货运专项稽查，采取每周3次夜间执法（23:00—2:00）的方式，与区城管委、交通大队、水务局等单位联合执法，对沿河大道月湖桥下超限超载车辆集中整治；在汉正街区域以及晴川桥、江汉桥等重点路口设立执法点，不间断整治"黑面货车"，维护货运市场经营环境，出动执法人员900余人次、执法车辆280多台次，查处非法货物营运车辆110台次。强力整治辖区汽修行业无证、露天喷涂和占道经营等违规经营行为，全年开展专项整治行动5次，多部门联合执法2次，出动车辆40余台次、执法人员110余人次，下发《责令整改通知书》34份，拆除违规经营门店户外广告招牌13家，取缔关停无证经营门店11家，暂扣违规经营门店工具4家。全年受理交通行政处罚结案106件，处罚金额11.3万元。

安全管理。深入推进行业安全生产隐患排查，确保行业安全形势持续稳定。采取企业自查、业务科室对口摸排、多部门联合检查、重要时期领导带班检查等方法开展隐患排查治理。建立企业安全隐患自查自纠月报、行业科室安全例会季评制度，建立综合检查督办制度，以"两客一危"企业为重点，有效解决安全问题。对辖区3家危化品运输企业逐一检查，发现隐患4起，限期落实整改。全年排查一般隐患600余起，下达责令整改通知30余份。

（王新刚）

【汉阳区】 2016年，区城市管理委员会（交通运输局）管理辖区内道路运输企业658家、道路运输车辆8381台，其中普通货物运输企业483家、客运企业4家、危险品运输企业1家，机动车维修企业一类33家、二类54家、三类47家，港口码头30个（其中长江岸线17个、汉江岸线13个），机动车驾驶员培训机构6家，出租车企业1家。

运输市场管理。加强道路运输市场监管，强化客货运输、汽车租赁及机动车维修市场监督检查工作。开展专项集中整治活动47次，出动执法人员5373人次、执法车辆1523台次。

2016年9月20日，东风大道高架二期正式通车

重点对汉阳客运站进行监管和督导，对汉蔡高速、四台村、三环线周边加大监管力度，对不按规定站点停靠、站外揽客、中途甩客、超范围经营等违法行为，采取流动执法、不定时检查等执法方式，有效地打击各类违法行为。对重点路段的货车（危化品）进行每日例行巡查守控，不定期开展集中整治，出动执法车辆167台次、执法人员1221人次。打击各类非法营运行为，查扣"黑的"345台次，出动执法车辆1356台次、执法人员4152人次。全区的"黑的"非法揽客、随意停靠现象明显减少，客运市场交通秩序明显好转。加强货运车辆特别是危化品运输车辆专项路查路检工作，开展专项集中整治20次，检查货车2635台次，其中违规运输货车21台次，教育放行150台次。配合治超部门开展渣土车整治行动，查扣违规车辆5台。辖区内登记注册维修企业134家，其中一类维修企业33家，二类维修企业54家（其中新增1家），三类维修企业47家。对存在"三合一"隐患的2家维修企业下达责令整改通知书限期整改，对22家消防安全意识差、消防器材配备不合格企业，均在当天要求整改到位。与企业签订《安全目标责任书》、诚信承诺书，完成质量信誉考核134家、年审122家。

行政许可。6月，新版湖北省道路运政管理信息系统正式运营。至年底，道路经营许可事项57件录入区政务中心电子监察系统。有普通货运业户483家，其中运输企业299家、个人184家，新增货运经营业户38家，年审279家。货运车辆8381台，其中新增车辆1512台，年审货运车辆7324辆，年审率93.6%，货车安装GPS的企业173家，安装车辆2590台。备案的运输装卸服务业72家。共有一类维修企业33家，二类维修企业54家，三类维修企业47家，其中新增23家。对道路运输驾驶员诚信考核签注1345份，发放旅游车标志牌3586块，完成道路货物运输企业质量信誉考核工作和案卷评查。

码头监管。根据《湖北省治理长江干线非法码头工作方案》和《武汉市沿江港口岸线资源环境整治工作方案》，开展为期3个月的非法码头整治行动。出动执法人员2820人次、执法车辆282台次，对辖区内码头和趸船摸底核查，逐户登记、拍照、造册，确认合法码头30个，其中长江岸线17个、汉江岸线13个，非法码头6个。强拆非法码头3家，拆除废弃船舶1条。通过集中整治，5月20日完成所有非法码头取缔工作。

(李丽)

【武昌区】 2016年，区城市管理委员会（交通运输局）辖区内道路运输企业1810家，其中客运企业9家，普通货运企业1769家，危化品运输企业3家，汽车租赁企业22家，出租车企业7家，共有道路客运车辆269台，出租车辆1777台。道路货运经营核定吨位17290吨，完成货运量48.88万吨、货物周转量4239万吨公里。汽车维修企业156家，组织辖区规模以上普货运输企业开展质量信誉考核9家，一、二类维修企业质量信誉考核38家，检测维修车辆384台、维修设备42台。督促落实维修车辆出厂合格证制度和维修合同制度，发放维修合同650份，维修竣工出厂合格证900份。淘汰营运黄标车169台。

行政许可。及时修订办事指南、流程图和一次性告知书，统一对外公示。交通行政许可31件，行政许可合法率100%。发放旅游包车标志牌5055张。普通货运车辆在册1429台，年审1229台，年审率为86%。全面落实诚信考核及等级签注，诚信考核及等级签注1637人，继续教育1243人。加强投诉举报管理，及时处理客运站投诉、媒体反映问题122件，处理率100%。

运输市场监管。驻点监管与流动巡查相结合，日常监管和突击联合整治相结合，开展窗口地带和重点地段交通秩序综合整治9次。全年查出违规营运车辆680台次，其中"黑的"226台次，异地营运出租车40台次、违规长途客车414台次。与街道联合专项检查6次，检查维修店39家，对占道从事汽车喷涂作业的维修店当场进行处理，查处无证无照维修经营店3家。加大驾培训练场地监管，开展整治行动14次，取缔不达标训练场地5家，督促12辆安全隐患突出的教练车进行整改。参与水源地保护范围内的19个非法码头和砂场的取缔工作，拆除违法建筑1万余平方米，及时处理违法建设、偷卸砂石、违规货运等行为。

运输服务。全区有傅家坡客运站和宏基客运站2座一级AAA客运站、航海客运站1座二级AAA客运站。傅家坡客运站日均发送旅客680班次，

2016年6月22日，傅家坡客运站开展消防应急演练

日均发送旅客6800人次，节假日高峰时段3.2万人次，经营客运线路140条、辐射半径1500公里。宏基客运站日均发送旅客800班次，日均发送旅客1万人次，节假日高峰时段3.7万人次，经营线路162条、辐射半径2000公里。航海客运站日均发送旅客290班次，日均发送旅客2800人次，节假日高峰时段1.1万人次，经营客运线路130条、辐射半径1600公里。春运期间发送旅客7.24万班次，发送旅客110.4万人次，分别比上年下降3.3%和11%。

安全应急管理。层层签订安全生产责任状、安全生产诚信承诺书112份。检查道路运输企业302(家)次，排查隐患105起，当场整改72起，限期整改33起，整改率100%。下达安全整改督办单8份，处理督办函37件。注册湖北省安全生产隐患排查治理标准化数字化(两化)管理系统企业67家。开展联合执法检查9次，抽查辖区车辆10066台次、营运客车视频125台次，发送安全短信466条，核查处理违法违规问题460起。组织企业人员参加培训147人次，指导客运站、客运企业开展防火、疏散应急救援演练4次。

（孙杰）

【青山区】 2016年，青山区城市管理委员会（交通运输局）获"湖北省文明单位""武汉市交委绩效目标立功单位""武汉市交委安全生产目标优秀单位""全市安全生产优秀单位""青山区绩效管理综合考评立功单位"等荣誉称号。

行政许可。进一步完善窗口对外服务工作，推进礼貌服务、文明用语，落实"一站式"服务，简化办事程序，提高办事效率。市级行政权力下放后，做好辖区内道路运输企业行政许可、备案及车辆承接及办理工作。全年受理道路货物运输经营行政许可申请21件，机动车维修经营行政许可3件，驾驶员培训机构经营许可1件，检测站备案1件，发放《道路运输经营许可证》24套。新增车辆197台，转入车辆32台，过户车辆17台，配发营运车辆《道路运输证》246本。转出车辆46台，注销报废车辆262台，年审车辆1103台。

运输市场管理。持续开展"两客一危"、普货以及驾培市场专项整治行动，查处客车"坑、宰、甩、倒客"和站外揽客等违规行为，全年出动稽查人员980余人次、执法车辆180余台次，检查客运车辆160余台次、货运车辆920辆，警告教育放行20辆，有力地打击无证经营、违章经营行为，维护运输市场秩序。开展辖区"绿色维修企业"和维修企业质量信誉考核达标创建工作，督促维修企业落实出厂合格证制度和维修合同制度，实现二级维护以上维修竣工车辆的合同、出厂合格证使用率90%。全年出动执法人员85人次、执法车17台次，下达《责令整改通知书》2份，收缴保存汽车维修机具及汽车零配件5件，查处无证(照)机动车维修经营业户4家。对辖区5家驾校建立专门档案，对驾校教练车进行年审。规范驾校经营活动，检查训练场地90次、教练车辆600余台次，督促驾校落实教学大纲10次，处理驾校投诉50余件，依法取缔明安驾校分校、明涛驾校分校、交发驾校分校、蓝盾驾校分校4家分校。

出租车市场管理。对辖区客流集

2016年底，武汉青山长江大桥主塔在建中

执法人员检查辖区运输企业车辆

中和重点地段的社区周边实行严管严控,加大法制宣传力度,使重点区域"黑的"非法营运现象得到有效遏制,重点地带交通秩序有效改善。全年出动执法人员1719人次、执法车辆336台次,立案并暂扣非法营运"黑的"281台,其中查扣私家车264台、克隆车14台、残疾人车3台。注重辖区出租车公司的监管,对青运三公司、武钢实业公司2家出租车企业加强管理,安排专人进行对接,对2家公司125台出租车从业人员、车辆情况进行摸底排查。

安全运输管理。全年开展"安全生产年"、交通运输领域打非治违、季节性安全大检查、企业安全生产教育培训及安全生产月等活动,进一步强化节假日运输安全监管,注重做好恶劣天气下的安全生产运输工作,排查安全隐患,预防各类事故。全年排查、整改交通运输企业安全隐患421个,实现"严监管,除隐患,降事故,保安全"目标。3月底开始全面推进青山沿江港口岸线资源综合整治工作,通过发布通告、摸底调查、联合执法等方式,有效遏制新增非法码头,制止非法起运砂石料,率先完成码头去砂石化工作。全年清理砂场18个,清运砂石约35万吨,拆除砂石转运设备30架次。

(马艳)

【洪山区】 2016年,区城市管理委员会(交通运输局)被评为"武汉市文明单位""武汉市运管系统目标管理先进单位"。

基础建设及养护。完成武嘉高速征地347亩,房屋拆迁35000平方米,沌口长江大桥征地226亩,青山长江大桥征地61.45亩。完成市政道路沥青补坑凼38167平方米,翻修破损混凝土路面1175平方米,维修人行道步砖14166平方米,完成汉马应急维修37000平方米、武金堤应急碎石补坑凼52500平方米。主次干道破损及时修复率95%以上。完成6座病害桥梁应急拆除任务,委托专业机构开展城市桥梁日常巡查及定期检测,对20座区管桥梁进行应急维修,自管桥梁安全无事故率100%。完成"大学之城"建设交通运输协调工作,5月份华农公交场站正式交付市公交集团使用,567、571、576、591等公交线路迁入该场站。

运输市场管理。加强杨春湖客运站及武汉火车站周边的路面巡查力度,每周至少巡查3次,节假日期间重点巡查,监督客运站做到"三不进站,六不出站",现场处理客车违章行为,保障广大旅客出行安全。春运期间,发送旅客298万人次,未发生一起安全事故。全年出动执法人员2214人次、执法车辆586台次,检查车辆2550台,其中普通货车870台、危险品车辆125台、客运车辆1420台。查处无危险品运输经营许可证驾驶危险品车辆14台,客运车辆站外揽客34台,货车驾驶员不具备从业资格证22台,货车非法改装14台。完成45家汽车维修企业和27家货运企业的质量信誉考核工作。督促辖区45家维修企业落实出厂合格证制度和维修合同制度,建立《出厂合格证》发放核销台账,发放维修合同45份,出厂合格证45个。检查维修企业120余家,发现安全隐患20起,下达整改通知书7份。

安全生产管理。组织全区沿江港口资源环境综合整治工作,整治码头49家,处置趸船97艘,转运砂石122万吨,基本恢复岸线原貌。强化"黑的"整治工作,查扣非法营运"黑的"191台,教育驱赶"黑的"212台次。对区内有资质渣土运输车辆进行改装和智能系统安装,完成车辆改装364台;在区内渣土车运输主要道路设置执法卡点,开展联合执法63次,暂扣驾照118本,暂扣车辆56台。组织安全生产检查15次,出动安全检查人员100余人次,排查企业安全隐患32处,隐患整改率100%。

(何伟元)

【蔡甸区】 至2016年底,全区公路通车里程2480.72公里,其中国道115.80公里、省道199.82公里、区道120.31公里、乡道750.17公里、村道1290.12公里、专用公路4.5公里。

基础建设及养护。全年完成交通固定资产投资2.5亿元。318国道永安至成功段改扩建28.3公里,总投资4.63亿元,年底启动6.5公里清表除杂和毛渣填筑施工,完成毛渣填筑2万立方米,完成投资1.7亿元。8月29日,百(赛)曲(口)公路消泗乡政府至曲口段13.8公里水毁恢复重建进场施工,12月底工程全部竣工。中法友谊大桥(武汉三官汉江公路大桥)完成交保、照明、绿化、防撞、限高架等配套工程。星光大道完成施工段沥青路面铺筑,星光大桥两端接线全部完工。消(泗)仙(桃)线路面沥青铺筑完成,交保

2016年9月30日，318国道改扩建工程施工中

和绿化工程完工并通车。投资1650万元，建设完成通湾公路52公里，涉及13个街乡(园区)，43个行政村。投资1170万元，完成龚家渡一桥、二桥改造和九真树苗产业示范园道路工程。整治公路标志标牌，拆除广告牌1713块。填补坑槽1.2万平方米，沥青灌缝7.5万米，整修路肩40万平方米，路面清扫3.9万公里，处置病害1.2万平方米，路容路貌进一步改观。

行业管理。按照武汉市沿江港口岸线资源环境综合整治总体部署，蔡甸区列入整治码头12座，其中取缔码头1座，规范码头1座，提升码头10座。5月16日，完成城头码头的取缔，拖离趸船2艘，拆除房屋4间，拆除清运皮带机670米。完成非法采砂船采砂机械设备拆除，堆砂场黄砂13.33万吨全部转运和清理完毕。完成朱家湾物流园区基础设施投资2亿元，争取物流园区基础设施建设扶持资金240万元，普洛斯、湖北圣恩建成运营，黑石新地、上药科园、商储运开工建设，中外运捷利通达、安捷物流评定为A级物流企业。开展渣土和砂石料运输车整治工作，区交通运输局与区城管委、区公安交警大队等部门联动，采取固定与流动治超相结合、四班三运转方式，组织执法次数263次，出动执法人员3230人次、执法车辆865台次，检查车辆856台次，查处超限超载运输车辆391台，卸载5805吨。辖区159台渣土和砂石料运输车辆按规范要求加装密闭软覆盖和智能控制系统，完成车辆改装目标。

运输服务。全年完成公路客运周转量23590万人公里，比上年减少14.9%，货物周转量90270万吨公里，比上年增长41.2%。4月29日，蔡甸城关经中法友谊大桥至东西湖区轻轨一号线城市公交线路H101开通，结束蔡甸区至东西湖区不通公交历史。6月6日，262路公交终点大集街站延伸至常福工业园区。8月8日，开通同济医院中法新城院区至硚口区同济医院本部的259路城市公交线路。8月15日，调整城关公交5路和6路线路。6月30日，省交通运输厅正式批复京珠高速蔡甸站至汉蔡高速琴台站区间路段由区政府统一支付通行费，七座以下小型客车实行免费通行，7月1日正式实施。

防汛抗灾保畅通。6月强降暴雨和外洪内涝，区交通运输局投入人力3570人次、机械设备438台套、抢险车辆784台次，调遣船舶12艘、冲锋舟5艘，毛渣4650立方米，沥青料398吨，清理边沟2050米，清理山体塌方4700立方米，填补坑槽2.8万平方米，处置倒伏树280棵，清理断枝670处，清理45座桥梁溃水和泄水孔排水，排除隐患254处，处置险情248处，运送泥土草包5.6万包，运送抢险人员2500余人次，全力保障318国道、千(湖)洪(北)公路、洪北大堤等道路交通通畅。7月5至6日，调集城市公交及城关公交客车390台，昼夜38个小时，安全转移消泗乡12个行政村12522名群众。自8月1日开始，先后12批次调集104台城关公交车、派遣200名工作人员，安全护送1.2万名群众返乡。

安全应急。开展道路客运、渡口船舶、事故多发路段、工程施工领域为期三个月安全生产大检查，出动检查人员260余人，组织检查28次，检查单位23家，排查事故隐患18起，完成整改18起。强化应急救助保障，提高交通运输安全生产防、管、控能力，遏制重特大事故发生。

2016年4月29日，蔡甸城关H101路公交正式开通

文明创建。积极参加武汉交通运输行业文明创建活动，区交通运输局年度绩效考核被市交通运输委员会评为立功单位，松林公路管理站继续保持市级青年文明号，曾庆文获全省公路系统"迎国检先进个人"，张汉祥获武汉市五一劳动奖章、武汉交通运输系统"交通之星"，李明宣获湖北省公路系统"十佳路政员"。全系统卫生先进单位、文明单位创建率100%。

（姜卫）

【江夏区】 至2016年底，江夏区公路里程3759公里、路网密度184公里/百平方公里，其中高速公路116公里、一级公路257.5公里、二级公路393公里、三级公路68.5公里、四级公路2924公里。内河航道通航里程92.5公里，港口4个，渡口26个。二级客运站4个。

基础设施建设。全年完成交通固定资产投资16亿元，比上年增长20%。完成金龙大街扩建段、金龙大街改线段、农村公路危桥3个重点项目建设。南环线改造、纸坊东大街东段改造、纸陈线、山舒线、段乌线5个项目主体工程基本完成。107国道龚家铺至贺站段改扩建工程如期开工，并入围第三批国家PPP示范项目。新南环线、通用南延线、天子山大桥等8个项目前期工作推进中。武嘉高速江夏段主体工程协调任务全部完成，连接工程开工建设。四环线江夏段协调任务完成总量的85%。全年完成城建跨越项目投资17.96亿元。完成物流园区基础设施建设投资4.15亿元，占年度计划的103.8%；物流项目建设投资8.75亿元，占年度计划的102.34%。新引进规模物流企业1家，签约落户郑店。

运输服务。全区拥有营运货车9658辆，全年货运量1512万吨，比上年减少86万吨，货物周转量49896万吨公里。拥有营运客车866辆，其中城市公交540台（含纸坊城区公交97台），客运量1524万人次，比上年增加23万人次，旅客周转量42672万人公里。农村客运车辆326台，其中二级网络客车290台，日客运量3.52万人次，比上年下降12%；三级网络客运车辆36台，日客运量850人次，与上年持平。优先在城区推广使用天然气等环保车辆，公交江夏公司更新新型纯电动公交车100台，城区8路公交车全部更新为电动车。4月28日开通的区域出租车全部采用油气混合汽车。

行业管理。组建渣土和砂石料运输车辆整治专班，配备专门执法车辆，与区直相关部门联合执法，完成渣土和砂石料运输车辆"双车"整改476辆，44家非法砂石码头全部取缔；持续开展公路"三超"治理，全年检测货车8170台次，处罚车辆3949台次，卸载货物21360.76吨；开展公路沿线广告牌整治行动，拆除公路边违法广告牌260块，清理路障133处908.16平方米，路域环境显著提升。江夏路桥承担的《沥青混凝土拌和站废粉资源化技术及应用》科研项目研究成果通过国家级鉴定。

灾后重建。6月中下旬的强暴雨袭击，交通设施受损严重。107国道、101省道南环线、102省道武赤线3条国省干线遭受不同程度的损失，尤其是107国道和武赤线受损最严重，造成交通短暂中断，有190条农村公路、19座农村公路桥梁被洪水损毁，部分交通企业和客运场站受灾。按照"应急与谋远相结合、恢复与改造相结合、重建与提档升级相结合"的建设思路，优先修复国省干道，确保过境车辆畅通。完成107国道破损路面修复5855平方米，省道南环线破损路面修复2612.5平方米，省道武赤线破损路面修复6426.25平方米；清理边沟11750米，堆积物1465立方米，清扫路面1635.5公里，疏通涵洞及过水通道28座，修复塌方挡土墙920立方米，修复边沟1100米。完成武赤线南岸村路面大修1.2公里。107国道完成修复量的70%、102省道完成40%、101省道完成90%。抢修期间，国省干道正常通行。快速抢修农村公路、危桥，对各街村的16条重要的、唯一的出行村湾道路路肩墙坍塌、混凝土面板脱空、路基冲毁、涵管冲毁、混凝土路下沉等进行及时维修，保证当地群众正常出行和生产自救车辆畅通。

安全应急管理。建立和健全安全机制，落实安全生产责任制，加强职工安全生产思想教育，强化行业安全生产督查及整治工作。及时处置107国道贺胜桥京广线铁路跨线桥拐弯处边坡塌方伤人险情，设置安全警示标牌；全年查处超载车辆4324台，卸载81155吨。开展船舶救生衣、湖泊码头检查、运输市场隐患排查等行动，新发放救生衣50余件，完善渡船安全应急设施。推进优质安全生产平台建设，投入31.5万元对客运中心站大厅新增多能量X射线安全检查设备，投

2016年4月28日，武汉江夏区区域出租车正式开通

入4万余元安装进出站拦车器和监控摄像头,加大二三级网络车辆维护与保养。投入近1000万元,建设全省一流驻地和土地试验室;投入100万元,为金龙大街西段(107国道至和平农庄)添置施工安全设置和设备提档升级。

文明创建。客运车、公交车统一车身宣传标语,统一车内温馨提示,统一车载电视宣传内容,投入90万元,新建105平方米纸坊客运中心站公益LED屏。因检测站被淹,全区应年审客运车辆324台,完成208台客运车年审。精准扶贫,集中开展干群走访4次,送慰问金35700元,生活、生产物资9.3万元,支助贫困村扶贫专项资金各3万元,为驻点村新建通村水泥路3.86公里,刷黑村级公共场地2000平方米,疏通排水渠道1000米;"村村通客车"实现常态化运营,已成为乡村居民、农副产品进城的首选交通方式。区交通运输局年度绩效目标工作被武汉市及江夏区评为立功单位,9家交通系统单位获区"文明单位"称号。

（陈立忠）

【东西湖区】 至2016年底,全区公路通车里程1420公里,路网密度284.16公里/百平方公里,其中一级公路240.57公里、二级公路191.44公里、三级公路61.01公里、四级公路572.33公里、等外公路153.88公里。

基础设施建设。全区交通道路建设项目13个,完成投资6.87亿元,建设完成环湖路、马池路、新径线等新改扩建等级公路23.92公里。东西湖综合物流园内在建及续建重大物流项目10个,全年累计投资15.9亿元。3月11日,武汉新港空港综合保税区获国务院批复,规划面积4.05平方公里,其中新港空港综合保税区东西湖园区规划面积3.05平方公里,由武汉东西湖保税物流中心升级扩建而成。

公路养护。修剪路肩边坡104.47万平方米,清理边沟39400米,沥青路面灌缝22万多米,路面补坑槽56246.85平方米,路面保洁6883公里。根据路面破损及汛期水毁情况,组织

2016年,东西湖区吴新干线路基工程施工

实施湖陈线、大红线、吴新干线、环湖中路等9条路线大中修。加强桥梁技术状况检测,检查桥梁涵洞及通道370座,疏通桥梁排水系统1732个,修复各类交安设施3128个。依法集中拆除国省干线和区域经济干线沿线广告牌标志牌330块。新建辛安渡公路养护(应急)中心。

运输服务。全区完成道路货运量2360万吨、货物周转量11.74亿吨公里,分别比上年增长1.46%和4.47%。完成港口吞吐量227.38万吨,比上年下降7.7%,货物周转量11.37亿吨公里。拥有道路运输车辆18823台,区域出租车300台,货物运输车辆18523台。全区新增H100、H101、H102公交线路,优化调整H90、H93、H99公交线路。全区有道路运输经营业户2279户,其中客运经营户3户、货运经营业户2169户、机动车维修业户107户。全年实施行政许可事项301件次,做到许可公正、程序合法、归档及时。年审营运车辆10904台,年审率为59.52%,年审道路运输业户1038家,年审率为48.08%,签注从业资格证书4645人。"定制公交"升级换新为39座的新能源车,载客能力由24人提升至39人,充电3小时续航里程达150公里。法制建设。坚持依法行政,不断规范交通行政执法。查处各类交通行政违法违规案件257起,规范使用执法文书,确保一案一卷;文书使用按编号管理。全年规范制作执法文书1572份,违法超限运输案件的立案率、结案率、执法文书使用率均为100%,案卷合格率达99%以上。

路政管理。出动巡查车辆600台次,巡查次数652次。对国、省干线进行9次全面整治,下达《交通违法行为通知书》190余份,清理摊点153处293平方米,清理路障71处84平方米,排查一般安全隐患348起。全年受理行政许可案件16起,收取公路路产补偿费639850元,另收取许可续签补偿费3800元,处理路赔案件32起,收取公路路产赔偿费124170元。吴家山治超站检测车辆8878台次,处罚超限车辆1572台次,卸载货物16071.34吨。货运车辆超限超载率控制在3%以内。

安全应急管理。区公路管理局开展安全大检查21次,发现安全隐患29处并及时进行整治。区地方海事处按照片区管辖职责及"一处渡口一艘渡船一名监管责任人"网格化管理要求,将渡口渡船安全监管职责分解,责任落实到人;4月开展非法采砂集中整治工作,6月底举办内河小型船舶船员适任与特殊培训,9月到慈惠小学开展水上交通安全知识进校园活动。对辖区230余家道路运输企业开展安全生产隐患排查,出动检查专班50余次、检查人员170余人次、车辆70余次,发现安全生产隐患27次,现场整改16次,其余下达《责令限期整改通知书》,限期整改完毕;与

2016年12月28日，武汉地铁6号线沌口东风公司至东西湖金银湖公园开通试运营

辖区道路运输企业签订《安全生产责任书》468份，明确监管职责；加强上路执法检查，重点检查客运汽车驾驶员资质、车辆技术状况以及灭火器等消防设施情况。

文明创建。区交通运输局机关及直属单位申报文明单位获得通过。充分利用电子显示屏、宣传专栏、区域公交车、出租车LED屏幕以及港湾式公交站点公益广告牌宣传"两学一做"、文明城市创建等内容，制作各类宣传专栏43块、横幅38条、宣传画200张，发放宣传资料3000余份。全年获"中国公路学会科学技术奖""武汉市巾帼建功先进集体""武汉市巾帼文明岗""第十届园博会特别贡献者""武汉交通运输安全应急管理先进单位""2016年首批国家示范物流园区"等荣誉称号。

（余超）

【经济技术开发区】 至2016年底，武汉经济技术开发区（汉南区）通车里程797.3公里、路网密度160公里/百平方公里，其中高速公路31.2公里、一级公路28.9公里、二级公路71.1公里、三级公路14.8公里、四级公路651.3公里，按行政等级分为省道65.6公里、县道21.2公里、乡道61.5公里、村道617.8公里。

基础设施建设。全年完成交通建设投资5.12亿元。纱帽大道南段开工建设，完成投资4000万元。完成通江一路东段道路建设，投资2509万元；实施通江一路中段道路工程建设，投资9689万元；实施通江三路道路工程，投资6328万元。育才路改扩建工程完成投资9637万元。陡埠路和薇湖景观综合整治完工并投入使用，投资7600万元。建设完成通湾公路40公里，投资800万元。实施幸福中路工程，投资7900万元。黄金线及其延长线配套建设完成投资1280万元。新建公交停车场1个、首末站5个，投资1500万元。

运输服务。全区完成公路客运量322万人次，比上年增长1%，完成旅客周转量10587万人公里，比上年下降13.8%，下降主要原因是汉南区长途客运于2015年全部转籍到东西湖区，运距减短，旅客周转量下降；完成货运量716.9万吨、货物周转量36688万吨公里，分别比上年增长3%和12.9%。完成港口货运量501.7万吨，比上年增长106%。完成水路运输货物周转量124850万吨公里，比上年增长154%。完成水运客运量1.6万人次、旅客周转量40万人公里，均比上年增长7%。调整优化271路、272路、273路线路和车型，消除公交车通行汉洪高速公路安全隐患。做好客运出租车行业稳定工作。启动纱帽新城公交化改造。

行业管理。以专项整治为抓手，加强行业管理工作。强力推进非法码头整治工作，辖区沿江45家砂石料码头全部停止作业，取缔非法码头17家，拆除码头皮带运输机等设备和设施，拆除、迁移趸船11艘，累计转运砂石82.7万吨，通过省检、国检验收。完成渣土和砂石料运输车辆整治工作，全区5家渣土车企业158台车完成加装工作，28台运输砂石料自卸货车全部整改到位。开展非公路标志标牌专项整治行动，拆除省道户外广告牌1块，拆除农村公路非公路标志牌13块，整改标志标牌45块、拆除28块，有效改善公路通行环境。

公路养护。全区92公里列养公路中的52公里纳入"大城管"范围，争取区级管养资金500万元，提升公路路况水平。购置三轮电瓶车12台，用于日常巡查维护，清扫路面1673公里，整修路肩39286平方米，填补坑槽1333平方米，人工除草61750平方米，机械打草177047平方米，清沟排水11700米，清除路障875处，更换、修复省干线缺失的警示桩、百米桩76个，除雪、撒防滑料33600平方米，修剪行道树16公里，疏通桥面排水系统2194个，干线公路路况、路容、路貌不断提升。

安全应急管理。举办安全生产管理人员培训班3期，34家道路运输企业77名企业安全监管人员参加培训。组织开展元旦、春节、国庆等重大节假日或特殊时段安全生产大检查，运管部门检查客运企业2家、客运车辆419台次，督促企业整改问题车辆50台次，排查、整改隐患32起。海事部门开展现场执法检查90次，出动人员450人次，现场检查船舶160艘次，检查港口企业35家次。公路部门上路巡查231次914人次，清理摊点35处91平方米，清理路障105处3600平方米，拆除非公路标志牌17块，开展路政宣传3次，发放宣传单1000份；联合治理路域环境2次、联合整治非公路标志标牌2次，排查隐患25项，整改率100%。

（曹海军）

【黄陂区】 基础设施建设。10月1

日，刘店立交全面建成通车，投资5.99亿元；5月1日，黄土公路一期改造工程完工通车，投资2.48亿元；完成临空产业园8条道路、汉口北大道刷黑、大潭产业园主干道、岱黄跨线桥、普洛斯工业园主干道、石蔡旅游公路、汤云海路延长线、巨龙大道叶店至兴龙路段改造等10个重点工程年度建设计划。7月1日，黄陂区前川中环线工程开工，线路全长20.06公里，投资估算22.72亿元，建设工期36个月。9月底，黄土公路综合改造工程二期开工建设，该项目为加宽工程，总投资2.16亿元。3月23日，新十公路新河特大桥和滨湖路延长线工程开工，新河特大桥总投资3.5亿元，滨湖路延长线总投资2.48亿元。临空产业园区比亚迪路、红寨路，汉口北物流园区客运中心路西沿线、西环线，解放大道下延线辅道、民生堤路、泵站河西路南段、滠口环湖路、阳逻湾南路、城市道路等10条园区道路均完成前期工作，陆续开工。

318国道黄陂段"畅安舒美"示范路

运输服务。城乡公交一体化建设成果进一步巩固和完善，全年旅客周转量37.03亿人公里、货物周转量23.55亿吨公里，均比上年增长30%，道路及水上运输业营业收入比上年增长20%。更换纯电动公交车100台，建设充电桩100个，更新出租车200台。新开通西峰、未来海岸公交线路2条，优化调整PW21、PW22、286、295、PQ15、PQ18、PK3、PG3、PQ11、PQ21路10条公交线路。交通综合信息平台如期建成。

行业管理。成立武汉市村村路通公路养护有限公司，并取得相应的养护资质，制定《黄陂区农村公路养护管理实施办法》，农村公路管护工作机制不断完善。完成农村公路大修200公里，汛期前完成改造危桥57座、安保设施150公里，投资13024万元；修复水毁桥涵43处、水毁路面98629平方米、滑坡塌方48923立方米，灾后重建完成投资8500万元。全年出动治超执法车辆4620台次、执法人员19800人次，检查检测车辆124554台，对超限超载车辆实施处罚2014台，卸载41567.87吨，处罚金额470.61万元，超限超载车辆查处率99%以上、结案率100%，全区主要路段车辆超限超载率大幅下降。

安全应急管理。围绕春运、国庆等重大节假日抓安全促创建。组织各类安全检查组270余个、人员1750余人次，对客运站场、80余家道路运输企业、1家水运企业、12处渡口、3个旅游景区、辖区内公路设施和桥梁、在建交通工程、2个驾培等单位和企业检查300余次，排查安全隐患90起，下达整改通知书25份，整改90起，隐患整改率100%。区港航海事部门监管的通航水域内，水上船舶安全面达到100%，船舶每万总吨死亡率为零，船舶每载货吨直接经济损失为零，未发生水上死亡(失踪)责任事故；未发道路运输安全生产事故及社会影响恶劣事件；未发生交通工程建设、安保工程安全生产事故。

物流业发展。狠抓园区基础设施和项目建设，全力引进知名物流企业。菜鸟网络科技项目一期计划投资3.2亿元，一期占地289亩，年底基本建成。4月17日，广东新银河世纪投资(集团)有限公司与区政府就新银河世纪跨境电商项目成功签约，计划总投资25亿元，选址汉口北综合物流园，总用地面积300亩，一期供地188亩。12月汉口北铁路物流中心二期开工建设。汉口北园区基础设施完成投资1.5亿

2016年7月1日，黄陂区前川中环线工程开工

元，其中，续建对外连通道路黄武公路，改造升级园区对外连通道路新十公路，开工建设园区道路滨湖路延长线，汉口北综合物流园完成开发面积0.45平方公里，完成物流项目投资3.5亿元，新开工武湖国泰农机项目、汉口北卓尔电商智能仓库2个物流建设项目。

文明创建。创建"文明机关""文明窗口""文明道班""文明公路"，开展文明过马路劝导，开设"道德讲堂"，宣传教育规范交通服务服务行为，引导文明出行，提升窗口形象和交通服务水平。局机关再次被评为省级文明单位、省级档案达标单位，有市级文明单位3家、区级文明单位6家。

（姚俊杰）

2016年9月4日，新洲区红色旅游公路水毁路段全线抢通

【新洲区】 基础设施建设。全年完成交通基础设施建设投资30.7亿元，其中公路建设11.4亿元、港口建设8.8亿元、物流园区道路3亿元、轻轨21号线7.5亿元，比上年增长8.1%。建成高等级公路27.2公里，问津大道（汪辛公路）、江北快速路新洲段、新施公路提升工程竣工通车。改扩建等级公路8条33.5公里，改扩建潘塘至蔡大公路1.8公里、涨渡湖湿地公园路3.6公里、沙柳线5.04公里、石长线10公里、辛沙线3.02公里、锦辉大道1.32公里、凤凰旅游线7.52公里、道观至杜皮公路1.2公里。红色旅游公路二期工程、230国道阳福线改造升级工程全面开工，建设总里程51.3公里。大修农村公路17万平方米，新建农村公路62公里，完成农村公路危桥改造25座，启动王家坊连心桥建设。修复水毁农村公路412公里，龙腾大道、红色旅游公路塌方路段、举水河老大桥锥坡、106国道、318国道等水毁修复项目全面完成。完成修编并发布新洲区综合交通运输"十三五"发展规划。完成邾城客运站设计规划、专家论证、工可批复、用地报批等前期工作。

运输服务。全年完成客运量2129万人，旅客周转量95837万人公里，货运量366万吨、货物周转量25678万吨公里。区政府出台《武汉市新洲区公共交通运营服务规范管理办法》《新洲区公交企业服务质量考核办法》。完成新施路提升工程14个港湾式公交站及其配套设施建设。积极推进公交城乡一体化进程，完成邾城、阳逻至各街镇公交改造融资方案、社会稳定风险评估、实施方案等前期准备工作。开通阳逻开发区内循环Y311公交和站点建设。

现代物流业发展。全区登记注册物流企业311户，其中规模以上物流企业15家，京东、招商物流、武港集箱等30余家知名物流企业集聚，初步形成具有临港型产业支撑功能和民生服务功能的物流产业集群，物流从业人员1万余人。阳逻综合物流园入选省级示范物流园区。物流业形成以港口功能为支撑，龙头项目引领，依托"一园两中心"的支柱产业之一。铁水联运一期、综合保税区、京东、新地等9个在建项目完成投资19亿元。武汉物流交易所、普洛斯、宝湾等4个前期项目工作加快推进。建设邱栗大道、宁致路等13条园区道路，完成投资3亿元。新洲区物流局（所）获全省十佳标准化示范局（所）荣誉称号。

行业管理。全系统127名执法人员通过全省执法证件资格考试。道路运输部门稽查各类车辆1634台次，查扣和处罚车辆163台次，稽查船舶34艘次，处罚8艘次，稽查车辆维修企业65家次，驾培企业31家次、危化品企业3家次，发现安全隐患436起，其他问题135个，

2016年4月27日，新施公路提升工程全线完工

下发整改通知单（函）47份。公路治超检测车辆7132台次，处罚超限超载车辆3012台次，卸载货物4323吨。对运往长江码头55吨以上运输大理石的重载车辆予以重点打击。特大货运车辆检测率达到10%以上，超载超限率有效控制在3%以内。通过调查摸底、承诺签字、登记造册、送厂改装、执法检查等工作，登记新洲籍或长期在新洲从事砂石运输自卸车辆594台，改装完毕399台。取缔长江岸线内非法码头15座，督促存在违规行为的4家企业、手续不完善的1座码头、8个需提升功能去砂石的码头进行整改，协助黄陂区取缔与新洲区相邻的非法码头1座。国省干线道路清除大型户外广告宣传牌13块、商业广告355块、流动非公路标牌45块、立柱广告牌1块，圆满完成区列养公路国省干线公路非标拆除任务。

安全应急管理。建立"党政同责、一岗双责、失职追责"的安全生产责任体系，开展"道路运输平安年""安全生产月"活动，举行道路客运事故救援、旅客逃生、消防应急等多部门多科目应急演练。开展专项整治和隐患排查，组织检查（督查）组286个、检查人员1821人次，排查各类隐患198起，下达整改通知书168份，整改197起。全行业未发生消防安全事故、水上安全责任事故、交通工程建设安全责任事故，发生道路运输安全生产事故1次、死亡1人，分别比上年下降50%。

文明创建。结合交通行业实际，开展"道德讲堂"活动6次；开展关爱未成年人和"书香满交通，文化促跨越"读书活动。区交通运输局获市级文明单位、区委区政府和市交委绩效目标管理先进单位、2015年度安全生产工作优秀单位等称号。完成准扶贫村产业路22.06公里。慰问贫困党员、老党员和低保、特困、五保户403户次，发放慰问金约6万元和扶贫物资。每村支持5万元，种植红叶石楠、樟树、樱花、梨树等1.2万株，大力发展5个村的油茶产业，每个村支持2万元的油茶苗，栽种油茶2000亩。

（吴迪）

黄石市交通运输

【概况】 至2016年底，全市公路通车里程6840.61公里，其中高速公路180.24公里、一级公路308.48公里、二级公路589.32公里、四级公路5762.57公里。内河航道通航里程247.6公里（含长江60.8公里），港口1个，生产性码头泊位69个，渡口48个。客运站16个，其中一级客运站1个、三级客运站2个、四级客运站5个、五级客运站2个、简易站6个。

基础设施建设。全年完成交通固定资产投资97亿元，为年计划的110%，一、二级公路建设完成81.13公里，超计划16%。武穴和棋盘洲2座长江公路大桥、鄂咸高速公路相继开工建设，黄阳一级公路、棋盘洲长江公路大桥连接线、武九客专、棋盘洲新港及铁路专线、武阳高速顺利推进，武阳高速、沿江大道、河金、保灵、刘金省道等项目前期工作全面开展。棋盘洲新港1、2号散装作业线正式投入运营，新港口岸实现开关。面对1998年以来最大洪水自然灾害，紧急抢险保通国省干线800余公里和农村公路2000余公里，未出现一起因道路中断影响百姓出行和运输安全事故。

综合运输。公路客运量、旅客周转量比上年增长2%、2.1%，货运量、货物周转量比上年增长5.9%、5.3%，公路运输总体稳中有升。全市港口吞吐量完成3803.5万吨，比上年增长4.4%，集装箱吞吐量完成3.0028万标箱，比上年增长4.2%。全年综合交通运输规模企业营业收入增速为9.6%。全市社会物流总额完成2710.6亿元，比上年增长18.6%。物流业增加值完成48.2亿元，占全市GDP的5.4%，占服务业增加值的18%。成功申报4A物流企业1家、3A物流企业6家，3A以上企业达到12家。全年邮政业业务总量比上年增长36.7%；邮政业业务收入比上年增长27.8%，快递业务量比上年增长50%以上。公交出行更加便利，开通开发区汪仁至刘铺微循环305路、汪仁至章山306路、55路3条公交线，优化公交线路4条，开通园博园临时公交线路4条。客运企业新增和更新混合动力空调公交车56辆、清洁能源出租汽车70辆，城区客运车辆清洁能源和新能源使用率91%。

2016年12月30日，在建中的黄石至阳新一级公路

行业监管。开展非法码头整治,全市应拆除泊位123个,全部启动自行拆除,基本完成拆除117个,占95.12%。5月25日,全省治理非法码头现场会在黄石召开。推进饮用水源地码头整治,沈家营码头、港务集团一码头及大冶有色公司的散货、件杂货作业线于9月30日前全部关停。开展打击"黑车"、整治驾培市场、督查工程建设质量、规范出租车经营行为等专项整治,对重点部位"黑车"窝点进行治理。争取市政府出台治理货车非法改装和超限超载工作实施方案,联合开展治理超限超载运输活动,成效明显;"平安工地"创建及质量兴市工作有序推进。黄阳一级公路开发区段项目部被省交通运输厅评为"平安工地",有2家交通运输企业获"市长质量"奖。围绕"创卫"目标多措并举,及时完成11个交办件,涉及53个问题,整改率100%。

综合规划。《黄石市综合交通运输体系"十三五"规划》正式发布,公路、港口、物流、岸线、公交、新港集疏运等专项规划在修编完善中;《黄石对接湖北国际物流核心枢纽交通工程规划方案》《黄石市公路灾后重建规划(2016—2017年)》《黄石港总体规划》编制完成;委托专业机构开展《旅游交通规划》《县乡道网规划》编制工作。黄石新港多式联运项目为全国多式联运7个培育项目之一,纳入黄石市"十三五"规划纲要。

扶贫攻坚。巩固"村村通客车"成果,新改建农村公路306公里。实施交通精准扶贫,建成刘仁八至王英"两区两带"旅游扶贫公路38公里,惠及沿线4个乡镇40个精准扶贫村。积极探索推进农村物流融合发展、服务电商工作。筹措资金近400万元,帮扶姜祥村、半壁山农场等扶贫点建设农村公路10余公里。

改革创新。主动争取市人大的支持,协调市财政局全力推进全局系统纳入财政保障体系改革,港航、公路、运管、物流4家事业单位全部纳入综合预算管理。全面清理规范交通运输行政权力,对外公布权力清单183大项394小项。市公路局所属3家企业改革有序推进,市运管局"四项改革"取得阶段性成果,大冶市交通运输项目融资再创新纪录,阳新县城乡公交一体化改革取得新突破。

法治交通。出台《全市交通运输系统"七五"普法依法治理规划》,依法治理交通体系基本形成。组织开展行政执法评议考核,覆盖面100%。继续开展行政执法队伍"三年轮训"活动,参训人员1000余人次。行政执法继续保持无行政败诉和行政赔偿记录,黄石交通运输局获全省交通运输系统"六五"普法先进单位称号。

平安建设。层层签订安全生产责任制,建立安全管理专家库,出台安全生产隐患排查治理方案,加强危桥排查及开展水路运输专项整顿、危货运输专项检查,全年无重大安全责任事故发生,水上安全连续保持14年"零死亡"记录。持续强化重点工程质量安全监督检查,工程质量水平稳中有升。

党风廉政建设。开展"5A党支部"评定,推树"人民满意站所""和谐驿站""运政110"等8个创建品牌,把支部建在建设工地、灾后重建点、精准扶贫点。黄石市交通运输局机关党总支被省委组织部命名为"优秀基层党组织"。继续推进"廉政阳光交通"建设,组织开展廉政风险排查"回头看",完善惩防体系建设,强化源头治腐。组织开展"百名干部深入服务对象大走访"活动和14个专项整治,征求意见建议440条,对群众反映强烈的78个问题逐一整改销号。对不作为、慢作为、怠作为的党员干部严肃追责问责,全年共问责19人次。

(刘霞林)

【大冶市】 基础设施建设。全市新建和续建交通建设项目27个,工程概算总投资33亿元。武九客专架梁工程提前完工,铺轨施工进展加快,进入电气设备安装调试阶段;大冶湖公路特大桥桥梁提前完成年度计划目标;棋盘洲长江大桥连接线高速公路大冶段桥隧施工进展顺利,路基工程基本完成;9月28日,316国道大冶段殷祖牛角垄至铜山口段20.6公里建成通车,完成陈贵至金山店段8.8公里建设,启动铜山口至陈贵段、金山店至还地桥段建设。对接武汉的锦冶大道、光谷大道"两路"工程全面完工;239省道还地桥至梅咀段改造工程路基和桥梁桩基本完成;鄂咸高速大冶段建设全面启动。栖螺线、红保线大修工程,刘仁八至金牛段改建工程,金双公路金牛加油站至闵步其改造工程进展顺利。完成茗山玫瑰园环园公路建设,保灵公路建设按要求推进,保安湖园区对接光谷"两路"工程枫彩

2016年3月10日,黄石市召开全市长江沿线非法码头和采石场专项整治工作现场会议

园东风农场段路基基本完工。瞄准"组组通水泥路"全覆盖目标，全年新建农村公路289.48公里，其中，"组组通"105.81公里，省计划畅通工程119公里，67个贫困村脱贫公路64.67公里，完成农村公路建设投资4302.14万元。7月25日，将中心客运站迁出闹市区，迁入罗桥团垴城乡客运临时过渡站。完成物流基础设施项目建设投资4.9亿元，修订《大冶市农村融合物流规划（2016—2020年）》。

公路管养。组织公路大中修、养护、水毁修复工程建设，加强桥梁、隧道运营安全管理，确保干线公路安全畅通。全年投资300多万元，对106国道、中大、河金、铁贺省道、红保线、罗金线、陈石线、栖螺线、刘金线、还黄线等多处路段进行修复完善。以"国检"为标准，实施"畅安舒美"工程，全市好路率达到85.3%，国省道PQI值提升到72，创建"畅安舒美"示范路段30.3公里。开展全市农村公路养护工作季度检查与年终考核，落实乡道乡养、村道村养的管养责任，强化检查督办。实施农村公路安保工程，在7个乡镇临水临崖高坡路段安装防护栏5000米，完善部分安全警示标牌标识，完成省、市级危桥改造5座。建立路政养护联合巡查制度，开展综合治超专项行动、公路环境综合整治和公路平交道口规范化整治等活动，查处涉路案件4起，清除路障102处，卸载转运货物1100余吨，国省干线基本实现全路段全天候通畅。

运输市场管理。按照统筹兼顾、满足出行、确保畅通的原则，配合大冶大道改造工程，对城区中心客运站进行搬迁，制定客运班线运行线路，开通3条通往罗桥团垴城乡客运临时过渡站的免费公交线路。收购原大冶至黄石的48台港巴车，实行公交化改造。300台出租车升级换代，700名出租车司机通过文明礼仪考核。联合交警、城管部门长效开展治超治限、打非治违、治理货车非法改装行动，集中整治道路运输、机动车维修、驾驶员培训市场，规范市场秩序，提升服务水平。开展"安全生产月"、安全生产隐患大排查大整治和"五打五治"等活动，健全责任体系，推行痕迹管理，强化日常监督。

精准扶贫。局机关"三万"工作组驻点殷祖胡六村，慰问困难户16户，送慰问金10万元。投入60万元，建成组级公路2.3公里，安装路灯100盏，全村6个自然湾全部实现"亮化"；帮扶建起3个文化礼堂，成立现代农业种养专业合作社，确保胡六村在规定时间内实现全村脱贫和困难户脱贫。

（张珊珊）

【阳新县】 至2016年底，全县公路通车里程4285.8公里，其中高速公路100公里、一级公路80公里、二级公路355公里、三级公路43.6公里、四级公路2303公里、等外级公路1404.2公里。县内航道通航里程有长江过境段45.5公里、富河下游河段80公里，长江港口有棋盘洲港区、阳新港区的黄颡口作业区和富池作业区，靠泊能力3000~5000吨级，年货物吞吐能力约5000万吨。

基础设施建设。全县完成交通固定资产投资14.43亿元。境内续建和新建主要工程由省市政府组织实施：武九铁路客运专线（武九高铁）阳新段57公里，工程预算57亿元，完成铺轨；棋盘洲长江大桥连接线25公里，阳新境内路基工程基本完成；412省道黄石至阳新一级公路阳新县太子段（筠山隧道）47.4公里，筠山隧道左线2155米、右线2240米，12月6日右线贯通；棋盘洲港口一期工程进入竣工验收阶段，二期工程在实施中。阳新县政府组织实施：308省道兴国至富池段一级公路33公里，12月28日，城东新区至富池富河特大桥北岸20公里路段通车；412省道黄石至阳新一级公路阳新段20.8公里，概算投资5.76亿元，完成货币工程量2.4亿元，控制性工程兴国富河特大桥完成工程量的40%；106国道浮屠至武阳一级公路连接线6.5公里竣工通车，投资8000万元；4316国道军垦农场至大冶花犹树段改建18.8公里，投资预算1.68亿元，二级公路标准，完成货币工程量6000万元；315省道排市至肖家咀段改建27公里，投资预算1.11亿元，完成总投资的85.5%；富河北岸沿河公路兴国至排市段29.7公里，投资预算4952万元，四级公路标准，建设完成6.5公里；413省道大田至三溪段改建22公里，投资预算1.55亿元，二级公路标准，其中王英至三溪段13.2公里竣工；梁公铺至三溪国防公路12.34公里竣工；富河北岸沿河公路三溪河大桥竣工，投资958万元；完成李家畈桥、下畈桥、垴上屋桥3座农村公路渡改桥主桥体，新建汪源桥、朱家山2座农村公路桥；完成通（连）村公路153.9公里，投资4617万元。

综合运输。阳新交通运输网络由铁路、公路、水路组成。武九铁路自西向东横贯阳新境内57公里，国家一级干线；铁路货运中心有2条货运装卸线、1条牵引线及货场、仓库等设施，设计货物吞吐能力60万吨。阳新火车站停靠列车51次，全年完成客运量126万人次、货运量1万吨。完成道路客运量980万人次、旅客周转量9100万人公里，货运量172万吨、货物周转量1.77亿吨公里。全县道路运输业户2908户，客运企业4家，客运站9个，物流企业18家，驾驶员培训学校4家，维修企业85家。新开通农村客运班线39条，全县212个行政村通客车；同时，在洋港、龙港等乡镇增加5辆农村客车，方便幕阜山腹地农民出行；将阳新至太子的客运线延伸到父子山国家登山步道。全县有客车487辆，其中农村客运车辆373台。客运线路131条，其中省际线路7条、市际线路14条、农村线路110条。拥有货车4718辆，其中农用车935辆、简易车437辆、危险品运输货车52辆、出租小车304辆、教练车85辆。有公交车152辆，公交线路9条。城区有得福、安捷、安发3家出租车公司，出租车280台，年客运量1800万人次。全县营运船舶268艘。其中，客（渡）船161艘2868客位、货船107艘2.15万总吨位。年港口吞吐量670万吨。

2016年3月23日，黄石阳新拆除非法码头现场

港口管理。3月10日，根据黄石市政府部署，全县启动长江沿线非法码头整治活动。至10月份，全县80座非法码头108个泊位，除因支持重点企业和棋盘洲大桥建设需要临时保留的4个泊位外，其余104个泊位全部拆除。

路政管理。全县列养公路673.4公里（高速公路100公里、国省道285.8公里、县道225.8公里、乡道61.8公里）。全县行政村通油路或水泥路。新购置铣刨机、压路机、挖掘机等施工机械，提高公路养护机械化水平和质量。5月，开展"路政宣传月"活动，在电视台黄金时间段播出路政宣传标语，在报纸网站等新闻媒体上宣传路政法律法规，执法车巡游广播30余次，散发宣传资料3000余份。1至10月，由政府牵头，公路局与公安交警、道路运政等部门联合开展执法行动4次，集中整治路域环境，严厉打击车辆超限超载行为。

运政管理。按照省交通运输厅《关于进一步深化驾培和维修检测行业管理改革的若干意见》要求，鼓励驾校、维修企业加大投入，通过市场主导和政策引导，全面推进行业转型升级步伐。运管部门对查出的20处农村非法驾校培训点依法进行处理，对4所合法驾校依据《湖北省机动车驾驶机构质量信誉考核实施办法》进行质量信誉考核。按照创建卫生城市要求，整治维修、洗车、补胎等"五业"经营行为。培训道路运输从业人员2013人次、合格驾驶员10465人。继续在班线客运、旅游客运、危险品运输、客运站、驾培、维修等领域开展"打非治违"专项行动，出动执法人员5890人次，稽查经营者1738人（家），查出违法违章行为1523起，处理1394起。成立"打黑"专班，在火车站、汽车站、医院、学校、商场、小区等人流集中地段，查处非法营运"黑的"行为。成立机动巡查组，查处非法营运车辆206台次，受理出租车、公交车举报投诉35起。

安全管理。水上交通安全重点是乡镇船舶、渡口和旅游客运。由于公路交通网不断完善，部分渡口失去原有作用，撤销富河沿线的孔志、大桥铺、荆头山、新河口和青山水库的刘璟等5处渡口，大冶湖的金湖、刘寿渡口移交至黄石市管理。9月，县政府组织交通、渔政、安监、公安、水利、工商等部门和龙港镇政府联合开展整治"三无"船舶行动，查处阳辛渡口非法营运载客的"三无"船舶和渔船。对船舶救生衣配备不齐、消防设施过期等安全隐患，当场下达整改通知书，责令停航整改。6月，县富河流域渡口的40余名船主、渡工参加船员适任证书培训。县运管局与黄石市安监局联合举办"两客一危"企业、大型普通货运企业安全生产培训班。全县水路交通和城市客运安全生产指数继续保持零事故记录。县汽运公司发生事故16次，死亡1人，受伤7人。

(陈绪国　章杰)

十堰市交通运输

【概况】至2016年底，全市公路通车里程28508.98公里，路网密度120.29公里/百平方公里，其中高速公路520.58公里、一级公路300.49公里、二级公路1962.39公里、三级公路1332.16公里、四级公路24392.83公里、等外公路0.53公里。内河航道通航里程829公里（界河按二分之一算），港口10个，生产性码头泊位13个，渡口169个；客运站95个，其中一级客运站2个、二级客运站8个、三级客运站7个、四级客运站4个、五级客运站74个。

基础设施建设。全年完成交通固定资产投资71亿元，占年度计划的108%，比上年增长9.4%。其中，公路项目完成投资57亿元，水运项目完成投资2.4亿元，站场、物流项目完成投资11.6亿元。完成一二级公路路基240公里、路面406公里，环库公路除部分桥隧工程外路基基本贯通，路面完成90%。郧阳港上岭旅游码头、竹山上庸旅游码头等设施基本完工，"一县一港"水运格局基本形成。出台《十堰市"十三五"综合交通运输发展规划》，完成工程可行性批复项目14个、355公里，完成初步设计批

2016年10月15日，十堰至房县高速公路全线通车运营

复项目10个、239公里；兰滩口汉江公路大桥、孤山电站船闸工程等项目进入全省"十三五"交通运输规划项目库。

综合运输。全市完成公路旅客周转量29.98亿人公里、货物周转量119.32亿吨公里，分别比上年增长12.1%、11.5%；完成水路旅客周转量1249万人公里、货物周转量1.73亿吨公里，分别比上年增长5%，交通运输保障能力持续提升。构建城际、城乡、镇村、通村"四位一体"客运体系，开通十堰至商州等城际客运班线，全市班线客车更新98台2721座，旅游大巴更新购置26台；开通十堰城区至柳陂新集镇、红卫至小峡等公交线路8条，新增定制公交线路12条，优化延伸公交线路7条，公交出行分担率增至45%。以巩固"村村通客车"工程为重点，创新实施区域化整合、公交化改造、企业化运作的发展模式，因地制宜发展电话预约、周末班车、赶集班车等客运方式。至2016年底，全市农村客运中班线运营627台、公交化运营178台、区域化运营106台；全市整合调整农村客运线路462条，公交化班线48条，各县市区乡镇通公交率超过40%，城区周边乡镇通公交率100%。11月9日至10日，全国"四好农村路"运输服务工作现场会在十堰市竹山县召开，交通运输部党组书记杨传堂、副部长刘小明等领导及各省交通运输厅有关领导参加会议。

行业管理。全系统开展运输市场稽查行动980余次，查处各类违章行为200余起，暂扣违法车(船)510台次，运输市场稳定有序。全年抽检公路路基、路面、桥梁、隧道、原材料等质量指标数据总体合格率为92%。实施安全生命防护工程319公里，完成投资4447万元。不断完善政府主导、部门联动、区域互动、源头治理的长效治超工作机制，开展百日治超、联合整治、专项整治等不间断、无缝隙专项行动，深入汽车企业、工业厂矿、施工工地和关键路段开展源头治理，坚决杜绝超限超载现象发生。全面开展非法码头治理行动，治理汉江、堵河、曾河等流域非法码头58个，非法码头、非法采砂乱象基本得到遏制。加快交通灾后重建步伐，按照"先急后缓，先通后畅""先干线后支线"的原则，出动抢险人员7815余人次，投入抢险及恢复资金4818万元，清除塌方36万立方米。把灾后重建与路面改造、危桥改造、安全防护、地质灾害等养护工程相结合，投入资金4751万元，完成十两线、呼北线等16条国省干线修复工程，修复完成农村公路路基106公里、路面79.9公里。

科技与信息化建设。以信息化推动绿色交通建设，城区新建智能化公交站廊6座，发布升级版"掌上公交"APP软件，车城通公交卡延伸至景区旅游、餐饮服务等20多个小额支付领域，全市二级以上客运站全部实现联网售票。应用清洁能源及装备，丹江口库区航道新增PE型太阳能一体化航标40座，亨运物流引进电动箱式物流车10台，公交集团全年整治高耗车100台，淘汰黄标车184台，投放纯电动公交车43台，购置LNG公交车10台，清洁能源公交车占比35.1%。推进绿色公路建设，实施公路景观绿化工程，十堰大道自行车漫游系统完成主体工程，打造"省级文明

十堰环丹江口库区生态旅游公路

路"孟土路、"百里绿廊"谷竹路、"百里景廊"水天路、"百里果廊"兴界路、"绿色长廊"十竹路。11月27日,中国·十堰环丹江口库区自行车公开赛在环丹江口库区生态旅游公路郧阳区段天马大道举行,环库公路首次吸引和承载国家级自行车赛事。

安全应急管理。制定《安全生产"党政同责、一岗双责"暂行办法》和《安全生产工作委员会成员单位安全生产工作职责》,开展"查隐患、查漏洞、查违章、查失责"大检查活动12次,排查各类隐患400多处,查堵漏洞40余个,约谈企业11家。成立9个安全应急综合督查组,对17个在建项目、39家"两客一危"企业、468条公路受灾路段开展专项排查,重点领域安全隐患得到有效治理。制定交通运输突发事件总体应急预案,编制应急预案手册和应急处置资源图,组建公路、水路应急救援队伍18支,储备应急设备200余台套,组织开展安全应急演练15场次,安全应急保障能力显著增强。

投融资。十堰市交通投资公司积极拓宽央企、金融、土地等投资渠道,优选有实力、有经验的央企参与PPP项目建设,并通过争取地方政府债券基金、筹划办理马家沟地块权属、收购兼并市汽车综合性能检测站等措施,做大做实交通投资公司经营性资产和现金流收益,为高铁北站广场工程建设筹集资金1.15亿元。各县市区包装申报交通项目,竹山县依托中国农业发展银行建设的公路扶贫过桥贷款项目库,争取将451省道得胜至大庙公路改扩建项目纳入扶贫过桥贷款项目库,获全国首笔扶贫过桥贷款1.6亿元。

交通运输改革。推进出租汽车行业改革,深入企业调研座谈,广泛征求意见,制订十堰市深化出租汽车行业改革实施意见和网约车经营服务管理实施细则,并督促出租车公司加大对驾驶员让利和补贴力度,落实每车每月补贴1100元政策,同时组织运管部门开展错时稽查活动,依法严厉打击"黑出租",维护社会稳定和市场秩序。促进航空、铁路、公路互联互通,开通运营往返火车站、机场与武当山景区之间的机场快线公交1号线、2号线和2条机场专线巴士,实现乘客出行"零换乘"。以汉十高铁建设为契机,规划建设十堰客运换乘中心,打造公铁综合运输枢纽,完成前期工作各项手续。启动高铁十堰北站至武当山玄岳门一级公路项目前期工作,促进公路运输与铁路、民航无缝对接。加快行政审批服务改革,建立完善交通部门"权力清单"和"责任清单",明确交通运输部门行政权力清单166项。全面开展"红顶中介"专项检查,清核审批收费情况,清查审批中介服务事项19项,承接上级下放审批事项7项,梳理公布本系统行政审批目录25大项,简化商品车《临时营运证》办理流程,取消汽车挂车检测与等级评定,下放竣工出厂合格证管理发放权限,规范普货运输车辆检测与等级评定管理方式。2016年,十堰市民服务中心交通窗口完成审批服务办件6885件。

文明创建和党风廉政建设。严格落实管党治党主体责任,制定党委主体责任清单40余份,举办"在党为党、在岗有为"演讲比赛。深入推进"十个支部创示范、百名书记上党课、千名党员创十星"和"支部主题党日"活动。完成1596名党员组织关系排查和基本信息登记,督促指导75个支部完成设星、定星、承诺工作。举办"家风家训家庭助廉故事巡讲",推动主体责任向基层支部延伸、廉政文化向家庭拓展。严守正风肃纪"五条高压线",组织明察暗访14次,发放节日廉政提醒函6次3000多份,点名通报5次,约谈2个局直单位并责令整改,配合纪检组对2个县交通运输局在电视问政曝光的履职不力问题进行责任追究。推进履职尽责督促检查工作,建立健全清单管理制、工作例会制等工作机制,制定整改方案,建立整改台账,落实整改229个,开展"六个专项治理""八类作风整改""十个专项整治"工作,整改问题25起,约谈23人次,十堰市交通运输局被评为"2016年度履职尽责全面督促检查工作优秀单位"。开展"十堰最美交通人""最美家庭"推荐评选活动,常态化组织开展志愿服务活动、公益广告刊播、无偿献血、出租车"爱心送考"等活动,联合市文明办、市交管局组织开展"佳裕杯"城市客运车"礼让行人"文明交通大赛。推进十星级窗口建设,建成"十星级窗口"8个、"十星级公交线路"4条,实现行业创"十星"全覆盖。

(黄永良)

【丹江口市】 至2016年底,全市公路通车里程3974.36公里、路网密

2016年9月26日,十堰竹山县标准化物流分拣中心运作中

2016年12月29日，丹江口汉江大桥在进行桥面铺装施工

度126公里/百平方公里，其中高速公路50公里、一级公路108.66公里、二级公路390.7公里、通村公路3425公里。内河航道通航里程237公里（界河按二分之一算），港口6个。客运站9个，其中二级客运站1个、三级客运站1个、四级客运站1个、五级客运站6个，货运站1个。

基础设施建设。全年完成交通固定资产投资49亿元，比上年增长125%。其中，普通公路建设完成投资20亿元，完成土武一级公路、浪盐路白杨坪段、库周公路江南段二期5公里路面、南神道景区公路、农村公路150公里、"村村通客车"道路改造568公里、水毁道路修复109.5公里和汉江公路大桥、凤凰山大桥、龙山大桥下部结构建设。新增一级公路23公里、二级公路29公里、桥梁1155延米。水运建设完成投资1200万元。

综合运输。全年完成公路客运量4022万人、货运量2488万吨。拥有客运线路138条，其中辖区内113条、跨省4条、跨县15条、跨地（市）6条。市内出租车100台，客运班车273台、5353座，日发班次386班，其中农村班线113条，农村班车136台。完成水路旅客周转量346.97万人公里，比上年下降28%；货物周转量1617.5万吨公里，比上年增长80%。完成港口吞吐量73.5万吨。

行业管理。加强公路养护管理，全年修补坑槽1156平方米，修复挡墙7341.5立方米，修复浆砌片石边沟190立方米，修复边沟3241米，完成公路安全防护工程4.5公里，投资710万元。推进路政执法与超限治理，全年制止侵占路权、损坏路产行为263次，路政案件查处率100%、结案率100%。清理公路用地及用地范围内堆积物267余处，拆除违法非标15块，清除公路沿线控制区内农作物120余处，清理违章摊点79处。采取固定检测与流动稽查相结合的方式开展联合执法工作，检测车辆3126台，查处超限车辆127台，卸载127台，卸货415余吨，报交警处罚车辆223台次，罚款72400元，超限率控制在4%以下，确保公路桥梁安全畅通。

科技与信息化。推进景区公路亮化、绿化工程，推进应急联网工程建设，推进丹江口库区搜救中心建设，推进绿色航道示范段、LNG加气站建设，推进LNG双动力燃料船更新改造。全年强制报废"黄标"公共汽车20台。

安全应急管理。开展平安交通建设、百日攻坚等专项安全生产行动，重点对客运站、客运企业、危险品运输企业进行检查，督促落实"三关一监督""三不进站、六不出站"、动态监控、安全教育培训等安全规定，把好安全源头关，14家企业自查安全

隐患240个，对企业下发安全隐患整改通知书35份。加大水上交通安全监管，与15个涉水镇办区签订《乡镇船舶安全管理目标责任书》，督促各乡镇落实乡镇船舶安全管理主体责任。全年检查各类船舶100艘次，排查安全隐患29起，下达《安全隐患整改通知书》12份、《责令改正通知书》12份。强化交通重点工程安全监管，对土武一级路、汉江公路大桥、土凉大桥等重点建设项目进行检查，对检查发现施工现场安全管理不到位、违章作业、安全防护不全等隐患，下达整改通知书，确保施工安全。深化公路安全管理，对列养公路进行拉网式排查，排查各类安全隐患213处，下发隐患整改通知书71份，印发安全工作简报2期、安全隐患检查通报4期。5月12日，丹江口市交通运输局参加由市政府主办的地震综合应急演练，在旅游港开展水上搜救、人员疏散、消防救生演练；6月28日，在土凉大桥施工现场开展项目和公路汛期抢险应急演练；7月17日，联合公安、安监、教育等部门在汽运总公司开展暑期客运车辆防火安全应急演练；11月30日，在市汽车客运站开展反恐、消防综合演练。

交通投融资。丹江口市交通投资公司是市政府直接管理的国有企业，由市政府授权市交通运输局代表市政府履行出资人职责。注册资金5亿元人民币。公司实行独立核算、自主经营、自筹还贷、自负盈亏。2016年度批复贷款17.67亿元。

文明创建和廉政建设。开展"最美交通人""最美家庭"评选活动和文明行业创建活动。组织党员干部参观廉政教育基地，开展廉政短信创作，制定"四个一律""十个千万做不得"。强化执纪问责力度，加大明察暗访频率，加强廉政阳光交通工程建设。

（杨道三）

【郧阳区】 至2016年底，全区公路通车里程4155.60公里，路网密度108.7公里/百平方公里。其中，高速公路120.2公里、一级公路40.94公里、二级公路285.46公里、三级公路

251.28公里、四级公路3457.72公里。内河航道通航里程223公里,港口1个,生产性码头泊位5个,渡口56个,码头8个。客运站21个,其中一级客运站1个、二级客运站1个、三级客运站1个、四级客运站3个、五级客运站15个。

基础设施建设。全年完成交通建设投资15亿元。完成郧阳大道、谭刘路、汉江一桥维修等工程建设;推进郧府大道、城关至大堰一级路、柳五路、郧白路、堵方路、沧浪洲汉江大桥等项目建设;开工建设油长路、五将路等环库公路。继续加大农村公路项目争取和投入力度,完成村组公路建设250.7公里。开展郧阳汉江四桥、堵河大桥等项目前期工作。工程质量监督覆盖率100%,工程质量合格率100%,优良率90%以上,未发生质量安全事故。

综合运输。全年完成道路客运量154.31万人、旅客周转量4525.95万人公里,完成货运量1023.84万吨、货物周转量33.77亿吨公里。全区拥有营运客车128台、营运货车4819台,开通客运班线203条,其中跨省5条、跨市4条、市内26条、区内71条、通村线路97条。加强公共交通设施建设,建成青曲镇三级汽车客运站,建设公交站亭10个。开通103路公交线路,解决沿线群众出行难、出行贵问题。

加强驾培、维修市场管理,督促驾校建立健全学员档案、车辆档案、教练员档案及培训记录等基础档案,完善设施设备。通过现场核实、逐项检查、综合考评,辖区维修企业评定一类AA级5家、二类AA级10家、二类A级2家。完成水路客运量9万人、货运量290万吨。新增运力2艘、载重吨675吨,客位80个。拆解老旧运输船舶10艘,老旧渡船更新改造3艘。

行业管理。严厉打击非法营运,净化运输市场环境,规范运输市场秩序。强化养护管理,确保公路投资效益和安全畅通。推进源头治超、联合治超,严厉打击非法改装车辆和超载运输,增强治超保障能力。依法实施港航监督,打击非法航运,取缔"三无船舶",规范水上运输行为。成立投融资平台,提高交通建设市场融资能力。全面加强交通执法队伍建设,提高执法人员执法和服务水平。

运输安全。健全运输市场安全监管网络,把住"三关一监督"源头管理,落实安全管理各项制度。抓好船舶管理,确保水上运输安全。加强建设施工安全管理,无施工安全事故发生。交通运输安全形势总体平稳。

交通扶贫。制定精准扶贫农村交通规划,提高交通扶贫工作精准性,规划精准扶贫农村公路建设3000公里。建设精准扶贫农村公路,完成通村公路建设250.7公里,涉及20个乡镇(场)145个行政村。建设农村精准扶贫产业路,服务农村产业发展。建设搬迁扶贫安置点道路,规划全区确定的245个安置点道路建设,待安置点建成后实施建设。做好"一帮一联"脱贫摘帽工作,坚持"输血""造血"并重,与联系村困难群众"结对认亲"。建立结对帮扶困难群众台账,针对致贫原因,从思路、信息、项目等方面有针对性地帮扶。

作风建设。开展履职尽责督促检查工作,改进作风,促进发展。成功举办全区交通运输系统第三届"天鸿杯"职工运动会,增强体质,展现风貌。转变工作作风,强化队伍建设,提升部门形象,促进各项交通运输工作开展。

(张才明)

【郧西县】 至2016年底,全县公路通车里程4774.92公里,路网密度136.08公里/百平方公里。其中一级公路23.28公里、二级公路268.01公里、三级公路99.27公里、四级公路4383.83公里、等外公路0.53公里。内河航道通航里程182公里,标准化港口1个,乡镇渡口8个69处,各类船舶774艘。客运站17个,其中二级客运站2个、四级客运站2个、五级客运站13个。

基础设施建设。全年完成交通固定资产投资6.75亿元。普通公路建成路基20.9公里、路面45.43公里,完成投资5亿余元。其中,建成郧羊路路基6公里、路面14公里,桥梁及隧道完成100%;完成郧漫路孙上段路基1.5公里、路面6.5公里,隧道全部完工,桥梁完成80%;完成观大路观马段路基10公里,桥梁及隧道完成100%;完成郧漫路土门段路面大修1.83公里;完成郧三路路基11.3公里、路面11公里,桥梁完成100%;完成兰滩口大桥初步设计评审,进入施工准备阶段。郧西高速客运站完成主体及外墙涂刷工程,进入内部装修及场地绿化阶段。五龙河旅游客运换乘中心进入主体楼建设阶段。

郧阳区农村客运服务精准扶贫

综合运输。全年完成道路客运量87万人次、旅客周转量8230万人公里，货运量72万吨、货物周转量8800万吨公里；完成水路客运量18万人次，货运量65万吨。全县拥有客货运输车辆2627辆，其中，客车141辆、货车2486辆。道路运输经营企业128家，其中客运企业4家、货运企业3家、维修企业118家、驾培机构3家。新建候车厅472个、招呼站150个。开通客运班线65条，其中跨省7条、跨市2条、跨县10条、县内46条，乡镇（场、区）通客车率100%，行政村通客车率100%。开通城区公交线路9条，投入公交车45辆、出租车70辆。

行业管理。以路域环境综合治理工作为重点，严厉打击侵害公路路产路权违法行为，优化路域环境，保障道路安全畅通。全年出动路政人员4972人次，组织专项整治9次，查处各类违法违章行为710起，拆除非交通标志313块，清理摆摊设点14处，清理路障93处，查处率99%，结案率99%。治超上磅检测车辆9702台，查处超载车辆296台，卸载货物818吨，超限率控制在3%以内。投资10万元，储备工业盐20吨、防滑料1600立方米，出动人员220余人次，投入12个机械台班，圆满完成春运保畅工作。投资50万元，处置沥青路面病害1800余平方米，处治路面坑槽13000余平方米；投资100万元，完成郧晏路混凝土路面病害处置6000平方米；投资30万元，完善和维修安保设施1200余米；投资40万元，清理水毁塌方8500余立方米；投资325万元，完成郧羊路、观大路、郧漫路、上湖路绿化面积400余亩，建设上湖路、观大路、郧羊路"畅安舒美"示范路30公里。

科技与信息化。加快推进交通物流信息化建设，重点推进甩挂运输信息平台建设，通过把握行业特点和关键环节，依托物联网等现代信息技术，加快推进甩挂运输公共信息服务平台建设。完成重点运输过程监管服务示范工程建设，推进车载终端和监控平台双达标工程，强化农村营运车辆GPS联网联控管理，建立道路运输市场动态运行信息监测体系。

安全应急管理。组织开展安全大检查、道路客运安全集中整治、"打非治违"、水上客运安全检查等专项行动，排查安全隐患点18个，下发限期整改通报4批次30余件，安全隐患整改销号率100%。加强交通建设市场和运输市场日常监管。推进安全网格化管理，所有客运车辆安装GPS或北斗卫星定位系统。加大道路安全通行环境整治，完成干、支线路域环境治理3376公里，实施干支线和农村公路安保工程200余公里，改造农村危桥4座212延米。

交通改革举措。以开放农村客运市场为突破口，改革行业管理模式，改善运输环境，以灵活的调控政策、激励机制为杠杆，实现道路运输在管理手段、政策引导、市场准入、运行方式、运输结构、服务质量等方面有实质性的突破。城乡客运一体化建设大幅提升，合理布局农村客运站、候车厅、招呼站建设地点，积极做好城乡线路与城乡客运站的衔接，逐步实现城市公交运行和农村客运一体化。

（刘金明）

【房县】 至2016年底，全县公路通车里程4906.69公里，路网密度95.93公里/百平方公里。其中高速公路117公里、一级公路31.37公里、二级公路324.60公里、三级公路293.75公里、四级公路4139.97公里。内河航道通航里程45公里，渡口14个。客运站13个，其中二级客运站1个、五级客运站12个，货运站1个。

基础设施建设。全年完成交通固定资产投资34亿元，比上年增长20%。普通公路建设6条，投资额6.09亿元，完成路基130公里、路面89公里、桥梁6座。椿口至沙河、青峰至万峪、化龙至门古公路路基及路面工程全部完工。门古至中坝公路完成路基10公里，桥隧、路面开工建设。杜阳路房县段完成23公里，三叶湖隧道接线及安保工程开工。十竹路房县段铺筑沥青面层30公里，15座桥梁桩基基本完成。完成干线公路桥梁西河大桥、军马大桥、熊家包桥、锦鸡沟桥、滚水沟桥、油房沟桥6座桥梁改造工程。6月28日，房县高速客运站建设项目正式动工，完成围墙、改渠和园区道路建设。环城北路解家湾大桥完成下构施工。完成北城工业园园区道路、唐城大桥、岩屋沟景区道路、北门河至神武山珍厂区道路、卢陵王酒庄道路，硬化行政中心院场1万平方米，对孙家弯桥、北门河桥等城区4座桥梁实施亮化工程。窑淮至姚坪公路完成路基28公里。完成通村水泥路364公里，其中，精准扶贫村产业路34公里、撤并村通畅工程181公里、建制村窄路加宽149公里。完成农村公路生命防护工程62公里。实施通村水泥路120公里。客运站场建设投资4900万元。

综合运输。全年完成道路客运量122万人次、旅客周转量7.5万人公里，分别比上年增长12.1%和11%。全县拥有各类客运车辆573台，其中客车252台、公共汽车27台、电动公交车184台，新增出租车110台。班线客车252台，其中跨省客运班线5条4台车，本省客运班线112台，县内班线80台、专线54台。建成青峰、军店农村物流融合发展示范点2个，乡镇农村物流站7个。开通通村公交5条、城市公交3条、村村通客车11条，新开乡村班线6个，惠及120个行政村农民出行。

行业管理。加大路政执法力度，实施"田路分家"，加强超限运输综合治理，超限率控制在3%以内。推进公路生命安全防护工程及地灾处置，346国道、209国道、235省道安保工程全部更换到位，对完成路面改造的杜阳路、青万路、椿沙路、车门路进行安保工程建设。落实农村公路养护责任，安排农管员驻乡镇现场指导养护管理，做到"有路必养"。

科技与信息化。加强工程质量管理，坚持项目五制管理，确保进度服从质量，安全第一，质量为先。实施人才强交战略，通过激励机制，引进年青专业技术人员，筹措资金采购先进机械，引进先进施工工艺，全面提高工程质量。延伸拓展交通建设质量，全力攻坚交通扶贫，持续推进综合运输一体化，巩固村村通客车成果，推进城乡物流融合发展，加快打造现代物流管理体系。

安全应急管理。认真落实客运"三不进站、六不出站"管理规定，从市场准入、从业资格、客运车辆调度、司乘人员变更、行车证件、客运站场等方面开展安全监管工作，道路运输安全四项指标为零。加强客运站安全监管，全年进站抽查21次，下发整改通知书12次，实现进、出站分离，候车室入口设置"三品"检查岗，配备专人负责。开展"道路运输平安年"安全专项整治行动，客运企业在安全达标的基础上进一步完善各项安全管理基础工作。加强客运驾驶员教育，受教育驾驶员1050人次，客车强制二保维护率100%，审查驾驶员资质130余人次，检查车辆550余台次，严格执行进站客车日检、班检制度，全年检查67500台次，责令自排隐患381台次，送厂维修520台次，查处易燃易爆物品85起；电动公交上路稽查350余车次，纠正违规违章操作190人次，处罚40人次。实现全年无重特大交通事故和安全生产无伤亡事故的目标。

投融资。县委、县政府成立房县交通建设投资有限公司，定编5人，企业申请增加注册资金到15000万元。精心包装申报秦巴片区现代产业物流园，已到位农发行基金5000万元，3亿元投贷结合资金审批到位。争取国家开发银行支持县农村公路建设，争取贷款10亿元，为环城南路、武当南路、解放坡隧道建设奠定基础。为解决十竹路工程资金压力，争取农发行支持贷款2.1亿元。

（赵荔）

【竹山县】 至2016年底，全县公路通车里程4751.9公里，路网密度131.13公里/百平方公里，其中高速公路51公里、一级公路29.8公里、二级公路325.4公里、三级公路168.4公里、四级公路4177.3公里。内河航道通航里程120公里（界河按二分之一算），港口1个，渡口24个。客运站19个，其中二级客运站2个、三级客运站2个、五级客运站15个。

基础设施建设。全年完成交通固定资产投资16.06亿元，比上年增长3.8%。普通公路建设完成投资5.77亿元，建设完成十竹公路竹山段、竹山县官渡（桃园）至柳林（公祖）公路、竹山县柳林至洪坪公路改扩建、454省道竹山县三转弯至深河段改扩建工程。

公路管养。加大日常巡查和督办力度，推行养护规范化、精细化管理，狠抓公路预防性养护和"畅安舒美"公路建设。完成国省道接养和电子地图更新，列养国省道里程536公里。推行六位一体"路长制"，开展6次路域环境集中整治行动，投入300多万元维修完善钢护栏、边沟、桥栏杆等公路设施；设桥梁、隧道等标志、标牌280块，设置道口桩460根；完成346国道文峰段"畅安舒美"示范路创建30公里；应急中心投入使用，鲍竹路6公里大修完成，白竹路地灾治理完工，完成安保加密12公里，启动红岩危桥拆除加固；完成三关等3座隧道照明工程、界山等3座隧道加固设计。国省道和站点绿化植树16000株，建苗圃1处育苗10000株；完成竹向路、鲍竹路预防性养护（灌缝）20公里，修补坑槽6000平方米，划设标线50公里，刷白行道树120公里。干线公路附属设施齐全、路容整洁、绿化管护到位、路面平整无病害，PQI值达标。全县开展3060公里农村示范路创建活动，全力推行"样板化建设、精细化养护、规范化管理、人性化服务"理念，实现全域"四好农村路"创建目标。

行业管理。在全县范围内开展道路运输、客运站场、客运企业等专项安全检查，开展"黑车"整治行动。全年出动稽查861人次，检查车辆900台次，查处违法车辆129台，处罚129台。推行养护路政联合巡查机制，开展路域环境综合整治，严控建筑"红线"，完成麻家渡镇集镇过境路段整治，办理涉路施工许可6起，拆除非公路标牌195块，清理堆放杂物325立方米，取缔加水站点5处，规范全县垃圾箱120余处，收取赔偿费40余万元，路域环境基本达到"八无"。争取县政府出台《竹山县治理车辆超限超载工作实施方案》，实现运管、公安进驻超限站常态化治理，同时启动片区联合治超行动。上线检测货车3000多台次，卸载货物2000多吨，货车检测率96%，卸货率100%，超限率控制在4%以内。执法大队和超限站标准化建设、路政宣传、执法培训、业务考核达标。罚缴分离规范，举报投诉渠道

2016年9月26日，竹山县农村客运服务农村物流

畅通，有效投诉回复率100%，路政结案率96%，文书正确率100%，案卷合格率99%，无公路"三乱"行为。路网监控与应急处置、治超监控视频网络畅通，抽查在线率100%，治超数据上传正常，应急指挥车及车载设备通信畅通。

安全应急管理。以"安全生产月"和劳动竞赛活动为载体，实施"安全生产进工地"活动。制定隧道、桥梁、高挡墙、高边坡施工安全管理专项方案，备足应急机械和物质，加强应急值班和现场处置，交通工程安全质量保障能力全面增强，全年未发生任何安全责任事故。对渡口、渡船进行全面排查整治，大力实施水上、渡口安全生命工程，出动执法车辆232台次、海巡艇38艘次，出动执法人员480人次，检查各类船舶825艘次，检查渡口、码头31个，查出事故隐患77处，发送安全宣传单250余份，发送安全预警短信300余条，定做防治水污染提示牌7块；加强项目基本建设程序、建设进度、工程质量、施工安全监管力度，从源头治理建设市场，工程质量监督覆盖率100%，工程质量合格率100%，优良率达89%，未出现一般和重特大质量安全事故。

（党时轩）

【竹溪县】 至2016年底，全县公路通车里程3416.03公里，公路密度102公里/百平方公里，其中，高速公路38.78公里、一级公路44.5公里、二级公路265.3公里、三级公路335.5公里、四级公路2731.95公里。标准化渡口14个。客运站14个，其中二级客运站1个、五级客运站13个，候车站棚307个。

基础设施建设。全年完成交通建设投资8.2亿元。黄龙高速客运站初步设计通过评审，在进行施工图设计。花桥寺至关垭段项目14.4公里，在进行招投标，征地拆迁工作同步进行。天宝至瓦沧公路改建30公里，路基土石方工程基本完成。桃源至向坝公路改建项目21.9公里，路面全部完成，五峰山隧道在施工中，已完成1100米。

十堰竹溪县中峰镇庙耳沟村组公路

宽界路改建项目23公里，路基工程除部分路段因设计方案变更未完成外，其他基本完成，完成桥梁2座、隧道850米。汇两公路新洲至两河口段33公里，路基工程基本完成。

交通改革举措。立足脱贫攻坚规划，充分发挥交通作为扶贫攻坚的"主动脉"和"加速器"作用，加大农村公路建设，补齐贫困村交通运输发展短板，不断夯实精准扶贫基础，帮扶村完成脱贫任务并出列。全面完成《竹溪县重点贫困村交通规划方案》编制工作，明确全县73个重点村总规模599.856公里，估算总投资1.5亿元；全县33个出列村开工建设162公里。进一步完善农村公路养管体制和机制，明确乡镇政府对农村公路管养的主体责任，强化乡镇、村对乡道、村道的日常养护，积极筹措养护资金，设立全县养护管理专项基金，管好养好农村公路。

行业管理。加强许可工作督查，行政许可做到一案一档，做好县服务中心附属中心管理工作。深入客运企业、汽车客运站等经营场所进行现场监督和检查，搞好汽车客运管理站安全生产监督管理，严格落实"三不进站，五不出站"制度，从源头上规范客运经营行为，及时发现隐患，真正做到车进站、人归点、站管车。开展综合执法行动，切实维护好道路运输市场秩序，保障道路运输安全，保护群众合法权益，开展驾培、维修、检测等行业专项治理行动。进一步加大联合治超力度，坚持政府主导，推进区域联动，形成治超网络。加强源头治超，严格规范执法行为，坚决治理治超执法中只罚款不卸载、人情执法等问题。

安全应急管理。落实市、乡镇、村、船主乡镇船舶和渡口安全管理主体责任制度，水上交通安全隐患排查治理等八项制度，突出做好水上交通安全大检查、安全隐患大整改等六项工作。狠抓交通基础设施建设安全生产工作，构建安全风险管理体系。建立风险预防、风险辨识、风险防控、风险分散等机制，逐步推动安全管理方式由事故管理向风险和系统管理转变。继续推进省干线和农村公路安保工程建设，做好指导、检查与验收。继续抓好道路运输安全综合管理，加快推进企业安全生产标准化建设达标考评。突出抓好客运站、"两客一危"企业安全管理，落实新出台的驾校培训安全管理相关规定。推进安全生产标准化，强化隐患排查治理。

（阮家国 吴志美）

【茅箭区】 至2016年底，全区公路通车里程528.5公里，路网密度97.87公里/百平方公里，其中二级公路

26.5公里、三级公路75公里、四级公路427公里。客运站2个。

基础设施建设。全年完成交通固定资产投资1.55亿元。完成二级公路路基26.5公里、路面12.5公里，完成县乡公路改造12公里、农村公路42公里、危桥改造2座、安保工程25公里。

行业管理。加强养护组织领导，各级政府成立一把手为组长的农村公路养护管理工作领导小组，分管领导和各村书记（主任）为农村公路养护管理第一责任人，并兼任养护监督员，层层压实责任。完善农村公路客运候车棚20个、招呼站50个。在危险路段安装防护栏25公里，设置安全警示标牌60块，确保乡村公路安全畅通。加强辖区道路的巡查，对占用、破坏公路、超重车辆或履带车辆等行为依法处理。全年制止在公路两边违法建设10处，制止自建5处，制止超重车辆及履带机械20余起，有效维护路产路权完整。

安全应急管理。坚持"安全第一、预防为主"的安全理念，制定安全生产责任制，建立健全安全管理体系，明确岗位责任。全面落实安全生产责任制，层层签订安全生产目标责任书，制定严格的安全生产措施，强化各施工现场的安全监管，定期进行检查，排查各类事故隐患并及时予以通报整改。加大监督检查力度，加大公路施工现场安全生产监管力度，对在建项目进行全面隐患排查，保障安全设施投入，落实安全技术措施，严格施工操作规程，严密防范坍塌、车辆伤害、爆破、高处坠落等事故发生。全年未发生一起安全生产责任事故，辖区在建项目安全生产形势稳定。

（姚志豪）

【张湾区】 至2016年底，全区公路通车里程890.86公里，路网密度130.36公里/百平方公里，其中，高速公路50.98公里、一级公路58.92公里、二级公路52.42公里、三级公路44.18公里、四级公路684.36公里。

基础设施建设。全年完成交通固定资产投资3.2亿元，比上年增长16.4%。风神大道三期工程全长510米，全线路基贯通，累计完成工程投资21943.79万元，占项目合同总价的93.54%，控制性工程石桥大桥基本完工，4个隧道基本完工；风神大道三期完成路面施工招标，施工单位准备进场施工。完成316国道柏林至黄龙段斤坪段改扩建工程，3月份斤坪段竣工通车。十竹路张湾段路基工程、安保工程基本完工，桥梁全部完工，路面沥青层铺至岳竹关隧道入口，西沟砖厂至白石段行道树、景观点绿化工程在施工中，岳竹关隧道顺利贯通，在进行施工隧道出口及隧道装修装饰。完成通村公路路基改造100公里、路面硬化100公里，建设完成大路河危桥改造、四方山防火通道改扩建工程。

行业管理。层层分解农村公路养护任务，签订农村公路养护责任书，保证农村公路养护有人抓、有钱养。加强平时抽查和检查工作，确保路基、边坡稳定，路面保持整洁，边沟排水畅通，道路状态良好。对公路陡弯、急坡、重点危险路段进行全面巡查，在临水、临崖、弯道路段加装钢护栏、划定警戒线、设立警示墩，投入500余万元，对十竹路二期、柏叶公路黄龙林场段、河西路、狮子沟路、白马山路等路段重点道路制作安全警示标牌86块，安装波形护栏50公里，切实保障了道路交通安全。汛期投入40余万元，清理方辽路、十竹路、河西路、黄方路、柏叶路等塌方，消除安全隐患30余处，确保全区道路畅通。

安全应急管理。坚持每月召开安全生产联系会，实行安全属地管理，推进安全管理标本兼治工作，加大联合执法力度，确保工程施工安全、道路交通安全、水路安全。强化督促检查，实行目标管理和领导"包保"责任制，做到责任到人、任务到人。制定和完善重点部位、关键环节、重要时期安全生产管理制度，配备安全生产现场管理员，设置安全施工标识或警示、警告标志，严格按规范程序进行施工。采取现场检查、督促等方式，强化源头安全督查，加大安全监管力度，安排养护道班工人开展经常性的公路巡查活动，制定预防雨雪冰雹天气安全事故防范措施，及时排查和消除隐患。与黄龙、方滩地方政府签订水路安全责任书，与各乡镇街办、西城开发区签订道路安全责任书、农村公路安保责任书。

文明创建和廉政建设。开展文明单位创建、"五城联创""精准扶贫"帮扶、"交通志愿者"等活动，全面提升行业文明水平和服务水平，张湾区交通运输局获市级文明单位称号。深化"廉政阳光交通"建设，将廉政防控、廉政教育融入到工程建设、阳光服务之中，在316国道柏林至黄龙段改造、十竹公路二期路面和5座桥梁建设等项目实行阳光操作。区交通运输局被评为"2016年度履职尽责全面督促检查工作优秀单位"。

（姚维姣）

【武当山特区】 至2016年底，全区公路通车里程632.4公里，路网密度189公里/百平方公里，其中高速公路6公里、一级公路16公里、二级公路10.4公里、三级公路260公里、四级公路340公里。内河航道通航里程22公里，港口1个，生产性码头泊位8个，渡口6个。客运站2个，其中临时大型客运站1个、三级客运站1个，货运站1个。

基础设施建设。全年完成交通固定资产投资1.9亿元，比上年下降10%。普通公路建设完成投资8000余万元，其中，完成316国道武当山遇真宫段改线道路主体建设3.8公里，完成通神大道扫尾工程、武当山快乐谷景点道路等区内短线工程，新建通村公路15公里。年度等级公路新增生产能力5%以上。投入20余万元，完成首期农村公路安全防护栏、安全指示牌和铸铁减速带施工建设。全线完成快乐谷漂流景点道路建设工程，线长4.1公里，总投资400余万元。枫土二级路改扩工程开工建设，全长6.12公里，项目概算6500万元，隧道施工建设200余米。完成土武一级路特区段6.3公里改扩项目前期工作，概算1.29亿元。完成316国道草店2号桥加固改造工程并通车。完成316

国道武当山绕城新建公路建设方案编制，全长8.2公里。水运及港航建设完成投资600余万元，新增泊位10余个，港航通过能力最大达1000余吨。在建二、三级客运站完成首期投资100余万元。

综合运输。拥有武当山旅游开发公司景区车队、太极湖公交公司、太极湖出租汽车公司、骏通跨乡班线车公司4家客运企业和太极湖水上游公司1家水路客运企业。大中小客车200余辆，游船20余艘，出租车10台。城区小型车辆停车场（容量300辆）1个、大型车辆停车场（容量1000辆）2个、景区旅游大型停车场（容量3000辆）1个、中小型停车场4个、水上码头4个，车船等候点26处。旅游接待、消化和疏通能力不断增强。全年完成区内及过境客运量600余万人次。辖区大中小货车800余辆，全年完成货运量200余万吨，完成客运量480余万人、货物周转量7000万吨公里、旅客周转量28200万人公里，完成水路客运量8万人。全年邮政业务营业总额1200余万元，民营快递经营业主6家，全年业务总额900万元。

行业管理。抓好国省干道养护，其中管养国道16公里，全年清理边沟250公里，清理道路垃圾700吨，修补坑槽5200平方米，清除塌方1000立方米，补植树木500余株，疏通涵洞30道。通过开展打非治违、净化交运市场环境、落实交通企业安全生产"两化"体系建设，抓好景区道路交通安全监管，督促辖区道路运输、水上交通经营企业增加安全生产软硬件建设，投入20余万元对通村公路重点险段进行安全改造，装设安全指示牌、铸铁减速带、安全防护栏。深入企业督查整改安全隐患，查治公路水路隐患17项。开展交通行政执法工作，路政执法强制拆除非公路用标志18块，清理占道堆放物47处650平方米，制止违章建房2处479平方米，取缔洗车点5处，清理摆摊设点2处。坚持"净化市场、突出打黑"指导原则，出动执法人员630人次，接管高警移交客运车辆6辆，查处违章车辆33台，查获"黑车"29台。水路交通执法出动监管巡艇120余艘次、执法人员300余人次，纠正船舶违章78起，消除隐患55处，通航水域未发生交通安全事故。

科技与信息化。全年参加科技培训6人次。加大对交通企业科技投入，加强管理创新和信息化建设，提升企业科技品质，景区旅游车队、太极湖水上游公司、武当山太极湖公交、十武公交等企业采用"安全运营电子监控中心""GPS车辆动态定位系统""AIS船舶防撞控制系统"等技术，车载动态实时监控系统安装使用率达95%，至2016年底，科技累计投入200余万元。

安全应急管理。修编《特区交通运输系统安全生产事故应急救援预案》《特区交通运输系统紧急突发事件应急预案》《特区交通运输系统预防和处置群体性事件应急预案》《特区交通运输防汛抢险工作应急预案》4个应急预案，成立特区公路局公路抢险应急大队、武当山景区观光车队应急大队、武当山太极湖水上公司应急大队3支应急队伍，配备专职人员和装备器械，专兼职人员60余人，每年进行2次以上的专职培训和应急演练。在雨雪冰冻、节假日出行高峰等重要时间段，应急队伍组织和实施多次现场应急管理和抢险除险工作，景区城区连续几年无重大事故发生。应急储备有施工排险机械、车辆7台，救援船舶3艘，救生服200余套，消防救火器械180余件，储备用于应急抢险的雨具、公路除冰防滑物资、照明设备、救生浮具、防汛钢缆、道路警示设施、锹、镐、锤、锯等物资和工具。全年投入应急资金40余万元。

（王丰）

襄阳市交通运输

【概况】 至2016年底，全市公路通车里程29848公里、路网密度151.51公里/百平方公里，其中高速公路583公里、一级公路710公里、二级公路2210公里、三级公路1147公里、四级公路23736公里、等外公路1462公里。内河航道通航里程543.25公里，港口1个，港区7个，生产性码头泊位24个，渡口119个。港口岸线422.5公里，码头现利用岸线69.7公里，生产性泊位41个。登记在册船舶运力1058艘，21万载重吨。客运站95个，其中一级客运站3个、二级客运站10个、三级客运站2个、四级客运站6个、五级客运站69个、简易站5个，货运站9个。

基础设施建设。全年完成交通固定资产投资141.89亿元，比上年增长7.5%。境内高速公路建设完成投资35.3亿元，麻竹高速襄阳西段、保宜高速襄阳段建成通车，新增高速公路189.3公里。襄阳绕城高速东段基本建成，老谷高速汉江特大桥主体工程完成75%，襄阳绕城高速南段、保神高速襄阳段、枣潜高速襄阳南段正式开工建设。普通公路建设完成投资58亿元，建成一级公路路基80.99公里、路面130.09公里，二级公路路基300.29公里、路面307.95公里，县通乡公路152.49公里，通村公路1524公里，新建农村公路桥梁1329延米，改造农村公路危桥3091延米。站场建设完成投资2.25亿元，保康高速旅游客运站、老河口高速客运站和谷城北辰客运站、保康马桥客运站进入竣工收尾阶段，襄阳客运西站主体工程加快推进，东津综合客运枢纽、老河口客运北站和宜城市高速汽车客运站完成工程可行性批复。物流园区建设完成投资7.72亿元，襄阳汽车产业物流园完成二期仓储、零担中心、甩挂中心、装修及扫尾工程，南漳吉美家综合物流中心

2016年5月25日，316国道和207国道襄阳改建一期工程正式通车

完成主体工程、配套工程、装修及扫尾工程，完成襄阳同济堂物流配送中心、襄阳新合作物流中心、襄阳国际陆港货运中心、襄阳新发地百应物流园项目要件办理。城建项目完成投资11.4亿元，内环南线东延伸段建成通车，鱼梁洲大桥改造完工，苏岭山大桥完成总投资的50%；道路运输装备设施更新改造完成投资19亿元。港航建设完成投资8.22亿元，雅口航运枢纽主体工程开工建设，襄阳新港小河港区综合码头一期工程3号、4号泊位完成水工主体工程，陈埠港区综合码头水工桩基工程基本完成。襄阳港喻家湾港区综合码头项目初步设计方案获省发展改革委批复，唐白河(唐河)航运开发工程和唐白河港区武坡综合码头工程可行性报告编制完成。

交通运输生产。全市道路运输完成客运量1.11亿人、旅客周转量52.98亿人公里，货运量2.53亿吨、货物周转量524.83亿吨公里，分别比上年增长1%、1.46%、5.92%和5.30%；完成水路客运量27.19万人、旅客周转量421.8万人公里，货运量1286.6万吨、货物周转量20.83亿吨公里，分别比上年增长5.84%、5.06%、9.79%和8.1%。

城乡客运一体化。推进公交优先发展战略，12月6日，《襄阳市优先发展城市公共交通实施办法》通过市政府常务会议审议。中心城区新开通公交线路5条，延伸调整公交线路10条，更新新能源公交车辆100台，公交线路总计89条，线路总长度1433公里，年运行里程8700万公里，公交站点500米半径覆盖率达到98.1%，公交运营车辆总数1378台，空调车辆754台，占比54.7%。完成南漳清河、涌泉、九集、谷城庙滩、五山、宜城朱市、襄州伙牌等7条客运班线公交化改造，新增、更新公交车138台，比上年增长9%。襄阳市公交集团、老河口市运发公交公司分别通过省级一类、二类公交示范城市创建考评。主城区二级以上客运站全部实现网络售票，县(市)以城关为中心20公里范围内客运班线公交化率达73%，人民群众出行更加便利。农村公路养护率达到100%，好路率达到80%。市委市政府确定由交通运输部门承担的城市公交和农村公路2个三年行动计划，在2016年圆满收官。

行业管理。以"两客一危"为中心，以"打非治违"为重点，集中开展道路运输市场专项整治活动，查处各类违章1081起，异地抄告超限运输违章治理1274起。拓展质量信誉考核工作，全市100台以上的建制普通货运、二类以上维修企业100%纳入质量信誉考核，行业质量信誉考核实现全覆盖。采取"试点引导、重点推进、全面铺开"三步走方式，在全市范围内推行机动车驾培机构"计时培训、按学时收费、先培训后付费"培训服务新模式，全市98家驾校已有80家进行服务公示。围绕保护公路设施，整合系统内外多方力量，开展违法超限超载运输源头治理和路面整治，查处飞扬撒漏车辆4200余车次，查处超限超载车辆3.1万台次，卸载车辆2万余台，卸载货物12万吨，超限超载势头得到有效遏制。加强路域环境整治，查处制止违法建筑1200多处1.8万平方米，清除非交通标志2000余块，清理乱搭乱建3万多平方米。制定出台《襄阳市治理非法码头工作方案》，对非法码头进行综合治理，境内汉江河道基本实现全线禁采，沿江288个非法砂场基本关停，18个砂石集并中心和码头完成选址或在建中，沿江36公里岸线生态逐步恢复。全年规范检查巡游出

2016年12月28日，303省道襄谷路一级路改扩建工程全线贯通

租汽车7600余次，对758辆违规巡游出租汽车实施处罚。累计查扣非法营运车辆631辆，其中非法从事网约车服务私家车201辆、非法营运"电三轮"307辆、"黑车"116辆、异地营运出租车7辆。

现代物流。编制《襄阳市2017—2019年交通物流重点项目建设计划安排的报告》和《关于襄阳市"十三五"农村物流发展项目库编制情况的报告》。《襄阳国际陆港物流园区发展规划》通过专家评审，上报市政府待批复。主办"2016首届襄阳城乡物流配送论坛暨芮邦物流联盟城乡共同配送启动仪式"，展示地方城乡共同配送服务平台、城市即时配送移动互联网服务终端"芮邦同城APP"。开展物流社会信用体系建设，14家物流企业被全国企业征信系统授予"立信单位"。引导物流企业树立品牌意识和竞争意识，不断扩大A级物流企业和省级重点物流企业覆盖面，促进A级物流企业提档升级。2016年新评审通过4A级9家、3A级6家，新晋级4A级升5A级1家、3A级升4A级2家。全市2A级以上物流企业59家，占全省366家的16.1%。新培树省级重点物流企业14家，全市省级重点物流企业51家，占全省281家的18.1%。12月份，国家邮政局、国家发展改革委和交通运输部联合发布《邮政业发展"十三五"规划》，襄阳市被列为国家57个"二级快递专业类物流园区布局城市"之一。

运输安全。首次开展企业法人及安全管理人员培训考核，对全市64家道路客运、危货企业和客运站、382名企业法人和安全员开展为期3天的脱产培训，培训面100%，合格率95%。对4家存在重大安全隐患企业进行挂牌督办，其中1家危货运输企业未完成整改达标被注销经营许可，另3家全部整改到位。7月28日，全省交通运输安全应急工作暨"平安交通"创建现场会在襄阳召开。老河口顺通运业有限公司被交通运输部表彰为2016年"道路运输平安年"活动成绩突出运输企业、襄阳市神州运业集团公司、襄阳汽车客运中心站被省交通运输厅首批命名为"平安车站""平安车"创建示范单位。压实水上安全基础，县、乡镇、村组、船主逐级签订乡镇船舶安全"四级"责任状，全市119处渡口、216艘渡船安全监管责任全部分解落实到22名海事人员。开展安全监管业务、安全知识培训和水上安全知识进校园活动，培训海事人员、乡镇领导、船管员、船员和学生880余人次。南漳县"陈家榜"渡口和湖北新神韵汉江旅游有限公司"汉水女神号"分别被省交通厅授予全省"平安渡口"和"平安船舶"称号。加强公路重点领域安全监管，完成危桥改造20座，新发现危桥处置率100%。襄阳路桥集团承建的207国道襄阳城区改建段中环四标、襄城紫薇园至黄龙观段分别被省交通运输厅授予全省"平安工地"和"平安公路"称号。

交通筹融资。积极采取政府购买服务的方式，申请银行贷款支持交通项目建设。1月25日，交通银行湖北省分行审查批准8.45亿元贷款支持316、207国道襄阳城区段改建工程。襄阳市人大常委会同意将8.45亿元贷款还本付息资金分年度纳入市本级2016年至2030年中长期财政预算。吸纳社会资本，加快推进PPP模式。9月9日，湖北省财政厅公布湖北省第一批60个政府和社会资本合作(PPP)示范项目，316国道河谷汉江公路大桥及连接线工程被纳入。9月14日，老河口市梨花湖环湖旅游公路项目入选第一批国家PPP项目库。

信息化建设。结合交通运输信息化建设特点，以交通信息化、智能化建设作为加快行业转型发展的重要内容，抢抓"互联网+"重大机遇，不断加快互联网与交通运输领域的深度融合，大幅度提升交通信息化技术应用、管理和服务水平。精心组织编制《襄阳市交通运输信息化"十三五"发展规划》，制定印发《襄阳市交通运输局门户网站信息发布管理制度》，确保网站信息发布及时、准确、安全。建成以市交通运输局为节点，横向覆盖局直单位，纵向连接省交通运输厅和各县(市)交通管理部门的交通骨干通信网，自动化办公系统进一步完善。11月15日正式启用12328交通运输服务监督电话，业务领域覆盖市公交、出租汽车、省际客运、货运等各交通运输行业(业态)。全年接听群众来电325个，交办95件，办结率100%。接听群众来电、答复群众咨询建议、妥善处理行业投诉举报等，群众对中心服务满意率100%。

廉政建设和文明创建。3月1日，全市纪检监察系统派驻工作现场会在市交通运输局召开。举办党风廉政交通主题教育、法规知识竞赛和专题党课，局主要领导带头讲党课4次。举办《廉洁自律准则》《纪律处分条例》《问责条例》培训8场，实现培训全覆盖。6月份，省委督查组检查"十项法规制度"学习贯彻情况时，对市交通运输局抓廉政法规制度学习给予很高评价。开展财经纪律专项巡查，对局直单位和基层站所财务支出、"三公"经费、津补贴发放等进行2次全方位、拉网式检查，对发现的违纪违规问题下发督办整改通知书。襄阳市交通运输局被评为2014—2015年度全市创建文明工作先进单位。在重点场所设立"遵德守礼"提示牌，在汽车客运站、公交车、出租车、各单位的LED显示屏等滚动播放公益广告，突出抓好社会主义核心价值观、"讲文明、树新风"、中国梦、创建全国文明城市、"图说我们的价值观"等公益广告宣传。

(徐旭贤)

【枣阳市】 至2016年底，全市公路通车里程4858.38公里、路网密度148公里/百平方公里，其中高速公路67.62公里、一级公路35.90公里、二级公路458.44公里、三级公路233.53公里、四级公路3828.26公里、等外公路234.63公里；按行政等级划分为国道148.15公里、省道364.97公里、县道88.23公里、乡道1794.45公里、村道2394.93公里。客运站12个，其中一级客运站1个、五级客运站11个，候车亭176个、招呼站415个，二级货运站1个。

基础设施建设。全年完成交通基

础建设投资3.66亿元,其中高速公路投资2亿元,平林连接线及国省干线公路投资1.13亿元,农村公路投资5317万元。完成麻竹高速平林连接线建设,投入货币量2000万元;完成316国道枣阳城区至常庄段一级公路改建16公里及316省道枣阳新市至襄州黄集段、272省道枣阳刘升至兴隆段25公里等干线公路建设,投入货币量9375万元;完成农村公路建设213.7公里,投入货币量5317万元;改造农村危桥5座82.2延米,农村公路安保工程50公里,投入资金229万元。

综合运输。全年完成旅客周转量8.71亿人公里,货物周转量124.73亿吨公里,分别比上年增长8%、25%。拥有营运车辆16699台,其中营运客车403辆、营运货车16296辆。出租汽车公司3家,出租汽车300辆。积极优化公交线路,完善公交线路网,调整线路1条、延长线路4条,筹措资金购置新能源公交车36台;城市公交线路10条,营运车辆134台,其中新能源车70台,营运里程217.4公里,标准化公交站台280余处。规模物流运输企业12家,运输车辆858台、9587载重吨。有枣阳百盟光彩产业城、枣阳市大唐物流有限公司、枣阳市方氏物流有限公司3个具有一定规模的物流园区;拥有枣阳市四达汽车运输有限公司货场装卸分公司、五二〇资产管理中心、湖北储备物资管理局二七〇处转运站铁路货场,年运输量75万吨。

行业管理。全年完善路基2200公里、清理边沟143公里、疏通桥梁111座,完成路肩植草16.9公里,列养公路干支平均好路率、干线好路率、标准化路基建设3项公路养护指标,比上年提升3个百分点。联合交警、安监等部门,开展公路超限超载联合整治行动,实施路政巡查2000多次,依法拆除违建15起、非公路标志牌83块,取缔马路市场3处,查处路赔案件15起,查处超限车辆9800台次,卸(转)货物9000.5吨。开展规范客运市场秩序、"黑驾校""黑车"等专项整治活动,查处黑驾校培训点11起,查扣非法营运"黑车"15辆、"网约车"5辆、加装动力装置人力三轮车26辆、非法载人"麻木"以及老年代步车、旅游观光车22辆。对汽车维修、驾驶员培训、危险品运输等行业进行规范整治,运输市场秩序明显好转,运输行业服务质量明显改善。

科技与信息化。枣阳市汽车客运站利用互联网信息技术对全省客运信息资源进行整合与综合应用,开通"湖北省道路客运联网系统",实现乘客通过互联网、手机APP、自助设备等多种渠道查询信息和购票,更好地满足公众出行需要,交通信息服务水平得到提升。

安全应急管理。强化安全监管,以安全发展示范县(市)创建为目标,全面推进"平安车站""平安车辆""平安工地""平安公路"创建工作。按照"三关一监督"职责,督促道路运输企业建立健全安全管理制度和突发事件应急预案,定期和不定期深入危险品运输企业,对其资质条件、车辆状况、生产厂房等进行安全检查。道路运输安全生产保持稳定,各项道路运输安全指标均控制在目标范围之内。特别是春运、"五一""十一"、夏季高温防汛等特殊时段,坚持全员上岗、上路,确保交通运输安全和畅通。组建应急管理队伍110余人,应急运力90辆,一类车辆维修企业1家,整

216省道枣阳城区中兴大桥

2016年7月,316国道枣阳七方段路面刷黑施工中

合专业机械20多台套，储备砂石等防滑料2000余立方米、融雪盐20吨。全年开展危化品运输、客运、公路等各类应急演练6场(次)。

文明创建和廉政建设。通过推行建设项目"双派驻"、廉政监督"八统一"、重点环节"十公开"制度，构建行为规范、程序严密、权责明晰、运行公开、制约有效的高标准行政审批和执法工作机制，落实服务群众零距离、零差错、零回头、零投诉、零违纪"五个零服务"目标，着力打造行业清廉、干部清廉、风清气正、共谋发展的交通运输行业。7月，枣阳市交通运输局被襄阳市委、市政府授予"2014—2015年度文明单位"称号；枣阳市公路局公路建设有限公司项目经理李勇被省交通运输厅评为全省交通运输行业"十行百佳"标兵；枣阳市公路局耿集道班班长陈兴明被省交通运输厅表彰为2016年度先进个人。

(亢博谊)

【宜城市】 至2016年底，全市公路通车里程3696.29公里、路网密度175公里/百平方公里，其中高速公路91.5公里、一级公路56.49公里、二级公路281.52公里、三级公路193.66公里、四级公路3063.65公里、等外公路9.47公里。内河航道通航里程65公里，港口1个，生产性码头泊位2个，渡口18个。客运站9个，其中二级客运站1个、四级客运站2个、五级客运站6个，货运站1个。

基础设施建设。全年完成交通固定资产投资13.82亿元，比上年增长30.4%。普通公路建设投资10.9亿元，完成续建、新建、改扩建国省干线公路、县乡道5条164.52公里，新建通村水泥路和扶贫产业路84公里，拆除重建干线公路单跨20延米的桥梁3座，新建农村公路桥梁126米，改造危桥92延米。完成国省干线公路、农村公路安保工程12.48公里。启动250省道开发区至雷河5.58公里改扩建并完成跨二广高速桥、蛮河桥工程。启动346国道宜城汉江二桥及接线工程和272省道枣阳宋集至宜城流水段改建工程。完成枣潜高速宜城段田路分家等工作。水运建设投资2.92亿元，完成小河港一期工程3号、4号泊位建设，完成雅口航运枢纽工程10.4公里进港道路路基建设，启动河道疏浚和围堰工程。站场建设投资850万元，建成集机动车综合性能、安全技术、环保性能三位一体的检测站。

综合运输。全年完成道路客运量1191万人次，旅客周转量5.90亿人公里，分别比上年增长11%、12.5%；货运量1905万吨、货物周转量34.79亿吨公里，分别比上年增长8.2%、8.7%。有客运班线29条，客车297台，普通货运公司16家，危险品运输企业5家，货车2100台。有机动车维修企业36家，其中一类维修企业1家、二类维修企业16家、三类维修企业19家。驾驶员培训学校7家。有乡镇渡口18处，港口企业2家，水路运输企业1家，各类船舶145艘，其中长途水运输船13艘，短途运输船61艘，渡船33艘，工程船34艘，趸船、海巡艇4艘。港口最大靠泊能力500吨，年吞吐能力100万吨，航行能力500吨级船舶、2000吨级船队。全年完成港口吞吐量90万吨，比上年增长5%。

行业管理。开展路警联合治超和流动查超，检测车辆9万余台次，查处超限车辆4700余台次，卸(转)载4700余台次，卸(转)载超限货物6万余吨，车辆超限率控制在5%以内。纠正各类路政违章案件，及时清除路障，保障公路安全畅通，全年拆除违章临时建筑225平方米，清理公路两侧堆积物332立方米，拆除非公路标志牌37块，发放责令整改行为通知书61份。修补沥青路面坑槽9967.9平方米，修补基层病害4935平方米，巩固完善标准路基282.8公里，累计清理边沟32.57万延米。整合运管、客管执法力量，采取错时执法、蹲点执法、巡查执法等措施，对"黑面包""黑三轮"、残疾人出租车非法载客和出租车违规经营进行整治。处罚非法营运"黑面包""黑三轮"624台次、违规营运出租车121台次。查扣黑教练车4台，取缔非法培训点4处，整治占道维修经营业户19家。联合水务、公安、电力等部门依法关停非法生产砂场18家，拆除非法采砂机具15台套，封堵砂场道路5条，拆除皮带输送带260米，查扣小型工程船1艘，顺利通过省安办汉江航道安全隐患"摘牌"销号工作。

安全生产。持续开展安全隐患大排查、大治理，有效防范和遏制各类安全生产事故发生。全年水上交通运输实现"零事故、零伤亡"。客运站(场)和道路客运未发生责任行车事故和重大事故，危险品运输未发生燃爆事故和危货运输事故，工程施工未发生各类安全生产事故及人员伤亡，各项安全指标均控制在上级下达的目标范围之内，被襄阳市交通运输局评为"2016年度交通运输安全生产责任目标考核优秀单位"。

文明建设。宜城市交通运输局被省委省政府评为省级文明单位，被襄阳市交通运输局评为2015年交通运输工作目标考核一等奖、党风廉政建设责任制先进单位、安全生产责任目标考核先进单位、春运工作先进单位、志愿服务活动先进集体，被襄阳市关心下一代工作委员会办公室评为全市关心下一代工作先进集体，被宜城市委市政府评为2015年招商引资工作突出单位、"楚都先锋"、全市农业农村工作优秀单位、法治宜城建设优秀单位。

(许涛)

【南漳县】 至2016年底，全县公路通车里程5772.05公里、路网密度149.57公里/百平方公里，其中高速公路66.55公里、一级公路48.7公里、二级公路331.05公里、三级公路309.65公里、四级公路3948.5公里、等外公路1067.6公里。内河航道通航里程79公里，旅游码头泊位14个，渡口12个。客运站14个，其中二级客运站1个、四级客运站2个、五级客运站11个，货运站1个。

基础设施建设。全年完成交通固定资产投资5.54亿元，比上年增长17.6%。完成一级公路改建路基10公里、路面10公里，完成二级公路改建路基61.85公里、路面46.45公里；新建农村公路212公里、农村公路维修改造320公里、安保工程387公里，农村公路危桥改造10座。全年启动干线公路、农村公路、危桥改造和公路水毁修复等交通项目68个，竣工57个。

综合运输。全年完成客运量1160万人次、旅客周转量5.82亿人公里，分别比上年增长5.1%、5.5%；完成货运量3126万吨、货物周转量32.35亿吨公里，分别比上年增长9.9%、10.2%。发展城市公共交通，在城区新建港湾式公交站亭10座，改造公交停靠站1处，延伸城市公交线路2条。推进交通物流发展，南漳浩天商贸有限公司成为全县首家"3A"级物流企业，并被评为"襄阳市物流行业物流示范企业"。

行业管理。全年巩固完善标准路基350公里，完成干线公路绿化30公里，列养公路干支平均好路率、干线好路率、标准化路基建设3项公路养护指标，比上年提升2个百分点。联合交警、安监等部门，开展公路超限超载联合整治行动，检测各类货运车辆5600多台次，查处超限超载货车248台，依法卸载货物1300多吨，境内超限超载运输率控制在4%以内。开展规范客运市场经营行为专项整治行动，查处出租车、公交车、班线客车等客运车辆违规经营行为542起，查扣非法载人电动三轮车146辆、非法"黑的"16辆。对汽车维修、驾驶员培训、危险品运输、水上交通等行业进行规范整治，运输市场秩序明显好转，运输行业服务质量明显改善。

科技与信息化。8月2日，南漳县汽车客运站正式开通"湖北省道路客运联网系统"。该联网系统利用互联网信息技术对全省客运信息资源进行整合与综合应用，实现全省汽车客运站售票系统上的互联互通，乘客可通过互联网、手机APP、自助设备等多种渠道查询信息和购票。

2016年8月9日，南漳县交通抢险突击队抢修305省道襄南段水毁公路

安全应急管理。开展道路危险品运输和水上交通安全应急演练，排查治理各类安全隐患，全年交通安全态势稳定，无重大责任事故发生。在南漳"8·7"特大洪涝灾害期间，南漳交通系统570多名党员干部和工程技术人员组成共产党员先锋队和抗洪抢险突击队，坚持在抗洪救灾和公路抢通保畅一线。截至年底，采取垫资、赊欠、借贷等办法，先后启动干线公路、农村公路水毁修复项目43个，竣工36个，累计完成货币工程量3480万元，确保全县受损国、省干线和重点农村公路畅通。

廉政建设和文明创建。通过推行建设项目"双派驻"、廉政监督"八统一"、重点环节"十公开"制度，构建行为规范、程序严密、权责明晰、运行公开、制约有效的高标准行政审批和执法工作机制，落实服务群众零距离、零差错、零回头、零投诉、零违纪"五个零服务"目标。南漳县委、县政府先后授予南漳县交通运输局"党建工作优胜单位""党风廉政建设优胜单位""服务重点项目优胜单位""固定资产投资优胜单位""平安单位"等12项荣誉，连续2年获政府目标考核第一名，全市交通运输工作年度综合目标考核连续13年排名第一方阵。县交通运输局机关、县公路局获"省级文明单位"，县物流局、运管局、

2016年10月9日，南漳县城关镇张营村村级公路路面沥青摊铺施工

农村公路局获"市级文明单位"。

（何靖）

【保康县】 至2016年底，全县公路通车里程4863.77公里、路网密度150.81公里/百平方公里，其中高速公路123.11公里、二级公路329.24公里、三级公路110.53公里、四级公路3006公里、等外公路1294.89公里。渡口8个。客运站16个，其中二级客运站2个、三级客运站1个、五级客运站13个，货运站1个。

基础设施建设。全年完成交通固定资产投资3.58亿元，比上年增长1.6%。完成305省道保康两峪乡至马良段改建19.67公里，总投资7202万元；完成保康石板沟至南漳板桥段改建(保康段)35公里，总投资约1.15亿元；完成国省干线危桥加固改造，总投资347万元；新建保康县清溪河人行景观桥形象进度35%，完成货币工程量240万元；完成公路安全防护工程，总投资166万元；完成龙张路水泥路面新建工程17.14公里，总投资950万元；完成歇马至白竹路改扩建21.7公里，总投资1960万元；官山旅游路改扩建一期5.10公里，总投资837万元；马良西山至九路寨村新修公路8.48公里，总投资200万元。完成农村公路改造183公里，其中资源旅游路6公里、精准扶贫产业路32公里、撤并村通畅公路30公里、自然村通畅公路12公里、建制村窄路加宽103公里；农村公路桥梁建设152延米，投资6900万元。续建保康县高速旅游汽车二级客运站、马桥汽车三级客运站，完成投资5500万元。

综合运输。全年完成道路客运量39.99万人次、旅客周转量5182.43万人公里，创营运收入1444.7万元，分别比上年增长7%、6%、12%。公交运送旅客215万人次，完成营业收入215万元。营运车辆逐步向大型化、专业化和高级化方向发展，中高级客车及专用货车比例稳步增长。全县营运车辆1651辆，其中营运货车1331辆、营运客车320辆。公交线路2条，投放公交车16辆；客运班线313条，其中跨省跨市跨县际班线24条，客车25辆；县境内班线289条，客车320辆。机动车维修企业13家，其中一类维修企业1家、二类维修企业12家。危险品运输企业2家。驾驶员培训学校4家。

行业管理。加强列养公路养护，全年累计清扫路面14540公里、清理边沟5720公里、清理涵洞2484道。春运期间，出动防滑除雪1300余人次、机械车辆37台次、除雪铲6台次，投入融雪盐50吨、防滑料720立方米，编织袋3200条，防滑除雪470公里。强化公路维修养护，完成保兴路路面灌缝27.1公里，完成保宜路、襄关路、白茨路、保兴路、后高路路面宽缝处理21933米、修补油层5080平方米，处理保宜路路面沉陷770平方米，完成保宜路、白茨路、保兴路破碎板维修1192平方米，完成保宜路、白茨路、襄关路等26处路基缺口修复，完成保宜路、襄关路、后高路、石开路彩条状防滑减速带1168.82平方米。加大治超工作力度，全年清理公路堆积物470处920平方米、非交通标志50余块、乱搭乱建2处16平方米，制止摆摊设点40余处。检测车辆73168台，其中超限2272台、卸载2272台、222吨。

安全应急管理。强化安全生产责任制落实，加强道路运输、险路险段与危桥、工程施工、水上交通、汛期应急等重点领域、重点环节安全监管，开展安全隐患排查与整改，建立安全管理台账，开展专项治理，确保交通运输安全生产形势持续稳定。按照不同路段安全隐患，有针对性地采取整治措施，在急弯、临河路段修建防撞墩、缓冲带、防撞护栏、彩色示警带；在陡坡、长坡路段修建示警桩；在连续弯道、连续下坡、视距不良路段，设置各类安全标志，对危险及重点路段进行改造整治。完成襄关路、白茨路、马两路、马重路新建钢护栏及6座危桥加固。全县所有12吨以上货运车辆、危化品运输车辆及客运车辆安装GPS定位系统。

文明创建。保康县交通运输局被评为县"2016年度工作成绩突出单位""2016年度信访工作成绩突出单位"，被襄阳市交通运输局评为"2016年度全市交通运输党风廉政建设先进集体""2016年度春运工作先进单位"。

（雷雨）

【谷城县】 至2016年底，全县公路通车里程3775.43公里、路网密度147.63公里/百平方公里，其中高速公路83.45公里、一级公路49.63公里、二级公路99.06公里、三级公路305.88公里、四级公路2726.17公里、等外公路511.24公里。内河航道通航里程184.5公里，港口3个，生产性码头泊位6个，渡口26个。客运站10个，其中二级客运站1个、三级客运站1个、五级客运站8个，货运站1个。

基础设施建设。全年完成交通固

2016年10月，222省道谷城段路面刷黑完工

定资产投资6.2亿元。12月28日，303省道襄谷路改建工程谷城县境25.6公里一级路建设全线贯通。10月，石开路石花镇至紫金镇官坊村大修工程，路面刷黑全部完工，全长51.61公里。襄阳港喻家湾港区格垒嘴综合码头项目《工可报告》《初步设计》获省发展改革委批复。谷城县综合物流中心初步完成园区招商工作，部分企业入驻物流园。巨力仓储物流配送中心综合楼竣工，投入试运行。百盛高速公路物流园（丹河谷农商第一城）完成项目主体工程。庙滩金昌顺物流园二期工程开工建设。

综合运输（或运输服务）。完成公路客运量5400.41万人次、旅客周转量21.89亿人公里，货运量4790.16万吨、货物周转量48.10亿吨公里，分别比上年增长8.98%、9.22%、10.95%和8.8%；完成港口客运量11.13万人次、旅客周转量155.5万人公里，货运量9.72万吨、货物周转量1160万吨公里，分别比上年增长6.92%、6.07%、5.65%和8.21%。拥有营运客车393台、客运出租汽车103台、持证营运货车3095台，客运线路99条，其中跨省线路11条，跨市、县线路27条，县内线路61条。

行业管理。路政管理效果明显，办理路损案件22起、行政处罚案件112起，立案率100%，结案率100%。开展路域环境整治，拆除违章建筑89.25平方米，清除路障6700平方米，拆除非公路标志60余块，取缔洗车加水点20余处。狠抓超限运输及飞扬撒漏专项治理，检测货车59820台次，查处超限车辆3820台次，卸（转）载5860吨，恶意超限运输和飞扬撒漏现象得到遏制。运政管理逐步规范，查处违规的士27起、"黑的"93台、非法营运电三轮1236台次。加强驾培市场整顿，查处违章经营教练车18台，取缔违章经营培训点1家。对全县汽车维修企业进行规范清理，严格落实环境保护制度，规范经营业户22家，处罚3家、取缔2家。港航管理不断加强，对汉江谷城段非法采砂点进行集中整治，强制拆除非法砂场23家，自行拆除18家，查封滞留非法采砂船131条，有效规范码头建设和经营秩序。

安全应急。开展"平安交通"创建，全县交通系统安全形势稳定。开展安全培训12期、培训人员660余人。积极推进全县交通运输企业达标升级，达标企业10家。开展打非治违和隐患排查治理专项行动，查扣各类非法和违规营运客货车辆27辆次，排查治理各类安全隐患86个，处罚非法和违规营运车主14人次。全力抓好应急管理，开展道路抢通应急演练、危险品泄漏应急演练、客车消防火灾事故应急救援演练，增强应对突发事件应急处置和安全保障能力。

公路养护。干线公路推进精准养护，做到"好路精养创特色、坏路勤养保畅通"，保持路面无病害，路肩整洁美观，标准路基线型顺直，公路配套设施维护完好。全年完成坑槽修补3587.6平方米，垫补坑槽200立方米，灌缝84800米，维修边沟154米、完善标准路基9377立方米、清理边沟453公里、整修高路肩18.49万平方米、划标线1.36万米，更换补栽附属设施195根，修剪标志遮挡物49处。农村公路养护里程1500公里，日常养护管理采取以村为主、公开招聘、竞争择优办法进行，全县配备294名养护人员，基本实现村主干道专人养护。

城乡公交。推进城乡公交一体化发展，新建港湾式候车亭11个，新购置纯电动空调公交车8台、油气混合新能源空调公交车7台，建设电动车充电桩5个，开通城关至金盆沟公交，延伸5路公交由光彩产业园至金洋公司。谷城汽车客运站、石花汽车客运站实现全省联网售票。

（冷俊）

【老河口市】 至2016年底，全市公路通车里程2000.39公里、路网密度193.84公里/百平方公里，其中一级公路65.95公里、二级公路118.36公里、三级公路110.85公里、四级公路1641.73公里、等外公路63.50公里。内河航道通航里程57.8公里，港口1个，生产性码头泊位11个，渡口2个。客运站9个，其中二级客运站1个、三级客运站1个、五级客运站7个，货运站1个。农村候车棚130个，招呼站201个，公交站台56个，港湾式站台28个，电召点56个，农村班线标识牌25块，公交道路指示牌66个。

基础设施建设。全年完成交通固定资产投资19.2亿元，比上年增长125.9%。完成一级公路改扩建路基29.26公里、路面8公里，改建二级公路路面2.8公里，改造农村公路危桥1座，新建农村公路49.99公里，维修农村公路路面12250平方米，农村公路路面加宽18.1公里。高速客运站投资8500万元，完成主体工程和内外装修。

2016年12月，谷城盛五路石花三桥建成

2016年12月30日，老河口新316国道改建工程正式通车

综合运输。全年完成道路客运量927万人、旅客周转量5.11亿人公里，货运量1704万吨、货物周转量32.72亿吨公里，分别比上年增长4.98%、5.09%、5.25%和5.19%。全市营运车辆1936辆，其中大型车辆1072台17444吨、中型车辆90台202吨、小型车辆774台874吨。拥有中高级客车125辆，比上年增加33辆。新建港湾式公交站台8处，新增城区公交线路2条，新购置纯电动新能源公交车20台。全年完成水路货运量85万吨、港口吞吐量85万吨，分别比上年增长25.9%。拥有综合物流企业34家、快递物流公司13家、经营网点32个。有4A级物流企业1家、3A级物流企业2家。12月28日，市政府引进阿里巴巴农村淘宝项目，建设菜鸟网络老河口市农村服务站，先期设置农村淘宝店38家，引进中农批商贸城，进一步完善市乡村三级物流网络。公交示范城市创建稳步推进，初步完成《老河口市城市公交规划》编制。投资200余万元，启动智能化应用工程建设。推广使用公交IC卡，在部分公交车上安装刷卡机，并购置40台新能源纯电动客车，正式投入使用。

行业管理。管养公路11条214.72公里，其中列养国道27.84公里、省道39.92公里、县道146.96公里，桥梁45座3333.36延米。干线公路路面使用性能指数PQI为80.5。开展公路超限超载联合整治行动，全年检查车辆141347台，查处超限车辆4968台，卸（转）载货物1211余吨。对汽车维修、驾驶员培训、城市客运、危险品运输、水上交通等行业进行规范整治，运输市场秩序明显好转，运输行业服务质量明显改善。

安全应急管理。开展公路水路运输安全专项整治行动37次，整改公路水路交通安全隐患78处。取缔1家无法履行安全主体责任的危险品运输公司。开展水路两栖应急救援、触电救援演练和道路危险化学品运输应急抢险演练活动，全年交通安全态势稳定，无重大责任事故发生。

文明创建。开展创先争优和文明创建活动，老河口市交通运输局获全市"党建工作突出单位"荣誉称号，获全省"村村通客车"工作先进集体荣誉称号，王山宏获全省"村村通客车"工作先进个人荣誉称号。老河口市道路运输管理局张鹏获"襄阳市巾帼建功标兵"荣誉称号。

（刘源）

【襄州区】 至2016年底，全区公路通车里程3789.10公里、路网密度153.66公里/百平方公里，其中高速公路104.09公里、一级公路61.02公里、二级公路216.17公里、三级公路56.07公里、四级公路2408.33公里、等外公路943.42公里。内河航道通航里程205公里，旅游性码头泊位4个、达标渡口34处，砂石集运中心1个。客运站10个，其中一级客运站1个、二级客运站2个、三级客运站2个、四级客运站2个、五级客运站3个。农村综合服务站1个，公路货运站场2个。

基础设施建设。全年完成交通固定资产投资8.9亿元，比上年增长23.6%。襄阳绕城高速公路东段16.33公里、316国道改建二期27.79公里、207国道改建二期18.42公里建成通车。启动建设新老207国道部马路连接线、316国道双沟改线、217省道黄渠河至乔洼段、217省道汉十高速襄阳北出口至新316国道段一级路项目4个12.5公里，完成12公里。启动建设翟双路、310省道襄州长王集至老河口袁冲段、335省道黄龙至峪山段、316省道枣阳新市至黄集镇二级路建设项目4个55.73公里，完成45.73公里，双沟新唐河大桥完成主体工程。完成程河镇东大道、龙王至赵集等县乡公路建设17公里、通村公路100公里，完成东王岗桥、孙湾桥等农村桥梁5座。

综合运输。全年完成公路客运量1720万人次、旅客周转量8.75亿人公里，货运量6475万吨、货物周转量1.615万吨公里，分别比上年增长9%、10%、11%和12%。完成水路货运量192万吨、货物周转量17900万吨公里、港口吞吐量340万吨，分别比上年增长5%、4.5%和4%。全年新增、更新中高级客车14辆，新开"村村通"线路3条，新增、更新"村村通"客车10辆，新建农村候车亭、招呼站25个。新增货运企业27家，货车4062辆。新增维修企业23家，其中一类维修企业7家、二类维修企业10家。全年新增襄阳光彩物流公司5A级物流企业1家，全区A级物流企业29家。

行业管理。公路管养工作进一步加强，襄州区公路应急养护中心正式建成投入使用，投资1500多万元。6月20日，由襄州区政府牵头，区公安、城管、交通、水利等部门抽调40人，组成5个道路交通综合整治执法专班，分别在207国道黄集超限站、217省道宋堰超限站、内环线东段襄阳大道路口、218省道峪山段、217省道襄阳北高速路出口处设置5个检查站，对沙石料运输车辆和55吨以上超限超载车辆进行集中治理。全年查处超限车辆12940台次，查处非法改装车辆257辆。大力开展城区客运市场整治、非法码头专项治理等活动，水陆运输市场进一步规范。全区1280辆货车、50艘运输船舶安装卫星定位装置。全年包车线路牌发放全部实现网上审批、电脑打印。

（王志功）

【襄城区】 至2016年底，全区公路通车里程1490.04公里、路面密度343.8公里/百平方公里，其中一级公路102.94公里、二级公路31.17公里、三级公路52.45公里、四级公路1303.48公里。客运站4个，其中二级客运站1个、五级客运站3个。

基础设施建设。全年完成县乡公路建设4.45公里、通村公路35公里，启动危桥改造2座，其中血防大桥完工。维修农村公路路面49967平方米，修建错车台140个，候车站棚150座。

交通运输。全年公路完成客运量327万人次、旅客周转量7622万人公里，完成货运量1656万吨、货物周转量29.88亿吨公里。全区拥有客运车辆80台、中巴车26台。有客运线路29条，日发班次366班，营运线路里程1925公里。

农村公路建管养。全面落实设计、施工、监督责任制，建立农村公路质量责任档案，将每条道路负责人、施工单位、技术责任人挂牌明示，存入档案，实施工程质量追究制。健全质量监管体系，质量监督人员必须现场检查、跟踪督查，严格把握质量标准。严管工程安全，确保施工安全无事故，确保施工工地制度健全、责任到人。贯彻"防治结合、以防为主"公路养护原则，做到乡道乡养、村道村养。日常养护由各行政村对本村辖区内农村公路进行日常养护，由区乡道所进行考核验收，并兑现养护资金。达到路面整洁、路肩无杂草、边坡适度、排水畅通、设施完备、绿化美观，保证农村公路处于良好技术状态，不断提高交通通行能力。

（邱丽华）

【樊城区】 至2016年底，全区公路通车里程1347.06公里、公路密度392.53公里/百平方公里，其中一级公路91.16公里、二级公路21.08公里、三级公路45.69公里、四级公路1189.13公里。客运站4个，其中一级客运站1个、二级客运站2个、五级客运站1个。

基础设施建设。全年建成通村公路路基30公里、路面26公里，通村公路路面加宽14公里，危桥改造1座46.04延米。完成农村公路破损路面维修11000平方米，维修小桥2座，建成候车亭21个。

交通运输。全年完成公路客运量3722万人次、旅客周转量8509万人公里，货运量1371万吨、货物周转量8.32亿吨公里。全区拥有客车503台、中巴车203台。开通客运线路137条，日发班次1319班，营运线路里程5804公里。

农村公路建养管。严把市场准入关，杜绝"无资质、无技术、无设备、无资金"施工队进入樊城区农村公路建设施工市场，各镇、办事处通过招投标确定施工单位。统一标准，严格施工过程管理。凡新建通村公路必须做到路基宽度不低于5米，必须碾平、压实，高低误差不超过2厘米，必须经过验收方可进入路面施工程序。施工路面必须达到4米宽、20厘米厚，路肩必须达到50厘米以上。加强施工过程控制，加大源头管理，在农村公路建设中，不断完善和规范工程建设操作程序，坚持项目法人制、招投标制、工程监理制、合同管理制"四制"原则，程序到位，全年未发生安全、质量事故，没有出现截留、挤占、挪用、外借、转移和超范围使用项目资金情况。

（李磊）

宜昌市交通运输

【概况】 至2016年底，全市公路通车里程30390.28公里、路网密度141.02公里/百平方公里，其中高速公路683公里、一级公路549.09公里、二级公路2596.2公里、三级公路475.74公里、四级公路22454.79公里、等外公路3631.46公里。内河航道通航里程678.44公里，内河港口泊位429个。客运站95个，其中一级客运站2个、二级客运站13个、三级客运站9个、四级客运站8个、五级客运站63个，货运站场8个。

基础设施建设。全市"十三五"交通发展规划重点项目102个，启动前期工作84个，工程可行性研究报告获批57个。全年完成交通固定资产投资117亿元，比上年增长1.76%。其中高速公路完成13.6亿元，铁路、邮政完成8.5亿元，地方交通完成94.9亿元。其中公路65.5亿元、港航10亿元、物流18.3亿元、站场1.1亿元。宜张高速公路宜都至五峰段建成通车，白洋长江公路大桥、三峡翻坝江北高速公路开工建设，全市"八线"高速公路主骨架加速形成。全市建成一级公路50公里、二级公路214公里。318国道枝江段、216省道宜都绕城一级公路、224省道当阳绕城一级公路、五峰王家冲至小河一级公路、五峰李家坪至客运站一级公路、疏港一级公路6条一级公路建成通车，香溪长江公路大桥及连接线、夷陵区宜黄一级公路、伍家岗至龙泉一级公路、241

2016年2月14日，宜张高速公路宜都至五峰渔洋关段正式通车试运营

国道五峰渔洋关绕城一级公路、长阳龙舟坪至宜都五眼泉一级公路、远安盘古至棚镇一级公路6条一级公路加快建设，全市普通公路路网加速密织、提档升级。县乡等级公路达到140公里、通村公路1445公里，农村交通出行更加便捷。抢抓长江经济带发展机遇，全力推进三峡枢纽港建设。宜昌港主城港区白洋作业区一期工程、茅坪港区茅坪作业区二期工程等8个港航项目加快建设。枝江汽车客运中心站、长阳清江旅游客运站建成投入使用，五峰客运站、远安客运站、宜都陆城客运站加快建设。三峡保税物流中心基本建成，周正物流园、白洋物流园、茅坪物流园加快建设。客货枢纽体系进一步完善。三峡机场二期改扩建工程、郑万铁路宜昌段开工建设，紫云地方铁路全面竣工，宜昌在鄂西渝东地区的航空、铁路枢纽地位进一步奠定。

综合运输。全年完成公路、水路客运量1.1亿人次、货运量1.4亿吨，分别比上年增长1%、7.2%；完成港口货物吞吐量8163万吨、集装箱15万标箱，分别比上年增长5%、15.4%，集装箱增幅居全省第一。铁路完成客运量970万人次、货运量307万吨，三峡机场旅客吞吐量突破150万人次，分别比上年增长4.7%、36.6%、23.4%。全市邮政业业务总量完成9.82亿元，比上年增长41.51%；业务收入完成8.34亿元，比上年增长45.19%；快递业务量完成3563.28万件，比上年增长69.59%；快递业务收入完成4.85亿元，比上年增长79.97%。物流业产值突破1200亿元，比上年增长20%。新联盟、三通、民康3家航运企业联合发展，成为长江流域最大的滚装运输企业。宜昌交运集团兼并重组远安、松滋等县市道路客运公司。宜昌三峡物流园、安卅物流集团成功申报湖北省第一批"无车承运人试点企业"，5A级物流企业实现零突破。组建"鄂西接驳运输联盟"，率先在全省实现长途客运接驳运输。宜港等5家物流企业开设甩挂运输专线6条。客运车辆、城市公交、出租汽车全面提档升级，高档客车比重提升至40%。船舶标准化率达到80%，全市货运船舶平均达到3500载重吨，集散两用船、滚装船、油船及化学品船等专用船舶运力比重超过40%。实施公交优先发展战略，优化9条公交线路，城区公交线网日趋完善。新开通城区至远安807路城际公交。秭归县开通城市公交，全市实现县县通公交。75个乡镇实现客运班线公交化改造，县城至乡镇公交化率达到86%。巩固村村通客车成果，通村客运深度和广度进一步提升。全市城区、城际、县城、乡镇四级公交网络日臻完善，百姓出行日益便捷。

行业管理。全市交通运输行业管理与服务并重。在全市率先启动"法治行业"创建活动，80%单位实现创建目标。市直交通系统364名执法人员通过执法考试。行政审批改革不断深化，制定交通行政权力清单、责任清单，承接行政审批事项5项、取消3项、合并1项、下放6项，全年办理审批事项10746件。超限超载治理强力推进，形成交通、公安等部门联合执法机制，强化车辆、货运源头、路面治超等重点监管，保持高压态势，道路运输环境得到显著改善。

科技与信息化。建设发展"智慧

351国道五峰境千丈岩段生态廊道

2016年8月22日，宜昌市船舶交易中心正式揭牌

交通"，交通信息化水平全面提升。依托移动互联网、云计算、大数据、物联网等先进技术和理念，促进互联网与交通运输业融合创新，在全国率先启动船检档案电子化应用、在全省率先架设港口e航千里眼视频监控系统、率先实现二级以上客运站联网售票、率先打造"智能乘车"模式、率先试点公交"互联网+服务"。

安全应急管理。全市交通运输行业开展"企业主体责任落实年"活动，推进"平安交通"创建，创建"平安车船"77个、"平安港站"19个、"平安企业"等一批平安示范点33家。开展"打非治违"及港口、道路运输、综合物流园区等安全专项整治活动。通过购买服务、聘请专家、交叉检查等方式，开展安全生产大检查，排查整改隐患534处，挂牌督办整改重大隐患14处。开展应急演练52次。道路运输、工程建设、公路渡口、公路养护均无上报安全责任事故，交通工程施工"零死亡"，全市交通辖区水上安全面达100%。

投融资。全面推进全市交通运输财务管理模式由单一资金管理向资金使用管理与筹资融资并重转型。充分利用交通运输部与农业发展银行合作政策优势，拓展筹融资合作渠道，为交通基础设施建设提供强有力的资金保障，2016年通过多渠道筹集公路建设资金11亿元。积极推广PPP模式运用，组织召开香溪公路长江大桥PPP项目经验交流会，开展交通筹融资及PPP运用情况调研工作，推进交通财务管理模式转型。建立健全交通建设筹资融资信息报送制度，促进全市交通筹融资机制体制改革。

交通改革。船舶交易创新先行。挂牌成立全国首家"零收费、一站式"船舶交易中心，为船舶交易主体提供信息发布、价格磋商、合同订立、合同履行全链条服务，实现市场繁荣与政府监管双赢。出租车改革全面启动。拟定城区巡游出租车改革方案、网约出租车管理实施细则及私人小客车合乘指导意见，对巡游车经营权、运力调控及网约车准入标准、价格机制提出具体意见。"放管服"改革扎实推进。稳步推进"双随机一公开"监管模式，建立市级交通建设、港航海事、道路运输三大行业的"两库一单一细则"，建立健全事中事后监管机制。社会办交通模式进一步深化。市政府与省港航局签署备忘录，合力推动宜昌港航规模化、专业化、现代化发展。夷陵区和省交投公司签订300亿投资协议，助推"路、港、产、城"一体化综合发展。枝江市与湖北省路桥集团达成合作协议，投资11.6亿元推动灾后重建。

文明创建。研究出台《推动全面从严治党向基层延伸的实施意见》，宜昌市交通运输局被省委表彰为"先进基层党组织"，被交通运输部评为"六五"普法先进集体、全国法治宣传教育先进单位，2014—2015年度全国交通运输行业精神文明建设先进集体，被市委市政府表彰为2015年度目标考核立功单位，在全市履职尽责督促检查综合测评中获"优秀"等次。市交通运输局第12届"免费接送高考生"活动被中央电视台《新闻联播》播报点赞，行业涌现出2名市级劳模和8名"宜昌楷模"。

（张琬灵）

【宜都市】 至2016年底，全市公路通车里程3329.63公里、路网密度245.37公里/百平方公里，其中一级公路109.57公里、二级公路167.52公里、三级公路92.19公里、四级公路2878.06公里、等外公路82.29公里。市境内航道通航里程87公里（长江46公里、清江41公里），所辖港区泊位96个（不含白洋汽渡），其中生产性码头泊位75个，渡口16个。客运站11个，其中二级客运站1个、三级客运站1个、五级客运站9个，货运站1个。

基础设施建设。全年完成交通固定资产33.8亿元（含高速公路），比上年下降38.6%。普通公路建设。216省道宜都绕城一级公路新建工程全部完工，路线全长13.65公里，桥梁3座，涵洞36道，概算总投资2.29亿元。宜都市陆城至枝城双城一级公路建设全部完工，路线全长11.66公里，新建桥梁3座，概算总投资2.45亿元。278省道宜都市陆城至松木坪公路改建工程全部完工，路线全长41.78公里，桥梁14座，涵洞130道，全长2020米隧道1座，概算金额3.66亿元。216省道宜都市绕城段跨线桥（上跨宜华一级路）工程全部完工，施工图预算造价2205万元。宜都市清江二桥桥面铺装维修加固工程全部完工，桥梁全长656.04米，桥面宽19.5米，工程总投资509万元。全市新建通村水泥路265公里，完成投资6625万元，重点解决山区乡镇行路难和农村公路断头路连通工程。

水运建设。红花套作业区综合码头工程进入一期工程施工阶段，完成投资5886万元，2016年在宜都市政府主导下移交给湖北交投宜昌投资开发有限公司进行后续投资建设及运营。客运站场建设。陆城新客运站建设，计划投资5000万元，完成项目立项、环评、建筑方案设计、建设用地规划许可、建设工程规划许可、主站房施工图设计、图审及招投标等事项，进入实施"三通一平"及围墙建设阶段，完成投资1118万元。

运输服务。全市有水路营运企业9家，各类营运船舶62艘，其中在营客、渡船15艘，旅游客船1艘，货运船舶46艘，港口经营企业40家。在营客运车辆259辆，从业驾驶员825人，在营货运车辆2632辆，从业驾驶员2840人，出租车140辆，经营客运班线122条，其中省际班线2条、市际班线41条、县际班线15条、市内班线64条，全市行政村通达客车率100%。全年完成道路运输客运量5937.7万人次，比上年增长1.61%，旅客周转量588672万人公里，比上年下降2.15%；货运量2308万吨，比上年增长2.35%，货物周转量105210万吨公里，比上年下降4.57%。港口完成货运量1900.5万吨、货物周转量796998万吨公里，分别比上年增长2.77%、2.97%。

公路管养。坚持管理与服务并重，公路养护全面推行全寿命周期性养护和预防性养护，养护服务水平大幅提升，基本实现规范化、标准化养护。列养干线公路PQI值达92.5，公路通行能力稳步提升。陆渔、宜洋一级公路参照城区环卫模式，道路养护保洁形成常态。建养设备逐步齐全，购置道桥多功能养护机、清洗车和摊铺机、挖掘机、压路机等，基本实现专业养护机械化，服务保障能力得到提升。继续加大公路依法管理力度，强化路政巡查制度，严控公路区域违章建筑、非公路标牌，扎实推进路域环境集中整治。加大公路超限运输治理，联合交警、运管等部门开展"联合治超"行动，采取路面治理+源头治理、固定检测+流动检查、部门协作+区域联动的1+1模式，治超治污，组建道路清扫、治超治限、路政巡查专班，效果明显。全年清理公路用地范围内占道堆积物194处1004立方米，制止新违法建房6处405平方米，拆除违规加水点6处，清理摆摊设点202处971平方米，清理路障40处258平方米，清理非公路标牌、条幅1556处。超限运输治理检测超限车辆6023台次，卸货转运1279台次7356.9吨，查处车辆1063台。查处损坏路产案件11起，路政案件查处率100%、结案率100%。

行业管理。强力推进非法码头治理工作，成立4个水陆综合执法工作专班，加强长江干线及清江支流岸线港口码头整治工作，50家非法砂石码头全部取缔，散货码头规范提升、岸线复绿、砂石码头集并点规划选址等工作进展有序。客运市场继续开展"打非治违"专项整治行动，以城区、道路主干线为重点，查处非法营运客、货"黑车"、违规载客电动车120辆，纠正违规经营出租车110辆次；严格查处客运车辆不按规定进出站经营的行为，联合工商、公安、城建等部门整治出租车营运市场，出租车不打表和拒载等违规行为得到明显遏制。加大打击非法改装车等行为的力度，查处车辆改型90余起，全部按要求恢复车辆原状。

科技与信息化。积极推进创新技术研究与应用，组织研究的《一种兼顾主体路段以及边角地段的沥青洒布车》《一种增导导热油装置的沥青洒布车》《一种沥青加温罐导热油装置》《一种沥青加温罐检查口装置》《一种桥梁架设装置》5项科技创新取得实用新型专利，获宜都市技术发明奖。这些专利不仅降低工程建设成本，提高生产效率，而且施工质量好，安全风险低，达到了公路建设环保要求。

交通改革。与湖北省交通投资宜昌投资有限公司签订红花套综合码头资产转让协议书，积极推进项目建设。三立路桥养护公司与省交投签订市域范围内宜张、岳宜高速公路86公里日常养护，实现全市普通公路养护向高速公路养护更高层次的提档升级。宜都市装卸公司抢抓长江岸线码头整治机遇，规范提升码头环境，拓展业务市场，各项经济经济指标逆势回升，取得较好经营效益。

（邹庆平）

【枝江市】 至2016年底，全市公路通车里程3773.75公里、路网密度283.03公里/百平方公里，其中高速公路66公里、一级公路102.57公里、二级公路102.29公里、三级公路39.23公里、四级公路3461.88公里、等外公路1.78公里。内河航道通航里程185公里，作业区4个，公务码头4个，生产经营性码头25个，渡口28个。客运站10个，其中二级客运站1个、三级客运站2个、四级站客运站2个、五级客运站5个。

基础设施建设。全年完成交通固定资产投资8.1亿元。全市交通完成水路营业增幅26.89%，陆路营业增幅13.42%。当阳至枝江一级公路建成通车，东湖大道、沿江大道东段道路改造完成。宝筏寺汽渡码头改造、之字溪桥灾后重建、七星台周正物流园、姚家港物流园等项目开工。完成通村公路建设160公里。启动当阳枝江松滋高速公路及百里洲长江大桥、通用机场、雅白一级公路、安福寺至猇亭一级公路、江口至问安二级公路等一批交通项目前期工作。

运输服务。全年完成客运量761.97万人次、旅客周转量3.76亿人公里，分别比上年增长25.3%、14.5%；完成货运量1028.18万吨，比上年增长12.7%，货物周转量16.90亿吨公里，比上年下降4.8%。2016年春运投入营运车辆326辆，发班次10.43万次；投入客渡船舶57艘，渡运旅客29.7万人次，汽渡6组，完成2624航次，车流量8.7万辆次。淘汰黄标车31辆，新增新型客车17辆、新能源电动车9辆》

行业管理。持续开展非法码头、规范物流、公交树形象、客运秩序、路域环境、超限超载、驾培市场等专项治理活动，交通服务环境进一步改善。开展非法码头和砂石堆场治理工作，取缔非法码头 8 个，清除非法砂石堆场 34 个。开展规范物流企业专项治理，实现物流企业税收上缴 648 万元。长期开展公交服务树形象专项治理，拆除公交高音、怪音喇叭 30 个，下达整改通知书 8 份，规范公交站台广告 101 处，同时完成 31 台个体挂靠公交车运营体制改革，大力推广新能源公交车，9 台新能源公交车辆投入运营。开展路域环境专项治理，完成 32 处接道口整治，收取路产损失赔(补)偿费 57112 元；源头治超有序开展，检查货车 589 辆，查处超限货车 39 辆，暂扣超限车 13 辆，现场整改拆除车辆栏板 18 车次，下达整改通知书 38 份，罚款 5 万元。开展驾培市场专项治理，查扣违规驾培套牌车、民牌车 19 台次，取缔非法驾培训练点 5 处。

安生应急管理。深入开展"企业主体责任落实年"活动，定期组织港航、运管、公交、公路等部门开展安全生产检查、督办工作，全年印发通报 10 期，整改各类安全隐患 60 余处。道路、水运秩序持续稳定，全年未发生水路、公路重大交通事故，交通安全生产保持稳定。

交通投融资。为加快推进全市交通基础设施建设，与国有大型企业、有实力的民营企业合作，多渠道引入社会资本。将安猇一级公路、江问二级公路等 8 个大型项目与灾后重建项目采取 PPP 模式捆绑结合起来实施，与湖北省路桥公司进行项目合作洽谈，完成"两报告一方案"工作。推动地方出台物流业发展优惠政策，通过向上申报争取项目补助资金，引导三宁公司、周正公司出资建设姚家港物流园和周正物流园，实行自主经营、自负盈亏，姚家港物流园开工建设，七星台周正物流园完成工程量的 78%。做好投资环境推介工作，促成市政府与大型国企中农联控股有限公司签订投资协议，建设中农联农特产品电商物流城，该项目规划方案正在评审中。七星台港口新城项目与宜昌城市建设投资控股集团有限公司正式签订投资协议。1 月 10 日，市政府与屯仓集团、北航通用航空研究中心三方签订战略合作框架协议，《枝江市通航产业发展规划》在编制中。

（王芳）

【当阳市】 至 2016 年底，全市公路通车里程 3127.23 公里、路网密度 144.84 公里/百平方公里，其中一级公路 75.45 公里、二级公路 180.35 公里、三级公路 54.47 公里、四级公路 2198.20 公里、等外公路 618.76 公里。内河航道通航里程 112 公里（界河按二分之一算），渡口 38 处。客运站 9 个，其中二级客运站 1 个、四级客运站 1 个、五级客运站 7 个，候车棚、招呼站 287 个，货运站 1 个。

基础设施建设。全年完成交通固定资产投资 12.53 亿元，比上年增长 9%。当阳四桥及接线道新建工程全线竣工通车，白庙路 18 公里改建工程及泉河路新建工程全线竣工，江山贝尔物流园区建设稳步推进，完成货币工程量 1.25 亿元。列养公路完成干线大修 17.1 公里、中修 3 公里；完成水泥路维修 20000 平方米，安设钢护栏 11.95 公里；实施危桥维修 6 座，新建桥梁 1 座，检修桥梁通道 30 座；浇筑护肩带 40 公里，浆砌水沟 5 公里；完成干线公路路面标线 80 公里。

运输服务。全年完成道路运输客运量 1692 万人次、旅客周转量 255948 万人公里，货运量 4788 万吨、货物周转量 801497 万吨公里；当阳火车站发送旅客 36 万人、旅客周转量 37800 万人公里；完成货运量 48 万吨、货物周转量 50400 万吨公里。全市拥有货车 1933 辆、客车 161 辆，客运经营业户 25 家，其中班线客运 3 家、个体包车客运 22 家，货运经营业户 2218 家，其中普通货运 2184 家、货物专用运输 34 家。

行业管理。持续推进源头治理和动态监管，成立联合"治超"工作领导小组，与交警、城管等部门联合组建治超治污整治工作专班，整治非法侵占路产路权、黑车黑船营运、出租及公交车不规范营运服务行为，全年查处违规违法案件 526 起，有效维护道路运输环境。结合全国卫生城市创建活动，开展客货运输秩序整治、安全隐患排查、服务质量信誉考核和投诉举报查处，严厉打击"黑面的"非法载客、货车非法改装、出租车乱涨价、拼客拒载、客运车辆超员超速、拒载甩客等违规行为；组织成立"正能量诚信出租车队"，带动行业内强素质、外树形象。加大农村客运支持保障力度，出台农村客运专项资金管理办法，向 105 台农村客运车辆发放亏损补贴，确保"村村通客车"开得通、留得住。

安全应急管理。突出基础管理和源头管理，狠抓责任落实和制度落实，开展"平安交通创建"活动和安全隐患排查整治工作，严厉打击车船超载、违章营运、非法载客行为，杜绝车船带"病"运营，吸取当阳马店矸石发电公司"8·11"高压蒸汽管道爆管事故教训，排查并整改事故隐患 358 起，交通运输行业安全生产形势持续稳定，连续十四年安全四项指数为零。

（邢影琪）

【远安县】 至 2016 年底，全县公路通车里程 1758.69 公里（不含高速公路）、路网密度 100.38 公里/百平方公里，其中高速公路 48.72 公里、一级公路 23.48 公里、二级公路 200.20 公里、三级公路 29.14 公里、四级公路 1402.43 公里、等外公路 103.44 公里。乡镇渡口 4 个。客运站 9 个，其中二级客运站 1 个、四级客运站 1 个、五级客运站 7 个，货运站 2 个。

基础设施建设。全年完成交通固定资产投资 5.11 亿元，比上年增长 8%。投入农村公路水毁补助资金 780 万元，投资 140 余万元完成国省道危桥加固整改，投资 2160 余万元完成国省道大修，确保道路安全畅通。

运输服务。全年完成道路运输客运量 342.30 万人次、旅客周转量 17009.25 万人公里，货运量 276.62 万吨、货物周转量 45283.97 万吨公里，均比上年略有增长。全县四位一体公共交通出行体系全面建成。6 月 28 日开通宜昌至远安城际公交，由宜昌交运集团新增豪华大巴14辆,采取低票价、高密度、全程高速运行。城区新增小型公交车5辆,公交线路增加到8条,进一步完善城区公交微循环线路,协调公交公司出台公交IC卡乘车优惠政策,在上下班高峰期增加公交运行班次,合理延长公交营运时间。拓展城乡公交,逐步改造升级农村客运线路,实现城乡公交全覆盖。全县7个乡镇城乡公交全部开通;开通远安至横岩坪、远安至百里荒2条农村旅游线路和乡村旅游热点(金家湾、鸣凤山、九子溪)景区小公交。加快客车报废更新步伐,远安至洋坪客运线路新增城乡公交车4辆。将城乡公交纳入农村客运补贴范畴,采取降低票价运行,净化客运市场环境。巩固"村村通客车"成果。针对部分线路通村客车密度班次不够,中小学生上下学无车坐,不能满足农村群众出行等问题,通过优化客运资源配置,把前期运行效益差的线路和远安县"村村通"客运线路捆绑经营,并全部纳入全县农村客运专项补贴基金补贴范围之内,强化政策资金扶持。

行业管理。全年投入公路管养资金1200万元,农村公路好路率达90%以上,国省干线优良率达到90%以上,支线年平均好路率保持在80%以上。加强路政管理,积极维护路产路权,推进"站点检查、流动巡查、源头管理"治理模式,全面启动打击货车非法改装和超限超载治理工作,建立政府牵头、部门分工负责、各方通力协作的联合治超机制,开展专项整治,超限率控制在4.7%以内。与公安、城管等部门开展鸣凤城区"禁麻"行动40起,出动执法人员420人次,查扣三轮载客摩托车60余辆,理顺鸣凤城区客运秩序。依法管理与优化服务双管齐下,理顺出租车运营秩序。重拳打击与合理疏导并举,理顺城乡客运秩序。全年查处各类道路客运违法违规经营行为200多起,行政处罚137起,查扣非法营运"黑面的"20台。实施城乡公交运营一体化,农村客运隔日班和城区小公交微循环相结合,最大限度满足乡村和城区居民出行需求。所有行政审批事项均纳入行政服务中心交通窗口办理,办结率、满意率均为100%。

安全应急管理。大力开展"平安公路"创建,确保公路桥梁运行安全。全年扫雪防滑125公里,撒布工业盐8吨,投入人员144人,投入机械设备30台次。2016年远安县连续发生强降雨,造成棚马线、荷当线、宜远线多处山体坍塌,交通运输局迅速启动养护应急预案,投入人力1360人次,出动机械307台班,清理列养线路上的山体坍塌处,清除国省道及干线公路山体塌方92处10470立方米,新修建应急桥梁1座,修复货运应急通道1座。加强安全大检查和隐患排查整治,处置路面沉陷、翻浆及修补路面坑槽4051平方米,修复波形钢护栏145米,修复防护墙10米,维修轮廓标、百米桩22个,完成国省干线安保设施查漏补缺工作、荷当线和宜远线3个连续式交调站标牌、国省干线50道桥梁检修通道、国省干线桥梁限轴牌的安装、中桥以上桥梁保护公示牌的安装。

文明创建。文明单位创建率100%,远安县交通运输局、公路管理局被评为市级文明单位,远当一级公路被评为省级文明示范路,创建市级品牌公交线路1条。阳建华获宜昌市第二届"最美养护工"称号,远安县道路运输管理局张晓惠获"全县三八红旗手"标兵荣誉称号,远安县公路管理局分水养护站站长陈志平被评为第三届远安县道德模范。

(张晓双)

2016年6月28日,远安至宜昌807城际公交正式运营

【兴山县】 至2016年底,全县公路通车里程2145.97公里、路网密度92.3公里/百平方公里,其中高速公

路47公里、二级公路430.83公里、三级公路19.14公里、四级公路1552.97公里、等外公路96.03公里。内河航道通航里程33.2公里，港口1个，生产性泊位码头18个，渡口5个。客运站9个，其中二级客运站1个、三级客运站1个、四级客运站2个、五级客运站5个。

基础设施建设。全年完成交通固定资产投资5.6亿元，比上年下降26.3%。347国道古夫至南阳公路（马麦隧道）新建工程全长5.1公里，预算投资2.75亿元，9月28日，隧道主体全线贯通；完成路基桥梁主体工程，交安、机电、绿化项目施工完成50%，累计完成投资2.1亿元。完成347国道关子口至两河口段、287省道水月寺至学堂坪段、287省道南对河至千斤园段、457省道高桥至凉台河段4条国省干线改造项目78公里交工验收。香溪河两岸公路环境综合整治工程全长60公里，实施沿线景观修复、平邑口高速交叉道口渠化、公路绿化美化，建成4处观景台并投入使用，完成投资1649万元。龙头坪石材工业园区进场道路路基完工，完成投资3155万元。黄粮石槽溪、公坪县乡道改建工程全长10.6公里，预算投资1800万元，路基路面全部完成。交通精准扶贫农村公路建设，完成农村公路路面硬化345公里，新修路基55公里，实施安保190公里，大中修92公里，完成投资13634.37万元，实现水泥路"组组通"。峡口旅游码头改扩建水工全部完工，峡口作业区改扩建陆域架空平台全部完工，完成港航建设投资7117万元。

运输服务。全年完成道路运输客运量382.75万人，旅客周转量18838.54万人公里，货运量375.87万吨，货物周转量59676.78万吨公里，分别比上年下降32.90%、41.81%、9.46%、34.10%。水路客运量30万人，比上年增长7.1%；港口吞吐量1150万吨，比上年增长11.5%。全县道路客货运输经营798家，其中新增中高级客车7辆、更新6辆，旅游运输经营157户，营运客车258辆；货运经营627家，营运货车1421辆（含危货53辆）。机动车维修经营92家，其中一类维修1家、二类维修8家；机动车检测企业1家，机动车驾驶员培训企业1家。县内营运驾驶员持从业资格证上岗3190人，占应持证的95%以上。

公路管养。全面打造"畅安舒美"示范路，完成312省道界岭至两河口段路面大修27公里，完成两河口大桥危桥加固，全县列养干线公路407.60公里路面抽检平均PQI值大于90。探索日常养护工作新机制，突破传统养护模式，确定"一分离、二量化、三优化"改革思路，将香溪河右岸公路、高速公路连接线和古昭公路30公里养护推向市场化运作，配置电动三轮车巡养，实现机械化清扫，养护路段达到"畅、安、舒、美"示范路标准。全县农村公路纳入责任养护里程1865公里，全年兑现养护资金126万元；完成新建农村公路渡改桥白竹桥1座和土家沟桥、猴子包桥、马桑沟二桥3座危桥加固。依法办理路政执法案件148起，结案148起，无行政败诉案件，投诉举报办复率100%。全年制止违章建筑42处3487.8平方米，拆除违章建筑14处262平方米，拆除非公路标牌854块，清理乱堆乱放、路肩非法种植等路障539处14885平方米，清除摆摊设点279处670平方米，制止新建加水站5处，封闭交叉道口13处。

行业管理。全年检测货车29.1万辆次，拆卸非法改装车辆401台，卸载超限货物3032吨，超限率控制在2.4%。暂扣非法营运车31辆，罚款12万元，道路运输市场秩序明显好转。取缔"黑码头"4家，规范4家，岸线原貌得以恢复。修订完善"三基三化"制度汇编，完成"权责清单"清理录入和"双随机一公开"相关工作，全系统51人参加执法考试并全部通过。与电视台联合拍摄并播放"路政、运政、航政"专题片3部。

安全应急管理。开展"平安交通"创建活动，集中开展安全隐患排查12次，排查安全隐患21起，全部整改到位。完成农村客运车辆和出租车BDS监控系统的安装，并投入使用；完成全县村级公路1457.57公里安全隐患排查数据采集编制上报工作，没有因管理失职发生安全责任事故，兴山县交通运输局被评为全省交通运输系统先进集体。

文明创建。组织首届"出租车爱心送考"，接送考生900人次。无偿扶持资金95万元，帮助黄粮镇火石岭村和南阳镇两河口村新建农村公路4.2公里。升级改造神宜生态示范公路、最美"水上公路"等畅安舒美文明旅游通道。王洪山被评为全市优秀共产党员、全市最美交通人，《山水好作画》获全县首届党员电视教育电视片二等奖，古夫至昭君水上生态示范公路被评为全市交通运输系统2016年度"十星"文明窗口，347国道兴山县马麦隧道工程获湖北交通建设领域2016"品质杯"劳动竞赛活动十佳建设项目。

（万侃侃）

【秭归县】 至2016年底，全县公路通车里程2868.75公里、路网密度107.13公里/百平方公里，拥有等级公路2766.24公里，其中一级路7.63公里、二级路306.83公里、三级路25.45公里、四级路2426.34公里、等外公路102.5公里。

基础设施建设。全年完成交通固定资产投资10.23亿元。香溪长江公路大桥完成5.02亿元，累计完成7.82亿元，水下36根桩基全部完成，主体工程由地下施工转入地面施工阶段。三峡坝区货运中心大楼裙楼建设全部完成，塔楼完成施工16层，累计完成投资1.7亿元。茅坪作业区二期工程2个滚装车泊位、疏港道路交工验收，3个件杂泊位、疏港大道及综合管网配套工程全面完工，临港大道开工建设。童庄河渡改桥地面清表工作基本结束，在搭设深水基础钻孔平台；香卡、卡泄、两梅、高水4条二级路改造全部完工。青干河、九畹溪、咤溪河航道整治工程完成投资3010万元，第1标段106座航标抛设安装到位，第2标段青干河陆上爆破炸礁和水下炸礁工程全部

2016年6月29日，秭归城市公交开通试运行

完成，九畹溪疏浚完成42000立方米，占总工程量的89%。恒业客运站改造全部完成，视频监控、场检、门检投入使用。芝兰至茅坪公路改扩建工程桥梁项目完成招标，两河口至磨坪公路改扩建、363省道夷陵区太平溪经秭归屈原集镇至香溪长江大桥接线公路、郭家坝至文化改造工程前期工作基本完成。交通扶贫工作，在全县47个建档立卡贫困村大力实施撤并村通畅工程、窄路面加宽工程、危桥改造工程和安保工程，全年完成路基整治126公里、路面硬化75.15公里、窄路面加宽75公里、生命安全防护工程35.2公里、危桥改造2座54延米；结对帮扶贫困户工作中，全系统捐钱捐物67万元、个人帮扶贫困户资金10万余元。

运输服务。全年完成公路客运量1154.34万人次、旅客周转量57456.56万人公里，货运量325.83万吨、货物周转量53116.06万吨公里。完成港口吞吐量641.22万吨、货物周转量98754.16万吨公里、旅客周转量1843万人公里；滚装船进出港6837艘次，进出滚装车20.7万辆。6月29日，县城1路、2路城市公交正式开通，结束秭归无公交的历史，运行22635趟次，发送旅客179.66万人次，实现票务收入245.61万元。全县186个行政村全部实现"村村通客车"，利用GPS定位系统对客车进行动态管理，保证通村客车行车安全。农村物流快速发展，华维物流公司被确认为湖北省重点物流企业和3A级物流企业，长江物流有限公司被授予2A级物流企业。建设村级物流服务站54家，开通货运班线7条。同时与8家通村客运公司合作，辐射全县150个行政村，农村物流试点项目顺利通过市级验收。

行业管理。深入开展"平安交通"创建活动，出动船舶136艘次，检查人员201人次，查处各类违章118起，现场纠正76起，限期整改42起，水上交通连续17年安全无事故。45台农村班线客运车辆、500多台通村客运车辆、162辆12吨以上货车和牵引车全部安装动态监控设备，实行全覆盖、全方位监管，实现道路运输行业安全生产无事故目标。组织交通系统干部职工参加全市交通执法资格考试，107人取得交通执法资格。严格执行"一禁三限"制度，全年检测车辆285台次，查处超限运输车辆56台次，教育放行150多台次，卸货123.08吨，立案查处公路路产赔补偿案件17件，立案查处侵犯路权、破坏路产行政处罚案件2件，罚没收入8.85万元，交通运输市场秩序明显好转。狠抓农村公路质量提升，建成全省第一个农村公路远程视频监控中心，出台农村公路建设"八公开"制度，工程质量监督覆盖率100%，完工项目交工验收率100%、交工验收合格率100%。

（梅东山）

【长阳土家族自治县】　至2016年底，全县公路通车里程6292.99公里、路网密度188.8公里/百平方公里，其中高速公路84.65公里、一级公路22.82公里、二级公路439.11公里、三级公路106.25公里、四级公路2322.06公里、等外公路3318.10公里。公路桥梁260座9496.94延米，其中特大桥1座280延米、大型桥20座2700.7延米、中型桥63座3184延米、小型桥176座3332.24延米，公路隧道10座2229米，涵洞8344道。等级航道182.7公里，其中三级航道92.5公里、五级航道51.5公里、支流六级航道38.7公里，港口9个，有客货码头25座，码头总长1620米，泊位24个，人行渡口38处，汽渡4处。客运站13个，其中二级客运站1个、三级旅游客运站1个、五级客运站11个，候车棚（亭）149个，招呼站240个。

基础设施建设。全年完成交通固定资产投资12亿元，比上年增长10.8%。全县重点在建项目9个，龙五一级公路磨市至宜都五眼泉段路基工程完工，龙五公路清江特大桥完成财政投资评审、代建招标工作。宜长快速通道开工建设，沿头溪流域生态绿道下渔口至清江方山旅游公路改建工程下渔口至周家河段路基主体工程完工，王五线、下渔线下鸭段、渔盐线、资小线、十桃线松都段、318国道贺家坪绕城等二级公路改建工程152公里，累计完成路基133.6公里、路面130.8公里。完成港航建设投资1270万元，其中清江航道标准化建设500万元，隔河岩客运码头、旅游码头改扩建工程投入资金300万元，长阳高坝洲海事搜救趸船投入资金270万元，渡口渡船投入203万元。

运输服务。全年完成公路客运量450.67万人、旅客周转量22131.63万人公里，货运量306.06万吨、货物周转量49893.27万吨公里；完成水路客运量125.8万人、旅客周转量2665万人公里,货运量220.8万吨、货物周转量2200.80万吨公里。全县拥有营运车辆1655辆,其中客车207辆、货车1151辆、公交车114辆、出租车183辆。全县有各类船舶2878艘,其中客船242艘、货船65艘、其他船舶23艘。汽车综合性能检测站1个。货运企业24家,客运企业10家,其中公路客运9家。跨省际客运线路2条、跨地(市)际客运线路3条、跨县(市)客运线路20条、县境内客运线路67条。新增新能源电动公交车30辆,全县城区公交覆盖率逐步扩大。

安全应急管理。强化安全生产红线意识,严格落实安全生产主体责任,不断强化安全生产基础管理。制定安全监督应急工作要点,与各单位签订安全目标责任书,层层落实安全责任,形成"横向到边、纵向到底、责任到人、不留死角"的安全工作网络和安全生产工作体系。开展水上"五非"专项整治行动,取缔非法码头6家,提升2家、归并8家。全年未发生营运船舶交通事故和污染事故,水上交通安全四项指数为零,船舶安全面、港口安全面均达到100%。组织开展"平安交通"等安全生产大检查,完成安全生产隐患排查治理标准化、数字化体系建设任务。建立隐患排查登记台账和一患一档档案,建立隐患整改销号制度,坚决做到隐患必整改,形成闭环机制。建立安全应急预案,完善预测预警和应急协调联动机制。

文明创建。结合市、县"十星"创建工作方案,争创"十星文明窗口""最美交通人"和"十星文明渡口"等交通服务品牌。长阳公路局养护站刘玉龙被评为"宜昌楷模"、宜昌市交通运输局"最美交通人"、全县劳动模范,县港航海事局雷鸣凤评为"宜昌好人",向王庙渡口获全市交通运输系统2016年度"十星文明窗口"。

(汤应权)

【五峰土家族自治县】 至2016年底,全县公路通车里程5353.56公里、路网密度217公里/百平方公里,其中一级公路16.02公里、二级公路241.85公里、三级公路75.26公里、四级公路1714.98公里、等外公路3305.45公里;按行政等级划分为省道205.52公里、县道204公里、乡道722.59公里、村道1421.45公里、组户公路2800公里。客运站10个,其中三级客运站2个、五级客运站8个,农村客运候车棚、客运招呼站430个。

基础设施建设。全年完成交通固定资产投资89562.7万元,其中项目建设75327.7万元、灾后重建14235万元。宜张高速公路连接线延伸段完成投资10000万元;完成李家坪至客运站一级公路,投资5070万元;完成王家冲至小河一级公路,投资6100万元;241国道渔洋关绕城公路路基贯通,控制性工程4座桥梁中2座在进行吊装、2座在进行基础及下构施工,完成投资9000万元;255省道长阳资丘至五峰小河段二级公路完成投资9500万元;242省道王渔线改线完成投资1955万元;武陵山区扶贫项目五峰湾潭段路面改造工程完成投资2400万元。宝塔坡至后河、三岔路至核桃垭全线贯通,完成投资8447万元;采花至湾潭公路采花至前坪段路基工程完工,完成投资4500万元;付家堰至大龙坪、牛庄松树坳至九里坪路基全面完成,完成路面备料70%,投资10609.7万元;完成8个乡镇27个行政村通村水泥路145公里,投资6746万元。五峰客运站受电力、拆迁等影响,场平完成18万立方米,完成投资1000万元。

运输服务。全年完成客运量360.74万人次、旅客周转量18008.05万人公里,货运量183.1.73万吨、货物周转量3098.81万吨公里,分别比上年增长0.85%、0.83%、1.027%、0.97%。全县道路运输经营业户739家,其中货运经营730家,客运经营户9家,从业人员2200人。营运客车179辆,其中公共汽车25辆、出租车50辆、班线客车104辆。客运班线70条,其中省际班线1条、市际班线7条、县际班线8条、县内班线54条。农村客运车辆65辆、客运班线54条,行政村通班车率为100%。货车888辆,其中危货专用车16辆。机动车维修业户49家,机动车检测站1家,其中一类维修企业2家、二类维修企业8家、三类及摩托车维修业户39家。拥有驾培学校1家,教练车36台,教练员45名。

公路养护。全面完成国省干线大中修,优良率达到88.5%以上,完成养护总投资1000万元,国省干线日常养护管理获全省第一名。列养干线和县乡公路养护里程442.52公里,其中

2016年12月,五峰三左路三岔口至核桃垭段完工通车

2016年11月，351国道五峰境汉马池凤凰山段新建的生态廊道观景平台

省道205.52公里、县道204公里、乡道33公里。新建和改造防滑棚88个，新建观景平台4个，完成钢护栏清洗75公里，加宽改造弯道视距不良路段10处，完成路面挖补坑槽3775平方米，清挖边沟498.16公里，清扫路面3143.6公里，清除塌方38937立方米，扫雪防滑778.4公里，清理涵洞161道，清洗隧道5道30次，桥梁检查48道6次，巡路排水7029.2公里，刷新防撞护栏300米，维修钢护栏7517米，路肩边坡培土植草62公里。列养农村公路1350公里，养护平均好路率达到72%。围绕全域景区化，着力打造"畅安舒美"公路品牌。结合"绿满荆楚、多彩五峰"和"路政宣传月"活动，联合公安、城管、工商等部门开展路域环境综合整治。公路部门完成351国道城渔段70公里边沟外植草、行道树补栽，新建凤凰山、狮子包等4处观景平台。新建、续建项目23个，按照政府监督、法人负责、社会监理、企业自检的四级质量保证体系建设，落实率100%，在建项目交（竣）工验收合格率100%。坚持组织农村公路培训，对全县各乡镇建设业主、施工企业等160多人进行农村公路建养管培训；组织系统技术人员到贵州学习全国最美旅游公路建设管理经验。全年未发生重大质量责任事故。

安全应急管理。强化安全隐患排查治理，逐步建立安全隐患排查一路一档、一企一档、一患一档的信息机制，促进行业安全生产意识整体提高。层层落实安全责任，落实党政同责、一岗双责安全监督管理职责，交通运输系统没有发生上报安全生产责任事故，各项安全指标均在控制范围内。开展安全生产标准化建设，完成五峰国通物流危货运输企业、交运集团五峰客运公司、顺通客运公司、五峰交通建设总公司4家企业安全生产标准化建设达标考评。制定防汛抗旱及应急运输保畅通工作应急预案，明确工作职责，储备20台580座客运车辆、20台173.84吨货运车辆以及5台装载机、2台挖掘机、10台自卸汽车用于应急。组成15人专业交通道路抢险应急救援队伍。

（向常明）

【夷陵区】 至2016年底，夷陵区公路通车里程4399.6公里，路网密度119.54公里/百平方公里，其中高速公路144.98公里（含在建）、一级公路57.08公里、二级公路400.24公里、三级公路23.57公里、四级公路2969.73公里、等外公路804公里。内河航道通航里程106.1公里，港口2个，渡口17个。客运站8个，其中二级客运站2个、五级客运站6个。

基础设施建设。全年完成交通固定资产投资11.8亿元，比上年下降53%，完成区级财政投资3亿元。全年在建项目16个，完成普百路、土秀路、乌金路等6条公路建设，宜黄一级公路开工建设，百岁溪大桥完成主体工程，促成区政府和省交通投资公司签订300亿元的"路、港、产、城"一体化综合开发项目，11月1日太张高速开工建设。黄柏河航道整治项目中护岸工程、航道管理基地及应急救援基地、航道维护专用码头地点变更于8月获准建设，10月正式开工。

运输服务。全年完成客运量1411.26万人次、旅客周转量69729.65万人公里，货运量1863.5万吨、货物周转量304296.52万吨公里，分别比上年下降12.19%、15%、10.07%、2.19%；完成水路客运量47.79万人次、旅客周转量2138.91万人公里，货运量54.14万吨、货物周转量44217.76万吨公里，完成港口货物吞吐量621万吨，比上年增长3%。全区拥有客运企业15家，其中旅游企业3家、班线客运企业10家、出租车公司2家，客运车辆322辆、出租车180辆，客运线路102条，其中跨省线路4条、地市线路4条、县际线路8条、县内线路83条。危险化学品运输企业7家，维修企业320家，其中一类维修16家、二类维修28家，驾驶员培训学校7所。全区有持证船舶54艘，其中客渡船28艘、驳船1艘、拖轮1艘、普通客船8艘、货船16艘。辖区有水运企业6家、港埠企业24家。对部分公交线路进行加密、延长收发班时间，实现小溪塔中心城区、发展大道片区与宜昌主城区快速无缝对接和小溪塔中心城区25公里范围内公交车辆全覆盖，人民群众出行更加便捷，加快城乡客运一体化进程。

公路养护。以改善路域环境、完善内业基础为重点，全面促进养护质量的提高。全年干支优良率82.5%，MQI值84.85。完成325省道鸦来路大修主体工程，拓宽3处停车港湾。开展"平安工程"建设，投入水毁抢险资金595万元，修复挡土墙22处9760立方米，清理塌方156处36000立方米；投入安保建设资金231.3万元，修复波形钢护栏1583米，新建钢护栏8442米，安装广角镜11套、标志牌20套、桥梁保护区公示牌54块；完成莲沱桥危桥加固工程和土门大桥预防性养护工程；投入21.5万元在黄山洞隧道、木鱼槽隧道、天柱山隧道设置反光道钉392颗，导向标志11块；完成鸦鹊岭养护站场地刷黑。全年修补路面坑槽31075平方米，清理边沟1044公里，疏通涵洞41道，清理长草590公里，清除坍方156处36000立方米，清理桥梁伸缩缝81道，路面清灌缝53.3公里，更换破碎板5578平方米，补植行道树1026株，行道树刷白6213株，加固桥隧5座。

安全应急管理。组织开展"平安交通""安全生产月"等活动，强化工程建设和水陆运输市场安全监管。开展安全生产巡查和隐患排查专项整治76次，组织安全培训20次，治理各类隐患46处，查处违规使用岸线单位和个人6家（人），全年没有发生一起安全责任事故。接受投诉96起，处理路赔案件立案32件，结案32件，群众满意度100%。对全区11家客运企业、2家客运站、6家危货运输企业进行质量信誉考核，13家企业达到AAA；对5家水运企业、21艘营运船舶进行经营资质核查，完成年审换证工作，交通运输市场进一步规范有序。全区交通工程建设无重特大施工质量和安全事故发生。

(唐盛鹏)

【西陵区】 至2016年底，全区公路里程127.82公里，其中一级公路3.46公里、二级公路25.30公里、三级公路0.50公里、四级公路98.56公里；按行政等级分为省道17.49公里、县道13.21公里、乡道18.36公里、村道78.76公里。桥梁14座708延米，隧道2条170米。

行业管理。完成农村公路安保工程建设。乡道万石路安保工程起于窑湾乡三岔河农场，止于西陵开发区石板村，全长9.82公里，修建波形钢护栏971米，警告标志标牌26块，反光镜1个，减速带96米，改造路面246平方米、挡土墙2处、修建15路公汽站台2处，安装公汽站牌11处，完成投资40.98万元，审计结算40.03万元。安保工程完工后，窑湾乡开通15路通村公交车。完成发展大道西陵段绿化升级改造，改造面积约3万平方米，资金投入约400万元，更新行道树、增加花灌木、扩大绿地栽植植物面积及景观节点改造，完成各类植物种植约24万株。黄河路、渭河路片区提档升级，对行道树更新改造，形成法桐景观带，完成黄河路、渭河路种植法桐220株，投资约50万元。明确管养责任，落实管养经费。全区农村公路实行省道由国家和省市专门机构管理养护，县道由城区公路分局委托西陵区交通局管理养护，乡道乡管、村道村管。西陵区财政每年安排10万元专款，用于农村公路管理养护。2016年西陵区农村公路管理养护率100%。开展道路文明创建，在乡道、村道上组织开展道路文明大检查，纠正不文明行车和违章行为，提高行人和车辆文明行路意识。

(曾执平)

【伍家岗区】 至2016年底，全区农村公路162.99公里，其中乡级公路41.36公里、村级公路121.63公里，专用公路3.1公里，桥梁10座580.7延米，涵洞478个。

行业管理。伍家岗区协调宜昌市道路运输管理局、市交运集团夷陵客运有限公司，组织开展现场踏勘、编制方案、征求意见、安保设施及站牌完善等前期工作，经宜昌市道路运输管理局批复，8月8日，湖北宜昌交运集团股份有限公司承运的南湾村至五一广场客运专线323路正式开通运行。323路客运专线的开通改善南湾、灵宝村百姓的出行方式，进一步提高了沿途南灵片区、花艳片区的公共交通覆盖率，打通了百姓公交出行"最后一公里"。

安全管理。对辖区长江沿线砂场、码头进行综合整治，整治岸线3.7公里，依法关停取缔鑫合物流、瑞宏、九华、浩哲5处砂石码头。对沿江318国道全线进行商店招牌整治、绿化美化。拆除沿街违建、广告牌13处，清理侵占绿化带村民菜地9000平方米，建设沿路宣传围挡900米，建设绿化景观带1处，并对关停恒发砂场空地进行集中绿化。区级财政投入整治资金近400万元。加强码头巡查监管，制定《伍家岗区长江干线及支流非法码头专项整治工作回头看工作方案》，对全区取缔、规范的码头现状及长江沿线进行逐一排查，在沿线安装监控摄像头6处，实现全域24小时电子实时监控，防止关停砂场、码头擅自经营，及时发现辖区新增的非法砂场、码头。联合共联村委会治安队，每天对沿长江岸线各类情况进行巡查，严防非法码头死灰复燃，规范港口经营秩序。

(杨玉柏)

【点军区】 至2016年底，全区公路通车里程1080公里、路网密度203公里/百平方公里，其中高速公路38.6公里、一级公路20.06公里、二级公路41.02公里、三级公路17.28公里、四级公路601.66公里、等外公路361.38公里。内河航道通航里程35公里（按界河二分之一折算为17.5公里），生产性码头泊位4个，渡口5个。五级客运站2个。

基础设施建设。全年完成交通固定资产投资9867万元。完成通村公路硬化42公里，完成第二批区政府扶贫农村公路建设26公里，完成灾后农村公路水毁修复工程254.06公里。农村路网提档升级项目第一批72公里改造工程全面开工，黄新二级公路第一期工程全部完工并投入使用，建成车溪线路10个港湾式候车亭。"十三五"全区综合交通规划部省重点项目前期工作完成70%以上。

运输服务。全年完成公路客运量404.5万人次、旅客周转量4844万人公里，完成货运量343.42万吨、货物周转量8242.08万吨公路。水上渡运25万人次。全区有班线客运企业2家、公交企业1家，班线客车90辆、城市公汽38辆。客运班线52条，其中跨市县7条、区内农村客运40条、城市公交线路5条。有各类货运车辆695辆。危险品货物运输企业1家、危货车辆16台。有宜昌弘顺汽车销售服务有限公司、宜昌和顺汽车销售服务有限公司2家一类维修企业，三类维修企业46家。

行业管理。全区建立养护中心4个，专职养护人员35人。养护线路98条422.78公里，其中主干线20条155.21公里、支线78条267.57公里。制定《点军区交通运输局农村公路养护管理机制》，根据《点军区农村公路养护考核细则》，结合"生态点军、清洁家园"活动，对全区农村公路养护采取月评、季查和年度考核的办法，逐步加强养护质量的监管，全区公路养护好路率基本保持在90%以上。加强客运市场管理，强化对运输企业监管指导，实施客运经营停批制度，加快客运车辆结构调整，推行农村客运车辆停批和到期不予许可方式，解决运力大于运量的矛盾，客运市场秩序进一步好转。加强路政执法力度，检测车辆2000余台次，其中超限车辆140台，超限率控制在4.9%以内，依法查处各类违法经营案件80余件。重点整治维修质量不高、环境脏乱差、维修人员无从业资格证等问题，督促64家维修业户进行整治，取缔不符合要求的三类维修企业18家，规范三类维修企业46家，完成二类以上维修企业质量信誉考核工作。对全区驾驶员培训市场进行专项整治，取缔非法训练场3处，暂扣黑教练车4台，查处各类违规行为36起，处罚金额1.4万元，督促驾校增加办学设施，实行IC卡计时教学。对道路运输从业人员继续教育培训、考试74人，驾驶员诚信考核500人次。对全区唯一危货企业的16辆危货车辆，逐车、逐人进行安全排查，开展危险货物运输专项整治并通过安全达标验收。发放156辆客运班车燃油补贴54万元。

安全应急管理。落实安全生产"一岗双责"，层层签订安全应急管理工作责任书，强化重大节日安全工作，开展拉网式安全生产大检查，及时排除安全隐患。着力改善公路安全通行条件，投入110万元加强安保设施建设，完善赤天路、松上路、文茶路等10条线路危险路段安保设置，增设波形钢护栏及防撞墙2060米。建立农村公路防洪抢险应急分队，筹备防洪抢险机械设备11台套。建立和完善应急运输保险体系、预警机制和突发事件应急预案，货运动力储备100吨，客运动力储备200座。强化运输车辆信息化动态监管，全区1家危货运输企业和3家客运企业全部建立GPS监管系统。

（黄传华）

【猇亭区】 至2016年底，全区公路通车里程331.55公里、路网密度276.29公里/百平方公里，其中一级公路54.11公里、二级公路17.65公里、三级公路2.85公里、四级公路256.94公里。内河航道通航里程22公里，港口21个，生产性码头泊位36个，渡口2个。三级客运站1个。

基础设施建设。全年完成交通固定资产投资5.13亿元，其中三峡保税物流中心建设投资3亿元，东山至猇亭一级公路猇亭段、江北快速通道猇亭段投资2亿元，农村公路建设41.32公里、投资1391万元，其中撤并村通畅1.32公里、自然村通畅39公里、窄路面加宽1公里。

运输服务。全年完成道路客运量208.51万人次，旅客周转量10054.67万人公里，比上年减少11.9%；完成货运量571.32万吨，货物周转量11.60亿吨公里，比上年增长6.3%。辖区经营性码头完成吞吐量872.2万吨，比上年增长2.49%，其中进口554.93万吨、出口317.27万吨；货物周转量28.07亿吨公里。辖区登记道路运输车辆1270辆，其中客运车辆40辆、普通货车1016辆、危货车辆214辆。开通城乡公交客运线路20条，其中城市公交客运线路9条、县域农村班线6条、区内农村班线5条。行政村通客车率达到100%。辖区内经营性码头19个，非经营性码头5个，办理岸线许可证4个。

行业管理。农村公路养护以街办、村（居）为养护管理责任主体，交通行业主管部门监督检查指导。全区纳入农村公路养护管理里程249.6公里，为农村公路养护总里程的100%。协调公路分局、运管分局、公安分局、区交警大队开展全区货车非法改装和公路超限超载治理专项整治行动，进一步健全完善交通运输和公安部门治超执法联动机制，严厉打击各类违法行为，依法保护路产路权。加大客运、危货运输、维修、驾培等相关企业安全隐患排查力度，加大黑车和违章车辆打击力度。全年开展执法行动225次，出动执法人员1000余人次，查处各类违规135起，下达整改通知书9份。港口企业经营资质核查水上运输企业4家，审核船舶7艘，参审率100%，年度核查通过率80%，对不符合资质条件的宜昌鑫通船务有限公司和宜昌市成林航运有限公司下达整改通知书，要求限期整改。结合非法码头治理和安全大检查工作，全年对港口现场巡查65次、电子巡查860次，出动执法人员410人次，执法车辆180台次，查出危险类隐患204处、重大安全隐患2处，整改到位195处。邀请行业专家4次上门协助危化企业进行安全隐患全方位排查，查出各类隐患50个，整改到位50个。辖区企业安全生产标准化达标工作稳步推进，达标合格率达到70%。在前期岸线整治工作基础上，进一步开展长江干线非法码头治理工作，对长江干线9个砂石码头清运砂石50多万吨，实现"零增加、零库存"治理成效，通过省政府验收。加大码头日常监管和综合执法力度，会同港航分局、综合执法局制定《砂石集并过渡经营管理办法》和《砂石集并经营行业自律公约》，集并点严格按照岸线范围和堆场界限规范经营。

安全应急管理。按照"安全、优质、有序"的总体要求，做好春运工作，宜昌三峡机场运送旅客人数超过3.7万人次，保障航班安全起降320架次。"五一""十一"节前对渡口、码头进行安全大检查，对存在的问题和安全隐患提出整改意见，督促企业进行整改。开展"安全生产月"活动，

荆州市交通运输

【概况】 至2016年底，全市公路通车里程23141.1公里、路网密度160.5公里/百平方公里，其中高速公路370公里、一级公路450.6公里、二级公路1767.9公里、三级公路824.8公里、四级公路19227.9公里、等外公路499.9公里。公路桥梁4223座，其中大桥80座、中桥632座、小桥3511座。航道通航里程2309公里，港口泊位475个。客运站69个，其中一级客运站4个、二级客运站6个、三级客运站3个、四级客运站10个、五级客运站46个。

基础设施建设。全市完成交通建设投资139.4亿元。其中，高速公路完成79.7亿元、普通公路完成44.5亿元、港口建设完成13亿元、站场物流完成2.2亿元。潜石高速公路江陵段建成通车，武汉城市圈环线高速公路荆州段、二广高速公路东卷、江北高速公路基本建成，沙市至公安高速公路、石首长江大桥及接线高速公路、洪湖至嘉鱼长江大桥及接线高速公路全面推进，洪湖到赤壁长江大桥、二广高速荆州段改线、江北高速东延线、沪渝高速3个互通改造和服务区开展前期工作。荆松一级公路、荆州纪南城至楚王车马阵旅游公路具备通行条件。松西河航道整治工程、内荆河航道整治一期工程开展前期工作。车阳河码头一期等11个港口项目基本建成，公安斗湖堤港区朱家湾综合码头二期等4个港口项目快速推进，湖北荆州煤炭铁水联运储配基地等一批项目完成前期工作。郢城客运枢纽站全面建成，公交、出租车、班线客运与火车实现"零换乘"，荆岳综合物流园、松滋长江物流产业园、石首物流中心等项目加快推进。

农村公路。全市成立7家农村公路管养机构，监利县成立农村公路管理养护中心，沙市区、公安县、石首市将交管人员整体划转从事农村公路养护，建立"县道县管、乡道乡管、村道村管"分级管养体系。加快"四好农村路"建设，突出扶贫村组断头路、循环路建设，对新改建农村公路实行危桥改造、交通安全设施、排水防护设施、单车道路错车道同步建设，确保"建成一条、达标一条"。出台《荆州市农村公路建设养护管理考核办法》，定期巡检通报。以荆州区、江陵县、松滋市为"四好农村路"建设试点县市，开展以点带面，发挥示范作用。

运输生产。全年完成公路客运量6403万人次、旅客周转量34.61亿人公里，分别比上年下降0.2%和6.2%；货运量7305万吨、货物周转量149.5亿吨公里，分别比上年增长5.9%和5.3%。完成水路货运量8155万吨、货物周转量417亿吨公里，分别比上年增长31.9%和47.4%；港口货物吞吐量3433.5万吨、集装箱吞吐量10.1万标箱，分别比上年增长12%和0.4%。全市拥有客车3566辆、货车29992辆、公交车1391辆、客运出租车3437辆，有水运企业44家、营运船舶740艘，其中有货船696艘121.2万载重吨31.1万千瓦。全年办理备案登记企业新建船舶6艘1.14万载重吨，建造完工并投入营运船舶4艘1.06万载重吨。

公路养护。出台《荆州市人民政府关于加强车辆超限超载治理工作的意见》，公路部门组织开展江汉平原及辐射周边联动治超和"百日治超"活动，与交警、运管联动，对车辆超重、非法改装、非法营运、抛洒污染路面等行为开展一站式查处。市治超监控中心与全市11个超限站实现视频监控

2016年10月26日，荆州江北高速公路江陵段基本建成

2016年12月7日，建设中的公安长江公铁两用桥

互联互通，荆州区、公安、石首和监利4处路网监控设施安装完毕，全市8台路政应急指挥车、车载通信终端、手持智能终端信息联网和数据共享网络体系基本建成。全年检测运输车2.75万辆，查处超限运输车8200辆，卸载货物4.1万吨。

码头整治。集中整治长江非法码头和砂石码头，5月20日前取缔71处非法码头，省联席办第六检查组于6月3日至5日对取缔的非法码头逐一进行现场检查核实。按照规范和提升砂石码头要求，全市199处长江干线砂石码头全部纳入治理范围，编制完成《荆州市砂石集并中心布局与建设规划（征求意见稿）》，交各县市区审查后实施。按照规划内容，全市砂石码头集并后，每个县市区只保留1个集并中心和少数集并点，全市长江沿线砂石码头减少到54个，缩减72.9%，可清退岸线14.5公里。

运输管理。新运政管理系统上线运行，荆州市运输管理部门成为全省四级协同试点单位。道路运输管理部门对火车站"黑车"揽客、的士司机拼车拉客现象，组建专班专职专责执勤，对违规出租车即查即处、严管重罚，与公安、城管等部门联合执法，建立火车站及周边市场秩序综合整治长效机制。根据中心城区出租车行业公车公营与挂靠经营并存现状，逐步取消中心城区出租车有偿使用费，对已经到期的中心城区1588辆挂靠经营出租汽车在第五轮经营期内免收出让金，未到期的400台公车公营出租汽车于年底前制订过渡方案，逐步取消公车公营出租汽车有偿使用费。公交3G智能调度系统进一步扩容，40多座电子公交站台投入使用，100多台公交提供免费Wi-Fi。荆沙大道新建56个港湾式公交站台，调整、延伸5条公交线路服务沙北新区市民出行，更新的100台纯电动公交、30台气电混合公交投入运营。

安全管理。加大专项整治工作力度，开展道路运输行业安全、港口危货安全、公路水运工程建设领域安全等专项整治，解决交通运输安全中存在的突出问题，排查整治安全隐患。公路部门安排市本级桥梁养护引导资金200万元，对184座列养桥梁实施重点养护，将临水临堤、急弯陡坡路段和公路桥梁列为排查整治重点，与公安、安监等部门和地方政府密切配合，开展路况调查和风险评估，建立台账。完成危桥改造40座，加强桥梁安全监管，严格落实桥梁养护十项制度，对干线公路四类以上危桥实施24小时专人值守，成功处置318国道丫角桥桥面穿孔等险情。按照"消除存量、不添增量、动态排查"的原则，将安全生命防护工程分为穿越集镇路段整治、平交道口改造等5类工程项目，制定安全隐患管理规范和工作细则，实施综合整治。在国省道干线公路设置钢筋混凝土护栏、波形梁钢护栏等，部分急弯陡坡路段设置紧急避险车道。

防汛救灾。全市交通运输系统面对灾情，紧急动员，组建公路保通应急救援队伍1200人，征调抢险转运船舶65艘，投入机械1674台、应急抢修材料4.1万立方米、资金1180万元，开展应急抢险，确保防汛救灾运输畅通。

科技与信息化。荆州被列为全省四级道路运输协同信息建设试点，新版运政管理系统上线，驾校、综合性能检测站实现信息对接，二级以上客运站联网售票全面运行。公路部门建立以"路况数据、发展预测、性能分析、养护效益"为依据的大中修工程申报机制，强化"四新"技术应用，推广"新型抗弯拉水泥混凝土路面"和"水稳填充大粒径碎石基层"等新技术，洪湖、公安、荆州区废旧材料回收利用率100%。市治超监控中心与全市11个超限站实现视频监控互联互通，荆州区、公安、石首和监利4处路网监控设施安装完毕，全市8台路政应急指挥车、车载通信终端、手持智能终端信息联网和数据共享网络体系基本建成。交通运输行业结构性改革进一步拓展，城际约租客运在荆州城区、洪湖取得突破，宜昌交运松滋公司、公安通运公司、洪湖永通公司加入鄂西接驳运输联盟，竹叶山维修大市场招商运营，鑫泰达甩挂运输按照部颁标准试运行，5家荆州物流园区建立重点企业联系制度并列入省数据库。城市公共交通网络与公安部门"天网工程"实现互联互通。

体制改革。荆州市政府印发《关于深化荆州中心城区出租汽车行业改革的实施方案》、批复《荆州市城区挂靠经营出租汽车客运经营权第五轮出让方案》，《网约车实施细则》征求意见稿向社会公示。起草《水路交通综合执法改革队伍建设试点指导方案》，9月27日，全省水路交通综合执法改革工作推进会在公安县召开。中心城区"一个队伍执法、一个窗口对外"模式高效运转,运政窗口获评交通运输厅"明星窗口"。清理行政许可事项11项、行政处罚事项70项、行政强制事项2项、行政检查5项、行政确认7项、行政其他事项11项,市、县两级道路运输行政职权和责任清单正式对外公示实施。荆州首个城际约租客运试点在洪湖运营,先行集团约租客运完成复核验收,松滋神通集团参加鄂西接驳运输联盟,竹叶山维修大市场全面招商。继"荆枣线"公交化改造后,新增"村村通"公交线路5条。

文明创建。开展"三优一满意"优质服务、"五城同创"、出租车"双创"等活动,提升行业形象。在"两学一做"学习教育中,以"晒实绩、比作为、争当合格党员"为主题,开展"六个先锋"创建活动。以问题为导向,实施履职尽责整改"组合拳",针对明察暗访、会议座谈、问卷调查归纳梳理出的30条意见和建议,开展"十二大专项整治",强力问责32人。扎实开展"十行百佳"创建,大力弘扬工匠精神。公路系统在全省交通行业职业技能比武中获团体第二名,公路职工获全国交通行业职业技能竞赛挖掘机项目一等奖。

(肖飞 王昌福)

【荆州区】 至2016年底,全区公路通车里程2054.1公里、路网密度196.56公里/百平方公里,其中高速公路42.9公里、一级公路80.3公里、二级公路189.7公里、三级公路26.5公里、四级公路1684.7公里、等外公路30公里。航道通航里程66公里、港口泊位47个。客运站4个,其中一级客运站1个、五级客运站3个。

基础设施建设。全年完成交通投资4.66亿元,其中荆当一级公路26.78公里建设项目具备通行条件,升级改造县乡二级公路48.9公里,完成通村公路建设122公里,完成7座农村公路危桥改造工作。完成荆松一级公路项目涉及荆州区的土地征收、房屋拆迁等协调工作,完成318国道荆州段改线工程13.9公里挖沟、114户农户

2016年10月12日,荆州区县道藤紫公路"四好农村路"创建

征迁工作和682亩征地工作。

公路养护。投资128万元对318国道小北门转盘至万城大桥段、荆李线引江济汉桥西至李埠砖瓦厂段进行中大修,投资51.6万元对318国道万城大桥、秘师桥、207国道小北门桥、龙会桥进行标准化养护,投资79万元实施浩马线、花新线路网结构改造(安保)工程。荆州区境内318国道、322省道实施"畅安舒美"示范路建设,国省干线日常巡查覆盖率100%。

"四好农村路"建设。10月13日,《荆州区农村公路养护管理办法》经区政府常务会议审议通过,明确农村公路管理和养护责任,确定四级管理机制。完成区内18条农村公路道路安全隐患防护方案,全区农村公路安全隐患治理率达90%。投资237万元完成58.5公里农村公路重点维修项目,全区农村公路好路率达95%。

行业管理。加大交通运输行业打非治违力度,开展重点时期专项治理工作。对荆州区25.4公里长江岸线沿线码头企业重新摸底登记,取缔9家未达标码头企业,对剩余的33家码头企业重新进行规范登记并核发经营许可证,实行一码头一档案管理,同时制定长江沿线码头集并中心建设方案,确保合理利用长江岸线。春运、"十一"等节假日期间,全区道路运输营运客车468台,安全运送旅客60万人次。水路运输发送旅客3.9万人次,运输货物2.6万余吨,查处违规运输车辆12台次,暂扣证、牌8本(块)。荆州区公路局联合多部门开展路域环境专项整治活动,拆除非公路标志标牌63块、摊棚21处,劝退占道经营、摆摊设点25处。区港航部门检查渡船40艘次、港口企业24家、运输船舶120艘次,查处违章渡运行为2起。

安全监管。全年组织开展道路运输企业安全生产达标、交通工程建设安全、长江渡口安全、"两客一危"等各类安全专项检查,检查道路运输企业51家、内河及长江渡口38次、危桥管控现场8次、交通在建工程18次,督促辖区完成校车、船舶渡口、引江济汉桥梁等53处安全隐患整改,成功应对引江济汉通航工程新建桥梁因雨雪冰冻造成的通行困难,确保人民群众出行安全。对全区27家水陆"两客一危"运输企业存在的安全生产标准化问题进行督办,协助10家企业完成三级安全达标创建工作。道路危货运输连续15年、水上运输连续13年无安全生产责任事故发生。

法制建设。开展交通法律法规知识宣传活动,利用车站、车辆集散地、各乡镇主要路口、各运输企业等场所,悬挂法制宣传教育横幅,12月4日,现场发放宣传资料和交通法制宣传卡200余份,接受咨询40余次。全区交通运输系统出动执法人员3000余人次,办理行政许可案件102起,行政处罚、赔补偿案件273起,做到了执法文明、使用法律、法规准确,程序

合法，营造了一个平稳有序的运输环境，未发生一起行政复议和行政诉讼案件，无一起公路"三乱"行为发生。

精准扶贫。荆州区交通运输局包保扶贫弥市镇观台村，为观台村贫困户送去慰问资金4万元，拨付5万元帮助建立种猪养殖场，建设通村公路2公里，大力开展帮扶结对工作，该村30户贫困户105人达到年初预定脱贫目标。

（陈寒）

【沙市区】 至2016年底，全区公路通车里程1335.5公里、路网密度185.23公里/百平方公里，其中高速公路39.2公里、一级公路90.8公里、二级公路63.7公里、三级公路61.8公里、四级公路1080公里。全区内河航道里程105公里，长江岸线14.56公里，生产性码头48座，生产性码头泊位77个，长江渡口2处，内河乡镇渡口4处。客运站4个，其中一级客运站1个，二级客运站2个，五级客运站1个。

基础设施建设。全年完成交通固定资产投资2.53亿元。其中，完成普通公路建设投资1.4亿元，新建等级公路43.62公里。超额完成区政府交办的"筹资3000万元，修建通乡通村公路40公里，改造危桥10座"交通建设为民办实事目标任务。完成投资5200万元，修建通乡通村公路67.1公里，完成危桥改造14座，分别占目标任务的173.33%、167.75%和140%。完成港航建设投资2050万元，占年计划的205%，其中荆州港盐卡多功能综合码头第三期工程项目完成投资850万元、荆州开发区工业综合码头工程完成建设投资1200万元。积极服务318国道荆州段改建工程、沙公高速公路和市机场等全市重点建设项目，获区委区政府颁发的2016年度全区重点项目建设工作服务奖。

前期工作。完成"十三五"交通运输规划的所有项目"入数据库"工作，总投资约30.7亿元的一级公路2条、二级公路3条、县乡公路13条、危桥11座、物流园2个和码头3个建设项目全部纳入全省"十三五"交通运输规划。落实上级交通补助资金9946.2万元。

运输生产。全区有航运企业10家，其中危货运输企业3家，3万吨运力以上航运企业2家，即江湖航运有限公司、荆楚船务有限公司。有港口经营企业42家，其中港口危货企业14家、涉及危化罐区监管2家。全年新增船舶3艘，新增运力13831吨。本港籍船舶106艘、217320载重吨，最大单船5506吨，全年完成水路货运量1714万吨、货物周转量91.74亿吨公里。港口货物吞吐量1606万吨，港口集装箱10.11万标箱。

公路养护。全区公路养护里程1335.5公里，其中318国道和207国道管养里程30.83公里，223省道沈六线和322省道仙松线管养里程50.12公里，9条县道管养里程82.83公里，3条乡道管养里程7.96公里。全年投入日常养护资金185.1万元，确保列养线路路容路貌整洁，公路养护状况良好，综合评定指标达到养护要求。区农村公路养护管理部门坚持日常养护与重点养护相结合，投入17.2万元，修复岑桑线破板833.85平方米，县道路面清洁28.2公里，路肩整治除长草26公里，路树整枝25公里。以318国道过境路段为重点，实施联合行动，进行综合整治，公路通行及路域环境明显改善。采取"四班三运转"工作模式，24小时不间断查超治超，过境车辆超限超载现象得到有效遏制。全年通过站点的中型以上货车672442辆，检测货车3881辆，查处超限车辆2851辆，货车超限率为0.42%；转运卸载各类货物70913吨，货车卸载率为88.4%。

安全监管。采取层层签订安全管理目标责任书，落实乡镇渡口四级安全管理工作目标责任，加大安全生产监管和督促检查工作力度，确保全区交通运输安全形势平稳，无安全责任事故发生。夯实安全生产基础，开展隐患排查和"打非治违"等专项整治工作，积极推进交通运输企业安全生产标准化工作。全区道路运输"两客一危"企业、水路运输危货企业全部达标。7家水路运输普货企业、3家港口普货企业按照时间节点推进达标工作。及时完成市综治办挂牌督办的318国道2处安全隐患整改工作。

文明创建。坚持把精神文明建设和交通文化建设作为内强素质、外塑形象的重要举措，通过岗位练兵、技术培训、技能比赛等活动，提升职工职业技能水平。沙市区交通运输局被评为2016年度全区全面督查优秀单位、区优秀法治单位、全区绩效考核优胜单位。2016年湖北省交通行业"品质杯"公路职业技能决赛暨第八届全国交通行业技能大赛湖北选拔赛上，沙市区公路局选手杨远新、毛国军获

2016年12月7日，建设中的沙公高速公路高架桥

挖补坑槽第一名，胡德顺获挖掘机第二名，马志昌、李成华分获装载机第三、四名，胡德顺获2016年中国技能大赛暨第八届全国交通运输行业筑路机械职业技能大赛挖掘机项目冠军。

（胡敏）

【江陵县】 至2016年底，全县公路通车路里程1853公里，其中高速公路21.6公里、一级公路32公里、二级公路148.6公里、三级公路97.2公里、四级公路1416.6公里、等外公路137公里。内河航道146.3公里，码头泊位56个。客运站8个，其中二级客运站1个、四级客运站1个、五级客运站6个，候车亭160个，招呼站180个。

基础设施建设。全年完成交通固定资产投资16.55亿元。江北高速公路建成并具备通车条件，沙公高速公路拆迁工作基本完成，江北高速江陵连接线基本完工，石首长江公路大桥北岸连接线江陵段进入道路土建工程、路基、桥涵工程建设。354省道周马线江陵境内44公里改建工程全面动工，350省道三观线升级改造工程进入初步设计阶段。沙熊线升级改造工程资市镇平渊村至熊河镇沙岭村全长23.21公里，完成施工招标，12月中旬施工队伍进场施工。6月底，资市桥、白马桥、红渊桥危桥改造完成通车，丁河桥、齐家埠桥、黄淡桥、天井桥

2016年10月26日，大修后的江陵县白马路段

危桥改造施工中。江陵跃进综合码头部分交工验收投入营运，石化码头港口部分建成，粮油码头承台灌注施工，基础施工完成30%。华电大道、招商大道、工业大道、民丰路基本完工，江汉路、浦江路、彩云路进入雨、污管网建设，朝阳路进入路基清表工作，351国道郝穴至秦市段一级公路进入初步设计阶段，物流中心项目规划设计初稿形成，疏港公路完成与蒙华铁路交叉通道方案论证，进入立项等前期工作阶段。

综合运输。全年完成道路客运量356万人次、旅客周转量1.73亿人公里，货运量620万吨、货物运周转量9.12亿吨公里；完成水路货运量500万吨、货运周转量22.85亿吨公里，港口货物吞吐量160万吨。城市公共汽车与客运出租车运送乘客505万人次。全县有营运客车198辆、公共汽车56辆、客运出租车80辆、营运货车2487辆、营运船舶24艘31310载重吨6901千瓦。

安全监管。以全县道路运输安全整治专项行动为重点，开展夏季消防安全专项行动及节假日安全大检查，严格落实安全生产责任制，逐级抓好安全工作，有效防范重大事故。交通建设工程签订安全生产合同书，施工路段和危桥险段增设安全警示标志，加大险要路段和危桥隐患排查力度。定期组织专班开展安全执法行动检查，对江陵乡镇渡口半农半渡现象进行专项整治，下达事故隐患整改通知书督促整改。组织两化管理人员培训，组织交通运输企业法人和安全责任人进行新安全法培训和考试。全年未发生一起水陆交通事故。

公路管养。围绕创建全省"四好农村公路"示范县目标，完善农村公路长效管养机制，农村公路安保设施、标志标牌实现全覆盖。完成荆新线26公里、汉沙线11公里沥青路面预防性养护，改造农村危桥7座，修复农村公路破碎板15500平方米。加大路政案件查处力度，杜绝占用公路打场晒粮现象，开展清理占道堆物、制止违法建筑活动，创造公路通、平、美、绿、

2016年4月3日，江北高速公路西干渠特大桥顺利合龙

安的运营环境。加大超限治理力度,探索推进路警联动、养护路政联动模式,逐步完善治超长效机制。

行业管理。与县城管、公安交警、路政部门开展为期3个月的城区龙渊路货车禁行工作,规范城区货运车辆运行秩序。对城区机动车维修市场进行清理整顿,对无证经营的维修户按规定办理经营许可证。开展为期4个月的出租车、客运车市场专项集中整治活动,查处出租车异地经营22起、"黑的"2台、辖区出租车违规经营31起,处理投诉21起,收缴麻木仿制出租车标志30套。查处客运车辆违规营运40余起,收缴自制线路牌20余块。启动首届"最美的哥的姐"评选活动,评选出宁礼玄等6名"最美的哥的姐"和李丕生等6名出租车优秀驾驶员。全县取缔非法码头7处、固定砂场6处,基本实现"江上无非法采砂、江边无非法码头、码头无违法建设、港口无隐患趸船、沿江无乱停乱靠"目标。

(袁丹梅 沈海艳)

【松滋市】 至2016年底,全市公路通车里程3514.9公里、路网密度157.3公里/百平方公里,其中高速公路38.4公里、一级公路77公里、二级公路292.3公里、三级公路144.3公里、四级公路2951.9公里、等外公路11公里。航道通航里程156公里,港口泊位28个。客运站11个,其中二级客运站1个、三级客运站1个、四级客运站1个、五级客运站8个。

基础设施建设。全年完成交通建设投资11.8亿元。荆松一级公路全长65.5公里基本建成,累计完成投资21亿元。351国道松滋段改扩建,完成货币工程量1.12亿元,完成全线圆管涵、箱涵、大中小灌注桩及新河、庙河、泵站河、南海闸4座桥梁下构建设。松滋港区车阳河综合码头完成投资9500万元,完成码头1号与4号泊位面层施工,水工建筑物及道路堆场施工、码头装卸设备配装及联检办公大楼建设进展顺利。5月20日,金松客运站开工建设,完成场地

2016年,松滋市涴水镇旅游公路示范线

平整硬化、地下管网铺设、站房钢构安装等工程,具备车辆停放及简易运营条件。县道改造顺利推进,陈店至老城公路陈店段主体工程完工,汪杨线路改造工程全面完工,松滋殡仪馆专用公路建成通车。全年完成通村公路建设115公里,其中农村产业路9公里、精准扶贫路12公里;加宽农村公路61公里,建设农村公路安保工程55公里,建成"四好农村路"示范线105.2公里,其中7条已竣工验收,9条待验收。

前期工作。按照"大交通、大规划、大思路"理念,组建松滋市交通重点工程项目办公室,细化责任,开展交通项目立项、工程设计及专题要件审批工作。完成新江口至涴水一级公路、沿涴河旅游公路、环涴水湖旅游公路、环小南海旅游公路、陈店至松滋口疏港公路等项目前期工作。与部、省、市交通主管部门对接,做好松滋至荆州城区高速公路、松西河航道整治、进港铁路、江南铁路、车阳河综合码头二期工程等重大项目前期工作,为项目入国省库及开工做准备。

运输生产。全年完成港口吞吐量192万吨,完成旅游客运量7万人次、完成渡运量100万人次。城市客运行业深化公交车管理方式和出租车经营模式改革,逐步推行"两权一合"公司化经营体制。2016年完成公交车营运收入750万元、出租车营运收入3600万元,上交税费50余万元,上交有偿使用费108万元。神通汽运集团有限公司实现跨区域强强联合,与宜昌交运集团重组成立"湖北宜昌交运松滋有限公司",2016年元月正式投入运营,公司推进内部结构转型,调整经营网线布局,一次性收回原由个人承包的松滋至宜昌、荆州班线67条,快速完成经营模式公有制转型,提升了客运适应能力。

行业管理。争取市政府支持成立公路联合治超办,集中交通、公安等12个职能部门和各乡镇政府紧密协作配合,构建"政府主导,部门协作,多方联动,综合治理"工作机制,实现由交通主管向政府主导转变、由路政执法向联合执法转变、由路面治超向源头管理转变、由集中突击向长效治理转变。全年检查载重车7200辆次,查扣超载车1500辆次,卸载900余吨,拆除恢复违规改型擅加拦板车1093辆。加大城市公共交通环境整治,取缔37辆以残疾人代步车非法经营出租客运行为;市政府出台文件,采取提供合适就业岗位、予以货币安置、实施低保供养和由市直单位包帮扶助等方式,从优解决部分残疾人生活困难和就业问题,从根源上解决"残的"非法营运现象。强力推进长江非法码头整治工作。由市政府主导,交通部门牵头,相关部门协作,长江沿线各乡镇承担主体责任,通过集中整治、联合办公,取缔辖区内非法码头7个,确认规范码头3个。

2016年9月，松滋市脆罗线旅游公路"四好农村公路"示范线

安全监管。吸取各地交通事故教训，举一反三，查找整改本行业安全生产的薄弱环节，全年检查客运企业、危险品运输企业22次，排查安全隐患16处。开展水上拉网式安全检查35次，出动巡艇22艘次，排查安全隐患6起，全部整改到位。采取扶助政策推进农村老旧客渡船和旅游船更新改造，更新客渡船5艘、旅游船3艘，完成全市乡镇客渡船56艘和旅游船14艘的更新改造任务，提升了客运安全系数。全市交通运输行业安全态势平稳可控，水陆运输无重特大安全事故发生，水上交通运输连续十五年无安全责任事故发生。

文明创建。汽车站及公交站台设置文明旅游公约、学雷锋志愿服务及社会主义核心价值观等公益宣传内容，采取GPS跟踪定位、现场稽查等手段加大对公交车、客运出租车随意停车上下客、不按站点停车、出租汽车拒载乱收费等行为进行监管。2016年松滋市公路管理局获"湖北省文明单位"称号，4家二级单位获"荆州市文明单位"称号，其余单位均获"松滋市文明单位"称号，交通系统获得"松滋市文明系统"称号。

（朱卫华　李宝婵）

【公安县】至2016年底，全县公路通车里程3540公里、路网密度161.9公里/百平方公里，其中高速公路110.4公里、一级公路14.6公里、二级公路264.2公里、三级公路126.9公里、四级公路3023.9公里。航道通航里程357公里、港口泊位49个。汽车客运站11个，其中二级客运站1个、三级客运站1个、四级客运站3个、五级客运站6个。

基础设施建设。全年完成交通建设投资10亿元。实施交通重点建设项目13个，其中207国道黑狗垱大桥建成通车、355省道汪家汊至景阳岗段公路及351国道黄金口至斑竹垱公路路面工程全面完工。随着蒙华铁路、长江公铁两用大桥和荆州组合港公安港区朱家湾深水综合码头等重点项目建设，初步形成公路、水运、铁路三大交通方式共同发展的综合交通体系。

资金筹措。争取市政府交通建设发展资金300万元用于207国道3座危桥改造；新争取一级公路项目3个，落实351国道追加补助3177万元和公石线灾后重建资金3302万元。争取207国道章庄改线工程按每公里500万元补助政策，为项目推进提供计划和资金保障。

公路管养。全县管养国道103.8公里、省道152.3公里、县道181.2公里、乡道609.4公里、村级公路1584公里，另有非在册村级公路491.23公里，公路桥梁479座。在公路管养中以创建"畅安舒美路"为抓手，加大路面巡查力度，及时发现路面病害，对全县公路重点损毁路段实施修复，检修列养大中小桥梁62座，新增公路标识标牌150套、减速板920米、警示桩850个，完成小修保养投资1175万元。按照《公安县农村公路建设养护管理办法》《公安县农村公路管养工作方案》，做到有路必养、建养结合，完成农村公路大中修42公里、加宽路基29公里、改造危桥25座，做到路面整洁、干净、畅通，保障群众出行安全便捷。

行业管理。开展路域环境联合整治，清除拆除违章商棚132处、拆除非交通标志牌1206块、清除摆摊设点210处、取缔路边加水点67处、清理堆积物1750处、清理打场晒粮59处。

2016年9月28日，公安县港航海事执法人员集结

开展道路运输市场专项整治，查纠各类违法违章350起，查扣非法"摩的"、电动车150辆，查处超限车辆2182台。开展长江非法码头治理，取缔非法码头2个，制定砂石码头集并中心和船舶与港口污染防治方案。排查行业安全隐患136处，整改落实78处，限期整改58处，通过集中整治行动，规范行业市场秩序，保障了春运和重大节日期间道路、水路运输安全，重大事故得到有效防控。

运输生产。全年完成道路客运量924万人次、旅客周转量4.85亿人公里，货运量986万吨、货物周转量17.64亿吨公里；完成货运量681万吨、货物周转量37.53亿吨公里，港口吞吐量288万吨。全县拥有公路班线客车514辆、货车4075辆、公交车90辆、出租汽车260辆，营运船舶104艘、178047载重吨。

行政执法。9月27日，全省港航海事系统水路交通综合执法改革推进会在公安县召开，有效促进水上综合执法工作步入规范化进程。行政审批日趋规范，全年办理行政许可456件，服务项目10200件。按照县法制办要求，开展行政执法主体资格审查，全县交通运输系统编辑权力清单和责任清单382项，建立健全信访维稳工作制度和全覆盖网络，办理信访件61件，回应行风热线问题12个，办结率100%。

（王万军　高艳娟）

【石首市】 至2016年底，全市公路通车里程2539.4公里、路网密度177.95公里/平方公里，其中高速公路19.7公里、一级公路10.1公里、二级公路192.7公里、三级公路102.3公里、四级公路2211.2公里、等外路3.4公里。航道里程1173公里，其中长江91公里、支流内河82公里，港口泊位74个，渡口41个。汽车客运站5个，其中一级客运站1个、三级客运站1个、四级客运站1个、五级客运站2个，农村候车亭124个、农村招呼站254个，乡镇港湾式候车亭10个。

基础设施建设。编制完成"十三五"交通发展规划，启动前三年滚动项目前期工作。石首长江公路大桥建设累计完成投资29.7亿元，占总投资的39.49%。234国道石首市梅家咀至高基庙段改扩建工程初步设计获省交通运输厅批复，完成234国道新厂至大垸段、221省道石首至桃花山一级公路工程可行性报告。完成220省道横沟市至赵家湾段改线工程路基和桥梁建设，启动省交通运输厅追加的上津湖产业公路和桃花山旅游公路72公里县乡公路建设计划。全力推进港口物流规划建设，与省交通投资集团公司荆州公司签订港产城项目总体合作框架协议，投资额80亿元，完成石首物流中心主体交易大楼建设，启动停车场和道路硬化。

公路建养。全年完成220省道新厂至大湾段4公里大修、长北线县乡公路9.1公里和小神线6.5公里改造，将东方段至桃花段26公里定为荆州市级畅安舒美路。全力打造"四好农村公路"，全年安排640万元用于全市农村公路养护、安保工程和危桥改造。全市农村路网建养完成通村公路192.8公里，其中血防公路建设60公里、窄路加宽19.64公里，建设桥梁6座。

综合运输。全年完成道路客运量668万人次、旅客周转量3.46亿人公里，货运量403万吨、货物周转量8.07亿吨公里；完成水路货运量803万吨、货物周转量41.70亿吨公里，港口货物吞吐量401万吨。全市有道路客运企业4家、货运企业13家、出租汽车企业2家、城区公交公司1家，驾驶员培训学校9所，一类维修企业2家、二类维修企业5家，三类专项维修12家，机动车综合性能检测站1家，二级货运站1个。拥有各类营运车辆2206辆，其中道路旅客运输372辆、城区公交107辆、出租汽车228辆、营运货车1746辆。全市水路货运企业9个、长江汽车渡口2个、长江客运渡口25个、危险货运码头3个、砂石装卸码头11个、船厂1个。共有营运船舶138艘、207320载重吨。

行业管理。开展拆除非公路标志牌、清除堆物占道、制止新违法建筑、清理摆摊设点、治超检测车辆等工作，公路路况进一步好转。开展客运、出租车专项专线整治及货运、驾培、机动车维修检测市场专项整治，从严打击"野的""摩的"、无牌证"电动车"等黑车非法营运行为。检查各类营运车辆2000台次，立案查处50起，暂扣"摩的、电动车"80台，打击黑车30台次。全市更新出租车228辆，公交车更新和停车场站建设有序推进。推进非法码头治理工作，制定工作方案，成立专班，对重点码头经营业主下达告知书，对荆州重点督办的吉顺建材节能材料有限公司非法码头3个投资700多万元的散装水泥混凝储料

2016年12月6日，建设中的石首长江公路大桥

罐进行强制爆破。至年底，投入150多万元，清除砂石料18万吨，11家非法码头取缔完毕。

安全监管。大力推动安全生产大检查、"打非治违"和隐患排查治理等专项活动，强化车站、港口、码头和危化品运输企业安全监管，开展安全生产大检查18次，查处安全隐患20处，全部及时整改，全市交通运输系统安全生产状况继续保持平稳态势。

文明建设。石首市交通运输局机关连续两届获省级文明单位称号，石首市公路管理局、地方海事处获石首市级文明单位称号。开展"五城同创"和出租车行业"双创"活动，组织城区公交公司和2家出租车公司、车主及从业人员召开创建大会，通过现场培训、微信提示等平台，加强从业人员职业道德教育。

（王军强）

【监利县】 至2016年底，全县公路通车里程4998.7公里、路网密度154.38公里/百平方公里，其中高速公路93.4公里、一级公路60.1公里、二级公路372.8公里、三级公路232.2公里、四级公路3951.1公里、路等外公路289.1公里。全县航道里程494公里，其中通航航道16条339.8公里，码头泊位50个，渡口79个。汽车客运站17个，其中一级客运站1个、四级客运站3个、五级客运站13个、候车亭194个，招呼站335个，货运站1个。

基础设施建设。全年完成交通固定资产投资5.23亿元。建成通村公路180公里、断头路80公里，将渡口改建为桥梁10座350延米、改造危桥100座2200延米。容城新港码头重新开工建设，11月底施工队进场施工，老汽车客运站资产处置步入良性轨道，中心物流园完成项目选址。续建的4个公路项目35.13公里全部完工，总投资8481.68万元。新开工建设公路项目7个71.4公里，其中姜鄢线7.2公里进场施工，严场至汪桥二级公路8公里和354省道黄歇至沙岗二级公路14.2公里改建工程全面开工建设。完成215省道仙监线61公里改扩建控制性工程毛市大桥通航论证报告编制，工程可行性报告获省发改委批复，8月底完成初步设计批复，11月启动毛市大桥和朱河至桥市段7公里建设。国省干线28公里大中修工程全面竣工。

前期工作。完成351国道监利绕城一级公路工程可行性报告预审和修编工作，待省交通运输厅批复。完成240国道新沟至容城一级公路工程可行性报告，报荆州市交通运输局预审。完成351国道柘木镇区改线一级公路工程可行性报告，获省发改委、省交通运输厅批复。完成容城新港疏港一级公路工程可行性报告待批复。完成汪桥至大垸、四车至程集二级公路改扩建工程可行性报告，报荆州市交通运输局审查。完成城市主干道公路7公里工程可行性报告获批复，完成周老郭阳至黄歇大兴公路10公里改扩建项目前期工作。

公路养护。2016年主汛期，监利县连续遭受强降雨侵袭，降雨时间长、范围广，全县交通基础设施损失巨大，交通运输行业累计灾毁损失59818万元。全县灾毁项目列入公路重点建设"百千万工程"，争取部省灾毁抢修资金近1000万元，加强公路养护和水毁重建工程。

综合运输。全年完成道路客运量1468万人次、旅客周转量65754万吨公里，公交车与客运出租车完成客运量1918万人次；完成水路客运量11.5万人次、旅客周转量245万人公里，货运量820万吨、货物周转量45.87亿吨公里，港口吞吐量387万吨。全县有道路客运企业10个、货运物流企业59个、二类机动车维修企业14个，水路货运企业4个、港口企业33个、长江汽车渡口3个、长江客运渡口19个、危险货运码头3个、砂石装卸码头40个，船厂1个。拥有营运客车818辆、公共汽车106辆、客运出租车381辆、营运货车2138辆、营运船舶128684载重吨。

行业管理。按照"政府主导、部门配合、源头控制、综合治理"原则，设立300万元导向资金，加强公路养护管理。240国道周老至容城、351中道汪桥至容城2条省级文明示范路样板工程全面开工。在治理超限超载及非法改装货车中，采用固定治超和流动巡查相结合的方式，加强对超限超载及非法改装货车的查处。全县货车自行割去超高墙板100余辆，强制扣押车辆21辆，强制割去超高墙板21辆。通过超限超载治理，公路超限超载控制在5%以内。农村公路养护管理全面启动，湘鄂水上转运中心全面投入营运。按照"取缔一批、规范一批、提升一批"的要求，5月20日前完成2处市政府挂牌督办的非法码头

2016年12月31日，修复一新的监利县学生渡口

取缔工作。内荆河乡镇渡口公益性岗位补贴机制全面推行,结合渡口改造,修建码头通道,境内18座渡口渡工纳入公益岗位。

安全监管。加强全县公路桥梁特别是农村公路危桥险段安保工程建设和维护,组织开展消防灭火应急演练,开展以"水上平安交通、安全伴我成长"为主题的"水上交通安全知识进校园"活动。列养公路铺设钢护栏2000余米、爆闪灯6个、减速板18米、道口桩和警示桩4000余根、警示标志牌265块、指路牌4块,新增桥梁桥名牌、限重牌、轴重牌、长度牌、桥梁公示牌24套,补充桥梁附属牌、限重、限轴等标志牌40块。汛期期间,全县交通运输系统把抢通水毁道路作为抗灾主要工作来抓,调集系统全部施工力量,组成抢险工程队,启动新沟城区、随岳高速朱河连接线、朱河发展大道、汉沙线姚集段、姜鄢线等严重水毁道路施工,水毁公路均在年内建成通车,确保了交通运输安全。

资金筹措。8月18日,监利县交通投资有限公司正式挂牌。与上级主管部门对接,更多项目纳入项目库,争取中央和省补助资金9514万元,为项目全面推进提供资金保障。监利县政府在第四次常务会议上专题研究全县2016年交通建设工作,确定32个交通重点建设项目,落实建设配套资金8000万元、解决项目前期经费1000万元、解决治超经费100万元、解决农村公路养护经费300万元。在监利县政府第八次常务会议上,对PSL(补充抵押贷款)用于交通建设和成立交通投资有限公司提出明确要求,经与农发行积极沟通,筛选整合3个贷款项目,争取贷款资金148076万元。

精准扶贫。全县交通运输系统组建7个工作队,包保7个乡镇17个村169户贫困户。采取镇、队、村三级联动,严格按照"三审二公示一公告"的办法,将扶贫对象全部录入建档立卡信息采集系统,以"三包三扶三建"为目标,确保进村驻点到位、人员到位、宣传到位、施策到位、保障到位。全年包保村拨付通村公路补助资金155万元,筹集扶贫资金6.8万元,全部发放到位。推进贫困村客运网络连通工程,先后建设候车亭21个、招呼站100个,切实解决当地老百姓的出行难问题。

(王平祥 徐艺)

【洪湖市】 至2016年底,全市公路通车里程3305.3公里、路网密度131.21公里/百平方公里,其中高速公路4.6公里、一级公路85.6公里、二级公路243.9公里、三级公路33.4公里、四级公路2908.5公里、等外公路29.3公里。内河航道里程674公里,码头泊位94个,渡口101个。汽车客运站9个,其中二级客运站1个、四级客运站1个、五级客运站7个。简易客运站3个,候车亭238个,招呼站451个。

基础设施建设。全年完成交通建设投资6.48亿元(不含重大项目投资)。武汉城市圈环线高速公路洪湖段通过交工验收;洪湖至嘉鱼长江大桥完成实物量的26%。洪湖至赤壁长江大桥施工队伍进场,三场一地建设基本完成。新堤港区综合码头、洪湖一级客运站建设与省交通投资集团公司签订合协议作。普通公路建设中,仙桃至赤壁公路洪湖段一级公路建成通车23.5公里,红三大桥右半幅建成通车,小港至蔡家河段4.5公里在建设路基工程,其余21公里完成招标工作。完成国省干线大修11公里及桥梁3座,完成下新河大桥主体工程。完成灾后重建项目23公里国省公路大修招投标,部分项目开工建设。完成58座危桥施工图设计。完成通村公路建设119公里、农村公路桥梁3座,改造危桥13座。国防交通项目21.4公里开工建设。

综合运输。全年完成客运量823万人次,旅客周转量5.54亿人公里,完成道路货运量248万吨、货物周转量2.54亿吨公里,港口货物吞吐量210万吨。全市拥有道路客运企业10个、货运物流企业11个、二类维修企业16个、水路货运企业2个、长江汽车渡口4个、长江客运渡口27个、危险货运码头6个、沙石装卸码头77个、船厂4个。有营运客车445辆、货车948辆,营运船舶37艘、4.3万载重吨。

行业管理。加强公路路政、非法码头整治、客运市场整治和行业安全监管。加大路政新法规的宣传力度、依法治路力度、联合治超力度,及时发现和制止新的违章建筑,及时清理路障及损坏公路的各种行为,营造良好道路交通环境。在非法码头整治方面,取缔非法码头30个,规范提升50个,开展岸线规划编制,确定5个码头集并中心建设方案并上报,圆满完成长江非法码头取缔工作。持续开展客运市场打非治违专项行动,加强

2016年11月30日,武汉圈环线高速公路洪湖段交通安全设施专项验收会在汉召开

客运经营行为整治，严厉打击各类违法经营，重点整治出租车拼客、拒载、不打表等经营行为。

安全监管。严格执行安全检查"全覆盖、零容忍、严执法、重实效"的总体要求，突出整治危桥、渡口渡船、客运站等重点领域和薄弱环节，继续推进"平安公路""平安水域""平安运输""平安工地"创建工作，全年未发生一起水陆交通运输安全责任事故。

科技创新。洪湖市公路管理部门按照"全成员、全方位、全过程"原则，创建项目建设QQ信息平台。通过该平台，项目业主、监理、审计和施工人员可以及时上传施工图片和文字信息，通过QQ视频、聊天软件发布指令或采取相应措施，实现项目建设各方高效沟通，推进项目建设顺利进行。公路部门创造性地使用"分堆运输"拌和法，从材料出场即开始拌和控制，要求级配碎石装船时即按比例分堆，到港卸货时严格分堆运输，上路拌和时再次按堆拌和，使级配碎石得到充分拌和，密实度和弯沉值均达到设计要求，确保公路建设质量。在红三大桥40米跨径箱梁和钢架平台加钢围堰施工中，首次使用双导梁架桥机将箱梁逐一吊装到位，仅耗时半个月便圆满完成桩基施工和40米跨径箱梁施工。

文明创建。全市交通运输系统以提升服务质量，塑造良好形象为目标，通过压实责任保目标、细化措施抓整改、跟踪督办保质效、整顿作风抓队伍，11月上旬，在洪湖市8家履职尽责全面督查单位集中评比中，洪湖市交通运输局排名第一。连续被湖北省委省政府授予"文明单位"称号。

（张俊）

【荆州开发区】 基础设施建设。荆州王桥至盐卡沿江一级公路占用长江防汛器材中心的土地及地面附属物的拆迁问题，与荆州市河道管理局直属分局沟通，与荆州市城投公司、市建管中心、市地铁局形成会议纪要。对占用荆江大堤近脚平台的涉河方案报省水利厅批复，至年底，铁路以西1.1公里路段完工，与东西两边道路相连的下穿铁路工程开始施工。沙市农场至吴场二级公路建设，4月份施工单位进场，完成雨污水管网和路基建设。习杨公路途经开发区的10公里路段，由沙市区公路局负责建设，开发区每公里配套50万元，配套资金500万元列入开发区财政预算，10月底施工单位进场。连接荆州王桥至盐卡东方大道延伸线按一级公路标准由沙市农场实施建设，8月份建设完工。省道沙洪公路沙市农场段补板工程完成，改善了沙市农场窑湾小区通行条件。

安全管理。随着荆州开发区园区主干道的建成，进区企业增多，加上蒙华铁路、沙公高速等重点项目建设，开发区交通局把道路交通安全工作放在重要位置，先后完善东方大道、深圳大道、上海大道等主干道交通警示标识，及时安装纺印三路、纺印四路交通红绿灯。完成荆监一级公路近10公里隔离护栏、2处红绿灯建设，保证开发区境内行车安全。开发区交通局主动与荆州市港航局、长江海事、长航公安及时沟通，制订方案，明确任务，以滩桥镇、沙市农场为责任单位，开展取缔5个非法码头工作。下达各类执法文书30余份，运走和转运砂石料22万吨，拖走泵船3艘，拆除碎石机整套设备1套，搬运100吨水泥罐7个，移动皮带机2套，断路5处，完成挖填土方1500立方米，圆满完成集中整治长江干线非法码头任务。与沙市区环保局一起下发通知，完成柳林洲取水口水源保护地5家码头、2个水上加油站关闭前的相关基础工作。

运输服务。公交公司采取承包通勤车、定时间公交上门、延迟公交车时间等措施做好公交服务工作，将10路公交车线路延伸至金源世纪城，将37路公交车线路延伸至恒隆四季城，38路公交车线路延伸至窑湾小区，争取55路公交车停靠常湾小区。

（施静）

荆门市交通运输

【概况】 至2016年底，全市公路通车里程14597.70公里，路网密度117.69公里/百平方公里。其中，高速公路319.12公里、一级公路284.90公里、二级公路1446.20公里、三级公路1144.26公里、四级公路10871.61公里、等外公路531.61公里。等级公路13746.98公里，等级公路比重达96.3%。国道646.21公里、省道966.61公里、县道234.98公里、乡道4449.11公里、专用公路38.63公里、村道7943.04公里。全市通车里程铺装（高级）路面10406.64公里、简易铺装路面（次高级）1426.85公里、未铺装路面（中级、低级、无路面）2445.1公里。全市有公路桥梁1561座43403.82延米，其中特大桥2座3367.2延米、大桥35座4743延米、中桥197座11001.5延米、小桥1327座24292.12延米；危桥579座12940.2延米。全市有襄河、梅林、金划滩、联兴、关山、大姚6处公路渡口，有县级公路养护单位6个，养护公路管理站及道班75个。全市有12处通航水域、27条航道，通航里程460公里，其中三级航道35公里、四级航道155公里、五级航道80公里、六级航道128公里、七级航道40公里、七级以下航道22公里。有沙洋港、钟祥港、京山港、东宝港4座港口，设置港区16个，泊位58个。客运站40个，其中一级客运站1个、二级客运站4个、三级客运站4个、四级客运站10个、农村五级客运站21个，候车亭702个，招呼站827个。

基础设施建设。全年完成交通建

2016年9月6日，襄荆高速公路荆门出入口沿线综合整治主体工程完工

设投资49.07亿元，占年度目标41.2亿元的119.1%，比上年增长41.8%。其中，高速公路20亿元，占计划15亿元的133.3%；普通公路23.66亿元，占计划21.6亿元的109.5%；港航建设1.24亿元，占计划1.1亿元的112.3%；站场物流建设4.17亿元，占计划3.5亿元的119.1%。

综合运输。全年完成道路运输客运量2917.26万人次、旅客周转量176491.54万人公里，完成货运量2964.31万吨、货物周转量993380.8万吨公里，客运量和货运量分别比上年增长1.6%和1.1%；完成水路客运量9万人次、旅客周转量157万人公里，比上年增长16%和7%，完成水路货运量65万吨、货物周转量37500万吨公里，货运量与上年持平，货物周转量比上年增长8%。全市道路客运企业53家，客运车辆2153台，其中旅游客运车辆64台；道路危险货物运输企业30家，危货运输车辆1902台；普货运输企业604家，车辆19509台，全市客货运输从业人员8万余人。全市开通客运班线783条，其中省际班线45条、市际班线168条、县际班线121条、县内班线449条。全市有农村客运线路449条，农村客运车辆1151台，行政村通车总数1429个，农村客车通村率100%。有各类驾校35家，注册教学车辆1305台，教练员1450人，年培训人数约7万人。机动车维修企业331家，其中一类企业28家、二类企业121家、三类企业182家，机动车综合性能检测站5家，年检测车辆22367台次。

水路运输。拥有自然岸线584公里，其中汉江自然岸线277公里。港口通过能力1328万吨，拥有最大靠泊能力1000吨，装卸机械110台套，最大起重能力40吨。全市在册营运货船79艘54500载重吨13882千瓦，其中拖船6艘1940千瓦，驳船15艘11766载重吨，货船58艘42734载重吨11942千瓦；在册营运客船36艘1107客位4118千瓦。沙洋港和钟祥港为省重点港口，东宝港和京山港为省一般性港口。钟祥港沿汉江建有转斗、洌河、皇庄、塘港、石牌、大同、旧口7个港区；沙洋港沿汉江建有马良、沙洋2个港区，沿江汉运河建有江汉运河港区。所有港口暂未专门设置锚地。全年完成建造船舶检验39艘，营运检验124艘次，新建船舶防污染设备配备率100%，营运船舶防污染设备整改合格有效率100%。

路政管理。市公路路政监督检查支队下设沙洋、京山、钟祥、东宝、掇刀5个路政大队和屈家岭公路管理所路政中队。全市配备对讲机31部，执法记录仪40台，路政执法车29台，其中21台安装GPS。东宝子陵、掇刀团林、沙洋范家台、京山钱场、钟祥双河5个固定超限检测站、湾堰、麻城2个临时治超点均配备专用治超车、检测设备和卸货设备。建立荆门市公路局路网监测与应急处置系统，各路政大队分别建立三级监控平台。9月21日，京山县、沙洋县、钟祥市、东宝区、掇刀区同时启动治理货车非法改装和超限超载运输车辆违法运输行为专项行动。全市检测车辆204735辆，查处超限运输车辆39980辆，卸货及转运117008吨。超限率控制在4%以内，超限超载车辆检测率100%、卸载率100%。

2013年至2016年，荆门市连续四年新增100台公交车

现代物流业。全市物流行业主要通过公路、铁路、水运、管道进行运输。全市规模较大的物流园21个，其中投入营运的13个，即京山（金瑞）物流中心、弘业物流中心（杨家桥）、众诚物流园、腾飞达物流园、通旺达物流园、荆铁佳洲铁路物流园、荆门粮食现代物流园（北郊粮库）、东方百货物流配送中心、李宁物流园、和瑞燃气LNG物流中心、楚元石化物流中心、掇刀多辉农产品物流园、钟祥吉安药业物流中心；在建的8个，即荆门传化公路港物流园、沙洋中心港区物流园、钟祥现代交通物流园、中国农谷（屈家岭）农产品物流园、彭墩汉光农产品物流园、沙洋凯达物流园、沙洋中亿冷链物流园、钟祥荆沙冷链物流园；开展前期工作的4个。全市注册资本500万元以上且正常营业的物流企业21家，其中主营业务收入1亿元以上的6家，均分布在荆门中心城区。其中弘业物流公司被交通运输部、财政部列为全国第二批公路甩挂运输试点企业，拥有车辆160辆，租用车辆3000辆。有A级物流企业11家，其中4A级3家、3A级4家、2A级4家。

节能减排。积极引导运输企业加快淘汰高能耗、高排放的老旧交通运输装备，大力推进新能源汽车的应用。全市有液化天然气（LNG）客车22台、货车130台、双燃料出租汽车1270台、其他双燃料汽车540台。

科技与信息化。荆门市公交集团公司、钟祥市公共交通公司、京山公共汽车有限责任公司建成公交智能调度系统，实现实时监控车辆运行状态和智能调度发班。荆门公交集团公司推出公交手机APP，方便市民通过手机查询线路和换乘等信息；投资76.92万元建成公交一卡通服务系统，与全国100家试点城市公交一卡通互联互通。

运输安全。开展"安全生产月""平安交通"创建等一系列活动，强化企业安全主体责任意识；实行隐患查处"挂牌督办—整改—销号"制度，确保隐患整改落实到处。在全市危险品运输企业安全专项整治中，集中检查12次，清理整治危险品运输企业30家，约谈问题突出的危货运输企业负责人4家，限期整改安全隐患并逐一督办落实到位49处，确保全市道路运输行业安全态势平稳，无较大以上事故发生。开展水上搜救中心建设，陆续建设AIS、CCTV、GPS/北斗等监控系统，建成省局—市局—县所三级专用监控网络，汉江沿线渡口渡船、漳河旅游客船实现GPS和AIS有效覆盖，重点水域、码头安装固定监控探头，荆门市港航海事局监控大厅更新监控大屏，实现水上交通安全动态信息化监管。

精准扶贫。为全市210个贫困村编制《荆门市精准扶贫农村公路建设规划（2016—2018）》。向省交通运输厅争取柴湖农村公路专项补助资金514万元。驻村工作队进驻绿林镇六房村，开展对口帮扶，帮助该村完成通组公路、自来水改造、"五化"卫生室、广播电视户户通、党员群众服务中心、文化广场等基础设施建设；建成50kW光伏电站，累计发电2万多度；投资180万元建成30万袋香菇集中摆放点、50万袋袋料加工和香菇烘烤车间，成立村农业合作社，使六房村香菇种植产业走上集约化、规模化和可持续发展之路。局驻村工作组被评为全市"十二五"扶贫攻坚先进集体。

招商引资。成功招商落地深圳隆炜（伟德）电子科技有限公司电路板制造项目和东莞市久祥电子有限公司专业PCB制造项目，投资总额达8亿元，完成实际投资过亿元，圆满完成全年招商引资任务。荆门市交通运输局被市委市政府评为招商引资工作先进单位。

（汪微波　汪发芝）

【京山县】　至2016年底，全县公路通车里程2976.90公里、路网密度90.65公里/百平方公里，其中高速公路118.61公里、一级公路87.28公里、二级公路372.48公里、三级公路169.28公里、四级公路1929.40公里、等外公路299.85公里。按行政等级划分，国道150.29公里、省道341.73公里、县道12.28公里、乡道825.43公里、村道1528.56公里。客运站10个，其中二级客运站1个、四级客运站4个、五级客运站5个，货运站1个。

基础设施建设。全年完成交通固定资产投资3.78亿元。建成公路57.8公里、桥隧138延米。240国道钱场刘岭至幸福一级公路改扩建完成全部路基工程，武荆高速跨线桥正式动工，完成年度投资8000万元。客排线完成全路段路面工程，完成年度投资7500万元。仁曹线完成罗店至仁和段13公里、曹武至汤池1.5公里路基及桥涵工程，完成石板河大桥桩基础施工，启动罗店至曹武23公里路基工程，完成年度投资4000万元。六随线施工单位已进场开工。杨拖线全部完成，完成年度投资1500万元。新长线全部完成，完成年度投资1500万元。官虎线完成全路段路面沥青下封，完成年度投资3200万元。

综合运输。全年完成道路客运量243.1万人次、旅客周转量2.22亿人公里，分别比上年增长2.3%和2.8%；货运量257.4万吨、货物周转量2.67亿吨公里，分别比上年增长4.1%和5.3%。投资5080万元发展道路运输车辆，其中新增货车166辆、更新客车66辆、更新出租车20辆。全县完成从业人员诚信考核712人，机动车驾驶员培训8123人。采取"一次违规，两次处罚"（即运管部门、所属企业同时对违规者作出相应经济处罚）的办法，检查出租车102辆次，查处出租车违规经营行为11起，遏制出租车、公交车等经营中的不规范行为，投诉举报比上年下降70%。开展机动车维修市场整顿工作，全年检查三类维修97家，督促企业严格按照规范进行维修作业，严厉打击只收费不维护、卖单、二级检测企业乱收费、只收费不上线检测等违法违规行为，处罚违法经营企业2家。组织执法人员对"黑驾校"进行突击查处，查处驾培行业违规经营行为1起。"两客一危"企业GPS系统安装使用率100%，对载重12吨以上的货运车辆强制安装GPS监控系统，统一接入平台进行监控管理，全年安装GPS货车478辆。检查旅游客车23辆次，查处违规经营行为2起。

公路养护。加强日常养护工作，做好路面、路肩边坡、排水及沿线附属设施的预防性养护。干线公路全年处治软基、坑槽37047.66平方米，沥青路面病害处治23792.6平方米。在小应线、分当线、曹双线150公里路段栽、补、套植红叶石楠、紫薇、樟树、意杨等树种5万余株。拟订农村公路管养方案，分解下达管养任务，争取县财政配套资金534万元，实施二轮重点管养，养护农村公路2088公里。8月26日，完成全县道路灾后重建第一阶段抢通建设，12月底完成第二阶段保畅建设。全县完成灾后重建项目277个，累计投入资金8955万元。

（徐利斌）

【沙洋县】 至2016年底，全县公路通车里程2381.79公里、路网密度106.28公里/百平方公里，其中高速公路37.03公里、一级公路60.45公里、二级公路244.75公里、三级公路292.92公里、四级公路1736.09公里、等外公路10.55公里。按行政等级划分，国道97.50公里、省道215.15公里、县道66.48公里、乡道666.37公里、村道1299.26公里。内河航道通航里程174公里，港口3个，生产性码头泊位11个，渡口10个。客运站7个，其中二级客运站1个、三级客运站1个、四级客运站2个、五级客运站3个。

基础设施建设。全年完成交通固定资产投资5.39亿元，比上年增长66%。其中工业七路北延段建设6274万元，范家台大桥建设5913万元，沈集至荆州六监区（沈集至桥河段）建设7599万元，枣潜高速沙洋段配套工程13269万元，枣潜高速高阳段配套工程10138万元，蒙华铁路后港段配套工程10698万元。

综合运输。全年完成道路客运量583.1万人次，比上年增长1%；完成道路货运量1083.73万吨、货物周转量21295.85万吨公里，分别比上年增长1%。完成水路货运量130万吨、货物周转量3.60亿吨公里，分别比上年增长11.78%、34.33%。调整公交车2路、6路运行线路，新建智能化公交站亭31座，新购置新能源电动公交车27台，完成沙洋至官垱、沙洋至李市城乡公交一体化改造工作。

路政监管。全年清除违章堆积135处504平方米，取缔江沙线、沙河线违章洗车加水点2处；发生路损案件30例，查处30例，结案30例。全年联合治超专班依法查处超限车辆12710台次，卸载货物46549吨，公路行政处罚超限车辆334台次，罚款63.75万元，交警处罚超限车辆56台，罚款12300元。全年检测车辆269155台次，其中查处超限车辆12799台次，卸货2900余吨，抛洒货车油布覆盖率达90%以上。

安全应急管理。严格落实安全生产责任制，深入开展"平安交通"建设，加强重要节假日、特殊时段安全监管、检查、整改。全年开展安全检查120余次，检查单位310家（次），排查隐患200余处，整改隐患197处，全县危化品油罐车进行油气回收改造15辆。持续加大非法揽客载客查处力度，开展道路班线、农村客运班线清理整顿工作，有效地维护客货运输场市场经营秩序。开展非法码头治理工作，规范和取缔非法码头各6处，关停影响汉江饮水源的餐饮船2艘。同时，加强港区经营许可检查，整改沙洋港加油趸船无证经营行为。

应急救援。7月下旬全县遭遇特大暴雨灾害，迅速调配运力物资，累计投入人力1260人次、大型筑路机械90台次、大小车辆42台次，石料6000立方米，沙袋10000条，清理塌方8000立方米，清理倒塌树木420棵。抢通207国道、荆新线、汉宜线、江沙线、高马线等国省干线水毁路段，先后修补干线公路路面沉陷、坑槽、车辙等病害70000余平方米。维修后港镇港口村防汛应急通道，修补官李公路、高马公路等县乡公路25.6公里路面坑槽，启动蛟尾至梅林防汛应急通道建设，指导、督促县内14个镇（区）开展农村公路恢复建设、养护维修等工作，实现全县国省干支线公路保通工作目标。

交通筹融资。争取上级配套补助资金和县政府债券资金落实配套，利用PPP及招商引资等多种方式吸纳社会资本投入交通项目建设，共争取项目资金2.03亿元，占年度计划111%。

文明创建。广泛开展文明创建工作，涌现并培树一批先进典型人物，吴春梅获"荆门市劳动模范""最美沙洋人"等荣誉称号，沙洋县交通运输局机关获"省级文明单位""全省先进基层党组织""全市第六轮'三万'

2016年7月1日，汉江沙洋港开港营运

活动先进工作队""全市卫生先进单位"等荣誉称号。

（朱玲）

【钟祥市】 至2016年底，全市公路通车里程5612.18公里、路网密度125.05公里/百平方公里，按技术等级分，高速公路83.31公里、一级公路34.69公里、二级公路440.27公里、三级公路460.16公里、四级公路4387.76公里、等外公路205.99公里。按行政等级划分，国道215.71公里、省道283公里、县道22.84公里、乡道1695.46公里、村道3273.23公里、专用公路38.63公里。内河航道通航里程144公里（界河按二分之一算），港口7个，生产性码头泊位52个，渡口29个。客运站8个，其中二级客运站1个、三级客运站1个、四级客运站3个、五级客运站3个。

基础设施建设。全年完成交通固定资产投资23.2亿元，比上年增长16%。207国道胡集至双河段一级公路在编制初步设计，234国道钟祥绕城段在开展项目前期工作，嘉靖大道完成工程可行性报告，327省道张客线二级公路改扩建完成路基25公里、路面9公里，482省道胡集至转斗段二级公路改扩建完成路基12公里、路面3.8公里，266省道文石线二级公路改扩建完成石牌段路基2公里，钟祥黄仙洞（连家垭）至随州洪山寺钟祥段完成路基2公里。城南二级客运站基本完工，在进行中心客运站搬迁工作。投入水毁修复资金1.26亿元，抢通全市所有中断交通公路，公路损毁路段基路面、桥涵及防护工程恢复重建工作已完成70%。

公路运输。全年完成道路客运量3475万人、旅客周转量15.86亿人公里，货运量3540万吨、货物周转量53.47亿吨公里，均与上年持平。全市道路运输经营业户2200个，拥有营运车辆5743辆，其中班线客车527辆、出租汽车350辆、危险品运输车17辆、普通货车4849辆。营运班线高级、中高级客车477辆，占客车总数的90%。普通货车中，总质量12吨以上4023辆，大吨位、低能耗货车比重逐年上升。道路客运线路160条，其中跨省线路8条、跨市（州）线路32条、跨县（市）线路15条、县内客运班线105条（含农村客运线路38条）。机动车维修企业83家，其中一类企业5家、二类企业28家、三类维修企业50家，综合性能检测站2家。驾培学校9所，教练车446辆，年培训能力3.5万余人。全市道路运输行业从业人员1.23万人。

水路运输。钟祥港口自然岸线长56.9公里，码头总长8940米，仓库面积1.21万平方米，堆场面积31.14万平方米；最大靠泊能力1000吨，码头前沿水深2.4米；有大型装卸机械9台（套）；年综合通过能力297万吨（其中港区年综合通过能力20万吨、44万吨、90万吨、107万吨的各1个，12万吨的3个）。全市证件齐全的船舶53艘，总吨27940吨，净吨9656吨，功率8836千瓦，载重吨37204吨。新增运力17艘，总吨7666吨，功率2934吨千瓦，载重吨11080吨。完成港口起运量14万吨，周转量10134.28万吨公里，吞吐量130.5万吨。

行业管理。持续开展"打非治违"行动，查处黑的9辆、黑驾培车7台。顺利启用全省运管四级协同管理系

钟祥市石牌镇彭墩通村公路

分当线一级公路钟祥绕城段在建中

统。加强全市道路运输企业及GPS平台服务商15个监控平台的监督管理,严厉查处营运车辆随意掉线、故意关停及监控平台无人值守现象,结合营运车辆年度审验工作,严查营运车辆180天不在线违规经营现象,查处违规车辆65台次。清除占道堆积物128处960平方米。拆除各类广告、店名牌等非路用标牌113块,清除广告布标13幅,制止加水、洗车点9处。检测超限运输车辆66.7万余台次,查处超限运输车辆2.7万余台次,处罚超限运输车辆350台次,卸货及转运5.2万余吨。查处路损案件20起,立案20起,结案20起。开展砂石船、运输船专项整治,拆除采砂(卵石)船舶动力设备17艘,要求船舶现场整改69艘。开展汉江非法码头专项整治,按照"取缔一批、规范一批、提升一批"的治理方针,沿江各乡镇取缔码头31处,清除采(砂)石船舶164艘。

科技与信息化。紧紧围绕"平安水域"建设,提高水上交通安全监管工作的水平和能力,推进海事现代化执法装备建设,实现重点水域、重点区域电子监控全覆盖。水上搜救基地(指挥中心)搜救趸船、钢质海巡艇建设完工,停靠岸基已完成修建,重点水域、重点航段、港区、渡口等区域安装AIS、GPS(北斗)、CCTV电子监控安装已纳入汉江电子巡航系统建设,近期将全部进行安装。

安全应急管理。以"2016年道路运输平安年""农村客运安全专项整治""汽车客运站安全专项整治""危险品运输企业安全专项整治"等活动为载体,坚持定期隐患排查,挂牌督办,限期整改。特别是京山绿林镇"3·4"事故发生后,组织4个工作专班开展安全隐患大排查,发现隐患18个,下达限期整改书4份,集体约谈9所驾培机构负责人。深入道路运输企业排查安全隐患63起,现场整改29起,下达整改通知书34起,有效促进运输企业进一步提高安全生产能力。

交通改革举措。12月,经荆门市编办审批,成立钟祥市农村公路管理养护局,撤销钟祥市农村公路管理养护所、交通局执法督察大队、洋梓交管站、胡集交管站、冷水交管站、旧口交管站、郢中交管站。

(张峻玮)

【东宝区】 至2016年底,东宝区公路通车里程1857.72公里、路网密度121.58公里/百平方公里,其中高速公路40.56公里、一级公路33.36公里、二级公路273.90公里、三级公路126.35公里、四级公路1375.81公里、等外公路7.74公里。按行政等级划分,国道115.66公里、省道78.73公里、县道91.64公里、乡道788.05公里、村道743.08公里。内河航道通航里程13公里,渡口5个。客运站6个,其中四级客运站1个、五级客运站5个。

综合交通。全区客货运输车辆3638辆,其中营运车辆3326台次、营运客车辆133台次、危险品运输车辆179台次。加大监管力度,督促客运站严格执行"三不进站、六不出站"规定,坚决制止违章超员、门检及安检不合格车辆出站,从源头上清除安全隐患,节假日期间未发生一起旅客滞留现象。春运期间,投入客运运力131辆,发班17374班次,加班70车次,运送旅客127470人次。积极协调市客管处、公交集团,变更88路、12路、3路公交线路,同时,新建东宝政务中心公交候车棚10个,升级改造荆襄大道公交候车棚14个,改善园区职工上下班和群众出行问题。防汛期间,安排防汛应急运力20辆作为直调运力,完善应急保障落实预案,落实24小时值班制度,确保防汛运力应急保障落实到位。辖区内运输企业质量信誉考核,达到AAA企业1家,其余均达到AA。

物流发展。大力推进传化荆门公路港、荆门市杨家桥物流中心、众诚物流等重点物流项目建设。传化荆门公路港在湖北地区首建"公路港"模式,建成后可入驻中小物流企业300余家,整合社会车辆10万余辆,在武汉、襄阳、宜昌、荆州四个城市之间形成新的物流洼地。传化荆门公路港项目完成一期建设用地强夯,汽配仓库、物流配载中心、汽修汽贸中心开工建设。众诚物流探索推广东宝区"一家主体企业一体化运作"农村物流发展新模式,实现工业品下乡、农产品进城的双向流通,促进农村经济发展。

安全应急管理。加强客运站源头管理,及时调整修订各项工作应急预案,督促企业开展自查,落实抢险救灾应急人员、应急运力和值班制度。开展隐患排查治理工作,查出隐患72起,整改72起。对辖区内5处渡口和4艘渡船进行8次安全检查,对船员开展水上运输安全教育,对每艘渡船安全技术状况、安全设备配置进行全面清理,确保水上运输安全平稳。完成农村公路临水临崖、急弯陡坡路段整治工作,投入整治资金87.64万元,安装安全防护设施,安装防护栏1700米、标志牌236块、减速板41米,提高全系统安全管理服务水平。完成全区28座农村公路桥梁检测鉴定,投入资金113.16万元改造农村公路危桥5座76延米。

行业管理。推行24小时全天候治超机制,全年处理超限运输车辆7121台次,处罚超限运输车辆1381台,卸转货物1万余吨,查处非法营运货车180余辆、"黑的"3辆、客车站外揽客85余辆、出租车违章30余辆,责令现场拆除改型车辆墙板15辆。严格执行驾校开业条件和审批程序,辖区内1所驾校达到A级标准。

(周婷)

【掇刀区】 至2016年底,全区公路通车里程1224公里、路网密度190.36公里/百平方公里,其中高速公路39.60公里、一级公路60.26公里、二级公路49.61公里、三级公路88.53公里、四级公路986公里。按行政等级划分,国道67.05公里、省道4.1公里、县道25.47公里、乡道284.48公里、村道803.3公里。

基础设施建设。全年完成交通固定资产投资2590万元。建设通村公路59.3公里,惠及2个镇、1个街道、23个行政村,完成投资1779万元。完成雷集至李集三级公路县乡道改建

7.5公里，投资400万元。路网改善1公里，投资30万元。完成横店三干渠二桥危桥改建1座，投资80万元。完成牯牛寺至张场公路路基塌方1800立方米、雷集至李集公路3.2公里、雷麻路5公里水毁重建工作，完成苏场村、草坪村、张场村等通村组公路水毁修复工作，完成投资301万元。

综合运输。全区拥有营运车辆4921辆，其中营运货车3352辆，从业人员5384人，营运客车52辆，候车亭46个，招呼站77个。新增车辆286辆，转入173辆，转出177辆，注销114辆，安装GPS车辆1380辆。机动车维修企业78家，其中一类维修企业14家、二类维修企业47家、三类维修企业17家。普通货运公司120家。危险品运输企业19家，危险品运输车辆1517台，危险品从业人员2320人。驾驶员培训机构7家，教练车277台，教练员289人。运政执法人员出动664人次，检查车辆2836辆次，查获违章案件796起，处罚720起，查处非法营运车辆3台，黑教练车2台，异地培训5台，受理投诉9起。

公路管养。全年完成牯张路草坪段、雷麻路、杨竹公路等农村公路路段坑槽处理9500平方米，铺油5560平方米，沥青下封4320平方米，沥青灌缝33250米，完成通村公路主干道路肩除草176公里，完成投资145万元。国省道管养方面，处治坑槽沉陷4467.8平方米，路面灌缝10400米，修整路肩156891平方米，浆砌水沟3876.1米，人工及机械清扫路面977.3公里，清除路面堆积物27657平方米，清扫桥梁1611座，清理水沟29835米，疏浚管涵85处，更换改造盖板涵406米，埋设涵管541米，除草120公里，行道树刷白44公里，行道树整枝34公里，植树658株，路面划线53.5公里。冰雪天气撒融雪剂5吨，刷新44公里里程碑、百米桩、警示桩。汛期处置水毁路基塌方5处1530立方米、公路行道树倒伏52株。

路政管理。开展辖区207国道、219省道、311省道路段路产路权普查和确权登记工作，完善路产路权资料数据库。集中整治沿线加水洗车点、摆摊设点、乱堆乱放、乱设广告牌、占道施工、堵塞水沟等行为，下达整改通知书16份，拆除违章建筑1处，清理铲除公路用地范围堆积物50处718平方米，清理路边摆摊设点125处，关闭路边加水点2处，清理拆除非公路标志牌39块、大型T型牌7块。办理路损案件28起，办结行政许可3起。全年查处超限运输车辆12720台次，处罚344台次，卸货9980余吨，散货运输车辆油布覆盖率达90%以上。

科技与信息化。加强节能减排，应用废旧沥青铣刨料热再生工艺，全年回收利用铣刨旧料2000余吨，利用率达80%以上。在207国道复线和311省道中修养护工程中，采用路面铣刨工艺及水稳填充大粒径碎石基层材料，有效克服路面半刚性基层反射裂缝，防止基层网裂、下沉等病害。新购洒水冲洗车2辆，租赁1辆，对道路进行洒水降尘及冲洗作业。

安全应急管理。组织执法人员664人次，出动执法车辆216台次，检查农村客运车辆246台次。春运期间投入农村客运车辆46台，运输旅客24000人次，组织执法人员120人次，出动执法车40台次，检查登记农村客运车辆1600台次。出动执法人员108人次，组织危险品运输专项检查38次，检查企业183次，排查安全隐患30处，均完成整改。大雪恶劣天气撒融雪剂5吨。汛期处置水毁路基塌方5处1530立方米、公路行道树倒伏52株。

（罗汉钟）

【漳河新区】 至2016年底，新区公路通车里程691.57公里、路网密度142.76公里/百平方公里，其中一级公路7.26公里、二级公路27.89公里、三级公路106.81公里、四级公路549.61公里。按行政等级划分，国道27.09公里、县道43.01公里、乡道214.64公里、村道406.83公里。内河航道通航里程175.5公里，港区有漳河旅游码头1座，渡口4个。

基础设施建设。全年完成交通固定资产投资3800万元，比上年增长132.3%。普通公路建设完成投资3800万元，新建农村二级公路0.8公里、改造三级公路10.8公里、新建通村公路72.5公里、新建农村公路桥梁2座、完成农村公路危桥改造2座。投资420万元，完成乡道油改混凝土大中修改造10.8公里，完成乡村公路540公里小修保养和日常管护。

综合运输。水路运输方面，2016年漳河新区水路运输安全运送旅客达12万人次，同比增长20%。农村客运方面，共投资210多万元完善农村客运配套基础设施建设，安装警示桩1248个、警示牌34个、波形梁4122米、修筑防撞墙9.3立方米、浆砌石挡阻墙330立方米、改造农村公路危桥1座。

安全应急管理。开展道路和水上安全检查115次，查出一般性安全隐患323处，整改完成323处，隐患整改率100%。暂扣违法船只1艘，行政处罚违法船员1名，辖区旅游船舶、农民生活自用船舶和渡船全部安装GPS监控系统，实行动态监控。组织开展农村客运驾驶员安全培训教育活动3次，参训人员75人次。完成道路水毁灾害重建投资1780万元，恢复受损路段45处，完成12座小型水库防汛通道路面混凝土硬化12公里。

（陈祺）

【屈家岭管理区】 至2016年底，管理区公路通车里程545.11公里、路网密度247.78公里/百平方公里，其中一级公路8.87公里、二级公路65.19公里、三级公路7.02公里、四级公路456.56公里、等外公路7.47公里。按行政等级划分，省道43.90公里、县道16.28公里、乡道189.32公里、村道295.61公里。二级汽车客运站1个。

基础设施建设。全年完成交通固定资产投资14650万元。新建和续建重点公路项目3个、桥梁项目1个。340省道王岭至季河段二级公路改建工程（新曙线）完成路基施工5公里、基层3公里。311省道屈家岭郭湾至高湖段公路工程（北外环）完成1公里路基及部分构造物。6月，屈家岭至王宝公路改建工程（屈王线）完工。8月5日，季河桥通车。

道路运输。全年完成道路客运量42.35万人、旅客周转量7628万人公里，货运量59.26万吨、货物周转量34986万吨公里。有运输业经营业主498家，营运车辆792辆，其中，货车731辆4965吨、客车45辆986座，农村客运车辆23辆304座，城市公交线路5条，公交车16辆。客运线路14条，其中跨省线路1条、班车1辆，跨市（州）线路9条、班车19辆，跨县（市）线路2条、班车2辆，区内客运班线2条（农村客运线路）、班车23辆。一类汽车维修企业1家、二类维修企业4家、三类维修企业62家，二级维护检测中心1家。驾驶员培训学校1所，教练车25辆。

物流发展。管理区有物流运输企业1户、物流配送企业11户，车辆120余辆，从业人员200余人，车型以大货、中型及小型箱式货运车辆为主，配送业务主要以建材、粮食、棉花、畜禽、服装、食品、药品等为主，企业规模不大，大部分以托运产品为主，没有形成一定规模的共同配送。

行业管理。全区公路养护里程536.127公里，其中列养里程34.91公里、非列养里程501.21公里，公路桥梁27座，其中列养桥梁6座、非列养桥梁21座。有路政执法车1辆，持证路政人员2名，巡查里程7830公里。与全区4个办事处签订公路过境路段整治协议，播报路政宣传信息6次、印发路政宣传单500余份。全年清除路障420处，取缔非法洗车加水点6处，清理横幅广告130余条，制止打场晒粮及违法占利用公路现象130处，开展专项行动治理路面打场晒粮及违法堆物290处。

交通安全。开展安全生产月、防汛救灾、农村交通安全整治等活动，实现全年零伤亡目标，确保全区道路运输安全生产形势稳定。年初与各道路运输企业层层签订安全管理责任书，各相关责任人足额交纳安全风险抵押金，做到责任主体清楚、职责明确、工作有序、奖惩有据。加强节假日和重点时段安全检查力度，开展安全隐患排查专项行动12次，排查一般隐患58项次，整改率100%。6月30日至7月18日，全区连续两次遭受洪水袭击。面对灾情，迅速启动防汛救灾应急预案，紧急调动货车2辆、公交车5辆，转移受灾群众300余人，并紧急停开易家岭到罗汉寺农村客运班车，待险情排除后重新恢复班线。同时，派出6名工作人员参加分局组织的防汛救灾突击队，对堤坝溃口进行填堵，成功排除险情。

（李红波）

鄂州市交通运输

【概况】 至2016年底，全市公路通车里程3588.73公里、公路密度238.61公里/百平方公里（均不含高速公路），高速公路122.24公里、一级公路143.89公里、二级公路206.85公里、三级公路259.99公里、四级公路2543.68公里、等外公路434.32公里。内河航道通航里程102.01公里（界河按二分之一算），港口1个，生产性码头泊位80个，渡口39个。客运站8个，其中二级客运站1个、五级客运站7个，货运站1个。

基础设施建设。全年完成交通固定资产投资18.39亿元，为年度计划的163%。其中高速公路完成投资7.29亿元，普通公路完成投资4.34亿元，建成路基164.92公里、路面170.83公里。港航码头完成投资3.17亿元，为年计划的126.8%，完成前期工作项目2个，启动前期工作项目1个，水工完工项目2个。站场物流完成投资3.59亿元，主城区综合客运枢纽站主站楼主体工程12月底封顶，湖北赤湾东方物流园开园；大通公司甩挂运输试点项目投入运行，华中国际智慧物流城、湖北长江现代物流产业集聚展示区、鄂东物流中心等项目，前期工作基本完成，启动征地拆迁工作。

2016年3月29日，鄂州至咸宁高速公路开工建设

综合运输。全年完成道路客运量2300万人次、旅客周转量10.45亿人公里，完成道路货运量1649万吨、货物周转量29.11亿吨公里，分别比上年增长5.7%和4.2%；完成水路客运量51.6万人次、旅客周转量685万人

公里,完成港口吞吐量2630万吨,比上年增长3.6%。全市船舶运力结构进一步优化,船舶总运力13.55万吨,货船平均载重吨1935吨,运力超万吨规模企业7家。全市有客运企业16家,营运客车686辆,客运线路117条。普通货运经营业户1812家,危险货物运输经营业户11家,货运代理业户17家。公交运营企业5家,公交线路32条,营运车辆382台,营运站点883个,公交营运线路里程553.8公里。出租车企业5家,出租汽车520辆。2016年完成20台道路班线车公交化改造。

行业管理。强化行业监管力度,确保交通运输行业整体稳定有序。公路部门开展专项治超、百日治超、集中整治等活动,草拟《鄂州市治理货车非法改装和超限超载工作方案(送审稿)》,待市政府常务会议审议实施。全年检测货运车辆11758台次,依法处置超限运输车辆2869台次,卸载或转载货物45700吨。运管部门出动执法车辆1100台次,稽查人员10540人次,查处违法违规营运车辆1571起;客管部门先后开展四轮交通秩序综合整治行动,出动执法人员1200余人次,查处违规车辆913台次,不断提升全市公共交通服务质量。按照全省统一部署,开展长江沿线非法码头专项整治行动,全市41个非法码头全部取缔,拖离趸船47艘集中停放、拆除皮带机405台套、拆除附属建筑物7450平方米、拆除电力设施34台、清运砂石230万吨。质监部门组织"品质工程"创建活动,强化质量安全监管,全年组织巡检抽查10余次,查纠各类质量安全管理问题53个,全部督促整改到位,完成农村公路路基验收100公里,工程合格率98%以上。

防汛抢险保畅。防汛期间,全市交通系统出动防汛救灾人员6400余人次,防汛应急车辆635台次,机械设备410台套,调集船舶109艘次。组织100人抢险突击队,先后到四海湖、三山湖、梁子湖磨刀矶、车湾港等处筑堤抢险、值守,全力支援当地防汛工作。组建"绿丝带"爱心车辆200余辆,为防汛人员运送、物资运输提供服务,组织维修企业为抢险部队车辆服务,彰显交通运输行业社会责任感。

科技与信息化。投入资金109万元,在省道汽李线东沟段安装不停车检测系统,将数据分别传送至路政支队及公安局,将此作为路政卸货、交警扣分处罚的依据,做到治超治限检测无缝隙对接处置,有效提升工作效率。推动全市公交行业开展智能公交系统建设,市交通客管部门与中国联通鄂州市分公司联合发布公交手机卡,市民只需到中国联通指定营业网点进行手机卡智能升级,或申请办理联通智能手机卡后,便可持手机刷卡乘坐公交。

安全应急管理。采取日常检查和专项督查相结合的方式,开展"道路运输平安年""平安交通"创建、安全生产月、防汛抗灾等活动,加强交通安全隐患排查治理,重点抓好春运、"四客一危"、渡口渡船和公路建设施工现场安全专项检查和督查。全市城市公交客运未发生一起死亡2人以上交通事故,辖区内水上安全连续保持36年无重大责任事故发生,全市道路和水路工程施工无重伤以上事故,交通运输行业安全态势持续稳定。

交通筹融资。积极争取银行贷款和政府补偿资金,以"鄂州综合客运枢纽站"为基础办理的"鄂州市城市枢纽停车场项目"纳入国家发展改革委2016年第二批专项建设基金,省国开行安排4000万元贷款。成功在工行鄂州分行办理鄂州综合客运枢纽站项目贷款授信1.6亿元,首期借款6000万元到位。首次采用PPP模式融资1.8亿元建设黄石(铁山)至鄂州(东沟)一级公路项目。葛华客运站申报保障性住房配套基础设施建设项目,到位无偿资金1500万元。交投公司资产规模及融资能力进一步提升,为交通工程建设资金拓宽渠道,全年完成项目融资2.8亿元。

交通改革举措。积极开展出租汽车行业改革工作,对鄂州市出租车市场进行深入调查研究和分析,草拟《鄂州市深化出租汽车行业改革实施方案》和《鄂州市〈网络预约出租汽车经营服务管理暂行办法〉实施细则》,经市政府常务会审定,待修改完善后由市政府组织实施。加快交通投资项目审批制度改革,进一步简政放权、放管结合、优化服务,与湖北省投资项目联合平台对接,除涉密项目和联审平台无法操作的项目外,所有审批事项均在联审平台上办理,完成由实体办事大厅向网上办事大厅过渡,切实提高投资项目审批效率。推进交通行政审批改革,在全省通用权力清单基础上,结合实际,对内容相近、设置过细的事项进行合并,梳理行政职权事项183项。在交通系统内首次探索推行"廉政阳光法治建设"联合督察,

2016年9月20日,鄂州市地方海事局组织梁子湖水上运输企业开展应急演练

完成全省"两法对接"信息平台案卷录入工作，接受检察部门对交通执法工作的检查和监督。

文明创建和廉政建设。用行业典型引导人，培树"全国交通技术能手"1名，省级十行百佳标兵3名，省级职工之家1个。大力开展志愿者活动，组织党员干部职工"送温暖、献爱心"社会捐助、一张纸献爱心、灾后重建捐款等帮扶活动，累计捐款40多万元。

（胡浩　张昭）

【鄂城区】　至2016年底，全区公路通车里程1552.1公里、路网密度261.78公里/百平方公里，其中高速公路52公里、一级公路66.69公里、二级公路103.94公里、三级公路119.98公里、四级公路1047.51公里、等外公路161.98公里。

基础建设。全年完成交通规定资产投资2000万元。开展扶贫济困工作，为驻点村解决村级路主干线1.5公里的农村公路建设指标。

防汛抢险保畅。7月，因连续暴雨，全区破损路面达5.7万平方米，水毁道路近10公里，桥梁垮塌2座，塌方8处、泥石流1处。汀祖镇岳石洪村猴子山因大雨导致山体滑坡，近10000立方米的泥泞冲到陈泉线，影响正常通行，及时对道路进行全封闭，设置警示牌。汀祖镇陈泉线刘畈段道路大面积塌方，下方全被掏空，无法正常通行，根据地质专家意见，协调各方投资40万元进行妥善处置。汀祖镇石桥水库往采石场方向道路下方冲垮严重，形成大面积塌方，7月3—4日向道路内侧施工开辟一条道路，暂时通行并积极改造原路基路面，尽快恢复路况，保障正常通行。在主汛期，及时关闭17处内河渡口，并进行密集监控，确保水上交通安全。

安全应急管理。每个节假日前，联合市海事部门对辖区内渡口进行安全检查，保证节假日期间安全设施落实到位。对生命安全防护工程进行拉网式排查，通过排查，对农村公路存在的安全隐患进行整改，完善安全标识、减速板、反光镜等安全设施，安装护栏4307米，减速板450米，标志标识牌145个，破板修复13190平方米。大力整治非法码头沙站，5月份取缔长江沿线非法码头砂站24处。

（徐祖民）

【华容区】　至2016年底，华容区公路通车里程1193.38公里，其中高速公路64.19公里、一级公路30.66公里、二级公路57.46公里、三级公路68.78公里、四级公路202.60公里、等外公路769.69公里；按行政等级分，高速公路64.19公里、国道27.2公里、省道60.84公里、县道57.38公里、乡道214.08公里、农村公路769.69公里。

基础建设。完成通村公路建设计划50.31公里，其中华容镇16.91公里、蒲团乡15.06公里、临江乡4.54公里、段店镇6.83公里、庙岭镇6.97公里。争取通村公路奖补资金579.45万元。投入430余万元修复破损路面31000平方米。其中，投入200余万元修复316国道破损面积8000平方米，投入58万元修复龙华路破损面积1700平方米，投入5万余元修复罗湖路、廖铭路等水毁公路1300平方米，投入160余万元修复村级破损道路20000平方米。胡蒲路大庙段1.8公里改扩建项目，计划投资250万元。

行业管理。会同华容区交警大队、市治超检查站、华容镇城建办、华容镇派出所、段店镇城管中队、段店镇派出所、临江乡派出所等相关部门，在316国道袁家径路口与华泥路路口成立2个各10人的联合执法专班，开展联合治超创卫行动，实行24小时倒班制度，重点查处过往货车超载、超限、抛洒违法行为。整治非法码头，全区长江沿线涉砂石码头14家，取缔长江非法码头6家，其中强制拖离涉砂趸船5艘、拆除皮带运输机5台套、拆除变压器6台、拆除临时建筑物6栋。3月，原浩瀚沙站60亩面积全部平整复绿、种植意杨2000棵；4月，军红、国利40亩面积全部平整复绿种植意杨1400棵，其余岸线恢复工作在进行中。

安全生产监管。制订《关于开展交通安全大排查大整治工作方案》，组成2个工作组，会同区安监局、区交警大队、市道路运输管理处、华容运管所对辖区内客运车辆、长江渡船、农村客运线路安全隐患进行大排查，检查农村客运线路20条、渡口2处、客运公司2家，发现问题106处，对存在的安全隐患边查边改。

（朱延平）

【梁子湖区】　至2016年底，梁子湖区公路通车里程1032.41公里（不含高速公路），其中一级公路5.02公里、二级公路63.40公里、三级公路49.34

2016年8月26日，湖北赤湾东方物流园开园

公里、四级公路819.99公里、等外公路94.66公里。全区86个行政村全部通水泥路或沥青路。

基础设施建设。鄂州至咸宁高速公路全长63公里，其中梁子湖境内33公里，总投资58.4亿元，建设工期3年半，征地协议全部签订。六十至铁山一级公路建设进展顺利，总投资1.8亿元；完成314省道紫坛至谢埠段5.79公里路面改造，总投资3200万元；完成省道铁贺线沼山至保安段4.01公里改造，总投资1300万元；完成省道铁贺线紫坛至沼山段6公里维修，投资360万元；全区36公里农村公路通过市级验收。

安全管理。成立由区交通局、梁子湖地方海事处、梁子镇组成的工作专班，对区域内磨刀矶码头、长岭码头、梁子岛码头的隐患制定整改方案，对全区通航水域，包括水运企业、船舶、航道、渡口、码头及其他水上浮动设施进行排查整改，全面清理弦外机，梁子岛居民弦外机除农业生产自用外，全部停止载客和非法营运。对公路水运安全隐患进行专项治理，开展交通安全隐患排查和专项治理。全区未发生一起交通运输安全事故，交通安全生产形势保持平稳态势。

2016年7月6日，梁子湖区太友线抗洪抢险保畅通情

（陈新州）

孝感市交通运输

【概况】 至2016年底，全市公路通车里程16560.88公里、路网密度186公里/百平方公里，其中高速公路279公里、一级公路263.10公里、二级公路1314.76公里、三级公路1272.34公里、四级公路13431.68公里。内河航道通航里程546.8公里（界河按二分之一算），港口5个，生产性码头泊位91个，渡口163个。客运站72个，其中一级客运站2个、二级客运站9个、三级客运站2个、四级客运站5个、五级客运站54个，货运站8个。

基础设施建设。全年完成交通固定资产投资87.45亿元，占年度计划的113.19%，比上年增长55.3%。其中，高速公路完成38.05亿元，占年度计划的101.32%；普通公路完成45.06亿元，占年度计划的125.1%。全市完成国省道一级公路路基49.3公里、路面29公里，完成国省道二级公路路基49.94公里、路面73.77公里，完成国省道公路大修100公里。建成县乡道路基92.4公里、路面58.5公里，建成通村公路860公里，占年度任务的100%。改造加固农村公路危桥15座，灾后恢复桥梁170余座，实施农村公路安保工程550公里，消除安全隐患1130处。新沟船闸6至8闸室节段、紧邻水闸的空箱浇筑完成，其余土建工程抓紧推进中，累计完成投资1.51亿元，占年度计划的126%。站场物流建设完成2.83亿元，占年度计划的

2016年8月，348国道（荷沙复线）城区至福星段建成通车

2016年4月18日，城区公交站亭投入使用

113.9%。应城市汽车客运站改扩建工程竣工、中心客运站主站房主体结构完工，大悟客运中心站进行地基土方施工。农村客运站点建成港湾式候车亭10个。华中锦龙物流园、汉川京邦迅达物流园等建设顺利，部分投入运营。邮政业务总量完成8.9亿元，占年度计划的132.8%。

运输服务。全市公路客运量6941.5万人次，旅客周转量30.59亿人公里，分别比上年下降0.01%、0.4%；货运量3287万吨，货物周转量61.46亿吨公里，分别比上年增长5.92%、5.3%。全市有道路客运汽车2503辆（其中旅游客车52辆）、出租汽车2313辆，普通货运汽车11408辆，危险货运汽车288辆。全市有客运线路727条、核发客运线路牌2383块，其中省际线路38条90块、市际线路226条614块、县际线路106条337块、县内线路357条1342块。一二类维修企业105家，在营驾培学校57家，机动车综合性能检测站2家。

行业管理。与市公安局联合印发《整治公路货车违法超限超载行为专项行动方案》，路警联手，强化路面治超，开展"一超四罚"。全年检测货车37万余辆，查处超限货车12343辆，卸载超限货物8.26万吨，切割非法改装货车墙板230辆，吊销营运证1本。强道路客运市场监管，与公安、城管等部门联合行动，重点打击"黑车"、出租车不打表、异地经营、拒载、公交车不按站停靠等违规经营行为。全市查处各类违规经营行为5084起，其中"黑的"775台、黑教练车91台、出租车违规经营588台、违规经营客车2104台、旅游客车51台、违规货车1279台。严格"两客一危"企业质量信誉考核，对全市30家运输企业质量信誉等级进行评定，孝感安顺公司、孝昌裕通公司信誉等级下降。全面推广新能源车辆，全市新增纯电动公交车153辆。开展维修企业绿色维修创建达标，全市105家一、二类维修企业，达标93家。清理整顿驾培市场，取缔"黑训练场"7处、查扣教练车5台。启动非法码头专项治理，汉江沿线取缔非法码头14家。

安全生产管理。强化现场监管和监理检测市场管理，采取每月巡查、专项检查、综合督查等相结合，排查工程建设施工安全隐患105处，下发质量安全整改通知书20份，受监项目质量基本可控。投入800余万元，整改省级挂牌督办的107国道孝感市京广立交桥至天紫湖路口段重大安全隐患，安装中央分隔带护栏、马蹄桩、划设交通标线，完善交通标志标牌，9月份完成整改。强化"三关一监督"安全责任落实，严格道路运输车辆"三不进站、六不出站"，实施车辆动态监管。严格道路危货运输企业准入制度，强化危货运输市场管理，全市13家危货运输企业全部具备新的经营条件和资质。抓好渡口渡船安全网格化管理，集中整治汉江汉川段客渡船非法渡运，督促汉江汉川段28艘客渡船逐条焊接阻车桩，消除安全隐患。

改革创新。启动交通国有企业改制，8月份以来，就湖北中南路桥公司整体收购事宜与中建国际投资公司进行谈判、磋商，达成初步意向。完成孝感城区出租客运汽车第五轮经营权无偿使用工作。加快公交车公营改造步伐，城区收回公交1路、2路、3路、5路私营车辆66台，除4路公交外，其余全部公交公营。稳步推进简政放权，经市政府审定和公布，市级交通行政权力事项由259项减少到173项，累计取消86项，减幅达33%。修订完善交通建设领域联审事项及所涉中介服务事项的信息目录和规程规则，组织联审平台管理员培训及系统测试和试运行工作，初步实现省市县三级行政审批工作并联运行和信息共享。推广应用道路养护新技术、新工艺，共振碎石化、泡沫沥青冷再生、橡胶沥青同步碎石封层等养护"四新"技术在大中修工程中得到广泛应用，路面旧料回收率及循环利用率100%。

（来宾）

【孝南区】 至2016年底，全区公路通车里程2895.988公里，其中高速公路55.69公里、国道56.70公里、省道73.49公里、县道197.64公里、乡道345.26公里、村道2167.21公里。客运站11个，其中四级客运站6个、五级客运站5个。农村候车亭297个，农村招呼站149个。

路政管理规范涉路行政许可，开展公路"八无"和超限超载运输治理，超限运输率控制在4%以内。加快推进物流重点项目建设，协调解决项目征地拆迁等问题，编制《孝南区农村物流融合发展规划》，寻求区农村物流发展的新突破。

基础设施建设。全年完成交通固定资产投资5.7亿元，新改建国省道一、二级公路11.7公里，县乡道一级公路路基15.35公里、路面8.7公里，

2016年11月7日，孝南城区至杨店22路公交车正式开通

改造村级公路99公里，改造危桥2座。107国道孝感市肖港至张公堤段改建工程完成PPP招标资格预审和施工监理招标。续建316国道孝南段改建工程，累计完成卧龙乡长湖收费站至云梦与孝南段接头处新建路段1.2公里，以及毛陈镇双龙村段1.6公里、顺河村段0.8公里路基清表，完成滚子河桥钻孔灌注桩基础16根，累计完成货币工程量8352万元。续建北京南路市政工程，槐荫大道转盘至316国道复线段1.5公里的桥梁、道路、管网工程基本完工，累计完成货币工程量1.7亿元。续建硚孝高速公路孝感连接线工程，一期工程完成仙女湖路至毛陈启安段3.6公里土路基、管网、排水（含部分给水）施工，二期工程完成沥青路面铺筑1.1公里，完成2.35公里路面基层及绿化带、站石和2.92公里路面水稳基层铺设施工，累计完成货币工程量8462万元。9月孝南区毛陈陈八埠至天河机场北公路高新区段7.6公里完工。南方国际物流项目总投资30亿元，建设总面积62.75万平方米，已建成45万平方米，累计完成投资22.95亿元，2016年完成2.06亿元，占年度计划的25.75%。新都市物流项目总投资11.9亿元，建设总面积77.92万平方米，已建成68.24万平方米，累计完成投资7.64亿元，2016年完成投资2.05亿元，占年度计划的77.5%。

村村通客车。制定《孝南区农村客运发展规划》，拟定《孝南区农村客运管理暂行规定》，建立健全区、乡、村、组四级农村道路交通安全责任体系和"区管、乡包、村落实"的工作机制。建立农村客运发展基金，区政府出台《孝南区村村通客车客运补贴办法》，划拨专项资金用于发展农村客运，筹资74.2万元，兑现2015年"村村通客车"相关补贴。

运输服务。全年完成道路客运量81万人次、旅客周转量1204万人公里，货运量194万吨、货物周转量7216万吨公里。春运期间，孝南区投入运力6463台次、开行班次25380班，安全运送旅客46万人次。孝南区有营运车辆2963辆，其中客车147辆、在营货车保有量2861辆。客车承运人责任险投保率100%。客运班线车辆年审年检率100%，货运车辆年审年检率为87%。完成城乡道路客运燃油补贴系统申报和油补发放工作，发放燃油补贴182万元。11月7日，完成杨店32辆客运车辆公交化改造，开通孝感城区至杨店22路公交车。加强维修企业质量信誉考核和市场清理整顿，一类机动车维修企业考核AAA级3家，严格车辆维修资质审查，清理维修业户46家，其中4S店17家。有客货运输从业人员7588人，参加继续教育2704名，诚信考核扣分735人。有驾培学校14所，教练车辆380辆、注册教练员320人。推进机动车驾驶员培训行业突出问题专项治理，责令限期整改驾校9家，查扣"黑教练车"2辆、违规经营教练车36辆次，取缔私设培训点10个。

公路养护及路政管理。孝南区管养省道51.21公里，农村公路2007.17公里，其中县道168.98公里、乡道340.97公里、村道1497.22公里，桥梁186座。洪涝灾害中，全区公路中断22次，养护人员全力投入抗洪保畅，确保公路的安全畅通。全区列养公路养护MQI值（公路状况指数）省道稳定在85以上（评定优），县乡道稳定

2016年9月21日，孝南区路政大队、孝感市交警支队联合开展整治货车超限超载专项行动

在78以上（评定良好）。坚持路政巡查制度，整治公路两侧乱堆乱放、非交通标志牌、乱搭乱建等行为，清理公路两侧堆积物320处1620平方米，拆除非交通标志牌32块，拆除违法乱搭乱建18处，处理涉路行政案件4件，处理和结案率均为100%。检查超限车辆456台次，处理超限车辆30台次，卸载砂、石料684吨，路产路权得到有效保护。发放路政法律法规手册、宣传单等资料900余份，悬挂宣传横幅46条，送"法"上门47次。

安全生产管理。层层签订安全目标管理责任书，开展隐患排查专项行动，重点对旅客运输、危险化学品运输、施工现场隐患排查与治理。打击无证照经营、串线经营、"黑车"跑班线、农用车非法载客等违法违规行为，组织全区7家汽车客运站、5家客运企业进行隐患大排查，排查隐患24次，查出隐患12起，整改12起，整改率100%。开展集中整治活动12次，开展交叉稽查活动2次，查处违规经营车辆960辆，打击"黑车"100辆次，调处乡镇客运纠纷5起。强化区、乡、村、船员四级责任，督促乡镇政府履行乡镇船舶管理主体职责。开展水上安全检查12次，隐患整改8处，对景区游船船员、渡口渡工警告教育12次。深化"平安公路、平安工地"创建活动，提升应急处突能力水平，全面排查公路、桥涵、路基、排水设施、防护工程等重点部位和急弯陡坡、视距不良路段、事故多发路段以及在建工地安全标志设置、现场用电、机械车辆维修、料厂拌和机械使用、消防器材配备等，投入安保资金200余万元，对排查出的102座危桥强化相关安全防护措施，对存在安全标志设置不明显等问题立查立改，有效消除事故隐患，保障工程顺利施工和交通安全畅通。全系统查出消防安全隐患7处，整改7处，整改率100%，全系统无安全责任事故发生。

抗洪救灾。防汛抢险期间，全系统900人次投入到抢险救灾一线，出动挖掘机、装载机、推土机600台班，运输车辆5525班次，装运砂石料12万立方米，调动防汛抢险客车292台次，运送抢险救灾官兵、防汛人员5000余人次，转移受灾群众1.4万人。孝南区交通运输系统获孝感市2016年度抗洪救灾集体二等功，被区委、区政府评为"最佳服务单位"。

（万磊）

【汉川市】至2016年底，全市公路通车里程3997.98公里、路网密度240.99公里/百平方公里，其中高速公路31.65公里、一级公路64.90公里、二级公路229.77公里、三级公路345.66公里、四级公路3326公里。内河航道通航里程164.5公里（界河按二分之一算），其中汉江93.5公里，港口11个，生产性码头泊位20个，渡口96个。客运站12个，其中二级客运站1个、三级客运站1个、四级客运站4个、五级客运站6个。

基础设施建设。全年完成交通固定资产投资5.5亿元。荷沙一级公路升等为348国道，省道由4条136公里增加至12条274公里。8月，348国道（荷沙复线）城区至福星段建成通车。1月6日，蔡甸至汉川一级公路汉川段汉江特大桥采取施工总承包方式复工建设，全年完成货币工程量2900万元，大桥主体工程形象进度39%。武汉城市圈环线高速汉川段沿线桥涵桩基基本完成，完成货币工程量10.5亿元。11月，蔡甸索河至汉川高山公路枣树段1.3公里连接线按一级公路标准建成。10月，老荷沙线开发区达利公司至洪南渠段5.22公里改造完工。12月，马北线英山至汉川火车站段加宽改造完成。川刘线综合配套工程德普施门前400米路段改造完工，武荆高速汉川收费站出口380米路段路面加宽改造完成。改造通村公路227.79公里，开工改造农村公路危桥30座。新沟二线船闸工程，完成6—8号闸室及1、2号空箱混凝土浇筑和基坑土方开挖，完成年度投资1.45亿元。汉川港城关港区综合码头完成选址及相关专题报告。城南客运站完成征地和初步设计评审。农村综合物流网络服务体系建设纳入湖北省农村物流试点示范项目。建立市级配送中心1个、乡镇服务站12个、村级网点223个，完成建设进度60%。

灾后重建。受"98+"洪涝灾害侵袭，全市国省干线受损5条、县乡道受损18条、通村公路受损362条、干线公路桥梁受损11座、农村公路桥梁受损113座，2条省道、2条县道一度中断，乡镇渡口、客运设施多处损坏，水毁损失2.9亿元。交通各单位全力抓好水毁恢复和灾后重建，处置水毁隐患126处，清除行道树、电杆倒伏等障碍物291处，抢修水毁85处，完成荷沙一级公路12公里坑槽挖补和荷沙线、分当线、蔡城线、马北线等干线公路路基整修、坑槽挖补、安防设施恢复，修复通村公路7条、危桥2座。

运输服务。购置60辆纯电动公交车，更换2路、6路、7路、8路公交

2016年9月20日，蔡甸至汉川一级公路汉江特大桥在建中

2016年5月18日，汉北河二线船闸在建中

线路车辆。完成客运中心站充电站建设，城南客运站充电站开工建设。公交IC卡实现与武汉、孝感、仙桃、大冶、应城、安陆等城市互联互通、一卡通行。实施"互联网+物流"战略，7月"淘实惠"县域电商项目正式运行，建立乡镇电商服务站40个，覆盖全市70%的乡镇。防汛抢险期间，紧急调动抢险客货车辆215台次，运送抢险人员700人次，转移受灾群众8500人次，运输抢险物资85车次，保障防汛物资运输和灾区群众生命财产安全。

行业管理。加强运输市场管理，开展非法营运、违规营运联合整治，查处违规车辆317台次。组织汉江客渡船违法渡运机动车辆专项整治，对违法渡运机动车的28艘客渡船，强制在船艏设置阻车桩和阻渡桩。开展驾培学校经营资质、经营行为、教学质量、服务质量等检查，开展"汉川市十佳教练员"评选活动。开展依法打击河道非法采砂、取缔违规码头专项整治行动，联合水利、公安等部门，取缔汉江沿线非法码头14家。全面落实治超新政，多部门联合执法，查处超限超载运输车辆419台次，卸载货物3822吨。依法受理、申报交通行政许可1件，查处路政案件4起，清除路障326处2280多平方米。完成行道树新(补)植4.1万株，干线绿化率96%以上。

文明创建。汉川市交通运输局被评为汉川市2016年度目标考核先进单位、项目建设先进单位、安全生产优胜单位、孝感市交通运输系统安全生产先进单位，获汉川市争取项目奖。汉川市道路运输管理所获2016年孝感市抗洪抢险集体二等功。汉川市港航管理所沉湖站被评为2016年度全省港航管理局六型文明示范窗口。汉川市公路局万维养护公司邵红斌被评为2016年度湖北省交通运输系统先进个人、2016年孝感市优秀共产党员。汉川市港航管理所万维光被评为2016年度全省港航管理局先进个人。

（来宾）

【应城市】 至2016年底，全市公路通车里程1895.9公里、路网密度1.72公里/百平方公里，其中高速公路31公里、一级公路18公里、二级公路144.5公里、三级公路123.6公里、四级公路1578.8公里。内河航道通航里程42.5公里，港口3个，生产性码头泊位8个，渡口18个。客运站6个，其中二级客运站3个、五级客运站3个，候车亭135个、招呼站301个。应城市交通运输局连续两届被评为省级文明单位。

基础设施建设。全年完成交通建设投资4762万元。完成中心客运站一期主体工程、老白线郎君段公路改建工程主线建设、杨岭镇"美丽乡村"4条旅游公路路基建设。完成347国道应城市绕城段工程前期工作，护子潭大桥改建工程纳入国省道危桥改造计划，灾后重建14座危桥改造工程进入招投标程序。完成汉宜线新都化工至马堰畈二桥段1.6公里、二中至应城二桥段0.9公里以及小应线民营经济园段1.5公里小修保养任务。

运输服务。实施公汽改革，改变过去承包经营模式，对到期报废的28辆车实行"公车公营"。由市政府采购20辆新能源纯电动公交车投入营运。巩固"村村通客车"成果，建立农村客运监督考核和激励机制，将报废更新和重新许可的客运班线纳入公司化管理，全年完成15条短途班线公司改造，确保农村客运开得通、留得住、有效益、管长远。圆满完成春运及"五一""十一"等重大节假日的运输任务。

行业管理。全面开展超限超载、非法改装、打非治违、路域环境等专项整治行动，查处超限车辆2.3万辆，卸转载货物7万吨，超限运输率控制在4%以内；查处改装车辆45起，超载货车80起。查纠市区出租车违章60余起，打击非法营运车辆20余台。制止各类违章建筑56处，拆除非交通标志标牌98块，清理占道堆积物247处。

安全应急管理。推进"平安大道""平安水域"建设，投入160余万元，完成孝感市政府挂牌督办的347国道K52+000～K70+000路段重大安全隐患整治；投入107万元，对全市10个乡镇通校车的22条农村公路进行安保设施建设，建成错车道1处，安装波形护栏10处750米，减速板6处45.5米，示警桩18处852根，警示标志牌17处32个。落实全市18处渡口、23艘渡船安全监管责任，全年检查渡口396处次、客渡船506艘次。加强安全隐患排查治理"两化"体系建设，全市13家运输企业和3家行业管理部门纳入系统管理，一般安全隐患整改448项，确保事故隐患消除在萌芽之中。

（来宾）

【云梦县】 至2016年底，全县公路通车里程1859.35公里、路网密度307公里/百平方公里，其中高速公路14.7公里、一级公路33.13公里、二级公路53.27公里、三级公路159.55

公里、四级公路 1356.7 公里、等外公路 242 公里。内河航道里程 78.5 公里，港口 1 个，生产性码头泊位 2 个，渡口 15 个。客运站 10 个，其中二级客运站 1 个、四级客运站 1 个、五级客运站 8 个，货运站 1 个。

基础设施建设。316 国道外迁工程总投资 9.18 亿元，续建新 316 国道一级公路 33.13 公里，5 月全线通车。完成云长线 5.1 公里、胡辛线 4.4 公里、云义线 3 公里路面改造。投资 2500 万元，完成隔蒲潭大桥危桥改造，大桥全长 576.74 米，新建桥宽 8 米，荷载等级为公路–Ⅰ级；完成伍洛镇袁杨桥、下辛店镇爱国桥等 4 座公路危桥改造。建设完成通村公路 94.1 公里。完成北外环益嘉森工产业园 0.9 公里路基、路面、人行道工程及东风油品段 0.6 公里路基、路面基层及小型构造物工程。完成子文路绿化改造一期、二期全部绿化任务。

公路养护。完成路面挖补 5095.95 平方米，完成国省道灌缝 11000 延米，处治 316 国道路面裂缝 913 平方米，处治县乡道路面裂缝 14.5 公里，修整路肩 15 公里及路肩、边沟排水 78 公里，路肩割草 384 公里，清扫路面 1764 公里，水泥混凝土硬化路肩 108.1 平方米。安装国省干线梯形轮廓标 400 个，修复波形护栏 13 处 40 米，处治北七里河桥桥面铺装破损 4 处，修建桥梁检查便道 3 条，修复、更换桥梁栏杆 30 米，完善热熔标线 1500 平方米。完成 316 国道、云长线、南外环 3 条线路深层水泥压浆 866 吨，完成 316 国道乳化沥青封层 960 平方米。

行业管理。全年路政巡查 680 人次，查处、清除侵犯公路产权行为 277 起，查处路损赔（补）偿案件 6 起，追缴路产损失 19230 元，收取特殊占用利用补偿费 127 万元。路政案件查处率、结案率、执法文书使用率、案卷合格率均为 100%。超限治理检测车辆 6102 台次，依法查处超限车辆 249 台，卸载货物 4700 吨，收取罚款 170 余万元，超限率控制在 4% 以内。开展"路政宣传月"活动，发放路政法律法规宣传资料 2000 余份，悬挂宣传横幅 12 条，制作固定宣传标语标牌 5 套，开展路政法规专场讲座 2 次，联合举办"送法进校园"活动 1 次。集中开展打击非法从事出租汽车营运专项行动，规范班线客运和出租客运经营行为，警告或查处异地经营出租车 38 台次、违规经营出租车 41 台次、擅自倒卖出租车经营权 21 起。联合公安、物价、城管等部门，查处违法违规营运行为 500 多起，其中打击"黑车" 182 辆次、麻木车 167 辆次。严格证照办理过程，坚持先上船再发证原则，严格执行船舶发证程序、船员配备规定，做到船舶适航、船员适任、船舶安全营运。组织对企业船舶、渡口、渡船、餐饮船舶安全检查 300 人次以上。完成全县 15 处渡口改造，并安装北斗定位系统。

安全管理。组织开展各类安全竞赛、送法进校园和打非治违等行动，进一步提高安全意识。每季度开展一次渡口和农用自备船舶检查管理，县内运营的 15 处渡口渡运安全受控。推进企业安全生产标准化建设，1 个客运企业、2 个危货运输企业通过标准化考评验收。在"春运、节假日、两考"等特殊时段，重新检测营运车辆、审核驾驶员资格严把准入关，确保安全营运。严格执行"三不进站、六不出站"规定，投入 15 万元，安装升级 GPS 动态平台，确保客运生产安全。水上连续保持 15 年无安全事故发生。

精准扶贫。加大交通扶贫力度，新建通村公路 100 公里，向重点乡镇贫困村倾斜。投资 23 万元，完成全县 13 个出列村村客运站牌建设，建设候车亭 13 个、招呼站 31 块，为群众出行提供便利条件。对结对帮扶的清明河乡大份、三港、桂花、卫星 4 个贫困村，分类制定脱贫规划和计划，通过送帮扶慰问金、送年货、送春耕物资等形式，解决帮扶贫困户生活、生产上的实际困难。投入资金近 3 万元，新建村支部活动室、卫生室等，加强基层设施建设。

防汛救灾及灾后重建。汛期，成功处置漂浮物冲撞金义大桥险情、陈李闸堤段管涌险情，安全转移南片乡镇近 7 万名受灾群众。争取资金 2080 万元，重点对干线公路、农村公路、农村危桥改造、港航设施等 4 大类 35 个项目开展灾后重建工作。云梦县交通运输局获孝感市抗洪抢险集体二等功。代红艳获全国五一劳动奖章、湖北青年五四奖章。

（王金忠）

【安陆市】 至 2016 年底，全市公路通车里程 3056.25 公里、路网密度 225.55 公里/百平方公里，其中高速公路 37.67 公里、一级公路 29 公里、二级公路 229.55 公里、三级公路 205.11 公里、四级公路 2145.47 公里、等外公路 409.45 公里。内河航道通航里程 47.5 公里，生产性码头 12 个，渡口 4 个。客运站 11 个，其中二级客运站 2 个、三级客运站 1 个、五级客运站 8 个。

交通基础建设。全年完成交通建设总投资 56641 万元，为年计划的 147.9%。完成投资 3.6 亿元，完成老 316 国道改造、云安线城关至李店段一级公路改建、木梓至漳河公路改建、木梓至双杨资源旅游公路路基、盛世闻樱 0.78 公里道路建设，建设赵棚至钱冲红色旅游扶贫公路路基 10 公里，新建加宽农村公路 135 公里，完成危桥改造 10 座。投资 1.43 亿元，完成国省干线水毁道路保畅通灾后重建阶段性任务，重建 6 座农村公路损毁桥涵。投资 6200 万元，"锐腾物流园"零担配送中心 1、2 号楼主体工程完工，2 栋仓储中心封顶。

运输服务。全年运送旅客 563.29 万人次，比上年下降 4%。组建农村客运公司 2 家，巩固村村通客车成果。新增货车 119 台、更新客车 14 台。查处违规出租车 430 余台次、非法转让经营权 12 台，查扣"黑面的" 56 台次和麻木 65 台次。诚信考核计分驾驶员 53 人。开通网上联网和手机客户端售票。开展文明示范车和星级出租车创建，评选文明示范车 20 台、优质服务车 10 台、最佳优质服务车 5 台。开展"情满旅途"和"黄马甲""小红帽"志愿服务活动，持续开展暑期"关爱留守儿童"、超长途客运专线延伸

2016年7月26日，安陆工程运输车辆支援孝感抗洪一线

接送和"爱心送考"免费活动。

行业管理。采取"固定站点检测把关、主要路段流动稽查、关键路口源头管控、重点企业上门排查"的措施，对超限车辆实行动态管控、综合治理。查处超限车辆430车次，卸货6325吨，超限率控制在4%以内。开展"公路养护基础管理年"活动，完善各项制度，应用新技术、新工艺，清扫路面1.9万公里，整修路肩49万延米，清理边沟23万延米。完成国省干线硬坑槽补油984立方米、应急保畅补水稳料930立方米，大天线、烟应线灌缝11.95万延米，维修农村公路23公里。坚持管养一体化工作模式，制止随意埋设管线12起，清除路面堆物占道、打场晒粮314处，制止违法砍伐公路林木18起，提前介入公路控制区涉路建设9起，审批许可3起，下达路政执法文书46份，清理非公路标志标牌57块。完成大天线、平洑线全线，以及周天线8公里、烟应线10公里4条示范路创建，创建农村公路绿色示范线2条。新植行道树2万余株、刷白5万余株，新316国道、云安线、周天线栽植各类规格景观乔木、灌木30余万株。

安全应急管理。严格执行"三不进站、六不出站"、三品查堵、安全例检、行包检测等规定，推进"道路运输安全年""打非治违"等活动，开展站场、道路、运输、施工专项整治，所有危货、客运车辆全部安装GPS系统，上线联网运行。建立隐患排查、登记、整改、销号制度，企业安全自检100余次，行业检查76次，市局联检28次，整改隐患28处。整改校车运行线路安全隐患28处。取缔"三无"渡运船1艘，发放救生衣75件、救生圈6个、灭火器4个、消防桶4个、消防枪2个、安全链1条。开展公路保畅应急演练、水上防撞搜救演练、防汛抢险人员集结演练5场次，提升应对突发性事件的应急处置救援能力。

文明创建。安陆市交通运输局被评为全省交通运输系统先进集体、应急管理工作先进集体、孝感市交通运输安全生产先进集体，市公路局被评为全省公路系统先进集体、孝感公路系统目标考核先进单位，张岗超限检测站被评为全省标准化检测站，物流局获孝感市交通运输系统先进集体。

（来宾）

【大悟县】 至2016年底，全县公路通车里程5712.35公里、路网密度182公里/百平方公里，其中高速公路57.5公里、一级公路22.5公里、二级公路285.56公里、三级公路265.65公里、四级公路3081.14公里、等外公路2000公里。渡口2个。客运站6个，其中二级客运站1个、五级客运站5个。货运站1个。

基础设施建设。全年完成交通固定资产投资63610万元。做好武大高速公路、观新红色旅游公路大悟段、大天线一级路改造、黄土线一级路改造及三华线、鸭瓦线等10条线路"十三五"第一批县乡道改造工程前期工作。346国道河口至大悟城关段一级公路完成路基土石方320万立方米、涵洞68道、桥梁桩基108根，完成货币工程量1.5亿元。吕高线建成通车，累计完成货币工程量1.49亿元。悟峰山快速旅游公路完成全线清表、路基土石方3.1万立方米、管涵5道、桥梁桩基11根，完成货币工程量724万元。四姑镇两红公路完成路基土石方24.5万立方米、涵洞60道，完成货币工程量1800万元。新建通村公路100公里。完成城区中心客运站填土、挡土墙建设，孝感北汽车客运枢纽站实行公开招投标，确定租赁方，进行全方位升级打造。

抗洪抢险。6—7月，全县遭遇多轮特大暴雨袭击，致使部分路段路基冲断、桥梁损毁、交通中断，损失严重。局系统投入人员3200人次、机械设备2000余台(套)，投入资金2850余万元，局领导包片包保路段，实行24小时值班，避免灾害后的次生伤害，无伤亡事故发生。7月1日，宋长线陈湾桥被洪水冲毁，交通中断，公路部门组织60名干部职工奔赴现场，投入机械16台套，仅用15小时建成连通便道。县公路管理局获孝感市抗洪抢险集体二等功，县交通运输局组织抗洪救灾募捐活动，捐款50.29万元。

运输服务。整顿和规范已有"河四刘""宣丰"农村公交化线路，进一步完善通村客运网络，新开通通村客运线路20条，投入通村客车50台，确保村村通客车。重点加强"两府两站两院两校"等重点路段、重点区域管控，查扣"黑车"194台次，劝告残疾人代步车20台。查处出租车乱涨价60台次、公汽乱涨价8台次，调处客运班线矛盾纠纷10起。协调服务鄂北物流商贸城项目建设，推进农村电商物流发展，建立苏宁易购"大悟馆"，实现大悟特色农产品登陆网络。发布物流新闻信息496条，物流政策信息133条，装备技术信息137条，资讯107条，招商引资信息31条。

公路管养。全面开展干线公路坑槽修补、路肩整修、边沟疏通、完善设施等工作，完成灌养缝6万多延米，修补硬坑槽8万多平方米。对宜林路段进行新植补植。创建黄土线30公里"畅安舒美"路和大天线文明路。落实桥隧养护10项制度，对186座桥梁进行安全隐患排查。3月21日，正式启动"百日治超"行动，对查扣车辆依法依规按"四个一律"进行处理。查处超限车辆56台，卸载超限货物195吨，转运超限货物68吨，现场切割非法改装车辆14台。

安全生产管理。以车、船、路、站和工地的安全隐患排查整治为抓手，推动平安公路、平安车、平安站、平安船舶、平安工地建设。每逢重大节假日，组织联合安全检查组对县交运公司、鑫源旅游公司运输车辆等重点企业进行"两客一危"安全隐患排查活动。落实"三不进站、六不出站"制度，严禁"三品"上车。签订"平安交通"创建工作责任书，做到责任到人、落实到位。

文明创建。坚持打造"廉政阳光工程"，确保工程优良，干部优秀。大悟县交通运输局被评为省级文明单位，被县委县政府评为"项目建设突出贡献单位""抗洪救灾优秀单位""信访工作优秀单位"、全县履职尽责优秀等次。

（肖孝儒）

【孝昌县】 至2016年底，全县公路通车里程3558.68公里，其中高速公路44.9公里、一级公路31.39公里、二级公路139.32公里、三级公路293.07公里、四级公路3050公里。全县内河水域里程15公里，拥有渡口4个、客渡船4艘。有客运站9个，其中二级客运站1个、三级客运站1个、四级客运站1个、五级客运站6个，农村综合服务站1个、候车停339个。

基础设施建设。全年完成交通固定资产投资1.6亿元，为年度目标的106.7%。全面完成战备公路、田堂村旅游公路、观音湖环湖路、大天线铁路涵洞改造。观音湖至双峰山旅游公路、107国道外迁、261省道王店至季

2016年8月9日，副省长许克振到孝昌县调研检查水毁及灾后重建工作

店公路、丰山旅游公路按计划稳步推进。建成通村公路123公里，完成投资2460万元。11月28日，孝昌县新客运站顺利搬迁运营，维修、改造停车棚232个。交通物流基础设施建设取得竞争性分配资金500万元。

公路管养。完成干、支线好路里程235.2公里，干线公路路况综合指数MQI基本稳定在85，优良率达90%，安全设施完好率达95%以上。巩固107国道文明样板路15.70公里，新创文明样板路37.83公里，完成公路标准路基105.5公里、公路GBM工程93.1公里。挖补油面软硬坑槽8000平方米，补油9300平方米，乳化沥青和同步碎石封层1.3万平方米，整修路肩205公里，清理边沟81.2公里，完成国省道及县乡道路面缝养151.3公里。完成绿化补植2.3万株54.23公里，调整、补设公路里程碑86块，过境路段增设及更换示警桩612根、百米桩202根、道口桩247根，修复路缘石400米，更换桥栏板51块，完成危险路段整治5处3.8公里，更换107国道花园南大桥伸缩缝9米，桥栏板刷白3120米。新建7座桥梁检测踏步和平台，完成107国道北段混凝土路面挖补2800平方米、货币工程量36万元。

运输服务。全县有客运企业4家、客运线路149条、客车307台，出租车150辆，公交线路4条、公交车辆46台，其中更新公交车6辆。全县有货运公司1家、货运车辆1909台。汽车维修企业178家，其中一类维修企业1家、二类维修企业7家、三类维修企业170家。有驾培学校7家、教练车291辆。全县取得道路运输从业人员资格证4213人，其中客运从业人员414人、货运从业人员2810人、出租车从业人员798人、道路旅客及货物运输从业人员191人。在农村客运方面，改造停车棚232个，发放"村村通"补贴资金37.465万元。

路政管理。12月1日，县政府批准设立公路应急中心，为公益一类股级事业单位，核定事业编制230人。加强路域环境综合整治力度，清除存在安全隐患的行道树109株，清理占道堆积物6处37立方米，制止摆摊设点8处、公路打场晒粮60处1645平方米。加大路损案件查处力度，制止公路辖区内影响公路安全的案件20余起，查处路损案件14件，依法办理涉路施工许可案件1件，收取公路赔（补）偿费7.58万元。着力推进路警联动治超，县政府组织交警、运管、路政联合治超行动6次，严厉打击超限车辆"强行冲岗、遮挡车牌"等违法行为，在两轮百日治超大行动中，加强对重点区域、路段专项治理，全年查处超限运输车辆1097台次、卸货1174.7吨，罚没58.65万元。

安全管理。开展道路交通安全专项整治、水上交通安全专项整治、危

2016年11月28日，孝昌县新客运站建成投入运营

化品运输车辆专项整治、特殊时段安全监管等系列活动，排查各类安全生产隐患52起，整改51起。对村村通客车安全检查78台次，查处不具备从业资格客运驾驶员2人，纠正客运班线不规范经营176起，处罚160台次。查扣各类"黑车"330辆，劝退特困户或残疾车辆27台，受理客车投诉79件，给予警告处罚35件，停业、停班整顿学习9件，分管领导约谈4件，罚款处罚31件。受理出租车投诉27起，处理27起，处理公交车19起，受理、调解客运市场纠纷6起。检查货车3000余台次，处理货物抛洒237台，治理非法改装车辆38台。从业资格扣分83人、网上刷红28台次，扣营运证件9台。对20余家不达标训练场下达停止经营通知书。全年生命防护工程及安保设施完成投资171万元，投入30万元对部分客运班线有临水临岩急弯陡坡路段，及时设置标志标牌、减速板、示警桩、广角镜；投资126万元，整治小悟乡笔架村公路3.5公里、周巷镇潘冲村2公里安全隐患；投资15万元，对季店乡黄埠桥、卫店镇和平桥、王店镇西环河桥3座危桥加固。

文明创建。孝昌县交通运输系统有省级文明单位2个、市级文明单位1个、县级文明单位3个。成立交通运输志愿服务队，在城区公交车、出租车、乡镇班线车上张贴宣传标语400余张。精准扶贫投入资金100余万元，帮助季店乡雷河村修通通村公路，慰问困难群众50多人次。

（来宾）

黄冈市交通运输

【概况】 至2016年底，全市公路通车里程29542公里、路网密度169.3公里/百平方公里，其中高速公路700公里、一级公路542公里、二级公路2144公里、三级公路1818公里、四级公路23334公里、等外公路1004公里；按行政等级划分，国道962公里、省道2033公里、县道1168公里、乡道6660公里、专用公路119公里、村道17900公里。全市等级公路里程28539公里，占总里程的97%，二级以上公路里程达11.5%。全市铁路营运里程429.5公里，其中复线里程370.1公里、电气化里程387.7公里。内河航道通航里程698公里，其中一级航道200公里、三级航道20公里、四级航道14公里、五级航道24公里、六级航道14公里、七级航道109公里、等外航道317公里，港口6个，生产用泊位250个、非生产用泊位60个。客运站85个，其中一级客运站1个、二级客运站12个、三级客运站9个、四级客运站10个、五级客运站53个，货运站6个，农村候车亭3629个，招呼站4525个。

基础设施建设。全年完成交通固

黄冈红色旅游公路

2016年8月2日，黄梅港小池港区综合码头开港运营

定资产投资92.49亿元，为年度目标的115.6%。其中公路完成投资42.46亿元、港航完成投资8.17亿元、站场完成投资1.1亿元、物流完成投资1.07亿元、江北铁路完成投资4.1亿元、麻竹高速公路完成投资3.22亿元、武穴长江大桥完成投资9.07亿元，灾后恢复重建完成投资23.3亿元。麻武高速公路建成通车，武穴长江大桥、麻竹高速公路进展顺利，347国道沿江一级路蕲春段和武穴加快推进。全市完成一级公路路基50.54公里、路面32.33公里，二级公路路基201.92公里、路面166.48公里，完成国省道大修87.5公里、中修55.5公里、县乡道改造282公里、农村公路安保工程650公里、危桥改造34座，通村公路1329公里。港航建设：小池滨江综合码头开港运营，集装箱码头实现零突破；加快推进临港新城综合码头、禹杰、罗霍洲一期、武穴田镇港区马口工业园等4个综合码头项目，开工建设钟家湾、蕲春管窑、晨鸣纸业3个综合码头和蕲河航道疏浚等4个项目。站场物流建设：罗田大别山客运中心和龙感湖四级客运站建成并投入运营，黄州客运站和麻城客运站改造完成并投入运营，麻城市中心客运站、武穴客运站、红安客运总站建设加快推进，龙感湖客运站改造工程开工，武穴大金客运站、红安八里客运站和浠水客运站前

期工作加快推进。全市保持100%的行政村通客车。加快推进武汉新港黄冈楚江物流产业园和黄冈安必达冷链物流中心，宇阔·武汉东物流园、湖北振鑫物流园和龙感湖农村物流试点项目开工建设。

"四好农村路"建设。全面推进"四好农村路"创建，印发《黄冈市"四好农村路"建设实施方案》《关于进一步加强全市农村公路工作的通知》。黄州区"四好农村路"示范县创建工作扎实，黄州区乡村公路段升格为农村公路管理局，38名管理人员将纳入编制。全市完成农村公路生命防护工程650公里，完成投资7200万元。农村公路危桥数量逐年缩小，农村公路危桥改造35座全部开工，完成改造12座。配合完成5个县市农村公路质量抽检工作，农村公路建设规模较计划多，建设标准逐步提高。

灾后重建。6—7月，全市遭受六轮强降雨袭击，全市交通基础设施损毁严重。在全省率先以市政府名义出台灾后重建指导意见，出台灾后重建"1236"行动计划，即：提升一个品牌——大别山红色旅游公路全国知名品牌，建设"两个示范"——国省干线"畅安舒美"示范路和将军故里"四好"农村示范路，实施"三大工程"——省际出口路提升工程、生命防护保障工程和交通扶贫攻坚工程，完成投资60亿元。全省交通灾后重建资金安排黄冈4.5亿元，单独给予1.5亿元支持高标准恢复重建大别山红色旅游公路和红安麻城将军故居路；全省312亿元的交通灾后重建项目库，黄冈投资60多亿元。截至12月底，全市完成交通灾毁重建投资23亿元。

行业管理。全年完成港口吞吐量5388万吨，船舶运力达77.45万吨。应该取缔的25个非法码头全部拆除，一二级水源保护地区内的9个码头全部拆除，待"规范、提升"的16个码头争取市政府正式印发工作方案。开

2016年10月19日，黄冈市政府与省联合发展投资集团有限公司在武汉签订合作协议

展道路运输安全隐患"十查"行动、白莲河水库水上"三无"船只取缔行动、遗爱湖船舶安全监管督查行动，全面启动治理货车非法改装和超限超载工作，联合交警部门开展黄上公路"十日治超"专项行动和"百日治超"攻坚行动。

交通体制改革。推进大交通体制改革，继黄冈市铁路办成建制划转到交通后，红安、浠水县铁路职能整体划转至交通部门。加快推进交通融资体制改革，武汉港发集团黄冈分公司完成组建并投入正式运营。黄冈市交通投资公司组建方案分别经市政府常务会议、市委常委会议讨论通过，进入正式成立组建阶段。大力推广PSL贷款等新的筹融资模式，与市农发行签订230亿元的PSL贷款框架协议。推进出租车管理改革，《全市出租汽车行业健康发展的实施方案》经市政府常务会和市委常委会审议通过，《全市网络预约出租汽车经营服务管理实施细则》准备发布实施。同时，在出租车行业开展提升服务、非法营运专项整治和创卫攻坚专项行动，促进城区出租车服务质量大幅提升。深化黄团浠交通一体化改革，黄州至团风公交示范线站亭建设全面启动，华兴公司国有化改革全面铺开，完成第三方审计工作；黄州至巴河公交化改造按计划推进。

（袁野）

【黄州区】 至2016年底，全区公路通车里程1589.455公里、路网密度450.3公里/百平方公里，其中高速公路20.76公里、一级公路102.04公里、二级公路93.37公里、三级公路409.31公里、四级公路963.97公里。内河航道通航里程57.87公里（界河按二分之一算），港口经营企业21家，生产性码头泊位27个，渡口7个。客运站9个，其中一级客运站1个、二级客运站1个、三级客运站1个、五级客运站6个，货运站1个。

基础设施建设。全年完成交通固定资产投资3.13亿元，比上年增长15%。普通公路建设完成1.28亿元。团黄路（阳枫线）一级公路拓宽改造，松阳村至堵城段右半幅1.56公里路面主体工程完成并通车。城区重点项目李堵线主体工程全面完成，汽渡至南湖公路改造交工验收，完成二级公路建设13.76公里。207省道上砂线张家榨危桥改造完成并通车。作为全省首批争创"四好农村路"示范县之一，高标准建成片区"四好农村路"31.7公里。完成农村公路安保工程建设73公里。"十三五"项目前期工作进展顺利，207省道砂子岗至霸城山段二级公路项目完成工程可行性报告内审待修编，汽渡至龙王山公路项目工程可行性报告获批复，完成国省县乡道规划调整，全区增加国省道里程37.13公里、县乡道里程137.42公里。水运建设完成港口投资1.83亿元，续建项目临港新城、禹杰等码头进展顺利，新开工项目晨鸣纸业、钟家湾码头完成水工桩基础工作，新增泊位24个，通过能力2000万吨；《黄州港港口总体规划》修编稿报省政府待批准。

运输服务。全年完成公路客运量380万人次、旅客周转量19000万人公里，完成货运量700万吨、货物周转量26250万吨公里。完成港口吞吐量1123.19万吨，货运量1043.76万吨、货物周转量64.11亿吨公里。巩固"村村通"成果，投入绿色电动新能源公交车20台，逐步建立城乡客运长效机制。

行业管理。公路养护实行集中、分散并行的养护管理方式，提高养护附属工程标准化程度，结合创卫工作，抓路域整治、公路绿化，完成黄上公路、江北一级公路沥青灌缝20余公里，罩面7.4万米，106国道路树绿化补植2900余棵。维修农村公路严重破损路面，建设错车平台，设立安全警示标志牌154套、广角镜29个、示警桩4530根，全区公路路容路貌大幅提升。路政治超坚持源头监管和路面治理相结合，落实联动治超机制，成立公路、交警、运管联合治超专班，以全省五市联动治超行动为契机，开展专项整治行动，检查车辆200余次，查处超限超载车辆200余辆，卸载、处罚50余辆，卸载货物3269.64吨，站点路段车辆超限率控制在6%以下。推进"三基三化"建设，全年查处行政处罚案件165件，全年无因行政执法过错而导致的行政诉讼和纪委立案情况，交通规范文明执法意识逐步提高，被黄州区委表彰为法治黄州建设优胜单位。推动非法码头整治行动，非法码头7个中已取缔5个，场地复绿工作全面展开。

安全与应急管理。健全责任体系，与局属5个单位签订安全生产责任书，召开安全会议12次，开展安全隐患检查80余次，发挥交通质监职能，全面加强工程监管，全年无安全责任事故发生。积极应对"98+"洪水，圆满完成道路抢通、受灾群众转移等任务，投入抗灾保通人员2943人次、机械设备536台班、车辆39辆、海巡艇及渡船等21艘533航次，转移疏散受灾群众2500余人。辖区国省干线未发生过一次道路中断，抢通杨南线、南四路、王程线等174处农村公路水毁受阻路段，成功打捞巴河渔网箱1200多具，排除险情，确保防汛救灾期间交通安全畅通和群众生命财产安全。

（余皖）

【团风县】 至2016年底，全县公路通车里程2389.32公里、路网密度285公里/百平方公里，其中高速公路142.77公里、一级公路36.06公里、二级公路124.98公里、三级公路88.85公里、四级公路2104.39公里、等外公路69.99公里。内河航道通航里程53公里，港口1个，生产性码头3个，渡口19个。客运站4个，其中二级客运站1个、五级客运站3个。

基础设施建设。全年完成交通固定资产投资5.2亿元。11月2日，241省道团风白鹤林至方家墩段一级公路改建工程（团风绕城公路）完成交工验收；大崎山旅游公路改建工程建成通车；12月，318国道方高坪至标云岗一级公路改扩建一期工程8.69公里，完成路基施工97.89%，路面工程完成60%，桥涵工程全部完工，防护工程完成95%，完成货币工程量6800万元。完成农村公路建设120公里。武汉新港团风港区集疏运通道罗霍洲大桥完成全部主体工程，罗霍洲码头建设全面启动。对山区公路漆宋线进行路肩硬化27公里。12月，方高坪一桥及港口桥危桥改造全面完成。武汉新港江北铁路工程项目征地拆迁工作基本完成，全线路基全面开工。

公路养护。对管养的106国道竹林岗至淋山河胡桥、318国道新桥至马曹庙、省道大巴线、上砂线、黄标线沥青路面以及241省道水泥路面进行高分子密封胶缝养，完成缝养4.89万米，修补（挖补）沥青路面坑槽3110平方米，修补砂石路面坑槽76500平方米，整修路肩59670平方米，清理边沟6.91万米，清扫路面543公里，路况综合水平稳步提升。加强桥涵巡查，掌握桥涵运行动态，坚持桥梁"四个一"管理制度；加强桥涵日常养护，清理（清洗）疏通桥涵35座，维修桥梁损坏栏杆9处。每月定期对上巴河大桥河床进行观测和测量，为桥梁安全运行奠定基础。完善管养路段安防设施，安装波形钢护栏3500延米、警示桩5600根，维修桥梁栏杆9处，新设桥梁轴载、限载标志牌10块，更新公路指示标志10块。黄标线5公里大修工程在施工中。

运输服务。全年完成道路客运量615万人次、旅客周转量24600人公里，货运量79万吨、货物周转量9875万吨公里。有市际客运线路19条、县际客运线路15条、县内客运线路41条。

行业管理。对辖区内沿线违法设立非公路标牌、搭建棚屋等情况开展专项治理，拆除违法加水点7处、清除占道堆积物142立方米、拆除违法建筑摊棚摊点440平方米。查处毁路损路案件43起，案件查处率100%、结案率98%、索赔率98%，执法过错率为零，无行政复议、行政诉讼案件发生。收取赔补偿费194993元，占利用费用55200元，罚没收入31500元。全年查处违规车辆432辆次、非法客运车辆108辆，纠正违章经营行为500余起，受理举报、投诉、咨询等50余起，回复率100%，无一起行政复议或行政诉讼案件。配合县政府、县防汛抗旱指挥部对巴河流域采砂船进行汛期前整顿，对巴河境内铁砂船进行登记造册，将具有重大安全隐患的铁砂船采取强硬措施就地拆除，及时消除水上安全隐患，确保水上交通安全。

（章威）

【红安县】 至2016年底，全县公路通车里程2764.6公里、路网密度153.9公里/百平方公里，其中高速公路61公里、一级公路63.1公里、二级公路216.6公里、三级公路99.6公里、四级公路2301.7公里、等外公路22.6公里；按行政等级分，国道133.6公里、省道174.2公里、县道122.1公里、乡道638.4公里、通村道路1696.3公里，实现所有乡镇通二级公路，100%行政村通四级以上公路。客运站14个，其中二级客运站2个、五级客运站12个。

基础设施建设。全年完成交通固定资产投资10亿元，比上年下降31%。麻竹高速公路红安段路面建设完成投资3.7亿元，高速公路连接线完成投资1.29亿元，410省道红安县城区至熊河段公路改建工程全面建成通车，完成投资2亿元。6月，346国道杏花至二程公路改建工程安防及排水等配套设施全面建成并通车。230国道官木塘至大屋墩段（园阳快线）改建工程完成一期土建工程施工及监理招标，进入实质性施工阶段；红安县西纵交通干线王姚线王家咀至上新集段改建工程完成一期土建施工及监理招投标。完成农村公路建设投资9100万元。投资250万元完成二程大赵家至桐柏集和庙咀湾至祠堂岗道路破损修复；投资3000万元，新建村组联网公路100公里；投资500万元，完成"四好农村公路"升级改造、农村公路危桥改造及安防工程；投资1500万元，完成将军故居公路提等升级改造。形成以县城为中心，以国省干线为主骨架，以县乡公路为主动脉，以通村公路为网络的综合交通体系。

灾后重建。投入4000余万元，完成天马线、红旅线、230国道阳福线、檀八线等县域内国省干线公路水毁抢险及修复重建；投入5000余万元，完成红两公路、红熊公路等128条县乡、农村公路、将军故居路及农村公路中小桥涵抢通及修复重建。

运输服务。全年完成公路客运量609万人、旅客周转量24151万人公里，货运量199万吨、货物周转量23947万吨公里。营运汽车2155辆，其中跨省市县客车102辆、载货汽车1130辆，出租车200台，公汽51台，教练车102台。客货运输车辆安装车载视频500多台套，县城至七里坪镇线路率先开通纯电动公交车25台。拥有农村客运班车570辆，农村客运班

2016年10月，346国道红安县杏花至二程段改建工程竣工通车

概况

2016年9月，灾后重建竣工的七里坪镇八一长胜桥（原张家湾大桥）

线296条，实现全县12个乡镇班车通车率100%、396个行政村村村通客车。有招呼站316个，港湾式候车厅16个，国省干线公路公交站亭23个，形成以城区为中心、乡镇为节点、覆盖乡村的三级农村道路客运网络。

公路管养。健全和完善县乡村道"县道县管、乡道乡管、村道村管"养护管理体系，明确全县农村公路所有路段养护管理责任领导和责任人，并签订管养协议。健全考核机制，将乡镇农村公路养护管理工作纳入全县"六考"综合实绩考核，加大农村公路养护投入，将农村公路养护资金纳入财政预算，建立逐年增长机制。加大国省县道管养力度，确保公路畅通。完成公路清灌缝7.5万米，修补油路坑槽4000平方米，清疏涵洞298道，桥梁养护330座，列养公路干支线优良率为92.04%，养护综合值91。

行业管理。结合交通实际，整合行业资源，挂牌成立农村公路管理局、交通质量安全监督站、城市客运管理办公室，进一步完善交通行业管理体系。与住建局完成城区道路、桥梁安全监护移交，与城管执法局完成城区公交站台安全监护移交。处理非法营运车辆308台，结案260台，查处非法培训点26处，查扣非法培训车辆63台；取缔路边加水洗车点5处，清除违法占道经营40处350平方米，清理公路及用地范围内堆积物25处1580平方米，制止违法建筑12处，拆除非公路标志牌36块。查处路政案件16起，结案率100%。治超检测车辆10273辆，查处超限车辆865辆，劝返车辆200多辆，推动主干线公路"畅、洁、绿、安、美"进程。

交通改革。12月12日，县编委批复同意县铁路经济建设办公室由县发展和改革局内设机构调整为县交通运输局内设机构。红安县交通运输局在全县履职尽责综合评定中获优秀等次。

（李兴名）

【麻城市】 至2016年底，全市公路通车里程4305.62公里（不含高速公路）、路网密度115.9公里/百平方公里，其中高速公路129.51公里、一级公路3.2公里、二级公路360.2公里、三级公路258.64公里、四级公路3681.26公里、等外公路2.32公里；按行政等级划分国道187.44公里、省道282.2公里、县道91.22公里、乡道1193.33公里、村道2548.93公里、专用公路2.5公里。内河航道通航里程110公里（届河按二分之一算），渡口6个。客运站19个，其中二级客运站2个、三级客运站1个、五级客运站16个，货运站1个。

基础设施建设。全年完成普通公路项目建设投资3.9亿元，其中一级公路1.4亿元、二级公路1.2亿元、农村公路1.1亿元、新建桥梁及危桥改造2000万元。完成续建3座危桥加固工程、106国道麻城城区至武麻高速连接段桥梁工程、麻城市闵集二桥新建工程，完成新建106国道麻城南段中修工程、新建7座危桥加固工程。完成水毁修复工程货币工程量4000万元。新建农村公路236公里，新建桥梁和危桥改造14座583延米，县乡道改造6公里，窄路加宽100公里。全市452个行政村全部修通水泥路，通路率100%。完成候车亭建设394个，维修候车亭76个。完成木子店、阎家河等4个五级客运站、黄金桥三级客运站和长途客运站改造。麻城中心客运站、三河镇三级客运站建设项目纳入"十三五"站场建设规划。

公路管养。列养公路全年修补沥青路面坑槽4220平方米、路面灌缝57708米，清理水毁塌方24400立方米，硬化路肩12公里，沥青路面洒油24公里，绿化植树32300株。养护农村公路示范线236公里，填土补坑3000

2016年11月，在建中的将军故居"四好农村公路"

117

立方米、清除路障60多处、清洁路面1.5万平方米、村道植树10000株。

行业管理。路政管理方面，全年清除公路用地范围弃土9600立方米，拆除违法建筑11处，清理非公路标志牌380块、布标横幅270余条，制止纠正各类路政违法行为2200起，立案查处路政案件20起。公路治超检测车辆3975台次，卸载黄沙、碎石等货物2752吨，极大改善了公路行车环境。运政管理方面，全年受理道路运输业务申请618件，办结608件，年审换证业务109件；开展城区客运综合整治，全年检查出租车600余台次，查处违规经营出租车56台，查扣非法营运"黑车"242辆、"摩的"36辆，受理举报投诉98起，落实率100%，运输市场环境得到进一步净化。

运输服务。全年完成道路客运量392.5万人、旅客周转量18829.3万人公里，完成货运量407.2万吨、货物周转量5230万吨公里。全市有营运客车558台，营运线路111条，其中省际线路10条、市际线路19条、县际线路6条、县内线路76条，涉及122个行政村，村村通客车率100%。有货车1714辆，建成麻城市营运车辆动态信息公共服务平台、客货车辆动态监控平台，危货车辆、教练车动态监控信号与公共平台成功对接，安装车载终端858部，对营运车辆进行有效监管。

安全生产管理。坚持生产安全"一岗双责"原则，抓好项目建设安全、道路运输安全、安全应急抢险、寄递物流安全等工作，全年开展安全生产大检查11次，排查安全隐患25处，全部整改到位。交通运输领域全年未发生一起重特大安全生产责任事故。

精准扶贫。对歧亭镇、夫子河镇9个村132户贫困户实行责任分工，落实责任包保，制定工作方案，通过新建通村公路、产业扶贫、教育脱贫、政策兜底等措施，夫子河镇胡城寨村脱贫摘帽。完成市政府交通扶贫70个重点贫困村任务，修建通村公路108.5公里，初步实现"村村通硬化路、户户通便民路"目标。

（王金松）

【罗田县】 至2016年底，至2016年底，全县公路通车里程3093.12公里、路网密度145.2公里/百平方公里，其中高速公路67.5公里、二级公路331.57公里、等外公路484.813公里。客运站8个，其中二级客运站1个、三级客运站3个、五级客运站4个、货运站1个。

基础设施建设。全年完成交通固定资产投资4.39亿元。松子关至河铺、七娘山至鳡鱼咀2条二级公路改扩建工程开工建设，完成千张公路建设7.7公里，麻武高速河铺连接线基本完工，完成九资河过境公路路面3公里，完成通村路硬化路面101.3公里，完成农村公路安保工程建设302.8公里，完成和改造农村公路中小危桥92座，完成城区道路刷黑10万平方米。三里畈至县城一级公路、环白莲河水库公路、天堂寨核心景区第二通道大河岸至九资河卡里旅游公路前期工作快速推进。

运输服务。全县营运车辆3004辆，其中货车2218辆、客车786辆，营运车辆数比上年减少。县内客运班线372条，县际、市际班线23条，全县412个行政村通班车率100%。有机动车维修企业176家，其中一类维修企业1家、二类维修企业19家，新增维修企业1家，危险品运输企业1家，驾驶员培训学校5家，其中新增驾校1家。新建候车亭110个，招呼站105个，信息牌310个。罗田县营运车辆动态监控公共服务平台建成并运行，投资60多万元。

行业管理。开展交通运输市场专项整治活动，整治城区出租车、"黑车"运营，运输市场秩序明显规范。国省干线公路违法违规侵占路产路权行为和超限超载运输行为得到有效遏制，交通工程建设基本程序明显规范，水上交通安全管理走上规范化轨道，交通运输行业安全生产发展态势稳定。推进安全生产"两化"建设，构建长效机制，定期开展安全隐患排查专项整治活动，整治国省干线公路重点隐患路段近80公里。公路养护应急中心大楼全面竣工并投入使用。

（黄进）

【英山县】 至2016年底，全县公路通车里程2505.05公里、路网密度171公里/百平方公里，其中高速公路26.11公里、一级公路5.39公里、二级公路191.59公里、三级公路86.59公里、四级公路2195.37公里。渡口1个。客运站7个，其中二级客运站1个、五级客运站6个。

基础设施建设。全年完成交通建设投资1.91亿元。完成茶缘路路基路面建设730米，投入资金840万元；完成张草线东段路基建设10.39公里，投资7000万元；完成小白线危桥改造4座，投资660万元；11月，启动底草太线公路改造工程，完成货币工程量400万元；完成318国道绕城一级公路改建工程施工图设计，进入招投标程序；红红线工程可行性报告获批复，在进行施工初步设计；完成长安大桥建设项目设计招标和前期准备工作；启动四季花海大道4.2公里路基建设；完善天马寨公路排水、绿化配套工程；完成通村公路156公里，其中78个重点扶贫村116公里，完成货币工程量5460万元；完成蔡界线黄泥岗桥、小白线岩潭河桥、万冲桥、过叶滩桥、老鹳冲二桥、中大线凉亭桥等9座危桥改造，总投资662.2万元。

公路养护。完成日常性清扫国、省、县道5830公里，路面沥青灌缝2.18万米，整修路肩516公里，清理公路边沟7130公里，路肩机械割草1569公里，修复水毁缺口5987立方米，修复挡土墙4.7万立方米，修复边沟1727米，修补路面坑槽3185平方米。完成英檀线、长南线、张胜线、过黄线、蔡界线安保工程货币工程量389.3万元。完成11个乡镇58.4公里农村公路生态文明示范线建设，完成方家咀乡、雷家店镇"四好农村路"示范创建工作，调查摸底农村公路安保工程111.9公里，排查农村公路桥梁417座。完成全县309个行政村农村公路灾后信息调查摸底、"一村一档"数据采集建档工作。抢抓植树季节绿化公路，全年补植意杨1.55万棵，新植桂花树800棵，补植金丝垂柳6000棵，

2016年8月5日，罗田城区道路刷黑工程完工

补植法国梧桐26073棵，投资60万元。推进全县国省道接养和移交工作，对各条线路实地调查、核对数据、查清桩号，完善国省道接养、移交统计表。启动公路养护管理站修复改建工作，吴家山养护管理站建成并投入使用，白马石管理站维修改造全部完成，团山河管理站动工维修。

运输服务。全年完成道路客运量1085.5万人次、旅客周转量11.11亿人公里，货运量298万吨、货物周转量7.74亿吨公里；完成水路客运量3000人次。有客运企业5家、货运企业5家、城市公共客运企业1家、出租车企业1家，机动车维修企业80家，其中二类维修企业10家、三类维修企业70家，综合性能检测站1家，驾培学校2家。候车亭318个，招呼站牌335个。营运客车464辆、营运货车599辆、出租车120辆，公交车61辆，运输船舶1艘。

行业管理。加强客运市场监管，杜绝客运站不按规定售票，乱收费等违规行为发生。规范农村客运市场秩序和经营行为，建立投诉受理与现场稽查相结合的联动机制，查处违法经营车辆30台。加大货运市场和维修市场监管，重点依法打击和取缔无证经营及超范围经营等行为，推进货运诚信体系建设，完善优胜劣汰竞争机制和市场退出机制。加大驾培市场监管，重点打击非法挂靠设点培训经营行为。路政执法办理处罚案件4起，处理赔（补）偿案件15起，受理行政许可1起，结案率100%。收取路产损失赔（补）偿费18.94万元，罚款1.25万元，参与黄砂整治分配资金7.8万元。开展路域环境整治活动，清理非公路标志牌121块，清理公路及公路用地范围内堆积物130处936平方米、违规占道经营37处。投入执法人员5000人次，检测车辆4.59万台，查处超限车辆1196台，卸载车辆1211台，卸载货物7662吨，强制报废车辆1台，拆除加高墙板34台。办理处罚案件51起，处理案件901起，超限率控制在3%以下。

抗洪抢险。6月，全县遭遇特大暴雨袭击，公路设施损毁严重，国省县乡道损毁282处，村级路面损毁12.61公里，损毁桥梁65座。交通干部职工履职尽责，中断交通的4条主干道路全部在48小时内抢通，完成国省道水毁修复货币工程量4700万元，完成县乡道水毁修复货币工程量1300万元。

（程明）

【浠水县】至2015年底，全县公路通车里程3123.36公里、路网密160.3公里/百平方公里，其中高速公路114.41公里、一级公路66.43公里、二级公路218.42公里、三级公路123.55公里、四级公路2356.17公里、等外级公路244.38公里。内河航道通航里程50公里，港口3处，码头44座，泊位46个，列管渡口28处。客运站8个，其中二级客运站1个、三级客运站1个、四级客运站2个、五级客运站4个，货运站1个。

基础建设。全年完成交通固定资产投资16.35亿元，比上年增长35%。其中普通公路建设投资5.5亿元。完成白莲至黄溪冲生态扶贫公路一期新建工程1.74公里、通村通组扶贫路100公里、裴麻一级公路路基9.24公里、团陂至华桂公路路基12公里、竹瓦至巴河路面改造12公里、松兰线街道路面改造3处，完成白莲桥、界河桥、鲁湖桥重建工程。灾后重建完成投资6000万元，修复路基121公里、水泥路面21710平方米，修复水毁桥梁19座、涵洞389道，修复农村公路470公里。

运输服务。全年完成道路客运量1980万人次、旅客周转量16.45亿人公里，货运量989万吨公里、货物周转量3.36亿吨公里；完成水路货物吞吐量9631.67万吨，货物周转量11.66亿吨公里。有营运客车710辆、货车2264辆，客运线路142条，其中跨县以上线路23条、客车118辆、县内线路119条、客车591辆，新增村村通客车8辆。维修企业129家，其中一类维修企业2家、二类维修企业19家、三类维修企业108家，驾培学校5家，机动车综合性能检测站1家。出租汽车公司2家、出租汽车299台，公汽公司3家，公交线路9条，公交车93台。各类船舶657艘，日渡运乘客500余人。

公路养护。国省干线完成沥青路面坑槽修补5018平方米、水泥路面破板修补2995平方米、水稳碎石填补路面坑槽148.6公里、水泥路面清灌缝30322米、沥青路面清灌缝21075米，清理涵洞7951处，整修边坡58.9万平方米，路肩平整135.3万平方米，清理边沟1027.5公里，水毁修复128处，路树整枝、刷白137公里，修复和安装钢护栏768米，新安装示警桩216根，桥梁小修9处，里程碑刷新261块，百米桩刷新2391根。加大安保工程实施力度，在丁标线、东深线、中大线渡槽、丁标线宝塔大桥桥头等路段设置防撞桶42个、热熔振荡标线480平方米，在赤土坡一桥等危桥险段增设警示标志牌26块、示警桩44根。维修中大线马垅站、松兰线三台站养护站房2处，养护应急中心征地工作基本完成。农村公路整修路肩1702公里、回填路肩15200立方米、疏通边沟945公里、清理塌方132处8220立方米。

行业管理。全年办理路政案件599起、公路赔（补）偿案件21起，案件查处率、结案率、合格率均为100%。加强公路控制区管理，组织集中整治6次，处理违章建房案件11起，拆除摊棚54处、非交通标志牌41块、公路两侧垃圾池85处，清理占道经营10处，清理公路堆放物1067处。9月1日，白水井超限检测站建成并投入使用。建立治超工作长效机制，坚持源头严管、路面严查、违法严处，查处超限车辆1208台次，卸载货物10426吨。开展交通运输市场打非治违工作，查处违规经营车辆187台次、"黑车"11台、"摩的"49台次、违规驾培4起。开展安全隐患大排查大整改大督办行动，整改各类隐患30多处。

绿色交通。所有船舶全部安装油水分离器，实现节能减排目标；船舶签证实行IC卡管理。所有客车和渡船全部安装GPS定位系统，实现动态监测。更新天然气公交车23台、纯电动公交车7台，天然气出租车15台。

文明创建。浠水县农村公路局获省级文明单位，县港航管理所、运管所获市级最佳文明单位，县交通运输局、物流发展局、城市交通客运管理所、交通学校获市级文明单位，县公路局获县级文明单位。

（王敬国）

【蕲春县】 至2016年底，全县公路通车里程3631.04公里、路网密度151.4公里/百平方公里，其中高速公路59.52公里、一级公路56.53公里、二级公路232.53公里、三级公路378.82公里、四级公路2852.09公里、等外公路51.55公里；按行政等级分为国道60.14公里、省道333.02公里、县道101.8公里、乡道807.14公里、村道2269.42公里。全县等级公路3579.491公里，占公路总里程的98.6%，二级以上公路占9.6%。全县铁路营运里程34.1公里。全县有蕲州港区、管窑港区、茅山港区，拥有17家港口企业，码头泊位57个，内河航道里程22公里，通航里程9公里。客运站14个，其中二级客运站2个、三级客运站1个、五级客运站11个，候车亭400个。

基础设施建设。全年完成交通固定资产投资12亿元，其中公路建设完成投资6.5亿元、港航建设完成投资1.5亿元、站场建设完成投资330万元、物流建设完成投资100万元、灾后恢复重建完成投资4亿元。绕城一级公路河西至赤东段17公里、三角山旅游公路13.4公里建成通车，沿江一级公路蕲州段建成路基和防护工程。完成省道横茅线22.18公里、县道大黄线12公里、走竹线3.85公里改造升级，启动新升省道英黄线改建工程和国道东深线蕲春界岭段升级改造工程，新建八方泉旅游资源公路6公里，整合资金2021万元建设精准扶贫产业路67公里。下蕲线刘河至漕河段路面大中修、三家店段拼宽刷黑工程完工，改造完成省道危桥5座和通乡通村公路危桥10座，有9座桥梁改造在施工中。全县完成一级公路路基18公里、路面7.5公里，完成二级公路路基27公里、路面35公里，县乡道改造19公里，投入650万元建成15条县乡道安全生命防护工程，建成通村公路安保设施205公里。改造加固危桥12座，新改建通村公路120公里。管窑物流综合码头水工部分完工，蕲河疏浚工程全面启动。蕲北二级客运站项目有序推进。鄂东国际物流园项目加快推进。檀林综合服务站完工并通过验收。

灾后重建。创建张榜镇孙冲片区交通灾后恢复重建示范区，实施一干六支九桥九景工程，涉及12个村。乡道张茅线升级改造全面动工，六条支线公路按"四好农村路"标准打造建成通车，9座桥梁完成建设工程量的90%。全面提升干线公路抗灾能力，在下蕲线大同两河口段建成驳岸挡土墙500米，对檀林桥和刘河石鼓河桥进行加固，在蕲北旅游公路莲花段完成边坡削坡4万立方米、挡土墙200米，并对青石南天河桥、香管线管窑鲇鱼头桥进行加固。完成全县15个乡镇355个村受灾摸底核查，建立项目数据库，组织实施农村公路"以奖代补"工作。

运输服务。全年完成道路客运量1100万人次、旅客周转量19.52亿人公里，货运量12050万吨、货物周转量21.13亿吨公里；完成水路客运量39.2万人次、旅客周转量313.6万人公里，货运量610.03万吨、货物周转量34.96亿吨公里，港口货物吞吐量610.03万吨。营运客运1020辆、货车5373辆，公交线路9条、车辆71台，出租车262辆。水路运输机动船44艘，净载重吨117856吨、功率286320千瓦，驳船2艘28车位。

行业管理。进一步完善政府主导和部门联合工作机制，始终保持严管重罚的高压态势，公路超限率控制在5%以下，路政案件查处率、索赔率达95%以上。道路安全态势平稳，水上安全始终保持"四项指数"为零。加强运输市场监管力度，全县所有客运车辆、出租车和危险品货物运输车辆全部安装GPS监控设备，对驾培车辆安装计时培训系统，并建立监控中心。严把运输市场准入关，严厉打击农村地区无牌无证车辆和"三无"船舶从事客运等违法行为，对全县12吨以上货车和"两客一危"车辆全部安装GPS监控设备，建立并启动动态监控平台，严格监管凌晨2—5时未停车休息的长途客车。实施水路运输经营者经营资质动态管理，加强蕲河沿线、三大库区渡口及赤龙湖、高潮水库水上娱乐项目安全检查，现场拆解非法渡口渡运竹排 2 块。

文明创建。蕲春县交通运输局获省级文明单位、全省"村村通客车"工作先进单位、黄冈市"十二五"交通建设先进单位、黄冈市防汛抗灾工作先进集体、蕲春县"先进基层党组织"等称号。2 月,《蕲春县交通运输志 (1986—2011)》正式出版。

(王文林　缪勇强)

【武穴市】 至 2016 年底,全市公路通车里程 2313.7 公里、路密度网 185.7 公里 / 百平方公里,其中高速公路 53.03 公里、一级公路 56.7 公里、二级公路 140.68 公里、三级公路 135.09 公里、四级公路 1890.6 公里、等外公路 37.6 公里;按行政等级分为国道 99.8 公里、省道 112.8 公里、县道 145.3 公里、乡道 508.4 公里、村道 1394.4 公里。

基础设施建设。全年完成交通固定资产投资 11.4 亿元。220 国道武穴界岭至大金段改建、332 省道龙腰至梅川段改建等 15 个项目前期工作稳步推进。仙人坝环湖路路基工程基本完工。9 月 28 日,武穴长江公路大桥主桥 12 号墩 6 号桩试桩工程开钻施工,武穴长江公路大桥项目全面开工建设,积极对接武安杭客专规划建站。全面完成沿江一级公路、刘马线、横马线、郑席线等 65 公里国县乡道改建和武石大道大修 7.5 公里、农村公路建设 90 公里。全年修补油层宕 1.3 万平方米,拆除和维修钢护栏 3960 米,清除塌方 5280 立方米,清挖边沟 64 公里,修复及疏通涵洞 392 道,补植行道树 3600 株。

灾后重建。6 月中旬,武穴市遭受特大暴雨袭击,导致国省道、农村公路出现严重水毁灾情。武穴市交通运输局迅速开展抗洪救灾和灾后重建工作,确保主干道路畅通,圆满完成花桥西河、百米港加固加高、夜架百米港桥等抢险任务。百米港西坝加高加固,出动抢险人员 2000 余人次、车辆 1100 台次,挖掘机、铲车等设备 110 台套。在防汛抢险期间,武穴市交通运输局接到武穴市防汛指挥部调令 106 次,派出车辆 1500 台次,调运机驳船 23 艘赴武山湖、太白湖等处抢险,为灾区运力畅通提供保障。筹集资金近 1 亿元,对横岗山旅游路、石大线等国省干线及汪一线等农村公路山体塌方、农村危桥进行修复,确保群众安全出行。

行业管理。完成农村公路危桥改造 12 座,东风港桥、长征桥、郑公塔桥改造加固工程完工,完成农村公路安保投入 150 余万元,安装指示牌 285 套、广角镜 29 套、减速带 500 米、钢护栏 900 余米。按"四好农村路"文明示范线标准,打造全长 8.5 公里的岳松线,完成全线路面修复、排水边沟及安保等设施,完成横岗山旅游路、刘马线、横马线等新建公路植绿补绿工作,大力推行新能源公交车,首批 40 台新能源车正式投入使用,公交充电站等相关配套设施全部建成。建立健全治超治限联动机制,加强源头治理,全年查扣车辆 1200 余辆,卸载货物 950 余吨,非法超限超载得到有效遏制。开展打击非法营运等专项整治活动,扣押车辆 50 多台,刑事拘留 2 人。加强在建公路项目路基验收和施工过程监督检查,先后检查公路项目 180 余项次,工程质量水平稳中有进。

码头整治。开展码头整治行动,全市拆除非法码头 3 座、饮用水源一二级保护区货运码头 8 座,拆除存在安全隐患的车倒式码头泊位 5 处、非法向长江排污的水洗振动筛及水洗石屑粉设施 18 处,整治港区装卸粉尘污染码头 24 座,驱离外籍港趸船 5 艘。转运码头堆场货物 2.5 万吨、450 车次,拖移趸船 10 艘、钢引桥 15 座、皮带运输线 18 条,拆除建(构)筑物 22 间、围墙 1800 米,平整货场 2 万余平方米,切割砂船设备 8 处,引进武汉港发集团建设盘塘砂石集并中心。

(郭宝洪)

【黄梅县】 至 2016 年底,全县公路通车里程 4022.476 公里、路网密度 236.477 公里 / 百平方公里,其中高速公路 68.52 公里、一级公路 154.25 公里、二级公路 206.87 公里、三级公路 140.36 公里、四级公路 2702.28 公里、等外公路 750.19 公里。内河航道通航里程 190 公里,港口 5 座,渡口 35 个,泊位 30 个,其中 5000 吨级泊位 2 个。客运站 11 个,其中二级客运站 2 个、三级客运站 1 个、五级客运站 8 个。

基础设施建设。全年完成交通固定资产投资 6.8 亿元。完成沿江一级公路建设、城五公路改造收尾工作。完

2016 年 6 月 20 日,蕲春公路养护工人抢通道路

2016年9月28日，武穴长江公路大桥全面开工建设

成中黄公路路面建设2.7公里，完成大龙公路建设8.91公里，完成环太白湖湖区公路建设6.5公里，完成停前蓝莓基地循环路网2.5公里建设，完成连村通组公路100公里，完成5处铁路道口平改立工程，完成西隔堤堤顶公路简易路面7公里，完成段占公路扩宽工程5公里，加快推进北部山区旅游路网防护工程及灾后重建工作。

运输服务。全县有营运汽车3409辆，其中客车429辆、出租车235台、城市公汽69台、客船22艘。全年完成货物吞吐量60万吨。开展水陆安全隐患排查，圆满完成春运、清明、"五一"、国庆等节假日旅客运输，全年交通运输系统未发生一起重特大交通安全生产事故。

行业管理。开展驾培市场、危货运输、快递物流业专项整治，加大城区客运市场管理力度，严厉打击违规经营行为。开展长江非法码头治理，取缔非法码头2座。继续保持治超工作高压态势，查处超限超载违法行为189起，卸载货物1330吨。加强国省干线公路管养，确保主干公路畅通。制订农村公路维修方案，逐步实行农村公路维修自修模式，并围绕"四好农村公路"目标，开展创建工作。完成县航运公司改制工作，安置职工900多人。

（黄金文）

【龙感湖区】 至2016年底，全区公路通车里程460公里、路网度460公里/百万平方公里，其中高速公路18公里、一级公路6.78公里、二级公路28.4公里、三级公路49公里、四级公路357公里。内河航道通航里程65公里，港口3个，生产渡口2个。客运站5个，其中二级客运站1个、五级客运站4个，货运站1个。

基础设施建设。全年完成交通固定资产投资2968万元，比上年度增长6%。龙感湖黄邓线改造项目0.7公里完工，总投资257.2万元。龙王线改造项目0.86公里全部完工，总投资369万元。自然村通畅公路项目39公里全部完工，总投资1560万元。撤并村通畅工程2公里全部完工，总投资100万元。建制村窄路面加宽项目4公里全部完工，总投资80万元。下闸大桥危桥改造，桥长105.5米，全部拆除，进入桥墩打桩阶段，桥梁片浇筑50%；梅济港桥进入招投标阶段。龙感湖汽车客运站改扩建工程完工，建筑面积3337.53平方米，总投资1570万元。

公路治超。治理超限超载工作出动执法人员580人次，执法133次，出动巡查车290台次，依法检查车辆500余台次，查处超限超载车辆121辆，卸载货物近300吨、230余立方米，查处损坏路产案件2件，拆除非交通标志标牌16块，拆除公路路边违章建筑3座、清理违法占道堆积物8处15个平方米。

运输服务。全年完成客运量260.6万人次、旅客周转量3948万人公里。新开通总场—黄冈高速客运班线，对外客运班线达到12条，日发100余班次。扶持发展现代物流业，形成久润物流园、粮食物流中心、油料中心、现代冷链物流园中心等现代综合物流园区，提升交通综合运输能力。

行业管理。坚持整治与规范并举原则，加强运输市场管理，净化运输市场环境。集中开展客货运市场专项整顿，依法严厉打击超限车辆、"黑车"营运、无证维修点、开展驾培行业乱收费专项整治。新增教练车30多台，驾校质量信誉考核和刷卡计时培训工作正式启动。恒通、如峰2家货运公司，实现入籍车辆486台，每年上缴税收38万元。

运输安全。健全安全生产责任制，强化企业安全生产主体责任、行业安全生产监管责任，开展重要时段和重点部位安全检查和隐患排查，客运站落实"三不进站，六不出站"安全例检制度。全系统连续6年安全生产责任零事故，交通运输安全生产工作连续4年获管理区和黄冈市政府表彰。

文明创建。分局围绕巩固、提高、延伸、辐射的文明创建工作思路，大力推进"文明交通"建设，着力创建文明单位、文明窗口、文明示范路段。全系统文明单位覆盖率100%，分局连续7次被授予省级文明单位，区公路局、运管所、物流发展局被授予"市级文明单位"，创建"农村公路生态文明示范线"市级1条、"文明样板路"7条。楹联学会交通运输分会2015—2016年分别被中国楹联协会和省楹联协会评为楹联文化"先进单位"。

（熊国平）

咸宁市交通运输

【概况】 至2016年底，全市公路总里程16312.78公里、路网密度160.79公里/百平方公里，其中高速公路457公里、一级公路283.7公里、二级公路1405.03公里、三级公路398.61公里、四级公路12179.21公里、等外公路1589.23公里。内河航道通航里程412公里，长江码头20个，内河码头1个。客运站51个，其中一级客运站4个、二级客运站3个、三级客运站2个、四级客运站4个、五级客运站34个、简易站4个。

基础设施建设。全年完成交通固定资产投资52.5亿元，为年度目标的109.3%。8月28日，武深高速公路嘉鱼至通城段全线建成通车。咸宁（嘉鱼）长江大桥桩基基本完成；武深高速公路嘉鱼北段、赤壁长江公路大桥及接线2个PPP项目确定投资人，便道、便桥等开工准备工作完成，待用地批复后正式启动建设。监利至崇阳高速公路咸宁段、咸宁（通山）至九江（永武）高速公路项目纳入"十三五"规划，前期工作稳步推进。10月25日，咸通高速马桥连接线建成通车。幕阜山生态旅游公路除通山阳辛至狮岩大桥段9公里外，其余路段全部建成通车。完成一、二级公路建设和养护改造176.9公里、县乡等级公路84公里，新改建农村公路572.433公里。嘉鱼港石矶头港区临江山物流园区综合码头工程一期工程完工并投入运营。陆水河节堤枢纽至赤壁城区航道整治工程、嘉鱼港潘家湾港区综合枢纽前期工作进展顺利。通城县麦市客运站、通山大畈客运站主体工程基本完工，嘉鱼县客运中心主站楼内外升级改造全部完工。全年建成30个港湾式候车亭，80个招呼站。湖北康华智慧物流园、通城县综合物流园一期工程全部完工并投入运营；湖北嘉安综合物流园办公信息楼、冷库主体基本完工；崇阳县现代物流产业园完成征地拆迁；赤壁现代物流园项目控制性详细规划通过专家评审。

运输服务。全年完成道路客运量5952万人次、旅客周转量341193万人公里，货运量8922万吨、货物周转量105.2823亿吨公里。全市拥有营运客车1612辆，开通客运班线579条，其中省际班线69条、市县际班线108条、农村班线402条，日均发送4291班次。拥有道路营运货车10984辆，拥有客渡船舶316艘。咸宁中心城区公交车辆336辆，全部为清洁能源公交车，其中纯电动公交车100辆。公交线路18条239公里，公交日均客运量6万人次；出租汽车656辆，其中公车公营出租车621辆、挂靠经营出租车35辆。

行业管理。市政府牵头，交通运输、公安、城管执法三部门组成联合执法专班，开展交通运输运营秩序集中整治工作。联合执法专班在高铁站、城铁站、火车站、客运中心、医院等旅客重要集散地进行宣讲，呼吁广大市民自觉抵制乘坐"黑的"。8月至12月上路91天，检查出租车258辆，查处出租车违章30件，查扣非法营运车辆43辆，市区交通运输秩序整治初见成效。牵头推动咸宁、黄石、荆州区域联动治超和咸宁、岳阳、九江省际交界区域联动治超，以市际出口线路和省际出口线路为据点，发挥双向治超合力，坚决遏制双向流动超载车辆，取得较好效果。咸宁作为全省3个试点市州之一，在各县市区治超站推进8个不停车检测建设。全市检测车辆22.5万台次，处理10705台次，卸载、转运货物24971吨，切割非法改装栏板714块，防止超限车辆严重反弹。根据整治长江干线非法码头界定标准，除按计划取缔非法码头22处外，对赤壁市属于白鳍豚保护区内的5个非法货运码头全部取缔，仅留1个旅游码头。取缔的27个码头堆场所有设施设备全部搬离现场，电力相关设施全部拆除，对场地进行平整和覆绿，原非法码头场地覆绿面积达1059亩，全市恢复长江岸线4.5公里。全市船舶按要求配备污油桶和垃圾桶收集船舶污染物，船舶水污染防治工作取得进展。

灾后重建。防汛期间，调集车辆接送防汛一线救灾人员2000余人，调用应急客车27台次、货车100台次、工作车辆15辆次，运送救灾物资1000吨。做好灾后损失统计及上报工作，灾

2016年12月28日，武赤线赤壁段改扩建工程施工中

幕阜山旅游公路石子岭段安防工程建设

后重建完成投资4.66亿元,恢复工程完成投资5500万元、重建工程完成2.05亿元、发展工程完成5400万元、其他工程完成1.52亿元,灾后重建工作大部分完成,全市公路安全畅通运行。

精准扶贫。市交通运输局驻燕厦乡马桥村精准扶贫工作队,深入村户走访调研,制定帮扶措施,全年帮助该村争取省市建设项目4个,引导村级发展产业6个;争取省市项目建设资金365万元,通过发展产业引入社会资金200万元,促进马桥村贫困户精准脱贫。

安全生产管理。全市水路交通运输行业安全生产四项指数保持为零,船舶安全面100%,乡镇船舶安全管理四级责任状签订率100%,渡口渡船安全监管覆盖率100%,港口危险货物安全监管覆盖率100%,全市水路交通连续20年安全渡运,获全省交通运输系统安全应急管理优秀单位。

咸宁赤壁城乡三级配送体系。以"政府支持、企业主导、部门配合、整合资源"为原则,联合物流、邮政、供销、商务等单位合力协助,首创"农村物流三级配送体系",强势推动湖北省康华智慧物流园建设,以赤壁市城乡三级物流配送中心为中枢、镇级物流综合服务站为支点、村级物流综合服务点为终端、物流班车为纽带的"一点多能、一网共用、功能完善、运行高效、深度融合"的农村物流三级配送体系,解决农村物流服务"最后一公里"与"最初100米"的双向流通难题,并通过自建的物流信息平台、自建电商平台与乐村淘有机结合,大力发展农村物流电商,做到既把生鲜农资配送到农民手中,又将农产品、农副产品销往全国的双向流通。"咸宁赤壁城乡三级配送体系"获交通运输部和商务部全面肯定,被交通运输部作为样板案例在全国推广。

(叶柳)

【咸安区】 至2016年底,全区公路通车里程2966.37公里,路网密度198.38公里/百平方公里,其中高速公路180.54公里、一级公路111.69公里、二级公路237.95公里、三级公路37.23公里、四级公路2162.96公里、等外公路236公里。乡镇渡口3个。客运站5个,其中一级客运站1个、二级客运站1个、五级客运站3个。

基础设施建设。全年完成交通固定资产投资18000万元,比上年减少28%。普通公路建设完成投资1800万元,咸潘一级公路咸安段完成浮山办事处到向阳湖镇安保工程、向阳湖镇甘棠街水毁工程、107国道至甘棠段管道工程续建。完成市政工程双垅桥、金桂西桥建设。360省道咸安区大幕至向阳湖公路张公至窑嘴段征地拆迁和苗木清理全部完成,并完成1公里实验段路基工程。完成温随线三班口至古田段路面大修、横路线马桥街段路面大修、汀古线路面大修、钱庄至盘源公路大修。完成李容至双坑公路路基初坯建设、向阳湖文化核心区道路420米主干道路基初坯建设,完成大幕外环公路路基工程及桥梁工程建设。完成全区精准扶贫产业扶持公路40公里,完成黄祠村跃马桥等2座桥梁改建。完成李家桥、刘祠桥等6座危桥改造。完成107国道咸安段、317省道沿横线干线公路安保工程,处治隐患20.26公里;完成肖星线、常横线等32条县、乡、村道农村公路安保工程,处治隐患344公里。完成通村公路建设103公里,超额完成年度目标。

公路管养。完成国省道养护资金1258万元,全区302公里国省干线公路得到全面、优质养护。投入养护资金576.9万元,完成全区358公里县乡骨架农村公路养护任务。投入"以奖代补"资金136万元,推动乡镇开展乡村公路养护,同时,通过技术指导、检查评比、跟踪监督等措施予以保障,实现全区612公里通村公路养护全覆盖。

公路运输。全年完成客运量905.4万人次、旅客周转量4.55亿人公里,均比上年减少0.9%;完成货运量342.62万吨、货物周转量3.24亿吨公里,分别比上年减少0.9%、0.01%。全区拥有营运客车348辆,客运线路135条,其中区内84条、长途51条,营运货车4267辆。组织全区乡镇物流综合服务站筹建工作,向阳湖镇、双溪镇、高桥镇3个乡镇农村综合服务站正式挂牌并运营。

行业管理。全年公路治超查处超限运输车辆2600余台,卸载货物10000余吨。全区95%左右的砂石料车辆实行帆布全覆盖运输,六轴以下车辆载货吨位明显下降,恶性超限运输现象得到进一步遏制。加强公路路产路权、路域环境保护力度,路政管理更加规范有效,全年开展路域环境集中整治21次,清理乱堆乱放809

2016年7月，咸安区横路线马桥街路面大修工程完工

处7417平方米，清理取缔加水点20处，拆除非公路标志518块，拆除违章建筑24处415平方米。办理路政许可7件，查处路赔案件9件，办结率100%。实现"两客一危"及12吨以上货车新入户卫星监控终端系统安装率100%。开展运输混凝土搅拌车专项整治工作，有8家搅拌站办理《经营许可证》，103辆搅拌车配发《道路运输证》。严格履行校车安全监管职责，会同教育局、交警三大队对咸安辖区13个乡、镇、办的123家中小学幼儿园182台校车进行专项整治，责成123辆校车进行车辆二级维护。

安全应急管理。开展春运公路通行条件与站场企业安全检查10次，排查隐患8处，整改8处；联合公安、交警开展集中整治活动7次，运管与站场工作人员安全例检4500台次，确保春运40天安全发送班次9500个，安全发送旅客16万人，未发生交通安全责任事故。开展道路运输企业联合执法检查，会同区安监局对辖区内一类汽车维修企业29家、"两客一危"企业12家、驾培企业7家、货运物流公司34家进行安全生产执法检查，开出检查情况记录书52份。抓好运输企业安全生产"两化"管理，"两化"平台监管企业51家，坚持每天通过"交通两化QQ群"发布逾期、预警信息。加强乡镇渡口渡船和库区日常监管，联合市海事部门依法查处库区村民自驾"三无"船泊非法揽客营运现象。全力做好防汛抗灾工作，汛期出动公路抢险人员370人次，调集水泥、砂石等抢险物资24526立方米，投入机械设备200台套，增设标志、标牌178块。汛期征用客车16台次，安全转移向阳湖围垸被困群众146人，组织防汛救灾突击队员出动96人次，参加市区内涝抗洪和斧头湖护湖堤加固工作。

(宋小方)

【嘉鱼县】 至2016年底，全县公路通车里程2462.9公里、路网密度242.2公里/百平方公里，其中一级公路76.32公里、二级公路89.04公里、三级公路103.18公里、四级公路1557.73公里、等外公路636.63公里；按行政等级分为国道53.74公里、省道90.7公里、县道80.04公里、乡道886.38公里、村道1352.04公里。客运站3个，其中二级客运站1个、四级客运站2个。

基础设施建设。全年完成交通固定资产投资99384万元。完成通村公路、渡改桥、安保及危桥等建设计划，投入资金3355万元；实施灾后重建项目，投入资金5055万元。8月28日，武深高速嘉通段建成通车。嘉鱼长江大桥建设完成投资88849万元，占总投资的28%，桥梁桩基完成96%，下部结构完成44%。武汉新港临江山码头3、4号泊位投入试运营。金盛兰钢厂至三环线公路建设项目确定中标单位。陆八舒旅游扶贫公路全长27.78公里完成初步设计。嘉鱼县发展大道路面升级全长4.8公里，完成3.1公里，完成投资2125万元。

公路管养。完成嘉鱼县快速通道沿江至石矶头码头道路800米水稳层摊铺、油石摊铺、挡土墙工作，货币工程量420万元；完成一级公路养护维修20148.2平方米及油石摊铺，货币工程量500万元；完成嘉鱼县发展大道园区二路至三环线改扩建工程3.06公里水泥稳定碎石、沥青油石路面工程，货币工程量1600万元；完成330省道红牌线灾后重建14公里，货币工程量1800万元；完成高舒线梅山段大修1.2公里，货币工程量150万元；完成官朱线朱砂段改建工程公路降坡路基挖方4.2万立方米，货币工程量150万元；完成102省道青潘线、351国道台小线、359省道石铁线路面坑槽修补工程量13000平方米。

运输服务。完成道路客运量72.6万人次、旅客周转量5810.8万人公里，分别比上年增加5%；完成货运量259.9万吨、货物周转量7797.6万吨公里，分别比上年增加10%。全县有客运线路29条、客车130台，公交线路7条、公交车88辆，出租车公司2家、出租车139台。

行业管理。开展打击"黑车"专项整治活动，全年开展稽查行动165次，出动稽查人员1200人次，检查车辆1642辆次，发现违法行为850起，处理违法行为500余起，结案475起，结案率达95%，处罚金额30余万元。成立3个路政执法中队，实行路政、养护结合巡查，相互抄告制度，实行固定治超与流动治超相结合，增设临时治超点2处，检测车辆4700余台次，超限车辆280余台次，卸载、转运货物210余吨，超限率控制在3%以下，办理路损案件5起，查处率、结案率100%，收缴公路赔(补)偿费120余万元。对102省道武赤线、嘉泉线等路段路域环境进行整治，依法拆除违章临时建筑物2处24平方米，拆除非公路标志牌37块，清理堆积物6处27平方米，清除摆摊设点13处。完

在建中的嘉鱼长江公路大桥

成取缔非法码头8个、非法砂石堆场12个，投入资金210多万元，完成覆原绿化面积359亩。

安全应急管理。加强道路运输隐患排查，对客运车辆实行动态监管，重点检查高速班车、长途客车接驳运输情况，督促客运站落实"三不进站、六不出站"规定。对城市公交、出租车安全状况、设备设施及调度指挥系统运行情况进行检查，确保车辆运输安全。加强水路运输隐患排查，加大危险品运输货船以及渡口、码头安全检查和监管力度，对辖区内3个危险品码头及船舶进行安全检查；对渡口、渡船进行安全检查，从严查处各类违法违规行为，严防"三无"船舶非法运输、客渡船超员运输等违法行为。加强公路、桥梁的安全隐患排查。对全县8个乡镇125座入库桥梁进行排查，确保交通安全。

（王云）

【赤壁市】 至2016年底，全市公路通车里程2699.58公里、路网密度156.7公里/百平方公里，其中高速公路86.52公里、一级公路61.67公里、二级公路258.79公里、三级公路63.97公里、四级公路1922.57公里、等外公路306.06公里。内河航道通航里程170公里（界河按二分之一算），港区3个，生产性码头泊位2个，渡口11个。客运站11个，其中一级客运站1个、四级客运站5个、五级客运站5个、货运站3个。

基础设施建设。全年完成交通固定资产投资140043万元，比上年增长16%。赤壁长江公路大桥项目纳入首批全国交通系统PPP试点，3月份完成招投标，附桥工程动工兴建。361省道随羊线随阳至双泉段改建完成路基30公里，芳世湾大桥全面贯通，打通赤壁旅游外环线通道。107国道赤壁段一级公路改扩建65公里中，汀泗桥至中伙铺段14公里全面开工。完成418省道赤壁市余家桥至新店段改建项目桥涵及路基工程，完成官随线5公里至游家山矿段8.1公里拓宽工程，沿江公路续建工程快速推进。完成通村公路60公里建设任务。完成神山镇宋嶂线、余家桥光大线、中伙镇董李线等8条农村道路34公里加宽，新建神山镇姚家桥、赤壁镇八把刀桥、蒲圻办事处金潭1号桥等6座渡改桥，完成神山镇三坑桥、毕畈桥、官塘镇余家桥3座危桥改造加固。节堤航电枢纽船闸工程基本完工，投入试营运。建成农村物流市级运营中心、9个镇级农村物流综合服务站、140个村级服务点，开通5条农村物流班线。康华物流园建设项目，投入补助资金600万元。

灾后重建。7月，赤壁市遭遇特大暴雨，107国道官塘驿镇、茶庵岭镇段路面淹水，418省道新店镇段路面被淹交通中断。灾情发生后，交通部门组织所有人力、物力及机械进行抢修，通过连续20多小时奋战，抢通黄龙大堤2条防汛抢险公路、四清坑4条防汛抢险公路、黄盖湖2条防汛抢险公路，为防汛抢险人员、设备、物资和群众转移提供交通保障。完成107国道京深线、凤界线、渣枫线、咸赵线等国省干线公路灾后恢复重建32公里，完成15条县乡道路灾后重建134.82公里。

运输服务。全年完成旅客周转量11.53亿人公里、货物周转量19.82亿吨公里。全市拥有出租汽车321辆，营运客车278辆，其中农村客运车辆224辆、中长途客车54辆；营运货车3500辆。

行业管理。与全市16个乡镇（办、场）签订农村公路养护协议，全年清理边沟3600余公里，路面坑槽修补

2016年10月9日，赤壁市陆口大桥至铁山咀公路改建

2016年10月10日，107国道咸宁市赤壁段改扩建

32000平方米，修复防撞墙1300余米，更换钢护栏800余米，增设道口桩1000余根，补植樟树3100余株。107国道换板16000平方米。开展路域环境整治，开展非公路标志牌、红线控制区乱搭乱建、过境路段占道经营等涉路违法专项整治行动，拆除摊棚摊点35个、堆积物110余处、制止违章建筑11处，无公路三乱行为，无路政执法败诉案件。加强源头治理和站点路面管控，官塘治超站、小柏治超点严格按照"全覆盖、零容忍、严执法、重实效"总要求，做到"逢车必检、逢超必卸"，有力打击了超限运输和非法改装货运车辆等行为。全年检测车辆8000余台，卸货1200余吨。开展规范客运经营行为和打击非法营运车辆整治行动，打击无证经营黑车成效显著，查处"黑车"50台，查处出租车违规行为40起，受理并回复群众投诉40余起。

安全管理。与路政、运政、海事等有关部门签订《安全生产目标责任书》，与各乡镇签订水上安全责任书，严格落实安全生产责任制。加强源头监管，重点监管客货运输和危险品运输，加强对危险路段和危桥排查整改，确保公路安全畅通。加强水上运输船舶管理，预防安全事故发生。定期或不定期对交通建设施工现场、车站、码头等地进行安全大检查，从源头上预防安全事故的发生，水运连续26年安全无事故。

（方楚良）

【通城县】 至2016年底，全县公路通车里程2343.22公里、路网密度206.97公里/百平方公里，其中高速公路49.3公里、一级公路12.2公里、二级公路161.65公里、三级公路21.34公里、四级公路1985.78公里、等外公路112.95公里。库区渡口8个。客运站9个，一级客运站1个、三级客运站1个、四级客运站1个、五级客运站6个。

基础设施建设。全年完成交通建设固定资产投资2.5亿元，全面完成幕阜山旅游公路通城段建设项目、瀛通大道建设项目、关刀至云溪水库公路改造项目、双龙集镇至陶瓷产业园路改造项目、塘湖至麦市公路改造项目、宝塔大道、解放中路、旭红路刷黑改造项目。106国道绕城公路项目完成平安大桥建设，启动平安大桥至石泉村路段征地拆迁工作。启动九二线公路改造项目，提前实现简易通车。全年建成一二级公路48公里、县乡等级公路30公里、建设农村公路116公里，改造农村公路40公里。积极应对7月特大暴雨灾害，国省县乡公路全面恢复通车，农村公路基本恢复通车，完成程风大桥、五甲祠桥、青草岭公路等灾后重建项目。完成麦市客运站、银山大道公交站点、部分农村物流站点建设，完成五里客运站主体工程。

运输服务。完成公路旅客周转量10802万人公里、货物周转量18788万吨公里；水上旅客周转量28万人公里，比上年增长2%，全县客渡船由18艘增加到23艘。拥有国有客运企业1家、乡镇民营客运企业7家，客车263辆，货车1330辆，出租车224辆，新增客运出租车145辆，更新电动公交车65辆。机动车维修企业111家，车辆综合性能检测站1家，车辆维修、检测年业务量1.6万台次。驾培学校3所，培训机动车驾驶员7321人次。物流企业44家，综合物流园1个，农副产品物流配送中心1个，农村物流综合服务中心2个。

行业管理。全面完成省市下达的公路大中修、危桥改造、安保工程计划任务，养护管理达到规范化要求，列养公路通行状况良好，国省道干线公路好路率达到92%。开展道路客货运输、维修、驾培市场专项整治活动，发展完善公共交通服务，全面取缔城区非法载客麻木。重点打击非法经营、超限超载、倒客宰客，整治的士不法经营，维护交通运输市场秩序稳定。加大路政执法力度，强化公路环境整治，集中开展货运超限超载联合整治行动，货运超限率控制在4%内。精减行政审批事项17项，加大交通政务窗口授权力度，实行"一站式"服务，并推进网上审批全覆盖。

安全应急管理。全面推行"党政同责、一岗双责、齐抓共管"安全机制，深入推进"平安交通"创建，扎实开展重点领域专项治理，企业安全生产标准化建设有序推进，安全责任体系进一步完善，安全应急保障能力进一步提升，全县交通运输安全态势持续稳定向好。全面完善县、乡、村、船主四级水上安全责任管理，水上客运安全监管面100%。加强重点渡口、重点航段、重点水域、学生渡船现场监管力度，严厉打击水上客运各类违章行为，持续多年保持水上客运零事故。

物流发展。发展壮大物流产业,物流企业发展到44家,物流运营车辆91辆1121.9吨,仓储面积73190平方米,从业人员432人,年主营业务收入5673.1万元。整合物流资源,聚集物流企业,玉立运输公司、杭瑞陶瓷、平安电工、瀛通电子等规模企业加盟物流合作。物流园区建设稳步推进,建成通城县综合物流园,在建富源商贸物流中心、玉立物流配送中心和宏锦果蔬物流配送中心等3个物流园。推进城乡物流配送网络体系建设,完成北港和大坪2个镇级和高冲1个村级农村物流站点建设,基本实现农村物流全覆盖。

(杜耀武)

2016年9月10日,幕阜山旅游公路铜钟至小山界段建成通车

【崇阳县】至2016年底,全县公路通车里程3189.8公里、路网密度162.1公里/百平方公里,其中高速公路92公里、一级公路19.02公里、二级公路366.53公里、三级公路108.97公里、四级公路2472.85公里、等外公路130.57公里;按行政等级分为国道62.8公里、省道255.2公里、县道397.2公里、乡道642.9公里、村道1739.7公里。内河航道通航里程138.9公里(界河按二分之一算),改造达标渡口3处,更新船舶58艘。客运站7个,其中二级客运站1个、四级客运站6个。

基础设施建设。全年完成交通固定资产投资14亿元,为年度计划的110%。续建的幕阜山生态旅游公路铜钟至小山界、大泉洞至高枧段公路建设全面完工,完成沥青路面50公里。武深高速公路连接线完成4.7公里拆迁工作。横路线路口镇区段改建路基和桥梁工程基本完工。白云潭连接线工程、小港河大桥等新建工程正式启动。城西交通运输中心一级客运站等8个项目立项,完成征地30亩。天成物流园一期全面投入运营,二期工程完成征地100亩。驾培学校新校区考场和训练场投入运行。

运输服务。全年完成道路客运量761.2万人次、旅客周转量2102.5万人公里,货运量2198.3万吨、货物周转量99876.7万吨公里,分别比上年增长1.5%和1.6%;水上客运量80万人次、货运量221万吨,分别比上年增长5.6%和8.2%。大力推进物流资源整合,成立农村物流试点基地"港口农村物流综合服务中心",直接服务和辐射港口乡13个村、近3万人口。投资5000万元,全县4条线路68台公交车全部置换新能源纯电动公交车;投资800万元,对新老城区改建或新建港湾式公交站候车亭56个,全县公交站亭达136个。全县有客运公司3家、货运公司23家、机动车维修企业87家、机动车驾驶员培训学校4所,营运车辆1935台,其中客车277台、出租车218台、租赁车46台、货车1141台、教练车185台、公交车68台。省际班线11条、客运车辆22台、市际班线8条、客运车辆34台、县际班线7条、客运车辆38台、农村班线58条、客运车辆181台,公交车线路4条,全县12个乡镇186个行政村通班车率100%。更新出租车29台、客车15台,新增客车2台、货车107台,淘汰黄标车244台,实现入市车辆低碳绿色运输合格率100%。

公路养护。深化养护运行机制改革,推进公路标准化、规范化和精细化养护管理。全年投入公路养护资金6473万元,完成横路线大修15.5公里,完成106国道、凤界线中修80公里,完成沥青路面灌缝55公里、水泥路面灌缝30公里,修补坑槽38500平方米。完成106国道白洋桥、春兰桥、白界线界牌桥、大源桥及横路线先锋二桥等10座危桥整改加固,完成咸赵线、天高线、凤界线等高危路段183处115公里安全防护工程。全年公路养护率、干线公路绿化率、干线公路安保覆盖率均为100%,干线公路养护机械化程度为80%,路产完好率为95%。完成106国道、横路线、凤界线、咸赵线、铜天线及部分重点县乡道公路灾后重建水毁防护新建工程103处29665立方米、抢修水毁桥梁3座,全面保障灾区群众安全出行。

行业管理。全年出动路政执法人员1500余人次,检查车辆2437台次,查处违法违规车辆431台,查处超限超载车辆87台、卸货2350吨,拆除非法加高墙板车辆121台,车辆站点超限超载率由6%下降到3%以下。加强客运市场整治力度,与交警、城市执法局联合开展城区交通秩序整治,扣押非法麻木92辆、违规载客"面的"45辆,处理乱停乱靠车辆573辆,查处违法违规营运车辆943台次,查处非法载客"黑的"671台,逐步规范客运市场秩序。

安全应急管理。坚持"安全第一、预防为主、综合治理"方针,推进隐患排查治理"两化"体系建设,狠抓安全责任落实,建立全员安全责任制。开展安全隐患排查50余次，整改一般隐患130项，排查和整改率均为100%。督促乡镇、村、船主签订三级责任状91份，排查水上交通安全隐患11处，下达停航通知书3份、隐患整改通知书4份，隐患排查整改率100%。对青山水库59艘客渡船舶全部更新、安装北斗监控系统，完成青山水库47艘船舶B类(AIS)识别系统安装调试工作，对陆水沿线15个渡口安全警示牌全部更新到位，交通基础设施建设、公路渡口等无安全事故发生，交通运输安全生产形势持续稳定。

（刘治国）

通山县和平大桥在建中

【通山县】 至2016年底，全县公路通车里程2664.26公里（未含高速公路）、路网密度104.93公里/百平方公里，其中高速公路97公里、一级公路5.12公里、二级公路307.68公里、三级公路80.12公里、四级公路2104.25公里、等外公路167.09公里。内河航道通航里程89公里（界河按二分之一算），渡口30个。客运站9个，其中一级客运站1个、在建三级客运站1个、五级客运站7个。

基础设施建设。全县完成交通固定资产投资28240万元。幕阜山旅游公路建设投资5800万元，主线慈口至大畈段完成全线排水、安保、绿化及附属工程续建，主线阳辛至慈口乡段完成路基10.2公里，主线厦铺至界头塘段完成全线排水、安保、绿化及附属工程续建。杭瑞高速隐水互通至九宫山快速通道完成路面9.5公里，完成货币工程量1900万元。慈口白果树至黄沙大塘坳段改造15.77公里、新建18公里，完成路面12公里，完成货币工程量2400万元。5月23日，富水库区南岸公路（不含板富线共线段）开工建设，完成路基工程19公里，涵洞30道785米，完成货币工程量6890万元。完成农村公路193公里、货币工程量5790万元。和平大桥完成0号台基础、台身，1号、2号墩桩基，完成梁场建设，完成货币工程量900万元。杨林至一盘丘县乡等级路全线完工，完成货币工程量1760万元。塘下至畅周公路改造升级，完成路基工程4.2公里、货币工程量1200万元。危桥改造完成货币工程量1600万元。

公路养护。对咸通线、106国道38公里路面实施灌缝作业。完成路肩整修25万平方米，清理边沟2150公里。对全县国省干线缺失公里碑、百米桩进行登记、补栽，刷新示警桩、百米桩、道口桩和安全护栏。整修水毁路基塌方131处4.7万立方米，清理水毁路面15公里4.1万平方米，疏通涵洞125道，安装涵洞5道。

运输服务。全年完成客运量295万人次、旅客周转量14122万人公里，上年增长6%；完成货运量152万吨、货物周转量13840万吨公里，比上年增长8%。全县更新客车79台，其中更新出租车25台、更换新能源公交客车54台，通山县成为全省首个实现公交车整体"油改电"转型升级的山区县；新增货车26辆。九宫山镇、洪港镇农村物流融合服务站正式挂牌营运，全县农村物流融合服务站达到4个。

行业管理。2016年，路政出动巡查车辆280余台次、运政出动稽查车辆340台次、海事出动巡查736人次。开展公路、水上、消防等应急演练4次，举办安全培训5期，培训司机、船员517人，学生安全培训100人。检测车辆18960台，查处非法营运车辆87台、超限超载车辆3287台，卸货车辆404台、卸货325吨，超限运输比控制在4%以内。纠正路政违章146起、水上交通违章14起，立案查处路产损赔案件5起，结案5起，案件查处、结案率均为100%，无行政败诉案件。

（林晶）

随州市交通运输

【概况】 至2016年底，全市公路通车里程9464.4公里、路网密度98.2公里/百平方公里，其中高速公路320.3公里、一级公路116.7公里、二级公路1090.2公里、三级公路191.1公里、四级公路7746公里。内河航道通航里程150.5公里，渡口38个。客运站32个，其中一级客运站1个、二级客运站4个、三级客运站1个、五级客运站26个。

2016年6月15日，麻竹高速大洪山连接线通过交工验收

基础设施建设。全年完成交通固定资产投资16.1亿元，为年度目标的111%。1月15日东外环一级公路、6月1日麻竹高速长岗连接线、8月11日随州南互通正式通车运营；浪河至何店一级公路启动；广悟大道全线开工；107国道改造项目完成路基土石方120万立方米；346国道十岗至任家台段（南外环一级公路）完成1公里示范段建设，其余部分可行性研究报告报省发改委待评审；桃园大桥施工图设计通过专家评审。新中心客运站基本完成项目规划设计，签订土地使用协议，进行土地平整；随州市综合物流园一期项目初步规划设计基本完成。全年完成一级公路路基34.5公里、二级公路路基107公里、路面145公里和县乡道改造12公里，完成通村公路365公里，占年计划的100%。完成全市第一批交通公路灾毁重建76.66公里。完成国省道安全生命防护工程2个，处治隐患25.2公里。

综合运输。全年完成道路客运量3319.18万人次、旅客周转量17.37亿人公里，货运量6645.86万吨、货物周转量125.65亿吨公里，分别比上年增长1.29%、1.04%、6.13%、5.32%。新增随县至咸宁市际客运班线1条、县内班线8条、客车8台，更新客车185台，其中中高级客车140台；新增货运业户709家、货车1275台、危货经营业户4家，新增（更新）危险货物运输车辆33台。圆满完成春运、"五一"、"十一"、寻根节、高考等重大节假日运输保障工作。全市三级以上汽车客运站服务信誉等级评定率100%，"两客一危"营运车辆GPS联网联控率保持100%，上线率90%以上。全年优化调整公交线路3条，新增新能源公交车120台，建成水岸国际、政务服务中心2个公交首末站。与公安交警部门联合开展治超执法行动，检测车辆5013辆，查处超限运输车辆1246辆，卸货2951.8吨。创新稽查方式，根据"黑车"非法营运特点，在重点地段、重点时段，采取定点蹲守、定区清查、集中整治、重点打击等手段，进行不间断稽查，查处非法营运车辆177台。

公路养护。建立日常养护巡查机制，严格日常养护时限要求，落实养护责任追究，实现制度、检查、考核三到位；制定"好路杯"考核评比方案，每季度对县市区公路养护管理工作进行考核检查，实行重奖重惩，强化绩效管理；广泛采用冷再生、微表处等新技术、新工艺，提高大中修工程质量。推进标准化干线公路建设，完善浆砌边沟、标准化路肩、标志标牌标线等配套设施建设，在打造"畅安舒美路"、拓展普通公路社会化服务基础上，启动普通公路服务区建议计划和第一批规划。随县公路局借随县政府打造"百里画廊"之机，对随南公路、周新公路、寺沙公路进行高标准立体式绿化、美化，沿途新建4个观景台、停车港湾。落实《湖北省普通国省道接养和移交办法》要求，厘清全市列养县乡道移交及接养清单。2016年，全市完成大修工程计划任务96.9公里、中修12公里，危桥加固11座，安全生命防护工程2条线路25.19公里。

路政管理。全面启动路政管理"三基三化"建设，继续开展路域环境整治，落实路政信息抄报机制，及时查处各类涉路违法事案，拆除违法建筑和非公路标志牌，开展砂石料短途超限运输集中治理和整治高铁建设违法超限运输车辆，有效保护公路安全运行。通过明察暗访和定期检查，检查路政执法人员执法程序和自由裁量标准执行情况，建立路政执法问题清单，规范路政执法人员执法风纪和执法行为。加大治超力度，治理超限反弹，联合交警和运管部门对广水长岭和蔡河路段违法超限运输车辆进行严管重罚。针对境内汉十铁路超限运输建筑材料情况，争取市政府和交通运输局出面协调，签订合法运输协议书，确保公路权益不受侵害。联合治超期间，检测车辆5013台，其中超限车辆1246台、卸货车辆1243台、卸载（转运）货物2951.8吨。全年检测车辆102462台次，查处超限超载车辆4464台，卸货车辆1426台次、卸载（转运）货物10345.3吨。超限运输率控制在4%以内。治超联网信息覆盖率100%。

安全应急管理。督促水运企业落实安全生产主体责任，引导乡镇渡口渡船安全管理四级责任全面落实，组织开展渡口渡船安全专项检查、客（渡）船安全性能专项核查，排查并整改安全隐患21起，其中重大安全隐患6起，水上安全持续稳定。深入客货运企业开展安全检查48次，下达督办通知书16份；运用GPS动态监控联网联控平台不定期开展专项督查，按月考核各县市区运管部门GPS联网联控系统使用情况，全市"两客一危"重点营运车辆入网率100%、上线率90%以上。开展公路"安全隐患整治年"活动，对周新线财神垭、长岭高架桥等8处重点安全隐患进行整治,对厥水二桥、公铁立交桥等重大安全隐患,协调市安监局进行整治,省公路局挂牌督办的小应线厥水二桥危桥改造项目启动。升级改造公路二级监控指挥中心,在重要国省干线布设视频监测点11处、可变情报板4块,配备应急指挥车3台,基本实现国省干线路网运行状态实时监测和可视可控。

文明创建。举办全市首期"道德总堂",建设"职工书屋",定期开展"青年读书活动",孙宇峰家庭获"全国书香家庭""荆楚最美家庭"提名奖,市公路局图书室被评为全省交通运输系统"职工书屋"示范点,随州城区鄂SX1871号出租车获省级"文明示范车"称号。实施精准扶贫,帮助广水市太平镇猫子湖村基础设施建设,累计投入30余万元;开展扶贫帮困,建成50万千瓦光伏发电站2座,投入20余万元。

(关文)

【曾都区】 至2016年底,全区公路通车里程2313.83公里、路网密度175.8公里/百平方公里,其中高速公路58.4公里、一级公路13.92公里、二级公路142.84公里、三级公路95.19公里、四级公路2003.48公里。客运站5个,其中一级客运站1个、二级客运站2个、五级客运站2个。

基础设施建设。全年完成交通固定资产投资10905万元。洛京公路路基、桥涵配套工程完工,完成桃园河至建国段路面、建国至揭家垅段及浙宇路至九口堰段基层建设。完成浙宇公路大堰坡至金鸡岭段改建工程路基路面及桥涵配套25.5公里,完成何店乔麦河至洛阳金鸡岭段路面建设。完成何店至柳林公路路基及桥涵配套8公里。完成通村公路建设133公里。完成浙河杨树河桥、浙河白龙港中小桥、浙河丁官桥、浙河孙畈桥、万店新中小桥、何店档口桥等农村公路桥梁前期工作。完成农村公路安保工程。受7、8月份强降水影响,浙宇路、洛京路、府洛路等国省干线道路交通中断,水毁损失严重,经过抢修,水毁路基路面均修复完成,交通恢复正常。

公路养护。处置路面病害的同时,对各类裂缝进行灌补,延长路面使用寿命。完成水泥路灌缝5公里、油路3公里,完成316国道、212省道油路坑槽挖补5800余平方米、局部罩面130平方米、处理沉陷调平200余平方米。清理水沟60余公里、新开挖水沟760余米、安置涵管80道。对桥涵进行经常性检查,完善危桥、窄桥两端限速和警告标志,清理伸缩缝,保持桥面整洁、泄水孔畅通、桥栏杆完好无损。增设桥名牌53块、桥梁保护牌3块,拆除重建浙万线何家湾桥,加固朱林沟桥、两河口桥。狠抓公路特殊构造物及附属设施预防性养护,及时对挡土墙等进行勾缝修补,对沿线钢护栏和标志及时修复。进一步完善辖区公路安保工程等附属设施,增设标志标牌122套、交通安全爆闪灯6套;在随安公路、洛京公路新建钢护栏11500米、修复钢护栏860米、增设路口警示桩120根。配合交警部门对212省道槐东段、齿轮厂路口段、迎宾大道湛家岭2座桥梁分隔带、新316国道与212省道匝道口等多处隐患路段进行整改,划设减速震荡标线1678平方米、实施路面刻纹2.6公里、新增警示标志18套(块)。汛期过后,曾都交通运输部门集中力量,精心组织施工,完成滑坡清理、水毁路基、挡墙、小桥涵等修复任务,水毁重建项目1.5公里、大修工程6公里全部完工。

路政管理。全年受理许可案件6件,涉路工程许可3件,处理路政案件10起,结案10件,收取路政赔(补)偿费29637元。路政案件查处率、结案率100%。以"打造优美路域环境,展现公路部门形象"为目标,创新公路管理手段,建立公路路域环境综合整治长效机制,设立路域环境督导协调小组,与地方职能部门协调合作,加大辖区公路路域环境综合整治力度,清理公路堆积物115处560平方米,制止违法建筑56处1600余平方米,清理非公路标志牌30块,整治规范加水点9处,有效净化路域环境。检测车辆20500余台,查处超限超载车辆1300余台,卸载及转运货物3800余吨,超限率控制在4%以内。"百日治超"行动以212省道七里塔治超点为中心,同时在306省道、212省道、迎宾大道、炎帝大道设置流动治超点,联合其他部门执法人员,重点治理恶意超限运输砂石、水泥、拌和料车辆,检测车辆1320台次,查处超限车辆69台,卸载及转运货物1280吨,依法强制切割超限车辆墙板6台,收取公路赔偿费29967元,罚款15800元。

工程质量。进一步提高对公路建养质量监管。按照新版《公路工程技术标准》的要求,严格落实项目法人主体责任,加强公路建设施工环节质量管理和监督,建立在建项目质量与安全管理体系,加大例行巡查和突击抽查力度,发现问题及时整改到位,确保工程质量、安全责任落实到位。各类交通建设项目未发生一起质量事故。完成项目合格率100%,部分质量优良率达到90%。

交通应急安全。与二级单位层层签订目标责任状,实现安全压力层层传递,纵向到底,真正做到安全生产全覆盖、零容忍。始终坚持"隐患就是事故"的理念,重点加强在建公路、桥梁、危险路段、地质灾害路段等风险隐患管控力度。深入生产第一线,按照"谁主管、谁负责"的原则,定期对施工工地、养护作业现场、公路管理站、机械设备、车辆、用电设施、消防设备等重点区域及设备进行检查,对查出的薄弱环节限期整改,并对落实情况进行督查,直至达到规范要求。全年组织安全隐患排查15次,治理纠正违章行为26起,排查隐患57起,整改率100%,全年无安全责任事故。

文明创建。开展"道德讲堂"、争当"文明职工"、争创"工人先锋号""巾帼文明示范岗"等活动。4月,浙河治超检测站工会小组获"全国模范职工小家"荣誉称号。开展精准扶贫活动。组织机关干部职工到万店新中村和府河严家畈村2个扶贫点进行实地走访,实施精准结对帮扶,筹措资金,为扶贫村开挖水沟300余米、铺设人行道 400 余米、街道绿化植树 40 余棵、修缮危房 10 间、修建完善村民文化广场 500 余平方米。

(汪东)

【广水市】 至 2016 年底，全市公路通车里程 4886 公里、路网密度 183 公里/百平方公里，其中高速公路 58 公里、一级公路 61 公里、二级公路 297 公里、三级公路 260 公里、四级公路 3210 公里、等外公路 1000 公里；内河航道通航里程 122 公里 (界河按二分之一算)，港口 1 个，渡口 33 个。客运站 10 个，其中二级客运站 1 个、五级客运站 9 个，二级货运站 1 个。

基础建设。全年完成交通固定资产投资 6 亿元。107 国道广水市境段改扩建完成清理现场 28.72 公里、路基土石方 54.1 万立方米、清淤换填 2.02 万立方米，完成货币工程量 4000 余万元，占总货币工程量的 25%。广悟大道一标完成路基土石方 20 万立方米，占工程总量 40%，构造物完成 30%；二标完成路基土石方 40 万立方米，占工程总量 55%，构造物完成 50%。十蔡线完成路基 8 公里、路面 2.5 公里。泉余线完成路基土石方 95% 的工程量。三李线完成挖方 25.8 万立方米、填方 35.6 万立方米、淤泥 2.06 万立方米，圆管涵全部完成，盖板涵完成 98%，完成 2 座中桥下构，占工程总量 90%。完成宋长线路面大修 13 公里、牛程线路面大修 15 公里、316 国道中修 8 公里。完成通村公路 105 公里。

综合运输。全年完成道路客运量 1334.31 万人次、旅客周转量 70542.8 万人公里，货运量 812.58 万吨、货物周转量 14.96 亿吨公里，分别比上年增长 2%、1%、3%、20%。全市 369 个行政村全部通水泥路和客运班车。

行业管理。完成宋长线大修 16 公里、牛程线大修 12 公里，316 国道及宋长线沥青路面挖补坑槽 12000 余平方米，挖补平洑线、牛程线水泥路面板 6000 余平方米。清理摊点 144 处 920.2 平方米，拆除非公路标志牌 193 块，清除占道堆物、打场晒粮等 508 处 7176.5 平方米，拆除违建临时设施 2 处 12 平方米，制止新违建 1 起，制止、警告各类违法行为 210 余起。办理路损案件 15 件，收取公路赔偿费 67665 元。路域环境明显改善，路产路权得到有效保护。超限治理检测车辆 52908 台次，查处超限超载车辆 2007 台次，卸载及转运货物 2849.4 吨，处罚一般程序案件 3 件，罚款 9300 元。超限运输率控制在 4% 以内。建立安全隐患基础台账，治超数据联网，治超监控视频网络通畅，保存周期达 15 天以上，抽查在线率 100%，治超联网信息覆盖率 100%。

科技与信息化。全市完成"两客一危"运输车辆及重载货车 (自重 12 吨以上) 动态监控设备安装，建立动态管理监控平台。通过登录系统查询数据，督促车辆在线和数据上传，规范经营行为促进企业和行业监管。办理营运客、货运输车辆更新、新增业务，属公示达标的车型方可购置、予以办理《道路运输证》，非达标车型禁止进入营运市场。淘汰黄标车、老旧车，督促企业建立营运车辆报废管理台账，确保营运车辆报废走合法程序，严禁私自买卖。加大重型载货车、节能环保型营运客车及公交客车补贴力度，推动高耗油营运车辆提前退出运输市场。

安全应急管理。引导企业自查自纠，规范管理行为，督促企业落实安全管理经费、清理公司车辆和从业人员，加强安全管理。全市道路运输安全形势较好。对安全隐患检查中企业和相关责任人存在的问题，责令专人专职专岗落实到位。对超载超速车辆责令限期整改，整改期间暂缓办理营运证年审和线路许可证明换发；对于货运车辆超速超载问题，形成运政、路政、交警齐抓共管，有效地遏制货运车辆超载超速问题。建立《广水市道路运输行业应急资源信息库》，完善应急保障预案，组建 4 支应急保障队伍，重新调派车辆和人员，开展隐患排查治理，建立健全"分级负责、反应迅速、保障有力"的安全管理运行机制。

(张圆)

【随县】 至 2016 年底，全县公路通车里程 4755.39 公里、路网密度 75.5 公里/百平方公里，其中高速公路 220 公里、一级公路 19.33 公里、二级公路 386.09 公里、三级公路 145.27 公里、四级公路 3975 公里、等外公路 9.7 公里。内河航道等级航道通航里程 35.7 公里，渡口 10 处。客运站 18 个，其中二级客运站 1 个、三级客运站 1 个、五级客运站 (包括农村综合服务站) 16 个。

基础建设。全年完成交通固定资产投资 8 亿元。完成路基路面 26.6 公里，其中吴山至董家湾 7.9 公里、明玉珍故里至金桥 9.2 公里、环潭昱辰农业至寺沙线 7 公里、小林石家嘴至祝林 2.5 公里。完成大中修工程 24.1 公里，其中随南线南门社区至双凤村段 8 公里、周新线 13 公里、小应线 1.6 公里、寺沙线 1.5 公里。新建厉山、董家湾 2 座大桥，完成危桥改造 7 座。清理水毁公路塌方 2535 立方米，修补路基缺口 16 处 12500 立方米，修复路面 450 平方米、浆砌片石防护工程 3605 立方米、钢护栏 300 米。完成油坊河桥至桐柏界段灾毁重建 10.43 公里、寺沙线云雾山至洪山镇段 6.5 公里。

综合运输。全年完成客运量 741.22 万人次、旅客周转量 39346.39 万人公里，分别比上年下降 2.6%、1.4%，完成货运量 2451.009 万吨、货物周转量 464155.7 万吨公里，分别比上年增长 8%、7%。鼓励城市公交向县城周边延伸覆盖、农村客运线路和城市公交线路无缝对接，提高农村客运通达深度、广度和服务质量，提高农村客运通达率，开通公交线路 2 条，投入公交车 10 台，日发 56 个班次，全程 33.8 公里，每天运行 1892.8 公里。随州至随县安居公交车 20 台、至随县均川公交车 20 台、至随县 (厉山) 公交车 33 台。有候车亭 262 处，其中港湾式候车亭 19 处，招呼站 347 处。除均川无客运站外，全县所有乡镇均设客运站。

公路养护。完成路面病害处置 11610 平方米，整修路肩 146 公里、清挖边沟 27.83 万米、新建公路边沟

3257 米，巩固完善标准路基 133 公里，完成路面灌缝 99 公里，完成 316 国道厉山东镇至二桥至加油站段路面病害处理 1971 平方米。完成随南线徐家河桥、牛程线许畈桥危桥加固，牛程线冷岗桥按期开工，完成周新线桥头桥下部结构施工。

路政管理。取缔非法加水点 2 处，拆除临时性乱搭乱建房屋 1 处 98 平方米，拆除非公路标志牌 8 块（处），取缔占道摊点、打场晒粮、路面堆积物等 170 余处，制止各类违法行为 100 起。路政案件查处率 98%，结案率 95% 以上。超限超载治理检测车辆 3.2 万台次，查处超限超载车辆 1200 余台，卸载及转运货物 1600 多吨。治超联网信息覆盖率 100%，超限运输率控制在 4% 以内。

安全应急管理。层层签定安全生产目标责任书。对危险路段划设平面标线 6952.76 平方米、振荡标线 131.53 平方米，新建波形钢护栏 5120 米、维修 667 米，新建交通标志 16 套、维修 7 套，埋设公里碑 62 块、百米桩 1873 根、示警桩 759 根。开展"平安车""平安车站"等"平安交通"活动，重点督促企业落实动态监控管理制度，对企业负责人、动态监控员、驾驶员等进行强化培训，树立"隐患就是事故"的安全危机意识，确保事故发生率控制在目标范围内。每月组织专班进行安全防护检查，对存在安全隐患的下达整改通知单，全局通报，责令限期整改。完善应急养护中心规划布局及配套设施，加强应急物资管理，做到抢险救灾设备和物资储备到位，应急指挥车辆部署到位，应急运行长效机制执行到位。低温季节备足工业盐、防滑料，汛期备足松木桩、编织袋等应急物资，合理分布在陡坡、急弯等事故易发路段附近，随时调用。应急机械做到勤检勤修，常年保持良好工作状态。

文明创建。继续开展"畅安舒美"示范路段创建活动，开展"文明单位""星级文明站"创建活动。随县交通运输局机关被县委县政府评为"三万"活动"突出单位"，"公路孝女"王何林被湖北省妇联授予"三八红旗手"称号，刘文生家庭获荆楚最美家庭提名奖和第二届全国"书香家庭"。

（黄璐）

【大洪山风景名胜区】 至 2016 年底，大洪山风景名胜区有 333 省道 22 公里，国防战备公路（黄双路）9.2 公里，麻竹高速公路随州西段连接线 3.5 公里，内循环二级旅游公路 41.23 公里，通村公路 99 公里，其他农村道路 49 公里。景区内有五级客运站 1 个，始发随州客运班车 4 班次 / 日。

基础设施建设。协调麻竹高速随州西段长岗连接线建设，5 月底建成通车；改建 333 省道长岗财神垭历史遗留的"瓶颈"路段，改线 1 公里，将原 5 米路面基扩宽至 7 米，投资 180 万元；完成 333 省道部分路段整体换板修复，累计里程 5 公里；配合 333 省道大洪山全境路段"百里画廊、美丽乡村"建设，硬化村庄出口路 4 公里、修缮水沟 1000 余米；建成通村公路 18 公里。

行业管理。做好灾后重建工作，对大洪山核心景区旅游公路灵官垭至南方垭 K1+300 处的挡墙垮塌路段实现半幅单向通车，并安排人员 24 小时值守，做好现场指挥，确保景交车辆安全通行，随时观察路基塌陷程度，预防次生灾害发生。投资 35 万元，对通往大洪山景区鞍子背的随州电视发射台 4 公里道路及时进行重建，保证电视发射台及其工作人员生产生活正常运行。

（李汉国）

大洪山风景名胜区旅游公路

恩施土家族苗族自治州交通运输

【概况】 至 2016 年底，全州公路通车里程 21087.97 公里、路网密度 87.46 公里 / 百平方公里，其中高速公路 442 公里、一级公路 80.95 公里、二级公路 2224.26 公里、三级公路 730.68 公里、四级公路 17608.47 公里、等外公路 1.61 公里。通航河流 24 条、通航里程 590 公里，港口 36 个，生产性码头泊位 45 个，渡口 201 个。客运站 53 个，其中一级客运站 1 个、二级客运站 5 个、三级客运站 4 个、四级客运站 6 个、五级客运站 37 个，另有简易站14个，候车亭4660个。有物流园区(货运站)4个。

基础设施建设。全年完成交通固定资产投资105.8亿元，其中高速公路33.6亿元、普通公路64.2亿元、站场物流6.8亿元、港口航道1.2亿元，首次突破百亿元大关，比上年增长9.2%。全州在建交通重点项目55个，总投资规模343.5亿元。利万高速公路南坪至鄂渝界段基本建成，建恩高速公路陇里至恩施段、宣鹤高速公路全线开工。建成一二级公路222公里，新开工一二级公路115公里，建成客运站2个，新开工航道项目1个、码头1座、物流园区1个。209国道宣恩绕城线等13个"十三五"规划项目开工建设，232省道恩施鸦鹊水至沙地等13个项目建成投入使用，"千公里"绿色生态旅游公路基本建成。全州建设、改造农村公路5961公里，其中，建成精准扶贫产业路376公里、资源旅游路46公里、撤并村通畅工程357公里、规模以上自然村通畅工程927公里、建制村窄路面加宽815公里、农村公路桥梁1034延米，各县市整合资金建设精准扶贫等农村公路3440公里。完成584处国省道和1633处农村公路因洪涝灾害造成的交通中断抢通任务，指导支持恩施市盛家坝乡圆满完成灾后重建工作。恩施、利川、巴东、咸丰等县市通过银行贷款、PPP模式完成交通筹融资33亿元。

前期工作。牵头完成全州"十三五"综合交通运输发展规划评审修编，完成全州交通基础设施恢复重建规划和四县市五乡镇高山片区交通扶贫规划，完成州委州政府交办的建始县店子坪村红色旅游基地交通建设规划。启动列入"十三五"规划项目库近1000公里国省道项目前期工作，完成348国道巴东长江大桥至平阳坝等22个公路项目、597公里工程可行性省级审查；完成249省道咸丰丁寨互通至甲马池等11个公路项目、341公里工程可行性批复；完成353国道咸丰县城麻柳坝至丁寨沙坝等9个公路项目、238公里初步设计批复。完成恩施港城区旅游码头、鹤峰客运中心站、恩施易事通物流园等7个水运、客运站和物流项目前期工作，批复项目总投资70亿元。州交通高级技工学校易地建设项目推进中。

2016年11月22日，州交通运输局召开恩施州绿色生态旅游公路建设新闻发布会

运输服务。全年完成道路水路客运量3813万人次、货运量3807万吨。探索建立农村客运发展长效机制，推动"村村通客车"与农村电商、小件快件物流融合发展，恩施市农村物流试点被省交通运输厅确定为6个全省农村交通物流试点示范项目之一。加快发展公铁联运、甩挂运输等先进运输方式，全面落实免收营运车辆综合性能检测费用和地方高速"一降两惠、一绿一免"政策，切实降低交通物流成本。9家企业、53条长途客运班线、170辆长途客车实行接驳运输；城市公交站点500米覆盖率达65.37%，比上年增长5%。

安全监管。严格落实党政领导责任、部门监管责任和企业主体责任，实行安全责任清单管理。强化"打非治违"，深入开展"道路运输平安年"、旅游客运市场整治、水上交通安全整治、在建工程专项治理等行动及"安全生产月"活动，加强安全隐患排查整改，完成省、州挂牌督办的12处重大安全隐患整改销号，11家企业通过安全生产标准化三级达标考评。建立以"学校、渡工、家长"三方为主体、乡镇政府主管和海事部门监管的"3+2"学生渡运安全管理模式。扎实推进长江干线非法码头治理，完成"取缔一批"的3座非法码头拆除并通过省级验收。

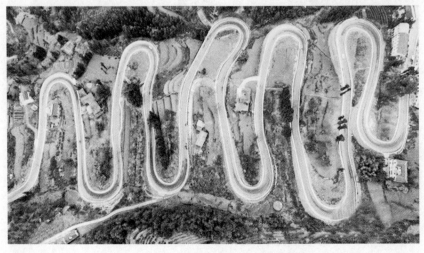

恩施市太阳河乡境内"十大拐"公路

2016年11月，全州千里绿色生态旅游公路基本建成

全年未发生较大及以上安全生产事故，水上交通保持零事故，交通运输安全生产形势总体稳定。

生态环保。深化"以人为本、因地制宜、安全舒适、生态环保"的绿色生态旅游公路建设理念，并运用到国省道和重要县乡道项目建设中。积极配合做好中央环保督察工作，全面完成州环委会交办的11个交通环境问题整改。推进交通运输节能减排，3家维修企业纳入全省绿色维修达标示范企业，新增或更新新能源公交车52辆，全州清洁能源和新能源公交车达306辆，占公交车总数的54.2%。新建标准化客渡船21艘，实施船舶防污染改造18艘，巴东港、恩施港核心港区均配备船舶靠泊岸电使用设施，岸电使用率达30%。

依法行政。积极推进行政审批制度改革，建立行政权力审批事项动态管理机制。完善行政权力清单，完成州级行政权力事项、中介服务事项再清理及183项行政权力职权运行流程图编制，全面清理交通运输行业准入证、上岗证核发及设定依据，启动行政检查"双随机一公开"监管。推进出租汽车行业改革，新增出租车经营权有偿使用费全部取消。州直交通运输系统"红顶中介"专项整治取得有效进展，上报州公路局所属事业单位、企业和州交规院改革方案。清江航道市场化管养改革经验在全省推广。完成新一轮州级交通行政执法主体资格清理和执法人员资格审核确认，组织开展执法人员岗位培训和"送法下基层"活动，编制"七五"普法依法治理工作规划，建立规范性文件、重大决策合法性审查机制。

党的建设。全面开展履职尽责督促检查，主动配合州委巡察，实施突出问题专项整治，及时整改咸丰县油补发放和公路系统建房保证金清退等问题。注重干部队伍建设，优化干部队伍结构，探索建立干部能上能下长效机制。圆满完成2015—2016年度行业扶贫和驻村扶贫工作任务。敖建华同志被省委表彰为优秀共产党员，州高路办党支部被州直机关工委评为"红旗党支部"。

（罗贤菊）

【恩施市】至2016年底，全市公路通车里程2860.11公里、路网密度72.01公里/百平方公里，其中高速公路124.5公里、一级公路28.56公里、二级公路389.78公里、三级公路138.08公里、四级公路2179.19公里。内河航道通航里程99.4公里，港口1个，生产性码头泊位2个，渡口25个。客运站12个，其中一级客运站1个、二级客运站1个、四级客运站2个、五级客运站8个，另有候车亭870个。有物流园区(货运站)3个。

基础设施建设。全年完成交通固定资产投资208318万元。普通公路完成投资83190万元，完成二级及以上公路里程57.2公里，农村公路397.21公里。恩施市枫香坪公交停保场完成场地平整，恩施货运中心站完成3栋约800平方米钢结构仓库；完成恩施汽车客运中心建设；恩施好又多华硒物流园完成县级物流调度中心、物流信息中心、物流仓储及配送中心建设。恩施港城区港区旅游码头前期工作全部完成；完成大清江综合码头投资4730万元，新增1个500客位泊位，年通过能力25万人次，1个500吨级货运泊位，年吞吐量15万吨。

综合运输。全年完成公路客运量875万人次、旅客周转量105000万人公里，货运量990万吨、货物周转量153450万吨公里，分别比上年增长16%、15%、14%和12%；完成水路客运量25万人次、旅客周转量100万人公里，分别比上年增长10%、15%，货运量2万吨、货物周转量10万吨公里，分别比上年下降20%、25%。巩固"村村通客车"工作成果，优化经营方式，积极争取市政府出台"村村通客车"补贴政策，确保"开得通、留得住、管长远"。全年新许可开通农村客运班线1条，新增运力3辆37座。新许可普通货运公司9家，完成16家班线客运企业、9家旅游客运企业、9家危货企业、16家普通货运企业质量信誉考核工作，考核面100%。

行业管理。开展"打非治违"专项整治，与公安交警、城管等部门开展联合执法80余次，严厉打击城市公共客运市场"黑车"，维护道路运输市场秩序。全年办理道路运输行政处罚一般程序案件200余件，罚款50余万元，收缴拆除残疾人代步车空车牌等标识120余套；全年查处出租车违规行为80余起，受理投诉举报163起。完成101家维修企业、3家检测站质量信誉考核，建立一、二类维修企业专项电子档案，对清江河沿线70家

2016年11月，全州千里绿色生态旅游公路基本建成

洗车摊点进行调查摸底，全面检查17家维修厂、15家洗车场，做好春节、五一、国庆、中秋等重大节假日旅客及重要物资运输工作，未出现一起重大安全责任事故。

路政管理。查处堆物占道、乱搭乱建及占道经营等不规范行为，及时调查和修复列养线路因交通肇事等损坏的安保设施。全年制止新增违法建筑56处，清理堆物占道297处1060平方米，拆除非公路标志牌161块，查处路损案件75起，收取路产损失赔（补）偿费130余万元。联合治超专班以龙凤坝、谭家坝固定超限检测站为依托，严厉打击货车超限超载、强行冲卡等突出违法行为，检测车辆158台，其中超限车辆28台，卸（转）载车辆15台，劝返13台，卸（转）载重量119.1吨。

科技与信息化。建立投诉处理监督专线，巩固出租车GPS监控平台"六位一体"运转模式，推动实施"互联网+客货运输""互联网+出租车"工程，提高行业信息技术应用水平。

节能减排、交通环保。鼓励运输企业发展节能环保新型专用车辆，加快淘汰能耗高、排放超标的老旧车型，投入1400多万元采购30台新能源气电两用公交车，投入城区公交1路线运行。配合恩施市环委会完成大峡谷旅游公路、清大公路、通畅工程、恩施麟觉汽车销售服务有限公司、恩施市京锐汽车销售服务有限公司环境整治工作。

安全应急管理。对恩施州2016年重大安全隐患挂牌督的恩施市板桥镇大木至新田农村公路整改到位。加强源头管理，严把市场准入关、车辆技术关、从业人员资格关，监督客运站落实"三不进站、六不出站"、危险品查堵、客车例检、出站检查与发班前安全告知规定。严格执行GPS动态监管，确保"两客一危"营运车辆、重型载货汽车安装率、上线率100%，企业监控平台24小时值守率100%。在道路客运企业、旅游公司、危货运输公司组织开展消防应急演练5场次，组织安全培训400余人，不断提升全行业安全生产主体责任意识。

投融资。进一步做强做实交通建设融资平台，大力推广PPP投融资模式，318国道恩施吉心至虎岔口段改扩建工程、高旗大道工程纳入PPP项目库。市政府筹集重要农村公路及精准扶贫产业公路建设资金4亿元。

（李金花）

【利川市】 至2016年底，全市公路通车里程4335.29公里、路网密度94.18公里/百平方公里，其中高速公路84.5公里、一级公路14.09公里、二级公路283.11公里、三级公路77.84公里、四级公路3875.75公里。内河航道通航里程16公里，渡口25个。有客运站5个，其中二级客运站1个、五级客运站4个，另有候车亭452个。

基础建设。全年完成交通固定资产投资248173万元。完成普通公路建设项目15个、投资12亿元，建成农村公路533公里、投资3.2亿元，建成标准示范线337.5公里、投资4000万元，完成重要农村公路及精准扶贫产业路800公里、投资1.6亿元，完成桥梁建设3座、投资3000万元。建成市中心二级客运站，总投资1.5亿元，建成三级客运站2个、五级客运站7个、城区4个公交停保场和2个出租车停保场，投资2.5亿元的交通物流园主体及配套道路工程在建中。

综合运输。全年完成公路客运量866万人次、旅客周转量57980万人公里，分别比上年下降12%、17%；货运量390万吨、货物周转量27300万吨公里，分别比上年增长18%、23%。完成水路客运量20万人次、旅客周转量1200万人公里，分别比上年增长100%、105%。全市5家客运企业近400台客运车辆联合重组为恩联客运集团公司。全市585个行政村全部保持通客车。利民公交公司更新纯电动公交车40台。

行业管理。非列养农村公路，累计维修通村公路445.8公里，改造危桥10座，新建错车台1470个，建设安保设施路段960公里。乡镇推行公司化养护模式，确保全市2577公里非列养农村公路得到全面养护。投入2060万元，完善农村公路硬路肩、标准水沟、种植行道树、设置养护公示牌、实施安保设施等配套工程，实施乡村道路绿化工程1500余公里。水陆运输市场，重点对农村客运班线服务差、出租汽车不打表、"黑车"非法营运等群众反映强烈的问题开展专项整治，纠正不规范经营行为120余起；建立以学校、渡工、家长为主体，涉水乡镇政府主管和海事部门监管的"3+2"学生安全渡运监管模式，保障学生渡运安全。

安全应急管理。强化安全生产责任制考核，通过开展安全综合督查、执法管理、安全隐患排查治理，强化节假日运输安全监管、严格工程施工安全管理，全面构建交通运输安全应急工作长效机制，全年无安全生产责任事故。

投融资。争取国家、省、州投资6.8亿元。吸收民间资本4.9亿元，其中恩联集团1.5亿元、万利物流集团2.6亿元、利民公交集团0.8亿元。试行PPP模式融资10.5亿元，投资绕城公路项目建设。

交通改革举措。积极试行PPP模式融资，投入交通重点项目建设，顺达交通发展有限公司筹集资金10.5亿元，为绕城公路建设提供资金保障，县交通运输局被评为全州PPP模式发展交通先进单位。开展审批权力清理工作，将清理后的31项行政审批事项进驻行政审批窗口，并落实相关制度。探索完善农村客运长效机制，使全市"村村通客车"保持率100%。争取市政府出台村村通客车保险补贴、农村客运场站经营亏损补贴的扶持标准。

文明创建和廉政建设。开展"我的岗位我负责、我的岗位请放心"岗位竞赛和"党员示范岗"评比活动。利川市交通运输局被省委省政府表彰为全省扶贫先进单位。以工程建设领域廉政建设为重点，严格实行"五制"，严格工程造价、设计变更、工程验收"三审制"，强化对交通建设项目工程招投标、项目变更、合同履行等重要环节监管督查，全年无重大质量安全事故，交通建设领域全年无腐败案件发生。

（孙朝运）

建成后的建始县龙坪乡店子坪村公路

【建始县】 至2016年底，全县公路通车里程2529.82公里、路网密度94.89公里/百平方公里，其中高速公路24公里、一级公路5.80公里、二级公路263.98公里、三级公路43.40公里、四级公路2192.64公里。内河航道通航里程46.1公里，港口1个，生产性码头泊位2个，渡口24个。客运站8个，其中三级客运站1个、四级客运站3个、五级客运站4个，另有简易站2个，候车亭418个。

基础设施建设。全年完成交通固定资产投资145156万元。完成建恩高速公路陇里至杨柳井段主线征地2370亩、房屋协议签订243户、土地协议签订1209户、临时用地征用170亩，保障项目施工单位顺利进场施工。建成460省道三里至蟠龙段、米水河至闸木水改扩建工程、汪家寨配套景观工程、安顺公共汽车停车场；完成天云公路路面工程量的50%、209国道龙坪乡绕镇公路路面工程量的50%、龙高公路4标段和5标段建设任务，完成景官公路路面划线及标示标牌设置、花石花唐公路桥涵和路基工程、马兰溪至火车站路面整修工程、红岩汽车客运站设计方案变更。完成店子坪第一期交通基础设施建设项目、"撤并村"通畅工程18公里、农村公路安保工程278公里，完成全县非列养农村公路1734.1公里的养护，基本实现农村公路养护制度化、规范化、常态化。按要求按时完成"98+"暴雨袭击造成的交通中断路段抢通任务，所有恢复重建项目均开工建设。

综合运输。全年完成客运量383.25万人次、旅客周转量21935.1万人公里，货运量625万吨、货物周转量98254万吨公里。全县营运车辆1253台，其中客运车辆447台，所有客运班线车辆安装车载卫星定位终端；有客运班线129条，其中农村客运班线103条、省际班线11条、市际班线5条、县际班线10条，客运线路年审验率100%。拥有货运车辆806台、牵引车28台，重大型货车401台，319台12吨以上重型货车安装车载定位终端并进入全国货运公共服务平台。加快发展现代物流，建立辖区内物流企业名录，摸清物流产业发展的现状，科学拟定物流空间布局及未来物流产业发展规划；积极推进火车站和下坝大道物流园区建设；实行重点物流企业联系制度，为企业提供咨询服务。

行业管理。严把超限超载源头关，开展以"全面治超"为主题的宣传工作。开展"打非治违"专项整治，以汽车客运站、火车站周边为重点，联合公安交警、城管等部门执法人员采取上路巡查、定点检查、加班打时间差、动员群众举报等措施，对在重点区域、路段从事非法营运的"黑车""残疾人代步车""摩的""黑维修摊点"等进行严厉打击。利用卫星定位、视频监控等科技手段对客运班车、危货车辆进行动态监管，实时掌握车辆运行轨迹、行驶速度、载客等营运情况，及时调度指挥路面稽查人员对重点车辆进行布控检查。

安全应急管理。强化责任落实，坚持"安全第一，安全发展"的理念，按照安全生产"一岗双责"要求，落实各级安全监管责任，严格落实"同步设计、同步施工、同步交付使用"的建设要求。加强隐患排查治理，结合季节性、重点时段安全生产工作特点，定期开展安全生产大检查、大排查，加强对农村客运市场监管，对检查中发现的突出问题和隐患予以限期整改，实行销号管理。积极推进"平安交通"建设，以"人、车、站、运"为重点，细化工作措施，不断强化道路运输安全监管；加快推进"平安水域"建设，对辖区内27个渡口、渡船实行一季2次检查，对发现的安全隐患立即整改，对问题突出的官店镇易家岭渡口进行处罚。推进"平安工地"建设，督促施工单位在临水、临崖、急弯、陡坡等危险路段建立健全安全防范措施，做好警示标志标牌，安排专职安全管理人员现场指挥交通；在特别危险路段施工时，与施工所在地的政府部门及公安部门联合下达临时交通管制的通告，确保施工及通行车辆的安全。加强节假日旅游高峰期道路、水路运输安全值守工作，完成春运、"十一"等重点时段交通运输任务，县交通运输局被表彰为"2016年度全县安全生产工作优胜单位"。

（黄密）

【巴东县】 至2016年底，全县公路通车里程3810.459公里，路网密度113.61公里/百平方公里。其中高速公路70.5公里、二级公路461.699公里、三级公路97.227公里、四级公路3179.427公里、等外公路1.606公里。内河航道通航里程99.41公里，港口34个，生产性码头泊位41个，渡口27个。有客运站7个，其中三级客运站1个、五级客运站6个，另有简易站5个，候车亭920个。

基础设施建设。全年完成交通固定资产投资104005万元。巴野二级公路完成投资2亿元，建成大桥10座、中桥2座，长隧道5座、中隧道2座。245省道改线清江大桥完成投资1.2亿元。新增等级公路45公里。完成农村公路精准扶贫产业路600公里、省精准扶贫产业路58公里、自然村通畅工程174公里。完成建制村窄路加宽108公里、资源旅游公路40公里、农村公路安全生命防护工程300公里。完成长江三峡库区湖北省支流沿渡河、小溪河航道清理、航标制造，建成水布垭港区七一○试验区码头及沿渡河姚家滩旅游码头，完成投资9007万元。完成巴东汽车客运站征地拆迁及进场道路建设，江北物流园进场道路及场地平整工作及物流仓库建设，完成投资3.26亿元。完成巴东—溪丘湾线路城乡客运一体化建设前期工作。巴东县汽车客运站完成投资额130万元，已完成工可研、土地审批、初步设计批复、环评、地勘及失地农民保险等前期工作；野三关开发区三级客运站主体工程全面竣工；神农小区公交候车亭建设全面完成。

综合运输。全年完成水路客运量52.06万人次，比上年增长3%，货运量84.06万吨，比上年下降50%，港口货物吞吐量61.66万吨，比上年下降22%。港口旅客吞吐量43.76万人，比上年下降5%。拥有货运车辆1179台，客运车辆878台，其中班线客车655台，出租车195台，城市公交28台。客运班线152条，其中省际班线9条、市际班线15条、县际班线5条、县内班线123条。

行业管理。加强公路养护和路政管理，全年清理水沟1246.6公里，修复边沟296.5米，修补沥青路面坑槽359平方米，路面灌封4公里。整修翻浆路基279平方米，修复钢护栏240米，修复挡土墙12处314.2立方米，补植公路绿化树7346棵，对全县66座桥梁、810道涵洞进出口进行全面清理，新整修涵洞4道，完成国省干线"绿化通道"290公里，完成生态旅游公路配套完善工程188公里。严格依法行政，维护公路路产路权，全年查处毁路损路案件26起，案件查处率、结案率均100%。加大超限治理和源头治超力度，全年检测车辆25164辆，查处超限496台次，卸货转运224吨，超限率控制在3%以内。

安全应急管理。加强水路客运安全工作检查督办工作，重点检查各乡镇水上运输企业、港口码头安全措施落实和安全管理人员履职尽责情况，对水布垭、神龙溪流域辖区安全巡查24次，发放通知、告知书50份。利用微信和短信平台向船主和水运企业发布天气预报提醒62次。采取不间断错峰执法继续加强在城区"打黑打非"工作，加强对客运企业安全监管，全年组织安全生产大检查9次，检查企业265家次，检查客运站42家次，下达隐患责令改正通知书23份、督办通知书30份，专班督办1起，报送各类信息40份，对客运企业行政罚款6万多元。

科技与信息化。县运管所自主研发客运站管理系统，并试运行。对客运车辆进站、安检、门检、出站进行全程监控，加强对客运站远程监管，为客运车辆油料补贴发放提供依据。

投融资。2016年成立巴东县城投公司，明确为交通重点项目筹融资平台，政府先后注入资本金3亿元、划转土地1000余亩，所有交通项目资金通过城投公司集并，整合发改、国土、移民等多部门资金2.44亿元。向国家开发银行申请政策性贷款9.8亿元用于农村公路建设，争取国家专项资金、财政补助资金2亿元，民间投资0.2亿元修建旅游扶贫公路。

交通改革举措。综合行政执法改革，设立信陵镇、溪丘湾、水布垭、野三关4个行政执法中队，投融资体制改革加快推进，驾校培训改革取得实质性进展。制定部门和权力责任清单，建设"一个窗口"网上审批平台，有效加强事中事后监管。创新交通建设项目招投标模式，探索推行将项目工程可行性研究及初步设计捆绑招投标的新模式，有利于缩短前期工作周期。

文明创建。2016年，全县交通运输系统均为文明单位，县城市公共交通发展有限公司党支部被省委组织部表彰为"全省先进基层党组织"。

（李俊）

【宣恩县】 至2016年底，全县公路通车里程2109.71公里、路网密度77.28公里/百平方公里。其中高速公路89.5公里、一级公路18.29公里、二级公路227.91公里、三级公路55.72公里、四级公路1718.29公里。内河航道通航里程26.5公里，渡口14个。客运站6个，其中二级客运站1个、五级客运站5个，另有简易站2个，候车亭327个。物流园区(货运站)1个。

基础建设。全年完成交通固定资产投资149532万元。宣鹤高速标段路基工程全线动工。209国道宣恩绕城公路和平大道和高罗绕镇公路顺利推进。完成232省道石心河至芷药坪段、365省道长潭河至王家坳段61公里二级公路改扩建。长潭河至椿木营段道路改造44.25公里路基工程基本完工。全面完成自然村(撤并村)通畅工程、窄路面加宽改造、精准扶贫产业路项目256公里。完成国省道危桥改造3座、农村公路危桥加固3座。209国道和平段大中修工程顺利实施。沙道沟客运站主站楼建设全面启动。完成高罗农村综合服务站建设。争取上级补助资金500万元用于椒园物流园项目建设。

综合运输。全年完成客运周转量20724万人公里,比上年增长2.1%;完成货运周转量28623万吨公里,比上年增长7.6%。全县有道路客运企业5家,营运客车378辆,客运班线173条;有城市客运企业2家,在营车辆89辆。有营运货车1335辆,机动车维修企业103家,从业人员554人。有A级汽车综合性能检测站1家,从业人员12人,年检测车辆1200台次。汽车驾驶员培训学校3所,教练车95台,教练员115名,实操场地7处88000平方米,全年培训学员4200余人。有道路运输从业人员资格培训点、继续教育培训点及考点各1处,年培训从业人员160人,继续教育培训1500人。有物流运输企业8家、快递公司8家、物流代办点3处。

公路养护。完成209国道、325省道、233省道公路绿化和232省道龙洞库区观景台建设,栽植大叶女贞、桂花等树木8.2万株,增设209国道东门关隧道两端应急停车带3处。日常养护累计完成水沟清理6800公里,路面坑槽修补12290平方米,完成行道树刷白240公里,完成桥栏杆刷白46座。加强路政管理,拆除废路用标志标牌17块、广告牌23块,制止违建10起。查处超限车辆1208辆,就地卸载1023辆5396.7吨,收取公路赔(补)偿费10.5万元。

加快农村公路管理机构组建,配齐完善队伍结构,完成15名工作人员的遴选、招聘。建立完善农村公路养护体系,按县、乡、村三级养护标准进行责任分解,明确公路管养目标和重点,农村公路养护管理日常工作逐步向规范化、科学化发展。

安全应急管理。开展安全知识宣讲进企业、进学校、进社区活动,加强危险路段、建设工地、重点运输企业及渡口码头安全检查。全年出动执法人员2300人次,执法车辆450车次,海巡艇80艘次,检查车辆3020辆、船舶200艘次,发现并及时消除安全隐患850起,免费发放救生衣50件、救生圈20个、宣传资料1500份。进一步完善公路安全设施,配套完成宣万、甘长公路改扩建安保工程建设,安装公路各类警示标志牌310块,修复钢护栏18.4公里,疏通涵洞500余道。积极应对抗洪抢险救灾,坚持"主干道优先、先通后畅"原则,及时抢通交通中断线路80余条,排除各类险情600余处,累计投入资金5000万元完成主干道、重要农村公路灾后重建。

交通改革举措。平稳推进出租车第二轮经营权改革,全面落实免收出租车经营权费和营运车辆综合性能检测费。深化"放管服"改革,推动行政审批提质增效,办理办结各类行政审批126件。全面实施公路日常保洁社会化、小修工程专业化、养护工程市场化改革,日常保洁和小修工程队伍向专业化、规模化发展。

文明创建。深入开展"文明示范车""文明示范线路""文明优质服务标兵"等创建活动。2016年,宣恩县被州委州政府表彰为全州交通运输工作优秀县市,县交通运输局被县委县政府评为2016年度项目工作、安全生产及易地扶贫搬迁优胜单位。

(胡敏)

【咸丰县】至2016年底,全县公路通车里程2063.55公里、路网密度81.88公里/百平方公里,其中高速公路47公里、一级公路8.55公里、二级公路161.58公里、三级公路256.63公里、四级公路1589.79公里。内河航道通航里程125.9公里,渡口20个。客运站4个,其中二级客运站1个、五级客运站3个,另有简易站1个,候车亭762个。

基础设施建设。全年完成交通固定资产投资56184万元。完成普通公路228公里、龙嘴河大桥110延米建设。

综合运输。全年完成道路客运量252万人次、旅客周转量43640万

改建后咸丰县大河边至尖山公路

人公里，货运量 372 万吨、货物周转量 72420 万吨公里，分别比上年下降 2.3%、0.027%、2.1%、0.12%。水路运输、渡口运输 70000 人次。全县客运企业 8 家，客运车辆 609 辆。其中道路旅客运输企业 5 家，客运车辆 586 辆，旅游客运企业 1 家、旅游客车 23 辆，出租客运企业 2 家、客运车辆 200 辆，公交企业 1 家、客运车辆 10 辆。汽车租赁公司 2 家、租赁车辆 31 辆。有道路普通货物运输企业 17 家，货运车辆 2600 辆。一类维修企业 1 家、二类维修企业 19 家、三类维修企业 5 家。机动车驾驶培训机构 2 家，教练车 105 辆。全年新增农村客运车辆 18 辆。

公路养护。完成绿化植树 279 亩，清除塌方 15 万立方米，清理水沟 1.1 万余米，新修水沟 1640 米，修复安保设施 1200 米，修复较大路基缺口 21 处 5000 余立方米。新修涵洞 7 道，维修涵洞 25 道，修复省道路面 8000 平方米，完成河坝线 K0+700 处滑坡治理 1 处；完成钢护栏维修 2200 米，修补油路坑槽 8000 余平方米，对列养油路进行灌缝处理，刷新 2 条干线公路防护设施，更新道口桩 400 余个，维修桥梁护栏 45 米，补齐桥梁牌 10 块。农村公路清理路面泥石 331810 立方米，修复路肩墙 890 平方米，修复边沟 14780 米，修补沥青路面坑槽 2995 平方米，修补混凝土路面坑槽 15097.5 平方米，沥青路面灌缝 160 公里，混凝土路面灌缝 20 公里，整治翻浆路基 890 平方米，疏通涵洞 515 道，整修涵洞 44 道，修复桥梁栏杆 140 米，修复钢护栏 2961 米，修复防撞墙 19831 米，清除路基坍方 173156 立方米，修复挡土墙 255631 立方米，钢护栏刷漆 12000 米，钢护栏提升 200 米，维修增设示警柱 300 个，人行横道线 450 米，减速带 596 米，维修标志 160 个，新建防撞墙 420 米，泥结碎石修补路面坑槽 11000 平方米。

行业监管。清除路障 216 余处，结案 28 件，查处率、结案率 100%。拆除非公路标志 164 块，清理堆物占道 15 处，清除各种路障 145 处。发放各种宣传资料 3500 余份，制作宣传横幅 10 条，宣传牌 42 块。组织执法培训 4 次。长湾治超检测站检测车辆 13202 台次，查处超限车辆 528 辆，收缴罚款和公路赔补偿费 97480 元，卸载、转载货物 2136.20 吨，车辆严重超限超载违法行为明显降低。与公安、城管等部门开展运输市场联合执法 6 次，开展"打非治违"专项整治活动，重点打击"黑车"和非法驾培，下达禁止非法营运告知书 200 余份，发放宣传资料 1000 余份，采取行政强制措施暂扣车辆 81 台，办理案件 96 起，收缴行政处罚款 18.6 万元。

安全应急管理。按照"全覆盖、零容忍、严执法、重实效"的总要求，细化分解排查、整改工作。全年开展安全生产检查 95 次，整改安全隐患 61 起，下发隐患整改通知 42 份，督促整改率 100%。加强应急预案编制、评估和修订工作，健全交通运输应急预案体系，全年以公路保畅、应急运输、水上搜救、消防应急为主题开展应急演练活动 4 次，增强预案的科学性、针对性和实用性。

投融资。全县交通融资 100588 万元。其中通过贷款用于农村公路水毁重建及农村公路（十字岭隧道及接线工程）工程资金 1.3 万亿元；利用地方债券用于农村公路建设资金 734 万元；与社会资本方合作引进社会资本实施 PPP 国道（353 国道咸丰县城至火车站段）项目建设资金 86854 万元。

交通改革举措。组建国有公交公司，前期购置 10 辆新能源公交车投入运行，修缮候车亭 78 个、简易站点 30 个，基本满足市民出行需求。落实农民工工资准备金制度，会同县人社局组织召开"三个制度"工作培训会，开设准备金专用账户，实行农民工工资银行代发制度，全县 11 个乡镇（区）均安装农民工工资管理系统软/硬件设施，便于项目录入。

（刘乙霖）

【来凤县】 至 2016 年底，全县公路通车里程 1178.06 公里、路网密度 87.66 公里/百平方公里，其中高速公路 2 公里、一级公路 5.66 公里、二级公路 147.01 公里、三级公路 5.72 公里、四级公路 1017.67 公里。内河航道通航里程 83.56 公里，渡口 35 个。客运站 3 个，其中二级客运站 1 个、五级客运站 2 个，另有简易站 2 个，候车亭 451 个。

基础设施建设。全年完成交通固定资产投资 31205 万元。完成 285 省道讨火车至橙木园公路路基路面改造 51 公里、367 省道猴栗堡至革勒车段路基建设，灵新公路西门口至灵官庙段大修工程路面改造全面完工，完成农村公路危桥改造 13 座 344 延米，实施"精准扶贫"农村公路 384 公里及安保工程 60 公里建设，漫水大桥及接线工程进行接线路基施工，建设完成绕城一级公路湘鄂情大桥引桥及接线道路、武汉大道三期、教育一路，启动绕城一级公路武汉大道四期工程建设，开工建设绿水至旧司公路改扩建工程，完成讨橙线沿线集镇道路路面改造工程。

项目前期工作。完成咸来高速公路土地审批、规划选址、工程可行性报告修编等，报国家发改委待批复。龙凤一级客运站完成环评、安评、立项、审批、初设、土地预审等前期工作，建成施工围墙，组建项目部，完成投资 6740 万元；龙凤物流园交通物流中心工程可行性报告获批，完成土地平整和招商工作；城市公交总站完成规划选址和红线图绘制，在开展环评和前期设计工作；关口至河坝梁迎宾大道完成项目环评工作。

安全管理。强化职责，明确安全责任。与全县 6 个乡镇、22 个村委会（社区）、66 名船员逐级签订安全责任书，确保县、乡、村、船主四级安全监管责任状签订率 100%。与 30 名渡工签订《渡船 GPS（北斗）、AIS 终端设备管理与使用责任书》。做好安全预控，集中整治隐患。全年组织开展乡镇船员培训 3 期，培训水上交通从业人员 66 名。完成 30 艘在用渡船北斗视频监控设备的安装调试、37 艘营运船舶安全性能年检和 57 名船员适任证书重签工作，为 33 艘渡船重新配齐救生衣和救生圈。开展水上旅游客运安全专项整治、水上交通非法运输专项整治、水上交通安全隐患大排查大整治等3项专项整治活动,制止无证船舶参与旅客运输行为5次、船舶超载行为2次、不穿救生衣开船行为7次;对6艘证件不全的旅游船舶下达《停航通知书》;清除新峡库区内影响航运安全的跨河移动光缆和电线5处,清理占用航道养殖网箱8张,处理农村自用船违规载客11艘次。

公路养护。列养公路查处路政案件13起,结案13起,收取路损赔(补)偿费2.6万元;拆除非公路标志牌11块,清理摊点47处,清除路障12处210平方米,拆除临时违建6处。阳河坝治超检测站检测车辆1168台次,查处超限车辆46辆,收取公路赔补偿费4100元,卸载货物350吨。农村公路清除坍方5896立方米,路政处理26起。新安装危险警示标志98处和农村公路指示牌515块,疏通涵洞35道。

运输市场管理。新增货运企业95户、客运企业1户;发放加班牌92张、包车牌1080张;年审出租车157台、货车567台、客车356台;汽车客运站服务信誉等级评定率100%。城市客运开通5条公交线路,投入运营车辆27辆。完成驾培培训14130人次,一二类维修企业绿色维修创建工作开展率100%;客运车辆、危货车辆综合性能上线检测率100%。深入企业安全检查54次,下达《责令整改通知书》381份,对204起安全隐患全部整改,对12起违法安全生产行为调查处理,暂停7台车的业务,完成宝庆客运站、来凤县宏兴危险货物运输公司重大安全隐患整改。开展"打非治违"专项整治行动3次、交叉检查2次。开展案卷评查,执法案卷合格率98%;加大信访投诉案件办理力度,案件受理率、查处率均100%、结案率98%。

精准扶贫。投入65万元,在精准扶贫驻点村翔凤镇桂花村、沿山坝村硬化村组路及户间道3.2公里,改善村民居住环境和出行条件,建成多功能文化广场,加强村民自治管理,整治生活环境。

(邓敏)

【鹤峰县】 至2016年底,全县公路通车里程2200.98公里、路网密度91.83公里/百平方公里,其中二级公路289.19公里、三级公路56.07公里、四级公路1855.72公里。内河航道通航里程93.1公里,渡口17个。客运站8个,其中三级客运站2个、四级客运站1个、五级客运站5个,另有简易站2个,候车亭460个。

基础设施建设。全年完成交通固定资产投资56184万元。宣鹤高速公路鹤峰段完成全线电力、通讯杆线等摸底调查和弱电杆线迁改工作,分水岭隧道、雷家坪隧道、岩门子大桥等控制性工程开工,完成路基土石方172万立方米、桥梁桩基129个、通道涵洞10道、墩柱2个、隧道开挖500米,完成土建工程20%,完成投资5.6亿元。新建四级公路7.06公里,大中修、窄路面加宽及路面硬化230.6公里,新建桥梁5座80.1延米,桥梁加固1座52延米。其中省道走铁线改造升级完成大典至铁炉集镇路面工程建设,完成升子至大典县乡二级路路基工程10公里;完成南渡江至碑垭段路基路面工程,南渡江特大桥完成工程量45%,完成省道南鹤线南渡江至南北镇段和省道巴鹤线老官桥至下坪段大修工程;完成351国道绕城线云南庄至龚家坪段6.98公里路基工程和跳鱼坎大桥工程量70%。完成通畅工程170公里、农村公路配套完善安保工程160公里及非列养农村公路1800公里,新修农村公路桥梁3座。县城二级客运站在建中,走马镇三级客运站建成并投入使用,太平、中营、燕子等乡镇五级客运站加快建设,新建候车亭60个,招呼站(信息牌)150个,维修候车亭50个。

综合运输。全县有客运企业11家、货运企业82家,全县营运汽车1448台,其中营运客车373台、营运货车1075台,出租汽车50台,公交车28台。客运班线137条,其中省际班线16条、市际9条、县际班线13条、县内班线99条,全县乡镇通车率100%。辖区内有机动车维修企业83家,其中一类维修企业3家、二类维修企业2家,机动车维修检测1家,危险品运输企业1家,驾驶员培训学校3家,汽车租赁6家。整合道路运输企业资源,鼓励和引导企业发展高档豪华客车,强化市场退出机制,新增客车7辆,全县中高级客车67辆,占营运客车的18.45%。完成燃油补贴发放工作,其中对全县278辆农村客运车辆发放2015年度燃油补贴842万元、公交车125万元、出租车67万元,2016年度公交车54万元。新增普通营运货车54辆。开展普通货运企业质量信誉考核,评定AA级企业8家。全县有物流企业40家。

公路养护。规范养护农村公路1800公里、国省道214公里。持续推行"提质"工程、"强基"工程、"塑品"工程、"进位"工程、"保畅"工程"五个工程",提升依法治路服务品质,完成公路巡查3万余公里900余人次,清除路障70处,查处各类路政案件68起,结案率100%,处理超限运输车辆840台次,超限超载控制在4%。

安全应急管理。全年未发生一起安全生产责任事故和水上运输安全事故。全县9家客运公司和2家汽车维修企业纳入"两化"管理平台,督促企业开展隐患排查、上报、销号处理等工作,制定和完善企业"两化"管理考核机制,设立"曝光台",建立"黑名单"制度。对上级挂牌督办的重大隐患,开展攻坚行动整改到位。加强安全生产网格化管理,按照纵向到底、横向到边的要求,每一个重点工程、每一个车站、每一个渡口均落实安全生产管理人员,定期对安全生产责任制落实情况进行检查督办,发现问题及时整改。全年开展隐患排查治理专项行动4次,发现隐患60余个,下发整改通知书42份,完成整改并销号32份,8份在整改中。强化打非治违工作,出动交通执法人员2266人次,暂扣非法营运车辆13台,收缴罚款10.57万元。

(庞丽)

仙桃市交通运输

【概况】 至2016年底,全市公路通车里程4627.78公里、路网密度182公里/百平方公里,其中高速公路150公里、一级公路97.39公里、二级公路345.68公里、三级公路8.89公里、四级公路3052.63公里、等外公路973.19公里。按行政等级分为国道90.56公里、省道275.1公里、县道290.09公里、乡道503.18公里、通村公路3318.85公里,行政村公路通达率100%。全市有桥梁532座20866.3延米,其中特大桥1座1478延米、大桥13座3855.78延米、中桥138座6956.12延米、小桥380座8576.4延米。

基础设施建设。全年完成交通建设投资5.75亿元,为年目标的101%。建成一级公路6.2公里、二级公路34公里、三级公路12公里、大桥1座。一级公路完成318国道毛嘴段5.4公里、胡场街道往西0.8公里改建工程。完成34公里二级公路建设,215省道彭场至张沟段15公里,完成路基投资2800万元,为年计划的112%;107省道新河至西流河段10公里开工建设7公里,完成路基投资1000万元;268省道毛嘴至谢场段12公里,完成投资2800万元,为年计划的140%。仙崇线红卫桥改造项目完成招投标,杜台大桥、西何线何场中桥拆除重建完工并通车。完成环排湖旅游公路一期12公里建设,完成投资3300万元,为年计划的117%。仙桃市汉江二桥、南城一级客运站建设前期工作推进中。完成毛通公路剅河至赵西垸段大修改造11公里。

公路养护。全市列养公路365.66公里,其中国道90.56公里、省道275.1公里,列养桥梁46座5234.16延米,其中国道17座1519.36延米、省道29座3714.8延米。加大全市公路养护管理站站房改造投入力度,完成仙桃市公路养护应急中心主体办公大楼和职工宿舍建设,逐步完善相关配套设施。按照重新布置公路养护管理站站点要求,拟新增西流河公路养护管理站并进行站场规划及设计;投入45万元,对全市公路养护管理站站场设施全面改造;投入55万元,购置日常小型养护设备。开展公路路面坑槽挖补以及春季、冬季预防性养护等工作,全年完成日常养护资金702万元。拆除、更新波形钢护栏1174米,补栽示警桩1821根,完成安保工程投资70.98万元。处治公路重点高边坡、临水、鱼塘等路段路基,完成水毁资金82.7万元。完成桥涵保养及日常维护资金180.2万元。补栽公路行道树21625株,完成绿化工程资金120.4万元。

行业管理。执行公路部门、公安交警部门联合路面执法、路政运政统一查处机制,抓好江汉平原区域联动治超,巩固建养成果,确保仙桃市公路桥梁安全畅通。以仙桃市潮源超限检测站为重点,联合交警部门开展货车非法改装和超限超载集中整治行动,打击货车超限超载、强行冲卡等违法行为,整治货车非法改装现象,查处超限运输车辆600多台,收取罚款和赔补偿款60余万元。道路运输部门出动执法人员4230人次,查处非法营运车辆285辆,无从业资格证驾驶客车经营20起、不按核定线路运行或不按核定站点停靠车辆49辆、其他违规经营43起,查扣"四小车辆"236辆,切割载客后棚50多个,对16辆三轮车强制恢复原状,道路运输违规营运行为得到有效遏制。规范客运出租车企业动态监控管理,解决客运出租车监控脱管问题,7月至9月对相关出租车企业进行整改,建立北斗监控平台。强化驾培学校、机动车维修企业经营管理,全市12家驾校全部完成整改达标验收,新亚驾校升级为综合类一级驾校(更名为久鑫E驾),新增二类维修企业3家、三类维修企业12家。

安全生产管理。督促工程建设施工单位健全安全生产责任制,落实各项安全法规,加大施工人员教育力度,全年交通建设工程未发生一起安全责任事故。督查客运站隐患治理,督促客运站严格落实隐患整改,确保整改工作做到无漏项、无死角、无盲区,市汽车客运总站日均检行包3000余件。节假日期间出动执法人员66人次,抽查客运车辆338台次,检查从业人员证件369人次,排查一般隐患

2016年5月,107省道仙桃城区至西流河一级公路建设完工

2016年12月，仙桃市排湖风景区产业通道改扩建一期工程完工

6起，查处一般违章37起。抽查旅游客车16台，抽查从业人员19名，调取GPS动态数据31份，抽查包车线路牌26块，下达《履职尽责督导通知》1份，提出整改意见3条。8月至10月，组织开展危货运输安全隐患治理检查督导工作，检查危货运输企业3家，抽查危险品运输车辆27台次，检查危货运输从业人员54人次，下达《履职尽责督导通知》3份，提出整改意见4条，排查一般安全隐患6起。落实镇（办、场）、村、船主三级责任制，签订乡镇船舶安全管理责任书122份，渡船经营人签订责任书54份，责任状签订率100%。强化现场检查，着重对全市58艘营运客渡船证书和相关情况进行排查，整改隐患76起，其中现场整改54起、限期整改22处。打击砂石运输船违规行为，查处违法运输28起，水上安全生产态势得到良好保障。

防汛抢险。6月下旬，多轮强降雨造成境内公路滑坡、塌方、坑槽连片、行道树倒伏等灾害，公路设施损坏严重，过往车辆通行严重受阻。仙桃市汉江公路大桥管理所对汛期汉江大桥18号主墩施工围堰影响航道安全问题进行及时处置，对该航道段航标信号灯科学设置，确保汛期大桥和过往船只通行安全。为做好灾后重建工作，组织公路技术人员全面排查全市列养公路路基及桥梁安全隐患，发现问题及时抢修。加强国省干线巡查力度，重点对汉仙线彭场至沙湖段、沙湖至五湖段、彭杨公路、袁沔线24小时巡查，确保东荆河、通顺河、电排河防汛通道安全畅通；抢抓晴好天气，对水毁路段和桥梁及时抢修和养护，确保汛期后公路安全畅通。结合实际编制水毁路面、桥梁恢复方案，特别是318国道黄金大道段、318国道胡场至毛嘴段、仙监线张沟至郭河段、毛通线陈场至通海口段、仙崇线东干渠桥头锥坡和大院子桥头锥坡等重点路段和桥涵进行灾后恢复重建。

码头整治。仙桃市交通运输局以城区沿江岸线码头清理为突破口，全面启动汉江非法码头治理工作，通过查看档案资料和实地调查摸排相结合，完成沿线51处非法码头登记造册，取缔非法码头4处。结合非法码头责任人、占用岸线资源情况、码头性质、码头类别、形成原因等情况，形成"取缔、规范、提升"初步处理意见，并上报市政府。成立市砂石码头建设指挥部，2个砂石码头及连接线工程设计在进行中。

文明创建。开展全市交通运输系统"交通好人"评选表彰活动，发挥先进典型模范作用。仙桃市公路管理局毛嘴养护站站长刘彩军被评为"全省优秀共产党员"，市公路局四达公路建设有限公司张雄涛被评为"全市优秀共产党员"，市交通运输局直属机关党委再次被授予"全市先进基层党组织"称号。

（周庆峰）

天门市交通运输

【概况】 至2016年底，全市公路通车里程4307.12公里、路网密度164.27公里/百平方公里，其中高速公路56公里、一级公路160.65公里、二级公路429.85公里、三级公路108.93公里、四级公路3400.76公里、等外级公路150.93公里。内河航道里程339.4公里（界河按二分之一算），港口9个，生产性码头泊位66个，渡口60个。客运站16个，其中二级客运站3个、三级客运站2个、五级客运站11个。

基础设施建设。全年完成交通固定资产投资8.15亿元，比上年增长48.2%。普通公路建设完成投资6.81亿元，完成荷沙线、汉宜线、皂毛线等一级公路路基20.65公里、路面15.8公里。完成胡同线等二级公路路基20.65公里、路面20.95公里。完成天仙公路、牛张线等国省干线大修38.97公里及所有农村公路水毁修复等灾后重建工程。完成农村公路360.68公里。水运建设完成投资1500万元，完成天门港天门工业园港区1、2号泊位建设和3号泊位主体工程，在进行陆域配套工程建设，新增泊位2个。完成天门公交总站一期工程充电桩和停车坪建设，在城区主要干道上新建公交候车亭33座、灯箱式站牌近300个，完成宋市养护站和武汉玲莉天门物流园

2016年6月,240国道竟陵至岳口段全线建成通车

主体工程。

运输服务。全年完成公路客运量2240万人次、旅客周转量9.97亿人公里,分别比上年增长2.26%、2.34%;货运量1765.76万吨、货物周转量41.56亿吨公里,分别比上年增长5.92%、5.3%。完成水路货运量157.2万吨、货物周转量11.08亿吨公里,分别比上年增长5.39%、4.88%。全市综合交通运输货运周转量52.64亿吨公里,比上年增长5.21%。全市有客运企业13家、客运班线135条、营运车辆574台,其中省际班线13条、车辆31台,市际班线69条、车辆177台,农村班线53条、车辆366台。12月31日,142辆纯电动公交车投入运营。公交总站完成停车坪和充电桩等一期工程。协助天骄物流中心成功牵手武汉丰源物流,实现货源共享,推动现代物流业发展;实现多宝宝多物流与天骄物流对接,开创农产品、农业生产资料和日用消费品"城区—镇—村"复合型配送体系。结合全市公交运营体制改革工作,开通天门至杨林、小板、黄潭、白茅湖等乡镇公交车,实现农村客运站场与城市公交无缝对接。进一步巩固"村村通客车"成果,全市基本形成以主城区为中心、乡镇为节点、覆盖全境、功能完备的客运站场布局。

公路管养。交通公路部门以固定检测站点和科技手段为依托,深化部门联动、养护路政联动,进一步优化全市路域环境。按照示范公路创建标准,积极协调乡镇,完成集镇过境路段整治任务,加大路政养护联合巡查力度和频率,严把红线控制关,取缔、迁移、规范占用公路的龙门架、T型广告牌等各类违章建筑、黄沙卖场、洗车加水点等经营性场地,禁止在公路上以路为市、占道经营、焚烧秸秆、打场晒粮等违法行为。拆除非交通标牌881块,清除占道堆积物534处,制止新的违法建筑8处,立案查处路损案件2起,依法审批临时(特殊)占利用、增设平交道口行政许可案件3起。持续开展联合治超行动,查处超限运输车辆90434辆次,卸载货物近5万吨,有效遏制超限超载运输行为,保障市内公路桥梁安全畅通。

行业管理。开展"黑车"及旅游车专项整治、农村班线车票价专项整治、私设售票站点专项整治、驾校违规经营专项整治等行动,出动稽查人员2100人次、稽查车辆720台次,检查车辆2960辆次,查处各类违章违规经营行为384起。开展绿色维修企业创建活动,引导企业先后投资2106万元,更新不解体诊断仪器、液压式举升机等各类维修设备896台(套)、扩建作业场地1960余平方米,逐步实现维修行业转型升级。圆满完成汉江欧家湾至泽口80公里航道管护工作,灯光保证率和标位正常率达99%。开展汉江非法采砂和非法码头整治工作,有效遏制非法采砂行为,对全市非法码头进行规范和提升。加强水路运输企业经营资质维持情况的审查和经营行为的管理,全市2家水路运输企业证照齐全,经营行为规范有序。全市全年申报船型标准化改造船舶18艘,其中拆解老旧船舶4艘、船舶污水处理装置改造14艘,完成老旧船舶拆解3艘、船舶污水处理装置改造10艘,另5艘船舶在改造中,内河船舶水污染治理工作成效显著。

科技与信息化工作。进一步完善全市省、市际客运班车北斗卫星终端

2016年12月31日,142辆纯电动公交车投入运营

2016年7月10日，天仙公路大修中

系统，全市12吨以上货运车辆安装北斗卫星终端工作稳步推进。汉羽公司、金鑫石油公司、皂市华祥汽运公司分别安装三级平台视频监控，利用"网上稽查"监控平台实现对长途客运班线凌晨2点至5点落地休息制度落实情况的监控。全市4家出租车公司进一步完善电招服务和预约服务。汉羽公司在市客运中心站和侨乡客运站设置自动购票机，开通网络售票服务。港航海事机构在2处重点渡口和39艘渡船上分别安装CCTV固定视频监控系统和北斗卫星定位系统设备，实现渡口、渡船全天候监控。全年完成90辆老旧公交车经营权及车辆回收工作，新增宇通纯电动新公交车142辆，公交车由原来的118辆增加到170辆，其中LNG燃料公交车28辆，实现城市公交低碳排放和绿色出行。

安全应急管理。全年交通安全生产态势平稳。全市水上船舶安全面100%，道路运输安全隐患排查和整改率100%，建设安全管理责任制落实率100%，全年没有发生交通安全责任事故，交通工程建设安全实现零事故。按照"党政同责、一岗双责、齐抓共管、失职追责"的原则，督促各行业监管单位签订职责分明的安全生产工作目标管理责任书，并将安全目标管理延伸到监管企业直至班组车间，组建"横向到边、纵向到底"的四级安全生产管理责任体系。发放《公路安全知识问答》《道路运输安全应急常识》和《水上交通安全知识手册》等安全常识资料800余份。按照"全覆盖、零容忍、严执法、重实效"要求，开展安全隐患整治行动。全年检查运输船舶170艘、客渡船65艘，发现安全隐患13处，现场纠正违章13处。组织道路运输行业检查280次，其中旅游、公交、出租及班线客运61家企业检查10余次，排查安全隐患49起，督促整改49起。组织交通建设领域执法检查5次，现场警告4次，责令改正、限期改正、停止违规行为25起，勒令停工标段1个。筹措360万元资金，启动省、市3级挂牌督办的石河镇"东虹桥"和干驿镇"界牌桥"隐患整治工作。加强应急队伍建设，分别组建公路抢险保通应急队、道路运输疏运应急队和水上搜救队共计60人。洪灾中，出动突击队员800余人次、工作车辆60台次，调用客运车辆302台，其中公交车97台，货运车辆118台，冲锋舟7艘，投入到龙骨湖分洪区、九真张家湖地区和上平原灾区救援中。接送救灾工作人员3376人次，运送救灾物资676吨，转运受灾群众6.53万人次。

投融资。2016年，天门交通运输局整合系统固定资产和土地资源，成立湖北天琪交通投资有限责任公司，成功融资3.25亿元，到位2亿元。

文明创建和廉政建设。广泛开展创建文明行业、文明单位及"十行百佳"等活动，天门交通运输局被评为2016年度"党风廉政建设优秀单位""社会治安综合治理工作优秀单位""法治天门建设优秀单位""农民负担监督管理工作合格单位""创文创卫工作优秀单位""建议办理工作优秀单位""提案办理工作优秀单位"，被评为全市"六五"普法工作优秀单位、2016年度全市宣传思想工作优秀单位、2015—2016年度全市老干部工作优秀集体，被评为2016年度全省交通运输安全应急管理工作优秀单位；湖北天达公路养护工程有限责任公司被省交通运输厅授予"2016年度先进集体"，市客运中心站被评为全省"十佳文明客运站"。张国祖获"2014—2015年度全国交通运输行业文明职工标兵"荣誉称号，黄学良获全省"五一"劳动奖章。天门市交通运输系统（行业）获省级表彰先进单位（集体）12个、先进个人23人次。

（张文敏）

潜江市交通运输

【概况】 至2016年底，全市公路通车里程3071公里、路网密度153公里/百平方公里，其中高速公路63公里、一级公路86公里、二级公路316公里、三级公路69公里、四级公路2533公里、等外公路4公里。内河航道通航里程209.9公里，港口3个，生产码头泊位13个，渡口51个。客运站17个，其中一级客运站1个、二

2016年8月12日,潜江港泽口港区综合码头工程开工

级客运站1个、三级客运站1个、四级客运站12个、五级客运站2个。

基础设施建设。全年完成交通固定资产投资11.3亿元。普通公路建设完成投资98683.3万元,占年计划的128.3%,完成路基170.47公里、路面157.47公里。其中,一级公路完成路基31.28公里、路面27.28公里,投资76200万元;二级公路完成路基19公里、路面10公里,投资7543万元;247省道潜江汉江大桥完成投资10000万元,农村公路桥梁完成投资367.7万元;危桥改造完成货币工程量525万元;通村公路完成118.041公里,投资3421.5万元;农村公路安保工程完成投资561.6万元;农村公路路网改善恢复性工程完成投资64.5万元。水运项目完成投资8636万元。站场项目完成投资1002万元。物流项目完成投资4800万元。

综合运输。全年完成公路客运量1667.5万人次、旅客周转量6.86亿人公里,分别比上年增长3.1%和2.6%;货运量2099万吨、货物周转量49.15亿吨公里,分别比上年增长3.83%和3.91%。完成水路货运量115万吨、货物周转量4亿吨公里,分别比上年增长8.3%和15.4%。运输保障方面,春运期间,完成总客运量577.2万人次,比上年增长8.1%。先后承担第七届龙虾节、中国发展论坛、全国剧本交易会等重大活动运输保障任务。12月29日,潜江市政府出台《市人民政府关于促进现代物流业发展的意见》。编制完成《潜江市现代物流业"十三五"发展规划》;策划并启动华中(潜江)物流产业园,占地800亩,总投资16亿元;引进全国知名物流龙头企业传化物流集团,与市交投合资建设潜江传化公路港项目,占地200亩,总投资3亿元。大力推进城乡公交一体化"PPP"模式改造,荆渝公司投资1.5亿元,新购置150台新能源纯电动公交车分批投入运营,11月15日开通园林至熊口15路城乡公交车,12月中旬开通园林至王场城乡公交车。

行业管理。公路管养方面。加强路域环境清理整治,拆除非公路标志牌150块,下达《责令改正通知书》89份,办理行政许可10件,处理公路赔偿案件22起,结案率100%。推进路警联动治超,治超联合执法专班采取固定治超与流动治超相结合的方式,检查车辆84228辆次,查处非法超限运输车辆9493辆次,卸载货物1.7万吨;查处暴力抗法案件26起,给予治安拘留3人、治安警告1人、吊销驾驶证1人、扣分处理162人次,市域内公路严重超限运输行为得到有效遏制。9月20日,全国人大常委会副委员长吉炳轩率全国人大道路交通安全法调研组专题调研潜江公路治超工作,对路警联动治超做法给予肯定。全年出动执法人员5960人次,开展路检路查205次,检查各类运输车辆5362台次,查处违章案件1268起,受理群众投诉举报案件309件。

安全应急管理。开展安全隐患大排查,排查各类安全隐患18处,下达整改通知书跟踪督办,对达不到开业条件的2家道路危险货物运输企业依法注销其相应资质。开展"船舶配员和船舶值班专项检查""砂石运输船专项整治"等水上交通安全专项检查活动,检查船舶53艘,涉及船员25人,对船舶所有人施以行政处罚10宗;开展"平安水域"综合执法集中行动,出动海事执法人员120人次,海巡艇

2016年11月15日,潜江园林城区至熊口15路城乡公交车开通

35艘次,海事执法车30台次,现场检查船舶89艘,发现隐患36处,责令整改36处,拆除碍航沉管300余米。开展国省干线安全大检查3次,整改隐患18处,更换护栏16跨,维修、新建挡土墙或防撞墙70米,增设安全警示标志150块,清理死树153棵,发放安全宣传单1000余份,公路安全管理投入资金200余万元。修订完善《潜江市交通运输局安全应急预案》和各类子预案,交通保畅预案、防汛抗旱预案在应对特大暴雨灾害中成功接受检验,保证了灾区人民群众安全便捷出行和生命财产安全。

投融资。积极争取地方政府债券和政策性贷款,推广应用PPP、特许经营吸引社会资本,潜江汉江大桥、公交化改造等一批PPP项目稳步推进。按照现代企业管理制度,进一步完善市交投公司治理机构,将交通闲置资产整体划拨市交投公司,增强公司融资能力,全年市交投公司融资2.12亿元。

文明创建和廉政建设。加强党性党风党纪教育,局党组组织专题授课5次,受教育党员500余人次,下发政务督查通报11期、督办通报5期,对13个单位、15名个人给予全系统通报批评,约谈基层单位责任人3人,给予党纪政纪处分10人。创新开展"潜江交通论坛"活动,论坛每月一讲,成功举办8期。狠抓行业文明建设,投入资金近20万元,承办以"先行颂"为主题的第8期"潜江大舞台"活动,展示交通运输系统干部职工精神风貌和文明成果。开展"最美潜江交通人"评选活动,在全系统营造崇尚先进、学习先进、争当先进的浓厚氛围。

(李凌云)

神农架林区交通运输

【概况】 至2016年底,全区公路通车里程1910.908公里、路网密度58.74公里/百平方公里,其中一级公路17.16公里、二级公路324.794公里、三四级公路1513.895公里、等外公路55.059公里。等级公路1855.849公里,等级公路比重97.12%。按行政等级分为国道159.282公里、省道216.7公里、县道63.319公里、乡道297.591公里、专用公路27.994公里、村道1146.022公里,67个行政村公路通畅率100%。客运站16个,其中二级客运站1个、三级客运站3个、四级客运站3个、五级客运站9个,另有候车亭126个、招呼站36个。货运站1个。

基础设施建设。全年完成交通建设投资56445.7万元,占目标任务的107.54%。保神高速公路开工建设,阳日至松柏一级公路完工,杜川至阳日神农架段公路路基、隧道完成建设,进行路面施工。建设完成大界岭至下谷、大界岭至九湖、盘水至宋洛公路。二级公路完成投资39600万元,完成路基33.5公里;三、四级公路完成投资14883.2万元,完成路基104.944公里、路面120.804公里。通村沥青(水泥)路完成投资14883.2万元,完成路基104.944公里、路面120.804公里;农村公路桥梁完成投资317.5万元,完成桥梁5座127延米;农村公路安保工程完成投资1029万元。站场建设完成投资731.9万元,其中等级客运站投资650万元,候车亭81.9万元。大九湖三级客运站完成竣工验收。松柏物流中心完成第一期场地平整,在实施主体工程建设。

运输服务。全年完成道路客运量577万人次、旅客周转量2.17亿人公里,货运量485万吨、货物周转量11.34亿吨公里,分别比上年增长1.9%、2%、2.75%、2.48%。全区客运线路48条、公交线路5条,其中省际班线2条、市际班线17条、区内班线29条。有道路运输经营户592家、从业人员2068人,其中客运经营户5家,货运经营户348家。维修企业67家,其中二类维修6家、三类维修61家。驾驶培训学校1家,机动车综合性能检测站1个。营运车辆627台,其中货运车辆433台、客运车辆194台。

公路养护。推进预防性养护及应急建设,争取政府资金30万元购置应急平板拖车,自筹30余万元购置全套沥青混凝土路面维修环保设备,自筹50余万元购置装载机1台、养护巡

2016年7月29日,副省长许克振(前排左三)在神农架林区指导交通公路灾后恢复重建工作

查车1台用于347国道接养。依托应急中心对公路养护机械设备定期进行维修保养，公路机械化养护程度90%以上。标准化养护方面，严格监理制度，加强养护工程日常管理，加强工程验收，严把质量关和计量关。精细化养护方面，坚持油路病害小坑大补、浅坑深补、圆坑方补，确保养护见长效、管长远。全年完成坑槽修复3300平方米、路面裂缝灌缝5266米、贴缝2500米；修复波形梁2700米、立柱559根，桥梁维修投入资金156万元，沿河线挡土墙基础加固100万元。

路政管理。加强路政执法，保障公路完好、安全、畅通。全年清理占道堆物4处，拆除非公路标志113块，审批行政许可项目2件，查处损坏路产赔偿案件59起，收取路产损坏赔偿费16万元，罚款4300元。路政案件查处率、结案率、索赔率均100%。超限治理坚持"依法严管、标本兼治、立足源头、长效治理"总要求，坚持"科学检测、卸载放行"，不断完善路面与固定治超结合机制，打击车辆违法超限运输行为。全年检测货运车辆5851台次，查处27台次，转运货物69.4吨，卸载货物25.7吨，罚款7750元。

运政管理。林区政府出台《神农架林区景域客运交通无缝衔接方案》，进一步统筹城乡发展、促进旅游发展，积极探索开通公交运营方式。试运行开通城区公交3号线和景区旅游公交线路，实行定时定点发班。对木鱼、松柏、大九湖、下谷及客运站周边景区"客运站秩序满意度下降，客运站周边黑车、黑导、黑中介扎堆，围追堵截、反复纠缠招揽游客，外地旅游车辆证件不齐、安全意识不强"等市场秩序混乱现象进行专项整治。巩固"村村通客车"成果，开展增加站亭安装、完善线路开通模式、兑现客运补贴资金等相关工作。对所有农村客运车辆纳入动态监控系统，确保开得通、留得住。开展出租车雷锋示范岗创建活动和打击出租车非法违规经营行动，查处出租车违规行为65起，批评教育11次。协助建成大九湖三级客运站并投入使用。新建改建候车亭36个，修复破损公交站牌4起，清理站牌小广告15处。改善驾培市场环境，驾驶培训由集中培训改为随到随学，落实驾培机构人、车备案制度。

安全管理。重点主抓汛期安全、旅游市场秩序安全大检查工作。联合安监、消防部门开展公路水毁应急演练1次。冰雪天气无交通中断现象发生，免费救援受困车辆40余台，确保安全通行。全面推动安全生产"两化"体系建设。结合林区特点，检查施工建设采石场、工棚、炸材、防火安全，并对临水、临崖、高边坡、危岩体等危险路段进行排查，整改率100%。全年对区内国省道干线公路、施工工地各检查72人次，对道路运输企业及驾培维修检测企业检查911人次，查处道路安全和施工安全隐患56处，全部整改；排查干线公路桥梁38座。全年无一起安全责任事故发生。

质量管理。对发现的质量问题及时下达整改通知书，督促整改，限时返工，追究责任。组织各类督查、检查、巡查26次，对公路工程监理企业及试验检测机构检查3次，下发通报4份，下发抽查意见通知书5份。对松阳线、松八线进行质保体系、工地试验室、浆砌挡土墙等检查。全区交通建设工程监督覆盖率100%。各项目隐患排查及隐患落实整改率100%。各分项分部质量合格率100%。

投融资改革。积极争取融资机遇，拓展投资方式，组建神农架交通投资开发有限公司。6月8日，完成交投公司公示注册全部手续，取得《工商营业执照》。整合国有资产，梳理交通系统下属企业及废弃、闲置资产，通过财政局整体划转至交投公司，做实交投公司资本，确保国有资产保值增值。

精准扶贫。将农村公路建设与易地扶贫搬迁相结合、与助力产业发展相结合、与新农村建设和美丽乡村建设相结合，打通交通精准扶贫"最后一公里"。优化项目申报，结合实际、自下而上、征求意见、统筹资金，全区14个重点贫困村全覆盖，2条断头循环路全打通。以"先试点、再铺开"的方式，确定新华镇豹儿洞村险段整治、松柏镇清泉村、阳日镇大坪村、宋洛乡梨子坪村、后山坪村公路5个"五好农村公路"示范项目。优化全程管理，统一实施项目前期、统一公开招投标、统一划分施工标段、统一严格质量监督。优化安全保障，不断提档升级农村公路，继续完善农村安保设施。全年完成安保工程投资1110万元。豹儿洞村太阳能LED红绿灯，将无法加宽的农村公路瓶颈路段实现分时段错峰通行，有效降低了安全隐患。优化客运线路，开通班线27条，发展车辆49台，巩固"出家门、上车门、进城门"的农村客运发展成果。

文明创建。开展"畅安舒美，从我做起"活动，发动全区志愿者配合路政人员和养护工人清理公路沿线垃圾。组织运输企业成立"爱心义务接送"车队，免费接送高考学子和教师。配合帮扶村两委班子共建城乡文明，建设文化墙60多米，组织开展群众文艺活动。1个家庭获林区妇委会"最美家庭"奖，1人获"三八红旗手"称号，1人获林区"五一劳动奖章"。

（沈绍林）

交通运输发展战略研究及前期工作

【物流基地研究】 多式联运。6月，武汉市推进"一带一路战略、长江经济带战略"集装箱铁水联运示范工程列入国家第一批多式联运示范工程，是长江中游唯一多式联运示范项目。全省江海联运发展态势良好，武汉经开港新开至上海港集装箱新航线，武汉至上海洋山江海直达、泸—汉—台(基隆)快班、武汉至东盟四国、武汉至日韩等品牌航线稳步壮大，累计执行班次近千个。铁水联运稳步推进，汉新欧外贸班列越开越密，全年发运200余列、2万余标箱，比上年增长50%以上，与江海直达等水路航线相互喂给，吸引制造业巨头落户武汉，形成数十亿元产业链。武汉至成都"沪—汉—蓉"铁水联运班列按照定点、定线、定车次、定时、定价"五固定"方式开通，每周一班常态化运行，化解三峡"翻坝运输"难题；襄阳—宁波铁海联运班列完成近1500标箱，比上年增长近50%。

农村物流。深入推进省级农村物流试点工作。在赤壁市、汉川市、京山县、竹山县、恩施市、龙感湖帝龙等6个县市区开展农村交通物流试点示范建设，全省农村交通物流试点示范12个。加大对试点单位督办，确保项目建设按进度、按标准实施，对试点单位和符合条件的农村交通物流节点，统一悬挂湖北农村交通物流标示标牌。全力推进农村物流部门合作共建，指导县市农村物流规划编制，探索推进"一点多能、一网多用、循环流通"的融合发展新模式，全省36个县(市)编制完成农村物流融合发展规划。争取省人民政府下发《关于促进全省快递业健康发展的实施意见》，加快全省快递业和交通物流的发展。

甩挂运输。按照交通运输部甩挂运输试点项目资金申请审查要求，督办省汽车运输总公司、鄂州大通互联物流公司、荆门弘业物流公司试点项目，11月4日，鄂州大通互联物流公司、荆门弘业物流公司试点项目通过专家审查验收。加强省市两级督办，跟踪督办2个主题性项目的4个子项目，督促企业按照试点承诺如期建设完成并验收。截至2016年底，湖北赤湾东方物流公司、荆州鑫泰达物流公司试点项目进展较快。

无车承运人试点。11月24日，由部、省行业专家组成的专家组通过研究、审查及合议，确定武汉小码大众科技有限公司、武汉物易云通网络科技有限公司等10家公司作为湖北省道路货运无车承运第一批试点企业，试点企业名单进行公示后，按要求报交通运输部。

(彭刚)

【交通规划管理】 "十三五"交通规划。8月，组织编制的《湖北省综合交通运输"十三五"发展规划纲要》获省政府批准发布，湖北成为全国率先批复"十三五"综合交通规划的省份之一。《湖北省公路水路交通运输"十三五"发展规划》《湖北省"十三五"交通扶贫规划》编制完成并正式印发。"十三五"公路、内河航运、道路运输与物流等专项规划修改完善与审批工作全面开展。

中长期交通发展规划。为支撑长江经济带、长江中游城市群等国家战略在湖北落实实施，组织编制《湖北长江经济带综合立体绿色交通走廊建设专项规划》并通过专家评审，《湖北长江中游城市群综合交通发展规划》《湖北长江经济带综合交通体系规划》完成初稿。

交通专项规划。坚持高位谋划，《武汉长江中游航运中心总体规划》经过多次实地调研、研讨论证，完成规划初稿。为科学谋划全省航道长远发展布局，组织编制《湖北省内河航道规划》并完成初稿。适应沿江产业发展需要，结合中央、省委省政府关于生态优先、绿色发展等一系列指示要求，组织推进襄阳、鄂州、鹤峰等多个港口总体规划修编工作。

(徐文学)

【规划编制】 两项"十三五"交通规划。进一步深化完善《湖北省综合交通运输"十三五"发展规划》和《湖北省公路水路交通运输"十三五"发展规划》，以书面形式征求综合交通各部门意见并根据各方意见进行修改，完善"十三五"综合交通发展的重大项目专栏，配合省交通运输厅向省政府进行规划专题汇报，8月22日，省政府印发《湖北省综合交通运输"十三五"发展规划纲要》。完成湖北省"十三五"公路水路重点项目库及规划编制说明等支撑材料，9月18日，省交通运输厅印发《湖北省公路水路交通运输"十三五"发展规划》。

湖北省"十三五"交通扶贫规划。在2015年底完成规划大纲的基础上，与相关处室、业务局衔接沟通，赴省公路局交流信息、查阅资料，并就规划目标、补助标准及补助政策等关键问题进行研讨，及时向省交通运输厅专题汇报。同时，加强与交通运输部《"十三五"交通扶贫规划》的衔接，5月底完成规划报告编写和项目表编制，完成规划编制说明、附表说明以及相关支撑性材料；9月9日，省交通运输厅印发《湖北省"十三五"交通扶贫规划》。

湖北长江经济带综合立体绿色交通走廊建设专项规划(2016—2020年)。为抢抓国家长江经济带发展战略机遇，贯彻落实中共中央"共抓大保护，不搞大开发"精神，2月，经省政府同意，省发改委启动《湖北长江经济带生态保护和绿色发展规划》编制工作，省交通运输厅负责交通专项规划的编制。规划编制期间，编制组配合省发展改革委赴随州、孝感等地进行专题调研，定期开展规划研讨，征求意见不断修改完善，6月底完成规划初稿，11月初完成规划送审稿，并通过省交通运输厅组织专家评审。

湖北长江中游城市群综合交通规划。为依托长江黄金水道，推动长江中游城市群发展，加快中部地区崛起，促进区域一体化发展，省交通运输厅提出编制《湖北长江中游城市群综合交通规划》，12月，编制完成《湖北长江中游城市群综合交通规划》(征求意见稿)。

(徐美霞)

【专项研究】 湖北水运发展竞争力分析。为进一步掌握湖北水运发展现状，切实发挥湖北水运优势，启动《湖北水运发展竞争力分析》课题研究。成立课题研究小组，多次集中讨论，赴武汉、襄阳、宜昌、荆州、黄冈、钟祥、鄂州等地进行专题调研，撰写调研报告，调研报告获2016年全省交通运输系统优秀调研成果一等奖。

湖北现代交通运输发展战略研究。为找准湖北交通与交通现代化水平之间的差距，加快推进湖北交通运输体系和交通运输能力现代化，启动《湖北现代交通运输发展战略研究》课题。成立课题研究小组，广泛组织行业学者专家进行问卷调查，获得客观全面的基础研究资料，组织内审征求意见，不断修改完善，该课题基本完成。

关于加快推进现代综合交通运输体系建设的指导意见。根据交通运输部要求和省交通运输厅工作安排，选派专人参与交通运输部组织的《关于加快推进现代综合交通运输体系建设的指导意见》编写工作，4月、5月、6月先后赴京参加课题组会议，听取交通运输部任务要求，积极准备文件起草前期工作，完成分配章节的研究和编写。8月上旬，组织完成各省市现代综合交通运输体系建设网络调查问卷调研，配合开展指导意见的修改完善工作。

"汉新欧"班列建设发展规划。4月，为推进"汉新欧"班列规范化、常态化运营，并不断发展壮大，省发展改革委着手编制《"汉新欧"班列建设发展规划》，要求有关厅局配合完成相应章节。省交通运输厅具体配合完成汉新欧线路布局情况、空间布局及重点任务的物流网络等章节编写，按时按要求完成相关章节的编写并报送省发改委。

（徐美霞）

交通建设前期工作

【重点工程前期工作】 2016年，全省交通系统紧紧围绕"十三五"规划目标，超前谋划，合力推进，全省高速公路和长江大桥项目前期工作取得突破。

1. 一批高速公路和长江大桥项目完成前期工作并开工建设。2016年，枣阳至潜江高速公路荆门北段和襄阳南段、保康至神农架高速公路、鄂州至咸宁高速公路、襄阳绕城高速南段以及白洋、武穴、棋盘洲长江大桥等"五路三桥"321公里高速公路相继启动实施。截至2016年底，湖北在建高速公路项目24个901公里，已建、在建高速公路总规模7105公里；长江大桥推进力度前所未有，全省同时在建的长江大桥11座（含2座在建的城市过江桥梁），过江通道瓶颈有望得到缓解。

2. 规划高速公路项目前期工作取得突破性进展。所有纳入"十三五"交通规划项目均启动前期工作，一批项目完成工程可行性研究，为2017年再启动一批项目建设创造条件。"十三五"规划的高速公路项目中，完成或基本完成18个项目634公里工程可行性报告，有10个项目232公里明确投资人；有3个项目80公里高速公路核准要件齐备，具备核准的前期工作条件；完成3个项目75公里高速公路初步设计，基本具备启动实施的前期工作条件。8个省际高速公路项目均与周边省份就"十三五"同步规划建设达成一致，并就省际接点协议进行多轮磋商，1个项目签订正式接点协议。

（徐文学）

【站场物流前期工作】 把握站场项目审批权下放契机，在依法、依规、依程序的前提下，加强对项目前期工作的指导和督导，及时衔接、办理项目报批程序。加强站场建设计划督办落实力度，及时编制上报和分解下达年度预安排投资计划、年度补助投资计划和三年滚动计划。集中开工客货运枢纽站场项目16个，投资达53亿元。加强站场建设计划落实和重点项目进度督办，重点推进襄阳市东津换乘中心、十堰客运换乘中心和汉口北国际多式联运物流港、鄂州华中国际智慧物流园等重点客货运枢纽前期工作，加快推进汉口客运中心、黄石团城山客运中心、鄂州综合客运枢纽站和宜昌白洋物流园、三峡坝区（茅坪）货运中心、十堰林安物流园、孝感传化公路港（锦龙物流园）等重点项目建设进度。孝感运管处、襄阳物流局等单位对进度缓慢项目所在地主管部门和项目单位下达整改通知书并约谈相关负责人。

（蔡莉）

【港航工程前期工作】 围绕重点航道项目、核心港口，加快推进前期工作。争取并配合省政府召开全省汉江五级枢纽工程建设推进会，配合完成汉江五级枢纽集中开工仪式。多次与河南、湖南进行协调，召开座谈会，共同合作开发唐白河、松虎航线。围绕重点项目，召开4次前期工作调度会和1次航道建设推介会，按照2016年"十三五"水运规划重点项目库中不少于30%港航项目要完成前期工作的目标，落实51个项目前期工作。以上51个项目中，完成汉江三期、湖北荆州煤炭储配基地一期工程、宜昌港主城港区白洋作业区二期工程等17个项目工程可行性报告批复及审查，完成长江中游骨干支流航道整治工程、唐白河航道整治、富水航运开发工程等29个项目工程可行性报告编制，开展江汉平原航道网孝感市汉北河航道工程、汉川港城关港区综合码头、富水航运开发工程等5个项目工程可行性报告及相关专题编制。

（许剑）

交通基础设施建设

【全省交通基础设施建设】 2016年，全省完成固定资产投资2.95万亿元，第三产业完成固定资产投资1.64万亿。交通运输、仓储和邮政业完成固定资产投资2794.23亿元，占第三产业完成投资的17.05%。其中民航完成固定资产投资135.08亿元，比上年增长183.7%，铁路完成固定资产投资246亿元，比上年增长200.2%，公路水路完成固定资产投资1009.95亿元，比上年下降8.82%。公路水路固定资产投资占交通运输、仓储和邮政业投资的36.15%，占第三产业投资的6.16%。

全省新增公路里程7199公里，其中新增一级公路229公里、二级公路450公里、四级公路8309公里，减少三级公路105公里、等外公路1684公里。截至2016年底，全省公路总里程260179公里，其中高速公路6204公里、一级公路5460公里、二级公路22005公里、三级公路10707公里、四级公路205443公里、等外公路10360公里，等级公路所占比重达到96.02%，比上年提高0.78个百分点，二级及以上公路所占比重达到13%，与上年相比基本持平。全省公路沥青混凝土路面24299公里、水泥混凝土路面190155公里、简易铺装路面15334公里，公路路面铺装率88.32%。全省公路按行政等级分（原行政等级），国道14078.16公里、省道19269.43公里、县道10506.03公里、乡道61334.16公里、村道154248.07公里、专用公路742.99公里。全省公路密度139.96公里/百平方公里，乡镇通畅率100%，行政村通达率100%、行政村通畅率100%。

全省内河航道里程9065.89公里（不含界河里程），其中内河航道通航里程8637.95公里，与上年保持一致，其中33.5公里四级航道、78.2公里五级航道升为三级航道。按航道结构等级分，共有一级航道269.4公里、二级航道768.5公里、三级航道841.6公里、四级航道385公里、五级航道850.9公里、六级航道1810.93公里、七级航道1210.9公里、等外航道2500.7公里，等级航道所占比重为71%，三级及以上航道所占比重为21.8%。

1. 公路重点工程建设。全省高速公路完成固定资产投资382.3亿元，为年度目标的100.6%，比上年下降12%。全省在建高速公路16个578公里，已建在建高速公路6782公里。武汉城市圈环线高速孝感南段、武汉四环线南段、沌口、石首长江大桥等16个续建高速公路项目加快推进，建设进展总体顺利；沌口、石首、青山长江大桥、武汉四环线北段、武汉城市圈环线高速孝感南段、枣潜高速钟祥至潜江段、麻竹高速大悟段、沙公高速观音垱至杨家厂段等项目超额完成年度建设目标计划，其中，沌口长江大桥主塔顺利封顶，计划2017年建成通车。2016年全省新开工武穴长江大桥、棋盘洲长江大桥、白洋长江大桥、保康至神农架高速、枣潜高速荆门北段、枣潜高速襄阳南段、襄阳绕城高速南段、鄂州至咸宁高速公路"三桥五路"321公里，所有项目完成项目审查审批、征地拆迁、驻地建设、场站建设、施工队伍进场等开工前准备工作，顺利开工建设。

2. 普通公路建设。全省普通公路完成固定资产投资428.6亿元，为年度目标的112.8%。从投资结构来看，国省道完成投资269.8亿元，占总投资的63%；农村公路完成投资158.7亿元，占总投资的37%。从投资区域分布来看，52个精准扶贫县完成投资243.5亿元，占总投资的56.8%；其他县市完成投资185.1亿元，占总投资的43.2%。从形象进度来看，完成一级公路路基601公里、路面551公里；完成二级公路路基1601公里、路面1418公里；县乡公路改造1067公里，通村油路、水泥公路12755公里。完成公路大中修526公里，危桥改造56座，安保工程1519公里。组织开展公路养护基础管理年活动，对公路标志标牌标线等进行全面规范。打造畅、安、舒、美通行环境，创建市州级畅安舒美示范路段30多条、县市区级畅安舒美示范路段100多条，建成农村生态文明示范路和管养示范路120多条。

继续推进通畅工程建设，进一步提高农村交通基础设施水平，突出产业路、打通断头路、构建循环路，促进农村公路交通互连互通。加快推进集中连片特困地区特色公路建设，全面建成秦巴山"生态环库路"、武陵山"清江画廊路"、幕阜山"特色香泉路"、大别山"红色旅游路"。以国家和省确定的52个贫困县（市、区）和4821个重点贫困村为重点，加快推进撤村并村及20户以上自然村通畅工程建设；继续支持贫困地区县乡道升级改造工程和农村公路桥梁建设工程，对重要县乡道按不低于三级公路标准（特殊困难路段不低于四级公路双车道标准）进行改扩建。加快实施一批具有资源路、旅游路、产业开发路性质的公路改造建设。

3. 港航建设。全省港航建设完成固定资产投资66.5亿元，为年度目标的132.9%。其中航道项目完成投资9亿元，占总投资的14.4%；港口项目完成投资49.5亿元，占总投资的73.8%；船舶完成投资8亿元，占总投资的11.8%。汉江雅口航电枢纽开工建设，汉江碾盘山至兴隆航道整治工程完成近90%，朱家湾综合码头二期工程等港口项目进展较快，宜昌白洋二期等13个项目开工建设。鄂州武汉新港三江港区一期工程8个泊位、黄石棋盘洲等23个项目码头水工部分基本完成，确保完工的项目水工完成率100%。至2016年底，黄石港棋盘洲港区一期工程7—9号泊位、宜昌秭归港区茅坪作业区二期工程2个滚装泊位、3个件杂泊位，宜昌港白洋一期码头、宜昌港兴山港区作业区码头扩建工程、武汉恒阳石化码头、荆门市沙洋港中心港区一期综合码头工程2个泊位投入运营。新增港口吞吐能力2815万吨。

4. 站场建设。全省站场建设完成投资132.56亿元，为年度目标的147.3%。其中客运站场建设完成投资12.9亿元、货运物流设施建设完成投资58亿元，分别为上年的110%和190.48%，城市公交、出租汽车、驾校、维修、道路客运等完成投资61.76亿元。全省建成公路客货运（物流）站场项目18个，其中客运站场10个、货运枢纽（物流园区）8个。全省52个扶贫县完成客运站场建设投资6.35亿元，为年度计划的107.02%，建成客运站4个，改造农村综合运输服务站6个，建成城乡公交化运营班线港湾式候车亭250个。

全省全行业完成客运量10.58亿人、旅客周转量1521.04亿人公里，分别比上年增长6.42%、2.03%；完成货运量16.45亿吨、货物周转量1521.04亿吨公里，分别比上年增长6.42%、4.79%。全省公路完成客运量8.82亿人，比上年增长0.30%，分担率83.37%，旅客周转量487.33亿人公里，比上年减少0.4%，分担率32.04%；完成货运量12.27亿吨，比上年增长5.92%，分担率74.56%，货物周转量2506.85亿吨公里，比上年增长5.30%，分担率41.07%。全省水路完成客运量0.57亿人，比上年增长0.3%，分担率0.54%，旅客周转量3.34亿人公里，比上年增长0.94%，分担率0.22%；完成货运量3.57亿吨，比上年增长9%，分担率21.34%，货物周转量2666亿吨公里，比上年增长7.23%，分担率42.99%。完成港口吞吐量3.5亿吨，比上年增长6.4%，各港口主要大宗货类全部呈上升趋势。其中煤炭高位运行，完成吞吐量3117万吨，比上年增长8.4%；砂石运输完成1.3亿吨吞吐量，比上年增长1.3%；非金属矿石完成4597万吨，比上年增长5.4%。全年完成集装箱吞吐量141.5万标箱，同比增长6.57%，创历史新高。其中武汉港113.3万标箱，比上年增长6.7%，占全省集装箱吞吐量80%，同时宜昌市吞吐量突破15万标箱，比上年增长15.4%。商品滚装车高速增长，全年完成50万辆，比上年增长30.8%。

（李鹏飞　张学阳）

【全省农村公路管理】 2016年全省完成新改建农村公路1.3万公里，基本形成干支相连、镇村直达、对接循环的农村公路网络，实现所有乡镇和建制村通沥青水泥路，建成大别山红色旅游路、秦巴山环库生态路、武陵山清江画廊路和幕阜山休闲旅游路4条特色扶贫路。至年底，全省农村公路总里程达22.6万公里，其中县道1万公里、乡道6.1万公里、村道15.4万公里，占全省公路总里程的86.9%。

1. 全面开展"四好农村路"建设。根据《交通运输部关于推进"四好农村路"建设的意见》，省交通运输厅以"建好、管好、护好、运营好"农村公路为行动标杆，成立以厅长为组长的"四好农村路"建设领导小组，印发《关于推进"四好农村路"建设的实施方案》，将"四好农村路"建设作为"十三五"期构建现代化综合交通运输体系的支撑条件，严格标准、竞进提质、整体推进。6月14日，组织召开全省农村公路暨交通扶贫工作会议，对"四好农村路"建设工作再次进行全面动员部署，确定加快推进"四好农村路"建设工作举措。11月9日，交通运输部在湖北十堰竹山县召开全国"四好农村路"运输服务工作现场会。11月29日，组织召开全省"四好农村路"建设推进会，及时宣贯全国"四好农村路"运输服务工作现场会精神。8—10月，组织开展全省"四好农村路"建设工作督导调研，重点对6个市州、11个县市区进行实地督导，全省所有市州交通运输主管部门均参与督导调研活动。调研期间，督导组按照"厚植优势、创新理念、先行先试"的原则，指导各地认真总结经验，积极创建全省"四好农村路"示范县。同时，结合湖北实际，拟定《湖北省"四好农村路"示范县创建实施方案》报省政府办公厅审定。从2016年开始，湖北省将每年评选一批"四好农村路"示范县，通过激励政策和奖惩措施，调动各地创建积极性，全力争取地方政府对农村公路发展的政策支持。

2. 稳步推进农村公路建设。省政府印发《湖北省综合交通运输"十三五"发展规划纲要》，明确全省农村公路"十三五"建设规划目标和投资补助标准，提出以农村地区、贫困地区、民族地区、革命老区为重点，打造交通干线网、深化完善交通基础网、巩固提升客运服务网、积极构建交通物流网，全面推进交通精准扶贫、精准脱贫，促进农村公路建管养运与"三农"协调融合发展。省委省政府连续11年将农村公路建设纳入为群众办实事的公开承诺，每年建成农村公路不少于1万公里，为农村公路发展提供坚强保障。

多方筹措建养资金。全年争取到中央车购税资金19.03亿元用于全省农村公路建设，落实省级财政资金19.6亿元投入农村公路建设和灾后恢复重建。各地积极争取政府债券、涉农资金整合政策向农村公路倾斜，鼓励民间资本投入农村公路，开展"一事一议"等措施筹集村级公路资金，用好用活农发行"保本低息长期限"的开发性金融贷款政策，取得良好成效。各县（市、区）相应出台以奖代补、政府投资、招商引资、社会捐资等"一揽子"政策，采取"六个一点"（财政补一点、项目整合一点、工作组帮一点、社会捐一点、乡镇一事一议集一点、农民自筹一点）多方筹措农村公路资金，广泛利用冠名权、绿化权等方式筹集社会资金投资农村公路建设，特别是通过整合移民、农发、水务、国土等专项资金，不断加大对农村公路建设投入力度。

强化工程质量监督。印发推进农村公路建设"八公开"制度实施意见，督促各地利用各种媒体对农村公路建设计划、补助政策、招投标、施工管理、质量监管、资金使用、工程验收、考评结果等进行公开。结合水毁灾情，编印全省农村公路水毁修复技术指导意见，明确操作规程，强化县级质量监督站职能，提高工程建设质量。指导各地依法实施交通建设市场监管，严格落实配套工程与主体工程同步设计、同步施工、同步交付使用"三同时"制度。农村公路工程交工验收合格率达到98%以上。委托第三方开展2016年度全省农村公路质量检测评定工作，按照不低于25%的比例对农村公路建设项目进行质量抽检，并依据抽检结果实行奖优罚劣。

3. 推进农村公路规范管理。开展《湖北省农村公路条例》修订工作调研，广泛征求农村公路路政管理修订内容的意见。《恩施州农村公路条例》正式实施，首次明确州、县市、乡镇农村公路管理职能，以及养管资金标准和筹资渠道，标志着恩施州农村公路发展进入规范化、法制化轨道。

健全管理组织机构。2013年，湖北省编办批准省交通运输厅增设农村公路管理处，负责农村公路行业管理工作。襄阳市、恩施州、神农架林区、潜江市等地市成立单独的农村公路管理单位，全省县级农村公路管理机构设置率提高至79%，部分乡镇设置农村公路管理养护所（或交通管理站）。部分县级人民政府编办正式批复当地农村公路管理单位的组织机构、事业编制及主要职能，人员经费全额或差额纳入地方财政预算，进一步健全农村公路养管长效机制。

加强农路路政管理。指导和推动各地加快建立县有路政员、乡有监管员、村有护路员的农村公路路产路权保护队伍，强化农村公路路政管理。各级农村公路管理机构不断探索农村公路路产路权管理方式，大多数乡镇组建由派出所、住建、农管所（站）等部门参与的联合治超机制，结合本地实际在通村公路上设立限宽墩和限高梁，因地制宜开展农村公路超限超载治理，努力防止、及时制止和查处违法超限运输及其他各类破坏、损坏农村公路设施等行为。

整治改善路域环境。结合省政府美丽乡村建设和"绿满荆楚"活动，各地按照农村交通"绿、美、畅、安"要求，打造"美丽农村路"，农村公路路旁植树和绿化美化档次得到显著提升。通过全面清理路域范围内的草堆、粪堆、垃圾堆和非公路标志，确保路面常年保持整洁、无杂物，边沟排水通畅，无淤积、堵塞，农村公路路域环境得到大力整治和明显改善。

4. 提升农村公路管养水平。省政府出台《湖北省农村公路管理养护体制改革实施方案》和《关于进一步加强农村公路养护管理工作的意见》，坚持"以县为主、分级负责、因地制宜、注重实效、全面管养、保障畅通"的基本原则，不断深化农村公路管养体制改革，建立健全"县道县管、乡村道乡村管"的农村公路管理养护机制。乡镇政府、村委会和村民的作用得到进一步发挥，日常养护工作逐步实现规范化、常态化，全省农村公路基本实现"有路必养"。

积极探索养护模式。近年来，全省探索实践分段承包养护、委托承包养护等市场化、社会化养护作业模式，形成咸安区的专群结合管养模式、谷城县的协会管养模式、潜江市的合同管养模式等经验和做法，农村公路养管水平明显提升。县、乡（镇）、村三级管理养护体系初步建立，县级人民政府每年与各乡镇政府、乡镇政府与各村委会签订农村公路养护目标责任状，明确各自管养职责并纳入年度考核体系。各级交通运输主管部门结合实际出台符合当地特点的农村公路养护管理办法，推动主体责任、机构人员、养护资金"三落实"。

落实各级财政资金。2016年省级财政按照更新后的农村公路里程基数和"7351"标准，落实全省农村公路养护资金4.08亿元，是2015年的1.6倍，全部用于农村公路养护工程。县级财政按照每年每公里不低于1000元的标准配套乡村公路日常养护经费，对农村公路危桥改造和安保工程给予适当配套。县道按每公里7000元的标准，由县级公路（农村公路）部门编制年度路面养护计划，实行计量管理。通村公路养护经费由县级农村公路管理机构下达到各乡镇，由各乡镇农管所（站）监督实施。年终由县级农村公路管理机构对养护工程组织验收，对验收合格路段拨付养护资金。

积极培树示范工程。结合美丽乡村建设，各地对农村公路通车环境进行集中整治，积极开展文明示范路创建。黄冈市结合"四好农村路"建设，开展创建16条将军故居"四好"农村示范线路工作。全省建成120多条农村生态文明示范路和管养示范路。

5. 促进农村客货运协调发展。省委办公厅、省政府办公厅转发《省委财经办（省委农办）、省交通运输厅关于巩固"村村通客车"成果建立农村客运发展长效机制的意见》，省级财政每年安排1亿元资金专项用于全省农村客运发展，重点补贴通村客运购车、车辆保险、动态监控以及客运亏损等，确保新开通农村客运车辆长效稳定运行。各地探索形成"一县一公司""公交下乡"等多种公司化经营模式，确保农村客运"开得通、留得住"，同步推进城乡客运一体化、公交同城化进程。县级政府初步建立交通、公安、安监、乡镇四方联合会审考评机制，健全完善农村客运发展长效机制。

创新农村物流融合发展。通过整体推进农村公路、运输站场和客运物流协同发展，依托乡镇五级客运站，建设农村客运物流综合运输服务站，鼓励农村客运经营者与邮政、供销、快递物流企业合作，利用通村客车开展邮政物品、小件包裹及部分生产资料配送等业务，建立和完善全省农村物流配送网络。省交通运输厅每年安排1000万元用于农村物流发展、安排2000万元作为邮政普遍服务补助资金。与邮政、商务、供销等单位先后签订《战略合作框架协议》《农村物流发展战略合作协议》，联合印发《湖北省农村物流融合发展规划编制指南》，推动行业资源共享、优势互补，初步形成交邮共建、交农对接等各具特色的农村物流发展模式。同时，进一步加快农村物流转型升级，积极服务农村电商发展，指导各地探索推进"一点多能、一网多用、循环流通"的融合发展新模式。

（康新章）

【武汉长江中游航运中心建设】 6月27日，省政府出台《关于加快武汉长江中游航运中心建设的实施意见》（鄂政发〔2016〕27号）。省交通运输厅积极履行和发挥武汉长江中游航运中心建设协调领导小组办公室职能和作用，加快编制《武汉长江中游航运中心总体规划》，围绕加快建设长江中游"六中心、两体系"目标（即综合交通运输中心、多式联运中心、高端航运服务中心、航运金融中心、对外开放中心、产业集聚中心、绿色航运体系和应急救助体系），加强督办协调21项阶段性重点任务，加快推进航运中心建设，取得突破性进展和阶段性成效。

航道、枢纽、港口建设加快推进。按照"深长江、畅汉江、通支流"要求，抓紧推进长江中游"645"深水航道整治工程、汉江五级枢纽项目建设，长江"645"工程纳入国家规划；投资43亿元，完成荆州航道整治工程280公里，荆江航道维护水深提高到3.8米，常年可通行万吨级船队和3000吨货船。汉江钟祥至武汉航道通过整治可通行千吨级船舶；兴隆以上汉江五级枢纽建设推进速度加快，雅口、孤山开工建设，新集、碾盘山计划2017年开工建设。连接长江和汉江的江汉运河建成通航。全省三级以上高等级航道达1738公里。以武汉新港为龙头，宜昌、荆州、黄石、襄阳为区域中心的港口集群，重点建设武汉新港阳逻、金口、汉南、白浒山、三江港区，宜昌茅坪、白洋港区、黄石棋盘洲等港区，加快现有港口资源整合。

以铁水联运、江海直达为核心的多式联运中心加快建设。"江海直达"天天班、泸汉台、武汉—东盟四国、武汉—日韩等"水水"中转品牌航线不断巩固。"汉新欧"集装箱班列形成品牌，2016年增幅全国第一；开通"上海—武汉—成都""上海—武汉—西安"铁水联运集装箱班列。武汉市推进"一带一路战略、长江经济带战略"集装箱铁水联运列入国家第一批多式联运示范工程。

武汉航运交易所全年完成交易额10.81亿元，较年度目标5亿元实现翻番。其中，完成货运交易7亿元；完成船舶交易18艘、5481.37万元；联合战略联盟单位开展船员培训18330人次，交易额5745.3万元；航运招标代理交易额6723.02万元。网络司法拍卖挂网船舶18条，成交12条，成交总价4204.4万元。推出27种航运保险、金融服务产品，登记挂牌2笔投融资项目，金额3000万元。

至2016年底，全省完成集装箱吞吐量142万标箱，比上年增长6.6%。其中武汉港完成集装箱吞吐量113万标箱，比上年增长6.7%，中转箱比例40%，滚装汽车72.1万辆，比上年增长8.6%。武汉港作为长江内河第一大集装箱港、第一大商品车港的地位不断巩固。非法码头治理成果得到巩固，"规范一批、提升一批"工作有序推进。长江367个、汉江204个非法码头被关停取缔，清退岸线60余公里。

（陈珺）

【湖北省交通投资集团有限公司】
2016年，省交投集团公司围绕省委省政府赋予的"两商"（即综合交通基础设施投资运营商、产业资本投资经营商）新定位、新使命，深化改革创新，实现"十三五"良好开局。全年实现融资365亿元，超年初目标10.6%。完成投资301亿元，其中重大基础设施投资220亿元，超年初目标22%。实现营业收入173亿元，其中高速公路通行费收入81亿元，经营性收入92亿元。2016年获全国"五一劳动奖状"、全省党风廉政建设先进单位。

截至2016年底，公司总资产从成立之初的90.6亿元增长到3173亿元，增长约35倍，为省属资产规模最大企业。营业收入从成立之初的13.5亿元增长到173亿元，增长约12倍，进入全省百强企业、中国服务业企业500强。下属全资、控股、参股公司113家，其中二级公司57家（包括全资27家、控股25家、参股5家）、三级公司50家（包括全资38家、控股8家、参股4家）、四级公司6家（包括全资2家、控股1家、参股3家），员工8113人。

履行平台使命。公司全力推进综合交通基础设施建设，筑牢湖北经济发展大底盘。一是交通基础设施建设难中求进。高速公路续建"九路三桥"，新开工"五路三桥"，完成投资228亿元。认真落实省委省政府精准扶贫战略部署，新开工建设经济效益差、社会效益好的宣恩至鹤峰、保康至神农架2条高速公路。港口建设整体联动，新开工三江港码头一期、松滋车阳港二期、宜昌红花套港综合码头，完成投资11.5亿元。铁路建设取得阶段性成果，紫云铁路获自主运营权；当阳至远安铁路项目积极推进。二是融资工作稳中求活。创新融资模式，优化融资结构，不仅确保项目建设、还本付息和转型发展资金需求，而且大幅降低融资成本。银团组建工作持续推进，除建始县（陇里）至恩施市（罗针田）段高速外，在建项目全部签订银团合同。加大直融力度，实现直接

2016年12月30日，监利至江陵高速公路建成完工

融资175亿元，占比达48%。通过争取低成本专项建设基金、降低承销费率、协调银行降低贷款利率、股权融资置换等手段，全年降本8.65亿元。通过合理调度，压降存量资金70多亿元。充分发挥资金协同效应，财务公司资金归集率70%，盘活存量资金约100亿元，节约资金成本近5亿元。

集约化运营。公司积极应对"建设高峰期"向"运营高峰期"的变化，提前谋划，周密安排，实现"接得了、稳得住、管得好"的目标，逐步树立具有交投特色的运营品牌。一是运营管理体系科学高效。至2016年底，公司全资、控股、参股路段4443公里，占全省总里程的70%。针对高速公路点多、线长、面广的特点，构建"集团公司—运营事业部—区域运营子公司"的管理架构。自管路段1541公里设置5个片区公司，实行集中监控，减少管理人员20%，实现通行费收入6.34亿元，超目标任务39%。二是集约化养护成效明显。大力推进内部协同发展，实行集约化、规模化、专业化养护，有效降低养护成本，节约管理人员200余人。三是管理手段不断创新。科学分析路网结构，创新营销策略，主动吸引车流。全面开展稽查活动，加大ETC车道稽查力度。四是服务区形象显著提升。对运营管理的76对服务区实施集约化改造，圆满完成赤壁、高家堰服务区整体升级改造；引入"真功夫""李先生"等一批知名餐饮品牌，全面提升服务品质。经过两年多时间，服务区形象跃居全国前列。公司管理的高速公路经受住了特大洪涝灾害的考验，为全省打赢抗洪救灾攻坚战提供有力的交通保障。

改革转型。公司着力推进改革创新和转型升级，积极向"产业资本投资商"的新角色转变，产业发展迈向新领域，取得新突破。一是企业改革探索前行。出台改革总体意见，落实8项主要任务和19项具体工作。探索实行"任期制＋综合考核＋聘任制"三项制度改革，试点建立以"三能"为核心的市场化选人用人机制。选拔30名后备职业经理人进行岗位培养。对楚天公司、地产集团领导岗位、服务区公司管理团队尝试公开竞聘。二是产业板块初现端倪。整合优质资源，成功组建地产集团、物流集团、建设集团，成立智能检测公司，服务区公司实现独立运营。地产板块开始发力，实现土地一级开发收益2.32亿元，恩施、麻城碧桂园项目销售火爆。金融产业发展势头强劲，增资扩股国开证券5%股份，实现证券领域新突破，为全国省级企业首家；设立宜昌、襄阳等子基金，注册规模近20亿元。三是协同发展成效明显。长江路桥、高开公司等在交投内部市场的合同金额近百亿元，物流公司清欠材料回款超10亿元。四是市场开拓亮点增多。楚天公司并购三木智能，真正走上多元化发展道路；商贸物流公司开拓省外市场；高开公司检测业务首次进入高铁和地铁领域；科技公司集团外合同额8000万元，超目标60%；石化能源公司半年实现经营性现金流16亿元。新布局大健康、生态农业、旅游等朝阳产业。

（杜佐胜）

省管交通建设项目

【宜昌至张家界高速公路项目群】
2月6日，宜张高速公路当阳至枝江段、宜都至五峰段、岳宜高速公路宜昌段正式通车运营。宜昌至张家界高速公路项目群由宜昌至张家界高速公路（以下简称宜张高速公路）、岳阳至宜昌高速公路宜昌段（岳宜高速公路宜昌段）组成。宜张高速公路全长118.32公里，分当阳至枝江段39.53公里，白洋长江大桥15.82公里，宜都至五峰段37.08公里，五峰至鄂湘界段25.89公里4个项目立项，另有连接线9.25公里。岳宜高速公路宜昌段全长51.8公里。

宜昌至张家界高速公路是湖北省规划"七纵五横三环"高速公路网中"纵六"郧县至宜昌（鄂湘界）高速公路和国家高速公路网调整规划山西侯马至湖南张家界的重要组成部分，是我国中西结合部上通过湖北宜昌境内的一条南北向快速大通道。岳宜至宜昌高速公路是湖北省规划高速公路网"横五""阳新至来凤"线的组成部分，是湖北长江南岸快速通道的关键衔接路段。当阳至枝江段设计速度100公里/小时、路基宽度26米双向四车道高速公路标准；白洋长江大桥段全线采用100公里/小时设计速度、双向六车道高速公路标准；宜都至鄂湘界全线采用80公里/小时、路基宽度24.5米、双向四车道高速公路设计标准。岳阳至宜昌高速公路宜昌段采用设计速度100公里/小时、路基宽度26米双向四车道高速公路标准。

宜昌至张家界高速公路是湖北省规划"七纵五横三环"高速公路网中"纵六"郧县至宜昌（鄂湘界）高速公路和国家公路网调整规划山侯马至湖南张家界的重要组成部分，是中西结合部上通过湖北宜昌境内的一条南北向快速大通道。岳阳至宜昌高速公路是湖北省规划高速公路网"横五""阳新至来凤"线的组成部分，是湖北长江南岸快速通道的关键衔接路段。

【武汉四环线高速公路西四环线】
12月底，西四环线高速公路建成通车。武汉四环线高速公路是湖北省最宽高速公路，双向八车道，全长143公里，采用高架桥形式，串联起武汉六大新城，位于武汉绕城高速公路与三环线之间，是武汉市"环形＋放射"道路骨架网络的有机组成部分。四环线分为东四环、南四环、西四环、北四环及青山长江公路大桥、沌口长江公路大桥建设,除沌口长江大桥外,其余4个路线段和青山长江大桥由武汉交投集团承担,投资约350亿元。西四环线高速公路全长22.25公里,路线总体走向由北向南延伸,起点位于东西湖区107国道,终点与汉洪高速公路交叉,与沌口长江大桥相接。本项目采用BOT+EPC模式建设,总投资71.86亿元,总工期48个月。

【武汉四环线高速公路南四环线（龚家铺至中洲段）】 南四环线全线里程17.18公里,采用BOT+EPC模式建设,批复概算44.72亿元,总工期为36个月。全线采用双向八车道高速公路标准建设,主要工程内容包括主线桥梁6座15.61公里,桥梁长度占路线长度的90.8%,设龚家铺、中洲、藏龙岛3处互通立交。

2016年,南四环完成实体工程施工产值11.5亿元,累计完成投资25.4亿元,占总投资的56.8%。全线累计完成桩基4004根、占总量的86.2%,承台970个、占总量的73.7%,墩柱2086根、占总量的72.8%,盖梁602个、占总量的63.9%,现浇梁46联、占总量的42.2%,预制梁2218榀、占总量的40.2%,预制梁架设1723榀、占总量的31.3%。

【武汉四环线高速公路北四环线（武湖至吴家山段）】 3月27日,北四环线工程全线开工建设。北四环线起自黄陂区武湖农场汉施公路与刘大路交叉口北侧,接青山长江大桥,往南与西四环线衔接,全长47.39公里,批复概算118.35亿元,工期48个月。全线采用双向八车道高速公路标准建设,全线桥梁27座40.3公里,设置互通立交7处,收费站3处,监控管理分中心1处,养护工区1处,服务区1处,停车区1处。至2016年12月底,项目完成投资6.2亿元,占年度计划的155%,累计完成13.9亿元,占批复概算的11.7%。形象进度:完成钻孔桩2133根,占设计总量的20.6%;完成承台/系梁368座,占设计总量的9.6%;完成墩柱704根,占设计总量的8.2%;完成盖梁76座,占设计总量的3.1%;完成现浇梁10联,占设计总量的4.8%。

【武汉至深圳高速公路武汉段】 该项目起于武汉市洪山区青菱乡,止于江夏区法泗镇,与武深高速公路嘉鱼北段对接。路线全长33公里,概算总投资54.14亿元,工期42个月。2016年,项目完成投资16.11亿元,完成投资计划的100%,累计完成投资50.52亿元,占概算总投资的93%。形象进度：一期土建工程除石咀互通施工任务未完成,其他合同内施工任务基本完成。二期路面工程完成基层单层单幅118.16公里,占总量的77%;完成面层单层单幅96.52公里,占总量的43%。三期房建工程,石咀收费站因征地拆迁影响未开工建设,其他收费站和服务区全部开工建设;交安工程,全线已进行护栏立柱施工;绿化工程完成中央分隔带树木种植50%,互通区绿化工程全面开工。

【武汉至深圳高速公路嘉鱼至通城段】 武汉至深圳高速公路是纵贯南北的省际大通道,嘉鱼至通城段是武汉城市圈综合交通规划辐射交通圈的重要组成部分,有助于缓解京港澳高速公路交通压力,加强武汉城市圈与长株潭城市群、珠三角地区的联系。工期为36个月。起点至赤壁西枢纽互通段采用设计速度120公里/小时、路基宽34.5米的双向六车道高速公路标准建设,赤壁西枢纽互通至终点段采用设计速度100公里/小时、路基宽26米的双向四车道高速公路标准建设。平曲线最小半径860米,最大纵坡3.8%,桥涵设计汽车荷载等级采用公路-I,其他技术指标均满足《公路工程技术标准》(JTGB01-2003)的要求。

2016年,嘉鱼至通城段完成路基土石方3388万立方米,占全线工程量的100%;完成涵洞、通道395道,占全线工程量的97%;完成桥梁桩基3912根,占全线工程量的100%;完成墩柱2665根,占全线工程量的100%;完成梁板预制5473片,占全线工程量的100%;完成安装5494片,占全线工程量的100%;完成隧道初期支护11191米,占全线工程量的100%;完成二衬11191米,占总量的100%。全线分项分部工程合格率100%,没有发生质量事故,无重大质量隐患;安全生产保持了稳定的发展势头,未发生重大安全生产事故。

【武汉城市圈环线高速公路洪湖段】 11月30日,武汉圈环线高速公路洪湖段交安工程专项及项目整体交工验收会在汉召开,标志着洪湖段全面建成。武汉城市圈环线高速公路洪湖段起于荆州洪湖市东荆河五湖南侧,与仙桃段对接,止于洪湖市燕窝镇团结村附近,与嘉鱼长江公路大桥北岸接线相接。路线全长19.70公里,全部为桥梁结构,设置洪湖东枢纽互通、燕窝互通2处互通式立交,匝道收费站1处,大沙湖服务区1处,养护工区1处。批复概算34.73亿元,总工期36个月。

【武汉城市圈环线高速公路孝感南段】 2016年,孝感南段完成投资257792万元,占年度计划的101%,累计完成投资516811万元,占总投资计划的64%。一期土建工程完成路基土石方1583万立方米,占总量的100%;完成全线桥梁基础823根,累计完成5497根,占总量的100%;完成墩台4157座,累计完成7082座,占总量的100%;完成梁板预制7572片,累计完成9213片,占总量的97%;完成梁板安装8247片,占总量的87%;完成桥面系49155米,占总量的71%;完成涵洞255道,累计完成436道,占总量的100%。二期路面工程,基层、面层拌和站场站全部建设完成,基层、面层施工全部展开。完成底基层5.88万平方米,占总量的3%;完成下基层5.15万平方米,占总量的2%;完成沥青混凝土中面层5.18万平方米,占总量的2%;完成上面层4.73万平方米,占总量的2%。三期房建项目临建工程完工,部分综合楼房建基础工程完工。

【麻城至竹溪高速公路大悟段】
2016年，大悟段完成投资102677万元，占年度计划的103%，累计完成投资158730万元，占总投资计划的63%。一期土建工程完成路基土石方841万立方米，累计完成1048万立方米，占总量的100%；完成全线桥梁基础1179根，累计完成1322根，占总量的100%；完成墩台584座，累计完成738座，占总量的87%；完成梁板预制1355片，占总量的72%；完成梁板安装694片，占总量的37%；完成隧道开挖4676米，累计完成4965米，占总量的96%；完成隧道二衬4863米，占总量的92%。二期路面工程，基层拌和站全面建设完成。完成底基层15.98万平方米，占总量的27%；完成下基层14.05万平方米，占总量的24%；完成上基层12.43万平方米，占总量的22%。房建工程项目临建全部完成，部分房建基础完成。

【鄂州至咸宁高速公路】3月29日，鄂州至咸宁高速公路开工建设。鄂咸高速公路是湖北省规划高速公路网中重要的组成部分，与黄鄂高速、武汉城市圈外环高速等形成一条新的鄂东地区南北纵向大通道和省际快速出口公路，是串联武汉、鄂州、黄石、黄冈等地区众多临港新城和临港产业园的一条重要快速集疏运通道，也是连接鄂州市梁子湖生态文明示范区、黄石市域旅游区、咸宁市域旅游区、黄冈大别山旅游区等区域旅游资源的快速通道。项目建成后，将形成鄂东地区"鄂—黄—黄—咸"城市群环线，促进武汉城市圈东部外围城市经济社会发展；落实鄂州市城乡总体规划，推动"武（汉）鄂（州）一体化"战略构想及鄂州经济社会快速发展；推动武汉新港规划建设，促进水陆交通资源整合，助力武汉打造长江中游航运中心；促进梁子湖地区资源开发，推动梁子湖地区绿色、生态旅游经济发展。

鄂咸高速起于华容区赵咀村，与黄鄂高速对接，向南下穿武黄城际铁路，上跨吴楚大道和武黄高速，经华容镇、葛店开发区、长港镇、东沟镇、梁子镇、沼山镇、太和镇等地，终点接黄石大冶市金牛镇，与武汉城市圈环线相接。路线全长63.365公里，桥梁全长16.815公里，占路线总长度的26.54%，拟建特大桥7座，大桥18座，中桥10座，全线采用双向4车道高速公路建设，设计速度100公里/小时，路基宽度26米。双向4车道。全线设置互通式立体交叉8处，分别为华容南枢纽互通、武黄枢纽互通、红莲湖互通、梧桐湖互通、梁子湖互通、太和互通、金牛东互通和金牛枢纽互通，设置分离式立交19处（含渡槽1处），涵洞133道，通道126道；匝道收费站5处，监控中心1处，养护工区1处，服务区1处，停车区1处。项目估算总投资58.39亿元，建设工期42个月。

2016年，鄂咸高速完成实体工程施工产值0.94亿元，征迁协调工作估算完成投资额5.4亿元，完成总投资近7.4亿。形象进度：全线完成桥梁桩基50根、490万元，粉喷桩12000米、81.6万元，预应力管桩3000米、84万元；清表2000米、36万元。全线分项工程合格率100%，没有发生质量事故，无重大质量隐患；安全生产有序可控，未发生重大安全生产事故。

【银川至北海高速公路建始（陇里）至恩施（罗针田）段】2016年，建始（陇里）至恩施（罗针田）段完成投资12.08亿元，占年度计划的63.6%，累计完成投资29.94亿元，占总投资计划的37.57%。形象进度：完成路基土石方1956.1万立方米，累计完成2585.3万立方米，占总量的67%；完成生态防护工程25.9万平方米，累计完成55.2万平方米，占总量的29%；完成圬工防护12.6万立方米，累计完成22.1万立方米，占总量的43%；完成排水工程3.56万米，累计完成6.71万米，占总量的32%；完成桥梁基础1079根，累计完成1301根，占总量的43%；完成墩、台135根，累计完成312根，占总量的17%；完成梁板预制5片，累计完成455片，占总量的8.3%；累计完成梁板安装450片，占总量的8.2%；累计完成现浇箱梁11孔，占总量的6%；累计完成现浇桥面系2918米，占总量的8%；累计安装伸缩缝42道，占总量的9%；完成通道涵洞92道，累计完成115道，占总量的59%；完成隧道洞身开挖初支1795米，占总量的28%；完成洞身二次衬砌1175.5米，占总量的18.3%。没有发生质量事故，无重大质量隐患；安全生产有序可控，未发生重大安全生产事故。

【老河口至宜昌高速公路老河口至谷城段】2016年，老谷高速完成总投资11亿元，其中建筑安装工程9.8亿元。累计完成投资20亿元，为项目概算总投资的69.7%，其中建筑安装工程完成投资14.7亿元，为建筑安装工程概算总投资的71.8%。一期土建工程完成全线路基工程的85%，其中完成土石方846.5万立方米，占总量的85.9%，完成防护工程38.5万平方米，占总量的45.68%；完成涵洞、通道68道，占总量的53.6%；完成桥梁工程65%，其中完成桩基75.84%、下部构造57.02%；完成预制梁板43.23%、安装41.74%；老河口境内主体工程基本完成，谷城县境内主体工程完成60%。路面、房建、机电、交安、绿化等均完成招投标工作，路面工程9月正式施工，完成路面底基层8公里、基层6公里。老谷高速全线安全生产形势稳定可控、全年安全生产"零事故"。

【利川至万州高速公路湖北段】该项目主线路线全长42.11公里，总投资52.42亿元。主要构造物：隧道13座22293.5米，其中特长隧道2座9923米、大桥11座2761.8米、涵洞29道，通道25道，天桥1座，互通3处，服务区1处。主线桥梁隧道总长25.70公里，占路线长度的61.0%。全线控制性工程有利川西枢纽互通、凉雾互通、清江大桥、南坪互通、齐岳山隧道、磁洞沟大桥、大庄隧道。2015年底，项目起点至南坪前19公里建成通车。后23公里土建一期工程全部完成，路面、交安、机电、绿化项目基本建成。全年完成投资8.96亿元，占年度计划的100%，累计完成投资52.42亿元，占总投资计划的100%。形象进度：完成路基土石方5.2万立方米，累计完成939万立方米，占总量的100%；完成生态防护工程2.12万平方米，累计完成71.8万平方米，占总量的100%；完成圬工防护5832立方米，累计完成29.15万平方米，占总量的100%；完成排水工程1200米，累计完成6.65万米，占总量的100%；累计完成桥梁基础637根，占总量的100%；累计完成墩、台366根，占总量的100%；累计完成梁板预制994片，占总量的100%；累计完成梁板安装994片，占总量的100%；累计完成现浇箱梁29孔，占总量的100%；累计完成涵洞95道，占总量的100%；完成隧道洞身开挖初支1624米，累计完成44653米，占总量的100%；完成洞身二次衬砌1904米，累计完成44653米，占总量的100%。没有发生质量事故，无重大质量隐患；安全生产有序可控，未发生重大安全生产事故。

【武汉硚口至孝感高速公路】 该项目分2期建设，第1期工程从硚口至京港澳高速公路，全长22.5公里，概算投资额37.71亿元；第2期工程从京珠高速公路至孝感孝南区，全长12.01公里，概算投资额12.93亿元。2016年，硚口至京港澳高速公路段完成投资14.68亿元，为年度目标的103%，累计完成投资36.41亿元，为1期工程总投资的97%。形象进度：完成路基土石方116.08万立方米，占总量的85%；完成涵洞、通道36道，占总量的97%；完成桩基3970根，占总量的88%，完成基础承台/系梁1824道，完成墩柱3617根、墩台帽1349个，下部构造完成89%；完成预制梁板4324片，占总量的84%，完成安装4168片，占总量的81%；完成现浇箱梁15256米，占总量的95%；完成防撞护栏79594米，占总量的82%；完成桥面铺装30.22万平方米。全线分项分部工程合格率100%，没有发生质量事故，无重大质量隐患；安全生产保持稳定的发展势头，未发生重大安全生产事故。

【宜都至来凤高速公路鹤峰（容美）至宣恩（当阳坪）段】 2016年，完成投资12.52亿元，占年度计划的104.4%，累计完成投资13.02亿元，占总投资计划的20%。形象进度：完成路基土石方547万立方米，累计完成547万立方米，占总量的25.5%；完成圬工防护7.83万立方米，累计完成7.83万立方米，占总量的22.6%；完成排水工程6000米，占总量的5.5%；完成桥梁基础538根，占总量的28.7%；完成墩、台10根，占总量的0.8%；完成通道涵洞50道，占总量的58.8%；完成隧道洞身开挖初支2190米，占总量的5.8%；完成洞身二次衬砌320米，占总量的0.85%。没有发生质量事故，无重大质量隐患；安全生产有序可控，未发生重大安全生产事故。

【沌口长江公路大桥】 该项目线路全长8.60公里，含跨江大桥主体工程3.22公里及接线工程5.38公里。其中长江主桥1510米，主跨为760米钢箱梁斜拉桥，钻石型主塔，塔高233.7米。双向八车道，设计车速为100公里/小时，桥面宽46米。批复概算总投资52.25亿元，其中工程建安费37.49亿。沌口长江公路大桥是武汉四环线控制性工程，先后获得"全国建筑业绿色示范工程"、2015年度湖北省公路水运工程"平安工地"示范工地、2016年湖北省公路水运工程"平安工地"建设示范工程，连续两年获湖北省公路水运重点工程安全、质量量化考核排名第一。2016年，沌口长江公路大桥完成实体工程施工产值12.91亿元，投资额完成16亿元，全面完成投资目标。项目克服了长江流域特大洪水、持续降雨时间长等诸多不利因素的影响，通过优化施工工艺、加大资源配置等措施，顺利完成两主塔封顶任务。

【石首长江公路大桥】 全年完成投资23.6亿元，为年度确保目标的107%，累计完成投资29.7亿元，占概算总投资的39%。形象进度：主桥桩基、承台全部完成，北主塔完成至中塔柱第三节，南主塔完成至下塔柱第六节，完成斜拉索制作相关技术准备工作；引桥、滩桥桩基全部完成，下构累计完成77%，梁板预制累计完成54%，梁板安装累计完成47%；连接线桥梁桩基全部完成，下构累计完成86%，梁板预制累计完成52%，梁板安装累计完成40%，完成除路床外全部路基土石方，涵洞通道全部完成。项目分部、分项工程质量合格率100%，优良率96%，"品质工程"创建成效明显，全年无质量事故发生。

【青山长江公路大桥】 武汉市四环线青山长江公路大桥项目全线为桥梁，项目路线起点接四环线东段，止于黄陂区花楼街，接四环线北段。路线全长为7.55公里，其中长江大桥长4.37公里，主航道桥采用主跨938米跨径双塔双索面钢箱及钢箱结合梁斜拉桥。接线引桥长3.17公里，桥梁比为100%，全线采用双向八车道高速公路标准建设，设计速度为100公里/小时，桥梁标准横断面宽度41米。全线设置大桥监控管理分中心1处(含养护工区)。批复概算56.03亿元，建设工期48个月。至12月31日，大桥全年完成实体工程施工产值10.53亿元，总投资额完成12.50亿元，占批复概算的22.3%。形象进度：累计完成南主塔塔柱8节、北主塔塔柱2节，边墩、辅助墩均完成承台。全桥完成桩基1023根，占设计总量的74.08%；完成承台(系梁)73个，占设计总量的20.1%；完成墩柱42个，占设计总量的6.6%。

【嘉鱼长江公路大桥】 2月23日，嘉鱼长江公路大桥正式开工建设。本项目是武汉城市圈环线高速公路控制性工程，全长4.66公里，全桥桥型布置为 5×30 米（预应力小箱梁）+[(70+85+72+73)+920+(330+100)] 米（双塔单侧混合梁斜拉桥）+53×50 米（预应力连续梁）+(55+100+55) 米（预应力连续梁），其中主桥斜拉桥长 1650 米。全线采用设计速度 100 公里/小时的六车道高速公路标准。批复总概算 31.44 亿元，批复总工期 48 个月。项目采用 BOT+EPC 建设模式，由湖北省交通投资集团有限公司、湖北省交通规划设计院、四川路桥集团和中交二公局集团有限公司联合组成投资人，分别负责项目建设、设计和施工任务。西安方舟工程咨询有限公司负责项目监理工作。

项目特点：本项目桥位河段处于长江中游通航敏感区，桥位河段河势演变复杂，历年断面冲淤交替，深泓摆动，跨江主桥桥型布置考虑航道的适应性，采用不对称混合梁斜拉桥方案，跨径位居世界同类桥梁之最；工程区域地质情况复杂，上部覆盖层较厚、基岩埋置深，岩质软且存在断层等不良地质，桥位河段最大水深超过 30 米，复杂地质条件下大型深水基础设计、施工难度大，汛期对主桥桩基和承台施工影响大。北边跨非对称边跨宽幅 PC 箱梁跳仓法现浇是本项目的重点和难点，南岸滩桥 50 米箱梁分节段预制工法首次在湖北省采用，是本项目工艺工法的创新实践。

质量安全。全桥桩基经检测，全部为Ⅰ类桩。桩基Ⅰ类桩全部合格率 100%、混凝土强度合格率 100%，其余指标均符合设计和规范要求，质量合格率 100%。全年无质量、安全事故发生。

【白洋长江公路大桥】 8月8日，白洋长江公路大桥南岸主塔桩基钻孔开始施工，标志着白洋长江公路大桥正式开工建设。该大桥是国家高速公路网 G59 呼和浩特至北海高速公路的重要控制性工程，是宜昌至张家界高速公路在湖北省宜昌市境内跨越长江的通道，线路全长 15.68 公里，其中长江大桥长 2216.5 米，设计为双塔钢桁梁悬索桥，主跨 1000 米，大桥两岸接线长 13.46 公里。全线设长江大桥 1 座，大、中桥 7 座，分离式立交 3 座，宜都互通 1 个，设收费站、养护工区、监控分中心各 1 处，治超站 2 处。批复总概算 33.85 亿元，总工期 4 年。白洋长江公路大桥项目起点位于宜昌高新区白洋林场，对接宜张高速当阳至枝江段，终点在宜都市枝城全心畈与宜张高速宜都至五峰段连接，全线采用高速公路双向六车道标准建设，设计速度为 100 公里/小时，路基宽度 33.5 米。采用 BOT+EPC 建设管理模式。

（苏德俊）

【汉江碾盘山至兴隆段航道整治】 汉江碾盘山至兴隆段航道整治工程，是交通运输部与湖北省人民政府联合投资的"十二五"省重点交通建设项目，上接拟建碾盘山水利枢纽、下接已建兴隆水利枢纽，该工程是因汉江流域规划调整，取消华家湾枢纽后，解决碾盘山枢纽至兴隆枢纽间不衔接段航道的升等达标工程，全长 110 公里，总投资 7.81 亿元，按内河Ⅲ(2)级航道标准整治。主要工程建设内容包括筑坝、护滩带、护岸、洲头守护、填槽等工程，航标配布以及数字航道信息化管理系统、航道监控维护指挥中心等配套工程。工程划分为 9 个施工标段、1 个监理标段，TJ-03、TJ-04、TJ-01、TJ-02、TJ-05、TJ-06、TJ-07 合同段工程通过交工验收，TJ-08、TJ-09 合同段工程在施工中。累计完成投资 7.14 亿元，占总投资的 91.5%。

【汉江雅口航运枢纽建设】 12月27日，汉江雅口航运施工标准化示范工程启动暨主体工程开工建设现场推进会在宜城市雅口航运枢纽工程右岸施工现场召开。雅口航运枢纽是湖北省规划汉江 9 级开发境内的第 7 级，也是继崔家营航电枢纽之后由省交通运输厅担任业主、申请世行贷款的第 2 个航运枢纽项目。枢纽工程位于宜城市，下距汉江河口 446 公里。水库正常蓄水位 55.22 米，相应库容为 3.37 亿立方米，总装机容量为 75 兆瓦，年均发电量 2.52 亿度，船闸设计为千吨级，形成高等级航道 69 公里，项目总投资 33.5 亿元，工程施工期为 49 个月，是一个以航运为主，结合发电，兼顾灌溉、旅游等水资源综合开发功能的项目，对改善汉江防洪、灌溉、航运条件，促进资源综合利用和水生态保护具有重要意义。1000 吨级船闸 1 座；渠化航道 52.67 公里，Ⅲ级航道；6 台灯泡贯流式水轮发电机组，单机容量 12.5MW，总装机容量 75MW 发电站 1 座；44 孔泄水闸，单孔净宽 14 米，挡水土石坝、过鱼设施及相关配套工程。

（陈珺）

各市州交通建设重点项目

武汉市

【黄陂区前川中环线工程开工】 7月1日，黄陂区前川中环线工程开工建设。该项目线路全长 20.06 公里，投资估算 22.72 亿元，建设工期 36 个月。项目采取 PPP 新模式，由盘龙城建公司、中信正业投资发展有限公司和北京东方园林生态服务有限公司共同承建。至年底清表总长度 4 公里，完成桩基 34 根，完成主线、改路、梁场段（解放村范围）清表 62700 平方米，完成岱黄辅道改路路基填筑 2.34 万立方米，施工便道 2.3 公里，水泥搅拌桩施工 1200 米，累计完成货币产值 1800 万元。

（盛欢）

黄石市

【武九铁路客运专线（武九高铁）阳新段建设】 武九高铁阳新段全长57公里，沿线设有白沙、城区和枫林3个车站。工程预算57亿元，2014年底动工，2016年完成铺轨。

【棋盘洲长江大桥连接线建设】 连接线为高速公路，长25公里，宽26米，四车道，设计行车速度100公里/小时。投资规模15.7亿元。阳新境内起于漳源口镇仓下垄村，经太子镇、大王镇进入大冶市境内接黄咸高速公路，长21公里。2014年动工，2016年路基工程基本完成。

【412省道黄石至阳新一级公路阳新县太子段（筠山隧道）建设】 黄阳一级公路起于黄石市开发区月亮山隧道南出口，向南跨越大冶湖，在阳新县太子镇与棋盘洲长江公路大桥接线互通立交后，穿越筠山隧道，直抵城东新区，再南跨富河，与杭瑞高速公路木港至现场的连接线相接，全长47.4公里，宽24.5米，双向四车道，设计速度80公里/小时。筠山隧道是黄阳一级公路的控制性工程，地处太子镇与白沙镇交界处，分离式，左线长2155米，右线长2240米，2015年5月9日动工，2016年12月6日右线贯通。

【308省道兴国至富池段建设】 项目起于兴国至三溪一级公路终点的兴国镇周华卿村，经城东新区、赛桥湖、网湖，在半壁山农场跨富河与南岸的阳枫省道连接，全长33公里，一级公路标，路基宽21.5公里，设计速度80公里/小时。沿线有大中桥3座，其中富池富河特大桥长1489米，工程预算7.57亿元。该工程实行分段施工，城东新区境内11公里由城建部门负责实施，城东新区至富池22.12公里由交通部门组织施工。12月28日，城东新区至富池富河特大桥北岸20公里路段通车。

【316国道军垦农场至大冶花犹树段改建】 项目起于与大冶市交界的三溪镇冠塘村，止于军垦农场老颈铺与106国道相接，全长18.8公里，二级公路，投资预算1.68亿元。2015年8月开工，计划工期30个月。累计完成货币工程量6000万元。

【315省道排市至肖家咀段改建】 项目起于杭瑞高速排市互通线，经排市镇上王村、梅潭村、龙港镇殊溪村和星潭村，止于与通山县交界的石角山村肖家咀，长27公里，投资预算1.11亿元。2014年5月开工，完成总投资的85.5%。

【413省道大田至三溪段改建】 项目起于王英镇大田村与351国道相交，向南翻越大田与王英交界的九峰山至王英镇区，再东行至三溪镇区与351国道相接，长22公里，按二级公路标准改建，投资预算1.55亿元。其中省补助2541万元，其余由地方配套。工程分两期实施，首期实施王英至三溪段13.2公里，2015年10月开工，2016年底竣工。

（陈绪国　章杰）

十堰市

【郧阳区城关至杨溪铺镇一级公路建设】 项目起于郧阳区双庆桥南岸桥头，与郧十高速郧阳江北新互通匝道平面交叉，止于罗沟村四组，全长10.9公里，路基宽度32米，设计速度60公里/小时。2014年3月开工建设，路基工程全部完成，路面完成9公里。

【郧漫线城关至大堰一级公路建设】 项目全长7.5公里，起于郧县城关，止于大堰，概算投资12430万元，其中省贷款投资2992万元、地方配套9438万元。2013年6月开工建设，路基工程全部完成，路面完成4公里。

【346国道竹山县潘口至五房沟、韩溪河至县河段改扩建工程建成通车】 12月，346国道竹山县潘口至五房沟、韩溪河至县河段改扩建工程建成通车。潘口至五房沟段起于潘口乡，接346国道竹山城关至潘口河口段一级公路，经陈家院、黄连树沟，止于五房沟，接346国道五房沟至韩溪河段起点。韩溪河至县河段起于宝丰镇韩溪河，经碾槽沟村、烟墩子村，止于竹山县与竹溪县交界的县河铺，全长16.78公里，其中潘口至五房沟段6.98公里、韩溪河至县河段9.8公里。项目采用双向四车道一级公路标准建设，路基宽20米，设计速度60公里/小时，建设工期24个月，概算投资为29402万元。2014年12月开工建设。

【346国道竹溪县县河至黄龙、花桥寺至关垭段一级公路改扩建】 项目全长29.71公里，主要工程包括桥梁19座，涵洞56道。工程起于竹溪县县河，止于蒋家堰关垭。概算投资43448万元，其中省贷款投资11884万元、地方配套31564万元。2014年6月开工建设，2016年底完成县河至黄龙段一级公路改扩建。

【丹江口浪河至盐池河二级公路改建】 项目全长35公里，起于丹江口市浪河镇与316国道相接，止于丹江口市盐池河镇，按山区二级公路标准进行改造，路基8.5米，路面宽7.5米，沥青混凝土路面，新建隧道3座、桥梁18座。概算总投资2.6亿元，省投资1.36亿元，其余地方自筹。2012年12月开工，盐池河段和白杨坪段基本完成，计划2017年5月全线建成通车。

【郧漫路孙家湾至上津段改扩建工程建成通车】 10月，郧漫路孙家湾至上津段改扩建工程建成通车。项目全长17.5公里，新建桥梁4座484.2延米，隧道3座620延米，涵洞24道。设计标准为双向两车道，设计速度40公里/小时，整体式路基宽度8.5米。概算投资14655万元，申请部省补资金7000万元，地方自筹7655万元。2014年3月开工。

【房县榔口至沙河公路改扩建】项目全长19.047公里，包括桥梁7座、隧道1座。全线采用双向两车道二级公路标准，设计速度40公里/小时，路基宽度8.5米。概算投资14652万元，其中省贷款投资6870万元、地方配套7782万元。2013年8月开工建设，完成路基工程19.047公里、桥梁2座。

【房县青峰至万峪河公路改扩建】项目全长18.31公里，全线采用双向两车道二级公路标准，设计速度40公里/小时，路基宽度8.5米。概算投资15404万元，其中省贷款投资7433万元、地方配套7971万元。2013年8月开工建设，完成路基工程18.31公里、路面12.3公里。

【318省道房县门古寺至中坝公路改扩建】该项目全长26.929公里，包括桥梁10座、隧道3座，全线采用双向两车道二级公路标准，设计速度40公里/小时，路基宽度8.5米。概算投资24809万元，其中省贷款投资10859万元、地方配套13950万元。2014年10月开工建设，已完成路基工程14公里。

【郧西县城关天丰至将军河汉江大桥段改扩建】项目建设里程33.953公里，包括新建桥梁7座710延米、隧道4座1325延米、涵洞65道。设计标准双向两车道二级公路标准，设计速度60公里/小时，整体式路基宽度8.5米。设计概算投资34517万元，申请部省补资金13581万元，地方自筹20936万元。2014年3月开工，受孤山电站影响，除7.8公里未修建外，其余全部完成。

【竹溪县桃源至向坝二级公路改建】项目全长21.9公里，包括桥梁2座、涵洞52道、隧道1座。该工程起于桃源，止于向坝，全线采用设计速度40公里/小时，路基宽度8.5米（隧道宽度10米）的二级公路标准建设。概算投资28976万元，其中省贷款投资8760万元、地方配套20216万元。2014年6月开工建设，已完成路基21.9公里、路面15公里。

【238省道竹溪桐树沟至习武基、泗水至界梁段二级公路改建】该项目全长75.74公里，包括桥梁35座、涵洞215道、隧道6座。该工程起于桐树沟，止于界梁，采用双向两车道二级公路标准建设，设计速度40公里/小时，路基宽度8.5米。概算投资62899万元，其中省贷款投资27169万元、地方配套35730万元。2013年5月开工建设，路基工程全部完成，路面完成54公里。

【郧白路郧县城关至南化塘二级公路改扩建】该项目全长35.32公里，包括桥梁13座，采用二级公路标准建设，设计速度40公里/小时，桥梁与路基同宽，路基宽度8.5米。概算投资30572万元，其中省贷款投资12560万元、地方配套18012万元。2014年12月开工建设，路基工程全部完成。

【446省道白浪五〇厂至茅塔段改扩建】项目起于十堰市白浪街办五〇厂桥西段，止于茅塔乡东沟口，全长12.54公里，估算总投资8868万元，采用二级公路标准建设，路基宽度8.5米，设计速度40公里/小时。2015年5月开工建设，路基工程全部完工。

【317省道竹山县佑城至竹坪段改建工程开工】5月，317省道竹山县佑城至竹坪段改建工程开工建设。项目起于擂鼓镇佑城，与346国道平面交叉，途经擂鼓村、罐子口、唐家湾、秦古集镇、宽坪村、竹坪集镇、陈家河村、马鞍山村，止于竹坪乡店坪村，全长44.04公里。采用双车道二级公路标准建设，路基宽度8.5米，设计速度40公里/小时，概算投资31621万元，建设工期24个月。

【郧阳沧浪洲汉江大桥建设】大桥南岸连接郧阳区柳陂新集镇中心主干道柳新路与209国道，北岸位于城关镇后店村与郧漫公路平交。其中大桥长1785米，宽26米，双向六车道（含非机动车道），南岸接线长度197.46米，北岸接线长度1098.46米，接线道路与桥梁同宽，道路等级为城市主干道Ⅱ级，连接线与大桥总长3.13公里，概算总投资5.3亿元，建设工期36个月。大桥由湖北省交通规划设计院设计，中交二公局承建，2014年3月6日开工。大桥主体工程完工，附属工程桥面铺装完成98%，接线路基水稳层铺设完成95%，累计完成投资4.6亿元。

【丹江口陈家港物流园综合码头建设】丹江口陈家港物流园综合码头位于丹江大桥下游约1000米处的陈家港港区，项目建成后将成为丹江口市第一座现代化综合码头。工程总投资5000万元，建设工期1年。陈家港港区为8个综合性泊位，船舶等级提升至1000吨级，利用岸线650米。码头规模为2个500吨级（水工结构满足1000吨级）综合码头泊位。已完成场地平整，在进行钻孔桩施工。项目投入使用后将为丹江口市加快鄂西生态文化旅游圈，推进工业化进程，构建新型工业城市提供良好的物流综合平台。

（黄永良）

襄阳市

【襄阳东津站枢纽城市综合配套工程暨东津公铁换乘中心开工建设】9月20日，襄阳东津站枢纽城市综合配套工程暨东津公铁换乘中心正式开工建设。根据市发改委《关于襄阳东津站枢纽城市配套工程可行性研究报告的批复》，率先开工的综合配套工程占地30.72公顷，总投资32亿元，总建筑面积49万平方米。项目主要包括长途客运站（东津换乘中心）、公交车站、出租车站、社会车辆停车场及地铁地下预理工程等，其中长途客运站建筑面积6000平方米，30个发车位，到发场14000平方米，另规划长途车整备场84亩。该项目的建设，对实现高铁、长途客运、城市公交、地铁无缝对接，打造立体综合交通枢纽，完善襄阳城市交通路网体系，重塑襄阳现代化"七省通衢"交通枢纽地位，推动襄阳直接融入"一带一路"发展战略，加速提升襄阳国际化水平具有重要意义。

【316国道襄阳城区段改建】 项目起于襄州区双沟镇水家湾，止于老河口市仙人渡镇王家楼附近，与316国道相接，路线全长62.96公里。建设标准为双向四车道一级公路，设计速度80公里/小时，路基宽度24.5米，概算总投资13.45亿元。2012年12月28日开工，2013年12月完成一期工程25.17公里；2014年启动实施二期工程37.79公里，其中老河口市境内9.6公里分为公路与市政道路两部分，公路路面宽22米，市政路面宽23米。2016年12月29日，316国道襄阳城区段改建工程主车道全线通车。该项目的实施，对于优化区域路网结构，有效缓解襄阳城区段交通拥堵状况，满足地方产业布局，促进地方经济发展具有重要意义。

【207国道襄阳市北段改建】 项目起于泰山庙北侧鄂豫省界处，止于316国道卞营，接207国道襄阳城区段改建工程，路线全长35.57公里，其中改建18.31公里、新建17.26公里，概算投资58910万元。一期工程为新建17.26公里、二期工程为改建18.31公里。2016年完成路基3.57公里、路面11公里，投资17400万元。至2016年底，累计完成路基35.57公里、路面33公里，完成投资71100万元。

【303省道贾洲至谷城格垒嘴段改建】 项目起于襄城区贾洲，止于谷城县南郊格垒嘴，接襄谷线谷城城区改建段起点。全长51.46公里，采用四车道一级公路标准建设，设计速度80公里/小时，路基宽度24.5米。2016年完成路基5.46公里、路面11.89公里，完成投资15831万元。

【316国道襄州周家岗至陈家湾段改建完工】 11月，316国道襄州周家岗至陈家湾段改建工程全面完工。项目起于316国道襄州区周家岗，经五里庙、大黄岗，止于316国道陈家湾，全长7.75公里。全线采用设计速度80公里/小时、路基宽度24.5米的双向四车道一级公路标准建设，计划投资12128万元，实际完成投资14588万元。2016年完成路面3.75公里，投资5978万元。

【316国道谷城三岔路至水星台段改建完工】 项目起于谷城三岔路，接汉江河谷大桥及连接线工程终点，止于水星台，与县道谷水路相交。路线全长10.36公里，全线采用设计速度80公里/小时、路基宽度24.5米的双向四车道一级公路标准建设，概算投资12842万元，谷城县交通运输局担任项目业主。2016年完成路面2.09公里，投资2736万元，项目全面完工。

【河谷大桥及接线建设】 项目起于老河口城东王家楼，接316国道襄阳城区段改建工程，经群胜林场、谷城汉江国家湿地公园、吴家营，至谷城城北王家湾，与316国道谷城段相连。路线全长11.67公里，其中新建8.28公里、与303省道共线3.39公里，起点至303省道平交口采用设计速度80公里/小时的双向六车道一级公路标准，路基宽度32米；303省道交叉口至终点采用设计速度80公里/小时的双向四车道一级公路标准，路基宽度24.5米，估算总投资11.38亿元。其中，河谷大桥全长4.8公里，按双向六车道一级公路标准设计。2016年完成投资5000万元，至年底，累计完成路基3公里、路面3公里，投资13060万元。

【302省道老河口雷祖殿至丹江口五龙山段改建】 项目起于老河口市北郊雷祖殿，止于老河口与丹江口交界的五龙山。路线全长20.75公里，全线采用设计速度80公里/小时、路基宽度24.5米的双向四车道一级公路标准建设，概算投资36526万元。2016年完成路基3公里、路面9公里，投资5000万元，累计完成路基19.5公里、路面17公里，累计完成投资22850万元。

【谷城县城至水星台公路改建完工】 项目起于谷城城关龙家湾谷水路与303省道襄谷线(银城大道)交叉口，止于水星台，与316国道平交，全长10.09公里。全线采用设计速度60公里/小时、路基宽23米双向四车道的一级公路标准建设，概算投资12136万元，谷城县交通运输局为项目法人。2016年完成路面2.09公里，投资2736万元，全线完工。

【宜远线宜城城区至火车站连接线改建】 项目全长11.58公里，采用一级公路标准建设，路基宽24.5米，概算投资31380万元。2016年完成投资6600万元，累计完成路基11.58公里、路面9公里，投资28350万元。

【217省道襄州区黄渠河至乔洼段改建】 项目起于襄阳市与南阳市交界的黄渠河桥桥南，止于217省道与新316国道相交的平交路口，全长18公里，按照一级公路标准建设，路基宽24.5米，计划投资54000万元。2016年5月开工，完成路基9公里、路面6.3公里，完成投资19950万元。

【346国道宜城汉江二桥及接线开工建设】 2016年，346国道宜城汉江二桥及接线开工建设。项目的建设，对完善区域路网布局、优化路网结构、提升国道服务水平、有效分流过境交通车辆、落实《湖北汉江生态经济开放开发总体规划》、促进区域旅游发展及自然资源开发等，均具有十分重要的意义。项目建设里程18.2公里，按照一级公路标准建设，设计速度80公里/小时，路基宽32米，路面宽21.5米，概算投资12.89万元，建设工期为42个月。2016年完成路基4公里，完成投资8000万元。

【218省道东津至峪山改建】 项目全长14公里,按照一级公路标准建设,设计速度80公里/小时,东津至峪山互通段采用双向六车道、路基宽34米,峪山互通至峪山镇段采用双向四车道、路基宽21.5米,总投资42000万元。2016年完成路基10公里、路面10公里,完成投资37500万元。

【346国道宜城至南漳段(南漳段)改建】 项目起于南漳县界碑头,经武安镇、杜家营、胡家营、关庙集、大竹园、方家冲至县城,接305省道,全长10公里。全线采用设计速度80公里/小时、路基宽度24.5米的一级公路标准建设,总投资10.2亿元。2016年6月开工建设南漳大竹园至舒向湾段,完成投资3亿元。

【303、316省道汉十高速谷城互通至丹江口段改建工程开工】 8月,303、316省道汉十高速谷城互通至丹江口段改建工程开工建设。项目起于汉十高速谷城互通A匝道与303省道平交口处,终点与丹江口市东环路(241国道)平面交叉,路线全长29.21公里,其中襄阳市谷城县境内28.68公里、丹江口市境内0.53公里。全线采用双向四车道一级公路标准建设,设计速度80公里/小时,路基宽度21.5米,沥青混凝土路面,总投资9亿元。2016年完成路基6公里,完成投资8600万元。

【440省道枣阳城区至汉十高速琚湾互通段改建工程开工】 4月,440省道枣阳城区至汉十高速琚湾互通段改建工程开工建设。项目起于440省道枣阳城区与老316国道襄阳路交叉处,沿440省道向西南布线,与316国道枣阳绕城公路平交,经十里铺村、鲍庄村、土铺村、青龙堰村、二王村,止于长堰埂,接福银高速汉十段琚湾互通出口,全长13公里。采用一级公路标准建设,路基宽度21.5米,设计速度80公里/小时。2016年完成投资5400万元。

【328国道老河口市孟楼至仙人渡改建工程开工】 3月,328国道老河口市孟楼至仙人渡改建工程开工建设。项目起于328国道鄂豫省界孟楼镇附近,与328国道河南段对接,止于老河口市仙人渡镇以北的王家楼附近,与316国道衔接,建设里程32.92公里。全线采用设计速度80公里/小时,路基宽度24.5米,孟楼镇设置非机动车道及人行道、路基宽度29米,各种路基宽度之间设置过渡段,双向四车道一级公路标准。2016年建成路基12公里、路面12公里,完成投资3.6亿元。

【316国道枣阳城区至常庄段改建】 项目起于枣阳城区西部,向西经过七方镇,止于常庄,全长24.4公里,是襄阳市"十二五"期公路发展规划重点建设项目。建设标准为双向四车道一级公路,设计速度80公里/小时,路基宽度24.5米,概算投资35766万元。2016年完成路基8.4公里、路面20.4公里,投资20766万元,项目全线完工。项目的建成对完善路网结构,提升公路等级,改善通行条件,促进经济社会又好又快发展,推动旅游产业发展具有重要的意义。

【襄阳西综合物流园建设】 项目位于襄荆高速襄阳西出口以西,规划总用地面积约10.12平方公里,总投资100亿元。12月26日,中豪襄阳国际商贸城一期正式开业;襄阳新合作物流食品城一期300亩主体市场完工,建成商铺1488间,与长虹食品城、茶叶市场签订整体入驻协议;侨丰国际机电交易中心建成商铺3000间,已有1163家商户订制商铺2167间;竹叶山农产品交易中心一期主体工程27栋30万平方米基本完工;中南建材家居公园一期39栋18万平方米主体工程完工;卉丰源花鸟古玩交易中心一期主体工程封顶;金富利摩电交易中心一期主体工程完工;襄阳国际珠宝玉石文化产业园展示中心投入使用。园区内药控股药品仓储配送中心建成投入使用;好邻居超市仓储物流配送中心、襄阳工贸仓储物流配送中心具备开工条件。

(陈长金)

【襄阳东农产品物流园建设】 项目位于襄州区汉十高速襄阳东站出口南,规划面积200万平方米,总投资3亿元。项目投资主体为北京新发地集团,运营主体为襄阳新发地物流有限公司。该项目为湖北省交通物流发展"十三五"规划的公路货运枢纽项目,7月通过省交通运输厅和省物流发展局组织的项目功能符合性和2016年物流发展专项竞争性分配资金专家评审,获财政竞争性分配物流发展专项资金500万元。至年底,园区仓储、配送信息、零担专线、车源中心等部分主体工程建设完成70%以上,在加快主体及配套工程建设。

(陈长金)

【襄阳同济堂物流配送中心建设】 项目位于高新区邓城大道台子湾村,东临洪铁北路、南临樊六号路、西临清河北路、北临台子湾路,规划用地面积213亩,估算总投资2.46亿元,项目投资主体为湖北茂乾商贸有限公司。按照项目功能,主要分为零担专线区、配套服务区、仓储配送区、分拣区、信息服务区、冷链区6个功能区域。一期主要建设零担专线区、配套服务区、配送、仓储、甩挂、零担专线、车源中心等主体工程建成并投入试运营。该项目7月通过省交通运输厅和省物流发展局组织的项目功能符合性和2016年物流发展专项竞争性分配资金专家评审,获财政竞争性分配物流发展专项资金500万元。

(陈长金)

【襄阳汽车客运西站建设】 项目位于襄阳市樊西新区核心区域,南临城市快速路邓城大道与主城区连接,北接城市道路物流大道,东面为产业二路,交通便利。按照国家一级汽车客运站标准进行规划和建设,集候客、公交中转、停车、维修、检测于一体,设计平均日旅客发送量10000人次旅客高峰时刻聚集人数1000人,具有以人为本,生态、环保、智能化等现代化特征的汽车客运枢纽。由中兴有限公司承建,估算总投资13997万元,其中省补资金2000万元,地方自筹11997万元。至2016年底,完成投资4000万元,主站楼一层结构全面完工,在进行室内外公交场站土方回填。

(胥磊)

宜昌市

【318国道万城大桥至云池一级公路建成通车】 8月18日,318国道万城大桥至云池一级公路改建工程完工,全线建成通车。318国道万城大桥至云池一级公路起于318国道万城大桥枝江西岸桥头,止于猇亭区云池桥东岸桥头,全长61.37公里。改扩建工程总投资16.5亿元,2010年5月开工建设。建有桥梁14座846.32延米,全线按设计速度80公里/小时、双向四车道一级公路标准建设,沥青混凝土路面,路基宽21.5米,行车道宽15米,桥涵与路基同宽,汽车荷载等级为公路–I级。

【三峡翻坝江北高速公路开工建设】 11月1日,三峡翻坝江北高速公路开工建设。该项目线路全长35.78公里,总投资44.59亿元,计划工期42个月。项目起于三峡坝区太平溪新港,经太平溪、乐天溪、莲沱、晓峰河、张家口,终点在新坪与沪蓉高速公路宜巴段相接,是湖北省高速公路网规划的重点工程,建成后可有效提高三峡枢纽综合通过能力。该工程按双向四车道高速公路标准建设,设计速度80公里/小时,路基宽24.5米,设有桥梁36座9.64公里,隧道10座11.67公里,桥隧比60%。

(张琬灵)

【宜长一级公路开工建设】11月17日,宜昌点军联棚至长阳龙舟坪一级公路开工建设。该项目是联系宜昌主城区、点军区、长阳土家族自治县的快速通道,建成后可实现宜昌至长阳半小时经济圈,打通宜昌南北纵向交通动脉。项目起于宜昌市点军区联棚乡张家台子,对接江南二路,经五枣林、罗家坝、闵家棚、鸡公岩、梅子湾、沈家棚、偏岩坪、黄家坪、潘家淌,止于长阳土家族自治县龙舟坪镇土家源广场,全长27.84公里,其中长阳境内17.06公里、点军境内10.78公里,大中桥17座2497米,隧道2574米,按双向四车道一级公路标准建设,设计速度60公里/小时,路基宽23米,项目总投资11.97亿元。

(张琬灵)

【宜昌东山至猇亭一级公路建设】 该项目起于宜昌高新区发展大道市盐业公司附近,经大猫儿冲、廖家台、赵家冲、冯家湾,止于猇亭区清水堰,接318国道,全长27.9公里,批复预算总金额10.09亿元,建设工期35个月。全线采用设计速度80公里/小时、双向四车道一级公路标准建设,路基宽24.5米。至年底,宜昌东山至猇亭一级公路完成路基12.8公里、路面12.8公里。

【宜黄一级公路改建】 项目起于夷陵区黄金卡,与建成的宜昌高新区发展大道相接,经鄢家河、姜家湾、上风垭等地,止于沪蓉高速公路黄花互通,路线全长9.96公里,估算总投资8.2亿元,建设工期24个月。采用设计速度80公里/小时、双向四车道一级公路标准建设,路基宽24.5米。至年底,宜黄一级公路改建工程完成房屋拆迁95%,建成3.91公里。

【宜昌火车东站至龙泉一级公路开工建设】 9月,宜昌火车东站至龙泉一级公路开工建设。该项目起于宜昌火车东站,经花艳、魏家畈、土门垭、徐家湾、龙泉铺,止于夷陵区龙泉镇法官泉村,与土峡路对接,全长18.31公里,估算总投资5.6亿元,建设工期24个月。全线采用双向六车道一级公路标准建设,设计速度60公里/小时,路基宽度44米。至年底,宜昌火车东站至龙泉一级公路完成路基9公里、路面9公里。

【香溪长江公路大桥建设】 项目位于秭归县境内,起点位于郭家坝镇米仓口隧道出口约290米处,与宜巴公路(334省道)平交,于兵书宝剑峡峡口跨越长江后沿香溪河东岸上行约2公里,在刘家坝村向西跨越香溪河,终点为归州镇向家店,与峡堡公路(255省道)相接。该项目是湖北省基础设施建设领域首个采用PPP模式(政府与社会资本合作)建设项目。路线全长5.42公里,批准总投资20.98亿元,建设工期48个月。其中长江大桥长883.2米,香溪河大桥左幅长1079.6米、右幅长1035.1米,按设计速度60公里/小时、双向四车道一级公路标准建设。至年底,香溪长江公路大桥完成全部178根桩基灌注施工,开始承台及以上结构施工,完成建设安装投资66259.5万元,累计完成投资76259.5万元。

【长阳龙舟坪至宜都五眼泉一级公路建设】 项目起于长阳土家族自治县龙舟坪镇观音阁,接324省道,向南跨越清江,经磨市镇,止于宜都市五眼泉镇庙岗村,接陆渔一级公路,全长18.77公里,概算投资11.83亿元。全线采用双向四车道一级公路标准建设,设计速度60公里/小时,路基宽度23米。至年底,长阳龙舟坪至宜都五眼泉一级公路建设项目完成路基9.2公里、路面4公里。

【远安盘古至棚镇一级公路开工建设】 3月10日,远安盘古至棚镇一级公路开工建设。该项目起于214国道远安县荷花镇盘古村,经青峰村,在荷花镇转入347国道,经广坪村,止于洋坪镇棚镇村,与224省道对接,全长30.60公里,批复概算88550万元。全线采用双向四车道一级公路标准建设,设计速度60公里/小时,路基宽度20米。至年底,完成路基3.8公里。

(魏松)

【茅坪作业区二期工程滚装泊位水工建筑及护岸工程通过交工验收】 1月12日，宜昌港秭归港区茅坪作业区二期工程滚装泊位水工建筑及护岸工程交工验收会在秭归县召开，会议同意该工程通过交工验收。滚装泊位水工建筑及护岸工程建设3000吨级货车滚装泊位、商品车滚装泊位各1个，设计年通过能力分别为20.8万辆、15.4万辆。该工程于2014年5月15日开工，2015年12月18日完工，先后完成3条斜坡道、水下抛石与现浇挡墙等施工内容，分设145米、155米、165米、175米四级平台，投入使用后可为载重货车、商品车的集散和翻坝运输提供保障。

（王枫霖）

【宜昌港主城港区云池作业区一期工程通过竣工验收】 3月11日，宜昌港主城港区云池作业区一期工程通过省交通运输厅港航管理局组织的竣工验收。该工程建设3000吨级多功能泊位2个，设计吞吐量为140万吨/年，其中集装箱8万标箱/年、件杂货60万吨/年。该工程于2009年7月正式批准开工建设，单项工程均于2013年以前通过交工验收，自投入试运行以来，累计完成集装箱吞吐量近50万标箱。

（何远远）

【宜昌三峡保税物流中心建设】 9月9日，宜昌三峡保税物流中心(B型)正式通过国家验收，并封关运营。该中心位于宜昌市猇亭工业园区，规划用地20.31公顷，总投资5.8亿元。中心配套建设保税物流仓库、海关查验场、海关监管仓库、综合服务楼，可满足年物流作业量160万吨的生产需求。中心运营后，具备保税存储进出口货物、流通性简单加工和增值服务、全球采购和国际分拨配送、转口贸易和国际中转、物流信息和咨询服务等功能，对扩大宜昌对外开放度，促进鄂西以及三峡地区外向型经济发展、对接和策应湖北自贸区建设具有重要意义。

（李晓琼）

【宜昌货运中心（白洋物流园）建设】 该项目位于宜昌国家高新技术产业开发区白洋工业园内，园区占地66.67公顷，总项目投资15亿元，物流项目占地34.53公顷，投资68417万元。宜昌货运中心(白洋物流园)全年完成投资27925万元，累计完成投资48733万元。完成场平、室外消防及排水设施施工、堆场，信息中心大楼在建中。

（李晓琼）

【宜昌东站物流中心建设】 物流中心规划占地36.8公顷，总投资12.1亿元，由湖北天元物流发展有限公司投资建设。物流中心全年完成投资39994万元，项目工程可行性研究报告获批。累计完成土方开挖220万立方米，电缆迁改施工有序进行。新建仓库1座、面积300平方米。

（李晓琼）

【三峡坝区（茅坪）货运中心建设】 该项目位于秭归县茅坪镇银杏沱村，总投资约300亿元。货运中心全年完成建设投资3043万元，累计完成投资17333万元。货运中心完成项目场平工程，完成货运中心大楼施工图设计、招投标、裙楼结构施工，塔楼主体结构施工在推进。

（李晓琼）

【姚家港物流园开工建设】 3月，姚家港物流园开工建设。物流园位于枝江市姚家港化工园，规划占地面积17.33公顷，总投资36330万元。完成投资4400万元。项目工程可行性研究报告获批，完成场地平整。

（李晓琼）

【三峡翻坝转运体系宜都市红花套物流园】 该项目位于宜都市红花套镇，规划物流占地8.67亩，物流设施总投资13768万元。2016年完成投资90万元，累计完成投资7660万元。至年底，项目工程可行性研究报告获批，征地拆迁及部分场平工作有序推进，在进行园区硬化、修建仓储设施。

（李晓琼）

【云池物流园建设】 该项目位于猇亭区云池港区一侧，依托云池港、田家河港、紫云铁路等设施，重点为白洋工业园、猇亭工业园、枝江工业园提供物流组织服务，为通过北岸翻坝公路运输进入长江和下游运输的航运货物提供翻坝转运物流组织服务。并与白洋、东站综合物流园区、三峡机场物流设施对接，提供水公铁空联运服务。项目规划占地面积32.8公顷，总投资5亿元。2016年完成投资4700万元，完成项目工程可行性研究报告初稿、征地及土地平整等工作。

（李晓琼）

荆州市

【荆州客运枢纽站正式投入运营】 1月12日，荆州客运枢纽站正式投入运营。荆州客运枢纽站是交通运输部确定的国家公路运输枢纽项目，该枢纽站占地82.1亩，位于荆州火车站东侧，总投资1.2亿元，按一级客运站标准建设。荆州客运枢纽站集客运、住宿、餐饮、超市、加油等为一体，进站经营车辆500多台，营运线路120条，日发班次700多个，主要承接荆州火车站进出旅客集疏运，与火车站实现无缝对接，可辐射市内县、乡、镇旅客运输服务，通达湘、鄂、豫等20个多省、市、自治区。2012年4月12日正式动工。荆州客运枢纽站正式投入运营后，原楚都客运站经营的车辆整体搬迁进站。荆州客运枢纽站全年发送旅客99.6万人次，实现售票收入3083.5万元。

【江陵跃进综合码头1号散货泊位工程通过交工验收】 3月17日，荆州港木沉渊港区江陵跃进综合码头1号散货泊位工程通过交工验收，投资2463.7万元。由荆州市交通运输局、荆州市交通基本建设工程质量监督站、荆州市港航管理局、江陵县交通运输局、江陵县港航管理处等单位专家组建的工程交工验收委员会认真听取建设、施工、设计、监理单位对工程建设情况的汇报，现场察看工程实体，检查工程内业资料，核验工程建设规模、技术标准及建设合同履行情况。经交工验收委员会评定，该项目工程为合格等级，同意交付使用。荆州港木沉渊港区江陵跃进综合码头工程是江陵县"十二五"招商引资项目，1号散货泊位于2014年11月正式开工。

【荆州水上搜救应急管理系统县级平台建成投入使用】 10月25日，荆州水上搜救应急管理系统县级平台建成投入使用。该平台是在省市两级水上搜救系统建设基础上，针对县级水上搜救应急特点，向省市县三级立体化联动搜救进行拓展的重要措施。该平台在荆州经过近10个月的试运行，逐步优化和完善。平台建成投入使用对建立健全全省、市州、县（区）三级搜救应急指挥体系，充分发挥水上搜救应急系统功能，全面提升荆州水上应急搜救能力和整体水平等，具有重要的意义。

【省道雅澧公路松滋段大修完工】 11月10日，省道雅澧公路松滋段大修完工。雅澧公路是湖北省国省道路网的重要组成部分，此次改造的雅澧线松滋段全长6.6公里，是连接湖南的重要交通要道。该路段由于载重车辆多，常年超负荷营运，出现大面积损毁，路基严重变形，路况急剧下降，影响行车安全。该工程9月8日正式开工，采用旧混凝土路面碎石化新技术施工，有效缩短工期和缓解交通管制压力，路面为二级公路标准，路基宽8.5米，路面宽7米，沥青混凝土面层，由松滋市言程工程公司承建。

（李宝婵）

【监利县花园至王巷公路改建完工】 12月，监利县花园至王巷公路改建完工。该公路起于朱河镇花园村，止于尺八镇陶市村，全长12.31公里。由湖北省清江路桥建筑有限公司施工，湖北华捷工程监理咨询有限公司监理，2016年1月开工建设。全线新建路段5.65公里，路面宽4.5米，20厘米厚水泥混凝土面层，四级公路建设标准。

加宽路段6.66公里，加宽0.5米至1米，并对原有路面破损面板进行挖补，对全线4处箱涵进行拆除重建。

（陈琪）

【监利县精准扶贫重点建设项目竣工】 12月，监利县精准扶贫重点建设项目——三洲镇新堤村道路建设工程竣工。该工程由监利县汪桥建筑工程公司承建，9月开工建设。路线全长5.03公里，20厘米厚水泥混凝土面层，四级公路标准建设。该项目的建设，为精准扶贫贫困村脱贫提供必要的基础条件，更好地服务于农村经济发展和老百姓安全出行。

（陈琪）

【329省道监利段改建完工】 9月，329省道监利段改建完工通车。该工程起于军民桥与汉沙线平交，止于杨波坦接329省道石首段，是新增省道。该路是监利县连接洪湖和石首的一条重要东西向通道，也是大垸管理区通往县城的唯一出口通道，全长14.2公里，其中老路加宽改建段8.6公里、新建路段5.6公里。设计水泥混凝土路面宽度8.5米，路基宽度10米。全线有中小桥梁11座、箱涵2道、圆管涵28道。政府投资评审总价6277.8万元，其中建安费6056.2万元，2014年10月开工建设。该公路工程的实施，对完善该县路网布局，发挥路网整体效益，促进地方经济社会发展，解决沿线居民的安全出行问题，起到积极的推动作用。

（刘君立）

【监利县陈沱口至分盐公路改建完工】 10月，监利县陈沱口至分盐公路改建完工通车。该公路起于陈沱口与仙监线平交，止于分盐镇街道，是连接分盐镇的一条重要出口通道。全长15.8公里，设计水泥混凝土路面宽度7米，路基宽度8.5米，桥梁1座，涵洞18道，政府投资评审总价3313万元，其中建安费3185万元，2014年10月开工。

（刘君立）

【269省道监利段改建工程完工】 6月，269省道监利段改建工程完工通车。该公路起于新沟镇交通村，止于荒湖管理区与史红线平交，是监利县东北部连接新沟镇、荒湖管理区和潜江市的一条重要集散公路，是《湖北省省道网规划纲要》中规划的269省道荆州境内段，是连接天门和监利的一条重要南北向通道。全长10.1公里，其中新沟镇境内1公里、荒湖管理区境内9.1公里，设计水泥混凝土路面宽度8.5米，路基宽度10米。2015年10月开工建设。该项目的实施，对完善监利县路网布局，发挥路网整体效益，提高公路使用效率，促进新沟镇城镇建设，带动荒湖管理区地方经济社会发展，起到积极的推动作用。

（刘君立）

【353省道监利段改建完工】 12月底，353省道监利段改建工程完工。该公路是连接洪湖和监利的一条重要东西向通道，全长8.3公里，其中洪湖市府场段0.43公里、监利县网市段7.87公里，设计水泥混凝土路面宽度9米，路基宽度12米，按二级公路标准建设。2015年12月开工建设。该项目的实施，将形成以353省道、随岳高速公路、仙监公路3条干线公路为主干道的骨架公路网，大大完善区域内路网结构，为府场镇石化机械设备输出提供经济快速便捷的运输通道，对发挥路网整体效益，促进地方经济社会发展，加强两县市人员物资交流起到积极的推动作用。

（刘君立）

【354省道监利县黄歇口至白鹭湖公路改建工程开工】 11月，354省道监利县黄歇口至白鹭湖公路改建工程开工。该工程为新增省道二级公路，全长16.4公里，其中黄歇境内10.4公里、汪桥境内6公里，是监利县北部连接江陵县的一条重要集散公路，也是串联仙监公路和汉沙公路2条规划国道的连接线，工程总投资3931.5万元。该项目的实施，对进一步完善监利县路网结构布局，充分发挥路网整

体效益，促进地方经济社会发展，起到积极的推动作用。

（刘君立）

【监利县严场至汪桥公路改建工程开工】 9月，监利县严场至汪桥公路改建工程开工建设。该公路是连接监利县汪桥镇、黄歇口镇及江陵县沙岗镇的一条重要进出口通道，起于354省道，下穿江北高速公路后，止于汪桥镇街道。全长7公里，其中利用老路维修4.4公里、老路挖除重建0.8公里、改线新建1公里、街道改线新建0.8公里，街道改线段同步建设两侧市政排水工程。沿线拆除重建圆管涵11道、箱涵2道。财评总造价939.9万元，9月完成招投标程序并签订合同开工，计划工期4个月。截至12月底，完成工程量的50%。该项目的实施，对进一步完善监利县路网结构布局，充分发挥路网整体效益，促进地方经济社会发展，起到积极的推动作用。

（刘君立）

荆门市

【荆门城区绕城公路西外环建设】 荆门城区绕城公路西外环即207国道荆门市子陵至砖桥段一级公路子陵至团林段，起于子陵安栈口，止于团林接207国道。全长34.38公里，分2个标段10个工区建设。其中，荆门市城市建设投资公司合同段11.63公里、4个工区，荆门市交通建设投资有限公司22.75公里、6个工区。至年底，市交通建设投资有限公司合同段完成土石方399万立方米、涵洞工程80道、桩基322根、墩柱218根，碑凹山隧道左右线掘进5216米，累计完成货币工程量5.7亿元。

【荆门城区绕城公路东外环改扩建】 东外环改扩建由347国道荆门市东桥至子陵段改扩建工程牌楼至子陵段和荆门市牌楼至团林段一级公路2个项目组成，起于子陵安栈口，止于团林镇南，与西外环对接。全长42.5公里，其中牌楼至子陵段9.05公里、牌楼至团林段33.45公里。牌楼至子陵段完成路基土石方98万立方米，完成92.5%；完成涵洞31道，完成83.8%；完成水沟2000米，完成10%；完成桥梁桩基84根，完成60.4%；完成墩柱68根，完成70.8%；完成盖梁2个，完成5.9%；完成梁板31片，完成14%；累计完成产值1.1亿元。牌楼至团林段完成路基土石方427万立方米，完成86%；完成涵洞139道，完成100%；完成水沟4.2万米，完成60%；完成桥梁桩基391根，完成87%；完成墩柱155根，完成64%；完成盖梁41个，完成43%；完成梁板255片，完成45%；累计完成产值2.8亿元。

【439省道江山至石牌改扩建】 439省道江山至石牌公路起于荆门市掇刀区白庙街道江山村，途经荆门市东宝区牌楼镇，进入钟祥市石牌镇，终于钟祥港石牌核心港区。该公路既是荆门市中心城区向外通往武汉方向的一条重要通道，也是荆门市区连接钟祥港石牌核心港区的一条重要疏港公路。江山至石牌改扩建采用PPP项目建设，估算总投资6.3亿元，其中建安费4亿元。12月开工，计划工期2年。

【襄荆高速公路荆门出入口沿线综合整治完工通车】 9月6日，襄荆高速公路荆门出入口沿线综合整治主体工程完工通车。整治工程起于培公大道与白云大道交叉口，止于襄荆高速荆门出入口，全长9.02公里，建安总投资2.94亿元。建设内容包括道路、桥梁、给水、雨水、污水、照明、燃气、综合管廊、缆线沟、景观绿化、市政配套等工程。整治工程分3段，采用城市主干道标准，第1段从起点至深圳大道，设计速度60公里/小时，路基宽40米，双向六车道；第2段从深圳大道至迎春大道，设计速度60公里/小时，路基宽60米，双向六车道；第3段从迎春大道至终点，设计速度80公里/小时，路面宽18米，双向四车道。4月15日正式开工建设。设计单位为江苏省交通科学研究院股份有限公司，监理单位为湖北楚维工程咨询监理有限责任公司，施工单位为中铁十一局集团有限公司。

【荆门市钟祥港石牌综合码头建设】 荆门市钟祥港石牌综合码头新建4个1000吨级泊位，其中件杂货泊位、散货泊位各2个，年设计吞吐能力210万吨，其中散货146万吨、件杂货64万吨，预算总投资3.2亿元。主体工程完工，12月28日正式开港。全年完成投资5260万元。

【荆门市沙洋港中心港区一期综合码头建设】 荆门市沙洋港中心港区一期综合码头新建6个1000吨级泊位，其中散货泊位4个、件杂货泊位2个，年设计通过能力512.6万吨，其中散货460万吨、件杂货52.6万吨，预算总投资4.5亿元。主体工程完工，7月1日正式开港开埠。全年完成投资4240万元。

【沙洋港江汉运河港区后港综合码头建设】 综合码头位于江汉运河后港回旋水域，新建2个1000吨级泊位，年设计吞吐量126万吨，其中散货96万吨、件杂货30万吨，预算总投资0.5亿元。工程可行性报告、初步设计以及通航安全、岸线许可均获批复，完成"三通一平"。全年完成投资2000万元。

（汪徽波）

鄂州市

【鄂州综合客运枢纽站建设】 项目总用地面积7.55万平方米，总建筑面积3.27万平方米，估算总投资3.25亿元，主要建设长途客运主体站房及辅助用房、综合楼、小件快递服务用房、配套设施等。建成后的鄂州综合客运枢纽站将集铁路、高铁、公交、长途客车、出租车、旅游大巴、物流小件快递等服务为一体，形成无缝、高效、顺畅、安全的交通运输体系。汽车枢纽站停车位162个，发车位26个，公交车停车位16个，地下社会停车场停车位 181 个。12 月 6 日主站房斜坡屋面封顶，完成加气混凝土砌体 3079 立方米、C35 混凝土 2208 立方米、灌注桩 238 立方米、小件快递混凝土 493 立方米，完成货币工程量 1093 万元。

【葛店 316 国道（北四号路至北八号路）路面改造开工】 项目位于 316 国道葛店经济开发区北部，起于四号路，止于八号路，施工里程 2.1 公里。全线采用公路一级标准并兼顾城市道路要求建设，路幅宽 37 米（机动车道 29 米 + 两侧人行道各 4 米），预算总金额 4495.64 万元，其中建安费 4015.12 万元，计划工期 12 个月。鄂州市路桥工程公司承建设，7 月 29 日正式开工。完成路基开挖 2.1 公里，完成管网工程 1.98 公里，完成石灰土底基层 990 米，完成水稳碎石底基层 200 米，累计完成（建安）投资 1100 万元。

【省道铁贺线下柯至沼山段路面改造】 项目起于省道铁贺线与黄石交界下柯村，止于省道铁贺线与省道汽李线平交沼山镇沼山街，施工里程 4.08 公里，按二级公路标准建设，行车道宽 9 米和 12 米，设计速度 60 公里/小时。预算投资 1542 万元，其中建安费 1381 万元，建设工期 6 个月。鄂州市路桥工程公司承建，3 月 1 日正式动工，施工里程 4.1 公里，比原计划增加 19.5 米。至年底，路面改造全部完成，完成（建安）投资 1350 万元。

【省道汽李线樊口转盘至吴楚大道段（旭光大道）改建】 项目起于鄂州市经济开发区樊口转盘，止于吴楚大道平交，施工里程 2.08 公里，按设计速度 60 公里/小时、路面宽度 14 米的标准建设。预算总金额 1379.66 万元，计划工期 6 个月。鄂州市路桥工程公司承包施工，9 月 9 日正式动工。至年底，完成路基开挖 2.1 公里、石灰土垫层 2.1 公里、水稳碎石底基层 2.1 公里、水稳碎石下基层 2.1 公里，完成建安投资 600 万元。

【武汉新港三江港区一期综合码头建设】 项目业主是湖北长江三江港区域投资开发有限公司，总投资 15.5 亿元，新建停靠 5000 吨级（水工结构按 10000 吨级货船靠泊进行设计）货船的件杂泊位 4 个、多用途泊位 4 个，年设计通过能力 670 万吨（含集装箱 21.5 万标箱）。码头平台钢管桩/PHC 桩、纵向梁系预制累计完成 100%，横梁累计完成 86%，引桥灌注桩累计完成 92%，立柱累计完成 72%。

【湖北星丰金属资源有限公司废金属加工项目码头 1 号、2 号泊位完工】 项目业主是中国再生资源有限公司，总投资 58239.79 万元，建设规模为新建 5 个 3000 吨级（兼顾 5000 吨级）件杂货直立式泊位，年设计吞吐能力 265 万吨。1 号、2 号泊位水工建筑物及引桥基本完工。

（张昭）

孝感市

【孝（感）汉（川）应（城）快速通道建设】 孝感至应城一级公路应城绕城段全长约 18 公里，工程可行性研究报告获批，完成施工单位招标，在组织初步设计评审、施工图设计，启动征地拆迁工作。孝感至汉川一级公路全长约 31 公里，完成工程可行性研究报告外审修编，通航专题获批。该项目孝南翟家湾至老 316 复线段 1.5 公里主体工程基本完成，在进行绿化和亮化工程施工。

【316 国道孝感段改建工程通车】 5 月 13 日，316 国道孝感段改建工程正式通车。孝感段改建工程起于孝南区毛陈镇陈八埠枢纽互通处，与 107 国道孝感南段对接，途经孝南、云梦、安陆 3 个县市区，止于安陆市浉水镇毛庙村，与广水市境内的 316 国道对接。路线全长 76.2 公里，概算总投资 17 亿元，其中孝南段 19.16 公里、云梦段 33.1 公里、安陆段 23.94 公里。全线采用双向四车道一级公路标准建设，设计速度 80 公里/小时。316 国道改建工程是贯穿东西的主干道，对改善孝感路网结构，拓展城市发展空间，推动沿线地方经济发展，具有十分重要的意义。

【新 316 国道云梦段全线通车】 5 月，新 316 国道云梦段全线通车。云梦段起于伍洛镇窑头村接孝南区，止于倒店乡大山店与安陆市接壤，途经 6 个乡镇 27 个行政村。全长 33.13 公里，总投资 9.18 亿元。跨汉十高速分离式立交桥由 23 跨桥梁组成，长 592 米、宽 24.5 米，按双向四车道一级公路标准设计，设计速度 80 公里/小时，是云梦境内最大的一座桥梁。

（来宾）

黄冈市

【241 省道团风县白鹤林至方家墩段改建】 11 月 2 日，团风县 241 省道团风县白鹤林至方家墩段改扩建工程通过交工验收。该项目是湖北省集中连片特困地区交通建设扶贫"十二五"规划重点建设项目，起于白鹤林村附近的大广高速公路出口，经黄土岗、何家墩、董垱、独鼻咀、严家咀，止于方家墩村的江北一级公路与罗霍洲大桥对接，路线全长 5.84 公里，总投资 1.88 亿元，建设工期 24 个月。按双向四车道一级公路标准建设，设计速度 80 公里/小时，路基宽度 24.5 米。项目建成对于完善团风县区域路网结构、提高过境车辆通行安全、构建武汉新港团风港区快速集疏运通道等都具有重要意义。

【318 国道团风县标云岗至方高坪段改扩建】 该段改扩建工程是"十二五"期间重点建设项目之一，起于标云岗 318 国道黄标线交叉口，止于方高坪 106 国道与 241 省道方团线交叉口，全长 14.69 公里，总投资 2.1 亿元。按四车道一级公路标准建设，设计速度 80 公里/小时，路基宽 24.5 米。K2 + 740 ~ K5 + 140 段绕避马曹庙镇集镇为新建路段，其余路段均

为对 318 国道原路基进行改扩建。318 国道改扩建工程的实施将团风港口码头、京九铁路黄冈黄州站、高速公路等有效衔接，进一步优化团风县路网结构，提升道路通行能力，对资源开发和物资流通起到有力的促进作用，公路建成后对改善该县的交通条件和投资环境、拉动经济增长都将起到积极的推动作用。

（袁野）

咸宁市

【咸通高速马桥连接线建成通车】 10 月 25 日，咸通高速马桥连接线建成通车。咸通高速马桥连接线工程是咸宁城区内外连接的一条重要道路，起于东外环与南外环交汇处，止于咸通高速马桥收费站，是咸通高速互通与城市道路连接的纽带。路线全长 854.85 米，道路红线宽度 60 米，设计车速 50 公里/小时，双向六车道，总投资 6979 万元，为城市主干道。绿化工程、人行道、道路标线及路灯安装均完成。

（叶柳）

随州市

【麻竹高速公路浪河互通正式通车】 8 月 11 日，麻竹高速公路浪河互通正式通车。浪河互通建成后，匝道出入口以单喇叭互通的形式直接和编钟大道进行对接，离随州城区约 4.5 公里，是离随州城区最近的高速公路出入口。工程总投资约 1.1 亿元，占地 286 亩，其中农用地 205 亩，建设用地 81 亩；拆迁各类房屋 7 户 812 平方米、迁移（抬升）各类电力电讯杆 16 根。建设业主为湖北交投襄随高速公路指挥部。该互通建成后，成为随州市主要进出通道之一，到广水市、大洪山风景区、玉龙温泉的时间都控制在 35 分钟以内。

【麻竹高速公路随州西段长岗、洪山连接线建成通车】 6 月 1 日，麻城至竹溪高速公路随州西段长岗、洪山连接线建成通车。连接线起于包家湾与长岗互通收费站相接，经中湾、何家楼子、上刘家湾、竹林湾、王家畈，跨麻鸭河，经白果树湾，终于吴家湾，与省道 333 成 T 形平面交叉，全长 15.93 公里，总投资 1.65 亿元，工期 14 个月。项目按双向双车道二级公路标准建设，设计速度 60 公里/小时，路基宽度 10 米，路面宽度 8 米。

【随州市中心客运站】 随州市中心客运站是交通运输部"十三五"综合客运枢纽建设项目库规划项目，位于随州经济开发区熊家村（随州火车站右侧），规划占地面积 6.3 公顷（94.5 亩），有效用地面积 4.55 公顷（68.25 亩），计划总投资 1.43 亿元，其中申请交通运输部补助资金 3000 万元，按综合枢纽一级站标准建设。项目业主为湖北捷龙恒通运业有限公司。12 月 30 日，项目业主与随州市建设投资公司签订《土地转让协议》。

（关文）

天门市

【天门市竟陵至多宝公路改建】 项目起于天门市竟陵办事处（与皂毛公路平交处），接城区绕城公路，途经黄潭、渔薪、拖市、多宝等镇，西联省道汉宜线（升级为南京至德令哈国道），止于天门市多宝镇（与汉宜公路平交处），全长 56 公里。全线设大桥 1 座、中桥 4 座、小桥 2 座、涵洞 111 道、分离式交叉 2 处、平面交叉 21 处。全线按设计速度 80 公里/小时、路基宽度 21.5 米的双向四车道一级公路标准建设，总投资 8.71 亿元。2015 年开工建设，完成路基路面 17.2 公里，完成投资 21000 万，计划 2019 年完工。该项目的建成通车将有效改善道路通行能力，进一步推动沿线乡镇城镇化建设，实现天门市东西大通道全线提档升级，缓解现有道路通行压力，拓展城市向西发展空间，促进普通国道客货集输运能力提升。

【311 省道天门市香马冲至周家湾段改建】 项目起于天门市与应城市交界的香马冲，经舒家岭、江家湾附近跨越皂市河、天门火车站、下穿天门至仙桃支线货运铁路，至杨家场后接回老汉宜公路，止于天门市与京山县交界的周家湾，另设武荆高速连接线 2.86 公里，全线长 20 公里。全线设桥梁 3 座，其中特大桥 1 座 708 米、中桥 2 座 92 米，涵洞 47 道，平面交叉口 11 处，分离式交叉 2 处。全线按设计速度 80 公里/小时、路基宽度 21.5 米的双向四车道一级公路标准建设，总投资 4.08 亿元。2016 年开工，完成路基路面 11.7 公里，完成投资 18770 万元。计划 2018 年完工。该项目的建成通车将有效改善汉宜公路道路通行能力，连通沿线乡镇与城区交通，消除公路穿行镇区带来的交通安全隐患，为龙尾山工业园区、长寿林场风景区、团山风景区的发展助力。

（张文敏）

潜江市

【247 省道汉江大桥潜江岸接线建设启动】 247 省道汉江大桥项目起于天门张港镇但铺村，止于潜江市竹根滩镇康岭村，全长 6.68 公里，其中天门岸接线 2.87 公里、汉江大桥 2.27 公里、潜江岸接线 1.54 公里，桥型为矮塔斜拉桥，桥梁标准宽 24.5 米，跨河部分桥梁断面宽 31.5 米。估算投资 64067 万元，其中天门岸接线 6648 万元、江汉大桥 53483 万元、潜江岸接线 3936 万元。汉江大桥潜江岸接线启动路基土方工程施工。

【318 国道潜江段一级公路改造】 318 国道深江站至徐魏台、周矶至丫角一级公路改造工程全长 34.09 公里，概算投资 6.27 亿元。至年底，完成深江站至城东河段路面基层 4 公里，完成 PE 排水管道铺设及土方回填 3 公里。

【潜江港泽口港区综合码头工程建设】 潜江港泽口港区综合码头是湖

北省"十二五"港口规划重点建设项目之一。项目新建1000吨级泊位4个，其中杂货泊位1个、通用泊位1个、散货泊位2个。年设计通行能力290万吨，其中杂货34万吨、散货256万吨。同步建设相应的生产、辅助生产建筑，配备相应的装卸、运输机械设备和供水、供电设备。工程概算投资约4.03亿元，需征用土地272.25亩。至年底，完成水下桩基础施工，港池挖泥57846立方米，岸坡挖泥56202立方米，在进行水下横梁施工。

【**高石碑至枣潜高速公路积玉口互通一级公路建设**】 项目起于高石碑镇，止于枣潜高速公路积玉口互通，全长15.9公里，按照路基宽21.5米一级公路标准建设，预算投资37837万元。项目需新增占地695亩、拆迁房屋8500平方米、油气设施改造4.5公里。至年底，完成项目前期工作及高石碑境内树木砍伐，启动董高线老路段路基清表工作。

【**247省道汉江大桥至潜江渔洋一级公路建设**】 项目起点对接潜江汉江大桥，止于监利新沟大桥，全线50.67公里，概算总投资13.21亿元。至年底，完成汉江大桥接线至罗赵湾段路基土方填筑5.19公里，完成罗赵湾至318复线段路基清表及部分路段清淤换填8公里。

(李凌云)

农村公路建设

【**武汉市**】 推进实施农村公路精准扶贫，投入资金1.09亿元，建成省精准扶贫产业路69公里。实施自然村、撤并村通畅工程、建制村窄路面加宽工程209公里，解决65个自然村未通公路问题。投入资金3470.8万元，改造农村公路桥梁675延米。农村公路行政村通畅率100%、自然村通畅率达98.6%。推进"四好农村路"建设，黄陂区火(庙)塔(耳)线、长(岭)塔(耳)线等农村公路将乡村美景串联成线，助推旅游经济发展。

(盛欢)

【**黄石市**】 2016年，黄石市以县乡公路升级改造和通村通组公路硬化为主，配套建设农村公路桥梁和安保工程。组织完成全市农村公路路网GPS调查工作，编制县乡公路规划；组织申报2016年度农村公路计划、"十三五"农村公路项目库。2016年计划目标262公里，实际完成通村公路建设306.63公里，完成投资1.01亿元，为年计划的117.04%。督办大冶市、阳新县保质保量完成"两区两带"精准扶贫公路建设任务，"两区两带"公路项目即316国道阳新三溪至大冶刘仁八段24.8公里和413省道阳新三溪至王英段12.9公里，总里程37.7公里，总投资约2.8亿元。其中316国道大冶境内20.6公里，二级公路标准，路基宽12米，路面宽10.5米；316国道阳新县境内和413省道阳新三王公路17.1公里，二级公路标准。9月28日，"两区两带"公路正式通车，惠及沿线4个乡镇37个村。

(刘霞林)

【**十堰市**】 2016年，十堰市农村公路建设完成投资8亿元，其中完成县乡道改造36公里，完成投资1.1亿元；完成通村水泥路1786公里，完成投资6.6亿元。至年底，全市农村公路在册里程24587公里，其中县道666公里、乡道4277公里、专用道118公里、村道19526公里，实现92%的乡镇通二级以上公路，撤乡并村后100%的行政村通达水泥(沥青)路和客车。坚持政府主导、上下联动，市政府连续四年把农村公路建设纳入年度"十件实事"之一，并同时纳入县市区政府年度目标考核，与当年经济社会发展同安排、同检查、同考核，每年财政安排2000万元以奖代补资金支持农村公路建设；各县市区政府出台加快推进农村公路建设的政策文件，主导推进农村公路建设，按照每公里1—3万元的标准配套建设资金，打通农村发展"最后一公里"。坚持多元筹资、资金联动，除争取上级补助资金外，配套资金主要通过公共财政投入资金、广开财源社会融资、整合涉农项目资金、群众主动筹资筹劳等多元化模式筹资，实现财政资金与社会资金联动、公路建设资金与其他项目资金联动，拓宽筹资融资渠道。坚持分工协作、建设联动，农村公路建设需要动迁的杆、管、线等设施以权属单位自行迁移、地材供应、施工治安等环境由县和乡镇专班负责协调，土地征迁、青苗补偿等工作由受益村组织落实，县乡公路建设以交通公路部门为主组织实施，村级公路由镇村为主组织实施。同时，坚持安保工程、客运物流设施与公路建设同步规划、同步建设，为运营好农村公路提供良好条件。

(刘静霖 黄永良)

【**襄阳市**】 2016年，全市建设通村公路1524公里，完成县通乡公路改造152.49公里，新建农村公路桥梁1329延米，完成危桥改造3091延米。各县(市)区县乡公路管理部门对项目建设科学规划、精心实施，接通重要断头路，形成通村循环路。提高新修路线线型、路基路面宽度、边沟及防护设施等技术标准，提高村级公路运输能力和安全保障。在农村公路建设中，严把工程质量设计审查关、市场准入关、项目开工关、工序工艺关、试验检测关、政府监督关、交工验收关和现场公示关，确保农村公路建设标准和规范。加大农村公路安保投入，确保农村公路交通安全。组织人员对全市农村公路危桥、危险路段及急需实施的特别危险路段进行全面摸排调查，建立农村公路安保设施数据库，争取纳入国家和省级农村安保工程建设项目。同时，按照"先急后缓，稳步推进"原则，抓好谷城县、保康县和南漳县3个山区县的安保项目示范点建设。

（刘臻）

【宜昌市】 2016年，全市农村公路总里程26523.64公里，乡镇和建制村通公路率、通硬化路率、通客车率均达到100%。农村公路管理体制进一步完善，基本建立市、县、乡三级农村公路管养机构，形成县道县养、乡道乡养、村道村养的养护格局。全市通村公路连通工程建设目标任务为1129.32公里，其中省精准扶贫产业路99公里，撤并村通畅工程241.32公里、自然村通畅355公里、建制村窄路面加宽434公里，实际完成1129.32公里，完成年度目标任务的100%。全年危桥改造目标12座，实际完成8座239.5延米，完成年度目标任务的67%。下达安防工程计划412公里，总投资5766万元，补助资金2001万元，至年底，安防工程全部完成。农村公路水毁及灾后重建，全市农村公路县乡公路中断1141处、村级公路中断1894处，灾毁总里程达5959.9公里，损失资金约19.89亿元。项目684项，里程共计2022.15公里，预计投资61495.2万元。至年底，农村公路待重建修复项目开工1110项，完工914项，完成里程3184.5公里，完成投资90742.46万元。

（雷富宏）

【荆州市】 2016年，荆州市修建农村公路840.1公里，改造农村公路危桥46座，修建扶贫产业公路94公里。至年底，全市农村公路里程20895公里，所有乡镇通达二级以上公路，2749个行政村全部通公路和客车。在农村公路建设中，荆州市公路部门坚持破解体制机制障碍、提升责任意识，破解建设难题、提升通达深度，破解发展短板、提升服务质量，将修建农村公路与美丽乡村建设、乡村旅游、休闲农业、精准扶贫有机结合，使农村交通网络进一步完善，为农村物流、客运、旅游及相关产业发展，推动城乡基础设施向农村延伸、公共服务向农村覆盖、城市文明向农村辐射。突出扶贫村组断头路、循环路建设，新改建的农村公路实行危桥改造、交通安全设施、排水防护设施、单车道路错车道同步建设，确保"建成一条、达标一条"。荆州区、江陵县、松滋市为"四好农村路"建设试点县市。荆州区全年投资237万元，完成农村公路重点维修里程58.5公里，农村公路道路安全隐患整改防护18条；投入水毁资金284万元，完成道路恢复重建30条62.6公里，全区农村公路安全隐患治理率达90%，农村公路好路率达95%。

（王昌福）

【荆门市】 全年完成农村公路建设投资2.1亿元，占计划目标的100%。其中，完成村级公路建设641公里，新建（改造）农村公路桥梁592延米。进一步加强农村公路养护管理，督促各县市区落实农村公路管理养护主体责任，成立管养机构，落实管养资金，完善管养机制，各县市区农村公路管养基本步入常态化。

（汪发芝）

【鄂州市】 2016年，鄂州市加大农村公路安保工程和全命安全防护工程实施，新建通村公路110公里，安装波形护栏1658米，建成挡土墙1799立方米，建成警示桩560根。完成新庙镇水月村村内循环路工程，积极推进泽林杨家洲危桥改造实施，进一步提升全市农村公路通行能力。

（张昭）

【咸宁市】 2016年，咸宁市完成新改建农村公路586.8公里，占年计划的100%，完成投资14979.2万元。其中新建农村公路314公里、投资9131.9万元，改建农村公路272.8公里、投资5847.3万元。完成县乡等级公路213公里；完成农村公路安保工程421.2公里，完成投资4185万元，占年计划的100%；计划完成危桥改造27座，已完成12座，完成投资1708万元，占年计划的47.3%；完成渡改桥12座，完成投资970万元，占年计划的100%。

（叶柳）

【随州市】 2016年，随州市完成县乡道改造12公里、村级公路建设365公里，农村公路桥梁460延米，农村公路安全生命防护工程47.27公里，全年完成农村公路建设交通固定资产投资1.05亿元。至年底，全市农村公路通车里程8586公里，按照行政等级划分，县道759公里，乡道1558公里，村道6269公里。年初，市政府与各区（市、县）政府、（市、县）长签订通村公路建设养护发展目标责任书，分解下达年度目标任务。11中旬，随州市交通运输局委托专业检测单位对全市农村公路建设项目进行质量检测。12月中上旬，组织人员对通村公路建设进度及质量、养护管理及安保建设进行年终验收和检查评比。

（关文）

【恩施土家族苗族自治州】 2016年，全州新建农村公路2520公里，解决50个撤并村、133个自然村通水泥路问题。完成危桥改造6座204延米，总投资724万元；完成"十二五"未完工危桥改造6座279延米，总投资934万元。"98+"重大洪涝灾害造成农村公路水毁严重，至12月，全州农村公路交通中断1633处全部打通，灾毁重建农村公路707个、2274公里，已开工688个，完成457个，完成路基1837公里、路面1351公里，投资80645万元。

（罗贤菊）

【仙桃市】 2016年，仙桃市完成农村公路建设185公里，占年度计划的152.9%，其中，完成窄路加宽20公里，占年度计划的35.8%；精准扶贫产业路48公里，占年度计划的200%；通自然村公路117公里，占年度计划的292.5%。交通部门加强农村公路建设工程质量管理，做到"六个落实"：落实基建程序，对不按计划、不办理开工报告、不办监督手续而随意开工项目，不纳入验收与补助范围；落实群众监督代表，每个建设项目均安排6—8名群众代表全程参与施工监督；落实公示制度，在施工现场设立项目质量公示牌，公示牌主要包括项目名称、项目业主、项目规模、技术标准和举报电话等；落实原材料和施工设备，原材料必须满足施工要求，施工设备必须齐全，对不合格原材料及设备予以坚决清退；落实施工工艺，路基应整平压实，施工配比满足强度要求，做到摊铺均匀、震捣密实，切缝及时；落实质量追究，加大工程巡检力度，发现工程有质量问题的，及时提出整改意见，勒令限期整改到位。

（周庆峰）

【天门市】 2016年，全市完成通乡公路路基9.7公里、路面9.7公里，完成投资750万元；完成通村公路360.68公里，投资9800.4万元；农村公路配套桥梁完成危桥改造7座140延米，完成投资442万元，完成农村公路危桥改造8座405延米，完成投资442.6万元。

（张文敏）

【潜江市】 5月19日，潜江市政府出台《关于加快推进县乡公路升级改造的实施意见》，对全市亟待改造的县乡公路全面实施大中修，实现"坏损路全面改善、断头路全面连通、主干线全面升级"总体目标。按照"纳入市级管养范畴的县乡公路优先，乡镇与乡镇之间的出境断头路优先，连接多村且起到地方路网骨架作用的公路优先"原则，建立县乡公路升级改造项目库。重点实施水毁严重路段以及田南片区县乡道改造，全年完成改造103公里，投资9270万元；侧重贫困村扶贫产业路，全年完成通村公路154公里，投资4620万元。组织专业检测机构对全市桥梁状况进行评定，将评定为4、5类的农村公路危桥纳入危桥改造项目库，并建立"一桥一档"健康档案，逐年对农村公路危桥进行维修加固或拆除重建，2016年，农村公路危桥改造完成15座，投资1165万元。

（李凌云）

旅游公路建设

【黄石市】 2016年，根据黄石市"生态立市产业强市，建成鄂东特大城市"的战略部署，结合《黄石市国民经济和社会发展第十三个五年规划纲要》提出到"十三五"末把黄石建设成为武汉城市圈重要旅游目的地、长江经济带重要节点城市和国家生态文明先行示范区，打造工业遗址、东方山佛教文化、都市观光、生态度假、农业休闲、红色文化等6条精品线路，培育一批旅游品牌的要求，为完善全市旅游交通基础设施及服务保障体系，结构合理、功能完善、特色突出、服务优良的旅游交通运输体系构，充分发挥交通对旅游产业发展的支撑作用，黄石市交通运输局委托中交第二公路勘察设计研究院有限公司编制《黄石市旅游交通规划（2017—2030年）》（征求意见稿）。规划重点致力于优化完善旅游交通网络，提高景区可达性；加快旅游集散中心建设，提高旅游客运衔接水平；推进精品线路规划建设，加大景区串联；提升旅游客运服务水平，实现旅游公共服务均等等方面。

（刘霞林）

【宜昌市】 长阳县下渔口至清江方山旅游公路。长阳县下渔口至清江方山旅游公路起于324省道下渔口桥左岸桥头，止于清江方山景区，全长19.43公里，全线采用设计速度40公里/小时、路基宽度8.5米、路面宽7米的二级公路标准建设。至年底，累计完成路基4.04公里、路面3公里。

点军区黄家棚至新坪公路工程。点军区黄家棚至新坪村公路全长5.4公里，批复建设概算7189万元。按设计速度40公里/小时、路基宽度8.5米的二级公路标准建设。2016年底建设完工。

夷陵区普溪河至百里荒景区生态旅游公路。夷陵区普溪河至百里荒景区生态旅游公路改建工程起于夷陵区分乡镇普溪河村与241国道相接，止于百里荒景区北大门接乡道花太线。全长22.6公里，总投资13451万元。采用二级公路标准建设，设计速度40公里/小时，路基宽度8.5米，路面宽度8.0米，沥青混凝土路面，新建小桥2座。2016年12月建设完工。

盘古至九女公路。盘古至九女公路起于远安县荷花镇盘古村，与保宜公路相接，止于与夷陵区交界处的九女村，全长15.4公里，批复概算9800万元。全线设中桥2座124米，小桥1座19米，涵洞14道。采用设计速度40公里/小时、路基宽度10米的二级公路标准建设。2016年底建设完工。

远安县鱼鳞至神龙公路。远安县鱼鳞溪至神龙公路起于远安县柳渔隧道西侧出口，途经庙湾，止于与夷陵区交界神龙磷矿，全长10.20公里，批复概算7700万元。桥梁4座354延米，涵洞50道，全线采用设计速度40公里/小时、路基宽度8.5米二级公路建设标准。9月动工建设，年底建设完工。

（陈红萍）

【荆州市】 2016年，荆州市旅游公路建设按"畅安舒美"要求进行整体设计，充分考虑路网对接，统筹安排，科学规划。至年底，建成荆州纪南城至楚王车马阵旅游公路26.78公里，松滋市洈水风景区出入口路提档升级，投资5000多万元，为中国房车露营大会在洈水召开创造良好的出行条件。公安县黄山头旅游公路完成项目前期工作，狮子口保成村至龙船咀旅游公路纳入项目储备，公石线桃花山旅游公路达到

"畅安舒美"标准。松滋市新江口至涴水一级旅游公路、沿涴水河旅游公路、环涴水湖旅游公路、环小南海旅游公路完成前期工作。江陵县蓝星岛旅游公路全长11公里，启动招投标程序，项目起点与354省道相接，止点蓝星岛，是通往1998年观音寺抗洪险段景点的红色旅游公路按二级公路标准建设，估算总投资4500万元。

（王昌福）

【黄冈市】 横岗山旅游公路。横岗山旅游公路是黄冈市梅川至刘河公路的重要部分，是大别山红色旅游公路的重要连接线。本项目蕲春境内全长15公里，起于刘河镇大公村，经栋上村、蔡寿村、高潮村、方铺村与武穴交界。全线按二级公路标准设计，路基宽8.5米，路面宽7米。另在高潮村境内建设支线达横岗山林场，长3.92公里，按三级公路标准设计，路基宽8米，路面宽7米。项目总投资8613万元，1月29日交工。

三角山旅游公路。三角山旅游公路建设项目是浠水、蕲春两地通往景区的一条等级公路，起于株林镇唐店村，经下屋楼村、红石桥水库东岸、黄泥坳村、三角寺、望江坳、扁担坳，止于五峰庵附近，与浠水相接，全长12.87公里，概算投资18300万元，设计标准为二级公路，局部受地形限制地段为三级公路标准，路基宽8.5米，路面宽7米，路面结构为沥青混凝土面层与水泥混凝土面层，项目采取BT(投资与回购)模式修建。12月26日完成交工验收。

（王文林　缪勇强）

【咸宁市】 幕阜山生态旅游公路是咸宁市幕阜山集中连片特困地区交通扶贫开发重点项目，也是湖北省集中连片特困地区规划的4条特色公路之一，由一条主线和一条支线组成，主线为通山县阳辛至通城县天岳关，支线为通山县通羊镇至九宫山风景区，总里程237.04公里，其中主线全长172.79公里，支线全长64.25公里，连接通山、崇阳、通城3个县12个乡镇。项目大部分路段建成通车，通山阳辛至狮岩大桥段9公里在施工中，已铺设3公里路面，狮岩大桥完成梁场、驻地建设，在进行桩基施工。

（叶柳）

【恩施土家族苗族自治州】 11月，恩施州绿色生态旅游公路基本建成。恩施州绿色生态旅游公路是湖北省武陵山绿色旅游公路的重要组成部分，全长983公里，总投资35亿元。

（罗贤菊）

交通建设和质量管理

【交通基本建设管理】 积极推进交通重点工程项目前期工作，完成白洋、武穴、棋盘洲长江公路大桥和枣潜高速公路襄阳南段等31个项目初步设计审批，完成石首、嘉鱼、白洋长江公路大桥和鄂州至咸宁高速公路等26个项目施工图设计审批。发布管理性文件19个，主办建议提案办理4件，举办标准规范宣贯、技术交流会议2次，开展公路水运建设市场专项督查6组次、交通建设招投标专项联合执法检查4组次、在建长江公路大桥综合督查2组次，完成防汛救灾和灾后重建督查指导4组次。完成施工、监理、设计单位2015年度信用评价考核和湖北省公路水路建设市场信用信息服务系统建设，完善湖北交通重点工程管理信息系统，推动电子招投标试点和评标专家在线培训。继续开展全省公路重点工程质量通病治理，形成2016年度全省质量综合督查通报和全省质量状况分析报告。强化交竣工验收过程管理，完成监理、检测和养护资质复审、变更、审批工作，加大农民工工作行业管理和督查指导力度。完成多元投融资模式下交通建设管理研究、大跨度预应力混凝土连续箱梁桥损伤研究、生态环保旅游公路建设成套技术研究课题。

推进绿色公路建设。印发《湖北省实施绿色公路建设和推进公路钢结构桥梁建设工作实施方案》。以四新技术创新和应用为基础，6月15—16日组织召开"四新技术"推广应用及生态环保循环利用路面材料技术交流会，全省交通部门、设计单位、项目建设管理单位260多人参加。10月28日组织开展全省绿色公路建设宣贯培训会，全省交通主管部门、项目建设单位、施工企业、设计企业200多名专业技术人员参加培训。12月底组织修编《湖北省绿色公路建设技术指南》并发布实施。

完善交通建设诚信体系。开展2015年度设计单位、施工单位、监理单位和监理人员信用评价。28家设计单位参与公路水路设计企业信用评价，其中AA级13家，占参评总数的46%；A级13家，占参评总数的46%；B级2家，占参评总数的8%。61家施工单位参与高速公路施工企业信用评价，其中AA级13家，占参评总数的22%；A级44家，占参评总数的72%；B级2家，占参评总数的3%；C级2家，占参评总数的3%。12家施工单位参与水运港航施工企业信用评价，其中A级12家，占参评总数的100%。全省有50家监理企业、104个工程项目、136个监理合同段参与监理评价，其中，A级38家、B级11家、C级1家(其中1家企业有2项资质参与评价)，参与评价的871名监理工程师中有170人信用扣分。

推进信用体系建设，抓好征信、评价和应用。加大对违规行为曝光和处罚，如对招标代理单位湖北大绪工程项目管理有限公司、施工企业湖南省永州公路桥梁建设有限责任公司、项目业主江西省路桥工程集团有限公司全省通报并给予相应的行政处理。按照"廉政阳光工程"要求，进一步拓展项目信息公开范围，将项目建设过程中的招投标、征地拆迁、施工管理、设计变更、资金使用"五项关键环节"的信息公开拓展为"九公开"。

推进信息化建设。以信息化为依托，全面推进工程施工标准化。广泛应用"互联网+"、BIM、大数据等技术，稳步推动互联网在施工技术、项目管理、质量安全管控和工程管理决策等多个方面的应用，实现互联网与传统管理方式充分对接，构建管理信息平台，充分发挥信息化支撑引领作用，管住工程建设的"关键人、关键环节、关键工艺、关键材料、关键数据"，实现管理过程的全面控制，提高管理效能、降低管理成本，提升管理水平。

开展公路建设市场秩序专项整治。印发《关于开展交通建设领域招标投标管理专项整治工作的通知》，对全省公路建设市场秩序开展专项整治。通过两年的专项整治行动，严厉打击和有效遏制围标串标、恶意低价中标、挂靠借用资质等严重违法违规行为，依法查处一批违法违规招标投标、转包、非法分包、违规设计变更等的从业单位。

（苏德俊）

【**交通基础设施建设市场管理**】完善建设市场监管体系。按照交通运输部公路建设市场督查规则，创新督查方式，将日常检查与季度巡查相结合，将专项检查与综合督查相结合。建立建设市场督查专家库，在项目建设单位全面自查基础上，每年组织有关专业技术人员和督查专家采取重点抽查、市州交叉检查等方式，对全省高速公路和普通公路建设进度、前期工作、建设市场、质量安全进行综合督查。11月初，与公共资源交易监督管理局联合开展公路水运建设市场招投标专项督查，对在建的建恩、沙公、老谷、绕城高速孝感南段4条高速公路和8个普通公路项目、4个水运工程项目进行检查。11月22—26日，由26名专家组成的2个综合督查组对全省在建的青山、嘉鱼、石首和香溪长江公路大桥开展以廉政阳光工程、品质工程、冬季安全施工为重点的综合督查，取得显著成效。着力加强工程质量安全监管，始终以问题为导向，坚持"工程质量零缺陷、安全事故零容忍"的理念，抓质量安全体系建设、抓过程监管，抓质量通病治理常态化，抓公路工程专项施工方案落实，抓信息技术运用，抓农村公路和灾后水毁公路建设质量安全监督薄弱环节，不断完善质量安全管理制度，严格落实质量安全责任制，变事故处理为超前预防，全省公路质量和安全管理形势处于平稳受控状态。

加大招投标活动日常监管力度。一是从制度设计方面规范，联合省公共资源交易中心编制新建高速公路、高速公路养护、水运工程招标文件范本，同时在范本发布时明确评标办法的选择和适用范围，从而降低招标人、评标专家评分不公平、不公正和明显倾向性等廉政风险。二是从招投标备案方面规范，推行招标文件专家审查制度，要求按范本编制招标文件，保障招标文件的合法性和合理性。推行清单式备案，按照备案清单和专家意见审查要点。三是从评标专家管理方面规范，全省交通建设项目招投标活动全部进入省公共资源交易中心，评标专家库进入省公共资源交易管理局评标专家总库统一监管，每年组织评标专家库法律法规、廉政教育和专业知识培训，从2015年开始，开发应用评标专家网络在线培训系统，提高了培训效率，增强了专家法律意识、廉政意识和专业水平。

（苏德俊）

【**交通建设造价管理**】造价管理。全年完成交通基本建设项目造价文件审查129个，其中工程可行性研究项目76个、初步设计概算项目47个、施工图预算项目6个，上报审核金额1003.2亿元，核定金额930.1亿元，核调74.4亿元。核调金额占上报金额的7.4%。每季度发布《造价审查简报》，对每季度公路工程项目造价文件审查资料质量情况进行评分，通报项目审查基本情况、设计单位审查资料的得分及排名、存在的共性问题。结合湖北省造价管理实际，积极开展《湖北省公路工程造价管理办法》（暂定名）修订工作。实地走访巡查核实厂家170余家，收集信息员厂家调查表300余份，回馈信息229份。通过湖北省交通工程《材料价格信息平台系统》，每月编辑、上传、发布全省交通工程材料价格信息，编辑出版《湖北交通工程造价信息》6期，为全省造价文件的编制提供及时、准确的参考数据。

定额管理。为宣传贯彻《财政部国家税务总局关于全面推开营业税改增值税试点的通知》《交通运输部办公厅关于印发〈公路工程营业税改增值税计价依据调整方案〉的通知》精神，充分调研及反复测算后，研究出台《湖北省交通建设工程主要材料信息价营改增计价依据调整方案》《湖北省高速公路养护工程营业税改征增值税计价依据调整方案》，举办湖北省"营改增对公路工程造价及计价体系的影响"培训班，对今后全省公路工程估、概、预算编制过程中材料单价的除税方法进行统一规范。省内公路设计、咨询、施工等相关单位近200人参加培训，保证了全省公路工程建设项目在税费改革后的平稳过渡。编制完成《湖北省高速公路隧道工程养护定额》初稿；编制完成隧道工程反井法开挖竖井的14个相关预算补充定额子目及其相关配套的机械台班费用定额。

造价信息化管理。湖北省材料价格信息管理平台在全省推广运用，该成果获湖北省公路学会科技进步二等奖。至年底，通过平台收集报表500余份、收集基础数据8万多个，实现全省材料价格信息共享。完成湖北省公路工程设计图纸工程量表标准化工作，收集、编制标准化工程数量表200多份，已在2个高速公路项目前期工作中进行推广实施。

（周振）

【交通工程质量监督】 高速公路监督。对28个在建高速公路项目的质量保证体系、工程实体质量、外观质量、施工工艺、内业资料、试验检测工作、监理工作等进行督查，对在建高速公路项目进行质量保证体系督查3次、路桥隧质量专项督查3次、路面质量专项督查1次、防护与排水工程质量专项督查1次、试验检测质量专项督查2次、监理工作质量专项督查2次、质量综合督查2次、巡视检查2次、原材料及工程实体质量专项抽查3次。下发督查通报18份，其中质量保证体系督查通报3份、路桥隧质量专项督查通报3份、路面质量专项督查通报1份、防护与排水工程质量督查通报1份、试验检测和监理工作质量专项督查通报3份、质量综合督查通报2份、巡视检查通报2份、原材料及工程实体质量通报3份。全年督查施工合同段42个、214频次，监理合同段22个、27频次，并对建设、监理和施工单位进行量化排序，未发生质量责任事故。同时对路基、路面、桥梁、隧道、交安等实体工程中涉及74项指标和钢筋、水泥、沥青、集料、钢绞线、支座、锚具、夹片等原材料进行抽查和检测，抽查201560组(点)，总合格率为95.3%。其中，路基工程合格率98.4%，路面工程合格率99.5%，桥梁工程合格率92.1%，隧道工程合格率95.6%，交安合格率94.9%，原材料合格率98.6%。督促交工检测单位完成武深高速嘉鱼至通城段、武汉城市圈环线高速洪湖段、江北高速、宜张高速宜五段等4个项目的交工质量检测工作，督促建设单位完成外观质量缺陷的论证及处治工作，出具项目交工检测意见书。

水运工程监督。组织质量综合督查2次和专项检查10次，下发质量督查通报4份，质量抽查意见通知书8份。强化交竣工质量检测检验检查工作，完成汉江兴隆至汉川段航道整治工程、禹杰综合码头水工建筑物的交工质量检验和鄂电煤码头、阳逻三期工程的竣工质量监督报告。完成蕲春管窑码头、黄冈晨鸣码头、黄冈钟家湾码头和雅口枢纽工程质量监督手续办理。完成水运监督工作标准化指南和交竣工实施手册编制工作。全省在建水运工程整体实体质量保持较高稳定水平，全年质监机构和监理单位抽检质量数据144742点(组)，总检测合格率96.0%，比上年上升0.4个百分点。

普通公路监督。对汉川、丹江口、钟祥、郧县4个汉江特大桥进行质量综合督查4次和质量专项督查11次，下发督查通报4份，问题整改回复率100%。组织3个督查组，分别对全省17个市州在建的28个普通公路项目进行质量安全综合督查，下发督查情况通报2份。组织各市州交通质监机构、第三方试验检测机构对全省17个市州的普通公路项目，开展工程实体质量抽查3次，下发抽查情况通报1份。全省干线公路监督抽检数据137846个(组)，合格数据132536个(组)，总体合格率96.2%；农村公路监督抽检数据73602个(组)，合格数据69583个(组)，总体合格率94.5%。

既有高速公路改扩建工程监督。2016年，新承担沪渝高速排湖互通、汉洪高速公路小军山分离式立交、荆宜高速公路虎牙互通C闸道改造3个项目的质量监督，组织质量综合督查1次和质量专项督查4次，下发督查通报3份，问题整改回复率100%。

资信管理。完成3家监理企业申报监理专项资质审查，其中2家企业未达到资质等级条件要求，未通过；完成11家监理企业资质复查换证和10家监理企业资质定检工作；完成50家监理企业、104个工程项目、134个监理合同段、1121名监理工程师2015年度信用评价工作。完成荆潜高速沙公段等13个重点项目、520余名监理人员岗前考核工作；完成石首长江大桥等3个监理驻地办信用专项督查。

试验检测管理。完成检测机构等级证书换证复核，注销3家检测机构等级证书、1家检测机构限期(6个月)整改；开展检测机构能力验证(比对试验)，涉及全省90家公路水运工程试验检测机构，6家"不合格"机构限期(1个月)整改；开展试验检测数据造假专项整治行动，抽查等级检测机构37家，其中4家机构因技术、质量管理等方面存在较大缺陷要求限期整改；完成93家等级检测机构、278个工地实验室(含现场检测项目)、约3000余名检测人员2015年度信用评价工作。

（胡永石）

【厅重点办工作】 2016年，全省交通重点项目参建单位以落实"稳增长、促发展"为主线，克服传统节日假期长、强降雨恶劣天气频发等不利因素影响，积极开展"品质杯"劳动竞赛活动，优化建设资源配置，加强施工组织调度，落实关键时间节点，全省交通重点项目总体发展态势良好。1—12月，全省高速公路完成投资382.33亿元，占年度目标的100.61%。白洋长江公路大桥、枣潜高速公路荆门北段、鄂咸高速公路等8个项目321公里开工建设，全省在建高速公路里程901公里。雅口航运枢纽开工建设并加快推进；汉江碾盘山至兴隆段航道整治工程完成投资1.5亿元，占年度计划的100.14%。

主要工作做法及特点：

1.统筹管理，超前谋划重点项目发展思路。重点办积极做好顶层谋划，对"十二五"完成情况及"十三五"规划进行摸底排查，围绕续建高速公路项目抓早复工、早开局，围绕"十三五"建成7500公里高速公路目标抓早起步、早开工，重点督办路网结构中的断头路，明确"十三五"工作目标，理清工作思路，确定续建项目每月巡视、社会投资项目重点督办、拟开工项目跟踪督办的工作方式，统筹全省重点项目均衡协调推进。结合全省长江公路大桥在建数量多、技术难度大、管理要求高的特点，督促各重点项目结合自身特点打造"品质工程"，通过"品质工程"打造和"品质杯"竞赛活动，激发广大建设者热情，强化组织领导，细化实施方案，强化过程检查，完善考核奖惩。

2.巡视督办，全力落实重点项目建设任务。针对2016年高速公路项目减少但投资目标仍然较高的实际情况,逐个项目分解目标任务,对照建设目标和进度计划,每月到工地一线现场督办,月底汇总项目投资完成及推进情况,有针对性地跟踪督办。组织召开全省交通重点项目推进会、部分进展滞后高速公路项目督办会、拟开工高速公路项目座谈会、长江公路大桥施工技术培训会、东部片区和西部片区高速公路建设座谈会,与各市州签订目标责任状,对建设进度滞后和前期工作推进不力的高速公路项目进行督办。洪监、老谷、麻竹黄冈段等项目实施重点督办,专人专班跟踪督办,利用微信群建立项目施工快报制度、5日报制度,及时掌握项目建设动态及存在的问题,有针对性地协调督办。通过给投资人后方主管部门去函、约谈投资人后方法人代表、厅领导现场督办、召开专题协调督办会等方法,推动项目建设资金、施工组织计划的落实。建立高速公路推进工作问题台账,实时跟踪督办,督促相关单位予以整改和落实,实行问题销号制度。针对路网中的断头路问题,督促相邻路段确定时间节点、加快建设。针对制约工程施工房屋拆迁问题,督促市州政府借鉴武汉市将征地拆迁纳入地方政府考核的做法,跟踪督办各项工作进展情况,有效促进老谷、武深高速武汉段、武汉南四环、建恩高速等重难点拆迁问题的解决。

3.协调服务,积极解决重点项目推进问题。针对老谷、洪监等社会投资项目存在融资难、影响工程进展的问题,重点办积极承担厅融资协调专班工作,加强与省政府金融办的沟通汇报,为高速公路项目融资争取政策;与相关金融机构加强联系,建立高速公路项目与金融机构联席协商会议机制,促成银行和投资人面对面沟通;跟踪协调银行贷款审查审批中的问题,促进老谷高速等社会投资项目融资难题得到解决。积极争取省政府支持,推进从省级层面完善与铁路、电力等非政府直管的行业部门沟通与对接机制,整合公路、水运重点项目与铁路、电力相互跨越审查审批程序,指导和协调项目的报批手续及施工组织,有效解决交叉制约问题。与地方协调部门沟通,督促地方政府加大征迁协调力度,建立完善市(州)、县(区)、乡(镇)三级联动机制,规范有关征地拆迁程序和制度,完善督办考核措施,限期解决征地拆迁中的突出问题,保障项目建设环境。

(左小明)

交通基础设施养护和管理

【高速公路养护】 2016年，出台《省高速公路管理局关于加强既有高速公路专项工程管理有关事项的通知》《湖北省高速公路养护工程竣工验收办法》《关于加强高速公路招标备案管理的通知》《湖北省高速公路养护市场信用信息管理办法》和《湖北省高速公路养护施工企业信用评价实施细则》等规范性文件，印发《关于加强上跨、下穿高速公路的公路桥梁和道路及收费站连接线养护管理的通知》《关于加强运营高速公路弃土（渣）场安全隐患排查工作的通知》，并进行督查，强化养护管理工作的落实，保证高速公路安全畅通。

开展标志标牌整治工作，基本完成《高速公路标志设置指导意见》拟制工作，依据规范，结合考虑湖北高速公路路网实际情况，规范不合理标志。拟制内业资料标准备化、标准化示范路段、标准化养护工区、隧道养护管理办法等行业标准或指导意见，规范全省管理单位内业管理，力求内业管理规范化、标准化、系统化，提高养护管理水平。开展专项工程审核和验收，依据《湖北省高速公路养护管理若干规定》审核养护专项工程施工图设计，完成6个管理处上年度专项工程验收，通过验收，进一步强调养护专项工程实施要求。对重大桥梁安全隐患进行排查和处治，及时反映军山大桥安全隐患和处治建议，关注宜昌大桥钢箱梁裂纹发展情况及安全评估和处治情况，开展独竖匝道桥安全评估工作并消除安全隐患，对弃土弃渣造成的桥梁安全隐患进行排查和督查。

组织完成全省桥梁养护工程师培训，培训人员134人。组织制定《湖北省高速公路养护代履行实施意见（试行）》和《湖北省高速公路服务质量与车辆通行费收费标准挂钩管理办法》。对第三季度路况检查后五名的单位进行约谈，督促5家单位高度重视，迅速落实养护资金，提高公路技术服务水平。开展高速公路指路标志统计工作，对近两年通车的高速公路标志标牌进行咨询，统计不合规范要求的标志。开展桥梁、隧道和高速公路技术状况检测，7—8月对全省路面技术状况进行检测、通报。开展基于"北斗系统"的大跨径连续梁桥形变实时监测系统的课题研究。召开沥青路面预防性养护施工技术观摩会，介绍、观摩新的预防性养护施工技术。对2015年检测未达标路段挂牌督办。

（李虎子）

【普通公路养护】 全省完成普通公路大修工程794.7公里，占年度计划的242%；完成中修工程265.9公里，占年度计划的105%。完成2016年计划内危桥改造项目101座、组织实施112座，完工率35.1%；完成安保工程2626.4公里，占年度计划的87.2%；完成地灾整治50公里，完成投资1380万元，占年度投资计划的76.6%，全面完成交通运输部下达湖北路网结构改造工程目标任务，即危桥90座、安防2200公里、地质灾害2处。

（杨志刚）

【航道养护】 2016年，全省通航里程9065.89公里，其中长江航道1037.9公里、省内其他支流航道8027.99公里。其中Ⅲ级航道841.6公里、Ⅳ级航道385.01公里、Ⅴ级航道850.9公里。全省列养航道里程2613公里，其中一类维护里程645公里、二类维护里程962.2公里、三类维护里程1005.8公里。汉江航运枢纽建设时，严格按照要求建设鱼道等过鱼设施，建设鱼类增殖放流站，保护鱼类资源和生物多样性。进行航道整治时，大比例运用生态护岸技术，为鱼类等水生动物和两栖类动物提供觅食、栖息和避难场所。推广应用太阳能一体化航标灯，开展环保疏浚技术、环保节能型船舶研究和应用。研究汉江通过能力以及航道生态承受能力，统筹考虑沿江经济社会发展需求，科学合理开发航道通航潜力。通过数字化、信息化建设转变航道发展方式，利用电子航道图使航行船舶科学配载，合理选择航线，减少单位货运量燃料消耗。提高航道服务管理信息化水平，减少管理消耗，合理利用自然水深，保护生态环境。

做好汉江航道应急保畅工作。研究制定《全省重要水运航道安全设施保障工程综合检查工作方案》，开展全省重要水运航道安全设施保障工程综合检查，组织督查组对汉江崔家营以下航道逐公里进行实地查看，全面了解航道水情、航道养护、船舶流量、航道整治建筑物、航标配布、通航安全以及打击非法采砂工作开展情况。为创造安全、环保、畅通的绿色汉江，多次赴襄阳、荆门等地严厉打击和有效遏制汉江非法采砂破坏航道行为，加强现场督办，通过跨行业、跨地区的联合执法行动，省政府挂牌督办襄阳宜城河段内非法采砂整改。通过疏浚碍航浅滩、修复损毁整治建筑物、清除碍航石堆及沉船，修复更新航标，应急封堵航道设施等手段，改善航道通航条件，消除安全隐患，为水路运输提供便捷、安全、经济、环保的通道，为汉江高等级航道安全畅通提供保障。全年排堵运输船舶3000余艘次，保障物资运输约270万吨，运输船舶直接效益7000余万元，汉江主通道未发生一例因航道原因导致的水上交通安全事故。

航道管理规范务实。初步建立汉江航道维护尺度信息定期发布机制。对汉江河口—岳口段三级航道，定期公布航道维护尺度，主要包括汉江道天门、仙桃、汉川段重要浅滩航道水深、航宽等航道维护尺度信息。研究制定适应全省汉江航道管养实际的养护定额，启动《汉江航道养护定额》编制工作，形成初步成果。编制完成《湖北省航道应急抢通维护专项资金管理办法》，确保专项资金合理合规使用。修编《汉江航道养护管理考核办法》，加强事前、事中监管，规范汉江航道养护管理工作。进一步加强全省临、跨、拦河建筑物航道通航条件审核管理，规范项目审核范围及审核权限，对通航河流上临跨拦河建筑物工程的实施加强检查监管，保护航道资源不受破坏，保障航道资源可持续发展。

（陈珺）

【渡口管理】 从2015年10月1日

起，渡口管理所取消收取过渡费。1—12月渡口管理所开行航班6.97万次，安全渡运车辆149.56万辆次。春节、清明节、"五一"、"十一"等重大节假日期间渡运和道口通行正常，未发生交通事故及拥堵等现象。全省各渡口、收费站开展安全检查828次、费收稽查626次，排除隐患235起，其中重大隐患46起，没有出现安全责任事故，实现安全生产零事故。进一步加强规范化管理力度，修改完善《收费站、渡口目标管理考核办法》，对渡口、收费站定期不定期开展检查考核和稽查、明察暗访活动10次，督办落实整改事项203项。专题督办三义寺渡口所人车混渡问题。

（耿峥）

市州公路养护及改革

【武汉市】 开展预防性、日常性公路养护，全年修补路面坑槽12.8万平方米，清灌缝74万米，整修路肩169万平方米，清理边沟116万米，清除堆积物4.8万立方米。统一养护站点管理图表，增加养护巡查及问题处理、机械摆放和台账使用记录、养护作业计量支付等。养护工程推行项目管理责任制、实施公开招标投标，推进方案设计"一地一策""一路一策"的标准化规范化进程。黄陂区天（河）孝（感）线、318国道黄陂段、新洲段、蔡甸段等大中修工程完工，全年完成大中修工程30.7公里。落实普通国省道接养和移交工作，落实桥梁检查"十项制度"，建设完善桥梁检测步道，设置桥铭牌。推进公路管理站规划和建设，形成管理站设置规划。印发区级公路机构设置指导意见，推进公路养护、管理、应急生产融合发展模式。编制107国道、318国道"畅安舒美"示范公路设计方案。修订《武汉市干线公路养护日常巡查制度》。

（盛欢）

【黄石市】 全年投入资金2600万元，对境内国省干线实施预防性养护，全面处治路基、路面病害。自筹资金1300万元，完成13公里大中修工程。其中，投入资金500万元，新建和改造大箕铺、率州、下陆、河口等8个养护管理站；投入资金380万元购置小型养护设备，提高养护机械化作业水平。大冶大箕铺管理站按机械化道班标准建设完成，有力开展灾后恢复重建。洪涝灾害中全市普通公路损毁严重，公路部门按照灾后重建规划要求，抓紧灾后恢复重建工作。至12月底，完成灾后重建投资38031万元，占总投资计划的80%，圆满完成国省干线和农村公路基础性修复工程，提前完成前两个阶段的目标任务，进入全面完成灾后恢复重建、实现快捷出行的第三阶段工作，国省道交接养有序推进。制定《黄石市普通公路国省道接养和移交实施方案》，组织召开交接养工作协调会、推进会，研究解决交接养工作具体问题，完成国省干线43个项目、345.7公里接养申报工作。

（刘霞林）

【十堰市】 2016年，全市完成同步碎石封层预防性养护36公里，完成竹溪县双桥、武当山草店2号桥、房县滚水沟桥、熊家凸桥、锦鸡沟桥、西门河大桥、军马河桥7座危桥隧改造，郧阳汉江大桥维修换索全部完成。实施安全生命防护工程319.53公里，其中国省干线164.83公里、列养县乡道154.7公里，完成投资4447.32万元。完成水毁恢复工程52处，完成投资5009余万元。完成春秋绿化工程650公里，完成投资1800余万元。完成316国道十堰境内"畅安舒美"施工图设计、景观设计工作，启动项目建设。建成养护（应急）中心8个、养护管理站28个、交调站22个。

基础管理。修订《十堰市公路局养护路政联合检查考核办法》，实行季度检查考核通报和奖励制度。印发《以点带面深入推进干线公路养护路政管理规范化实施方案》，实行领导分片负责制，推进各县市区建设一个标准化养护管理站、一个标准化超限站、一条30公里畅安舒美示范公路。修编《十堰市普通公路大中修管理办法》，进一步细化全市普通公路在大中修前期申报（大中修项目库建立）、施工图设计（方案优化、比选、四新技术的采用等）、招投标程序、施工过程管理（原材料选用、施工工艺工法、计量支付、质量保证质料、养护工程作业区布置等）、交竣工资料等养护工程程序管理。

科学养护。采取"调查评定，合理分类，区别对待，对症下药"的办法进行公路养护，即重点路段（PQI值80左右）坚持重点养护，做到路面无病害、路基无缺陷、沿线设施完好，确保达到优良等路标准；一般路段（PQI值80以上）采取保持性养护，坚持做到路面无坑槽、路基路面状况稳定，沿线设施齐全完好；薄弱路段（PQI值70以下）予以重点投入，优先保畅，加强养护，做到路面填补平整，路基无缺陷，沿线设施基本完好，努力达到优良等路标准；样板路坚持因地制宜，突出特点，全市96%以上管养线路全部整修到位，边沟顺畅无堆积，内外边坡线形顺适，路肩平整，休闲停车区无垃圾，服务环境显著改善。施工中引进同步碎石封层车、稀浆封层车等新设备，采用SBS改性沥青、橡胶沥青、改性乳化沥青"四新"材料，提高资金综合使用效益，延长公路使用寿命。

示范创建。全线新增观景点18处、大小停车港湾35处，安装文化碑（牌）152块，展现"十堰公路"文化底蕴，宣传公路文化。加大公路景观绿化，因地制宜，点线结合，打造绿色长廊。发掘公路自身资源，拓展服务功能，建设野人谷、两河口、五条岭、白桑4个公路服务区，修缮白桑、茅坪、大坪、两河口养护管理站，设置电子信息显示屏6块。以209国道十堰段为示范，立足山区优势，突出地方特色，完成畅安舒美公路创建1500公里，其中环丹江口库区生态公路400公里、十竹生态公路100公里、其他省道1000公里，打造"一路一品""一路一景"畅安舒美公路。

地质灾害隐患治理。把坍塌、山体滑坡、落石、沉陷等地质灾害整治作为全年养护安全生产工作基础工程来抓，全面排查全市列养干线公路地质灾害情况，录入地质灾害信息468条。实行日巡查制度和24小时值班制度，及时掌握道路通行情况，消除安全隐患，确保交通安全。采取修建挡墙、挂网锚喷等各种治理方式，加大生态环保修复，通过移植本地植物，降低施工中对地表植物层的破坏，确保地质灾害整治效果。

水毁灾后重建。按照"先急后缓，先通后畅""先干线后支线"原则，投入抢险及恢复资金4818万元，出动抢险人员7815人次，调集水泥8000吨、砂石90000立方米，投入机械设备312台套，增设标志标牌486块，修建临时便道32处，清除塌方36万立方米，实现国省道干线当日抢通、农村公路3日内抢通。推进灾后重建工作，完善应急预案，配备装载机16台、挖掘机8台、压路机16台，储备块片石9000立方米、砂砾5000立方米，配置应急抢险设备。启动重建规划编制工作，完成316国道十堰西段45公里、242国道郧西土门到香口段28.2公里、227省道老武线8公里大修设计工作。

（罗华春）

【襄阳市】 深化"两分离、两结合"公路养护改革，研究制定《关于深入推进国省干线公路精准养护的实施意见》，确定应急保畅专业化、日常养护社会化、大修工程市场化、养护作业机械化、养护管理智能化、养护考核精细化和养护作业、基层站点、养护内业规范化"七化"为主要任务的干线公路养护转型发展思路。结合实际细化养护考核细则，强化养护过程考核，提高日常检查频率，养管水平和公路技术状况保持在较高水平。全年清理边沟34.96万公里，修整路肩1967.8公里，修补坑槽7.93万平方米，灌养缝71.72万延米，新增防护栏19324米，修复防护栏5089米；补栽百米桩1885根，公里碑845块，道口桩2551根；新增标志标牌1165套，更新标志标牌377套，标线补划524.05公里。坚持多方联动、分类施策，促进服务区良性发展、多方共赢，207国道宜城服务区被交通运输部表彰为"全国交通运输行业文明示范窗口"。积极推进应急中心建设，公路应急保障体系不断完善，专业化应急队伍在8月初襄阳突发暴雨期间发挥救援抢通主力军的作用。启动8个公路管理站维修改造，精细规范管理作业现场，全面完善养护工程内业，养护管理资料实现完整闭合，基层管理规范化程度不断提升。同时，鼓励改革创新试点示范，不断激发养护动能，初步形成特色突出的转型模式。如日常养护社会化标段承包和管理站实行机械化的"襄城模式"，政府主导、企业实施、群众参与公路绿化的"老河口模式"。

（崔卫东）

【宜昌市】 危险路段整治。2016年，全市完成修补路面坑槽13.59万平方米、疏通涵洞11405道、清理边沟7480公里、路面清灌缝646公里。2016年下达国省干线公路大修计划25.5公里、中修计划5.32公里。部省补助资金4382万元。至年底，大修工程完成16.5公里。下达国省干线安保工程计划呼北线、沪聂线、保当线、远松线、王渔线、保兴线6条线路49.1公里，概算投资988万元，其中部补助资金424万元，工程全部完工。2016年，全市国省干线公路总里程3227.26公里，绿化里程1947.93公里，绿化率为60.36%，投入绿化资金11923.1万元，其中枝江318国道石林段、256省道窑马线扩建一级路同步建设绿化47.74公里，投入11000万元；远安县投入绿化资金631.5万元；五峰、宜都各投入绿化资金100万元；高新区由政府全额投资区域内绿化建设。为便于桥梁日常巡查及经常性检查，在全省率先修建桥梁检修通道，修建桥梁检修通道407座。为加强桥梁保护，在大中桥梁两端或上下游位置，设置桥梁保护区公示牌198块。为提升全市公路形象，结合与其他市州分界实际情况，对市州分界处统一设置标志，已设置11处。

（王振宇　金涛）

【荆州市】 推进"四好农村路"建设，出台《荆州市农村公路建设养护管理考核办法》，全市成立农村公路管养机构7家，监利县成立农村公路管理养护中心，沙市区、公安县、石首市将交管人员整体划转从事农村公路养护，建立"县道县管、乡道乡管、村道村管"的分级管养体系。荆州区政府出台《荆州区农村公路养护管理办法》，明确农村公路管理和养护责任，确定四级管理机制。继续推广"新型抗弯拉水泥混凝土路面"和"水稳填充大粒径碎石基层"公路养护技术，完成公路大修110.3公里，其中洪湖、公安、荆州区废旧材料回收利用率100%；推广石首预防性养护经验，针对不同路况条件分类制定养护方案，开展养护与路政联合巡查，及时有效处置路面病害。面对2016年夏季罕见水毁灾情，公路部门积极投身防汛救灾工作，确保防汛通道畅通。同时将灾后恢复重建项目与建养计划相结合，筹集灾后重建资金1.72亿元，发挥资金最大效益，8月底水毁公路全部抢通。对"畅安舒美"创建路进行整体设计，编制养护站点布局规划，明确站点布局23个，统一日常小修保养资料模式。公石线石首桃花山"畅安舒美"路段初具规模，松滋市投资5000多万元，全面推进洈水风景区出入口道路提档升级。

在公路养护改革中，贯彻"公路全寿命周期成本"理念，优化普通公路现有存量，建立问题导向、精准发力的资金导向机制，建立以"路况数据、发展预测、性能分析、养护效益"为依据的养护工程申报安排机制，及时接养新增国省道，列出接养清单，规范移交程序，对符合条件的、已经列养的县乡升国省道公路优先办理移交手续，对建设或未建设的升级国省道明确移交时间表，全年接养新增国省干线公路659公里。全面推进荆州市普通公路信息化管理系统一、二期工程建设，搭建全市普通公路信息化管理平台，石首三义寺专业汽车渡口、公安县公路局斗市养护应急中心、沙市区公路局锣场超限监测站、沙市区丫角桥等视频监控图像接入荆州市公路局应急与指挥中心，建成全市公路系统视频会议系统。启动项目绩效评价体系建设，内审监督实现全覆盖，6个县市区完成事业单位分类改革。

公路路政管理方面，荆州市政府成立货车非法改装和超限超载治理工作联席会议制度，公路治超工作纳入县市区政府绩效考核范围。全年检测运输车3.68万辆，查处超限运输车9702辆，卸载货物5.3万吨，切割非法改装车辆墙板127台，超限率控制在4%。公路路政案件查处率98%，结案率100%，执法文书使用率100%，合格率100%。开展"路政宣传月"活动，发放公开信1万余件、宣传手册2万余份，悬挂宣传横幅240余条，制作宣传专栏32期，下乡播放公路法律法规30余场次。举办全市公路路政工作暨大队(站)长业务培训会，组织执法人员公开评议和执法案卷评查，制作《治理非法超限运输车辆刻不容缓》专题片。开展路域环境综合整治，拆除非公路标牌867块，整治集镇过境路段3个。新补植路树255公里18万株。制定《荆州市普通公路工程重大危险源清单编制及销号制度》，整改安全隐患177处，荆州市挂牌督办的7道路安全隐患全部落实到位。推进公路生命防护工程建设，完成临水临堤、急弯陡坡路段和公路桥梁安防设施963公里。

(王昌福)

【荆门市】 2016年，通过加大养护工程质量监管、精细日常养护管理、精准预防性养护，全市公路养护任务全面完成。全市列养公路完成大修65.1公里、中修14.4公里，完成危桥改造3座97.14延米，投资767万元；完成安全生命防护工程207万元，水毁应急抢险保通及修复工程1002万元。全市修补沥青路面坑槽76000平方米，修整路肩696公里，清理水沟580公里，沥青灌缝69320米，清理塌方18600立方米，维修钢护栏1200米，补植行道树14000株，疏通涵洞680道，补栽公里碑656块、示警桩630根。全市路容路貌大为改观，路况水平值PQI为81.9。

(汪发芝)

【鄂州市】 2016年，对管养路段进行全线调查，开展精准养护。调查全市国省干线公路、桥梁使用及破损情况，涉及316国道、106国道、239省道、112省道等路段路面破损，以及其他附属设施维修、绿化补植、安保工程情况，为全市公路中修、路面维修设计做好外业调查提供精准信息。加大预防性养护力度，及时采用微表处、铣刨、冷补材料、稀浆封层、压浆等新技术对316国道、106国道、239省道路面早期轻微病害进行处理。全市完成沥青路面坑槽修补1249.06平方米，完成灌缝35公里，完成水泥路面破板修复4020平方米。改进路面坑槽修复作业模式，较大的坑槽由机械化养护队集中修补，微型坑槽由各养护站及时修补，提高了养护质量和病害处置速度，同时改进修复工艺，严把质量关，杜绝修补面层出现脱落、松散。加强公路附属设施修复，开展路域环境综合整治。全市清洗交通标志180块、里程碑130余块、示警桩3240根、波形钢护栏410米，更换刷新示警桩300余根、道口桩32余根，清除飘挂物45处，路容路貌焕然一新。建立干线公路桥梁工程师巡查制度，明确市公路局及养护管理中心桥梁工程师，配备望远镜、手电筒、直尺等桥梁巡查工具，确保全市干线公路桥梁运行安全。按要求对桥隧养护开展经常性检查、定期检查和特殊检查，及时掌握干线公路桥隧技术状况，先后完成106国道京广线碧石桥桥面修复、239省道汽李线六十桥和长农桥左半福桥面修复。为打造"畅、洁、绿、美"交通环境、服务鄂州"五城"同创，对境内2条国道3条省道公路两侧空地进行培土、整枝、补植，采取统一设计、梯次种植、专人管养，打造生态环保示范公路，全市完成公路绿化补植95公里6000余株，完成牛舒线路肩植草12.8公里。

(张昭)

【黄冈市】 全市农村公路养护里程25848公里，其中县道1168公里、乡道6661公里、村道17900公里、专用公路119公里。近年来，全市不断加大农村公路提档升级改造力度，破损严重路段相继启动改造及维修，农村公路路况水平基本稳定。黄冈市于2009年行政村通畅率达到100%(即村村通水泥/沥青路)，2015年10月行政村通客车率达到100%(村村通客车)。截至2016年12月，我市11个县市区成立了9家县级质量监督机构(浠水县已初步确定成立，待上常委会，龙感湖区范围小而未成立)，具体负责农村公路及水运工程质量及安全监督管理工作。

(袁野)

【咸宁市】 国、省道网规划调整后，全市国省干线总里程1510.13公里(不包括42.98公里重复路段和13.83公里断头路)，其中原列养公路1229.31公里、非列养公路280.82公里，全市涉及接养里程280.82公里。未纳入新增国省干线需移交的原国省干线20.726公里，需移交的原列养县乡道724.934公里，全市涉及移交里程744.274公里。

2016年，制定《咸宁市普通干线公路日常养护管理考核办法》，加大日常保养检查考核力度，提高养护工人上路率和路面病害及时处治率；制定《咸宁市国省干线公路路网结构改造工程实施细则》，规范养护工程设计、施工和验收程序，完善养护工程事前审批、事中监管、事后验收制度。按照"国检"标准，规范养护资料日常管理，建立全市公路养护内业资料群，市公路局每季度对各站内业资料进行检查指导。规范路网改造及养护大中修工程项目管理程序，从计划、招投标、监理、施工管理、质量监督、交竣工验收等方面规范运作。加强桥隧日常养护管理，完善桥梁检修设施、桥梁限载牌及桥梁保护区公示牌设置。全市公路部门在完善桥梁信息系统电子档案的同时，按照"一桥一档"要求建立动态纸质桥梁技术档案，市、县两级动态纸质档案基本建成。咸安区319省道咸赵线三班口至古田段8.8公里大修主体工程全部完工，在配套完善路肩、观景平台等；106国道贾家源至杨林段16公里大修全部完工。

公路养护站达标建设。赤壁市投入800万元新建小柏公路站和中伙、杨家岭、茶庵岭3个公路管理站达标改造，咸安区投入140余万元对官埠、横沟公路管理站进行达标建设，通山县投入200万元新建楠林公路管理站投入使用，崇阳县投资40余万元改善石城公路管理站、新塘岭交通观测站设施条件，通城县对马港站进行达标创建，并新建马安道班。继续加大公路养护(应急)中心建设和服务区建设，在完善咸安、赤壁、崇阳应急中心硬件设施基础上，统筹推进全市应急中心体系建设。嘉鱼县完成应急中心规划设计工作及建设用地的征地、苗木补偿等前期工作，沥青拌和楼建设基本建成。咸宁市公路局统一购置6台大力神电动清扫车，推行路面清扫节能环保。

灾后重建。全市完成灾后重建投资2.54亿元，其中完成百条示范路工程62公里，投资1.86亿元，千座连心桥工程投资1500万元，地质灾害抢通5300万元。咸安区完成317省道沿横线塌方灾后重建、208省道横路线路面大修5公里；嘉鱼县完成330省道红牌线路面基层重建；赤壁市完成319省道崇赵线石人泉水库段大型挡墙、214省道仙崇线路基塌方挡墙基础；通城县完成106国道京广线路面大修3公里，完成362省道金保线程风大桥桩基、墩柱及盖梁2个；崇阳县完成246省道白界线山体滑坡重建项目；通山县隐水洞连接线水毁、通厦线滑坡、209省道毛铜线公路滑坡等水毁修复完工。

创建畅安舒美路。咸宁市107国道被省公路局确定为创建畅安舒美路，咸安、赤壁将107国道畅安舒美路创建与一级路改造及养护中修项目同步规划、同步建设，着力打造107国道官埠、中伙、茶庵3个公路管理站和横沟、官塘驿2个治超站。通山县确定对106国道富有石壁至排楼段，加强观景平台、休息区建设，增设停车区、休息区、游步道、卫生间等。崇阳打造"一路一景"旅游公路名片，建设415省道厦塘线生态走廊、259省道铜天线景观长廊，在259省道铜天线K3+380处增设1处大型观景平台、增设安防工程、更新公路标志标牌，提升畅安舒美路的内涵。

(叶柳)

【随州市】 2016年，全市完成大修96.9公里、中修12公里，危桥加固11座，安全生命防护工程2条25.19公里。开展"养护管理年"活动。抓路容、保路况、促管理，突出及时性、季节性、预防性养护，建立日常养护巡查机制，严格日常养护时限要求，落实养护责任追究，实现制度、检查、考核三到位；制定"好路杯"考核评比方案，每季度对县市区公路养护管理工作进行检查考核，实行重奖重惩，强化绩效管理；广泛采用冷再生、微表处等新技术、新工艺，养护大中修工程推进迅速、质量稳中有升。针对汛期6轮强降雨造成的交通中断、基础设施损毁，全市公路系统迅速启动防汛救灾二级应急响应，层层压实责任，强化调度部署、强化部门协作、强化政务值守，认真履行公路保畅及防汛物资设备储备。不断完善浆砌边沟、标准化路肩、标志标牌标线等配套设施建设，在打造"畅安舒美"路、拓展普通公路社会化服务基础上，启动普通公路服务区建设计划和第一批规划。随县公路局借随县政府打造"百里画廊"之机，对随南公路、周新公路、寺沙公路进行高标准立体式绿化、美化，沿途新建4个观景台、停车港湾。贯彻落实《湖北省普通国省道接养和移交办法》要求，厘清全市列养县乡道移交及接养工作清单。

水毁抢通保畅。6月以后，全市出现6次强降雨，对全市公路基础设施造成严重损害，国省干线、县乡农村公路路基路面、挡墙边坡、桥涵护栏不同程度损毁，并一度造成多处交通中断，洛阳、府河、柳林、长岭等乡镇成为重灾区。灾情发生后，全市公路系统立即启动应急预案，抢险物资、抢险队伍和工程机械及时投入抗洪救灾抢险当中。全市所有国省干线和县乡农村公路中断点全部抢通，及时恢复交通。据统计，共清理国省干线路基塌方79885立方米，修复路面35000立方米，修复浆砌片石防护工程3560立方米，修复国省干线桥梁4座；清理县乡农村公路路基坍塌方11245立方米，修复浆砌片石防护工程3856立方米，修复桥梁便道6条，投入资金2500余万元。

(关文)

【恩施土家族苗族自治州】 完成"绿满荆楚"年度任务，打造351国道、209国道、318国道、233省道、248省道、232省道等多条具有区域公路特色的走廊带，全州公路部门栽植紫薇、桂花等10余树种33万株，实施公路通道绿化建设6600亩。日常养护修补路面坑槽5.1万平方米，完成水泥(沥青)路面灌缝1250公里，整治翻浆路基1.16万平方米，疏通涵洞9236道，修复安全防护设施1.3万米，新增安防设施1.56万米，新增标志牌863块，增设完善路侧停车带248处、观景台6处、小型服务区13处、加水站16处。国省干线路面使用性能指数为81.8。在全省日常养护管理检查考核中，恩施州公路管理局名列全省17个市第二名。完成路面大修50公里、国省道危桥加固改造21座、341省道鹤峰县境灾害治理工程1处。根据恩施州"十三五"国省道规划，全州国省干线接养里程1427.91公里，移交里程325.49公里。截至年底，完成接养868.30公里，移交94.91公里。

水毁抢通保畅。面对汛期连续8轮强降雨，启动"98+"防汛抢险暨"白+黑"工作模式，按照"除险、抢通、恢复"三步工作法，全力开展应急抢险，有序推进灾后修复和重建。多轮持续性强降雨造成恩施州国省干线交通中断24条584处，损毁路基15.78公里、水泥路面36.34公里13.79万平方米，挡土墙153处16.9万立方米、坍塌方761处151.3万立方米，隧道病害加剧1座431延米。全州投入抢险人力8975人次、机械设备3100台班，修复挡土墙6万立方米、边沟1.7万米，恢复路面7.9万平方米，清除坍塌方89.7万立方米，处治大型边坡和路基沉陷53处，完成水毁投资8619万元。

（罗贤菊）

【天门市】 2016年，天门交通公路管理部门以灾后重建和国省干线改造为重点，抓好路况提升。以日常养护为根本，狠抓规范达标；以基层站场为着力点，强化配套升级。完成牛张线蒋场至汪场段8.5公里、九蒋线渔薪至蒋场段7公里、小仙线小板至码头段及刘家河至仙北段9.3公里、卢埠街道1.27公里、汉宜线1.25公里、保台线1.5公里、客潜线1.5公里等大修工程，完成投资4112万元。完成龚家桥拆除重建，汉北一桥、石河西桥加固和岳口汉江大桥预防性养护。完成宋市养护站主体工程建设130万元。完成皂毛线18公里预防性养护。修复排水沟4700米，完成坑槽修补38640立方米、路面沥青灌缝60585米，整理路肩14万立方米，新植补植行道树42000株，行道树刷白74000株。新增护栏3200米，修复护栏47315米，补栽百米桩673根，公里碑136块，新增标牌474块，更新标牌22块，补划标线10294.96平方米。汛期投入人工3894人次、机械设备1471台次、石料94950立方米，资金1764.88万元，及时抢通牛张线、大天线、汉宜线、分当线、天仙线、潜杨线、九蒋线等灾区通道。

（张文敏）

【潜江市】 2016年，潜江市公路管理局投入132万元，购置手扶式单钢轮压路机、动力钻、打草机、洒药机、装载机、皮卡、自卸车等设备；潜江市农村公路养护中心投入98.4万元，购置自卸车、沥青加热设备、打草机设备。以养护机械设备管理为重点，建立台账，定期进行维护保养。全年安保工程完成周普线K10+500处新建挡土墙20米，247省道K19+400处新建防撞墙18米，318国道周矾街道修复防撞墙6.5米，北闸处新建防撞墙24米。农村公路实施安保工程30条，其中县道8条90.99公里、乡道4条16.67公里、村道18条32.14公里，设置防护栏2176米、示警桩11593根、指路标志13套、警示标志442套、减速标设施7027米、错车台18处，清除路侧危险物133处，边沟边坡路肩处理24006米，完成投资571.691万元。

水毁抢通保畅。国省道因强降雨和内涝造成路基塌方86.2万立方米，路面冲毁104.64万平方米，桥梁损毁4座1392.32延米，涵洞损毁2道26延米。灾情发生后，潜江市公路管理局按照"除险、抢通、恢复"三步工作法要求，全力开展公路应急抢险保通工作。第一阶段抢通路基68.7公里，抢修涵洞14道，恢复或修葺防护工程8.2万立方米、边沟3.5万米和护栏11公里；第二阶段完成234国道（原荆新线）后湖段、240国道（原潜监线）总口段和渔洋段、351省道（原广积线）等国省干线公路16.7公里水稳基层施工，先期启动322省道浩张公路路口至运粮湖段10公里大修工程；第三阶段启动350省道、269省道项目建设。农村公路路基水毁103.03万立方米，路面损毁122.21万平方米，桥梁损毁9座313.5延米。养护中心出动抢险人员385人次，投入机械设备162台次，投入土石方2103立方米，清除树木190余棵，处理涵洞1处，及时恢复交通。

公路危桥检测及修复。10月，湖北省公路工程咨询监理中心对潜江市国省道桥梁进行定期检查，共检测桥梁32座，其中特大桥1座、大桥3座、中桥12座、小桥16座，评定结果为一类桥梁3座、二类桥梁21座、三类桥梁6座、四类桥梁2座；中铁大桥科学研究院有限公司对国道沪聂线东荆河大桥进行特殊检查，技术等级评定为四类。全年实施农村公路危桥改造15座，完成投资1165万元。

（李凌云）

厅直养护经营管理单位

【京珠高速公路管理处】 京珠高速公路管理处管理湖北京港澳高速公路339.36公里。全年征收通行费收入29.38亿元，日均802.65万元，完成年计划的102.18%，比上年增长12%；出口累计收费车流量2287.17万辆，日均6.25万辆，比上年增长14.71%；严格执行"一降两惠""绿色通道""四大假日"惠民政策，让利社会4.26亿元。

收费管理。针对武汉周边地区的大交通流量，管理处分时段实行"分级管控、层级响应"，利用"客货分流三层梯形站位法"，做到"八个快"（"便携复式收费快、绿通车查验快、困难车救助快、紧急车通行快、特情车查询快、矛盾纠纷化解快、入口车流放行快、逃费车辆处理快"），有效提升道口通行效率。针对地市级出口的大车流量，通过增加复式费亭，便携式收费，立体宣传提示错峰、ETC车道优势宣传等有效方式，提升道口

2016年2月1日，省总工会副主席张卫率检查组考核交通运输工会创先争优工作

通行效率。针对鄂南、鄂北主线站车流较为集中的特点，总结"按量放行、分道管控、客货分流、复式提效"梯级保畅模式，确保客车优先、货车快速、绿通专道，提升道口通行效率，积极完成"6·1"全省联网高速调标和"7·1"蔡甸至琴台点对点通行保障工作，圆满完成春运、"四大节假日"、统一支付实施、调标期间的通行保畅任务。利用"互联网＋技术"和联网平台，大力推广非现金支付手段，全线收费站均配备POS机刷卡设备，共安装POS机85套，最大限度为司乘人员提供便利；监控中心发布恶劣天气预警33次，为司乘提供服务2853次，发送交通管制、事故、营运情况短信18890条，向可变情报板发布交通诱导信息5296条，发布路况微信164条。

养护管理。积极践行科技养护理念，引进桥检车、爬索机器人、无人机等设备对特殊结构桥梁进行定期检查，实现常态化"智能体检"。探索运用先进技术加大清障施救服务行为与过程监管力度，在所辖路段清障服务车辆上安装车载GPS无线视频监控传输系统，提高清障服务水平；推广运用成熟的"四新"技术，引进三维柔性生态系统，用于高边坡治理工程；引进"精表处"沥青路面，完善公路设施，提升路域环境。在养护施工管理中，实行"双巡查管理"，查漏补缺；在廉洁自律方面，实行"交叉抽查管理"，确保内业和外业一起抓。推行"443"目标管理，构建"九个标准化"管养体系，同步推进项目部、驻地办标准化建设；坚持"远景规划、计划控制、合理运用"的资金使用原则，分期完成沥青路面中修、鄂南超限站建设、蔡甸互通改造、军山桥钢桥面铺装等多个大型专项改造工程。完成全线路面中修处理；完成病害桥梁构造物维修加固，确保桥梁通行安全；加强合同履约检查，继续完善标准化制度体系。积极处置军山大桥病害，组织专家评估分析，完成2016年度军山大桥检测与技术服务项目，推进巡查检查和应急监测、健康监测系统升级、基准网恢复及变形监测工作；引进ERE冷拌环氧树脂铺装技术完成450米钢桥面铺装更换，同期采用焊接修复与栓接钢板加固方式实施钢箱梁裂缝修补，有效提高桥梁整体刚度。

路政管理。运用"大数据"建立超限治理数据库，重点抓好事前把好进口关—事中规范处理—事后"非现场执法"，全面抓好路面治超工作。从9月21日开始，开展超限运输治理212次，出动执法人员976人次，执法车辆428台次，在人员密集场所开展宣传教育130次，发放宣传资料4578份。检测车辆1408台次，劝返102台次，移交57台次，查处超限案件45起，责令自行卸载4起，责令补办许可手续19起。在警路多部门通力配合下，成功处置"4·3"豹澥互通塌方事件、"4·11"武汉西互通危化品车辆侧翻事故、"4·12"赤壁服务区客车侧翻等突发事件，妥善处置汛期各类山体滑坡、道路积水，顺利实现"7·5"蔡甸区1.6万人大转移车辆保驾护航和107国道分流保畅等抢险任务。京珠路政与高警一支队联合开展执法330次、开展法制宣传118起、开展施工安全监管86起、开展联合巡逻1080次，协助纠正违章2964起，

2016年9月26日，京珠高速公路管理处首次引进沥青路面"精表处"技术并进行试验

警路共建工作不断深化。

服务区管理。完善以《湖北京珠高速公路服务区监督管理办法》为核心的制度体系，建立两级监管模式，强化卫生、价格和质量监管；不断转换观念，深入服务区走访调查、主动指导，全年对管辖服务区、停车区开展日常巡查96次、专项检查14次；完善联席制度，建立通报整改机制，进一步规范服务区监管流程，理顺工作关系；通过发放问卷调查、召开服务对象座谈会、聘请政风行风督察员，认真落实服务区履职尽责督促检查工作；严格履行"监督、指导、服务"行业监管职能，推进服务区驻点工作常态化；以"荆楚行、湖北情"活动为载体，加强环境卫生、餐饮质量、文明优质服务、行业文明建设，展示便民利民形象。

文明创建。举办"微笑路语"京珠职工风采展活动，充分展示京珠职工精神风貌，京珠合唱团、自编情景剧登上舞台，展现京珠文化底蕴。以"我微笑、你微笑"为主题，寻找京珠最美笑脸，提升职工归属感；开展主题征文、组织文化大家谈等活动，传承京珠精神。全年19个单位和28人获省交通运输厅及以上表彰，"微笑京珠·情满荆楚"文化品牌获全国交通运输行业文化建设卓越单位称号。

（詹枫）

【汉十高速公路管理处】 汉十高速公路管理处主要负责G70(福州—银川)高速公路孝感至十堰段的收费、路政、养护及其他综合性营运管理工作，另受委托管理武荆、荆宜、荆东、汉孝高速公路，路政派驻管理樊魏、谷竹、十房、麻竹、郧十、宜保高速公路，管理总里程1545.63公里。

收费管理。全年主线清分计提后通行费收入15.5亿元，比上年增长2%，完成年度计划的90.79%；武荆、荆宜、汉孝分别完成年度计划的101.15%、97.26%、109.17%。主线清分前入出口通行车辆4263.39万辆，比上年增长14.56%，日均11.65万辆；车道误操作率0.0016%，比上年下降18.67%；"绿色通道"、小型客车节假日免费通行等惠民政策惠及车辆246.97万辆次，让利于民27019.70万元。深入运用"大数据"稽查平台，积极组织开展全省区域联合稽查2次，"两种稽查工作法和一个稽查系统"得到同行充分认可，汉十稽查管理经验在全国高速公路治理偷逃通行费工作会上交流推广，全年查处逃费车2.98万辆。积极推进标准化创建，先后完成云梦、王城、隆中、谷城、土关垭、郧西等6个收费所的"四室"标准化建设。开展季度收费技能联赛、收费数据分析竞赛、新一轮"温馨魅力使者"个人创建等活动，全年组织新进职工100余人、收费管理人员230余人进行收费业务及管理培训，确保新进职工和新晋升收费管理岗位人员培训率100%。

路政管理。全年发生路政案件1029件，收回路产损失7022951万元，路产案件破案率100%、结案率97.4%、索赔率96.3%，超限车辆控制在5‰以内，案件卷宗规范化水平达到98%以上，交通行政执法"四制"落实率100%，无行政复议、行政诉讼败诉，无公路"三乱"。完成随州、鲍峡等8个路政执法服务站、9块大型公益宣传牌、29个执法场所光纤接入等建设工作。圆满完成春运、清明、"五一"等节假日保畅任务。成功处置"2·21"十白中垸隧道货车烟花爆燃事件。8月汛期，10小时内安全疏导车辆6000余台、驾乘14000余人。开辟武荆高速汉北河分洪专用通道，保障60余台抢险救灾车辆快速通行。全力应对汛期6轮强降雨，及时处置边坡塌方7处。高效应对冬季雨雪冰冻天气，汉十全线始终安全畅通。结合支队"文明交通示范路""路政宣传月"等专题活动，开展路域环境专项整治工作，出动车辆520台次，人员1040人次，排查各类安全隐患474处，拆除违章建筑物193平方米，拆除非公路标牌1处，清理堆积物950平方米；路域法制宣传教育走访厂矿、企、事业单位200余家36000余人次，发放宣传单80000余份，张贴宣传标语200余条，张贴法制宣传画13000余份，制作宣传展板100余块，接受现场咨询10000余次。通过创建警路联动2.0模式，推进路警联勤联动，实现警路资源共享，优势互补。制定《汉十支队路政业务管理规范》《路政管理岗位应知应会手册》《路政执法规范化管理实施手册》，依托"智慧汉十"智能化管理平台，稳步推进智慧路政二期开发。汉十路政支队获2016年全省高速公路路政执法技能竞赛团体总分第一名。

养护管理。养护质量指数(MQI)为92，各分项指标均为90以上。完成养护工程货币工程量11308.66万元，占计划的98.27%。主要完成工程量包括钢轨桩(钢轨安装)14.03吨、

2016年1月31日，汉十高速公路全力做好除雪保畅工作

清除塌方7038.12立方米、C20混凝土830.55立方米、沥青面层12204立方米、压浆157吨、雾封层202998平方米、伸缩缝更换127.3米、沥青路面灌封373344米、雾封层41479平方米、桥梁混凝土缺陷修复60.79立方米、2号标线101783平方米、振动标线1402.6平方米、隔离栅21372米、活动护栏879.1米。完成十白段养护工程招投标工作，汉十养护里程从508.68公里增加到566.98公里。完成2016—2019年小修工程施工单位和监理单位招标工作。制定《养护工程竣（交）工文件编制的规定》《养护管理培训手册》和《汉十养护监理实施细则》，完成"项目部建设标准、工地试验室标准、沥青拌和场标准、工程机械设备配置标准、施工工艺标准、安全管制标准、工程资料编制标准、现场管理标准"等"八项"标准创建。以"智慧汉十"为平台，开发养护管理模块，完成基础数据录入工作，将推广巡查检查应用，使养护数据调用、病害处置更加及时高效。积极推广"四新技术"运用，新型橡胶沥青路面、热再生利用技术应用在全省交通运输行业"四新技术"推广应用及生态环保循环利用路面材料交流会上作交流发言。

服务区监管。与服务区经营管理单位签订《湖北省汉十高速公路服务区2016年履职尽责督促检查工作承诺书》，实现汉十服务区履职尽责工作分级控制和目标层层分解。对服务区开展行业监管巡查380余次，开展专项督导、驻点督导17次，开具整改通知书1份，整改率100%；服务区顾客满意率环比提升0.42个百分点，达98.53%；全省高速公路服务区"诚信品牌建设"及"服务质量评定"工作稳步推进；各服务区暗访检查成绩全部达到800分以上，实现服务"零"投诉、安全"零"事故。

机电管理。初步建立监控数据分析与预警平台，发布情报板5000余次，微信推送40余期200余篇。明确管理处与各路段中心专业工程师职责，加强专项工程进度、质量、安全、支付与现场管理。实施引进代维单位承担站所外场设施设备维修方式，提高基础设施维护时效性，维修各类故障1395起，设备完好率达95%、故障修复率达98%。

信息化建设。出台《"智慧汉十"体系建设三年规划》，明确硬件、软件支撑项目。完成"智慧汉十"系统建设框架，制定"六统一"开发大纲。出台"智慧汉十"总体建设方案、数据字典及技术规程。分层次开展"智慧汉十"系列宣贯、培训及研讨。干部职工对体系构架、建设需求、实施步骤的了解与认知持续深化。完成11个分项的需求调研、模块设计及各板块流程、制度及数据表单梳理。完成预警系统、人力资源管理、机电管理、养护路政巡查、资产管理等子系统功能开发，进入测试运行阶段。拓展"互联网+"思维在管理、服务实践中的广度与深度，"效能土关垭"、王城"安全管理APP"等基层自主创新全面落地。"防倒车报警装置"获国家专利。安居"智能管理所"在全省高速公路标准化站所现场会上作为被观摩单位，受到参会代表肯定。ETC车道双系统、车型分类检测系统等创新技术试点应用。

综合管理。开展基层调研2次，解决职工反映问题7大类46项。完成4个站所收费雨棚维修及3个站所消防管网改造，解决4个站所职工饮水及4个站所住宿紧张问题，更换空调、热水器等设备857台套。组织开展近年来最大规模的一般管理岗位竞岗，509名职工走上一般管理岗位。推行"全职业生涯培训"理念，襄十中心职工培训基地完成新员工入职培训、专题培训、职工回炉培训460人次。出台站所绿化日常养护管理标准文书，完成站所场院绿化日常养护工作，完成绿化养护货币工程量168.24万元。全面清查调研管理处所属租赁房屋，完成房屋资产评估、商业调查、租赁招投标等工作。

安全管理。出台《安全应急考核实施办法》及《评分细则》，将考核结果与奖惩、评优、晋级挂钩，层层压实安全责任。完善《应急信息报送管理规定》，畅通应急信息报送渠道。成功创建4个安全标准化站所队，逐步实现站所安全管理标准化。站所安全管理APP成功应用，实现站所安全信息化管理。成功举办收费站危化品泄漏拥堵、山区高速公路隧道消防、收费站所消防逃生救助等应急演练。

党建与文明创建。管理处在全省交通运输系统"两学一做"知识竞赛中获第一名。孝感党总支"五星堡垒"创建经验在《湖北画报》《党员生活》等省级期刊登载。管理处被推荐为"省直机关基层党建工作示范点"。建立"党员干部廉政电子档案"。成功举办2016"汉十文化周"系列活动，"善为·治道"获评"全国交通运输优秀

2016年11月29日，"善为·治道"文化品牌获评"全国交通运输优秀文化品牌"

文化品牌"，品牌创建经验在第十一届全国交通运输系统文化建设高峰会上交流。管理处在全省高速公路系统第七届职工体能技能竞赛上荣获团体总分第一。朱刚、邱怀中分别获全国交通运输系统"安康杯"劳动竞赛先进个人和全省交通运输系统"十行百佳"称号。"饶丹工作室"被命名为全省交通"劳模创新工作室"。六里坪所职工书屋被评为全省交通运输系统职工书屋示范点。隆中所"温馨服务示范窗口"创建经验在第十一期全国高速公路收费站（所）长培训班上作交流发言。

（杨晨）

【鄂西高速公路管理处】 鄂西高速公路管理处主要负责沪渝高速公路宜昌至利川段、三峡翻坝高速公路、沪蓉高速公路宜昌至巴东段收费、路政、养护、服务区监管等运营管理，同时路政派驻管理6条高速公路，管理总里程929.04公里。全年通行车流量3333万辆，窗口收入21.10亿元，清分后收入17.85亿元。交通行政执法"四制"落实率100%，无重大执法过错和失职、渎职行为造成的行政复议、行政诉讼败诉，无公路"三乱"现象发生。公路技术状况指数(MQI)95.2，平均路面使用性能指数(PQI)94，工程合格率100%，先后克服防汛抗灾、冬春季冰雪险情、政策调整等重大挑战，全年无重大安全责任事故，道路运营管理水平稳中有升。

收费管理。全年通行车流量比上年增长14.44%，通行费收入比上年增长3.96%。积极贯彻国家惠民利民政策，全年通行绿通车40.95万辆、免费金额1.39亿元；重大节假日期间，免费小型客车151.75万辆，免费金额8346万元。强化依法收费、联动协作的稽查打逃机制，采取多种稽查方式，狠抓堵漏增收，组织开展大型稽查活动4次，稽查逃费车3.48万辆，挽回通行费损失159万元，单次最高追缴通行费5.02万元，营造了良好的收费运营秩序。依托省界站所平台，与黄黄高速开展结对共建，从业务技能互助、文明服务互促、管理平台互通、党建载体互用、收费稽查互动五个方面进行深入合作。以费收"双争双创"竞赛活动为契机，加大标准化收费站所创建投入，贺家坪所、秭归港所获评全省标准化站所。"12122"全年累计受理热线4.25万人次，满意率99%，利用沿线情报板、龙门架等发布信息1758次，收费管理向规范化、精细化、标准化持续发展。

路政管理。全年路产设施完好率100%，处理各类路产损坏案件529起，收取路产赔（补）偿费308万元。路政八大队、十大队进驻保宜高速，制定《鄂西管理处派驻路政大队管理暂行办法》，积极推进派驻管理制度化、规范化。按照"三个路政"的工作思路，全面提升路政执法水平，路政队伍作风建设成效明显，路政执法文明规范，无重大违规违纪事件，在2016年全省高速公路路政执法技能中，鄂西路政支队获队列与交通指挥手势第一名。路域环境整治成效显著，全年追回路产损失16万元，接受占（利）用公路案件申请43起，处理43起，拆除违章建筑23处1630平方米；查处超限运输车辆1816辆，劝返275起，向运输单位、运输企业发函78份，移送交警处理12起，其中成功处置"8·29"三峡翻坝高速秭归港收费站出口违法超限运输事件，被省高管局作为全省超限治理的典型案例推广学习。全年开展法律法规宣传359次，进村入户1641次，签订安全协议书3861份，开展交通安全知识教育211次，发放法律法规宣传资料8568份，安全宣传资料7976份。

养护管理。公开招标新一周期养护队伍，实现养护周期平稳轮替，及时推进道路技术状况评定和定期检查，为养护科学决策提供依据；保质保量完成23个土建专项工程，高效解决宜巴7座无水隧道消防水源整改，配合做好核桃树大桥修复相关保障工作，完成全线隧道内6182具超压、过期灭火器更换。在全国高速公路行业率先采用合同能源管理模式，对沪渝高速鄂西段42座隧道照明系统进行LED照明节能改造，完成4.3万套LED灯具施工，实现综合节能效率55%以上。突出桥隧管理重点，严格落实桥梁十项制度，成立特殊结构桥梁养护专班，对全线7座特殊结构桥梁进行专业管养，继续深化智能检测运用，加装51个视频监测点位，实现对特殊桥梁的电子巡查全覆盖；坚持对全线98座隧道分级养护，完成对云雾山、齐岳山隧道进行高清化视频改造，提升隧道安全保障能力。加大"四新技术"运用，推广新材料和新工艺的使用，对高边

2016年1月7日，鄂西路政一大队在金龙隧道监测气温保障畅通

坡进行智能监测,强化桥梁预防性养护,实现常态化智能体检。

应急保畅。鄂西管理处遭遇5轮大范围降雪和6轮持续超强降雨天气,加之春运时间与鄂西冰雪期叠加,应急保畅压力巨大。管理处继续在全线设立16个应急点超常规配备应急资源,建设"路面温度检测系统",首次利用4G云技术实现"互联网+温度监测"的创新应用,对30个重点路段实时监测防控,期间出动各类车辆设备305台班,使用各类融雪剂830吨,成功应对冰雪袭击、保障了春运490万辆车平安出行。面对6轮强降雨,管理处依托路养警联动合力,及时排查处置隐患,提前超常规配备防汛力量,先后投入人力3613人次、救灾设备1167台次,处置险情100余处。全处开展应急演练31次,成功举办"协同—2016"应急预案演练活动,检验了对隧道危化品运输事故的应急处置能力;成功处置"4·6"沪渝高速齐岳山隧道火灾事故、"4·16"宜巴高速巴东北服务区危化品运输车辆泄漏,庙垭、香炉山隧道内突水,付家坝隧道地面涌包等突发事件,应急处置能力全力提升。

安全管理。围绕安全管控,强化顶层制度设计,制定《鄂西管理处安全生产管理办法》《鄂西管理处安全生产"党政同责、一岗双责"暂行办法》《鄂西高速公路管理处养护现场安全标准化管理办法》等4个安全生产管理办法,落实安全生产10项基本制度,层层压实安全生产主体责任。全年开展安全生产培训、安全生产会议、安全技术交底、安全检查活动150余次;召开党委会专题研究分析近6年道路交通事故,深挖影响道路安全通行关键因素,研判安全形势、确定整改措施,形成《沪渝高速鄂西段2011—2016年交通安全形势分析报告》。扎实开展隐患排查整治,及时排查出核桃树大桥、扁担垭隧道安全隐患,遏制病害的蔓延和扩大,避免重大安全责任事故发生,全年整改安全隐3452项,做到一般隐患即查即改、重大隐患限期整改,安全隐患销号制度落实到位。管辖路段交通事故比上年减少6.84%,无安全责任事故。

综合管理。管理处启动ISO9001质量认证工作,深化各站所"一所一品牌、一班一特色"管理品牌。鄂西网站发表稿件5176篇,微信公众号发布微信129篇,施工公告24篇,"和谐鄂西"阅读量6.09万次。完成"十三五"发展规划纲要编制工作,工程项目内部审计覆盖率达81%。组织实施轮岗交流、竞争上岗,开展"八佳两星"评选活动岗位大比武,教育培训1.08万人次。创建"勤廉工作室"及"养护创新工作室",举办鄂西第七届女儿会。管理处获"2016年全国春运工作先进集体",郑玉典被评为全国交通系统劳动模范和感动交通年度人物,被交通运输部评为"全国交通运输行业文明职工标兵"。

党建工作。管理处围绕队伍政治素质提升,从思想、作风、制度和廉政建设等5方面17条着手,推进领导班子建设,处领导、支部书记讲党课30余次。强化组织建设,落实党委主体责任,厘清领导干部履职尽责责任清单,建立处领导基层党建工作联系点制度,党支部由9个增加到15个,吸收16名优秀同志加入党组织,开展"红旗党支部"创建活动,打造独具特色的山区高速党建品牌。坚持从严治党,全年诫勉谈话1人,对23名中层干部、8名关键岗位负责人进行廉政谈话;制定履职尽责督促检查实施方案,编发"履职尽责督促检查"简报33期,履职尽责专栏发布稿件113篇。

(王勇)

【随岳高速公路管理处】 随岳高速公路管理处主要负责G4W2随岳高速公路北段、中段、荆岳长江大桥的收费、路政、养护及其他综合性运营管理,路政派驻管理G4W2随岳高速公路南段、G55二广高速公路襄阳至荆州段(简称襄荆段)、S88岳阳至宜昌高速公路(简称岳宜高速)、S53唐石高速公路潜江至江陵段,管理总里程718.14公里。

收费管理。全年通行车辆1552.02万辆,日均4.25万辆,比上年增长5.75%;征收通行费清分前10.18亿元、清分后7.44亿元。开展区域管理特色创建,淮河总支"省际站所联动'四固化'工作法"、随县党总支"职业技能"和"通用技能"双培养机制,全员业务技能水平显著提升,千车误操作率比上年下降16.31%,在全省高速公路费收业务考核中名列前茅。11月18日,淮河总支区域联创经验在中国公路协会举办的第十一期全国站所长培训班上交流,与会代表专程到天门管理所参观考察。

2016年7月25日,鄂西管理处采用无人机检查四渡河特大桥

交通基础设施养护和管理

2016年6月6日，省交通运输厅厅长何光中调研随岳高速公路管理处

养护管理。全年完成养护产值7371万元，其中小修保养3051万元、专项工程4320万元；全线公路技术状况指标MQI大于95，工程质量合格率100%、优良率95%，无重大质量安全责任事故发生。坚持对标国检，连续两次在全省高速公路养护管理规范化季度检查中排名第一。完成5个标准化养护项目部(总监办)驻地和1个标准化试验室建设。积极推进标准化示范路段创建工作，完成K0+000~K18+267、K210+000~K228+900等37公里标准化示范路段建设，实现沥青废料在土路肩循环利用，签订封高连接线移交协议，完成全线地方道路移交任务。

路政管理。随岳、襄荆、岳宜、潜石高速发生路赔案件574起，收回路赔金额513.84万元，结案率97%、索赔率94%。先后获全省高速公路"安全发展忠诚卫士"演讲比赛第一名、综合执法竞赛团体第三名。编制安全管理制度和隐患排查标准，实施安全生产网格化平台建设。成功总结"数据分析、精准研判、信息平台、统一调度、远端管控、错时调峰、中端压速、警路带行、近端分流、有效错峰、渠化交通、复式收费""48字保畅工作法"；探索路警养三方共同协作方式，联合辖区高警大队出台40余项考核管理办法，警路共建机制得到全面巩固，超限治理工作有序开展。圆满完成春运及重大节假日安全保畅任务，有效应对多轮强降雨天气，成功安全转移500余名天门黄潭受灾群众，深受社会各界好评。

信息化建设。编制《十三五机电信息化工作规划》，出台《数据资源整合方案》，全面整合集成智能办公门户。在岳口管理所成功试点，初步实现智能化站所标准建设目标。整合内外部数据资源，与高德地图签署战略合作协议，实现数据资源和应用系统服务互联互通。与东软公司签订合作协议，安装车流量调查软件，围绕"路、车、人、场地"进行数据分析，有效提升随岳高速现代化管理水平和创新能力。优化"随岳通"应急处置平台，及时有效处理应急事件656起。拓展信息化服务功能，受理咨询电话653起，发布微信图文246期，浏览点击率达到15.3万人次。

综合管理。完成年度资产清查，完成封江所职工宿舍楼维修加固、荆岳桥所自来水改造等民生工程。全年举办各类培训38期1670人次，实现培训内容覆盖率100%，培训人员覆盖率100%。组织73名职工参加工人等级考试，统计核实58名获专业技术职称人员信息。

党群建设。修订"三重一大"决策机制，完善9项党内制度，修订12项运营管理制度。推出微党课、严管与厚爱"四微"党建工作法等创新案例，探索养护联建及路警共建党支部。组织"十佳阳光标兵"评比活动，培树一批职工身边的岗位明星、金牌职工。成功举办"大手牵小手、爱在阳光路"职工亲子暑期夏令营活动，新华社、湖北日报等数十家媒体纷纷转载报道。管理处工会获全国总工会"示范书屋""全国模范职工之家"荣誉，荆岳长江大桥所获全省"工人先锋号"。

（丁慧）

2016年4月20日，"十佳阳光标兵"劳动竞赛暨阳光随岳文化品牌宣贯启动仪式在天门所举行

【黄黄高速公路管理处】 黄黄高速公路管理处主要负责G42沪蓉高速公路麻城至红安段、G42S沪鄂高速公路新洲至英山段（简称武英高速）、江西九江长江公路大桥（简称九江二桥）北接线的收费、路政、养护及其他综合性营运管理工作，另受委托管理G50沪渝、G70福银高速公路共用线黄石至黄梅段（简称黄黄高速）、鄂东长江公路大桥北接线，路政派驻管理G45大广高速麻城至浠水段（简称大广北高速）、S29麻阳高速麻城至武穴段（简称麻武穴高速）、G4213麻竹高速麻城至红安段、黄冈长江大桥北接线、九江二桥湖北段，管理总里程747公里。

收费运营。开展费收"双争双创"竞赛活动，出台绿通车查验规范、收费管理规范等制度，加大现场督岗、视频监控、录像稽核和暗访抽查频率，强化站所间、路段间、省际间互动学习。建立党总支、路段分中心、管理所三级稽查模式，定期组织开展专项稽查、第三方稽查和片区联合稽查。稳步推进电子支付，政府还贷路实现ETC覆盖率100%，电子支付率达27%。全年通行征费车辆1605.23万台，清分前通行费收入首次突破20亿元，达20.23亿元，其中武英路段收费额首次过亿达1.68亿元。全处堵漏增收车辆9.88万台，挽回经济损失685.16万元。政策内减免通行费4.07亿元。新建麻城东、界子墩2个全省标准化示范收费站。

道路养护。加强养护顶层设计和整体掌控，科学编制和分解工程计划，统筹实施一般性养护、周期性养护与专项养护，做到科学决策、精准投入。按照养护技术规范要求，强化路况巡查，将巡查工作量化至每季、每月、每周，为精确实施路况技术处理提供保障。开展"品质工程"创建活动，探索养护工区管理模式，工程合格率100%，养护施工全年实现无安全责任事故。直管路段完成养护货币工作量4401.08万元，MQI首次全面超过95.0，建成养护示范路40公里、标准化养护站1个和标准化项目部1个。

路政执法。推行"六一六化"（一日一重点，巡查维权精细化；一周一计划，队伍建设人性化；一旬一主题，路域整治协同化；一月一覆盖，法制宣传常态化；一季一考评，执法服务规范化；一年一目标，安全应急程序化）大队工作法，率先启动路政执法第三方考核，为执法人员配足执法记录仪，建立常态化"内训"模式，执法管理更加规范。统一各大队办公区域标识，建成7个执法服务点，完成"六一六化"大队工作室、"阳光治超"工作室和派驻大队驻地"三基三化"建设，执法窗口形象更加靓化。全面启动超限超载专项整治行动，对超限货车实施"源头宣传、流动检测、入口卸载、出口处罚、异地抄告"立体执法，遏制违法超限运输行为。全年发生路赔案件723起，结案率98.2%，索赔率98.4%；检测货车30余万台，查获超限货车620台，处罚96台，罚款20.9万元，卸载91台，卸载货物801.6吨；实施违法涉路施工处罚3起。

服务区监管。启动"荆楚行、湖北情"系列主题活动和服务区履职尽责督促检查工作，下达整改通知单53份，完成有效整改45项，服务区监管工作机制日趋成熟。在行业评比中，已开通的服务区全部达标，5个服务区被评为优秀服务区。

科技创新。推进高速公路"天眼工程"建设，建成麻城东至鄂东40公里实时运行监测系统，首次实现全区间大数据可视、可测、可共享。完成武英、麻武路段隧道火灾报警系统升级和凤凰关、蒙蒙山隧道监控高清改造，完成黄黄路段重点站所及匝道、互通、桥梁监控高清改造，实现重点部位全程高清监控。建成养护数据采集移动服务终端和路政私有云管理系统，龙感湖大桥首次引用桥梁健康实时监测系统，开通基层单位集中支付系统，办公智能化水平进一步提升。与省气象部门合作开发公众出行服务系统，灾害性天气实现实时预警、现场直播和在线指挥。

节能环保。积极推进节能减排新材料、新技术、新工艺、新设备、新能源应用。应用快速养护及修复技术，试用沥青路面防水立面贴和活动护栏，东港大桥桥面采用刚性连接方案、蕲春至散花段建设废旧轮胎橡胶改性沥青试验段，降低资金、时间及环境成本。完成凤凰关隧道LED节能改造，年节电40%且照明效果提升。桥梁钢筋腐蚀课题顺利结题，宣传推广工作有序展开。

安全应急。实施警路联合24小时不间断巡查和全天候动态监控，对排查出的隐患，做到整改措施、责任、

2016年5月13日，黄黄高速公路管理处与黄冈市团风地方海事局联合开展综合执法专项行动

交通基础设施养护和管理

2016年9月1日，黄黄高速公路管理处与安徽省高界管理处等应急联动单位在武英高速大枫树岭鄂皖省际共管隧道举行联合应急演练

资金、时限、预案"五到位"。推进路警联合执法，联合运管，交警制止"双排车"138台，实施"一案四罚"76台，卸载410吨，移交高警部门处罚扣分228分。管理处被评为全省安全生产红旗单位。主汛期间，鄂东地区遭遇特大汛情，全处干部职工日夜坚守，快速处置沪渝高速黄黄段K756+300赤东湖大桥决堤等重大险情25处，整治水毁、塌方等安全隐患352处。

省际联动。与安徽、江西、河南高速公路管理单位续签联动协议，联合开展武英高速鄂皖省际隧道应急演练、福银高速黄梅片区恶劣天气应急演练等模拟演练。与九江二桥管理单位建立跨省人员互补机制，在节假日车流高峰期实施人员跨省错时互补，开辟人力资源科学利用新路径，中国交通报等主流媒体跟踪报道。与黄梅县政府加强合作和配合，完善分路匝道站105国道连接线交安设施，对路段中央分隔带实施封闭，实施道路管控和车流疏导，消除该部位"逢节必堵"现象。与鄂西管理处举行G50、G42高速公路湖北省界站所结对共建签字仪式。

党建工作。规范党组织政治生活，支部"主题党日"活动成为常态，党建台账不断健全。推广红安党支部"三评一赞"工作法，山东省委党校、省总工会等12个单位、部门党组织与红安、麻城东等党支部结对共建。红安所被确认为湖北省基层思想政治工作改革创新示范点、管理处被厅直机关党委授予党建先进单位、鄂东所被授予"红旗党支部"。

文明创建。推广费收"三声四心五点"工作法、路政雷锋巡逻车和"一站式"服务模式，开展服务区"温馨鄂东、情暖旅途"专项行动，持续提升窗口服务水平。全年评选"微笑之星"492人次，"微笑班组"57班次，管理处顺利通过省级文明单位复核，红安所被评为全国交通运输行业文明示范窗口、红安所费收四班获全国公路交通系统"模范班组"称号，总路咀所被授予全国工会职工书屋示范点，蕲春所被授予厅级职工（劳模）创新工作室，界子墩所被授予厅级"职工书屋"示范点。尹少荣获全省五一劳动奖章，王伟明被评为"湖北省技术能手"，李想被评为全省交通运输系统"十行百佳"标兵。档案管理被评为全省行业内首个省特级。

（吴辉）

【武黄高速公路管理处】 武黄高速公路管理处主要负责杭瑞高速公路湖北段200公里收费、路政、养护及其他综合性营运管理工作，受委托对武汉至黄石高速公路70.3公里实行全面管理、对鄂东长江公路大桥15.15公里实行收费及路政派驻管理、对大广南高速公路湖北段107公里及汉鄂高速公路(武汉左岭至鄂州花湖)54.65公里实行路政派驻和部分收费管理，管理总里程447.1公里。

路产路权维护加力，查处案件612起，破案率100%、结案率99%、索赔率99.1%，收回路产损失314.6万元，无公路"三乱"行为。顶住国家经济下行压力和互联网广告发展影响，完成经营性收入321.9万元，占年目标的114%。

收费管理。武黄段征收通行费3.51亿元，比上年增长5.7%，杭瑞段征收通行费1.57亿元，比上年增长6.4%。推进标准化建设升级，全面梳理内业管理、特情处置管理规范，开发标准化收费管理平台，建设综合监控平台和营运数据、特情操作、对外稽查三大数据库，对监控、称台、车牌识别系统进行升级，站所情报板、POS机覆盖100%，隐水洞所、鄂州所被评为全省标准化示范站所。推进内训管理升级，建立技能评估平台，开展"寻找最美服务明星"评比，引入内训考核机制，推行"教学、实践、考核"内训师选拔机制，成立"讲师团"定期巡讲，拍摄内训师纪录片，进行风采展示，评出初级内训师10名及中级内训师4名，全年授课时间超过800小时，职工业务能力逐步提升，在全省收费技能比武中获优秀组织奖，武东所职工彭云获"最美中国路姐"称号。推进区域稽查升级，推行堵漏增收绩效考核奖励，完善片区专项稽查机制，与地方公安、交警部门协作，强化信息互通、经验互享、问题互帮，推动区域联动稽查向常态化开展，全年堵漏增收查处逃缴车辆1700余台次，追缴通行费23.5万元。

养护管理。养护工程顺利推进，武黄段完成货币工作量2595万元，杭瑞段完成货币工作量3317万元，公路技术状况评定各项指标保持优等以上，MQI分别为90.3和95.3。按照国检标准，全面启动养护"品质工程"创建。

2016年7月，武黄高速公路管理处对杭瑞高速上官隧道进行全方位隐患排查

探索建立养护科学决策体系，建立《小修保养工程管理办法》《养护监理工作考核管理办法》等9项管理制度，分析预测"十三五"道路病害发展趋势，科学分析路况检测数据，编制五年规划，合理制定养护方案、资金分配计划。持续改善道路通行环境，筹集资金，维修加固柯家墩大桥、桐城铺立交桥，更换杭瑞23座桥梁支座，对武黄47公里道路进行环境治理、路面预防性养护12.7公里，维修改造蒲团、庙岭、北港收费站广场，建设杭瑞示范路段20公里，杭瑞标准化路段达到20％。积极推广实践"四新"技术，针对武黄高速、杭瑞高速沥青路面病害特点，探索试验抗滑雾封层、开普封层、微表处、全断面直接加铺等新工艺，首次采用新型DPS防水材料对柯家墩大桥进行桥面防水处治，顺利承办全省高速公路预防性养护施工技术观摩会，并做预防性养护经验交流。

路政管理。明确权责细化执法规范，修订完善《执法案卷评查管理办法》等8项管理制度，制定下发执法权责清单、负面清单，坚持季度执法督查和半年度执法案卷评议考核，倒逼规范执法落实到位。针对重难点问题，开办"大队长讲坛"以案释法，组织全员培训以学提能，坚持每月业务、体能达标模拟测试，编制执法管理指导手册，全员顺利通过行政执法换证考试，在全省高速系统执法技能竞赛中获团体第二名。创新举措维护执法权威，主动寻求司法途径维权，成功追回3起疑难案件、5起恶性路损逃逸事件27万元路损赔偿费，依法对4台超限车辆实施处罚，上缴罚款4.13万元。加强违章建筑跟踪管理，成立专班，全年制止违章建筑16起。突出清障施救联合监管，坚持"一诉一回访"，联合高警、物价部门处理服务投诉5起，持续强化清障施救服务监管。走访学校、村庄等普法点200余处，发放宣传资料5.6万份，提供法律咨询服务960次，引入"互联网+"模式，设计制作《坚守是最长情的告白》《在路上》等网络自媒体作品，展现路政执法正能量，管理处获全省"六五普法"先进集体。

安全管理。研究制定17项安全管理制度及21项应急处置预案，逐步规范工作流程、救援程序、处置方法。建立隐患动态监管台账，制定事故隐患分类和分级挂牌督办标准，基层党总支每月至少自查自纠1次，联合经营单位、公安等多部门开展"双排一危"、打非治违等专项行动120余次，清除桥涵堆积物385处，开展施工安全检查100余次，全年排查各类隐患375处，整改率98.9％，水毁修复重建率100％。优化路警联动、路养联动工作机制，成功举办大广南高速东方山隧道、鄂湘省际防冻防滑应急演练，圆满完成节假日超设计4倍多车流量保畅任务，高效处置汛期6轮强降雨55处边坡塌方、多处道路阻断，为500余名驾乘提供应急物品，妥善安置黄沙铺镇200余名避险灾民。管理处获全国"安康杯"竞赛优胜单位。

综合管理。推进信息化办公升级，搭建电子政务综合办公平台，整合公文、收费、财务、人事、资产等业务模块于一体，实现单点登录、多点使用、数据共享。整合综合应急、移动APP、应急"一网五库"、路域基础数据、外场设备调度系统，搭建"五位一体"

2016年11月，武黄高速公路管理处强化窗口服务提升

综合监控平台。人事管理工作稳步推进，专项审查科级干部人事档案92名，中层管理干部进行轮岗交流25名，开展各类培训40余次，职工教育培训面达90%以上。严格按照交通运输部服务区服务质量等级评定记分细则，坚持定期巡查，每月专项检查，从业人员礼仪、安全知识每年培训2次，服务区服务质量稳步提升。

文明创建。为基层单位增配书籍，修缮改造党团活动室、职工之家，开办"大队长讲坛""内训师讲堂"等300余期，"许湘秦工作室"品牌走出湖北，许湘秦获全国"五一"劳动奖章，通山所职工书屋获评全国工会职工书屋示范点，管理处在全国工会职工书屋管理人员交流培训班上作交流发言。管理处工会被评为"省级模范职工之家"，鄂东南所被评为"全省示范职工服务中心"。

（杜卫东）

【崔家营航电枢纽管理处】 至12月31日，崔家营航电枢纽持续安全运行2847天，全年通航船舶1274艘，过闸总吨位41万吨；电站全年发电3.28亿度，上缴税收1965万元。设备消缺328项，消缺率达99.4%，"两票"合格率达98.6%。全年未发生安全事故。

安全管理。修编安全生产相关管理制度和运行规程，成立安全生产标准化"回头看"工作检查组，对安全生产目标管理、设备管理、应急管理等13个方面的工作进行全面系统评估，有效提升枢纽安全运行水平，获全省电力企业安全月活动优胜单位称号。践行安全监管一线工作法，坚持经常性安全检查，做到重大节假日必检查、重要活动必检查、重要节点必检查，确保安全检查不走过场、安全隐患不留死角。加强施工现场安全管控，做到项目开工前必须安全交底，人员进场施工必须安全培训，全年开出各类安全违章罚单22份。通过班组学习日、职工大讲堂等平台，广泛开展应急预案宣贯工作，全员应急处置意识不断提高；坚持领导带班24小时值班制，利用OA、RTX及手机微信平台等手段，告知安全注意事项和应急要点。开展消防、防汛、治安突发事件等大型综合应急演练，提高应急处置能力。

生产管理。持续推进"魅力通航服务品牌"创建，严格执行"规范、高效、便民、廉洁"服务标准，通过与船员之间的QQ信息服务平台、船闸电子显示屏，及时准确向船员发布待闸、水位、天气等信息，对工程、应急物质运输等特殊船舶采取特事特办，开通全天候绿色通道，全年安全通航率100%，船员满意度99.44%。及时清理上游水草等各类漂浮物，在确保机组运行安全前提下，科学合理调整单机运行负荷。全年开停机组179次，未发生一起误操作和弃水事件。按计划完成船闸检修和机组B修、C修任务，开展水库调度综合管理研究项目，大力推进技术改造工作。以新航电工作室为阵地，成功解决船闸人字门振动问题，摸索出有效的水封安装方法和人字门调试方法；创新思维，采用新的涂装工艺更换16号泄水闸弧形门油缸，破解了设备生产一直以来的垄断技术，保证设备安全运行；完成坝顶门机供电系统改造、断路器辅助接点改造等10余项机电设备改造。新航电工作室被评为全省交通运输系统示范创新工作室。

综合管理。围绕"十三五"发展规划，修编完善4大类12项综合管理制度。制定《工作项目清单》，岗位职责清晰完整。注重舆论宣传引导，枢纽生态鱼道运行及服务汉江生态经济带建设相关情况先后在湖北卫视、湖北电视台等专题栏目报道播出。以打造"智慧型"枢纽为目标，积极推进信息化建设，实现视频监控系统全覆盖。建设完成集远程视频会议、监控、指挥调度中心，采用"万兆高速"信息网络、传输加密等先进技术，确保网络安全水平。积极做好节能减排、专项绿化，完成枢纽左岸部分沙地改良工作，完善保安、保洁、绿化等管理机制，综合治理能力进一步提升，连续多年获省、市级"平安单位"称号。

服务生态。11月4日，省委书记蒋超良到汉江崔家营航电枢纽调研，强调要坚持走生态优先、绿色发展之路，充分发挥枢纽在助力汉江生态经济带建设中的良好社会效益。管理处加强对鱼道鱼群洄游监测分析，升级改造鱼道监控设备，鱼道运行管理工作获中央第三环境保护督查组肯定；协调当地政府，联合襄阳海事、渔政、水上公安等执法单位，增强枢纽警戒水域安全管制工作，开展警戒水域三方联合执法活动，在大坝尾水部位增设防护装置，有效打击非法捕捞、非法采砂等违法行为；加强大坝上游漂浮物打捞清理工作，全年清除水草等各类水上漂浮物3万余吨。严格按照国家环境保护总局、农业部相关要求，开展以"服务汉江生态保护、打造两型绿色枢纽"为主题的2016年枢纽增殖放流活动，向汉江崔家营库区投放鱼类10余种，放流数量12万尾，确保库区鱼类维持基本种群数量和遗传多样性。

文化创建。创办网上职工电子书屋和手机阅读客户端，设立篮球、羽毛球、摄影、书画等兴趣小组，举办职工运动会等系列活动，全方位、多角度丰富职工文化生活。建立困难职工档案和单身青年职工信息登记表，确保对职工精准帮扶全覆盖、无遗漏。

（薛若忱）

【江汉运河航道管理处】 2016年，江汉运河全线通航船舶8106艘次，船舶总吨576.29万吨，货物274.18万吨，分别比上年增长318.48%、510.02%、372.97%。自2014年9月26日通航至2016年底，累计通航船舶10274艘次，船舶总吨679.87万吨，货物337.2万吨，货种达44种。船闸运行安全，船闸安全通航率100%，进出口船闸无水上交通安全重特大责任事故；无违法违纪案件发生。

主要特点：

1. 突出服务创优。结合创建红旗党支部、党员示范岗等活动，将服务大厅直接设在水上，靠前服务，并配备便民药箱、饮水机、信息专区等便民服务设施，将过闸规定、过闸流程、

2016年7月1日，省交通运输厅厅长何光中调研江汉运河管理工作

办事指南等公示公开，设立服务台，积极热情为船民服务。结合春运、防汛、送清凉等专项工作，开展"情系船民"系列活动。

2. 确保航道畅通。以进出口引航道疏浚工程为重点，抓好边坡防护等配套工程，组织开展"清网行动"、航道法宣贯、航道海事联合执法等活动，进一步改善通航条件。加大航道设施维护，及时更换航道内损坏的航标灯、桥柱灯。加强航道日常维护，高标准、高质量完成航道扫床。坚持依法管理，加强巡航，全年水上巡航36次，陆上巡航96次，确保航道畅通。

3. 保证运行平安。强化安全管理警报意识、红线思想，结合江汉运河安全文化建设，积极开展"安康杯"劳动竞赛和"安全生产宣传月"活动，营造"人人关注安全，人人关爱生命""我要安全，我会安全"。健全安全生产保证体系，做好隐患排查和整改工作，做到随时发现随时整改、定期排查限时整改，统筹落实各项防范预案，确保船闸、航道安全和防汛安全。

4. 推进设施配套。按照建设现代化航道标准，在做好一般维护维修的同时，推进船闸管理、航道管理设施提档升级。坚持每季度船闸检查，进一步强化日常养护检查考核，全年进行一级保养70余次、二级保养10次，故障检修80余次，未发生因设备管理不善造成的停航事故。

5. 提高通航效益。为充分发挥运河通航作用，处领导带队到江汉运河沿线和汉江沿线，征求水运、物流、货主企业意见建议，宣传推介江汉运河，在湖北日报、中国水运报连续2次进行专版宣传，召开通航管理座谈会，邀请沿线和辐射区域企事业单位交流座谈，江汉运河成为往来长江、汉江航段船舶的首选航线，通航持续保持高位运转。

6. 提升创建品牌。以龙洲垸船闸管理所为重点，开展文明示范窗口创建；以彭长征创新工作室为平台，开展江汉运河航道管理品牌建设，以点带面，充分发挥先进典型的引导、示范作用，促进全处履职尽责整体水平提升。广泛开展知识竞赛、生日会、读书会等具有江汉运河航道特色的文化活动，密切党政工团与党员、干部、职工的联系。

（李尚群）

【高速公路联网收费中心】 2016年，联网收费中心坚持"改革创新"发展理念，探索"资源整合"发展路径，科技创新和信息化实现新突破，ETC服务运营管理步入新阶段，联网收费运行取得新进步，"互联网+"高速公路出行服务形成新格局，基本建成高速公路行业的通行费结算中心、公众出行服务中心、ETC运营中心、路网数据中心、运行监测中心、联网管理技术中心和非税收入汇缴中心。

联网收费业务。2016年，全省高速公路联网总里程5754公里，包括64条路段340个收费站。全路网通行收费车辆2.08亿辆，首次突破2亿辆，比上年增长21.08%，其中货车5134.57万辆，比上年增长11%，客车1.57亿辆，比上年增长24.76%。全年归集清分通行费总收入176.02亿元，比上年增长4.8%，其中货车110.87亿元，比上年增长0.20%，客车65.01亿

船舶过闸

元，比上年增长13.59%。主动报请省财政厅、物价局下调联网维管费计提标准至2.5‰。为全面落实"两降两惠三免"政策，组织修编收费软件，广泛发布货车办理和使用高速公路通衢卡"十问十答"，上线运行通衢卡在线审核系统，应急采购和供应通衢卡，各项政策在6月1日落实到位，全年累计"降成本"46.72亿元。创新试点"高速公路POS刷卡收取通行费"，全路网1015条人工收费车道启动安装银联POS机，全面受理银联POS机刷卡、钱包类移动互联网支付通行费。适应公众出行新需求，有助于缓解上门收款压力、降低企业运营成本、提高资金安全率。

ETC联网运行。至12月底，全省建成ETC车道669条，ETC平均覆盖率98%；"一站式"客服网点2226个，发行用户约193万户；中国银行、邮储银行、农信社成为第2批ETC电子收费业务合作银行。3条普通公路应用ETC收费。全年高速公路电子收费交易额41.23亿元（为总交易额的23.43%）、交易量5501.82万辆（为总流量的26.45%），分别比上年增长204%、135%。12月底电子收费使用率和支付率分别为28.47%和30.07%，其中客车ETC使用率和支付率分别为32.65%和32.43%，货车电子收费使用率和支付率分别为18.11%和29.15%。全年优惠金额1.13亿元。ETC应用领域成功拓展。当枝、万云一级路建成ETC车道，荆松一级路ETC车道基本建成。论证确定高速公路ETC与武汉城市路桥ETC技术融合方案。营运车辆"电子营运证"与"通衢卡"两卡合一技术对接顺利完成。加快ETC技术和功能升级。上线空中圈存（充值）系统，改进用户体验。推出手持机图片上传，避免"大车小标"。完成ETC关键设备入网认证，为银行采购提供依据。

联网技术保障。全年处理通信系统主干网业务故障45次，设备故障3次，主干网光缆抢修29次，主干网通信设备巡检及保养12次，为嘉通、宜保、潜石、麻武穴等新通车高速配置通信、收费、语音等业务通道。处理软件维护387次、软件升级11次，新增报表9张，收费数据应急处理226站次，确保联网收费清分工作有序进行。处理机房故障33次，机房巡检与维护12次，为宜保高速、潜石高速等8条高速配置联网收费网络业务，有效确保联网收费中心机电系统正常运转。联网中心机房设备完好率100%，故障修复及时率100%。全面打造湖北高速公路联网"两地三中心"新格局，采用"设备租赁、机房托管、系统自管"模式，建立省高速公路联网数据中心，同时，将原武汉西机房改造成全功能备份中心，通过租赁方式建立襄阳异地灾备中心，形成"两地三中心"，为全省高速公路数据资源归集、处理及分析提供硬件支持和安全保障。

建立全省高速公路基础地理信息数据库，实现路网信息精确管理。与省测绘局合作，定期对全省高速公路GIS地图持续更新；对高速公路桩号地理信息进行精准采样，建立与桩号对应的全省高速公路基础地理数据；与省公安厅交管局进行数据交换，共享全省高速公路三维影像数据。更新后的地理信息数据库将无偿共享给路网各单位使用，为路网信息精准定位与管理服务提供有力支撑。三维影像数据在高速公路联网管理中的应用尚属首例。

公众出行服务。2016年，公众出行服务受理44.05万件，日均1109件，比上年增长21.59%。其中服务热线受理38.91万件、互联网多客服在线受理5.14万件，分别占服务总量的88.33%、11.67%。互联网自助查询服务点击量279.11万次，日均7647次，是人工受理服务量的6.9倍，移动互联网在线服务体系初显成效。全省高速公路发生路况事件4326起，通过微信、APP、短信平台、电台、微博、门户网站等向社会发布高路出行信息97.86万条。公众出行服务中心积极推进研究微信、APP、地图、视频等互联网技术融合工作，整合各类信息资源，建立"互联网+"高速公路出行服务平台，充分利用移动互联网为社会公众提供多样化、个性化服务。"互联网+"高速公路出行服务平台是公众出行服务中心努力适应"互联网+"时代服务体系探索，以"湖北e出行"微信、APP为主要载体，基于联网收费中心公益服务定位，围绕高速公路公众出行这个核心建立，并在该框架上不断扩展领域，延展深度。"湖北e出行"微信粉丝突破22万人（绑卡用户8.06万）。改版优化"服务区""救援服务"等栏目，上线"下站小憩"等创新栏目。更名"湖北e出行"，开辟"春运资讯"专栏，试水"大出行""大服务""大信息"。

2016年12月16日起，湖北高速公路可通过扫码收取通行费

运行监测工作。立足"全天候、全方位、全流程",全面部署联网运行设备监测平台,对340个联网站点运营状况和2200余条收费车道开关状态、收费应用软件、设备状态以及主干网网络状态等关键设备设施,8小时实时在线监测。制发《联网收费监测日报》和《月报》,通过微信企业号在全路网发布。《湖北省高速公路多义性路径识别技术要求》获省质监局批准发布,成为湖北省高速公路行业首个地方标准、全国首个高速公路多义性识别(精确计费)方面的正式标准。成功申请"基于移动互联网的湖北省高速公路客户服务话务软件V1.0""基于移动互联网的湖北省高速公路客户服务手机客户端软件V1.0"2项软件著作权。"高速公路收费车道电子现金圈存技术"专利申请被国家知识产权局受理。

(李雪发)

综合交通和水陆运输

【综合交通】 至2016年年底，全省综合交通网总里程28万公里，综合交通网密度为150.6公里/百平方公里。铁路营业里程4140公里，其中高速铁路1033公里；公路通车总里程26万公里，其中高速公路6204公里；内河通航里程8638公里，其中高等级航道1768公里。全年完成港口吞吐量3.5亿吨、集装箱吞吐量141.4万标箱。民航机场旅客吞吐量2403万人次。

铁路。汉孝城际铁路建成运营，京九客运专线、武西高铁、郑万高铁等一批重大铁路建设加快推进，武杭高铁黄冈至黄梅段、合安九高铁湖北段、呼南高铁襄阳至宜昌段等项目前期工作有序开展。

公路。城市圈环线高速、石首长江公路大桥等项目建设加快推进，"七纵五横三环"高速公路骨架网基本形成。普通公路建设加快推进，建成一级公路549公里、二级公路1330公里。持续推进"四好"农村公路建设，大力实施撤并村畅通工程，积极推进农村公路向规模以上自然村延伸。

水运。"645"工程纳入国家规划，项目前期工作抓紧推进，武汉至安庆段6米水深航道预可行性研究报告编制完成并上报国务院，蕲春水道、宜昌至昌门溪航道二期工程等项目前期工作加快推进。汉江五级枢纽开工兴建，雅口枢纽主体工程开工建设。武汉长江中游航运中心建设强力推动，武汉船舶交易中心、宜昌白洋作业区二期工程等加快建设。

民航。武汉天河机场三期工程基本建成，宜昌、襄阳机场改扩建工程加快推进，湖北国际物流核心枢纽、荆州机场前期工作全面开展，"一主五支四通用"机场发展格局基本形成。

邮政和管道。干支管道及联络线建设重点开展，西气东输三线工程湖北段、仪征至长岭原油管道等项目建设加快推进，管道网络进一步完善。邮政快递发展迅猛，邮政业业务总量完成192.1亿元，比上年增长39.8%，快递业务量完成7.73亿件，比上年增长52.1%。

综合交通枢纽。依托机场、高速铁路、城际铁路、城市轨道交通等，加快建设一批集多种运输方式于一体的综合客运枢纽。武汉天河机场交通中心基本建成，武汉光谷客运枢纽等项目建设加快推进。依托港口、铁路场站、机场等，加快建设一批临港、临铁、临空货运枢纽(物流园区)。汉口北公铁联运中心全面建成，宜昌白洋物流园等项目建设加快推进。

综合运输服务。多式联运发展取得突破，中欧班列(武汉)开出122趟，实载率超过95%，在全国40多个中欧班列中位居前列。武汉至洋山江海直达、"泸汉台"集装箱快班等班线运行良好，汉江首条集装箱定班航线开通运营。城乡客运一体化加快推进，进一步巩固"村村通客车"成果，确保农村客运开得通、留得住。

(徐文学)

【全省道路水路运输】 更贴近民生实事和运输服务信息化工作。制定《2016年省级农村客运发展资金分配方案》支持农村客运发展，争取省交通运输厅和省委农村工作部联合下发《湖北省农村"村村通客车"考核办法》。完成黄石、黄冈、鄂州、荆门、随州、咸宁、潜江7个城市的全国交通一卡通密钥的统一申领与灌装工作，荆门、黄石、咸宁、随州、潜江、黄冈6个城市年底与交通运输部清分结算平台实现直接对接。全省有道路联网客运站133家，其中一级客运站26家、二级客运站75家、三四级客运站32家，二级以上客运站联网售票率100%。12328交通运输服务监督电话系统部、省、市三级联网正式运行，实现12328平台相关数据自动汇总生成、统计分析和系统运行管理等功能。重点营运车辆联网联控、道路运政管理信息系统互联互通、机动车驾驶服务模式改革工作等完成交通运输部年度目标任务。

公交行业。督促和指导武汉市"公交都市"及全省11个省级公交示范城市创建，引进第三方机构按年度对省级公交示范创建城市进行考核评价。培树武汉"快干支微"、宜昌快速公交、襄阳智慧公交、荆州多元化公交、老河口一体化公交、赤壁县级品牌公交6种可借鉴和推广的典型发展模式。

出租汽车行业。省政府正式成立省深化出租汽车行业改革工作领导小组，领导小组办公室设在省交通运输厅，负责全省深化出租汽车行业改革具体工作。组织召开深化出租汽车行业改革座谈会，指导省内大中城市加快出租汽车改革工作，及时通报各地改革进展情况。制定出租汽车行业维稳工作应急预案，确保做好行业改革发展稳定工作。

农村客运长效机制初步建立。"十三五"省级农村客运发展专项资金政策确立，综合考虑农村客运车辆数量、行政村数量、地貌特征等因素，按因素法切块分配，通过转移支付方式对县级农村客运发展给予支持。建立农村客运审核机制，严格落实"县管、乡包、村落实"政策，加强农村道路交通安全监管。11月9日，全国"四好农村路"运输服务工作现场会在十堰竹山县召开。

船舶运力结构优化。全省货船平均吨位1960载重吨，千吨级以上船舶1693艘、572万载重吨，占总运力的75%；万吨级以上船舶运力规模企业105家，占全省总运力的60%。船型标准化执行率达76.5%，船龄在15年以内的3000艘，占船舶总数的70%，2009年以后新建的标准化钢质渡船占70%以上。

净化航运市场环境。开展航运市场秩序专项治理行动，进一步规范全省内河航运市场经营秩序和安全生产秩序。加强水路运输现场监督检查 印发《关于开展省际液货危险品和客运企业安全检查的通知》，在全省范围内部署开展省际液货危险品和客船运输企业经营资质及所属船舶专项检查。

(彭刚)

【节假日运输】 春运40天。2016年1月24日至3月3日，全省铁、水、公、空累计发送旅客1.05亿人次，比上年增长2.22%。其中，铁路发送旅客1952.54万人次，比上年增长7.03%；道路发送旅客8436万人次，比上年增长1.25%；民航发送旅客149.76万人次，比上年增长4%；水路发送旅客17.93万人次，比上年下降32.64%。春运期间，全省旅客运输情况总体平稳，没有出现旅客滞留、积压等现象，没有发生重大交通安全责任事故，没有发生重大服务质量投诉事件。

国庆黄金周。10月1日至7日，全省公路、水路运送旅客1481.56万人次，比上年下降2.12%。其中，公路运送旅客1457.27万人次，比上年下降2.06%，日均投入运力4.24万辆；水路运送旅客24.29万人次，比上年下降8.35%，日均投入船舶202艘。

（彭刚）

【交通运输节能减排】 大力推广清洁能源和新能源汽车。依据交通运输部和省政府有关文件，省交通运输厅重点提升新能源车在城市公交、出租汽车领域的应用比例，全省天然气车辆推广应用效果较明显，道路运输及城市公交、出租车领域采用清洁能源汽车数量逐年提高。2016年，全省城市公交车新增和更新约2100辆，出租车新增和更新2833辆，其中新能源城市公交车1809辆、新能源出租车1278辆，分别占新增和更新车辆数的86.14%和45.11%。新增城市公交车和出租车总数中，新能源车辆占比达到62.57%。全省2.12万辆城市公交车中，有清洁能源和新能源公交车1.25万辆，占公交车总数的58.96%。全省4.18万辆出租车中，有清洁能源和新能源出租车3.94万辆，占出租车总数的94.26%。另外新能源和清洁能源车在公路客货运领域有所延伸，有新能源和清洁能源客车1017辆、货车698辆、驾校教练车1401辆。

大力推进船舶标准化建设。省港航局印发《关于抓紧开展2016年内河船型标准化工作的通知》，部署全省老旧运输船舶提前拆解报废、新建和改建LNG动力船舶、船舶生活污水防污染改造等工作。全省申请船型标准化补贴资金4801.65万元，其中中央资金3361万元、省级资金1440.65万元，涉及船舶206艘、21.6万总吨。从水路运输经营资质角度，全面排查摸底达到强制报废船龄的船舶，全省14艘运输船舶达到强制报废船龄。

多措并举建设绿色港口。在武汉阳逻港、宜昌云池、荆州枝阳河、鄂州三江、丹江口库区等研究开展港口岸电试点，以点带面，打造具有典型示范意义可复制可推广的岸电设施建设、运营和管理模式，形成一批低碳、绿色、环保的标志性港口集群。推进LNG水上加注站试点示范，支持企业申报，全省有2个入选交通运输部第二批9个试点示范项目。

（彭刚）

【全省道路运输业发展】 "放管服"改革向纵深推进。1—7月，完成外省进鄂新增班线审定，处理回复26项外省进鄂班线变更申请，完成9批次1300起省际市际班线变更审定业务，其中省际班线295起、市际班线1005起。8月，省政府、省交通运输厅明确省级道路客运行政审批权限下放至市州运管机构，省运管局下发《关于进一步规范省际市际道路客运经营及客运班线经营许可工作的通知》，对下放业务办理中的风险点进行重点梳理，加强事中事后监管。停办新增道路旅游客运运力计划分配，由各市州运管机构依据辖区旅游客运实际情况，合理配置旅游客运车辆，扩大道路客运企业经营自主权。

长途客运接驳运输联盟稳步发展。逐步减少超长距离客运班线，有序推进长途客运接驳运输发展。以全省3家长途客运接驳联盟为核心，鼓励长途客运企业按照"成熟一条、实施一条"的原则，选择优质长途客运班线加盟，实现全省长途客运企业抱团合作、资源共享，提升长途客运效率和质量，增强安全保障能力。制定《关于进一步规范我省长途客运接驳运输车辆标识办理程序有关事项的通知》，公示长途客运接驳运输车辆标识申请公告，向联盟发放长途客运接驳运输标识，明确联盟及企业职责、规范接驳运输车辆标识办理程序。全省66家长途客运企业891条线路加盟。

农村客运长效机制初步建立。加大资金扶持力度，落实农村客运联合审查机制，做好重点地区工作督办，确保村村通客车长期稳定运行。规范开展2015年度农村客运燃油补贴工作，提交2015年全省油补资金分配表及方案。

道路客运联网售票系统全面建成。全省实现联网售票客运站133家，其中二级以上客运站101家、三四级客运站32家。全省17个市州、102个县（市、区）实现道路客运联网售票全覆盖，部分站点延伸到乡镇。系统纳入客运车辆14324辆、客运线路6144条，累计发班3167340次。

无车承运人试点工作顺利开局。10月份启动无车承运人试点工作，细化申报条件和程序，量化筛选标准，组织企业申报，与相关职能部门在税收、监管等方面做好前期沟通。11月8日发布公告，收到武汉、宜昌等6个地市16家企业申请；11月24日，由部、省行业专家组成的专家组通过研究、审查及合议环节，最终确定武汉小码大众科技有限公司等10家公司作为全省道路货运无车承运第一批试点企业。

防汛抗旱道路运输保障工作顺利完成。细化预案，调度到位。全省各级运管机构成立防汛专班，实行行政首长负责制。加强管理，保障到位。4月中下旬，各级运管机构进一步完善防汛运输预案及应急方案，务必做到领导责任落实、车属单位落实、车牌号落实、驾驶员落实、带队人落实、集结地点落实，重点地段车辆运力运量情况心中有数、应急支援运力及其分布情况心中有数、组织指挥调度心中有数"六个落实、三个有数"，确保防汛任务的完成。落实运力，支援到位。省运管局落实可直接调用应急运力1000辆，完成分批运输2000名武警官兵赴武警湖北省区域训练基地驻训任务。强化检查，督导到位。组织各地防汛抗旱工作落实情况专项检查，及时解决存在的困难和问题，对查出的隐患逐项登记，落实责任，限期解决。

节假日道路旅客运输任务圆满完成。春运四十天期间，全省日均投入运力43945台，发送旅客8436万人，比上年增长1.25%，没有出现旅客滞留现象，没有发生重大服务质量投诉事件，没有发生重特大以上安全生产责任事故。省运管局印制核发省内、进出广东春运证、其他省际春运加班、包车证牌。

（张改欣）

【班线运输】 截至2016年年底，道路旅客运输经营业户5414户、车辆37275辆，其中班车经营业户5267户、车辆33992辆，旅游客运业户141户、车辆2951辆，包车客运业户855户、车辆12427辆。全省道路旅客运输的运力结构进一步优化，班线客运呈规范化、有序化发展。"放管服"改革落实有力，全面取消和下放省际、市际道路运输省级行政审批权限，做好线路审批权下放和承接指导工作。推进长途客运接驳运输联盟稳步发展，实现全省长途客运企业抱团合作、资源共享，提升全省长途客运运输效率和运输质量，增强安全保障能力。公示长途客运接驳运输车辆标识申请公告，向联盟发放长途客运接驳运输标识。促进行业转型升级，鼓励多元化运输组织模式。指导各地开展城际公交客运、城际约租客运、旅游直通车、客运公交化改造，发挥道路运输比较优势，在发展中做足短途、力保中途、长途有进有退，将满足群众需求的新运输产品与结构调整紧密结合。整合优化客运线路适应市场变化，通过公交公司收购、同线整合、兼并重组等多种方式，有效整合市场资源，推行农村客运公交化改造，有效推进城乡客运一体化工作，基本形成以县市城区为中心、乡镇为节点，连接城镇、辐射乡村的城乡客运网络。全省公交化改造线路近200条，其中鄂州、老河口等地城市公交与短途客运公交化融合共赢，黄陂区城际公交与城乡公交网无缝对接，"城乡一体化"和"同城化"趋势成为常态。

（刘璟）

【旅游客运】 2016年，新增道路旅游客运运力不再实施计划管理，旅游客运企业根据实际需求，有序发展运力。遵循旅游客运市场内在规律，充分发挥市场在旅游客运资源配置中决定性作用，尊重旅游客运企业在市场的主体地位，发挥运管机构支持旅游客运创新发展中的引导作用。优化结构，鼓励更新发展高等级旅游客运车辆，促进旅游客运运力向更安全、更舒适和多元化发展。优先支持在公司化、规模化、集约化经营方面具有优势，诚信等级高，运输安全生产责任落实，经营行为规范，服务质量好的旅游客运企业拓展经营范围、扩大经营规模。三是安全保障。适应人民群众出行新需求，改进提升旅游客运安全和服务水平，加强旅游客运事中事后监管，保障人民群众出行安全便捷。

强化旅游客运市场监管。加强旅游客运标志牌发放管理，督促企业按相关要求使用旅游客运标志牌，将旅游客运企业使用《湖北省旅游包车合同》、旅游包车动态监控轨迹回放核查、《包车标志牌使用台账》纳入检查范围。对填写不规范、提供虚假合同、旅游客运车辆在趟次包车中不严格按照运次时间的违规行为督办整改，对整改后仍出现问题的暂停客运企业相关业务。强化本地旅游包车客运市场监管，通过"湖北运政管理信息系统"查询模块，核实客运标志牌使用的真实性、有效性，及时纠正和处理违法行为。凡客运企业通过虚假申请信息、伪造申报材料等，骗取审核或擅自伪造包车客运标志牌的，查实后按规定严肃处理，并记入企业质量信誉考核档案。联合安监、公安、旅游等部门完善联合管理机制，督促旅游客运企业落实安全生产主体责任，尤其是落实旅游客运车辆动态监控责任，确保旅游客运健康、有序发展。

（林志荣）

【城市公交运营】 大力推进公交卡互联互通。成立一卡通互联互通工作专班，开展全省公交卡基本情况调查，制定《湖北省城市交通一卡通互联互通工作方案》，开展推广使用交通运输部密钥试点，黄石市、咸宁市、黄冈市、鄂州市、潜江市、荆门市、随州市7个试点城市申请交通部密钥。湖北省所有地级城市、30多个县级城市发行公交卡2380万张。

积极推进智慧公交建设。下发《关于在公交示范创建城市推进智能化应用工程建设的通知》，在公交示范城市推进智能调度系统、乘客出行信息系统、公交企业信息管理系统、公交卡互联互通建设。总结推广襄阳、十堰、宜昌等地智能化应用工程建设先进经验。加快掌上公交、电子站牌发展步伐，武汉市智能掌上公交用户数量不断创新高，8月8日襄阳公交手机APP正式上线，8月2日荆州20座公交电子站牌亮相城区。

快速公交、定制公交、微循环公交快速发展。全省开通微循环公交线路130余条，定制公交82条，公交通达2427个行政村，占比近9.3%。黄石、襄阳、十堰基本构建城际、城市、通乡、镇村"四级"公交网络。武汉公交实施换乘优惠，开通夜行公交线路30条，对接3大火车站、70多个地铁站及14个商圈，方便市民夜间出行。宜昌开通"1+26"BRT线路，BRT走廊客流占比达59.27%。

着力深化公交行业改革。持续推进公车公营改革，天门、咸丰、京山等县市完成公车公营改造。创新公交发展模式，潜江市采取PPP模式对以园林城区25公里范围内的5条农村客运班线进行公交化改造，收购农村客运班车54台、改造农村客运班线2条。推进县县通公交，指导秭归发展城市公交，6月29日，秭归县投入20台车，开通2条公交线路，全省实现县县通公交。

大力发展新能源车辆。京山县在实施公交改革中，融资2亿元购进100台清洁能源公交车，原有的燃油车辆全部淘汰；潜江市投入1.5亿元，采购纯电动公交车150台；监利县出资回收挂靠公交车40台，投入30台纯电动车营运；汉川市在实施公交"民营转国有"、收购挂靠公交车的同时，一次投入纯电动公交车60台；钟祥市收编挂靠老旧公交车56台；天门市收购挂靠公交车90台，新能源车采购招标中；应城市在进行28台老旧公交车收购中。全省新增新能源公交超过1000台。

（徐晓婷）

【城市轨道交通运营】 12月28日，武汉地铁6号线一期和2号线北延线开通试运营，轨道交通线网格局进一步完善，首次与航空无缝对接。武汉市开通运营轨道交通线路5条，线路总长181.04公里，总运营里程达到1897.8万公里，运送乘客7.17亿人次，日均客运量200万人次，日最高客运量302.41万人次。轨道交通列车运行图兑现率99.98%，列车正点率均达到99.95%，各类设备系统可靠度保持在99%以上，乘客有效投诉回复率100%。全年未发生重大安全事故及安全责任事故。

（刘元林）

【客运出租车运输】 深化出租车行业改革，简化有偿使用审批手续。1月26日，省交通运输厅、省财政厅、省物价局联合印发《关于下放出租汽车经营权有偿使用审批的通知》，明确将出租汽车经营权有偿使用审批权下放至市、县(市)人民政府。开展网络出租汽车发展调研，上报《湖北省网络约租车情况汇报》，及时掌握出租汽车市场动向。做好出租汽车改革政策的宣贯工作，编印出租汽车"改革动态"简报，建立信息交流共享平台，通报各地改革进展情况。做好出租汽车市场稳定工作，10—12月，组织开展为期三个月的出租汽车市场秩序整治活动，重点打击非法营运和出租汽车服务质量低劣行为。

（徐晓婷）

【城乡客运一体化】 切实落实扶贫攻坚精准施策。新建改建扶贫地区农村客运站场7个，建成城乡客运公交化改造示范线沿线港湾式候车亭29个。"十三五"省级农村客运发展每年1亿元专项资金政策确立，综合考虑农村客运车辆数量、行政村数量、地貌特征等因素，按因素法切块分配省级农村客运发展专项资金，通过转移支付方式对县级农村客运发展给予支持。逐步完善农村客运发展专项资金分配方案，科学引导使用1亿元农村客运发展专项资金，开展2016年"村村通客车"省级补助资金拨付使用情况调查统计工作。开展农村客运和城市公交燃油补贴政策执行情况督查工作。

全力保障安全运输。2016年湖北多地出现夏汛、秋汛，各地及时启动汛期应急预案，全力确保汛期农村客运安全畅通工作。开展农村客运车辆动态监控终端设备安装情况统计工作，为进一步推广全省农村客运北斗导航应用、强化农村客运安全监管打下基础。

因地制宜推进融合发展。各地逐步建立完善综合运输网络体系，进一步优化道路运输组织形式。以机场、高铁沿途站点为主要节点，规划、开行辐射周边地区的短途道路客运专线。加快推进城乡交通运输一体化建设，统筹协调城市公共交通、城际客运和农村客运发展，采取不同模式提高建制村通客车率。坚决维护行业稳定大局。全面排查农村客运公交化改造出现的信访维稳问题，配合当地政府落实相关政策，确保村村通客车长期稳定运行。

（陈建民）

【农村客运】 农村客运长效机制初步建立。"十三五"省级农村客运发展每年1亿元专项资金政策确立，综合考虑农村客运车辆数量、行政村数量、地貌特征等因素，按因素法切块分配省级农村客运发展专项资金，通过转移支付方式支持县级农村客运发展。协助完成农村客运发展省级财政资金分配方案。全省大部分县市建立农村客运发展专项资金，主要用于补贴通村客运购车、车辆保险、动态监控以及客运亏损等。严格落实"县管、乡包、村落实"政策，加强农村道路交通安全监管，建立健全县政府牵头，公安、交通、安监等部门共同参与管理的农村道路交通安全监管工作机制。因地制宜推进农村客运发展，石首、竹山、通山等县市农村客运全部纳入动态监控系统，潜江采取招投标方式，投资65万元为全市农村客运车辆免费安装北斗卫星定位终端，并接入重点营运车辆联网联控系统，保障农村客运安全运营，荆州、仙桃等地对居民出行相对密集农村客运班线进行公交化改造。

（刘蔚）

【全省交通物流行业管理及发展】 深入推进省级农村物流试点工作。确定鄂州、十堰、荆门、竹溪、秭归、宜城6市县为农村物流试点单位，省物流发展局制定试点示范标准，加强协调服务和督办指导，确保省级农村物流发展专项资金专款专用，确保项目建设按进度、按标准实施。启用湖北农村交通物流标示标牌，要求试点单位和符合条件的农村交通物流节点统一悬挂。全力推进农村物流部门合作共建。全面落实湖北省《农村物流发展战略合作协议》和《湖北省农村物流融合发展规划编制指南》，加强指导县市农村物流规划编制，探索推进"一点多能、一网多用、循环流通"的融合发展新模式，全省有36个县(市)编制完成农村物流融合发展规划。建立农村物流发展长效机制。按照公平、公开、公正原则对各地农村物流发展项目进行梳理、筛选，确定32个项目进入《"十三五"全省农村交通物流发展项目库》。上报《农村交通物流项目建设管理办法(试行)》，着力提升农村物流项目标准化建设和规范化管理水平，规范省级交通专项资金用于农村交通物流建设投资补助项目的管理。

进一步加快甩挂运输试点建设。按照2016年度甩挂运输试点项目资金申请审查要求，对省汽运总公司、鄂州大通、荆门弘业物流有限公司试点项目进行督办，11月4日，鄂州大通、荆门弘业试点项目通过专家审查验收。联合武汉市物流处加强省市两级督办，对2个主题性项目的4个子项目进行跟踪督办，督促企业按照试点承诺如期建设完成并验收，湖北赤湾东方物流有限公司、荆州鑫泰达物流有限公司试点项目进展较快。结合甩挂运输试点经营实际，申请取消武汉乐道试点项目。

（许磊）

【驾驶员培训行业管理】 截至2016年年底，全省驾驶培训机构621家，实行先培后付351家，覆盖率为56.52%，超额完成交通运输部2016年年底前50%驾驶培训机构实现"计时培训、计时收费、先培训后付费"目标任务。加强驾驶培训新大纲的宣贯，3月在襄阳、恩施举办驾驶培训新大纲宣贯培训2期，全省行业管理部门和驾培机构负责人近500余人参加。开展驾培市场投资预警机制研究。随着"放管服"的推进和驾培市场进一步开放，为防止经营者盲目投资驾培市场，促进全省驾培行业健康发展，开展"湖北省驾校布局规划研究暨驾培市场投资预警机制研究"课题，12月底课题研究基本完成。6月，印发《关于贯彻落实〈省交通运输厅关于进一步深化驾培和维修检测行业管理改革工作的若干意见〉的通知》，落实简政放权，进一步开放驾培市场，积极推进驾培行业管理改革。全省取消驾培教练员资格证相关业务办理，实行教练员、教练车报备管理。为加强社会对驾培机构质量信誉的监督，强化质量信誉考核结果的运用，12月5日，通过《楚天都市报》向社会公示2015年度561所驾培机构考核结果，AAA驾校83家、AA驾校257家、A级驾校162家、B级驾校11家。

（胡礼苗）

【道路从业人员培训】 明确经营性道路客货运输驾驶员从业资格考核费标准，即理论考试30元/人次、实际操作考试60元/人次，规定其他道路运输从业人员考试收费标准参照执行。取消全省道路运输经理人资格认定、机动车驾驶培训教练员从业资格认定、机动车维修技术人员从业资格证件颁发，全省运管机构不再办理上述事项的发证、注册、转籍、补证、换发等业务。明确经营性道路旅客运输驾驶员、货物运输驾驶员、出租汽车驾驶员和道路危险货物运输（包含放射性物品道路运输）等4类从业人员资格考试考核员培训、考试和日常管理工作，由市州运管机构负责。考核员信息纳入全省考核员数据库。印发《湖北省道路运输从业人员素质提升工程工作方案》，明确2016年7月至2018年12月，全省道路运输行业广泛开展从业人员素质提升工程。制定《湖北省道路运输从业人员远程继续教育备案事项》，明确道路运输从业人员网络远程继续教育系统备案要求和流程。全年开展2期16个系统备案工作，为全省道路运输从业人员继续教育提供更便捷的选择。10月24—25日，省交通运输厅、省人力资源和社会保障厅、省总工会主办，省运管局承办的2016年湖北省交通运输行业"品质杯"职业技能大赛机动车驾驶培训教练员职业技能竞赛在荆州市晶崴驾校举行。全省15市州30名教练员参加全省决赛，荆州代表队包揽个人前两名和团体第一名。竞赛第一名选手、荆州市驾培教练员刘远松获湖北五一劳动奖章，前10名选手获"金牌教练员"称号。

（胡礼苗）

【机动车维修和检测】 制定下发《关于贯彻落实〈省交通运输厅关于进一步深化驾培和维修检测行业管理改革工作的若干意见〉的通知》，结合"放管服"要求，明确维修检测行业管理改革等五个方面的具体措施。按照湖北省道路运输四级协同系统建设有关要求，做好综检站监管服务平台的完善、试点、推广等工作。

开展全国汽车电子健康档案系统湖北试点工作，明确时间安排、试点区域、实施步骤，确定在武汉、荆州、襄阳、孝感、随州和黄石、黄冈、鄂州、咸宁、恩施10个市州通过2个平台分别开展试点工作，2个平台同时对接并上传数据到全国汽车电子健康档案系统。开展《道路运输车辆技术管理规定》宣贯活动，进一步明确管理部门和企业职责责任，对部令的适用范围、异地检测、技评周期等作出具体规定。按照省运管局《关于进一步规范机动车综合性能检测和汽车租赁经营备案工作的通知》要求，规范检测站备案的要求和流程。

开展技能比武，进一步落实素质提升工程。5月18日，省运管局与省人力资源和社会保障厅、湖北广播电视台联合举办"楚天匠才"湖北省职业技能争霸赛（汽车维修项目）比赛，武汉雷诺和黄石、恩施、荆州、襄阳等5个代表队同台竞技。

严格日常监管，进一步规范检测站经营行为。各县级运管机构采取双月检查制，加强综检站经营行为监管。全省检测站84家，其中停业2家、10月新增3家。运管部门检查综检站79家，抽查车辆检测档案12377份，抽查检测报告单32925份并调取监控核查，有效杜绝出具虚假报告单等现象，促进车辆档案管理。省运管局通过管理系统对检测站"上传率、峰值检测量、复检率、检测数据离散度"等指标综合分析，发现全省10余个检测站存在的问题，有针对性地实施重点跟踪、重点检查、重点管理。

（陈燊）

【水路运输管理】 2016年，完成水路货运量3.5亿吨、货物周转量2625亿吨公里，分别比上年增长8.9%、7.2%。全省船舶总运力756万载重吨。运输企业数量及规模逐步增加，全省10万载重吨以上船舶运力规模企业8家，万吨以上船舶运力企业数量152家，占全省总运力的四分之三以上。船型标准化工作进一步加快，全省6年来核准拆、改、建船舶1984艘、199.5万总吨、1.7万客位，其中拆解1295艘、防污改造666艘，新建大长宽比示范船16艘、LNG示范船5艘、新建高能效示范船2艘。

加快改革创新，水路运政管理水平进一步提升。推进"放、管、服"改革，将省际普通货船营运证配发权限下放市州，下发《关于进一步加强全省水路运输及辅助业审批事项规范管理的通知》，进一步明确事权、落实责任、规范管理。加强运输市场秩序监管 制定下发《全省内河航运市场秩序专项治理行动方案》。严格企业年度资质核查截至2016年年底，全省有水运企业497家，其中省际运输企业415家、省内运输企业82家。

推进水运物流发展，武汉航运中心建设进一步加快。三峡库区滚装运输创造巨大社会效益，武汉至上海洋山江海直达、泸—汉—台(基隆)快班、武汉至东盟四国、武汉至日韩等品牌航线稳步壮大。新开通"中远海运号"沪汉蓉铁水联运集装箱班列、沪汉陕铁水联运班列、武汉经开港至上海港江海联运集装箱航线和中三角省际集装箱班轮公共航线。研究提出长江三峡枢纽区域运能提升有效途径以及具体推进方案，已结题验收。进一步壮大全省船舶交易规模，全年通过船舶交易机构交易的船舶超过120艘、交易金额3.5亿元。8月22日，宜昌市船舶交易中心正式挂牌，是长江沿线第一家"零收费、一站式"的交易平台。

(李碧)

【长江航运管理】 2016年，湖北省完成水路货运量3.57亿吨，比上年增长7.5%；完成港口货物吞吐量3.51亿吨，比上年增长7%，集装箱吞吐量141.57万标箱，比上年增长7.1%。

1. 突出规划对接，争取资金投入，共享机遇共谋发展。长江航务管理局(以下简称长航局)在配合交通运输部开展《国家水上交通安全监管和救助系统布局规划(2016年调整)》《长江干线航道发展规划》修编、《水运"十三五"发展规划》《长航系统"十三五"发展规划》以及贯彻落实国家长江经济带发展规划纲要实施方案中，注重结合湖北有关意见和诉求，在重点项目和投资上向湖北省倾斜。积极做好与湖北省产业布局规划、交通运输规划的对接，积极对《湖北省综合交通运输"十三五"发展规划纲要》《湖北长江经济带产业绿色发展专项规划》等献言献策，全力支持湖北打造"祖国立交桥"和武汉长江中游航运中心等。

积极争取中央资金，用于"645工程"及其支持保障工程建设。落实武汉至安庆段6米水深、荆江河段整治二期、宜昌至昌门溪河段整治二期、大型疏浚挖泥船、武汉消防警备码头、北斗地基增强系统等一批湖北段重点项目纳入到国家发改委和交通运输部"十三五"投资总盘子，匡算投资近200亿元，为夯实湖北省航运基础、更好地服务湖北省沿江经济社会发展奠定坚实的资金保障。

积极支持地方基础设施建设。长航局积极开展涉水工程航道通航条件影响评价审核，做好武汉杨泗港长江大桥、武穴长江大桥等桥梁施工期航道维护，保障航道畅通及桥梁施工安全。加快"645"基础性项目建设。加快"645"启动性工程东北水道建设，同步推进界牌二期、牯牛沙、天兴洲、杨林岩、湖广—罗湖洲等一批湖北段航道项目建设，圆满完成荆江工程试运行，为"645"全面实施奠定良好的基础。

2. 强化通航服务，促进湖北航运快速发展。按照"充分利用航道自然条件、充分利用航道整治成果、加强航道维护管理"总体原则，长航局在科学论证、深入研究基础上，不断提高长江湖北段航道通过能力。自7月1日起，试运行提高湖北段475.5公里河段枯水期航道维护尺度。其中荆州至城陵矶248公里航道，由3.5米提高至3.8米；城陵矶至武汉长江大桥227.5公里航道，由3.7米提高至4.0米。

积极配合开展非法码头等专项治理。长航局全力配合湖北省做好长江干线非法码头专项治理，驱离停靠非法码头作业船舶478艘次，直接参与并协助取缔、拆除非法码头156座。支持配合武汉市开展武汉港砂石集散中心布局，配合地方政府及水行政主管部门查处非法采砂行为，促进岸线资源有效利用。

提升三峡枢纽通过能力。保障湖北省重点物资优先过闸，做好升船机试运行，对外颁布《三峡—葛洲坝枢纽河段通航管理办法》和《三峡—葛洲坝水利枢纽通航调度规程(试行)》，进一步提高三峡综合通过能力。加快推进平善坝锚地、坝上待闸锚地、三峡通航船舶吃水监测设施、升船机水域通航监管系统工程等相关航运设施建设，为船舶安全航行创造良好通航环境。配合做好三峡翻坝转运工作，支持三峡物流中心建设。

三峡通航管理部门积极挖潜扩能、提高吃水控制标准、开辟过闸绿色通道、提供温情驿站和通航信息微信版手机APP服务、客渡船免费安全帮扶等，创造"畅行三峡·一路阳光"良好环境。2016年，三峡船闸通过量1.305亿吨(客船折合1066万吨)，比2015年增长9.08%；葛洲坝船闸通过量1.308亿吨(客船折合337.3万吨)，比2015年增长11.68%，保障了湖北重点急运物资便捷过坝。

3. 强化船舶污染防控，全力保障黄金水道湖北段更清洁。充分利用VTS(船舶交通管理系统)、AIS(船舶自动识别系统)、GPS(全球定位系统)等现代化手段，逐步强化运输船舶流动污染源控制和危险化学品运输的动态监管。建成武汉、宜昌三峡、巴东等多个船舶溢油应急设备库，湖北段重点水域具备200吨的综合溢油清除控制能力，配置三峡库区1000吨级应急打捞船和2艘中型溢油回收船等专业装备。加大监督检查和执法力度，长江海事局年船舶安全检查近2万艘次。积极鼓励、引导社会力量组建船舶污染物接收队伍，船舶油污水呈现逐年下降趋势。加快推进长江干线单壳液货船淘汰进程，坚决落实单壳散装危化品船禁止进入长江航行措施，严厉打击未取得资质运输《内河禁运危险化学品目录》中的危险化学品等违法违规行为。

4. 强化水上安全监管和应急联动，支持湖北专项治理。2015—2016年，长江海事局在湖北省内实施水上搜救行动168次，救助遇险人员1836人，救助遇险船舶117艘次，人命救助成功率99.3%。加快水上安全监管体系建设，加快三峡坝区VTS改扩建、武汉水上监管和应急综合训练基地、三峡南津关救助基地改扩建等工程建设，形成全方位覆盖、全天候运行、全过程监管的长江水上现代化安全监管和救助体系。加强长江干线治安防控能力建设，合理布局警备基地，建成磨盘溪水上消防治安综合检查站，提高预防预控和应急救助能力，夯实长江航运湖北段安全工作基础，2015—2016年以来破获刑事案件523起，确保长江湖北段治安稳定和人民生命财产安全。

5.发挥专业优势，积极培育湖北航运市场。支持长江湖北段航运结构调整，积极争取船型标准化补助资金，自2014年以来支持湖北省落实中央财政船型标准化补贴资金1.83亿元。支持湖北省运力结构调整，制定引导延缓投放长江水系省际客船和液货危险品船舶运力的政策并推进实施，加快淘汰老旧落后运力，全年注销省际客船、液货危险品运输企业2家，淘汰老旧船舶24艘。强化行业信息引导，定期组织召开长江干线水运经济形势分析座谈会，与武汉港、黄石港、湖北汉通、宜昌和济等省内港航企业进行多次沟通交流，协调解决港航企业面临的问题和困难；按季度发布水运经济形势分析报告，及时发布长江航运景气指数、运价指数和长江船员工资指数。发挥湖北航运资源综合优势，支持发展武汉至舟山、洋山等江海直达航线；支持铁水、公水等多式联运方式创新发展，并提供便利和服务；支持服务湖北省自贸区建设，争取政策，促进武汉长江中游航运中心发展和三峡航运体系建设。

（徐丹）

【港口管理】 港口经营逐步规范。严格实施新修订的《港口经营管理规定》，督促省内5家外贸港口企业完善港口经营手续。指导武汉国际集装箱有限公司、武汉港集装箱有限公司、宜昌港务集团有限责任公司、黄石港务集团有限责任公司完成在充分试运行基础上的竣工验收，并办理正式港口经营许可，从根本上解决长期困扰企业和管理部门的难题；为荆州港盐卡集装箱有限公司一期办理港口经营许可到期换证，指导其二期、三期开展试运行；支持黄石新港港口股份有限公司棋盘洲港区开港试运行。全省四大主要港口的外贸集装箱专用泊位全部获得正式港口经营资质。

港口转型升级稳步推进。省内港口龙头企业作用显现，武汉港发集团完成武汉市辖区港航企业权属整合，并在黄冈、鄂州成立分公司，在筹建咸宁分公司、吸纳黄石港务集团。武汉港发集团主要参与的湖北省汉欧国际集装箱铁水联运列入交通运输部示范项目，深圳盐田港主导的黄石棋盘洲港铁水联运列入培育项目。武汉港实施汉江战略，入驻仙桃港；卓尔控股的中国港口基建入驻沙洋港并经营汉南汽车滚装。省内港口战略格局逐步清晰，港口集约化、规模化、现代化程度稳步提升。配合开展非法码头整治，港口岸线粗放发展、小散乱现状逐步改变。全省船舶港口污染物接收处置方案编制工作稳步推进，以市州为责任主体，由省港航管理局统筹安排并在编制费用上予以支持。落实新的规范要求，推进煤炭、矿石码头大型堆场建设防风抑尘设施或实现封闭储存。研究开展港口岸电试点工作，通过以点带面，形成具有典型示范意义和带动作用的可复制的岸电工程设施建设、运营管理模式。推进LNG水上加注站试点示范，支持企业积极申报，湖北省有2个入围交通运输部公布的第二批9个试点示范项目。

港口安全管理。以"港口危险货物安全检查专项行动"为主线开展专项检查，聘请社会力量开展"专家会诊"，制定"专家会诊"工作实施方案，开展专家会诊2次，发现隐患199处，同时对上年发现的重大安全隐患、重大危险源进行复查和复核，对所有未整改到位的隐患和新发现的问题全省通报，落实责任督促整改。开展"8·12"港口安全警示系列活动，强化安全责任意识，强调危险化学品储存场所等重大危险源的监管。省港航海事局开发的"湖北省港口危险货物安全监管基础信息系统"，功能涵盖港口危险货物基础信息掌握、作业申报审批、隐患排查治理、项目建设管理等方面，与长江海事部门相关系统对接，9月正式投入使用，既在作业申报审批等方面方便企业，也在审批及时性、隐患整改闭环管理等方面提升监管水平。8月组织开展全国首次港口危险货物企业装卸管理人员资格考试，10月下旬组织全省各级港口危险货物管理人员参加"港口危险货物安全管理培训"，提高监管人员管理水平。

（陈红为）

【船舶检验】 2016年，全省共完成审图366套；建造检验441艘、48.4万总吨、16.6万千瓦、载重吨71.1万吨；营运检验7567艘次、569.1万总吨；产品检验3762台（套）。全省检验登记船舶8301艘、455.8万总吨、156.2万千瓦。全省持有注册验船师资格证书237人，其中B级86人、C级140人、D级11人。

1.规范检验秩序和行为。推进市、县一体化船检管理新格局，形成自我约束与上级监督相结合的质量管理机制。加强船检机构资质建设，在各市州自查基础上，省港航局组织实施部分市州内审。5月份召开全省船检工作会议，总结工作，分析形势，明确任务，宣讲船舶检验管理规定。6月，交通运输部海事局船检机构资质不定期检查组对省港航局及咸宁、孝感等2家分支机构实施现场检查。制定出台审图机构资质和审图人员资格评定办法，同步组织实施船舶审图机构和验船师审图人员资格审核。通过对各市州申报材料审核和对重点市州现场复核，公布15个市州船检机构审图权限，评定授权第一批73名审图人员资格。具备审图一类资质的武汉审图中心正式运行，承担全省海船和船长80米以上内河船舶、LNG等应用新能源船舶的审图业务。

加强船舶检验过程管理。对新（改）建船舶检验，强化船厂开工前检查，强调按程序报检和检验，坚持验船师船舶建造检验记录和证书签字人制度。重申对修造船舶实行无资质修造不检、无图纸修造不检、擅自修造不检、不按程序修造不检、来历不明船舶改建不检的"五不检"要求。对营运船舶管理，强化程序控制。对达到特别定期检验的老旧船舶，强制进坞、上墩。加强转籍船舶临时检验，把好"入门关"，防止来历不明、船图不一致、技术状况差的船舶流入。对脱检船舶，严格执行2号令规定，办理审核审批手续。为防止船东私自改建，荆州、宜昌等市船检部门主动采取营运检验测量主尺度、拍照片留记录，发现船证不符的严肃查处。

加强船舶检验质量抽查。首次采用购买服务方式，聘请武汉理工大学对鄂州市鄂东船厂建造中的540标箱江海直达集装箱船的审图质量和焊接质量进行抽查，不仅有利于进一步掌握船舶建造质量，促进市州船检机构提高审图和建造检验质量，还强化对第三方修检测服务机构的管理，督促船厂提高自身质量监管能力。

推进船检管理信息化。发挥船检发证管理系统VIMS作用，立足预防，强化事前事中监督管理，实施从省到市州分级网上监控。省港航管理局指定人员实施船检登记号授号、VIMS系统网上监控、吨位丈量管理系统三者分片联动审核，有效加强新建船舶检验发证过程的监督，促进法规、规范修改通报及时启用，促进提高检验数据完整性、准确性。坚持在建船舶月报表制度，及时了解船舶开工、完工状况。为做好向新版船检发证管理系统数据迁移准备，全省船检系统核对船舶数据23068条、清理冗余数据3128条。鄂州、十堰焊工培训考试155名，全部纳入湖北省焊工管理信息系统。

2. 抓好"四类船舶"检验管理。继续加强客（渡）船检验管理。做好新建标准客渡船建造检验，5年以下客渡船1080艘，占总数比51%。为巩固2015年全省客（渡）船安全性能专项核查活动成果，进一步消除隐患，组织开展客（渡）船安全性能专项核查"回头看"活动。各市州船检部门采取"突出重点、分片包干、责任到人、统一校核"办法，逐船完成图纸检验档案清理和实船复查，核查船、图、证一致性，核定抗风等级，按现行法规核定乘客定额，补充规范证书载运乘客条件。核查客（渡）船3364艘，实船复核并整改合格船舶2902艘，停航（及报废）船舶462艘。其中，收回证书76份、完善并补图纸13套、重新进行稳性计算及倾斜试验船舶98艘。"回头看"工作覆盖率100%，一次合格率超过90%。宜昌市、恩施州对长江干线客船安全检查中发现的问题不放松，逐船建立问题跟踪整改验收档案。严格执行长航局过闸管理规定，限制老旧客船过三峡船闸。黄石市船检处组织专班，驻点阳新县现场指导客（渡）船专项核查。十堰市按现行法规重新计算复核81艘小型短途客船乘客定额，重新换发乘客定额证书。

加强危险化学品船舶检验管理。9—10月，全省组织开展为期2个月的化学品船舶检验质量"回头看"活动。从图纸档案到实船进行核查，重点跟踪近3年来交通运输部海事局、省交通运输厅等上级主管部门以及直属海事部门安检发现问题的整改情况。对专项活动发现的30余项缺陷进行整改。通过此次危险品船"回头看"，进一步摸清全省危险化学品船情况，危险化学品船29艘、总吨位24.87亿载重吨。配合部海事局开展内河船舶载运植物油情况的专项调研，进一步规范内河植物运输油的检验发证。

加强"四类船舶"检验档案管理，适应客船和危险品船舶检验终身制。通过集中开展客（渡）船和危险品船2个检验质量"回头看"，补充完善船舶审批图纸资料，促进完善客（渡）船和危险品检验档案管理，建立相关基础台账。宜昌市作为档案电子化试点，将"四类船舶"检验档案纳入计算机管理，研究开发专门软件，改变传统档案管理模式，初步实现档案信息化管理。推进船舶吨位复核管理，按照调整后的吨位丈量管理模式，分中心审核签发吨位证书464艘。

3. 加强船检队伍建设。8月，湖北省新法规规范培训班在汉主办，48名船体专业验船师参加培训。10月，组织92名海事船检人员进行小型客船营运检验业务暨考前培训，配合长江海事局完成湖北考点考试。投入专项经费，在鄂州光大船厂举办2期验船师实训班。拨出专款，支持市州船检部门购置测厚仪、气体分析仪、激光测距仪、执法记录仪等检验设备和安全帽、工作服等检验防护用品，改善船检机构检验检测手段。

4. 加强船舶防污染检验。各级船检部门注重防污染检验，确保发证的船舶满足国家法规要求，全省全年签发各类防污染证书9496份。12月，组织开展内河营运船舶防污染证书配备情况专项核查。对防污染设备配备不达标的船舶，告知海事部门责令整改。发挥船检技术优势，落实渡口渡船安全管理规定，配合完成全省2批5型内河汽车渡船标准船型技术审核。

5. 推动依法检验。为适应省政府决定暂停船检费的新形势，全省船检系统转变检验服务观念。省港航局下发《关于进一步加强船舶检验管理规定若干意见》，强调认真履职尽责、加强船检管理、夯实责任体系，强化检验质量风险防控，把好船舶审图、改建检验、转籍审核等各个重要关口，认真复查、整改船舶历史遗留问题。为帮助企业渡过难关，船检部门发挥专业技术优势，既检又帮，积极向船厂和船东提供技术指导，推行检验证书到期船舶提醒和电话预约报检、上门送检。鄂州市船检所加强基础管理，推行依法检验，规范检验行为，成为全省船检系统继武汉、宜昌、荆州、黄冈市船检部门之后第5家"六型示范窗口"。

（袁德才）

安全应急管理

【全省水陆交通安全】 2016年,全省交通运输行业坚持"平安交通"创建主线,强化安全责任落实,持续深入推进隐患排查治理、"打非治违"等专项整治行动,逐步夯实安全基层基础,有效防范和遏制重特大安全生产事故发生,保障全省交通运输安全生产形势持续稳定。全省水上运输船舶发生安全事故6起,死亡7人,直接经济损失32.49万元,各项指标控制在责任目标范围内;全省道路运输营运车辆发生行车事故47起,死亡65人,伤87人;全省公路水运重点工程发生1起事故,死亡1人,交通重点工程建设施工平稳有序;武汉城市轨道交通全年未发生安全事故。

安全生产责任体系进一步健全。制定《湖北省交通运输安全应急"十三五"发展规划》,明确交通运输安全应急发展方向、目标和措施。印发《湖北省交通运输安全生产"一岗双责"暂行办法》和《厅安委会成员单位安全生产工作职责》,逐步健全完善"上下联动、横向到边、纵向到底"的领导、部门、岗位三级安全管理责任体系。年初与厅直5个业务局、8个管理处和17个市州交通运输局(委)分别签订年度安全工作目标责任书。各单位又与所属单位、相关企业、岗位层层签订年度安全工作目标责任书,实现安全生产责任目标全覆盖和分解落实。在春运、汛期、国庆等重要时段,组织多个暗访组,采取"四不两直"的方式对省内重点客运站点、轨道交通、渡口码头、高速公路站点等进行暗访暗查,年底组织考核组对照目标责任书考核,严格执行安全生产"一票否决"制。

安全生产监管力度进一步加强。印发全省《2016年"平安交通"创建方案》,强化"平安路""平安站""平安港""平安渡""平安工地"等创建工作,全省一批"平安工地""平安工程"获交通运输部表彰。联合省公安厅印发"道路运输平安年"活动方案,与省公安交管局组建联合督查组,到省内各市州检查企业5548家,曝光非法违法行为144起,查实举报非法违法行为325起,整改安全隐患1431处,责令停产整顿企业105家、停运整顿车辆876辆,查处非法营运车辆1279台,规范汽车客运站、"两客一危"企业、营运车辆和驾驶员等重点对象的安全行为。落实"长江生态大保护",在长江汉江干线开展"雷霆行动",强力推进非法码头整治,长江367个、汉江204个非法码头被关停取缔,清退岸线60余公里,一举扭转多年来积弊丛生的乱占滥用岸线现象。开展港口危货"专家会诊"、客渡船和危险品船检验质量"回头看"、砂石船非法运输治理、航道安全设施检查及综合执法集中行动等近10项专项整治,核查客渡船3096艘、砂石运输船954艘、危险品船28艘、港口危货企业67家,发现问题客渡船496艘、砂石船300余艘,排查港口危货安全隐患221个。

持续推进公路安全保障工程建设。全省完成普通公路安保工程建设2626公里,完成危桥改造323座,完成国省干线公路灾害防治工程50公里,报废更新老旧公路专业渡口渡船2艘。组织开展整治公路货车非法改装和超限超载行为专项行动,运政路政交警联合行动,有效震慑了超限违法行为,全年检查车辆457.4万台,查处违法超限车辆37.8万台,卸货115万吨,违法超限车辆检测数量比上年下降14%。高速公路管理部门持续加强路段安全巡查,不断推进桥涵、隧道、服务区、收费站等安全管养。严格执行客运车辆凌晨2点至5点禁行和危化品运输车辆重要时段禁限行规定,确保全省高速公路安全畅通。

隐患排查治理力度进一步加大。对省政府挂牌督办的107国道孝感段和汉江宜城段非法采砂2处重大隐患,召开专题会议,明确整治措施、进度,确保整治完成并销号。对省安委会督办的宜巴高速、荆宜高速、广水跨铁路的公路桥等安全隐患,多次到现场协调督导,督促相关责任单位整改完善。针对春运、两会、汛期、G20峰会、国庆等重要时段,组织开展各类安全隐患大排查、大整治行动。各级公路部门排查隐患4059个,整治隐患3959个,整改率98%。各级运管部门检查企业13168家次、查处违规车辆12071台次、查处违法违规人员5464人次,整改安全隐患7299处。为确保"村村通客车"建立长效机制,建立完整的安全隐患排查台账。筹措资金,对武汉傅家坡、青年路客运站及房县中心客运站等站点改造升级,整治了一批久拖不决的安全隐患。各级港航海事部门对排查出来的隐患建立整改台账,实行跟踪销号处理,特别是对检查发现的10个港口危化安全隐患,多次开展"专家会诊",现场指导跟踪整改。省高管部门将隐患排查治理纳入局季度考核,督办落实京珠高速

2016年1月21日,鄂西高速警、路联合为车辆开道,做好重点路段交通安全保障工作

2处上跨天桥、宜巴高速核桃树大桥、武黄高速公路泽林上跨桥等重大隐患整改。厅质监局坚持"一月一检"隐患排查治理工作制度，全年抽查全省重点工程项目施工标段111家，现场下达《安全隐患整改通知书》30余份，强化工程建设项目的安全监管。继续推进交通运输企业安全生产达标考评工作，督促各单位推进湖北省安全生产隐患排查治理"标准化、数字化"平台注册及应用，按照隐患排查治理制度化、规范化、长效化要求，制定相关制度措施，做好隐患排查治理工作。

（王伟）

【工程安全监督】 全年组织综合督查2次、条件核查和专项督查6次、隐患整改"回头看"4次，检查建设项目28个、施工单位57家、监理单位34家，下发安全隐患整改通知书40份，督查通报10份，提出整改意见和建议200余条，做到项目监督检查覆盖率100%、问题整改回复率100%。进一步推进交通工程建设企业标准化考评达标工作，全年抽查复核二级达标企业5家。统计二级及以下施工企业98家，约2400人上报交通运输部安全管理信息系统，受理6家施工企业考核申请，组织10批次2000余人安全考核取证。

（胡永石）

【农村安保工程】 各级公路部门严格按照《"平安公路"建设行动方案》，加强公路安保工程建设。按照"平安路网"创建要求，及时处置路面病害，加大洪水灾害水毁路段恢复重建，提高路面通行能力，保障公路安全畅通。襄阳市按照"先树样板，示范引领"的工作思路，开展以316国道、207国道、346国道、241国道、305省道、303省道为重点的平安路网建设；恩施州在巩固209国道示范公路建设成果的同时，逐步启动境内318国道"畅安舒美"示范路段及省道恩鹤线改扩建路段示范公路创建工作；荆州市221省道公石线石首调关至桃花山段创建成为"畅安舒美"路段。以企业标准化建设为依托，借鉴襄阳市中环线四标、十堰市丹江口汉江公路大桥、恩施巴东水布垭清江大桥等项目经验和做法，加强隐患排查治理、风险管理、安全诚信等工作，抓好公路新建和改扩建工程、公路安全生命防护工程和危桥改造工程安全工作，施工安全管理全面达标。207国道襄阳城紫薇园至黄龙观路段和207国道襄阳市城区段改建工程四标分别获2016年全省"平安公路""平安工地"称号。

（郭岐山）

【道路运输安全监督】 安全监管基础进一步夯实。省市县三级运管（客管、公交）管理机构层层签订安全管理责任书，推进"人、车、企、点、线、网"六位一体管理模式，各管理机构及企业把安全责任细化分解落实具体部门、具体人员身上，健全完善"上下联动、横向到边、纵向到底"安全管理责任体系。十堰、宜昌、咸宁等地运管机构被交通运输部等三部委表彰为2016年度道路运输平安年先进单位，宜昌长江三峡旅游发展有限责任公司运输分公司受到国务院安委会安全生产责任目标考核组肯定。安全工作环境不断改善，继续建立全省道路运输安全与应急专项资金，为基层运管机构安全监管工作提供有力支持。组织开展全省运政稽查人员培训班、道路运输安全管理培训班和汽车客运站安全管理培训班，培训骨干300多人，为进一步推进道路运输安全管理工作提供良好队伍保障。孝感市运管处建立道路运输安全专项资金，用于道路运输安全宣传、教育、培训、检查，每年40万元以上。全省道路运输行业开展"打造本质安全，共享平安交通"安全生产月主题宣传活动，采取集中宣传咨询，以及报刊、网站、微信等媒介宣传报道等形式，传播安全知识，强化安全责任意识，提升社会公众安全意识。全省道路运输行业组织各类应急演练400余次。

安全监管力度进一步加大。各级运管机构进一步加大对管理对象事中、事后监管，推动企业安全生产主体责任落实，确保各项安全制度措施落实到位。全省出动执法人员203381人次，检查企业15278家次，排查安全隐患9928处，整改率达92.4%，列入省级重点监管3家、列入市级重点监管56家、列入县级重点监管421家。坚持把督导工作同履职尽责工作有效结合，整体推进。为确保重点时段、汛期、G20峰会期间及接驳运输安全稳定，先后8次派出46个督导工作组赴各市州进行安全督导，推进推动各地工作落实。强力督导公安宏泰运输公司三起客车严重超员问题整改。8月、11月，先后2次联合省公安交通管理局开展道路客运安全联合督导。全省运管机构开展网上稽查272次，检查企业1027家，营运车辆2.2万台，下发督导情况通报125期。强化监督执法，严厉查处违规违法行为，坚守道路运输安全生产红线。全省约谈企业负责人178人，责令停产整顿企业103家，责令停运企业1599台次，查处违法违规人员7207人，查处违规车辆14859台次，罚款2273.85万元。

安全整治效果进一步凸显。客运站安全专项整治效果明显，"三不进站、六不出站"制度得到有效落实，周边环境得到净化，客运班车违规行为得到遏制，客运秩序明显改善，汽车客运站经营管理工作逐步走向智能化、信息化和标准化的轨道。修订完善《汽车客运站质量信誉考核办法》，进一步强化对客运站信息化建设的考核权重，并将考核权限下放市州运管机构。超限运输三项整治稳步推进。开展重点货物源头企业调查摸底，全省上报年运量50万吨以上重点货运源头单位122家。省运管局督办超限超载违法违章抄告信息20余次、车辆430余台次。组织开展在用不合规车辆运输车信息申报，录入1749条挂车信息，其中审核通过1204条，需修改464条，不通过81条。

安全应急保障进一步高效。应急救援保障高效，汛期调用应急运力1948辆，接送救灾人员11956人次，运送救灾物资27847吨，运输砂石料约15000立方米，疏散受灾群众104215名，填装砂袋7370包，为全省防汛救灾提供强有力的道路运输服务保障。重点时段防控高效。深入做好G20、世界互联网大会等重要敏感期间道路客运安全管控工作，落实源头安检和实名购票乘车管理制度，实时上报车辆、乘客数据，未发生安全稳定问题。实名制管理推进高效，省运管局派出9个工作督导组对重点地区推进情况进行督导。湖北省联网售票系统启动并完成汽车客运站站务系统实名制管理升级，为134家开通联网售票的客运站推行实名制管理提供技术支撑。全省153家纳入实名制管理范围客运站，除阳新县2家乡镇四级客运站外，其余151家客运站按要求全部实行实名制管理，完成率达98.7%，其中84.1%实现信息化管理。

安全管理机制进一步完善。大力推进客运站安全管理智能化、移动稽查设备2个项目建设，为全省配发运政移动稽查设备149套，建设9个客运站安全管理智能化试点，有效提升全省安全监管信息化建设水平。积极推进四级协同系统建设，启动道路运输安全监管系统、长途客运接驳运输车辆动态监管系统、道路运输安全监测与应急指挥综合展示系统开发建设工作。联网联控监管平台完成全面升级改造，实现联网联控平台与运政信息系统之间业务闭环，"两客一危"车辆入网率提升到98.5%。建立完善农村客运"四方会审"机制和"县管、乡包、村落实"机制。启动重点营运车辆第三方监测平台建设工作。开展全国汽车电子健康档案系统试点工作，依托信息系统加强营运车辆安全性能管理。各级运管机构与公安、安监、公路、城管、气象等部门的沟通协调，建立完善信息共享和联动联勤工作机制，共同做好道路运输安全监管工作。省运管局和省交管局联合开展长途客运、接驳运输、危险品运输等专项督导，联合约谈荆州市、公安县两级公安交管、交通运管部门负责人和公安宏泰运输公司法人。

（朱俊文）

【海事监督】 全省港航海事系统围绕打造"平安水域"主题，强化责任担当，坚决守住红线和底线，保障全省水上交通安全态势持续稳定。全省辖区运输船舶发生水上交通事故6起，死亡7人，各项指标均在控制范围之内。

1. 坚持落责促安，责任网络不断健全。省市县各级领导干部在"春运""两会""五一"等重点时段，带队到基层开展安全工作督查和调研。修订完善《湖北省水上交通安全工作目标考核方案》和《湖北省渡口渡船安全监管目标考核资金管理规定（试行）》，省市县逐级"签字背书"，立下"责任状"；年中和年末共派12个小组，加强目标考核，实行"一票否决"和奖惩兑现，落实安全监管工作与安全专项补助经费"挂钩"。经综合考核，荆门、黄石、鄂州、潜江市港航海事局被评为优秀，襄阳、宜昌市港航海事局考核不合格，其他单位考核为良好。全面推进落实渡口渡船安全网格化监管，通过包片、包线、包渡的网格化管理形式，将全省1730处渡口、2425艘船舶安全监管责任100%落实到589名海事人员。县、乡镇、村组、船主100%签订乡镇船舶安全管理"四级"责任状。

2. 坚持依法治安，执法水平不断提高。完善气象信息等紧急信息发布预警机制和《渡口渡船安全监管工作制度》，建立汉江及江汉运河通航设施统一调度联席会议制度和联动机制，制定《湖北省工作应急总值班制度》。加快推进全省水上交通综合执法改革，利用水上交通执法资源，整合港政、航道、运政、海事行政执法职能，试点成立水路综合执法队伍，全面提升水上交通安全执法效能。荆州公安县在全省率先成立第一家由地方编制部门批复的水上交通综合执法大队。开展打造"平安水域"综合执法集中行动，重点严查非法采砂、"三无"船舶从事运输、船舶违规排污、船舶超载运输等，加大对违规企业、船舶、船员处罚力度，出动执法人员3945人次，动用执法车辆610台次、执法艇635艘次，严查严处船舶2229艘（次）。

3. 坚持改革兴安，监管模式不断创新。推行船员违法记分、船员诚信管理等新规，推广"AIS信息服务平台"和"船员口袋工程"。推进船员考试内河船舶模拟器建设改造，建设完成内河10个船舶模型和100余公里内河航道三维视景及其配套的电子航道图、雷达视频、三维流场。首次在全省推广船员指纹等信息采集，采集船员信息8457人，发放适任证书9462本、特殊培训合格证1057本、服务簿2095本。推进安全监管信息化建设，创新"互联网＋水上安全"，完成湖北省重点水域电子巡航试点示范工程可行性编制，推广应用交通运输部海事局"两大平台""四大系统"，完成水路搜救系统二期工程竣工验收和县级指挥平台试点推广。荆州、宜昌、襄阳、荆门推广使用水上搜救系统二期县级平台手机移动端。编制《湖北省水上交通安全监管设施设备配置"十三五"规划》，按照规划要求，继续投入资金2350万元，新增现代化、多功能执法艇、执法趸船20艘。

4. 坚持严治保安，安全环境不断好转。落实"长江生态大保护"，在长江汉江干线强力推进非法码头整治，一举扭转乱占滥用岸线现象，截至2016年年底，依法取缔长江367个、汉江204个非法码头，清退岸线60余公里。围绕打造"平安水域"，开展客渡船和危险品船"回头看"、砂石船非法运输治理、船舶防污染检查、船舶配员和船员值班检查及船舶国籍证书清查等专项整治，核查客渡船3096艘、砂石运输船954艘、危险品船28艘、港口危货企业67家，发现问题客渡船496艘、砂石船300余艘。省市县上下联动挂牌跟踪整改汉江宜城段非法采砂整治直至销号；武汉市配合硚口区政府对汉江北岸晴川桥至长丰桥15.4公里范围内老旧船舶进行治理，完成96艘"水上人家"拆解销毁及48艘企业类趸船集中处理工作。

5. 坚持夯基固安，安全屏障不断巩固。发布7种标准化渡船新船型，申请中央专项奖励资金1636万元，完成160艘渡船报废更新，成功创建平安示范渡口20处，黄冈、宜昌等地试点推进陈家坞、麻城将军、长阳向王庙3处渡口实现渡运"公交化"，恩施积极探索"3+2"学生渡运管理模式，荆州斥资60万元用于监利毛market中心小学学生专用渡口灾后修建。推行船舶进出港电子签证，逐一清查休眠船舶2512艘；严格船员培训、考试、发证管理和服务，推广应用新版船员管理系统、船员考试考务系统，实现船员培训、考试、办证网上申办。

（杨勉红）

【港口危险货物安全监管】 全省港口危险货物安全监管以强化隐患排查治理为重点，突出监管能力建设，不断夯实监管基础，全年无重大港口危险货物安全生产责任事故发生，安全形势持续稳定。全省有港口危险货物企业123家、泊位161个，由港政部门监管储存设施有126个、271612立方米。码头装卸及仓储作业涉及危险货物货种主要是汽油、柴油、液化石油气等易燃物，以及酸类、碱类等。

主要做法如下：

制定《湖北省港口危险货物安全监管专项经费使用管理规定（试行）》，进一步落实《湖北省港口危险货物安全监管工作制度》，规范指导全省港口危险货物安全监管工作。争取港口危险货物安全监管专项资金1400余万元。4月印发《关于印发2016年全省港口危险货物安全检查专项行动方案的通知》，聘请社会力量进行"专家会诊"，继续组织开展港口危险货物安全检查，分两阶段开展隐患排查和跟踪整改。第一阶段从5月31日至6月23日，4个专家组对除恩施州外的9个市分片区开展资质核查和现场检查，全省核查经营港口危险货物企业67家，占72%；现场检查企业59家，占63.4%，查出各类安全隐患199个，其中一般安全隐患189个、重大安全隐患10个。第二阶段由省市专家库专家和安全、化工等专业技术人员组成，重点对前三年查出的重大隐患、重大危险源和防污染应急预案等进行复核和抽查；各市州同步开展辖区内全覆盖的"专家会诊"，邀请专家现场检查、现场教学、现场指导整改。全省属于一级重大危险源2个、二级重大危险源2个、三级重大危险源3个。专家组对24家港口危险货物企业的29个重大隐患整改情况现场复查，截至11月4日，全部完成整改的重大隐患（含停止经营）20个，占总数的69%；部分完成整改的重大隐患4个，占总数的13.8%；未完成整改的重大隐患5个，占总数的17.2%。

开发"湖北省港口危险货物安全监管基础信息系统"，功能涵盖港口危险货物基础信息掌握、作业申报审批、隐患排查治理、项目建设管理等方面，并将该系统与长江海事部门相关系统对接，9月底完成验收，正式投入使用。开展港口企业安全生产标准化建设，累计有5批46家申请二级达标的港口企业，其中港口危险货物企业33家。8月份组织开展全国首次港口危险货物企业装卸管理人员资格考试，规范持证上岗相关要求。10月下旬组织全省各级港口危险货物管理人员参加"港口危险货物安全管理培训"，以理论和现场培训方式提高监管人员管理水平。

（陈红为）

【全省交通应急管理】 2016年，全省交通运输安全应急工作以建立健全安全应急体系目标，以提高安全监管信息化手段，不断提升应急处置水平，顺利完成春运、清明、端午、国庆、中秋及G20峰会、夏季汛期等重要时段和恶劣气候环境下的交通运输安全应急工作。

强化行业应急预案体系建设。完成《湖北省交通运输应急总体预案》及相关子项目预案的修订。省公路局开展全省普通公路应急保障体系现状调查，省运管局新编和修订《湖北省道路运输行业低温雨雪冰冻灾害应急方案》《2016年湖北省道路运输防汛抗旱保障工作预案》，省港航局修订完善《湖北省水路交通突发事件应急预案》，省高管局印发《关于高速公路收费站发生严重拥堵时采取应急通行措施的通知》，明确进入收费站车辆拥堵达到一定里程，执行免费放行措施，缓解车辆滞留。

强化基层应急体系建设。公路部门持续推进孝感、十堰、黄冈3个省级公路应急基地和各县市区级公路应急建设。港航部门完善水上应急处置数据库，新建20艘执法趸船、执法艇，新吸纳社会打捞船9艘、拖轮44艘，建立首个潜水员数据库。运管部门依托客运站、货运站、物流园区等场站，组建应急运输保障车队，建立应急运输集结点。省高速公路管理部门深入推进路网、路地、路警及省际路段应急联动工作。

强化应急演练和实战处置。全省交通运输行业先后在轨道交通、公路桥梁隧道、港口渡口及大型客运站、物流基地、交通工程建设现场组织开展道路抢通保通、钢桥架设、消防、反恐等应急处置演练80余场次。成功应对处置多起公路水路突发事件，特别是在应对汛期超强降雨天气过程中，交通人昼夜奋战在公路水路抢通保通和灾区人员转运、物质运输一线，得到全社会的认可。

强化科技兴安。"湖北省公路水路安全畅通与应急处置信息系统"通过验收并投入使用，总投资近2亿元。公路部门进一步完善重要国省道监测预警系统建设，加强沿线地方基层公路部门信息化装备配置，逐步构建全省统一的远程监控监测平台。运管部门推进客运站安全管理智能化、移动稽查设备等项目建设，为全省配发149套运政移动稽查设备，先期建设9个客运站安全管理智能化试点，在全省128个二级以上客运站中全面推广。港航海事部门创新"互联网+水上安全"，完成湖北省重点水域电子巡航试点示范工程工程可行性报告编制，推广应用交通运输部海事局"两大平台""四大系统"，启用自行研发的港口危险货物监管系统，成功实现与长江海事危货信息"互联互通"，完成水上搜救系统二期工程竣工验收和县级指挥平台的试点推广。高速公路管理部门建设58套流量调查站，与高德地图签订战略合作协议，为社会公众安全便捷出行提供更多的行业服务和支持。

（王伟）

【普通公路应急管理】 全省公路系统以"平安公路"建设为主线，压实安全责任，深入推进隐患排查治理攻坚行动、打非治违、安全大检查和安全生产月等专项活动，加大冬季、春运、汛期、重大节假日等时段安全保通和应急处置保障力度，克服冰冻雨雪和强降雨等灾害性天气影响，全年公路安全生产形势保持平稳运行，未发生安全责任事故。

"平安公路"创建取得新成绩。严格按照《"平安公路"建设行动方案》，紧抓公路领域安全生产突出问题和薄弱环节，切实加强"平安路网""平安工地""平安站所""平安渡口"等创建行业分类指导，以路、站、船、工地和人的安全为创建主体对象，细化创建措施，落实创建责任，围绕创建目标，打造公路安全品牌。按照"平安路网"创建要求，及时处置路面病害，加大洪水灾害水毁路段恢复重建，提高路面通行能力，保障公路安全畅通。以企业标准化建设为依托，借鉴襄阳市中环线四标、十堰市丹江口汉江公路大桥、恩施巴东水布垭清江大桥等项目经验和做法，加强隐患排查治理、风险管理、安全诚信等工作，切实抓好公路新建和改扩建工程、公路安全生命防护工程和危桥改造工程安全工作，施工安全管理全面达标。整治公路站所秩序，全面提高从业人员安全文明意识，加强规范管理，公路超限检测站安全执法，公路养护站、收费站现场安全管控，促进"平安站所"创建工作。以保障车辆安全渡运为目标，突出专业公路渡口船舶安全技术性能保障等重点任务落实落地。

公路防汛抢险安全保障成绩突出。全省范围的数轮强降雨，灾情超过1998年汛期，印发《关于做好强降雨防范应对工作的紧急通知》《关于做好当前汛期安全应急工作的紧急通知》《关于加强全省公路防汛救灾工作的通知》等文件，成立5个防汛救灾工作督导组以及20个应急响应工作组，派出432人次参加交通运输防汛救灾工作组、驻荆门防汛抗灾工作队、驻咸丰抗灾救灾工作组、省直机关抗灾救灾工作联络办公室等抗洪抢险督办工作，按照防汛救灾职责和分片包保要求，奔赴一线核查公路阻断和水毁灾情，帮助指导全省公路防汛抗灾抢险和公路修复抢通工作。全省公路部门累计投入人力56953人次，投入机械设备28989台班；累计投入救灾资金21273余万元，全力抢修毁损公路，国省道除因桥梁垮塌、山体滑坡地质灾害导致中断5处外，国省干线抢通路段720处。

安全生产监管重点突出。在春节、春运、国庆、G20杭州峰会等重点时段，下发各类安全生产工作(紧急)通知文件17份，及时发布预警信息，切实加强重点时段安全管理，较好完成极端天气公路保通抢通任务，有力保障重点时段公路安全通行和群众平安出行。组织春节前后安全应急检查督办，加大路网运行监测力度，利用国省干线、重点部位的视频监控、流量检测等设施及时掌握路网运行实时状态，发现问题及时处置。强化重要桥梁、公路渡口以及急弯险段、临崖临水路段和重点人员安全监管，对恩施州348国道夏至岩段滑坡灾害整治、路段通行、鄂州市106国道武黄高速泽林上跨立交桥安全隐患等进行督办，保障公路安全运行。组织对全省干线公路专业渡口安全管理工作进行暗访检查，督办荆州市、宜昌市公路局加大对石首三义寺渡口、长阳鸭子口渡口"人车混渡"等安全问题督查整改力度，保障渡运生产安全。

公路超限超载治理成效初显。组织开展整治公路货车违法超限超载行为专项行动，建立落实路警联合治超执法机制，加强路政治超人员自身安全防护，继续保持治超高压态势，冲岗闯关、暴力抗法情况基本消除，确保治超新政新规新标顺利启动实施。加大路政巡查力度，对占(利)用公路堆物作业、打场晒粮、加水洗车、修车等违法行为进行查处并及时进行清理整治。

公路预警及信息发布及时有效。各市州公路管理部门与气象、水文、国土等部门取得联系，建立信息沟通渠道，与高速公路运营管理部门加强沟通，及时掌握道路通行阻断情况，健全与各部门的协作机制，强化预报预警，实现资源信息共享。及时掌握汛情和极端天气变化情况，充分利用路网运行监测与应急处置平台、省级公路出行信息服务平台、路况信息管理系统、公路安全应急QQ群、公路微信平台、湖北公路公众号、移动互联网等发布公路预警信息283条，发布春运信息950余条，接收并发布重大公路气象预报100余期、公路路况阻断信息560余条，针对全省公路灾情水情及时发出全省公路Ⅱ防汛应急预警，加强重要路段、渡运水域和重点部位监测预警。

安全隐患排查治理攻坚行动全面开展。继续组织开展"全方位、全覆盖"的公路安全生产隐患排查治理攻坚行动，加强对公路桥梁、隧道、路面病害、交安工程等领域的安全隐患排查治理工作，进一步强化安全隐患的排查治理长效化、规范化和标准化建设，加快推进危桥、隐患隧道、危险路段的加固与处治，使公路安全隐患得到有效整治。赴鄂州、潜江、仙桃、咸宁、黄冈、黄石等地进行全省公路系统季度安全生产大检查，对排查出的各类隐患，下发安全生产检查记录表和安全隐患整改通知书6份，提出整改意见17条，建立登记台账，限定整改时限。对枣阳市216省道寺沙线谢家湾桥等17处普通公路重大安全隐患进行集中挂牌督办整治，在全省公路安全发展进程中尚属首次。全省开展隐患排查整治活动1286次，排查隐患4059个，整治隐患3959个，整改率98%。

应急资源保障能力进一步增强。44个公路养护应急中心基本建成，较好地应对了春运冰雪灾害及汛期水毁灾害。省级公路交通应急中心投入运营管理，完成战备钢桥支援麻城望沈线沈家庄大桥及王付线龙毛尖桥、武穴百米港一桥、五峰仙人岩桥的调运任务，跟踪指导蕲春县张榜镇孙冲村胡垸桥、孙冲中学桥2座钢桥架设。十堰"区域性应急物资储备仓库"先后投入1800多万元，建成面积达1200平方米的3个物资储备库，顺利投入使用。全省建立健全公路应急队伍92支、6000余人，在石首、孝感和宜都分别组织完成全省专业公路渡口水上突发事件应急处置演练、省反恐应急孝感独立大队无脚本实战化公路反恐紧急拉动演练、全省普通公路隧道突发事件应急演练。

（郭岐山）

【高速公路应急管理】 高速公路应急中心坚持"边组建边运转"的原则，在强化日常应急值守、应急信息服务和指挥调度协调职能的同时，加强与各职能部门上下联动、平行协调、内外互动的应急联动机制，坚持日常路网运行监测与突发事件应急处置相结合、管理与服务相结合，立足于现有条件，积极主动作为，打基础、建机制、立章程、筑平台，实现从无到有、固强补弱的快速发展。印发《进一步加强高速公路应急信息报送工作的通知》，规范路况信息和应急信息采集、流转、汇总、分发和报送工作，搭建起上下衔接、内外协同、部门联动的应急信息管理架构。建立路网运行通报制度，每月编制路网运行应急管理情况通报，在五一、端午、中秋、国庆等重大节假日期间编写5期路网运行情况专报和18期路网运行日报。全年发送春运简报40期、防汛简报2期、节假日路网运行专报12期、路网运行情况月度通报7期、年度1期，发布应急简讯、预警信息900条，向楚天交广台(湖北应急广播)FM92.7提供路况信息5000余条。

为进一步明确全省高速公路经营管理单位在应急处置过程中的具体职责和处置权限，规范应急预警分级标准和响应程序，通过调研府河、青龙、汪集、龚家岭、京山养护二站、楚天路政二大队等重点站所，召开座谈会，完成湖北省高速公路突发事件总体应急预案和2个专项应急预案、应急处置操作手册，拟定湖北省高速公路应急保畅与公众服务"十三五"发展规划。积极推进全省高速公路视频监控联网、路网运行监测、路况信息报送、移动手机信令监测等系统建设，推进与高速公路气象服务系统、交通流量观测系统、路政执法移动视频、道路运输"两客一危"管理系统的信息对接，初步实现高速路网运行状态实时监测。

按照"多方联动、整体应急"要求，以应急中心为依托，建立交通、高警、气象三方应急会商决策与联合指挥调度机制，在重大节假日、恶劣天气和重特大突发事件处置期间，委派指挥人员、专家24小时进驻中心，共同分析研判，靠前指挥调度。充分发挥路警协调联动作用，实行多部门联合监测预警、路网协调调度和应急联动处置，完善信息报送、通报与共享机制，统一归集发布高速路网交通、气象信息，实现信息资源共享。在应急中心、高警、经营管理单位等多方联动协作下，共同完成十堰高速十白段"2·21"烟花爆竹车辆隧道爆燃事故、许广高速随岳段"11·10"烟花爆竹车辆爆炸等应急事件值守和信息传递工作。充分利用门户网站、微博、微信、可变情报板、收费站广播等传播渠道，及时发布路况信息，引导公众合理选择路线出行。

完成应急中心组建方案拟定、机构证件办理、工作管理制度体系初稿、人员工资体系等具体工作。拟定应急中心主要工作职责和岗位职责，建立值班考勤、学习培训、机电维护、信息网络管理等管理制度和应急信息报送、信息通报、应急处置服务管理规范、工作流程和相关技术标准。配合完成应急中心人员招聘资格审查、笔试、面试工作方案和办理人员入职等工作。

（李虎子）

【道路运输应急管理】 新编和修订《湖北省道路运输行业低温雨雪冰冻灾害应急方案》《2016年湖北省道路运输防汛抗旱保障工作预案》，进一步完善和补充应急预案体系，提高应急预案质量。针对7月份湖北省防汛严重形势，省运管局迅速部署落实防汛应对工作，加强全省客运站汛期客运站信息预警预控工作。一是加强应对恶劣天气预警预控，对受天气状况影响较大、无法保证正常运营安全的线路，适时采取停班或调整班次等措施，确保道路运输安全；二是加强恶劣天气出行信息提示，充分利用候车厅广播、LED显示屏等及时发布道路通行情况和极端天气预警信息，提醒客运驾驶员和广大旅客注意行车和出行安全；三是做好宣传解释工作，遇有影响客车正常运行的恶劣天气和路况信息，客运站尽早向旅客发布信息、通告，要在站内醒目位置进行公示和提示，认真做好旅客解释和疏运工作，

2016年11月15日，鄂赣皖省际高速路网13方举行联合应急演练

确保旅客不滞留。防汛期间，全省各级道路运输管理机构调用应急运力货车949辆、客车1380辆，接送救灾人员12017人次，运送救灾物资29363吨，运输砂石料约15000立方米；出动工作人员3337人次、工作车辆1187辆，排查汛期安全隐患75处，检查运输企业245家，疏散劝离受灾群众133086名，填装砂袋7370包；准备冲锋舟13辆、橡皮艇4艘、编织袋84000条、彩条布4000平方米。为了强化综合实战和应急反应能力，8月在武汉市东西湖九泰驾校组织开展2016年全省运管系统客运车辆火灾乘客逃生和防汛抢险（战备）集结演练。有14家单位、95台应急车辆、近200人参加演练。

（黄继兵）

【水路运输应急管理】 修订《湖北省水路交通突发事件应急预案》，健全应急值班制度，完善水路应急处置预警预防机制，跟踪天气状况，通过平台、微信和短信及时发布预警信息近5万条。"98+"防汛期间，全省港航海事部门投入防汛救灾人员17290人次、资金2144.6万元，出动车辆1955台次、海巡艇2391艘次，转移受灾被困人员2598人次，成功处置撞击318国道李集老大桥的脱缆采砂船、疏通碍洪碍航的巴河航道内养鱼网箱、小渡船历时4昼夜参与封堵屈家岭鄢家堤溃口。

加快推进全省水上交通综合执法改革，充分利用水上交通执法资源，整合港政、航道、运政、海事行政执法职能，试点成立水路综合执法队伍，全面提升水上交通安全执法效能。荆州公安县在全省率先成立第一家由地方编制部门批复的水上交通综合执法大队，襄阳、仙桃、潜江等地先行先试，通过内部发文组建综合执法队伍。开展打造"平安水域"综合执法集中行动，逐片逐段全面查处违法违规行为，重点严查非法采砂、"三无"船舶从事运输、船舶违规排污、船舶超载运输等违法违规行为，加大对违规企业、船舶、船员处罚力度，出动行政执法人员3945人次、执法车辆610台次、执法艇635艘次，严查严处船舶2229艘次。

建立完善应急处置数据库，新增执法艇、执法趸船20艘；新吸纳社会打捞船9艘、拖轮44艘；建立首个潜水员数据库，首批42名潜水员入库。开展从业人员、船员和乘客参与的乘客转移、人命救助等水上应急演练，提高水上交通应急搜救的针对性和可操作性，不断提升应急处置能力。荆州、宜昌等港航海事部门联合长航公安、长江海事、环保等部门分别在中石化柳林洲油库码头、中石油宜昌油库等重点港口组织开展危险货物安全应急演练。武汉市港航海事局联合市轮渡公司在汉江琴台码头水域举行一次船舶消防、乘客疏散及救生联合水上应急演练。

围绕打造"平安水域"，开展"安全生产月"、水上交通安全知识进校园等活动，发放宣传资料3万余份，布置展板90余块、标语横幅290余幅，直接受教育学生1000余人。举办全省水上交通安全应急工作培训，进一步提升全省水上安全应急管理人员业务素质和能力水平。举办全省交通运输行业"品质杯"船舶驾驶员职业技能大赛，评选出全省地方海事系统"十佳船员"、集体优胜奖3名和组织奖2名，进一步提高水路交通执法艇船员巡航救助、现场执法及其他突发事件应急处置能力。

（杨勉红）

交通财务费收和筹融资

【交通预算管理】 出台《省交通运输厅部门预算管理工作考核办法(试行)》，强化厅直各单位预算主体责任、依法理财理念，突出预算刚性约束，进一步提升预算管理整体水平。

预算编制。强化预算编制主体责任，厅机关及厅直属单位均成立预算编制领导小组和工作专班，形成分工明确、协调有力、沟通顺畅、上下联动的预算工作机制。组织召开预算编制动员大会、新预算法宣贯培训会、预算编制业务培训会，印发预算编制工作实施方案，明确三年支出规划和预算编制具体要求。预算编制坚持从紧从严，项目支出控制数按照"先做减法、再做加法、统筹平衡"的原则下达；对确需新增的项目，按一事一议严格实行"准入制"；压缩一般性支出，"三公"经费同比下降。

预算执行。督促地方加快车购税结余资金使用，按月向交通运输部上报结余资金使用情况，召集市县约谈、督促资金使用进度，提高工作效率和资金使用效益。探索编制交通全口径预算、三年项目滚动预算、将交通建设养护资金纳入财政预算管理进展情况和预算公开等有关情况。将财政拨款收入、非税收入、政府性基金收入、结转资金、老账户资金、中央资金等收入全口径纳入预算。科学编制三年滚动支出规划，新增项目在规划额度内通过调整支出结构解决。将农村公路建设、公路及航道养护等建养资金纳入年初部门预算，提高年初预算到位率。

绩效管理。采取"事前申报绩效目标和指标、事中开展绩效日常监督、事后进行绩效评价、财政部门选择性组织重点评审"的方式，建立贯穿项目支出"事前、事中、事后"全过程的绩效管理模式。加大绩效评价力度，部分重点项目委托第三方开展独立评价，并形成绩效评价报告。建立预算绩效管理制度、评价指标体系和开展项目绩效评价试点。印发《湖北省交通运输厅预算绩效管理实施办法(试行)》，明确预算绩效管理实施主体、适用范围，并对组织管理、绩效目标管理、绩效跟踪管理、绩效评价管理和绩效评价结果应用管理等提出具体要求和操作规程，将绩效管理工作科学化、精细化。探索建立并逐步完善针对不同评价对象的绩效评价指标体系，省级预算指标体系实现全覆盖，共性与个性指标相结合并能突出重点，绩效目标体现弹性、可行性、关联性和可控性，绩效标准的来源和口径相对科学、合理，整体支出与项目支出、项目长期目标与年度目标保持紧密关联，整个绩效指标体系量化、直观、便于考核。2016年，省交通运输厅完成公路养护工作经费等3个项目的绩效跟踪试点工作，以事中评价为纽带，在项目进行过程中实行动态跟踪管理，把绩效目标的设置和绩效目标的实现紧密结合起来，及时发现存在的问题，逐步引导实现绩效目标。

(黄河清)

【全省交通费收】 2016年，全省高速公路、长江大桥通行车流量2.54亿辆，日均69.30万辆，比上年增长19.88%。其中收费车流量2.14亿辆，日均58.44万辆；路网征收通行费177.43亿元，日均4847.92万元，比上年增长4.76%。路网车流量和通行费收入实现稳定增长，创下历史新高。全省普通公路收费站完成通行费收入约2亿元。渡口为满足不断增长的渡运量需求，在确保安全前提下，增加航次、延长渡运时间，比上年增加渡运航次0.27万次、增加渡运车辆40.06万辆。

降低高速公路收费标准10%。为有效降低企业物流成本，激发市场活力，优化发展环境，促进经济平稳健康发展，自2016年6月1日起，全省实行联网收费的高速公路、长江大桥收费标准，在现行收费标准基础上降低10%左右，6—12月减收通行费9亿多元。

落实"绿色通道"车辆免费通行政策。落实"绿色通道"运输优惠政策和重大节假日7座以下小客车减免政策，全年减免绿色通道车辆634.97万辆，日均1.73万辆，免费金额24.99亿元，日均682.76万元；4个重大节假日通行小客车流量2047.52万辆，减免通行费约11.26亿元，政策执行率100%。

推广电子不停车收费系统(ETC)。全省高速公路各收费站统一安装银联POS系统，现场缴纳车辆通行费可选择现金支付、刷卡支付(银行卡、储值卡)、ETC不停车支付、微信扫码支付等4种方式进行，全年高速公路电子收费交易额41.23亿元、交易量5501.82万辆，分别比上年增长204%、135%。全年电子收费使用率及支付率，分别突破28%和30%。全省高速公路340个收费站全部开通ETC车道，全省高速公路ETC覆盖率98%，其中主线收费站ETC覆盖率100%，并逐步向普通公路收费站延伸应用。通过新增中国银行、邮储银行、农信社等金融机构，全省ETC合作银行6家，发展用户约193万户，建立"一站式"客服网点2226个，全面实现省内市地级县网点全覆盖。同时，为进一步降低企业物流成本，将ETC客车用户5%优惠政策，延续至2018年5月31日。对使用通衢卡电子支付的货车用户给予10%的优惠，6—12月，货车使用通衢卡优惠金额约4000万元。

开展收费专项清理检查。成立领导小组和工作专班，印发开展收费专项清理规范工作实施方案，采取自查自报与重点抽查相结合的方式，在全省交通系统开展收费专项清理规范工作。重点检查是否存在违规设立收费项目，是否存在擅自提高收费标准、扩大征收范围的行为，是否存在拖延、拒绝执行已明令取消、缓征、免征的收费项目，是否存在将政府职责范围内的事项交由中介组织承担并收取费用，是否存在借助行政权力垄断经营、强制服务、强行收费等内容。

强化涉企收费监督管理。坚持涉企收费信息公开，对收费项目、收费标准、收费依据和收费范围，通过政务网、收费广场、执法场所设置公示栏等方式对外公示，自觉接受社会监督和财政、物价、审计等部门的监督管理。开通监督举报电话和网上投诉窗口，利用门户网站、行风热线搭建与企业对话的平台，建立和完善社会监督网络。

建立完善费收管理制度。修订印发《湖北省高速公路联网运营检测规范》《湖北省高速公路系统费收管理综合考核办法》《湖北省高速公路系统标准化收费站建设指导意见》，进一步规范新路段联网检测要求，提高收费管理考核的合理性和标准化收费站建设的可操作性。在联网收费管理方面，制定《湖北省高速公路联网收费数据修改管理规定（试行）》《湖北省高速公路联网收费清分管理办法（试行）》《湖北省高速公路联网收费通行卡管理办法（试行）》《湖北省高速公路电子不停车收费特殊情况处理规范》《湖北省高速公路联网收费黑（灰）名单车辆信息管理规定（试行）》等一系列管理制度，并对联网收费ETC车道操作、系统封账、军车ETC通行操作、"通衢卡"圈存操作流程、ETC逃费车辆信息处置流程、电子收费（ETC）汇缴专户利息结算等具体工作进行明确和规范，结合ETC电子支付率不断上升的新情况，研发并启用高速公路联网收费车辆通行费清分校核系统，进一步建立健全和完善全省联网收费管理制度及操作流程。

开展联网稽查工作。组织开展全省联网稽查活动2次，稽查范围覆盖全省各联网收费路段。进驻重点站所严查换货、换卡、假冒和混装"绿色通道"车辆、货车使用冲（跳）磅、千斤顶、假轮轴等突出逃费行为；严查在ETC车道跟车冲岗、大车小标等逃费行为；同时抽查50多个收费站的文明服务、操作流程等，路网收费运营秩序进一步优化。各单位在收费稽查工作中积极挖掘大数据资源，通过检索400余万条过车数据，对"即下即上""单车头进出站""短途重载""轻载长途""收免并存"等相关类型车辆进行分析、筛查，全年下发黑名单车辆925辆，成功对700辆黑名单车辆补收通行费。

严把新路设站收费联网关口。以联网运营检测规范为依据，对新建的保宜襄阳段、麻安宜保段、利万、岳宜宜昌段、宜张当枝段、宜张宜伍段、潜石、圈环仙桃段、咸宁西段、麻阳、嘉通南段和北段等12个高速公路项目进行联网运营检测，通过查阅项目文件资料、现场察看道路状况、检测机电系统性能、考核员工培训效果等多种方式，按照检测标准逐条打分，督促整改落实，严把新路段准入关，确保新建路段平稳实现联网开通运营。

开展费收系统劳动竞赛。开展费收"争当业务能手、争做服务标兵、创建标准化收费站、创建服务示范窗口"为主题的"双争双创"竞赛活动，着力提升全省收费管理水平和服务质量。全年通过路段申请、路网交叉检查评定，推树蔡甸收费站等26个收费站为标准化收费站。至此，全省路网标准化站所51个，覆盖率15%。成功举办2016年度湖北省交通运输厅"品质杯"高路系统收费业务技能竞赛活动，全省47家高速公路经营管理单位近万名收费人员参加。

（黄河清）

【全省普通公路费收】 2016年，全省普通公路收费站完成通行费收入1.99亿元，为年度目标的143.62%。1—12月渡口管理所开行航班6.97万次，安全渡运车辆149.56万辆次，收费站通行车辆1286.47万辆次。春节、清明节、"五一""十一"等重大节假日渡运和小型客车免费通行，通行7座以下小型客车124.53万辆，免收通行费1265.22万元，节假日期间渡运和道口通行正常，未发生交通事故及拥堵等现象。全省各渡口、收费站开展安全检查828次、费收稽查626次，排除隐患235起，其中重大隐患46起，组织职工安全培训1445人次，没有出现安全责任事故，实现安全生产零事故。进一步加强规范化管理力度，修改完善《通行费稽查管理办法》《收费站、渡口目标管理考核办法》，对渡口、收费站定期不定期开展检查考核和稽查、明察暗访活动10次，督办落实整改事项203项。专题督办三义寺渡口所人车混渡和荆州杨场收费站收费问题。完成宜昌当阳金沙、枝江石林、荆门沈集、潜江汉江大桥、荆松一级公路5个站点设站审核，其中金沙、石林收费站开征收费。7月31日，全省公路费收征管系统安全业务技能培训班在武汉开班。

（汪波）

【水路交通规费征稽】 出台《省交通运输厅关于印发船员考试收费标准及经营性道路客货运输驾驶员从业资格考试收费标准的通知》《省港航海事局关于规范船员考试收费管理的通知》，进一步加强和规范全省船员考试收费管理，全年征收船员考试费3.6万余元。严格执行"统收统支、收支两条线"管理规定，全额上缴省国库。对于少数市州由于经济下行和企业效益不佳等原因欠解的水路交通规费1138万元，加大清欠力度，通过多种方式清收入库，2016年欠缴规费全额上缴省国库。组织开展"违规收费"专项整治工作，对9个市州、15个县市港航部门进行重点检查，覆盖面达到50%，涉及资金22131.44万元，发现3类问题，提出意见建议1条。

（朱晓晨）

【交通建设筹融资】 建立稳定的部省补助资金渠道，落实交通专项资金"四个不变"政策，将成品油基数和增量资金全额安排用于交通发展。开展"十三五"投融资政策研究，完成《关于"十三五"湖北交通运输筹融资的研究报告》等课题。推进与政策性银行的合作，12月15日，与国家开发银行湖北分行签订500亿元战略合作协议。各地累计争取农业发展银行信贷额度118亿元，其中2016年发放贷款23亿元，点军区、兴山县农村路网项目和五峰县公路灾后重建项目筹集公路建设资金总额11亿元。

推动融资平台转型。全省各级交通运输部门通过改善平台融资能力、创新平台管理制度、拓展业务及多元化经营等方式，推动平台转型发展。荆门市树立"有多少事找多少钱"的新理念，多元化筹融资，破解建设资金压力，签订融资合同98.4亿元，全年完成交通建设投资41亿元，比上年增长36%。荆门市交投公司成功运作荆门城区绕城公路等5个公路项目，累计收储土地3000亩，价值近30亿元；2016年宜昌市交投公司开展银行机构融资41.88亿元，与东方花旗证券公司合作发行企业债券，前期申报工作稳定有序。黄石市交投集团不断加大项目融资力度，基本落实银行授信25.21亿元，大冶市交投公司获各金融机构审批贷款及基金15.62亿元，实际发放贷款及基金15.32亿元。开展多层次的PPP项目推进工作，武汉至深圳高速公路嘉鱼北段、赤壁长江公路大桥2个项目纳入交通运输部第一批PPP试点项目；宜昌市秭归县香溪长江公路大桥项目纳入省级PPP试点项目；316国道河谷汉江大桥及接线工程纳入省级第一批政府和社会资本合作(PPP)示范项目。

（黄河清）

【利用世界银行贷款项目工作】 在宜巴高速指挥部和鄂西高速公路管理处配合下，完成世行代表团对宜巴项目开展的环境尽职调查和现场监测工作，此项工作的完成标志着宜巴项目正式收官。主动对接世行贷款雅口项目，按照年初世行办与省港航局确立的"一体化"工作机制，支持和配合世行贷款雅口项目的准备和建设。完成世行代表团对雅口项目的鉴别、准备和预评估工作，雅口项目正式进入招标采购程序，为2017年1月项目正式谈判做好准备。此外，选派2名中层干部到项目指挥部，直接参与项目建设和管理。以中央"精准扶贫"战略为契机和切入点，在学习借鉴福建省世行贷款农村公路改建项目和陕西省亚行贷款山区道路安全示范项目的基础上，对湖北利用国际金融组织贷款升级改造农村公路项目开展专题调研工作。

（向元）

【交通内部审计】 2016年，省交通运输厅审计办围绕交通运输工作目标，统筹各种审计资源，通过精准审计、精细审计，全覆盖、突出重点、重整改、突出落实，推标准、突出规范，成网络、突出效能，不断提升审计能力和水平，充分发挥交通内部审计在防错纠弊、优化流程、风险防控、提高绩效、推进廉政建设中的重要作用，服务交通运输事业持续健康发展。开展各类内部审计业务25项，其中经济责任审计6项、预算执行和财务收支审计5项、重点建设项目(资金)审计9项、高速公路养护工程专项审计2项、指导开展交通专项资金审计3项，提出审计整改建议80条。

强化审计监督，推进交通运输审计全覆盖。一是深入推进领导干部经济责任审计全覆盖。根据《省交通运输厅厅直单位党政主要领导干部经济责任审计实施办法》和年度审计计划安排，对湖北交通职业技术学院、鄂西高速公路管理处、武黄高速公路管理处、崔家营航电枢纽管理处、厅世行办、厅信息中心等6家厅直单位主要领导人进行任中审计，审计报告初稿基本形成。二是全面开展预算执行情况和财务收支审计。首次要求厅直各单位自行开展部门预算执行和财务收支审计，采取随机方式，抽取2~3家厅直单位进行审计复核，并将此项审计作为一项常态化工作每年定期组织实施。根据各单位情况，对省公路局、运管局、港航局、高管局4家参公业务局及汉十高速公路管理处开展年度部门预算执行和财务收支审计。三是继续开展公务支出和公款消费跟踪审计。按照《省交通运输厅公务支出和公款消费跟踪审计工作方案》，开展厅直单位及厅机关公务支出和公款消费跟踪审计；按照"四项整治"工作要求，开展机关食堂和培训中心专项整治工作。完成引江济汉指挥部、汉江整治指挥部津补贴发放、湖北交通职业技术学院成培中心审计回头看工作。四是强化交通专项资金使用审计监督。按照"谁使用、谁申报、谁管理"的要求，指导厅直业务局组织开展交通专项资金使用情况专项审计(调查)工作。主要有省公路局"十二五"农村公路建设专项资金审计、省港航局岛际和农村水路客运成品油价格补助资金、农村老旧渡船更新等涉农交通专项资金审计；省高管局2015年度路产损失赔(补)偿费收支情况审计。五是做好重点建设项目(资金)审计。年度内完成沪渝高速公路排湖互通、武汉至深圳高速嘉鱼北段、青山长江大桥、嘉鱼长江大桥、香溪河大桥等国高网、交通重点建设项目开工前审计；完成武汉沌口至水洪口高速、咸通高速、通界高速等高速公项目竣工决算审计确认。

加强内部审计网络建设，建立健全审计制度，提升工作效能。建立专项审计、财务收支审计、经济责任审计"点线面"相结合的审计监督模式，积极探索对厅直单位推动"两级设置、统一管理"的管控模式，对审计资源拟通过上移和集中实现优化配置，探索在审计计划、人员培训、外聘服务机构管理等方面进行统筹管理。对厅直单位自行组织的审计项目进行质量抽查，探索建立审计质量评价体系。编制审计实务操作指南(工作模板)，将一些常态化的审计方案和业务表格进行固化，提高审计业务标准化和共享能力。建立内训、交流、外部学习机制，推动审计人员结构的改善、素质的提高和审计业务质量的提升。

加大审计整改落实力度、充分发挥审计成果运用是根本。完善审计整改情况销号制，对2015年以来审计及其他部门查出问题的整改落实情况进行登记，加强督促检查，确保查出问题能够有效整改，推进审计成果的运用。配合完成原厅长尤习贵同志的离任经济责任审计、审计署收费公路资金使用和重大政策落实等多次专项审计，协助完成厅机关纪委交办的有关事项的核实工作和巡视整改工作。

（胡敏）

交通法治

【交通法治建设】 2016年，省交通运输厅法治建设工作以依法行政为主题，以法治交通建设为主线，突出完备的法律规范体系、高效的法治实施体系、严密的法治监督体系、有力的法治保障体系"四个体系"建设，为湖北综合交通运输改革发展提供有力支撑和法治保障。

深化认识，更新理念。坚持将依法行政、依法治理作为引领交通运输科学发展、跨越式发展的根本要求，不断提高运用法治思维和法治方式深化改革、推动发展、化解矛盾、维护稳定的能力。确立"坚持依法治交与科教兴交并举，统筹交通全面协调可持续发展"等"六个并举、六个统筹"的交通科学发展理念，推动形成"办事依法、遇事找法、解决问题用法、化解矛盾靠法"的良好法治环境，在法治轨道上推动各项工作。

固本培元，完善机制。根据法治政府建设新形势、新要求，先后制定《湖北省交通运输厅关于贯彻实施〈法治政府建设实施纲要(2016—2020年)〉工作方案》《关于贯彻落实〈2016年全省普法依法治理工作要点〉的主要措施及明确责任的意见》《湖北省交通运输厅关于推行法律顾问制度的实施意见》和《湖北省交通运输厅法律顾问工作规则》，印发2016年全省交通运输系统法制工作要点，将法治建设纳入各部门年度目标管理责任。建立完善领导干部法制讲座制度、科学依法民主决策制度、党组中心组学法制度、机关公务员普法考试和厅领导督导处(室)学法用法制度等法治建设长效机制。

深入研究，扎实推进。落实《党政主要负责人履行推进法治建设第一责任人职责规定》，厅长履行法治建设第一责任人职责。2016年，厅领导班子集体学习宪法法律和党内法规4次，厅党组和厅长办公会先后10次讨论研究依法行政和执法改革工作，研究部署法治单位创建、法规制度建设、行政审批制度改革、法治建设试点、建立法律顾问制度、行政复议应诉等依法行政工作中的重大问题，对推进法治交通建设的指导思想、主要任务、工作措施及实施步骤提出明确要求。组织全省交通运输系统法制领导干部和法制工作人员集中培训4次，培训干部380余人次，配发法治政府建设学习资料40套、160余册，有效促进依法行政各项工作的落实。

2016年，宜昌市交通运输局、恩施州公路管理局黄建生分别被评为全国"六五"法治宣传教育先进单位和先进个人；省交通运输厅、省高管局、宜昌市交通运输局被评为全国交通运输系统"六五"普法先进集体；武黄高速公路管理处被评为全省"六五"普法先进集体。

(鲁军)

【交通行政立法】 完善综合交通运输法规体系。全力推进《湖北省公路路政管理条例(修订)》立法审议，年初成立由厅长任组长的《湖北省公路路政管理条例(修订)》立法工作领导小组，工作专班多次到市州县和基层执法一线调研、走访，召开座谈会、咨询会、专家评审会20余场，整理资料53万余字，如期通过省十二届人大常委会第二十五次会议审议。积极争取省政府出台《湖北省高速公路服务区管理办法》《湖北省民用机场地区管理办法》，启动《湖北省高速公路联网收费管理办法》《湖北省出租汽车管理办法(修订)》等前期工作。根据省人大和省政府要求，对6部地方性法规和8部规章进行清理，并对其中3部提出修改意见。全省实施中的交通运输地方性法规、自治条例14部、政府规章13部，数量位居全国前列。

开展规范性文件审查试点。3月，省交通运输厅被省政府法制办列为全省4家规范性文件合法性审查机制试点单位之一。省交通运输厅成立试点工作领导小组及办公室，以制度、标准建设为突破口，从界定范围、明确标准、健全制度、规范流程、创新方式、提升能力等6个方面开展试点，相继出台《湖北省交通运输规范性文件管理办法》《关于完善规范性文件合法性审查机制的意见》《关于做好湖北省交通运输规范性文件清理工作的通知》等制度文件，其中部分经验做法被省政府法制办采纳和推广。编印《省交通运输厅规范性文件合法性审查暨廉洁性评估资料汇编》100册分发机关处室，对5件规范性文件(含重大行政决策)开展合法性审查，率先对24件规范性文件进行全面清理，废止和宣布失效3份，清理结果通过门户网站向社会公示。

(鲁军)

【交通行政执法】 深化行政审批制度改革。制定下发《省交通运输厅关于进一步深化交通运输行政审批制度改革的通知》，按照"能减尽减、能放尽放、能合尽合、管就管好"的原则，对省级道路运输和水上运输许可事项进一步下放，全年下放行政审批事项8项、取消行政审批事项4项。落实交通运输部关于跨省大件运输并联许可试点工作要求，在全国率先完成部级平台联调联试，配合做好全省投资联审平台建设和审批工作。在行政审批三级联网协同办理基础上，强化省级行政审批业务网上监督检查，协调厅直业务局做好平台对接工作，实现审批事项网上审批率80%以上的目标。

推进综合执法体制改革。按照"整合力量、理顺关系、规范队伍、提高效率"的基本思路和"三综合、一整合、两保障"的工作目标，深化"交通运输综合行政执法改革研究"工作，稳妥推进综合执法改革试点。全省水路交通综合行政执法体制改革全面启动，率先在全国取消和暂停征收水路交通规费，整合水上交通行政执法职能，通过内部转岗、择优录取，组建全省水路交通综合行政执法机构。公路路政、运政分别在山区、丘陵、平原地区选取十堰、当阳、潜江、鄂州等地开展综合执法改革试点，引导和鼓励各地交通运输主管部门、高速公路管理机构实践探索"一地一运管""一城一队伍""路运融合"等综合执法模式，不断完善"路警共建"机制。

加快执法信息化建设。按照交通

运输部有关行政执法综合管理信息系统工程建设实施总体方案和试点要求，投入160万元，开发完成行政执法综合管理信息系统一期工程，开展后续工程可行性研究和初步设计任务。11月，组织全省市县交通运输局及一线法制骨干193人开展执法系统业务培训，在全省范围内启动综合执法信息系统试运行工作。

（鲁军）

【执行队伍建设】 推进执法队伍职业化建设。实施交通运输行政执法人员考试准入和资格审核制度。按照全省"两证"换证工作要求，完成交通运输省级执法主体、执法人员资格清理和网上申报，组织760名执法人员参加全省"两证"换证工作通用法律知识考试，考试通过率90%以上。省公路局、省港航局、省高管局对新近招录、转岗的交通运输执法人员进行任前培训和岗位教育 组织岗位大练兵、能力大比武活动，不断强化队伍素质。

组织交通运输法治业务培训。1月1日起，全省12个设区的市(州)在城市建设与管理、环境保护、历史文化保护方面依法行使地方立法权。为建立完备的交通运输法规体系，打牢依法行政的制度基础，3月份组织举办全省交通运输立法技术培训班，100余名法制工作分管领导和法制机构人员参加培训。组织交通运输系统领导干部和执法骨干参加业务培训讲座，加大交通运输系统人员教育培训力度，提高规范化执法水平。深化法制宣讲团"送法进基层"活动，及时调整师资队伍、更新课程设置，分别在五峰、黄冈、襄阳等地组织开展"送法进基层"活动8场，培训执法骨干1000余人次。

（鲁军）

【普法依法治理】 制定印发《全省交通运输系统法治宣传教育第七个五年规划》，全面落实"谁主管谁普法、谁执法谁普法"的普法责任制，利用"五月法制宣传月""7·11"航海日、"12·4"法制宣传日等重要普法时机，在交通运输全行业中积极宣传宪法和交通法律法规，深入交通企业、客运站场渡口、高速公路服务区等场所发放法制宣传册、服务手册，现场为群众答疑解惑。全省交通运输系统印制发放服务手册、宣传卡、年历等宣传资料4万份，组织开展大型专项普法宣传活动10余次，出动宣传人员1.5万人次。拓展法制宣传平台，加强与电视台、广播电台、报刊、门户网站等专业媒体合作，开设路况整点播报、普法专栏等栏目，制作反映交通执法专题宣传片和微电影，传播交通执法正能量。10月，省公路局制作的《超限运输猛于虎》、省高速公路路政执法总队黄黄支队制作的《高速公路法规宣传动漫片》成功入围2016年湖北首届法治微电影优秀作品。全国首个渡运安全主题公益广告片《重视渡运安全是对生命的尊重和守护》，在各省、市、自治区电视台播放，以"全国十大最美职工"陈红涛为原型制作的微电影《英雄》《制服》在微信、微博、优酷、大楚网等网络平台获热播和大量点击。组织开展法律法规知识竞赛、演讲征文比赛和执法技能比武，开展书画摄影作品和法制好新闻评选活动，有效促进法治工作经验的总结、交流和宣传。

（鲁军）

【厅行政审批工作】 2016年，省厅行政审批工作突出服务、规范、精简关键词，按照简政放权、放管结合、优化服务的总体要求，充分履职尽责，以改革促发展，以规范促管理，以支部建设促队伍素质提高。全面落实中央、部省和厅党组有关进一步深化行政审批改革的各项要求，切实将审批管理职能向审批服务转变，努力实现交通运输行政审批规范化、业务办理标准化、审批全程公开化、审批服务人性化，全力打造全省交通运输最优发展环境。全年办理省级行政许可8612起，提供各类咨询服务2941次。

突出简政放权，深化"放管服"改革。制定下发《省交通运输厅关于进一步深化交通运输行政审批制度改革的通知》（以下简称通知），按照"能减尽减、能放尽放、能合并尽量合并、管就管好"的目标实施简政放权，落实审批和监管责任，方便基层群众办事创业。组织开展《通知》落实督办和"交通审批项目专项整治"。在网上公开省级权责清单，建立清单动态调整机制，规范权力运行，指导市县级权责清单制定工作。进一步推进省级事权取消和下放，发文并实施下放8项省级事项，即更新砍伐公路用地上树木的许可（国、省道），内河船员一类适任证书核发，船舶油污损害民事责任保险证书或者财务保证证书核发，危险化学品水路运输申报人员资格认可，危险化学品水路运输集装箱现场检查员资格认可，省际普通货船船舶营业运输证核发，从事省际市际客运经营许可，从事省际市际道路旅客班线经营许可；取消4项省级事项，即机动车驾驶培训教练员从业资格证认定，道路运输经理人从业资格证的核发，道路运输经理人职业能力评价(中级)3项行政确认和对港务费(含船舶港务费、货物港务费)的征收。结合行政职权事项取消、下放及简政放权精神，向省人大提出有关法律、法规修改意见。按照国务院及省政府相关要求，依法梳理"先照后证"事项，配合省工商部门，完成《湖北省工商登记后置审批事项目录》，交通系统进入目录16项。

推进网上审批，促进服务创新。完善网上审批工作，完成政务服务及省政府网上平台有关工作。加强湖北交通运输审批服务平台维护管理，适时调整网上审批目录 进一步明确网上审批事项权责划分，修改网上审批单。对省级审批业务上网办理进行监督检查，实行每月通报制度。协调业务局平台对接工作，实现省确定的网上审批率达80%以上的目标。积极落实交通运输部推进跨省超限联审工作，湖北省作为交通运输部跨省大件运输并联许可试点省，在试点7省市中率先完成部级平台联调联试，并承办交通运输部公路局主办的7省市联合审批试点工作现场调研。配合做好全省投资联审平台建设和审批工作，制定下发《交通运输厅关于规范使用省投资项目联审平台的通知》，对联审流程进行规范，强化办理时限、审查要求、责任到人。

提高审批质量，规范行业监管。开展审批标准化建设，选定公路重点事项，召开"审查工作细则"专题讨论会，以促进其他事项突破，编印2016年版省级行政许可《服务指南》，制定《省级涉路施工许可审查细则》，并督促厅直业务局和机关处室出台审查细则。加强重点事项管理，对办件量大、安全影响大、涉及各方利益复杂的具体审批件专题研究，加强涉路施工许可的监督把关。推动事中事后监管，明确业务局的监管责任，对不同领域监管重点提出要求。组织开展全省交通运输系统审批制度改革"回头看"，到市州交通部门开展调研，对省级审批事项的事中事后监管开展督促抽查，对7个市州涉路施工现场进行核实，推动落实安全管理要求。

开展"红顶中介"清理，规范审批中介市场。按照省政府总体部署，下发交通行业"红顶中介"清理《工作方案》，对全行业审批过程中的中介服务进行摸底调查，对厅直业务局、市州交通局和相关行业协会、企业的中介活动全面加以规范，全面落实"红顶中介"整治工作。在省联合检查组进驻前，成立工作专班安排具体工作，主动提前到市州筹备迎检事宜，推动整改，配合省检查组开展一系列重点检查和资料收集工作。进一步规范中介服务管理，形成省级中介服务事项清单14项内容，并在网上公布。督促协调厅直单位完成省政府中介平台有关信息录入和审核等工作。

落实"两学一做"，加强"窗口"管理。结合"窗口"特色，以"做服务标杆，促改革发展"为主题，推行严格抓风气、严格抓主业，提升素质、提升服务"两严格、两提升"支部工作方法，做到制度上墙、指南上架、提示上屏、责任上肩、服务上心、全员上阵。编制出台政务大厅党建和纪律管理制度，加强纪律约束。设置党员示范岗，明确示范岗要求。定期开展服务对象回访工作，通过电话回访、当面回访等多种方式搭建沟通桥梁，听取群众意见，进一步提高服务质量，实现廉洁审批。优化审批服务，推行延时服务、快递送达和上门服务。内河一类船员适任证书核发下放至武汉、黄冈、宜昌、荆州之后，每年约有2000名船员能够在属地就近办理。网上申请、快递取件，节省了办理经济成本。政务服务大厅实施快递上门服务以来，每年约有2000个证件直接寄给行政相对人。省级事项实现网上审批以来，每年约有2400件审批由行政相对人在家中通过互联网直接申请。

（鲁琴）

【高速公路路政管理】 持续开展法治路政、服务路政、素质路政、科技路政、文化路政"五型路政"建设，提升信息化管理水平，推进执法站点建设，开展超限运输治理。全年发生路产损失案件6167件，结案6081起，收回路产损失赔（补）偿费6618万元，结案率98.7%，索赔率98.3%，路产设施完好率100%。无重大安全责任事故，无行政复议及行政诉讼败诉案件，无公路"三乱"现象。

制度规范体系不断健全。印发《湖北省高速公路路政许可管理办法》《湖北省高速公路行政许可监督管理规定》，修订《湖北省交通运输厅行政许可审查工作细则》，进一步完善行政许可管理制度。开展"路政宣传月"活动，建成启用30块公益宣传广告牌，省高管局获全国"六五"普法先进单位。组织开展路政执法考评交叉检查，纳入第三方考评机构协助开展路政执法检查，完成交通运输部组织的年度执法信息化考核评议系统资料录入工作。全年办理行政许可事项2564件，无一投诉举报。清理整顿违法设置的非公路标志标牌，加大重点桥下空间清理整顿力度，实施行政处罚36起，申请法院强制执行1起。制定印发《湖北省高速公路货车违法超限超载行为专项整治行动方案》《关于成立省高速公路货车非法改装和超限超载治理工作领导小组的通知》《关于成立省高速公路货车非法改装和超限超载治理工作专班的通知》，成立治超工作专班，进驻应急中心启动运转。完成全省高速公路超限超载运输车辆基础数据分析，为治超工作提供数据支撑。2016年，全省高速公路超限率3月份货车超限率14.35%，9月份降至9.35%，10月份降至2.37%。

清障施救监管趋于规范，及时确定武汉城市圈环线、嘉通等新开通高速公路清障施救服务单位。坚持推进执法人员规范管理，完成执法人员资格清理和约700名执法人员信息录入；研究黄石大桥、鄂黄大桥路政执法机构问题。做好路政机构派驻管理，对武深高速嘉鱼至通城段、保宜高速的襄阳段、宜张高速宜昌段派驻路政管理机构。完成路政执法管理平台的研发、测试和上线运行，规范基础信息、路政巡查、路政案件处置、报表统计等路政核心业务运转管理。完成路政车辆和施救车辆视频监控安装调试，启用路政执法终端app应用，实现路政执法现场和清障施救服务远程监管，显著提升路政队伍执法服务水平和应急处置能力。全省高速公路启动路政执法光纤接入项目建设，完成路政支队、大队硬件设施和网络安全设备安装调试，初步搭建路政执法通信网络。推进执法服务点建设进度，37个执法服务站点中有36个在施工中。

（李虎子）

【普通公路路政管理】 治超工作成效显著。省、市、县三级政府成立或调整治超领导小组和日常办事机构，以治超工作会、推进会等形式安排部署工作任务，印发治超工作实施意见等文件，明确任务、压实责任、保障经费，政府主导的治超格局基本形成。交通系统公路、运管、高速公路部门联合治超率先迈出步伐，联合公安厅等五厅局开展两个专项行动，明确任务时限和责任分工，治超力量得到巩固加强。各市州积极推动落实交警、运政驻站联合执法，向交警移交超限车辆4563台，整治非法改装车辆2555台。湖北、湖南、江西3省签署《长江中游城市群公路合作联席会第二次会议备忘录》，咸宁市与湖南岳阳市、江西九江市签署《岳阳、九江、咸宁省际交界区域联动治超协议》，联动范围向省际延伸。省内三大片区域联动治超措施有力，采取异地执法、集中执法等方式整合力量，有力打击非法超限运输行为。鄂东南片区从5市抽调30名执法人员集中在黄冈团风、黄州开展专项整治，鄂州、随州等市抽调执法力量开展集中整治，取得良好效果。启动省级治超信息管理系统升级，对治超站低速精检系统进行升级，保障超限检测站检测按新认定标准执行。启动50处不停车检测系统建设，印发《公路不停车超限检测系统建设指导意见》和《公路不停车超限检测系统建设指南》，18家企业通过资格预审，2个县市完成系统建设招标。全省路政部门检测货运车辆457.4万台，查处违法超限车辆37.8万台，卸货115.3万吨。超限检测站点货车检测数量增加12.33%，查处的违法超限车辆比上年下降14.48%，"双排车"基本杜绝上路行驶，集中治理、联合联动、严格执法的治超高压态势形成。

路域环境持续优化。各市州将路域环境整治与"绿满荆楚"等政府创建工程相结合，形成齐抓共管的良好局面。荆州以"绿满荆州"行动为契机，累计投入9000余万元美化公路通行环境。路域环境集中整治常态化，各地开展"集镇过境路段、公路非标志牌、违章建筑、乱搭乱占"等路域环境整治专项行动，完成40处国省干线集镇过境路段整治。恩施州清理公路沿线非公路标志牌；仙桃争取毛嘴镇政府出资700万元，打造全市过境集镇路段典范。路养联合巡查常态化开展，路政人员进驻公路管理站比例逐步上升，占路、损路违法行为查处率持续提高，路域环境管理总体受控。全年查处路政案件13867起，拆除违章建筑642处，清理非公路标志21101块，清理公路堆积物3万余处，清理占道经营2.1万处。林区等大部分市州路政案件结案率达100%。

执法水平稳步提升。修改完善路政管理制度，修改"执法服装管理、治超站考核办法"等6项制度，夯实顶层制度基础。许可管理服务不断深化，严把"材料、审核、条件"三道关口，杜绝违法许可、防止以权谋私；严格落实首问负责制、限时办结制等便民利民制度，提供优质服务；印发《关于进一步加强涉路施工许可监管的通知》，依法查纠未经许可非法擅自挖掘、占利用公路等侵害公路安全行为。全年受理涉路施工活动许可190件，受理超限运输行驶公路审批4075件，群众满意率100%。建成"标准化路政大队10个、标准化超限检测站10个，标准化队站创建率达50%，全省路政基层执法队站标准化建设取得阶段性成果。

队伍形象明显提升。组织开展路政大队长、超限检测站站长、公路行政许可培训，各市州举办培训班230余期，培训人员8000多人次。武汉推行"5+3+2"(5分钟队列训练、3分钟法规学习、2分钟工作讲评)制度，实行常态化培训管理；孝感市坚持推行路政执法全员季度考核制度，考试不及格者采取补考、待岗等措施；天门定期对执法人员相互对调轮岗，培养全面性岗位人才。积极参与"98+"抗洪抢险，路政人员参与抗洪救灾2800余人次、投入公路应急指挥车700多台次。持续开展"双十佳"评选活动，徐军、王东红等用实际行动展现出"公路卫士"良好形象。采取内部强化督查、外部查处举报方式加强履职监督和行风监督，下达书面责令整改函4份，现场督促整改16起，印发督办情况通报2期。

（李振兴）

【道路运政执法监督】 全面开展规范性文件清理工作。7月底前完成近5年来的规范性文件清理工作，12月16日公布一批废止和失效的规范性文件。共清理规范性文件66件，其中公布废止19件、公布失效21件。对规范性文件进行合法性审查。省运管局印发《关于建立和完善局机关规范性文件合法性审查机制的通知》，成立规范性文件备案审查暨制度廉洁性评估领导小组，规定包括审查前准备、形式规范性审查、实体合法性审查等八项规范性文件合法性审查程序，对每项程序都有相应要求，在文件审查、公布和备案的时间上作明确要求。全年召开4次规范性文件合法性审查会议，审查5件局发规范性文件。指导市州运管机构参与交通运输部执法评议考核活动，宜昌运管处制作的案卷获2015年全国交通行政执法评议考核优秀案卷。更新执法依据数据库，编制四级协同系统执法平台中的法律法规依据条文，作出政策解答，为基层执法提供参考。完成全省运管（客管）机构执法骨干培训工作，11月，全省运管（包括客管、公交）机构近90名基层执法骨干参加培训，轮训教材做到执法人员人手一本。

（莫传琴）

交通科技与培训教育

【科技项目研究与管理】 扎实推进科技项目的实施。组织填报 2016 年交通科技项目任务书 27 个；组织完成《纳米改性粉煤灰用于路边坡生态修护的研究》等 33 个科研项目的验收鉴定，其中 15 项达到国际先进水平；组织 2017 年厅科技项目的申报工作。根据《湖北省交通运输厅科技项目管理办法》要求，印发《关于征集 2017 年湖北省交通运输厅科技项目需求的通知》，向全省交通运输系统、重点工程建设单位、交通运输行业重点实验室和高等院校公开征集科技项目推荐书 86 份。根据推荐书意见结合年度工作重点，制定 2017 年度湖北省交通运输科技项目申报指南。下达《关于发布 2017 年度湖北省交通运输科技项目申报指南及组织项目申报的通知》，受理网上申报科技项目 56 个。经过初审和专家网审，推荐应用基础研究类 16 项、交通运输建设研究 5 项、软科学研究 1 项、信息化技术研究 5 项、交通标准化建设研究 3 项、企业技术创新 4 项，共 34 项予以立项，对 29 项给予补助。11 月 25 日，印发《省交通运输厅关于下达 2017 年度交通运输科技项目计划的通知》。

序号	项目名称	承担单位
一、应用基础研究		
1	鄂西山区高速公路边坡运营安全远程监测与预警系统	湖北省交通运输厅高速公路管理局、湖北省交通运输厅鄂西高速公路管理处，中国科学院武汉岩土力学研究所
2	树脂沥青（ERE）高性能铺装体系在军山长江大桥钢桥面维修中的应用研究	湖北省交通运输厅高速公路管理局、湖北省交通运输厅京珠高速公路管理处，中南安全环境技术研究院有限公司，宁波天意钢桥面铺装技术有限公司，湖北省交通规划设计院
3	地锚式斜拉桥换索施工工艺与标准化研究	十堰市交通运输局、郧阳区公路管理局，武汉理工大学，中铁大桥局武汉桥梁特种技术有限公司
4	节能减排环保型温拌再生沥青路面关键技术研究	潜江市交通运输局，武汉轻工大学
5	中华传统道家哲学与文化融入现代交通高职教育的探索与实践	湖北交通职业技术学院，湖北加冠生态科技有限公司，武汉机电工程学校
6	内置式发热电缆路面除雪融冰有限元能效分析	荆州市交通运输局、荆州市公路学会，湖北工业大学
7	旧水泥混凝土路面沥青加铺层预防性养护关键技术研究	咸宁市交通运输局，武汉轻工大学
8	基于手机信令的区域重点路段安全预警系统	湖北省交通运输厅高速公路管理局、湖北省交通运输厅汉十高速公路管理处、金交恒通有限公司
9	湖北省农村公路安全生命防护工程实施技术研究	湖北省交通运输厅公路管理局、交通运输部公路科学研究所
10	纳米材料改性垃圾焚烧底灰用于边坡生态修复的研究	襄阳市交通运输局、南漳县公路管理局，武汉轻工大学
11	大跨度拱桥桥基复杂边坡施工稳定分析与安全评价	宜昌市交通运输局、湖北秭兴长江大桥建设开发有限公司
12	沥青混合料冻融损害细观力学机制和细观损伤评价	潜江市交通运输局，武汉轻工大学，南京工业大学
13	高强泡沫轻质土用于复杂地质条件下边坡支护关键技术研究	宜昌市交通运输局、五峰土家族自治县洋虎投资开发有限责任公司，湖北大学，广东首诚建设科技有限公司
14	面向领域工程的公路桥梁预防性养护健康管理系统研究	咸宁市交通运输局，武汉轻工大学
15	汉江丘陵地带桥梁悬索构件风荷载实测研究	十堰市交通运输局、郧阳区公路管理局，武汉科技大学
16	黄石港棋盘洲港区一期工程设备工程	黄石市交通运输局、黄石新港港口股份有限公司
二、交通运输建设研究		
1	武汉沌口长江公路大桥正交异性钢桥面 U 肋与面板双缝连接疲劳性能试验研究	武汉市交通运输委员会、武汉中交沌口长江大桥投资有限公司，中交第二公路勘察设计研究院有限公司，中交第二航务工程局有限公司，武船重型工程股份有限公司，华中科技大学，武汉理鑫自动化科技有限公司
2	武汉沌口长江公路大桥钢箱梁桥面铺装建管一体化及全寿命监测和养护的关键技术研究	武汉市交通运输委员会、武汉中交沌口长江大桥投资有限公司，招商局重庆交通科研设计有限公司，中交第二航务工程局有限公司，中交第二公路勘察设计研究院有限公司，重庆市智翔铺道技术工程有限公司
3	超大跨度中承式钢箱桁架推力拱施工成套技术研究	宜昌市交通运输局、湖北秭兴长江大桥建设开发有限公司
4	重载大跨径钢桥环氧沥青桥面铺装养护成套技术研究	湖北省交通运输厅高速公路管理局、湖北省路桥集团有限公司，湖北鄂东长江公路大桥有限公司，江苏中路工程技术研究院有限公司

续上表

序号	项目名称	承担单位
5	湖北香溪长江公路大桥工程沿线重点基础设施集群全寿命监测与管养系统研究	宜昌市交通运输局、湖北秭兴长江大桥建设开发有限公司
三、软科学研究		
1	依托村村通客车工程建设以站带点的城乡道路客运一体化模式研究	荆州市道路运输管理局，武汉工大研究所
四、信息化技术研究		
1	湖北省高速公路联网收费运营综合管理平台研究与应用	湖北省交通运输厅通信信息中心、湖北省交通科学研究所
2	基于手机数据的交通信息采集技术研究及示范应用	湖北省交通运输厅通信信息中心、湖北省交通科学研究所，湖北省高速公路管理局，武汉理工大学
3	高速公路联网综合数据在提升路网运行监测能力上的应用与研究	湖北省高速公路联网收费中心
4	湖北香溪长江公路大桥互联网+智慧桥梁建设体系研究	宜昌市交通运输局、秭归县屈乡交通建设开发有限公司
5	智慧公路大数据采集和挖掘分析平台	湖北省交通运输厅公路管理局、武汉武大卓越科技有限责任公司，湖北省公路管理局，武汉市路安电子科技有限公司
五、交通标准化建设研究		
1	电动汽车电气安全检测方法及技术标准	潜江市交通运输局，湖北工业大学
2	湖北省农村公路工程技术标准	湖北省交通运输厅公路管理局、宜昌市交通规划勘察设计研究院
3	水运交通事故应急响应流程标准与规范研究	襄阳市交通运输局、襄阳市地方海事局，湖北工业大学
六、企业技术创新研究		
1	湖北省微表处设计、施工关键技术的研究与应用	湖北省交通运输厅高速公路管理局、湖北省交通运输厅鄂西高速公路管理处，中南安全环境技术研究院有限公司
2	钢桥面铺装荷载谱与浇筑式沥青混凝土力学特性研究	湖北省交通重点建设领导小组办公室、武汉理工大学，重庆市智翔铺道技术工程有限公司，武汉中交沌口长江大桥投资有限公司
3	高速大扭矩商用汽车传动轴的拓扑优化与减振设计	潜江市交通运输局、湖北省丹江口丹传汽车传动轴有限公司
4	基于半刚性节点的临时支撑结构承载力分析与应用研究	湖北交通职业技术学院，湖北省路桥集团有限公司

全面规范科技项目的管理工作。组织开展2016年湖北省交通运输厅科技项目统计工作，对全年科技项目进行统计；开展省交通运输厅科技项目中期执行情况检查，按照《湖北省交通运输厅科技项目管理办法》要求，近三年的科技项目均正常开展，大部分项目完成鉴定验收，其余项目按计划完成鉴定验收。

组织完成2016年度湖北省科学技术奖推荐工作。根据《湖北省科学技术奖励办法》《湖北省科学技术奖励办法实施细则》以及《关于组织推荐2016年度湖北省科学技术奖的通知》要求，组织相关单位进行申报。经审查和专家评审，《半柔性水泥沥青混凝土路面结构与材料研究及应用》等4个项目符合申报条件，推荐申报湖北省科技进步奖。

组织完成2016年标准化工作。组织完成湖北省地方(交通)标准的编制、评审和上报工作，按照湖北省质量技术监督局《关于申报2016年度湖北省地方标准立项计划的通知》要求，对主管范围内的地方标准进行审核，经组织专家评估、遴选，《湖北省高速公路多义性路径识别技术要求》等4个申报标准项目，全部通过评审，正式立项。

（周建勋）

【标准化工作】 2016年，为规范湖北省普通公路、水运工程的质量监督工作，实现全省质量监督工作标准化、规范化、程序化，提升质量监督管理水平，提高质量监督工作效率，保障质量监督工作有序开展，相继发布《湖北省农村公路工程质量监督工作标准化指南》《湖北省水运工程质量监督工作标准化指南》《湖北省水运工程交竣工验收质量检测实施手册》《湖北省公路水运工程丙级监理企业资质审批办事指南》等地方标准。全省高速公路建设项目继续推行标准化设计、标准化工地、标准化工艺、标准化监理"四个标准化"和集中设置工厂化钢筋加工场、桥梁预制场、混凝土拌和站"三个集中"，严格督促参建单位按照工地建设标准化和工艺工法标准化的要求进行驻地建设和组织施工。建设单位积极开展标准化建设宣贯，强化从业单位及人员的标准化意识。厅质监局加强对项目开工前工地建设标准化达标情况的检查，督促建设单位做好"三场"、驻地的标准化考核验收工作，保证工地建设标准化落到实处。在质量督查过程中，注重分项工程的工艺施工质量控制，对标准化工艺落实不到位的工点，积极督促建设单位、监理单位抓好整改落实。

（胡永石）

【**交通环境保护**】 2016年，贯彻落实"五大发展"理念，把生态环境保护摆在优先地位，将绿色发展贯穿于交通规划、设计、建设、运营、维护全过程，加快绿色交通运输体系建设。

优化交通基础设施结构。全省"四纵三横"铁路网全面形成，高铁、动车覆盖除荆门、神农架以外的所有地市，以武汉为中心的快速铁路骨干网初步形成。"七纵五横三环"高速公路骨架网基本形成，普通国道二级及以上公路比重达到89%，98%的建制乡镇通二级及以上公路。全面建成秦巴山"生态环库路"、武陵山"清江画廊路"、幕阜山"特色香泉路"、大别山"红色旅游路"，加快"绿色循环路"建设。长江中游航道整治规划目标提前实现，高等级航道里程居长江沿线第一，汉江兴隆至汉川航道整治、引江济汉通航工程等重点项目顺利建成。全省"五纵四横"综合运输大通道建设初具雏形。

开展大气污染防治行动。交通运力结构明显改善，营运车船向低碳化、标准化、清洁化发展。推广新能源汽车，提升新能源车在城市公交、出租汽车领域的车辆比例，新增和更新新能源城市公交车1809辆、新能源出租车1278辆，分别占新增和更新车辆数的86.14%和45.11%。推进船舶标准化，全省共申请船型标准化补贴资金4801.65万元，涉及船舶206艘、21.6万总吨。推动企业新建高效节能环保的LNG动力示范船、大长宽比示范船、高能效示范船，全省新建LNG动力示范船2艘、5000总吨，核准新建川江及三峡库区大长宽比示范船16艘、12万总吨。推进武汉市国家公交都市建设，扎实开展武汉市、十堰市、荆门市低碳城市示范工程试点建设，启动全省公交优先示范城市建设。全省有1个国家公交都市创建城市，11个省级公交示范创建城市。

集中治理水污染。开展港口和船舶污染物接收、转运、处置能力评估，组织各地加快处置设施建设方案编制工作。进一步建立健全港区生活垃圾处置设施及机制，提高含油污水、化学品洗舱水等接收处置能力，编制船舶污染事故应急预案，加强应急能力建设。开展船舶防污染专项整治行动，重点对船舶废气、垃圾、油污水、生活污水防治和排放不达标的船舶等进行专项检查，成立督查组100余个，出动检查执法人员1000余人次，出动执法车艇196次，检查船舶955艘次，发放油污桶143个，立查立改船舶防污染问题300余处，申请船舶污染改造160艘、15.3万总吨。加大投入，鼓励推广港口岸电试点。作为"十三五"时期建设"绿色港口"的重点工作，严格按国家相关规定对新建和在建码头进行布置，并计划对已建码头进行改造。

全面督查，坚决杜绝黑码头"死灰复燃"。交通运输厅作为湖北省治理长江干线非法码头联席会议制度牵头单位，会同相关成员单位集中办公强力推进全省治理长江非法码头工作，并进行全面督办检查。下发正式文件30份、简报20期，召开1次新闻发布会，进行3轮专项督查。根据摸底排查结果，全省长江沿线清理排查出非法码头657个（主要是砂石码头），列入"取缔一批"范围非法码头367个、"规划一批"范围116个、"提升一批"范围174个。列入"取缔一批"范围367个码头全部取缔到位，规范和提升一批的工作有序开展。

多措并举，推进节能减排。在宏观管理方面，搞好客运运力调控，着力打造综合运输体系建设。全省完成站场建设投资132.56亿元，以促进公、铁、水、航空等多种运输方式之间的无缝对接，鼓励多元化运输组织模式，指导支持各地开展城际公交客运、城际约租客运、旅游直通车，发挥道路运输比较优势和"兜底"作用，在发展中做足短途、力保中途、长途有进有退。在结构调整方面，加快优化调整道路运力结构，提高车辆实载率、客座率和运输周转能力。在道路客运市场逐年萎缩的大环境下，引导规模小、实力弱的客运企业逐步整合，企业间优势互补、规模化经营，进一步提高线路管理水平，促进线路规范化、有序化发展。

（李鹏飞）

【**交通信息化**】 11月23日，印发《省交通运输厅关于公路水路交通运输"十三五"信息化建设发展指导意见》，对"十三五"全省交通运输信息化建设发展从总体思路、主要任务、重点工程、保障措施四个方面提出指导性意见。

积极推进交通运输信息化建设法规和标准化制修订。制定发布《高速公路多义性路径识别技术要求》《湖北省公路超限治理数据接口技术规范》《公路地理信息图层设计与规范》等技术标准。印发《公路不停车超限检测系统建设指导意见》和《公路不停车超限检测系统建设指南》，武汉市交通委员会制定发布《市交委交通信息化建设项目申报程序（试行）》，为行业信息化建设提供依据。

不断提高网络与信息安全防护能力。完成交通运输厅信息安全等级保护建设专项（二期）建设，厅网络与信息安全防护能力进一步提高。根据省等保办《关于开展2016年度网络安全执法检查工作的通知》、交通运输部办公厅《关于开展网络安全检查工作的通知》、省网信办《关于开展湖北省关键信息基础设施网络安全检查的通知》等要求，组织开展网络安全检查，检查政务内、外网网络系统和专网网络系统15个，路由器、交换机等设备65台，提交检查报告84份，并督促相关单位整改，保障2016年两会期间、G20峰会期间全省交通运输系统网络信息安全。完成驻厅纪检监察专网建设以及省政府"五合一"年审。组织网络与信息安全培训班，培训全省交通运输系统技术人员100余人，提高参训人员网络安全工作能力。

着力开展交通运输数据资源整合共享。进一步加强交通运输云数据中心建设，重点部署道路客运联网售票和道路运输四级协同管理与信息服务等系统。整合省公路局、运管局、港航局、高管局等单位36类基础数据，并在数据中心建设数据资源基础数据库，初步实现行业基础数据向省交通运输厅数据中心聚集。加强基础支撑平台建设，开发GIS平台和软件开发平台，初步实现公路地理信息全省"一张图"，做到信息数据一数一源。在支撑平台基础上开发大数据应用平台，实现GPS海量数据快速存储与查询检索，开发营运车辆电子围栏、营运车辆路线偏移动态监测、高速车辆超限运输实时监测、高速流量及迁徙实时监测等典型应用。按照交通运输部运政数据互联互通工作要求，在推广全省道路运政管理系统（交通部基本版）的基础上，6月前完成包括43个定时数据文件的上报（其中核心数据指标12个）、42个实时接口调试（其中6个实时接口实时上报数据）、23个资源目录文件传输接口调试，并实现42个跨省接口调试，完成与山西省的人、车转籍和备案调试等工作。7月份完成该项目验收，是全国第一批完成此项工作的8个省份之一。

电子政务建设保持良好发展势头。省交通运输厅门户网站全年公开湖北交通信息2.4万余条，处理各类网上诉求信件384件，在线沟通219人次。9月，厅政府门户网站升级改版成功上线。12月，完成厅主站和5个业务局网站集约化建设，整合APP客户端、微信终端和无障碍阅读等个性化服务，在统一平台的基础上实现网站集约化管理和信息互联共享。厅网站在省直部门网站绩效评估中连续五年取得第一名，在全国交通运输行业网站绩效评估中连续四年取得前三名。升级网上审批服务平台，纵向从省级覆盖至县级，横向对接交通运输各行业管理系统、省市县政务服务中心，与交通运输部6大部级平台协调对接，实现数据共享。推行红黄牌预警机制和手机短信提醒，与省审批平台、电子监察平台对接，实现全过程监督检查。开展"互联网+"高速公路公众出行服务平台建设，推进微信、APP、地图、视频等互联网技术融合，整合各类信息资源，建立"互联网+"高速公路出行服务平台，以"湖北e出行"微信公众号、APP为主要载体，方便出行公众获取出行信息。

电子商务有新进步。推进ETC"通衢卡"建设，依托"互联网+"技术，规范ETC运营管理，持续优化ETC用户服务，加快ETC技术升级，规范合作银行流程，下半年新增中行、邮储、农商三大合作银行。截至12月31日，湖北高速ETC"通衢卡"用户192.11万户，年度增量突破90万户，开办网点2226个。

重点项目、工程建设有新成果。公路水路安全畅通与应急处置系统工程，完成核心网络改造与机房配套工程、省级平台、系统设计与开发等建设以及培训，项目主体工程全部通过验收并试运行。交通运输统计分析和投资计划管理信息系统工程，完成软硬件设备采购安装等，项目通过验收。公路水路建设与运输市场信用信息服务系统工程，完成系统软件开发测试，支撑软硬件采购及集成等，所有分项工程通过验收。服务监督电话12328投入运行，建成湖北交通运输服务监督电话综合服务平台，实现业务受理、工单流转、查询反馈、服务跟踪、统计分析等业务功能以及考核管理、运行监督等管理功能，11月10日，全省17个市州52个坐席全部上线试运行。省级交调数据中心平台建设及系统工程（轴载站）建设初步完成，按照国家级公路交调站布设要求，普通公路45个新建站的外场站点建设基本完成，省级交调数据中心平台建设及系统工程（轴载站）建设初步完成。推进湖北省道路运输四级协同管理与信息服务项目建设，8月完成项目招投标，签订项目建设合同，完成现场需求调研工作，形成需求分析报告，10月底需求规格说明书通过专家评审。开展省北斗导航应用示范项目中农村客运应用示范工作，10月底，农村客运车辆数量在省局运政系统中22760辆，入网联网联控平台13497辆，其中安装北斗系统6448辆，形成《关于湖北省北斗导航应用示范项目中农村客运应用示范推广应用相关情况的报告》。建设推广全省危险货物安全监管基础信息系统，涵盖港口危险货物基础信息掌握、作业申报审批、隐患排查治理、项目建设管理等方面，同时与长江海事局专网联通，实现船舶库、泊位库、危险品库及实时危货申报数据统一共享，9月该系统正式投入使用。启动电子巡航试点示范工程建设，在汉江河口至蔡甸33公里航段内，整合水上搜救应急管理系统、AIS系统、VTS系统等信息化系统的数据资源、视频资源，开发资源集中并具备巡航救助一体化功能的信息化平台，完成该项目前期工程可行性报告编制工作。

（周建勋）

【厅直职工教育与培训】 7月26日，印发《关于印发2016年度湖北省交通运输厅举办培训班计划的通知》，对厅办培训班的组织、人员管理、经费使用及厅直单位结合本单位业务需要自办的培训班一并提出明确要求。年度安排厅办培训班68个，培训6908人。组织参加交通运输部及行业内机构组织的培训班30期、培训396人。做好西部地区扶助政策落实，继续把享受西部地区扶助政策的恩施州作为西部培训重点加以扶持，全年补助恩施州交通运输局专项经费10万元，用于恩施州交通运输行业干部培训，参加部省业务培训37人。

组织开展第19届全国推广普通话宣传周活动，全省交通运输系统围绕"大力推进和规范使用国家通用语言文字，助力全面建成小康社会"宣传主题，结合工作实际，张贴宣传画、推广规范文明用语、组织主题演讲、清理站场、路段广告牌、道路指示牌等，增强规范使用语言、文字的意识和能力，提升服务质量。

（周建勋）

【湖北交通职业技术学院】 2016年，学院以创建全国优质专科高等职业院校、交通运输高水平优质职业学

2016年2月26日,召开湖北交通职业技术学院第三届教职工代表大会第二次会议

校为目标,注重创新引领,不断强化内涵建设。以建设新校区和品牌院校为重点,加强质量管理和"三风"建设,深化校企合作、产教融合,不断提高人才培养质量、推动学校各项工作科学发展。全年招收高职生3885人,全日制在校生规模达12846人。其中,高职生12652人、中职生194人。依托大学生创业特区,积极开拓就业市场,年终就业率达98.87%,位居全省前列。

新校区建设。6月30日,新校区一组团项目完成各单体建筑主体结构验收,获"2015年武汉市建设工程安全文明施工示范项目"(黄鹤杯)荣誉称号。7月21日 学院取得新校区用地范围内全部土地证。8月1日,二组团项目正式开工建设,2栋教学楼封顶,主体结构施工和基础施工教学楼各3栋。

师资队伍建设。学校有正式在编教职工483人,自主招聘工作人员57人,正式在编员工中专任教师269名。职工中具有本科以上学历419人(其中,博士研究生6人、硕士研究生112人、党校研究生1人),副高级以上职称126人(其中正高级10人),双师素质教师比例超过85%。在师德师风建设工程中,申报并获批湖北师德先进个人1人;在人才柔性引进工程中,全年招录教职工42人,其中通过绿色通道引进博士(后)2人;在双师素质教师培养工程中,按照分级认定思路修订学院双师素质教师认定与管理办法;在师资队伍国际化推进工程中,与台湾地区2所大学签订合作协议,达成共育师资共识,编报出国培训计划;在名师和优秀团队培养工程中,新增楚天技能名师5人、学校名师2人;在中青年教师培养工程中,启动青年教师导师制培养,遴选第三届骨干教师79人。

专业设置调整。学校围绕7大交通特色专业群,开展专业设置工作,开设高职专业50个,新增铁道工程技术、工业机器人技术、汽车改装技术3个专业,应用电子技术专业调整为智能终端技术与应用专业,停招地下与隧道工程技术、建筑智能化工程技术、工业设计、视觉传播设计与制作4个专业。

专业建设规划。主动适应大交通运输发展和区域产业结构升级需要,修订完善学校专业建设规划。工程造价被立项为2016年建设的湖北省高等职业教育品牌专业,道路运输与路政管理被立项为2016年建设的湖北省高等职业教育特色专业。继续推进"高等职业学校提升专业服务产业发展能力项目"中物流管理、高等级公路维护与管理、轮机工程技术(直招士官方向)3个专业建设;湖北省战略性新兴(支柱)产业人才培养计划项目中道路桥梁工程技术(桥梁工程技术)、汽车运用技术(新能源汽车)、物流管理(快递物流)3个专业建设。

中高职院校衔接的职业教育体系建设。联合武汉铁路桥梁学校、武汉市商业供销学校等中职学校完成五年制"3+2"分阶段培养专业申报,4月19日,物流管理、电子商务、道路桥梁工程技术、土木工程检测技术、汽车营销与服务、汽车运用与维修技术、智能交通技术运用7个2016年五年制高等职业教育招生专业资格获批。

现代学徒制试点。抢抓省教育厅开展现代学徒制试点机遇,成功获批湖北省现代学徒制试点学校。遴选物流管理、汽车车身维修技术2个专业上报省教育厅,开展现代学徒制试点。

校企合作。全年新增校企合作项目23项。召开湖北交通职教集团2016年年会暨校企合作论坛,提交《校会企合作人才培养模式的探索——以工业机器人应用技术人才培养为例》2016年职教集团案例。召开湖北邮政行业职教发展研讨会。围绕打造现代航运职业教育品牌、搭建航运人才服务平台、建设长江中游航运中心数据中心,积极开拓与武汉航运交易所的合作空间。围绕无人机应用技术专业建设,与北京通用航空、湖北三禾智翔无人机有限公司洽谈合作。围绕民航机场服务人员和航空工业技术技能人才培养,与中国航空工业集团公司、湖北机场集团、交委民航办公室和凌云科技集团开展洽谈。与武汉地铁集团联系,确定2016年继续就铁道工程和机电专业开展46人的订单培养合作。

对外合作交流。完成湖北省教育厅组织的澳新教育展参展任务。与中国台湾建国科技大学、新加坡东亚管理学院、马来西亚林登大学学院等院校,就交换生、专升本等合作事宜达成初步意向。5月28日—6月4日,与昆士兰教育与职业培训学院、Jo-Ann麦克唐纳学院2所院校达成合作意向,成功签署合作备忘录。

技能竞赛。坚持"以赛促教、以赛促学"的理念,高度重视各项技能竞赛工作。全年申报全国职业院校技能大赛参赛项目20个,学生获省级以上各类奖项69项,教师在教学竞赛中获省级以上奖励7人。其中,在2110所高校参加的第二届中国"互联网+"大学生创新创业大赛中,获全国总决赛银奖,成为全国获得银奖的3所高职院校之一、全国行业类高职院校中唯一获奖院校。

社会服务。为整合校办产业资源,激发企业自主创新内生动力,实现立体交互发展,学校启动资产经营公司组建工作,完成企业名称预核准工作。成培中心完成各类培训48期2916人次,承办省交通系统2294人次考试服务。船员培训中心开拓船员培训市场,全年培训船员2654人次。驾培中心完成招生761人,考试合格率综合排名居武汉前十,全年保持零投诉,被评为"2015—2016年度全国行业自律先进驾校"。完成职业技能鉴定19期20个工种4125人次,创下历史新高。校办产业经济效益稳步提升,顺达公司参与省内外监理市场投标,全年承接项目3个,完成合同产值2135万元。楚雄公司新承接技术服务项目6个,完成合同产值150多万元。公司获得工程勘察类乙级资质。省交通职工教育培训中心外扩市场、内抓成本控制,实现经营收入865万元,比上年提高16.7%,以宜昌市所有参与星级复核的四星级酒店的最高分顺利通过四星级复核。

依法治校。学校"十三五"事业发展规划获批,根据学校总规划,确立23个专项规划,为学校建设发展提供指南。学校章程获省教育厅核准通过,成为学校建设发展的纲领性文件,为建立完善管理制度奠定基础。召开学校第三届教职工代表大会暨工会会员代表大会二次会议,收到提案51个,立项提案21个,其中重点提案3个。制定张贴工作流程图,明确工作程序,方便师生办事。加强值班管理,形成值班情况通报制度,及时发现和解决问题。强化监督检查,完善督导通报制度。4月14日,学校获"湖北省大学生征兵工作先进单位"称号。4月19日,《湖北省普通公路建设与养护投资政策研究》论文获国家级科技思想库(湖北)优秀决策咨询成果三等奖。5月6日,连续第十年获"中国T-TEP项目优秀学校奖",在全国33所T-TEP学校综合排名中位列第四名。5月12日—15日,获第八届全国旅游院校导游大赛一等奖。5月18日,校团委获"2015年度省直机关工委五四红旗团委"称号。9月29日,学校大学生创业基地被评为省级示范基地。

(夏勇子)

【襄阳市交通职业中等专业学校】 2016年,道路运输从业人员培训规模总体萎缩,学校强化管理,积极寻找新的发展出路,全年培训道路运输从业人员7376人、从业人员继续教育8580人、学历教育在册人数85人,交通运输企业安全生产标准化达标考评7家,实现经营收入517万元。

加强制度建设,强化绩效考核,不断提高学校管理水平和工作效率。根据学校《目标考核办法》和《奖励性绩效工资分配方案》,细化岗位目标考核细则,完善岗位职责和工作流程,将职工工作业绩与绩效挂钩,使考核奖励制度落到实处。进一步加强劳动管理和作风整顿,提高职工遵守劳动纪律的自觉性。加强作风建设,全面落实《岗位责任制》《服务承诺制》《首问负责制》《限时办结制》《一次性告知制度》,坚持服务第一。营造依法履职、优质高效的服务环境,广泛征求服务对象对业务办理各环节的意见建议,为服务对象提供优质服务。

坚持稳定主业的同时积极拓展其他培训项目。继续稳定从业人员资格证培训。以提高培训教学质量为目的,进一步加强对培训教学组织和教学过程的管理,健全教学人员质量考核体系,加强教学培训辅导。加强培训学员考勤和学时管理,保证培训效果和质量。适应从业人员资格证继续教育培训新模式,优化培训流程,增设报名服务窗口,继续教育培训考核规模稳中有升。继续办好成人函授教育。面对招生人数逐年下降,函授学历教育入不敷出的状况,学校注重函授教育社会效益,做到教学环节不压缩,教学管理不松懈,圆满完成省教育厅组织的函授站教学评估验收工作。继续开展交通运输企业安全生产标准化达标考评工作,完成评审机构备案注册。全年完成7家企业安全生产标准化考评工作。

加强领导班子建设和职工队伍建设,提升职工队伍凝聚力和整体素质。根据市场环境的改变及学校业务工作需要,进一步明确学校领导班子成员分工,加强对业务工作的组织领导。制定《领导班子及成员落实党风廉政建设主体责任清单》,落实述责、述廉和领导干部报告个人重大事项等制度,健全"三重一大"决策监督机制,进一步提高领导班子的凝聚力和战斗力。开展文明单位创建和志愿服务活动,精心组织,人人参与,圆满完成文明单位创建活动验收工作。积极开展2016—2018年度文明单位创建工作,按照文明单位创建工作测评体系总体要求,及时进行网上申报。

(杨德玉)

【荆州港航职工中等专业学校】 2016年,荆州港航职工中等专业学校举办各类船员培训班22期,培训船员1000余人次。其中举办船员适任证书培训班2期、培训船员300余人,举办基本安全培训班13期、培训船员600人次,举办客船船员培训班3期、培训船员100余人次,举办油船船员培训班2期、培训船员20人,举办包装危险品船员培训班2期、培训船员20余人。

注重培训质量体系建设。为保证船员教育和培训质量体系正常运行,学校由教务科、办公室及质量体系管理办公室分别对培训质量体系涉及到的部门进行内部审核,内部审核采取查阅资料、现场询问、实地查看等方式,严格按照质量体系审核流程进行,各审核小组互相交叉审核,审核完成后对不符合项目进行限期整改,质管办对全年的质量体系审核工作形成评审报告,对船员教育和培训质量体系的运行进行有效监督,为全面提升船员管理和服务水平奠定基础。9月,学校船员教育和培训质量管理体系通过长江海事部门组织的审核。

抓好教学管理。以《考试大纲》为依据，结合船员实际情况，抓好教师备、教、辅、改等教学环节管理。课堂教学中，采用通俗易懂的教学方法，激发船员学习热情，便于船员理解和记忆，使船员既增长知识，又提高实际操作能力。除了注重平时的教学过程外，还针对原有的旧题库，结合新教材，进行较大程度的更新，把历年笔试题及电脑考试题融合进题库，学员既巩固所学知识，又熟悉不同题型。

严格学员管理。严格管理是搞好船员培训工作的必要保证，学校在出勤率、课堂纪律、实习情况、班风、学风、校纪校规等方面建立一系列规章制度，保证教学工作顺利进行。设置指纹考勤系统，对每个学员从开学到培训结束，进行全程上课考勤，保证课堂教学及晚自习出勤率。培训期间请公安机关民警给学员上法制教育课，培训结束后对优秀学员进行表彰。

（黄俊）

【恩施州交通高级技工学校】 恩施州交通高级技工学校是一所立足交通、面向社会、以中职技工教育为主体、兼具多种职业培训职能的国家公立学校。学校创建于1979年，占地面积80040余平方米，建筑面积30000余平方米，1996年被交通部命名为"国家规范化学校"，2007年4月晋升为国家重点技工学校，2013年升格为高级技工学校，是恩施州乃至整个武陵山少数民族经济社会发展试验区唯一一所国家重点技校和高级技工学校。学校实行封闭式、半军事化管理。逐年增加安全投入，不断改进完善校内监控系统和相关设施。德综科、保卫科24小时值班接听校园紧急情况求助电话。坚持依法治校，强化法纪教育，维护校园和谐稳定，保障师生安全和良好的教学秩序，违法犯罪率为零。

学校有在职教职工142人，其中高级职称9人，硕士7名，本科及以上学历46人，实习实训指导教师全部具有大专及以上学历，"双师型"占专业教师的70%以上。常设专业有汽车维修、公路施工与养护、公路工程测量、高速公路收费与监控、计算机应用技术等。与湖北交通职业技术学院、湖北工业职业技术学院签订"校校合作"框架协议，组织31名学生参加湖北省交通职业技术学院单招考试，录取率100%。2016年全日制学历教育招生187人。实行订单式培训，加强就业服务和指导，主动接轨企业，完成2014级各专业顶岗实习学生163人培训。先后与中铁五局、恩运集团等80多家企业签订校企合作协议，涵盖学校所有专业，学生实习就业率继续保持100%。在恩施州2016年中等职业学校学生技能大赛暨全省技能大赛选拔赛中成绩优异，计算机应用类获个人赛二等奖1人、三等奖1人，汽车维修类囊括个人赛前4名、团体赛前2名；全省中职技能大赛获团体赛二等奖1人、个人赛三等奖2人。

学校与湖北工业大学、湖北交通职业技术学院等高等院校合作，开展成人专（本）科教育，2016年成人大专（本科）招生28人。基本形成技工教育涵盖初中高级工、预备技师的技能人才培养体系，学历教育涵盖中高职、专本科的办学层次。启动驾培、驾考内部改革工作，投入近10万元软硬件设施设备，建设网上自主预约、计时培训、先培训后付费管理模式，学校驾培在恩施州率先向"移动互联网+"起步；与中南财经大学网络教育学院签订在线培训合作协议，完成各类道路运输从业资格培训2660人、汽车驾驶员培训1100人，组织恩施州人力资源和社会保障局工勤人员技术等级考试304人，为恩施州机关事务管理局考核驾驶员163人。全年培训4311人次。

（罗贤菊）

交通综合管理

【机构编制】 2016年2月，省编办同意省港航局增加1名副处级领导职数，专门负责港口危化品监管工作。5月，省交通运输厅同意省港航局运输港口管理处分设为运输物流管理处、港口管理处，强化港口危化品监管。8月，根据雅口工程建设和世行贷款需要，省编办批复成立省汉江雅口航运枢纽建设管理处（筹），为厅属公益二类事业单位，主要职责是负责该项目的建设和营运，作为项目建设期间法人，履行项目的筹资、建设和后期营运管理、还贷职责。

加强编制实名制管理工作组织领导和推动落实。突出历史资料收集、坚持政策规定、加大跟踪汇报，世行办、规划室、造价站、宣传中心、重点办5个单位人员编制实名制登记工作顺利完成。省公路局、省运管局、省港航局、省高管局4个行政类单位，质监局、重点办、造价站、世行办、宣传中心、规划室、联网收费中心、后勤中心、江汉运河管理处9个公益一类单位全部实现实名制管理。9月，经省编办同意，后勤中心14名历史原因形成的超编人员纳入待编管理。

2月，省交通运输厅下发《关于进一步理顺职责关系征求意见建议的通知》，归纳汇总9个厅直单位、4个机关处室反映的有关情况，仔细分析要求明确职责、理顺职责、调整机构、理顺体制4个方面的意见，加强有关方面研究，力争科学划分职责、完善职责体系、深化交通改革、推进工作创新。5月，厅下发《关于厅机关借调（用）工作人员回原单位工作的通知》，核查、清退机关借调（用）人员。明确厅机关财务报销、厅办公室事务性工作职能下放，整合应急值班、政务值守、春运、防汛等值班，缓解机关用人矛盾。

（叶春松）

【干部工作】 2016年，配合省委组织部组织召开干部大会，厅主要领导调整到位。1名副厅长到襄樊任常委，荆门市委常委、组织部长到厅任副厅长，1名厅级干部拟改任副厅长。机关1名正处级干部到武汉市任职，厅直单位1名干部拟交流到机关任处长，机关1名军转干部到指挥部任职，机关1名处级干部轮岗，厅直单位间处级干部交流2名。根据《公务员法》等规定，经厅党组研究，4名处级干部调出（其中公务员2名、参公人员1名），1名参公人员辞去公职，1名受处分干部重新安排工作，1名处级干部提前退休，1名处级干部行政撤职，1名同志免去副处级试任职务，1名处级干部诫勉谈话，相关手续依法依规办理。组织厅机关、厅直单位开展2015年度"带病提拔"党政领导干部选拔任用集中倒查工作。选派1名正处级干部挂职任仙桃市副市长半年、厅机关1名年轻干部到建始县业州镇政府锻炼2年。召开第八批援藏干部人才选派工作会，组织推荐厅第八批援藏干部人才正式人选2名。选派1名处级干部援疆，担任博州交通局副局长。选派1名处级干部担任2017年新农村工作队队长，2名一般干部为成员。配合省委组织部对1名援藏干部挂职期满进行考察，对厅选派的2名科技副县长挂职期满进行考察（挂职荆州区副区长1名、挂职郧西县副县长1名）。

印发《省交通运输厅直属单位、厅机关处室履职尽责管理办法（试行）》，对厅直属单位领导班子、领导干部和厅机关处室、机关干部全面实施履职尽责管理。按照省第三考核组要求，召开厅领导班子2015年度履职尽责考核情况反馈座谈会，及时制定整改方案，确定整改清单，细化整改责任。

按照省委第七巡视组巡视交通运输厅统一部署和厅党组安排，成立由厅主要负责人任组长的巡视工作联络组，联络组设在厅人事处，负责与省委第七巡视组衔接，做好协调联络及相关工作。全处高度重视，加强协调联络，提前做好各项准备工作，促进了为期40天的巡视工作圆满完成。按规定完成组织人事工作专题汇报、省直单位选人用人专项检查迎检工作、选人用人巡视整改工作情况汇报。

（李晶）

【干部培训】 2016年，按照省主体培训班计划，做好各级领导干部参训组织工作。全年有厅级干部3名、处级干部45名、科级干部41名参加主体培训班学习。按要求安排4名厅级干部参团（交通运输部）出国培训。举办全省交通运输系统组织人事干部培训班，各市州交通局、厅直单位业务骨干110人参加培训。

（李晶）

【援藏援疆】 7月11日，省交通运输厅选派第八批援藏干部2人进藏，援疆干部彭坚挂任山南市交通运输局党组成员、副局长，专业技术人员张徐挂任山南市公路养护中心。省交通运输厅援助山南交通运输局项目资金130万元，用于山南市交通运输局公共租赁住房建设、加查县洛林乡色拉村驻村工作队阳光棚改造，改善工作生活条件。9月中旬，汉十高速公路管理处一行8人到山南市，与山南市交通运输局就2017—2019年党建结对共建达成意向协议，向山南市交通运输局捐赠党建工作经费15万元。10月，山南市交通运输局组织2期17名执法人员，参加湖北省高速公路管理局执法培训学习，通过课堂学习、案例分析、专题解读、互动交流和观看教学片等方式，掌握公路交通执法理论基础知识和现场执法技巧，锻炼执法能力。11月，山南市交通运输局组织机关及基层单位负责人到汉十高速公路管理处现场观摩，学习基层党支部党建工作和参观汉十文化建设成果展。

省交通运输厅选派援疆干部伍飞，挂职农五师赛里木运输有限公司客运站项目建设管理项目部副经理，负责监督建设施工管理、工程质量、进度、投资的检查管理，协助招标文件合同初审把关等工作。为了做好该汽车客运站项目前期准备和建设管理，援疆干部积极做好五师和湖北两地宣传员、联络员和服务员，主动牵线搭桥，参与招标文件的编制修改，组织该项目进行招投标。

（鲁撰）

【挂职调研】 2016年2月，印发《关于在厅直单位开展人事劳动工作调研的通知》，22家厅直单位提交调研报告。3月，厅领导带队，深入厅直单位实地调研。通过个别座谈、座谈交流、回复问题、宣讲政策等方式，掌握情况，形成《关于厅直单位人事劳动工作调研情况的报告》。按照厅党组调研工作要求和部署，完成领导班子建设调研课题，形成《加强厅直单位党政领导班子建设调研报告》。

2016年，选派1名正处级干部挂职任仙桃市副市长半年、厅机关1名年轻干部到建始县业州镇政府锻炼2年。推荐厅第八批援藏干部人才正式人选2名。选派1名处级干部援疆，担任博州交通局副局长。选派1名处级干部担任2017年新农村工作队队长，一般干部2名为成员。

(李晶)

【新农村建设】 2016年，洪湖市万全镇黄丝村确定为省交通运输厅驻点扶贫村。省交通运输厅成立以厅党组书记、厅长何光中任组长，副厅长程武任副组长，厅机关处室负责人为成员的精准扶贫领导小组，日常工作挂靠厅人事劳动处。选派游峰等3人为驻村扶贫工作队员，开展驻村扶贫工作。5月19日，何光中厅长亲自到黄丝村调研扶贫工作，宣布黄丝公路开工。其他厅领导多次到黄丝村调研指导慰问，厅机关处室及厅直单位分批次分阶段对黄丝村进行工作指导和爱心物资援助。厅机关6位女处长成为爱心妈妈，结对帮扶黄丝村6名留守儿童。

省交通运输厅拨付项目资金200万元，帮助黄丝村改善生产生活环境，实施村庄道路硬化、村庄路灯亮化、村庄环境净化、村庄景观美化等"四化建设"。修建碎石生产路14.2公里，新建黄丝公路桥1座，新安装路灯60盏，修建垃圾池30个、垃圾填埋场1座；疏通河道2公里，种植景观树12000棵，绿化面积80亩，建设党员群众服务中心及文化广场1个，修建文化墙1面，贫困户危房改造4户。7月，洪湖市境内是洪涝重灾区之一。灾情发生后，省交通运输厅和驻村工作队迅速反应，积极协助当地政府转移安置受灾群众，及时送上食物、矿泉水等生活必需品，发挥行业优势，帮助受灾群众进行灾后重建工作，帮助他们恢复生产，加固涵闸，科学排灌，修通被水冲毁的路基，加高加厚，打开生命通道。省交通运输厅被评为全省驻村扶贫工作先进集体，驻村工作队队长游峰被评为全省驻村扶贫工作先进个人。

(鲁撰)

【交通职业资格】 全年开展机动车驾驶教练员日常鉴定2次、参加人员337人，驾驶教练员、高速公路收费与监控、公路养护工等工种统一鉴定1次、参加人员181人。组织开展机关事业单位工勤人员技术等级考核报名审查工作，通过资格审核311人。首次运用收、支两条线管理方式，组织开展机动车检测维修国家职业资格水平评价考试，进一步规范考试收费标准和资金使用行为。此项考试是机动车检测维修领域唯一一项国家专业技术资格考试，全省61人报名参加。作为交通运输部全国危险货物水路运输从业人员考核试点省份，全年组织14场次、900余人次参加危险货物水路运输从业人员考核。联合厅质监局组织7期、1500余人次参加的公路水运工程施工企业主要负责人和安全生产管理人员考核，办理证书延期862人次。

按照国务院和人社部文件要求，全面清理全省交通行业组织实施的职业资格及相关考试、鉴定、发证等，按要求取消6项交通行业职业资格的许可和认定事项。举办机动车驾驶教练员职业技能鉴定考评员培训班，35名考评员和考务人员参加培训。开展职业资格制度分类整理工作，汇编2013年以来国家和部省发布的相关文件和制度。开展厅直事业单位"楚天名匠"遴选及申报工作。配合交通运输部职业资格中心承办湖北省机动车检测维修从业人员职业资格标识发放仪式暨2016年机动车检测维修专业技术人员职业水平考试工作宣贯会、道路运输从业人员资格考试培训班。组织实施第八届全国交通运输行业职业技能大赛湖北省选拔赛暨湖北省交通运输行业"品质杯"职业技能大赛相关工作。全国大赛上，轨道列车司机获团体第八名，筑路机械司机竞赛项目囊括集体和各单项第一。

(向元)

【人员招聘】 按照省委组织部、省人社厅、省公务员局统一部署，2016年度厅公务员（参公人员）、事业单位工作人员招考用编申请、计划申报、网上报名审核、笔试、资格复审、面试、体检、考察、公示等工作顺利完成。新进各类人才47名，其中，招考公务员（参公人员、事业单位工作人员）44名、引进博士2名（智能交通方向1名、新能源汽车方向1名）、定向招考选调生（北大博士）1名。从单位看，厅机关5名、质监局3名、交职院29名、应急中心4名、联网中心1名、世行办1名、宣传中心1名、江汉运河管理处3名。

按照省委组织部等部门要求，选派6名处级干部担任省2016年选调生招录面试考官、选派1人参加省公务员录用面试考官培训班、21人参加省事业单位工作人员录用面试考官培训班。完成2016年中央机关专门面向选调生公开遴选职位推荐报名工作。

(叶春松)

【工资】 根据省政府《关于调整机关事业单位工作人员基本工资标准和增加机关事业单位离休人员离休费三个实施方案的通知》要求，从7月1日起，完成厅机关和厅直单位在职职工基本工资标准调整以及离休人员离休费增加工作。根据《省人社厅和省财政厅关于2016年调整全省退休人员基本养老金的通知》，从1月起，代调厅直未参加机关事业养老保险单位退休人员养老金标准。6月起，在厅直单位开展省直机关事业单位养老保险改革前期准备工作。

(方敏)

【职称】 7月16日,组织路桥港航专业高、中、初级专业技术职务水平能力测试,参加考试702人。其中,副高级水平能力测试522人,比上年增加12%;中、初级水平能力测试180人,比上年增加21%。通过副高级水平能力测试367人,通过中、初级水平能力测试126人,通过率均达70%。组织2016年度全省路桥港航高级职称申报和评审工作,受理申报材料275份,经专家审议通过214人,通过率78%;组织路桥港航专业中(初)级职称申报和评审,参加评审92人,经专家量化考核打分通过75人,通过率80%。主要做法:

进一步推进路桥港航专业职称信息化建设。对路桥、港航专业职称评审委员库专家进行清理、规范和补充完善。对在库的专家评委进行资格审查,更新在库专家信息38人,新增路桥工程专家44人、港航工程专家4人,清理退休、不在岗专家8人,在库专家86人。2016年,采用网上申报方式收取申报材料,并在信息库内对申报材料进行审核,做到信息审核过程全透明。采用网上随机抽选评委的方式确定本届评委会委员,并将替换率控制在20%以内。

按政策把好审核关、评审关、严格按规定时限上报相关材料,按规定程序组织水平能力测试和评审工作。评审前,专班人员对申报人员资料初审,退回不符合参评资格人员资料,重点审核免试、破格、转评人员资料,对申报材料不全者,要求其补充完善,并上报省职改办复审。初审完成后,进行网上公示。评委会按照《评审办法》规定程序,先进行专业评审组评审,小组合议确定基本合格名单,提交评委会评审,评委会在听取专业组评审情况汇报基础上,对评审对象进行现场网上投票表决,表决结果实时传送省职改办信息系统。

(向元)

【外事】 协助厅人劳处制订2016年全厅因公出境计划,保质保量完成所有因公出访手续办理工作,出访工作平安,无违反外事纪律情况发生,证照管理严格,全面完成厅机关和厅直单位相关人员因私出国境备案及证件清理工作,按照"全口径、无遗漏"原则全面梳理669名登记备案人员信息。做好因公出国(境)证照收缴和管理工作,确保证照上缴率100%。与世行驻华代表处保持密切联系和沟通,及时掌握世行工作动态和信息;不断扩大对外合作领域,组织接待世行副行长一行对宜巴高速公路项目参观考察及法国领事馆官员来厅调研等活动。

(向元)

【目标管理】 党组重视站位高。厅党组始终把目标责任制管理摆在重要位置,列入党组重要议事日程,形成党组统一领导,"一把手"亲自抓,分管领导具体抓,各单位、各部门负责人分工负责、齐抓共管、严格监督的领导体制。厅机关各处室和厅直各单位按照省委、省政府决策部署和厅党组全年重点工作安排,结合自身工作实际,拟订目标责任书初稿,并反复征求意见、组织讨论修改,厅主要领导亲自把关审定。在此基础上,厅与39个机关处室和厅直单位签订目标责任书,明确责任目标、责任领导、责任处室(单位)、责任人和完成时限,形成横向到边、纵向到底的目标责任制管理体系,为落实全年目标任务奠定坚实的基础。

督查抽查检查勤。按照《关于进一步加强督查工作的通知》,突出督查重点,强化督查实效,推动全年和"十三五"交通运输目标任务的完成。按照"以旬保月、以月保季、以季保年"的思路,每项重点工作明确1名厅领导牵头负责、1个责任单位(部门)牵头落实。厅领导践行"交通一线工作法",落实分片包干责任制,带队深入一线,协调解决交通运输发展中的困难和问题,确保交通运输事业持续快速健康发展。高速公路督办专班采取"省交投项目每月巡视、社会投资项目重点督办、严重滞后项目驻点督办"的方式,每月保证20天以上的时间在工地一线进行现场督办,实时掌握项目建设进展情况,及时协调影响项目推进问题,全力以赴督办高速公路建设任务。创新工作方式,改变当面催、电话催、短信催等传统督查方式,将网络督查放在日常运行更加突出的位置。在厅OA办公自动化系统中,完善"政务督查"模块和"重要工作专报"子模块,实现网上交办和催办。召开厅长办公会、双周碰头会30次,印发会议纪要30期,狠抓工作落地。建立厅领导双周碰头会制度,定期加强沟通协商交流,及时通报上两周工作进展情况,部署推进下两周工作任务,提高工作质量效率。通过《重要工作专报》,每月通报交通固定资产投资、高速公路建设、普通公路建设、内河航运建设、站场物流建设、高速公路ETC建设等目标任务完成进展情况。厅办公室、厅机关有关处室、厅直各业务局按照时间进度节点,不定期开展检查抽查,狠抓目标任务落实。

目标任务落实好。2016年,省交通运输厅与省委、省政府签订责任状中的各项目标任务均圆满完成,部分指标超额完成。如超额完成交通固定资产投资任务,全年完成投资1010亿元,为年度目标的112%。重点项目稳步推进,枣潜高速荆门北段、鄂咸高速等8个项目开工建设,已建、在建高速公路总规模达7105公里。白洋、石首等9座长江大桥在建,创历史之最。建成一级公路549公里、二级公路1330公里。汉口北等一批客货枢纽投入运营。"645"工程纳入国家规划。汉江五级枢纽开工兴建,雅口枢纽主体工程开工建设。小池、沙洋等建成开港,汉江首条集装箱定班航线开通运营。省交通运输厅连续五届获全省党建先进单位、连续四届获全国文明单位。交通运输部门充分发挥"建成支点、走在前列"的先行引领作用,省交通运输厅连续9年获"省直机关目标责任制考核优秀单位"。

(范建)

【社会管理及综合治理】 2016年,省交通运输厅制定社会管理及综合治理年度工作计划,与39个机关处室及厅直单位签订《2016年度综治工作目标管理责任书》督促工作逐项落实。建立完善矛盾纠纷排查化解工作机制，有效防范化解影响社会安定问题。积极支持属地社区平安建设工作，动员广大干部职工支持和参与所在地区、街道开展社会治安及其创新工作，落实社会治安联防措施。加强机关内保工作，机关内保工作获省政法委高度肯定。全年未发生安全责任事故。省交通运输厅被评为2016年度全省社会治安综合治理优胜单位。

（李永胜）

【信访】 大力推进"阳光信访""法治信访""责任信访"，与39个厅直单位、机关处室签订目标管理责任书，积极推行依法逐级走访，把信访问题解决在当地，化解在基层。推进落实阳光信访，实现所有信访事项在网上流转，公开办理过程和结果，接受群众监督和评价，切实维护群众合法权益。全年办理信访事项693件，比上年下降10%，加强信访事项督办，信访事项按时办结率100%，切实做到件件有着落、事事有回音。在全省信访工作年终考核中，排名靠前。4月至5月份，配合省委第七巡视组工作人员，圆满完成巡视期间接访及保障任务。

（李永胜）

【档案管理】 2016年年初，印发《2016年全省交通运输系统档案工作要点》，指导交通系统有计划、有步骤地开展档案工作。2016年，档案工作目标管理是加强机关和事业档案工作规范化建设。部分单位抓早抓实，深化档案目标管理组织工作，以升级达标、争优创先为动力，以科学化、规范化建设为重点，对照湖北省档案工作目标管理认证标准，厅直部分参公单位档案目标管理复查考评均顺利通过。先后到6个厅直单位和高速公路、水运建设项目开展档案业务指导。同时，依照《湖北省机关档案工作业务建设规范》要求，对厅信息中心、汉十高速公路管理处、联网中心的档案分类方案进行审核把关，及时纠正问题，促进全省交通运输系统档案整理工作的标准化和规范化。为了不断提高档案干部队伍整体素质，采取走出去的培训方式，积极参加交通运输部、省档案部门举办的档案业务知识培训，有效提升档案员业务水平。完成厅机关2016年全部文书、声像、实物档案的收集、整理工作，完成OA上的电子文件归档工作。完成档案统计年报工作及保密测绘资料管理工作。

（戚媛）

【省人大建议、政协提案办理】 2016年，收到全国人大建议2件、省人大建议142件、省政协提案64件。省交通运输厅坚持"让代表委员满意，就是让人民群众满意"的原则，把建议提案办理和交通重点工作结合起来，以建议提案办理推动工作不断进步，促进交通运输事业不断发展。截至8月10日，208件建议提案全部办结，答复率、见面率、满意率均为100%。

（戚媛）

【研究室工作】 2016年，厅研究室围绕交通运输发展热点、难点问题，开展调查研究，撰写的《抢抓长江经济带战略机遇构建综合立体交通体系研究》被省委办公厅评为湖北省优秀调研成果三等奖。积极发动全省交通运输系统开展调查研究，并对优秀调研论文进行评比，获一等奖的《湖北水运发展竞争力调研报告》被省政府办公厅《决策调研》采用，并获得王晓东省长、黄楚平常务副省长、周先旺分管副省长批示。开展农村物流发展调研，撰写《关于农村物流创新跨行业融合发展模式的研究》。深入厅直业务局进行调研，全面了解行业发展现状、存在的问题及趋势，撰写调研报告。

围绕"十三五"开局之年的中心工作，高质量起草领导文稿。起草在全国综合交通改革视频会、全国"四好农村路"运输服务现场会、全省综合交通运输工作会上的发言等省级会议及厅直各单位工作会议上的重要讲话稿近70余篇。撰写全省交通经济形势分析暨履职尽责督促检查工作推进会、全省交通灾后恢复重建现场会、"两学一做"学习教育动员会、履职尽责督促检查工作动员会、全省"四好农村路"建设推进会、安全生产工作紧急电视电话会等讲话材料。配合修改、审核领导参与重要活动讲话稿20余篇。

综合交通运输体制改革获得突破。推动省政府成立综合交通运输工作领导小组，全面负责综合交通运输的组织领导和统筹协调工作，在全国率先出台"十三五"综合交通运输发展规划。多式联运、综合交通枢纽、公共信息联盟等试点示范项目有序推进，综合交通运输规划、项目对接、春运、大文明创建等协调机制进一步完善。

做好防汛救灾及灾后恢复重建、"十三五"发展规划、四好农村路、供给侧结构性改革等重点领域宣传。发挥交通运输部、省政府门户网站及省交通运输厅网站等主阵地作用，及时发布正面、权威信息，编发《舆情专报》《交通研究参考》《改革简报》等各类专报150余期。创新宣传方式，重视网络、手机等新兴媒体，充分利用微信推广宣传交通运输工作，在全社会营造关心交通、理解交通、支持交通的良好氛围。

（王国富）

【机关后勤服务】 服务保障工作。制定《厅机关后勤服务中心安全生产管理暂行办法》，成立安全生产委员会，厘清后勤领导班子安全生产管理职责，明确安全生产责任追究及监督检查办法，进一步加强各科室安全生产工作监督管理。完善消防管理工作协作机制，理顺科室间消防管理职责。建立厅机关资产管理信息网络平台，对机关所有办公室内的固定资产逐一清点核对，录入厅资产管理系统。规范固定资产实物管理，严把固定资产采购验收关和发放领用关，坚持先审批后采购。规范固定资产和物业零星维修管理，严格执行报修、核价、修理（施工）、验收的全过程审核程序，有效降低维修费用。完善《厅机关公务车使用管理暂行办法》，实行出车审批制，配套制定《车辆电子违章处理暂行管理办法》，进一步规范驾驶行为。克服人少车少、出车任务重的困难，科学调配、合理安排，进一步完善驾驶员值班制度，确保公务活动及应急任务顺利完成。强化检查防范，严格门卫登记，落实巡查制度，加强设施完善，全面排除厅机关内保安全隐患。坚持制定预案，完善机制，主动作为，配合厅信访办处理多起信访事件，保障了厅机关正常办公秩序。围绕"节能领跑，绿色发展"主题，开展形式多样的节能宣传活动，开展"节能领跑，绿色发展行动倡议签名暨节能产品兑换和废旧电池回收"、能源紧缺体验日、倡导公务自行车绿色出行等活动。

专项工作。圆满完成省委巡视组在省交通运输厅巡视期间后勤保障工作任务。完成宝丰二路交通小区二期集资建房的分配销售工作任务。完成厅机关及厅直单位干部职工多占政策性住房与办公用房规范清理工作。6月对厅机关和厅直单位干部职工办公用房进行审查和清理，清理腾退办公用房4323.86平方米；7月，对厅机关51名处级干部办公用房进行再清查，及时整改。职工社会保险改革阶段性工作顺利完成。按照机关事业单位工作人员养老保险制度改革的相关要求，成立后勤工作专班，全面完成离退休人员及在职员工基本信息、工资信息的审核、确认及报批工作。争取省编办同意，将中心14名未上编管理人员和业务骨干列入候编名单。7月5日至6日，全省普降暴雨，一边协调应急值班车辆和驾驶员，调集17台应急越野车出勤；一边安排人员冒雨采购雨衣、雨鞋、手电筒、驱蚊药、风油精等防汛物资，全部运到厅机关并分装完毕。冒雨开展厅机关大楼区域抗洪自救，全面排查机关大楼区域用电安全隐患，抢救停放在地下车库的车辆。

(吴昊)

【湖北省综合交通运输研究会】 4月，研究会召开一届三次理事会，调整和增补部分单位会员和个人会员，审议通过相关事项，完善管理制度。5月，完成省民政厅社会组织管理局和省交通运输厅2015年度年检工作。完成《湖北省公路水路交通运输"十三五"发展规划》《湖北省综合交通运输"十三五"发展规划》等课题研究项目结题评审工作。10月，承接《湖北省绿色航运指标体系研究》(科研项目)和《湖北省综合运输体系下道路运输发展趋势与对策研究》2个课题项目。在时间紧、任务重、人手少的情况下，与大专院校密切合作，11月30日前，完成2个项目初步研究报告并送交委托方，主动与委托方衔接，联合召开开题报告审查(初审)和中期专家评审会。10月，协助省交通运输厅组织举办省"十三五"交通规划宣贯会，积极向广大会员单位和会员传递了国家和省有关综合交通运输发展方针、政策，发挥桥梁纽带作用。

(谭静)

【湖北省公路学会】 2016年，省公路学会下属专业委员会12个、市州学会16个，担任秘书长职务28人。按照国家关于社会化、职业化、专业化要求，开展学会工作人员聘用试点，首次正式聘用1名大学毕业生到学会工作。新设立湖北省公路学会高速公路养护技术与管理专业委员会，调整省公路学会高速公路建设管理专业委员会领导机构；新增加单位会员3个、个人会员50人；增补常务理事2人、理事8人；调整、充实省公路学会学术、奖励、科普培训、技术咨询4个工作委员会专家委员。

组织参加各项公路交通学术交流活动。全年组织参加中国科协、中国公路学会及分会组织的高层论坛、学术年会、专题研究会和国际学术交流活动10次；组织各专委会开展学术交流、技术考察5次；组织武汉城市圈、鄂西南、鄂西北片区专家讲座4次。各专委会、各市州公路学会组织活动和培训32次。其中参加省学会组织的学术交流近3000人次，获继续教育证书1000余人。

深化片区学术交流品牌创建活动，5月27—28日在荆门举办鄂西南片区高等级公路沥青路面建设养护新技术专家讲座，9月2—3日在随州举办鄂西北片区公路沥青路面、桥梁设计、施工、养护新技术专家讲座，11月10—11日在武汉举办武汉城市圈片区高等级公路沥青(水泥)路面建设与养护(施工)新技术专家讲座。

扩大学术交流范围、增强专业性。

2016年4月29日，举办鄂西北片区"湖北省普通国省道设计技术指南"宣贯培训会

10月24—25日首次加入大区域学术交流论坛，与上海、湖南、山东、辽宁、广东、香港、澳门公路学会（工程师学会）在上海联合举办2016年五省一市二区桥隧高新技术论坛，主题为"长大桥隧的安全、智能、绿色、耐久"，编辑发行《2016年"五省一市二区桥隧高新技术论坛"长大桥隧的安全、智能、绿色、耐久》论文集，省公路学会8篇论文入选。

省公路学会各专业委员会学术交流活动。4月18—19日，交通工程专业委员会在云南腾冲组织"云南龙江特大桥建造技术学术交流与考察"活动；6月29—30日，桥梁与隧道专业委员会在西宁组织"青海哇家滩黄河特大桥设计与建造技术学术交流和考察"活动；10月12—13日，汽车专业委员会组织武汉、宜昌等公交管理部门和企业会员及一线技术人员参加第六届公交都市发展论坛（深圳）暨2016年全国中小城市公交发展高峰论坛；12月1—2日，环境保护与安全专业委员会在广西组织"广西首条喀斯特地貌山区典型示范路（河池至都安高速公路）建设项目技术交流和考察"活动；12月13日，高速公路施工技术专业委员会在潜江举办"公路软土地基设计施工一体化关键技术交流及施工现场观摩"活动。

科技奖励和人才举荐取得新成绩。做好学会科技奖评审工作，省公路学会推荐项目，获中国公路学会科学技术二等奖2项，会员单位获中国公路学会科学技术二等奖4项、三等奖3项。评选湖北省公路学会自然科学优秀学术论文38篇，入选省科协第十六届湖北省自然科学优秀学术论文9篇，其中二等奖4篇、三等奖5篇。被评为全国公路优秀科技工作者1人，2016年全国科普日公路科普宣传活动先进个人1人。入选2016年湖北省青年科技晨光计划1人，获2016年度湖北省科协"科技创新源泉工程"创新创业人才奖3人，被评为2015年度国家级科技思想库（湖北）优秀决策咨询成果征集活动先进个人1人。

课题研究和技术咨询有了新成效。继续做好重点工程项目技术咨询、工程档案技术服务和机动车检测资质认定技术服务，其中高速公路技术咨询项目2项，工程档案技术服务项目8项，机动车检测资质认定技术服务4项。组织到现场并完成的高速公路技术咨询项目利万、恩黔、恩来高速公路沿线滑坡隐患，齐岳山隧道突水处治、营运方案的咨询和探讨；在建宣鹤高速公路边坡变形开裂、挡墙工程排水以及处治方法的咨询。完成武汉优诚、武汉鑫中南、武汉市新洲区、武汉市公汽机动车检测公司技术咨询服务。完成2个工程档案项目的验收、6个项目完成收集整理立卷归档。编制完成《湖北省乡村公路中小型营运客车通用要求》《湖北省"十三五"农村公路发展规划》，基本完成"生态旅游公路建设配套技术研究"科研项目，进入项目验收准备阶段。

推进承接政府转移职能工作。省公路学会首次受会员单位武汉理工大学委托，对武汉理工大学等3家单位承担的"新型组合结构桥梁养护管理与对策研究"科研项目，组织专家进行项目验收和成果鉴定；对会员单位湖北省交投科技发展公司承担的"武汉市东西湖区环湖路道路改造工程泾河大桥钢塔交工验收检测专项方案"进行评审；受省科技厅委托，完成对武汉理工大学高等级公路沥青路面工程技术研究中心的评价和推荐工作。按中国公路学会启动团体标准编制工作要求，学会申请团体标准编制2项，并直接参加团体标准《电热法路桥融雪化冰系统技术规程》的编制，开展编制前期调研，调研恩施、宜昌山区8个县市冬季道路使用状况，正式启动团体标准编制工作。学会被评为中国公路学会2016年全国科普日公路科普宣传活动先进单位。全年出版发行《湖北公路交通科技》4期2550册、《学会简讯》24期。

（杨运娥）

【湖北省运输与物流协会】 2016年，协会进一步完善内部管理制度、转变服务理念，加大对会员企业的管理与服务。起草《湖北省运输与物流协会人事劳动工资管理办法》《湖北省运输与物流协会绩效考核办法》等。制定《湖北省运输与物流协会管理人员离岗休养的实施方案》《湖北省运输与物流协会竞争上岗实施方案》。完成协会内部竞争上岗工作，合理处置部分办公场地、办公设备。

打牢发展基础，继续做好"双向服务"。配合省交通运输厅职业资格中心，完成省省直机关事业单位工人技术考试交通运输行业工种的报名、数据汇总、阅卷及上报工作，涉及7个工种、311人报考。组织交通运输企业安全生产标准化考评组考评咸宁、武汉、荆州、黄冈、黄石等县市，考评客运、维修、普货、危货四类企业27家。并根据交通运输行业安全标准化评价管理办法完成协会评审员信息补登工作，完成协会评审机构备案工作。积极开展行业科技课题工作，保质保量完成《高速公路ETC在道路货运企业中推广应用》课题，11月3日顺利完成结题工作。12月6日，完成《湖北省长途客运接驳运输规范研究》立项工作，并与委托单位签订合同。继续推进道路运输承运人责任险工作。

适应行业新形势，努力开创发展新局面。协会积极参与政府采购事宜，参与《湖北道路运输》《联网售票系统专业培训项目（第二次）》《湖北省长途客运接驳联盟规则研究》《综合运输体系下道路运输发展趋势与对策研究》等项目招投标工作，成功中标《湖北道路运输》2017年编辑与发行、《湖北省长途客运接驳联盟规则研究》项目。开展行业调研，助力企业发展。相继走访全省17个市州道路运输管理机构、行业协会及相关龙头企业，了解行业动态和企业需求，完成《2016年湖北省交通运输行业调研报告》，针对其中突出的客运班线沿线下客需求专门起草《关于客运班车沿线下客问题的报告》，牵头起草《关于设置客运班线武汉至黄石、黄冈线路江南片区临时下客站点试点方案》，帮助客运企业解决实际运营问题。

进一步加强协会各分会建设。6

月，汽车租赁分会组织全省70多家租赁行业参加业务知识培训，宣贯企业租赁行业新知识，帮助企业合理规避风险提供有效途径；9月，组织10家租赁企业参加全国租赁行业地方联席会，12月，组织8家企业参加中国第六届租赁发展论坛会。出租车分会针对网约车对传统出租公司的冲击问题，以武汉大通出租车公司等企业为样本，对出租行业进行回访调研，探讨应对方法。6月，维修分会组织全省170余家维修企业参加《道路运输车辆技术管理规定》宣贯会。10月，驾培分会在襄樊、恩施组织近600家驾校参加国家《机动车驾驶培训教学与考试大纲》宣贯培训。站场分会推选省客集团参加"第二届全国汽车客运站务员技能竞赛"。11月23—27日，物流分会与中国汽车技术研究中心、武汉市物流协会、武汉市交通运输协会共同主办"2016中部（武汉）物流服务贸易博览会"，全国各地代表800余人参加会议。

（彭凤）

【湖北省交通建设监理协会】 2016年，监理协会坚持"积极发挥桥梁和纽带作用，坚持以规范行为，提供服务，反应诉求为主线"的宗旨，稳步推进协会工作。协会是湖北省第一批社团脱钩试点单位。7月15日，湖北省交通建设监理协会第一届五次理事会在黄冈红安召开，就脱钩及召开第二届会员大会相关工作做好前期准备，会议确定第二届会员名单108家，推荐第二届会长、副会长、秘书长、监事、理事单位候选人，讨论通过协会第二届选举办法。9月7日，经省民政厅批复，湖北省交通建设监理协会第二届一次会员大会在黄冈罗田召开。会议审议通过协会第一届会员大会工作报告及财务报告，表决通过会费标准、会员选举办法及章程修改稿，表决通过成立湖北省交通建设监理协会行业文明专业委员会、公路桥梁专业委员会、水运专业委员会和试验检测专业委员会，选举产生第二届会员大会会长、副会长、秘书长、监理、理事单位。

交流经验，推进协会服务水平新提高。5月19日，组织31家会员单位80余人参观考察"武汉沌口长江大桥"施工现场及移动模架施工工艺、重点、难点及特点的介绍，交流总监办在大桥项目建设的先进管理办法及经验。11月8日，举办湖北省2016年《公路工程施工监理规范》培训班，会员企业总经理及省内交通重点项目高监、专监及驻地监理等153人参加培训。新版《公路工程施工监理规范》编委李达专门进行解读，对修订的思路、原则、背景、依据、要点以及章节内容等做讲解。出版《湖北交通建设监理》杂志，杂志有"政策法规""应用研究""经验交流""协会动态""会员动态""企业文化""人物风采""它山之石"八个栏目，对广大会员了解国家法律法规、标准规范、新技术、新研究的应用，展示广大会员单位风采提供良好的平台。

（姜红莲）

【湖北省交通会计学会】 8月24日，湖北省交通会计学会第八届会员代表大会在武汉召开。省交通运输厅副厅长谢强、副厅长程武，中国交通会计学会副会长兼秘书长汤永胜，省会计学会副会长兼秘书长李佐祥、主任江志坚，省财政厅、省民政厅等有关部门负责人出席会议。省交通会计学会第七届会长熊涛向大会作第七届理事会工作报告，会议代表审议通过第七届理事会工作报告、第七届理事会财务收支情况报告、学会换届选举办法、学会章程修改草案说明及学会会费收取标准说明、第八届理事会理事、常务理事候选人名单，选举产生第八届理事会理事90人、常务理事32人。选举第八届理事会会长魏公民。

组织开展学术交流。学会分别在十堰和孝感举办第一、第二片区学术交流会，2个片区学术交流收到财会学术论文228篇，内容包括交通建设筹融资、财务管理、内部控制、预算管理、会计核算、审计监督、"营改增"等方面，评出优秀论文37篇，襄阳市公路局《营改增对公路施工企业税负增减的浅析》、潜江市交通运输局《供给侧改革中交通运输会计工作研究与创新》2篇论文被省会计学会评为优秀论文三等奖。

抓好继续教育培训。举办交通行业会计人员继续教育培训班5期，其中行政事业类3期、企业类2期，参加培训学习700人。办好《湖北交通财会》会刊，全年出版发行《湖北交通财会》杂志4期、5600册，收到各类论文228篇，发表50篇。加强通讯员队伍建设，完善通信信息联络员QQ群，畅通信息交流沟通渠道。10月，学会在潜江市举办通信信息联络员培

2016年8月24日，省交通会计学会第八届会员代表大会在武汉召开

训会。继续做好厅直单位财会人员会计从业资格证新证换证工作,厅直单位换证工作全部完成。代办 500 余人会计从业资格证年审工作。为会员单位代订《交通财会》《财会通讯》等财会刊物。

(韩晓真)

【湖北省城市公共交通协会】 坚持服务政府,推动公交优先发展。协会配合主管部门宣传贯彻城市公交优先政策,积极参与法规建设,推动公交优先发展。收集并刊载杭州市政府制定的《关于政府购买城市公共汽(电)车营运服务的实施意见》等政策,为会员单位提供政策指导。为编制《城市公共汽电车客运管理规定》《城市客运术语第 6 部分:城市客运轮渡》等国家标准建言献策。11 月 11 日,协会配合组织召开全省公交示范城市经验交流会议,国家公交都市创建城市武汉市以及 11 示范城市管理部门和公交企业的代表参加了会议。9 月下旬,协会配合并参加对宜昌、襄阳、十堰等 11 个公交示范城市创建工作的考评。

坚持服务行业,推动行业健康发展。5 月上旬,为全面摸清全省城市公交发展现状,更好地为政府决策服务,推进公交科学发展,协会承接全省公交基数据普查工作,建立联动机制,成立普查工作领导小组,组建普查工作专家组和专班,制定工作计划和实施方案,研究谋划普查工作主要内容、方法、步骤和要求,有序推进普查工作。10 月下旬按要求完成数据汇总,形成全省公交基础数据库,编印《湖北省城市公共交通基础数据普查资料汇编》。培树一批可借鉴和推广的六种典范发展模式,先后推介武汉、荆州、襄阳、宜昌、赤壁和老河口公交等单位发展经验,从不同侧面介绍公交企业在省公交示范城市创建工作中的主要做法,在全省公交行业交流借鉴,加快推进全省公交示范创建工作,促进公交优先发展。协会具有城市客运企业和交通运输企业安全生产标准化考评二、三级资质。5 月上旬,到黄梅县港城客运等单位开展全生产标准化咨询服务。6 月中下旬,先后对黄梅港城客运、黄梅旭鸿物流、黄梅胜兴客运等 5 家申报企业进行安全生产标准化达标考评。

坚持服务会员,发挥桥梁纽带作用。协会新增会员单位 8 个,会员单位达 98 个。6 月份,组织开展跨省文明示范线结对共建活动,推荐 5 条省级文明示范线路与广州一汽巴士公司和株洲市公共交通公司 5 条省级文明示范线开展结对共建活动。通过共建活动,加强企业间相互学习交流,取长补短,不断推动公交企业的服务水平和品牌形象再上新台阶。5 月 13 日至 6 月 8 日,组织公交干部赴福州、厦门、株洲公交企业挂职交流锻炼,武汉、宜昌、荆州、黄石、十堰、荆门等 8 家公交企业选派 19 名干部参加交流活动。5 月 8 日,协会在咸宁市召开第十八次信息联络会议,会员单位负责人和通讯员等 70 名代表参加会议。8 月 12 日,协会第七届第二次理事会议在孝感召开,29 家理事、监事单位的 43 名代表参会。全年编辑发行《湖北城市公交》4 期、《湖北公交动态》12 期,采用稿件 106 篇、图片 108 多帧,免费赠送会员单位。加强对外联系和交流,与中国道协城市客运分会、湖南、河南、山东和江苏等省公交协会建立合作关系,开展交流学习。十堰、宜昌等公交企业参加中国道路运输协会城市客运分会在巴中召开的全国中小城市发展经验交流会,并作会议交流。

(孙新荣)

【湖北省交通造价研究会】 1 月,组织开展 2015 年交通工程造价优秀成果论文评选,评选优秀成果一等奖 2 个、二等奖 4 个、三等奖 5 个。建立湖北省公路工程材料价格信息平台管理系统和运行平台,完成全省交通工程材料价格站场信息调查。3 月 5 日,省交通造价研究会第一届第四次理事会在汉召开,会议审议通过《湖北省交通造价研究会经费管理办法》,根据工作需要变更秘书长,新增会员单位 4 个、个人会员 5 人,增补专家库专家 14 人。会议特邀中国建设工程管理协会副理事长、天津大学尹贻林教授就"交通工程造价前沿理论及研究动态"进行专题讲座。6 月 23 日,在宜昌举办公路建设"营改增"和造价技能培训班。7 月,通过"政府采购竞争性谈判"方式,正式承接省交通基本建设造价管理站"湖北省交通工程材料价格信息调查与发布"项目。按照项目要求,研究会充分利用现代科技手段及市场、会员资源,建立湖北省公路工程材料价格信息平台管理系统和运行平台。9 月,完成全省交通工程材料价格站场信息调查,利用平台研发优势,科学统计分析相关数据,每月及时向省交通基本建设造价管理站提供公路工程材料价格信息,由其审定并按月公开发布。

(王萍)

【湖北省交通历史文化学会】 学会秉承"整合历史资源、挖掘文化内涵、总结历史规律、传播文史亮点、提升行业品牌、服务交通发展"理念,深入挖掘、研究、提升、应用和推广湖北交通历史文化资源,展现历史文化魅力,坚持实施"一主两支撑三服务"的工作思路推进各项工作。即突出交通历史文化研究这个主题,动员和组织交通行业热衷于历史文化研究的同仁,多角度开展交通历史文化研究,保存和提炼交通历史文化的精髓,助推湖北交通文化软实力的提升;以杂志等宣传阵地为支撑,以项目为支撑,推动交通历史文化研究,凝聚交通历史文化研究的骨干队伍,发挥学会在全省交通历史文化建设的主力军作用,奠定学会长期发展基础,服务于广大会员深入研究和拓展成果的需要,服务于各会员单位文化建设和对外宣传的需要,服务于湖北交通改革发展的需要。全年编辑出版《交通历史文化》刊物 3 期,采用作品 100 余篇(幅)、约 30 万字,免费送发 1800 本,送发范围进一步拓宽。

走向市场,开展合作研究,运用专业知识,服务湖北交通发展。《中国高速公路建设实录》(湖北分册)是全国高速公路建设系列丛书之一，是交通运输部展示高速公路建设的活宝典，具有相当重大的史料价值和研究价值，省交通运输厅决定政府采购方式选定承编单位。学会成立专班，完成大纲的编制、范本的编写、资料的搜集，拟定标书，参与项目投标。7月20日，学会成功中标。根据交通部要求，《建设实录》收录范围涵盖16条国道、37条地方高速公路。学会与67家开通单位、21家在建单位、13家计划开工单位联系，确定联络员，组成《建设实录》资料网络。5月27日，《中国高速公路建设实录》编撰工作交流会在武汉召开，全国31个省市近120人参加会议。学会组织全体工作人员和部分高速公路建设管理单位近20人参加学习，通过会上专题讲座培训，基本了解U阅通和全舆图，为高质量完成《建设实录》编撰任务提供经验。10月，完成《建设实录》(153万字)初审稿。初步完成U阅通资料采集整理，完成"全舆图"湖北部分地图电子版收集整理工作。《黄冈市交通运输志》是学会业务向外延伸拓展的第一个中标项目，该书要求全面、翔实地反映黄冈交通运输的历史、发展和现状，综合系统地记叙黄冈交通运输史情。学会通过政府采购途径承接《全省运管物流行业精神文明创建及先进典范培树长效机制建设课题研究》项目编辑工作。通过调研、资料搜集、总结分析，撰写完成1万多字的技术建议书及方案，如期上交初稿。

（王汉荣）

党群工作和精神文明建设

【党建和行业精神文明建设】 制定出台《厅党组关于贯彻落实省委意见的实施意见》，从落实主体责任、机构设置、人员编制、经费保障等方面提出明确要求。制定印发《省交通运输厅党建工作主体责任清单》，把主体责任细化分解到党组、党委、支部，建立完善党组书记负总责、班子成员分工负责、机关党委推进落实、行政负责人"一岗双责"的党建工作责任体系。通过召开机关党建工作会、印发机关党建工作要点、签订《党建工作目标责任书》、开展党建工作专项约谈，组织厅机关及直属系统党支部书记述职述廉，加强党建工作督导，将党建工作主体责任层层压实。

扎实开展两学一做，强化理想信念教育。专题研究部署"两学一做"学习教育，广泛开展领导带头讲学、专家导学活动，邀请省委讲师团、党校等专家教授作辅导报告，党组书记带头讲党课，厅领导班子成员全部参加所在支部学习活动、讲党课。组织开展"怎样做一名合格共产党员"征文活动，收到文章260余篇并汇编成册供全系统学习交流。成立由党组书记任组长的学习教育协调小组和由厅机关党支部书记带队的8个督导组，对厅直单位进行2轮集中督导，推进2016年度交通党建问题清单整改工作，通报存在的突出问题。组织厅党组中心组学习10次。开展"全民阅读·书香机关"活动，结合交通运输部门职责和能力席位标准，开展公文写作竞赛和"两学一做"知识竞答活动，6月23日，选拔16支代表队进行初赛、决赛。

落实支部主题活动，创红旗支部全覆盖。制定出台厅机关党支部"先行"工作法，建立完善《党员领导干部党建工作联系点实施办法》《党员领导干部参加双重组织生活会制度》和《党费使用管理办法》等，先后两次召开厅直系统"支部主题党日"活动现场观摩会。通过推行"交纳党费、重温誓词、诵读党章、学系列讲话"四个规定动作加支部自选动作的"主题党日+"模式，完善机关党支部组织生活考勤制度，制定统一规范的党建资料目录和统一台账管理，发挥机关龙头表率作用，推进"红旗党支部"创建全覆盖。制定《省交通运输厅党内谈心谈话制度》，开展党员思想状况调查分析和"严管与厚爱"专题千人问卷调查，建立困难党员群众档案，先后在春节、七一期间慰问一批老党员和困难党员。

行业精神文明创建继续深化拓展。以培育和践行社会主义核心价值观为主线，以全面提升行业软实力、建设人民满意交通为目标，广泛开展文明单位、文明示范窗口、文明路、"十行百佳"评选活动等具有行业特点的群众性精神文明创建活动。做好文明出行服务引导工作，加强高速公路服务区文明服务创建工作，提升交通运输服务水平。积极开展创建交通文化品牌活动，成功举办全省综合交通运输行业羽毛球、乒乓球比赛活动，协助交通运输部成功举办全国交通运输行业文化高峰会。汉十高速公路管理处打造的"善为·治道"文化品牌获全国八大文化品牌，京珠高速公路管理处获"全国交通运输文化建设卓越单位"称号。宜昌市交通运输局等一批交通单位获交通运输部文明单位和文明示范窗口荣誉称号。

（邱欣年）

【精准扶贫办实事】 按照省委省政府统一部署和安排，按照"驻一带二"模式，省交通运输厅第六批次新农村工作队进驻洪湖万全镇黄丝村、清明村、老沟村，开展并完成入户调研工作，先后走访农户12户，做到贫困户精准识别，针对贫困户实际研究脱贫思路、规划脱贫项目，落实帮扶项目3个，同时筹集300万元资金，组织村民出工出力，改造生产路，安装路灯，疏通河道，新建党员群众服务中心及文化广场。针对黄丝村20年来没有召开一次党员群众大会的组织涣散局面，联合驻村工作队与村"两委"班子成员先后交心谈话12次，与村两委多次组织召开全体村民大会、党员群众代表大会，以村民监督委员会建设为重点，落实完善各项党务、村务公开制度，让村民参与村级事务管理民主决策，推动村民民主自治。

厅机关积极开展"我为精准脱贫办实事"，7个党支部对口帮扶，包户到村开展调研、制定规划、确定项目，确定"建强村党组织、发展集体经济、帮扶贫困户脱贫、爱心妈妈关爱留守儿童"四大任务，实地开展专题调研2次，筹集帮扶资金10万元，帮助贫困户解决实际困难12个。5月19日，厅党组书记、厅长何光中、副厅长程武带队到对口扶贫村调研指导，洪湖市万全镇黄丝村"幸福路"开工，揭牌爱心妈妈服务站，厅机关6名爱

2016年5月19日，省交通运输厅精准扶贫点洪湖万全镇黄丝村幸福路开工建设

心妈妈分别与6名留守儿童结对认亲。协调引进文化艺术活动进村，以歌舞、小品等形式为载体，让村民更加透彻了解党的政策和纪律。6月18日以来，面对连续四轮暴雨的袭击，驻村工作队全力配合当地党委政府做好村民转移安置工作。同时，捐助恩施一所希望小学32000元，参加社区结对帮扶活动，开展小心愿、小梦想志愿服务，筹集帮扶资金3800元。

（邱欣年）

【党风廉政建设】 强化责任压力传导，压紧压实"两个责任"。研究制定党建工作、党风廉政建设主体责任清单，推进主体责任落实情况纪实管理，形成责任清单、任务清单、履责纪实台账"三位一体"的履责管理体系。严格落实"一谈一述一查一考"监督机制，落实厅领导与厅直系统班子成员、厅机关处室主要负责人定期开展党风廉政建设责任制落实情况约谈机制；认真落实省委"主体责任问责年"要求，以问责促履责；组织领导班子及领导干部年度述责述廉，由厅领导带队检查考核厅直单位落实党风廉政建设责任制情况，取消2家单位年度评先资格。

强化巡视成果运用，抓好问题整改落实。针对省委巡视组反馈的5个方面、18个问题、66项整改事项，建立台账，明确任务分工和第一责任人，限期整改。对发现的问题漏洞及时建章立制，对存在问题的人员进行追责问责，实行问题清单，销号管理。注重查找问题根源，力求从源头上、根本上解决问题，相继修订完善20项制度，着力建立长效机制。

巩固深化作风建设，防止"四风"问题反弹。聘请10名政风行风监督员，开展不定期检查活动，集中督办整改8起履职不力问题，点名曝光4起在重大节假日期间顶风违纪公车私用问题。制定进一步加强机关作风建设意见，建立健全纪律作风巡查通报制度，紧盯重要节点、节假日期间违纪问题，发现一起、追查一起、通报一起。落实阳光信访、责任信访和法制信访，

确保网上信访事项办结率达99%以上、群众满意率达95%以上。

认真开展履职督查，建设"廉政阳光交通"。扎实推进"十大专项整治"，认真开展财务报销违规问题等"三个专项治理"，强化专项纪律审查成果运用，发现问题通报整改，严肃处理违规违纪人员。通过建立政风督查员明察暗访、参加媒体问政、发放意见函、上门走访等形式，征集意见建议7011条、问题1978个，全部整改到位。年度评议考核中，省交通运输厅综合考评结果为优秀，宜昌等12个市州交通运输局考评结果为优秀，其中黄冈、十堰、潜江、林区获本地优秀等次第一名。进一步实施廉政阳光工程、廉政阳光审批、廉政阳光执法、廉政阳光服务四个方案，8项省级行政审批事项下放到市州，"红顶中介"专项整治扎实有效；推进工程建设领域信息公开和信用评价机制，在全省范围内开展工程建设专项整治行动，重点督查招投标规范和违法分包问题。

始终坚持挺纪在前，积极实践"四种形态"。省交通运输厅成立机关纪委，厅直单位纪委机构、纪委书记专司其职、专兼职纪检监察人员全部到位；17个市州交通运输部门纪检机构派驻改革全部到位，2个为单派驻（武汉、黄冈），15个为综合派驻，交通纪检监察部门"三转"进一步深化，监督执纪能力进一步提升。2016年，各市州追责问责579人，其中，移送司法机关6人，党纪政纪处分227人，函询、诫勉谈话、通报批评286人。厅机关及直属系统给予党纪政纪处分3人，诫勉谈话8人，约谈15人，谈话函询20人，责令4人作书面检查、8人在所在党组织作检讨，批评教育26人，对厅直13家单位64名副处级以上干部进行廉政谈话。履职尽责督促检查工作中全省交通运输系统问责23名处、科级干部和一般干部，其中8人给予党纪政纪处分。

（邱欣年）

【交通运输工会】 以"争当主力军、建功十三五"为主题，在全省交通运输系统组织开展"践行新理念、建功十三五"主题劳动竞赛，组织开展全省交通重点工程建设"品质杯"劳动竞赛、"品质杯"职工职业技能大赛、职工（劳模）创新工作室建设、班组（科室）劳动竞赛、"安康杯"劳动竞赛、提升服务质量劳动竞赛、"我为节能减排作贡献"劳动竞赛。6月—11月，组织举办"品质杯"职工职业技能大赛，全省交通运输系统公路、港航、道路运输、高速公路、城市轨道交通行业的6个工种约50000余名职工参加比赛，一批优秀选手被授予湖北省"金牌教练员""全省十佳船员""技术能手"等称号，4名职工获湖北"五一劳动奖章"。在第八届全国交通运输行业职工职业技能大赛上，湖北省交通选手获"筑路机械操作工"决赛团体总分第一，并包揽全部单项第一名。继续深化职工（劳模）创新工作室创建，命名表彰厅级工作室10个、厅级示范工作室5个。2个职工（劳模）工作室获省级命名表彰。积极开展"安康杯"竞赛活动，20家单位1346个班组28266人参加竞赛，省交通运输厅工程质量监督局、武黄高速公路管理处、汉江崔家营航电枢纽管理处获全国"安康杯"竞赛优胜单位。随岳高速公路管理处研发的"联动栏杆机控制系统"、汉十高速公路管理处研发的"防倒车报警装置"分别获国家专利，湖北交通职业技术学校"挖掘机智能管家"项目获第二届中国"互联网+"大学生创新创业大赛全国总决赛银奖，"水库调度综合管理系统""公路工程材料价格动态管理机制研究与信息平台"等创新成果不断涌现，"万众创新"在全省交通运输行业的具体实践进一步深化。

围绕品牌锻造，服务职工综合素质提升，交通职工文化建设扎实推进。继续深化交通英模示范引领效应，创建一批特色明显、带动力强、示范突出的示范点和先进典型。省交通运输工会连续6年获省总工会创先争优年度工作考核"优秀单位"；十堰亨运集团董克飞获评"全国爱岗敬业汽修工楷模"、汽修工张龙获"荆楚工匠"

2016年10月27日，第八届全国交通运输行业筑路机械职业技能竞赛理论考试现场

提名奖，武黄高速公路管理处许湘秦获全国"五一劳动奖章"，武汉正元置业有限公司陈远凯、鄂西高速公路管理处郑玉典入选2015年感动交通年度人物，4名交通职工获湖北"最美一线职工"提名奖；2016年全省交通运输系统有45家工会组织、23名个人获省部级以上表彰。充分发挥工会作用，推进"创先争优"和"六型"班组创建活动，指导基层单位加强"职工书屋""员工学堂""道德讲堂""班组活动室""职工之家"等学习娱乐阵地建设。创新推出"内部培训师"品牌，建立138人的内训师队伍，全年组织各类培训班、职工大课堂和班组学习会320期，培训职工15000余人次。省交通运输工会在全省交通运输系统命名15家职工书屋示范点，并用"以奖代补"的形式分别配送1万元书籍。武黄高速公路管理处通山管理所职工书屋被评为全国总工会职工书屋示范点，在第六期全国工会职工书屋管理人员培训班上作交流发言。举办"中邮保险杯"全省综合交通运输行业乒乓球、羽毛球比赛，铁路、长航、中交集团、民航等综合交通运输行业20支代表队330余名运动员参赛。组织开展"交通文化月"、第六届全省交通运输系统职工书画摄影大赛等活动。湖北交通选手在"德鲁泰杯"第四届全国公路职工乒乓球大赛中获男子团体、女子团体2项冠军，在第四届湖北省职工排舞大赛中获团体、男女混合双人、男子双人3个项目第一和女子双人项目第二的成绩。2016年有22家工会组织获全国、省级模范职工之家及职工小家荣誉称号。

围绕精准帮扶，做实服务项目，工会普惠性服务成效明显。春节前夕，厅领导带队深入基层，慰问困难职工、困难党员、劳模等九大类职工群众代表，走访慰问困难家庭30余户、慰问个人319人，慰问资金27.42万元。厅直各单位、各市州交通运输工会走访慰问困难家庭509户、困难职工972人，慰问帮扶资金93.36万元。积极推动职工服务中心(站)提档升级，推出30家具备"便民超市""职工农场""探亲房""亲子房"等具特色服务功能的综合服务站。深入一线班组和基层职工家庭，对困难职工信息"建档立卡"，通过"321"文化创建、女儿会、"一对一"精准帮扶等举措，提供项目化、订单式、精准性服务。打造省级职工服务中心1个，获全省服务职工先进个人2名。

围绕工会自身建设，夯实工会工作根基，基层工会建设成效彰显。由省交通运输工会牵头协调，分别启动省总宣教文体部、省交通运输工会与武黄管理处武东党总支，省总财务部、省交通运输工会、黄黄管理处机关支部三方共建，开展主题党日活动，为交通基层一线党组织学习借鉴省直机关行业部门党建工作和工会工作经验做法提供更多途径。联合交通运输厅机关纪委开展厅直单位民主管理制度执行情况及经验亮点等方面进行检查和调研，推进厂务公开民主管理制度化、规范化建设；配合厅人劳处平稳推进基层事业单位工资改革，及时发现解决改革过程中出现的职工思想不稳定等倾向性问题。全年未发生一起重大劳动争议和职工群体性事件。突

随岳高速公路管理处工会获2015年度"全国模范职工之家"称号

出"中国梦·劳动美"主题教育实践活动，指导基层工会开展道德讲堂、劳模讲堂、专题讲座、知识竞赛、读书征文、演讲比赛、先进事迹报告会等活动，行业窗口单位开展"学雷锋"志愿服务活动。全面检查"六有工会"创建成效，厅直基层单位均建立完善工会组织，超过200人的单位均配备专职工会主席，职工（含农民工）入会率100%，市州交通运输局及直属二级单位均配备专职或兼职工会主席，基层工会管理不断规范。获评全国优秀工会工作者1名，获评省级优秀工会工作者2名。

（江飞）

【离退休干部工作】 坚持做好情况通报和理论学习。及时组织离退休干部学习党的十八届六中全会精神、《中国共产党党内监督条例》《新形势下党内政治生活的若干准则》，邀请省委党校教授作辅导报告。坚持每周离休及退休厅级干部阅文制度、每月10日厅机关离退休干部学习通报会，传达学习相关文件精神，通报交通行业改革发展进展情况。坚持每年2次由厅领导向离退休老同志们通报全省交通运输工作情况。

坚持务实创新，积极完善服务管理工作。确保老干部政治待遇和生活待遇落到实处。春节前夕，厅领导带队到厅机关和厅直单位老干部、老红军、红军遗属家中走访慰问；多次为老干部组织健康知识专题讲座，邀请协和、新华医院专家讲解防病治病知识。4月21日，组织60余位老同志到红安革命老区参观学习。11月上旬，组织厅机关离退休老干部60多人游览武汉金银湖湿地。组织省新华医院完善社区医疗上门服务工作，方便老同志看病取药。工作中坚持"六必访"，即老干部生病住院必访、重要寿辰必访、新春佳节必访、矛盾纠纷必访、生活困难必访、丧葬大事必访，全年办理特诊病情审批320人次、到医院慰问病人60余人次。全年走访厅直和厅机关离休老干部、老领导、遗属、生活困难和住院老人等120余人次。

对老干部所思所求登记备案，及时向相关单位或部门反映情况，积极协调解决，确属不能解决的做好说服工作，消除不稳定因素。

组织老干部积极参与社会公益活动，紧扣"展示阳光心态、体验美好生活、畅谈发展变化"主题，引导老同志参与和谐社区创建、全民读书等活动，组织老干部到省未成年人教养管理所对未成年服刑人员开展"一对一"结对帮教，厅6位老干部结对帮扶6名失足少年。为推动老干部"红旗党支部"创建活动，举办离退休干部党支部书记培训班，厅机关、厅直各单位离退休干部党支部书记和老干部工作人员参加培训。厅机关老干支部分别与京珠高速江北支部、武黄高速通山支部结对共建。厅机关和厅直单位老干工作人员撰写调研文章4篇，提出合理化建议20余条。

（胡志辉）

【交通青年工作】 厅团委通过主题团日、"湖北青春交通"微信公众号、湖北交通报等载体平台宣传党的理论知识、共青团日常工作、重大活动，组织开展"我的中国梦""学雷锋志愿活动""交通大讲堂""我们的节日"等主题活动，带领广大团员青年积极践行社会主义核心价值观，充分发挥典型的引领示范作用。

服务交通发展，引领青年岗位建功。在全省交通运输系统中持续开展青年号手创建，2家单位获全国青年文明号，13家单位获省级青年文明号。建立青年志愿者队伍、志愿服务基地，全年发动志愿者1000余人次参与春运保畅、应急抢险、扶贫帮困等活动。注重青年文化建设，使青年文化成为"微笑京珠""温馨汉十""阳光随岳"等交通文化品牌的重要组成部分。发动志愿者走进交通精准扶贫点洪湖黄丝村，开展青年帮扶新农村建设活动。

强化自身建设，全力服务青年成长。在厅直单位团委中开展"五四红旗团组织"创建，全面推进"共青团之家"建设，加强团员管理、团费缴

纳、主题团日活动开展等工作。在基层团组织中广泛开展青年岗位能手创建、职工能力大提升等活动，为青年职工搭建成长、成才平台；通过"湖北青春交通"公众号、鄂西"女儿会"交友活动等畅通青年沟通交流平台，开展多种形式的青年读书交流活动，关心关爱青年职工的学习、工作、生活，团的基层组织活力不断激发，优秀青年代表层出不穷。省交通运输厅有6个单位和集体、2名团干、3名团员代表获省直机关团工委表彰。

（邱欣年）

【交通宣传报道】 2016年，全年编辑出版《湖北交通报》50期，扩增4次版面、16个专刊，编发新闻稿件及照片3500多篇（幅），出版《湖北交通》4期，刊登行业论文、调研报告、照片240多篇（幅）。编辑《湖北交通新闻集》32万多字、在《中国交通报》发稿200多篇，组织专刊宣传10多个整版，组织通讯员在《中国交通报》发稿50余篇。组织人民日报、经济日报、湖北日报、湖北电视台等省级以上新闻单位集中采访报道交通运输工作，发稿1000余篇，配合中国交通报社行业知识培训6次、参训人员300余人次。各地通讯员在当地社会媒体上发稿1000余篇。主要做法：

构建全媒体宣传格局。2016年，厅宣传中心坚持走全媒体发展之路，突破原有单一的报纸宣传形式，逐步形成《中国交通报》《湖北交通新闻》两报，《湖北交通》一杂志、湖北省交通运输厅网站一网络、湖北交通新闻微信等多形式的全媒体宣传格局。与人民日报、新华社、经济日报等中央媒体，中国交通报、中国水运报、中国公路杂志等行业媒体，湖北日报、湖北电视台、湖北电台、农村新报、楚天都市报、92.7交通广播、省政府门户网站等建立合作关系，通过上门汇报、定期沟通、信息通报、报送稿件、邀请采访和组织集体采访等形式，提高交通报道频率，拓宽交通宣传深度。湖北日报每周交通新闻不断线，每月推出一个交通行业版，全年推出7个

专版，湖北电视台平均每周至少上一篇交通新闻。

宣传交通改革发展成就。坚持围绕讲好交通故事、传递交通正能量、唱响交通好声音、树立交通新形象做好新闻宣传。开展重大主题集中宣传，紧紧围绕学习贯彻十八届六中全会精神、开展"两学一做"学习教育、综合交通运输体系建设、防汛救灾、灾后重建、加快"四好农村路"建设、精准扶贫、春运、治超等进行重点集中宣传。组织湖北日报、湖北电视台等省内主流媒体记者到省际大站、流量集中的站所现场采访交通收费员、路政员、养护人员、服务区工作人员以及过往司乘人员；组织记者到省交通运输厅驻洪湖市万全镇黄丝村工作队深度采访交通精准扶贫；组织记者进行"水运荆楚行"活动，宣传"十二五"湖北水运发展成就；组织采访春运、长江岸线整治、40个交通项目3月集中开工等重大活动。突出宣传行业重大典型，如治超中英勇受伤的监利县公路局施家超限检测站副站长王东红，"全国见义勇为英雄司机"——宜昌市出租车司机王绍新等3人，湖北省道德模范——仙桃市公路局安捷养护公司毛嘴管理站站长刘彩军，湖北省道德模范提名奖——随州市随县公路局殷店公路管理站职工王何林。突发事件重点宣传，6月28日至7月20日，《中国交通报》《湖北交通新闻》、省交通运输厅官网刊发各类防汛抗洪救灾宣传稿件400多篇。长江云、湖北交通新闻微信公众号发布各类信息（文字和新闻图片）1000余条，厅网发布防汛救灾类报道300多篇，总阅读量达到7万次。

加强舆情监测研判。扩大舆情监控范围，增强舆情监测敏感性和时效性，准确把握引导方向和重点。密切关注收费公路、桥梁隐患整治和道路运输安全排查，以及出租车管理、交通执法等热点焦点问题，重点监测，预判舆情走势，为及时正确引导舆论提供决策依据，对突发公共事件处置不实报道，及时澄清，有效压缩负面甚至谣言传播空间。高度重视微信等新媒体的研究和应用，充分发挥各级交通运输门户网站主阵地作用，加强和改进网络新闻发布工作，及时缓解新兴媒体可能带来的舆论压力。

（高斌）

调查研究

关于农村物流创新跨行业融合发展模式的研究

湖北省交通运输厅　何光中

根据省委2016年决策支持工作安排，省交通运输厅立足交通物流发展，在深入剖析、认真总结我省农村物流试点示范经验和部门合作共建经验的基础上，形成农村物流创新跨行业融合发展模式研究的调研报告。

一、现状及成效

促进农村物流健康发展是支撑农业现代化的重要基础，也是实施精准扶贫战略的有力支撑。省委省政府历来高度重视农村物流发展，有关部门共管共建，初步形成农村物流跨行业融合发展的模式，对改善农村通运体系发挥了积极作用。从2011年到2016年，中央和湖北省财政累计投入近4亿元用于加快农村物流网络体系的建设，搭建农村物流的基础平台，提升其现代化水平。截至2013年年底，全省共有农产品交易市场1700多个，经营农产品冷链物流的重点企业129家，冷库395座，建设配送中心160多个，村级综合服务社15280家，覆盖近60%的行政村，有效地促进了全省农业增效、农民增收，为农村繁荣提供了良好支撑。全省农产品物流体系构架初步形成，新型产销链逐渐成熟，市场主体逐步壮大，初步形成多渠道、多方式经营、多元化竞争的农产品物流格局，有效地促进了湖北农业增效、农民增收和农村经济发展。

（一）多部门共抓共管成效明显。近年来，全省交通运输、农业、供销、商务、邮政等部门立足各自职责，通过加快农村公路建设，推进"菜篮子工程""新网工程""万村千乡市场工程""快递下乡工程"、发展农村邮政物流等措施，为促进农村物流发展做了大量卓有成效的工作。

交通运输部门负责全省公路水路管理，协调服务综合运输体系建设，推动交通运输在物流业健康发展中发挥主体和基础作用。目前，综合交通运输网络基本形成，"十二五"期新改建农村公路73184公里农村公路总里程达到21万公里，乡镇和行政村通畅率分别达到100%，改扩建乡镇五级客运站为农村综合运输服务站累计达279个，全省25989个行政村全部实现通客车。武汉、鄂州等平原地区已初步形成"乡镇公路联网成片，村与村公路全面循环，组与组之间路路相通"的农村公路网。

商务部门负责全省内外贸易商品物流协调与管理，推动物流标准化和连锁经营、商业特许经营、物流配送、电子商务等现代物流方式的发展，指导协调口岸物流园区建设。目前，"万村千乡市场工程"累计建设改造农家店29363家，建成配送中心164个，建成并投入运营乡镇商贸中心103个，农家店信息化改造完成2459家。

邮政部门负责组织协调和管理邮政普遍服务以及快递业务，实施"快递下乡"工程，推动建立覆盖湖北城乡的邮政普遍服务体系和快递服务体系。湖北邮政公司下辖67个县（市）邮政局，共有邮政所1600余处，农村投递线路3646条，单程20.61万公里，城镇便民服务站8000多个，农村三农服务站7000余个，网络覆盖全省、直达乡村。中国邮政速递、顺丰及"三通一达"等知名快递企业在我省拓展农村物流市场，为通达"最后一公里"作出了积极贡献。

供销部门负责全省供销社参与农村市场体系建设工作，组织、指导新农村现代流通网络工程建设（"新网工程"），构建农业生产资料、农副产品、日用消费品、再生资源回收利用和烟花爆竹安全经营五大网络体系。目前，全省系统发展各类网点66000多个，各类配送中心472家，商品交易市场72个，服务县乡村三级的经营服务网络基本形成。"湖北农资"网络拥有251个农资配送中心、农资销售网店5463个，市场占有率80%。

农业部门负责贯彻执行国家制定的农业产业政策，提出大宗农产品流通、税收及农业财政补贴的政策建议，组织协调菜篮子工程和农业生产资料市场体系建设。武汉家事易公司"电子菜箱"进驻1200多个小区。湖北老农民、武汉轩农、武汉汇春等企业开通蔬菜直通车200多台，进驻社区数达到300多个，日销售平价蔬菜20多万公斤。

各地党委政府高度重视，在推动当地农村物流发展中发挥了主导作用。如：十堰市将推进农村物流融合发展试验区规划建设作为2016年政府工作的重要目标，印发了《农村物流融合发展"十三五"总体推进方案》。京山县成立以县长为组长，分管副县长为副组长，相关部门主要负责人为成员的县加快发展现代物流业工作领导小组，建立联席会议制度，着力理顺物流业相关管理部门之间的职责关系，消除阻碍物流发展的体制和政策障碍。

（二）跨行业合作共建成效明显。各级党委政府、各有关部门高度重视农村物流发展工作，在各个层面、通过多种形式开展合作共建，我省初步形成了农村物流跨行业融合发展的工作机制和良好态势。

交邮共建先行突破。2013年6月，省交通运输厅与省邮政管理局、省邮政公司签订《战略合作框架协议》，鼓励支持邮政企业利用客运班车、客运班轮运送邮件，开展支线运输合作，利用市到县、县到县、县到乡（镇）的客运班车代运邮件，节约双方运输成本，提高双方经济效益。省交通运输厅还制定了《推进公路、水路运输与邮政、快递业融合发展的指导意见》，明确在推进农村物流工作中，统筹考虑各部门的网点布局，进一步强化与邮政等部门的网络衔接。省邮政速递物流公司与省客集团合作，依托客运网络开通了武汉至恩施、荆州的邮包托运业务。

部门合作全面推开。2014年10月，由省交通运输厅牵头，湖北日报传媒集团、省商务厅、省供销社、省邮政管理局及省邮政公司、省邮政速递物流有限公司、顺丰速运有限公司等八家单位签署了湖北省《农村物流发展战略合作协议》，以资源整合、多业融合、跨区域合作、多部门合力推进为发展重点，充分发挥各部门、各行业和龙头企业的管理优势、资源优势，建立健全全省农村物流服务体系，有效解决农村物流服务"最后一公里"问题。2015年6月，贯彻落实国家四部委《关于协同推进农村物流健康发展加快服务农业现代化的若干意见》，省交通运输厅联合省农业厅、省商务厅、省供销合作总社和省邮政管理局联合印发了《湖北省农村物流融合发展规划编制指南》，加强对县市农村物流规划编制的指导，着力探索推进"一点多能、一网多用、循环流通"的农村物流融合发展新模式。

融合发展初见成效。在各部门的通力合作下，我省农村物流融合发展、整合资源取得了明显效果，在一定程度上为企业解决了难题，为群众带来了便利。以湖北省邮政速递物流公司为例，全省自有快件运送车辆近4000台，按照合作协议在省交通运输厅的协调下，可调配使用全省9万余辆车送货下乡，有效克服了地点偏远、交通设施不足、人手紧张等问题制约；公司还依托农村综合服务站、农村超市、店铺等在全省350个重点乡镇建立了自营代办点，如：随州浙河镇的一家销售电脑的店铺每天接收约40件包裹并投递，使得当地快递下乡的时效性提高了一天多。据调查了解，湖北省内快递大约在3天内可以到达乡镇一级，省外的要5天左右。

（三）各地方试点示范成效明显。襄阳、宜昌、黄冈、十堰、荆门等地积极开展农村物流试点工作，探索出了交邮共建、资源共享、招商引资、交农对接、引进物流企业改造以及一体化运作等农村物流发展模式。省交通运输厅加强对农村物流试点示范的指导，围绕"坚持市场主体、创新组织模式、强化部门协同、促进多业融合"，将鄂州、十堰、荆门、竹溪、秭归、宜城等6市县作为省级农村物流试点，各地探索形成了各具特色的农村物流融合发展模式。十堰市试点以亨运物流公司为主体，深化交邮共建，依托许家棚物流园新建区域快递分拣中心，利用客货两网，开通了五县二市客货双达班车，构建起十堰区域物流综合配送网，全力助推交通与快递融合发展。荆门市试点以众诚物流公司为主体，建设市县镇村四级物流基础设施体系，整合社会车辆等资源，依托自身信息平台，集货物购销、物流配送于一身，全力实现区域物流一体化。竹溪县以县内农村物流企业为主体，整合社会物流资源，构建起县级物流中心、乡镇物流综合服务站、村级物流服务点的县域农村物流服务示范网络。秭归县试点以华维物流公司为主体，积极建设集交通、商务、供销、邮政、快递"多业融合、多点合一"的村级服务平台，构建货运班线+客货联盟的农村物流服务体系，在全县12个乡镇、186个村建立了物流服务站点，综合利用150条乡村客运线路的600台村村通客运车辆，开通货运线路12条，物流成本比以往降低30%以上。

二、问题与不足

据调查了解，在"互联网+"的大背景下，我省在一些经济发达和交通便利地区，农村物流市场化、专业化程度很高，农村电商发展迅猛。阿里巴巴集团在通山、嘉鱼、赤壁、蕲春等10多个县市、450个村点启动农村电子商务试点。全省淘宝特色农产品卖店达2万多家，神农架野生香菇、椴木黑木耳、农家土鸡蛋等农产品从大山深处销往全国各地，仅2015年就销售农产品20亿元，居全国第10位，增幅达50%；其中，"潜江龙虾节"，一天销售额就达500万元。但从整体来看，在一些地区仍然存在部门各自为政、政策措施缺乏协同、资源整合利用不够等一些问题，农村物流跨行业融合发展还有很大的空间。具体表现如下：

（一）部门多头管理，政策设施共享不够。在国家提出大力发展物流产业，建立现代物流服务体系的目标和政策指引下，各部门积极行动，在职能管辖范围内出台一系列针对性的政策，一定程度上促进了农村物流的发展。但由于部门职能所限，政策关注点各有差异，对农村物流发展政策缺乏统筹，导致规划布局不统一、物流网络体系建设不统一，存在一定程度的管理重叠区和管理真空区，既浪费了配送资源又严重阻碍了农村物流统一市场的形成和发育。各部门在农村物流发展上缺乏协调，政策性支持资金分散，"一刀切""撒胡椒面"情况突出，难以形成解决农村物流关键问题的合力。各部门都在建设自己的体系设施，有的重复投入，各类网络节点功能无法实现互联互通，难以实现对成本、效率、服务水平的整体管控和系统性优化。

（二）经营模式传统，资源网络配置不优。我省农村物流业态传统，物流体系呈现"多对多"的零散结构，缺乏专业集散节点，物流经营各自为政，网络交叉重复。农村物流模式呈现分散性、扁平性、交叉性的特点，网络中的各类物流资源难以得到整合。如邮政、供销以及农村分散的个体经营网点，均具备一定的物流拓展能力，但各自在不同体系中运营，"一网多用、一点多能"难以实现，双向流通、信息互连、资源共享、网络融合的新型物流模式尚未建立。这种情况下，农产品"进城"物流和农资、消费品的"下乡"物流难以实现科学组织。

（三）市场主体散弱，运营组织效率不高。市场上物流主体相对单一，主要以专门个体运输散户为主，经营业态分散，规模小，管理不规范，资源无法有效集中，规模效应难以实现。大部分涉农工商企业从原材料采购到产品销售，主要依靠企业内部组织物流完成服务，农村农产品、日用消费品物流网络重复建设，分散运营，导致农村物流整体效益低，运输、配送成本高，企业资金压力大。而专门从事农村第三方物流的企业，现阶段规模小、业态原始，难以满足日益发展的农村物流需求，只能承担一些本地化、零散化的物流任务，整体规模无法支撑起适应农村物流发展需求的第三方物流市场。

（四）信息化程度较低，产业升级动力不强。我省农村物流信息化水平普遍偏低，信息流通不畅，严重制约了产业升级。一是农村电商模式受限与网络应用普及程度影，发展与城市拉开了较大距离，发展现状难以有效实现农产品"走出去"，工业品、消费品"走进来"的目标，农业产业产销模式升级难度大；二是区域性的信息化平台未成型，农民和采购商之间的信息渠道未打通，减少流通环节较多，信息不对称现象严重，抬高了农产品流通过程中的价差，不利于农产品价格稳定。三是"新网工程"、12316信息进村入户试点工作，在个别地方落地情况不甚理想，整体覆盖率不高，难以从终端向物流平台提供有效信息，物流网络管理模式升级难度大。

（五）区域差异较大，物流总体需求不足。在一些欠发达地区和老少边穷山区农业机械化、规模农业难以有效实现，物流总体需求呈现小规模、低层次、分散化等特点。大部分农民既是生产者，又是农村物流服务的主要对象，每一家农户就是一个生产经营单位，自己承担着农产品物资的采购、耕种、采收、销售、运输等物流过程，使物流运作组织难度增大，造成了农村物流运输不能形成规模，一家一户零敲碎打的格局导致了农村物流投入成本高、盈利空间小。我省城镇化进程加速推进，部分农村聚落空心化问题日益显现，农村青壮年大多外出打工，老龄化趋势明显，土地抛荒严重，进一步加剧了农村物流规模化需求不足的问题。我省农村的现状决定了农村物流不可能像"村村通客车"那样的普遍服务。

三、对策与建议

"十三五"是我省实现由农业大省向农业强省跨越的关键时期，一方面农业市场化、产业化、规模化、机械化、标准化、生态化、区域化以及信息化水平不断提高，另一方面农业的基础性、公益性、民生性、薄弱性、差异性更加突出，对农村物流发展提出了新的更高要求。无论是单纯的市场手段或单纯政府扶持都无法解决农村物流发展中深层次问题，无论任何一个部门都无法独立完成农村物流发展的重任。发展我省农村物流需要坚持政府引导、市场主导，资源整合、优势互补，整体规划、有序推进的原则，综合运用行政、经济、技术等手段，按照"一点多能，一网多用，深度融合"的要求，大力推进农村物流跨行业融合发展。

（一）建立健全农村物流发展保障体系。充分发挥各级党委政府在促进农村物流发展中的组织协调作用，建立由政府统一领导，发改、交通、农业、供销、商业、邮政等多部门共同参与的农村物流发展协调机制，出台具体的实施方案，进一步理顺物流业相关管理部门之间的职责关系，消除阻碍物流发展的体制和政策障碍。建议省人民政府宏观统筹协调各部门管理职能和政策资源，市级人民政府重点规划布局本地区农村物流发展，县级人民政府具体组织实施农村物流发展工作。加大农村物流试点示范建设力度，建立跨区域城乡一体化发展合作机制，促进基础设施互联互通、运输组织协调高效、信息资源共享应用，管理政策规范统一。

（二）加快编制农村物流融合发展规划。推动全省各地全面落实《湖北省农村物流融合发展规划编制指南》，按照协调、系统、适用、创新、开发的原则对农村物流发展进行统筹规划。一是加快构建三级农村物流节点体系。按照县、乡、村三级网络构架和"多站合一、资源共享"的模式推进农村物流节点体系建设。以公路货运站场为依托布局规划县级农村物流中心、统筹农村商贸流通市场、农资配送中心、农产品收购和再生资源集散中心，强化商贸流通与货运物流的业务对接。加快乡镇交通服务设施改造，发挥"上接县、下联村"的物流中转节点功能。依托农村网格化村级服务管理平台、基层农村服务中心、农家店、农村综合服务社、村邮点、快递网点、农产品购销代办站等，布局农村物流的末端网络。二是完善农村物流运输服务体系。根据各地实际，因地制宜地推行干线物流＋农村货运班线、农村货运班线、农村货运班线＋村村通客车、农村货运班线＋电话预约、乡村货的等模式，打通农村物流"下乡与进城"的双向快捷通道。三是创新多业融合运营组织模式。按照资源互补、利益共享、风险共担的原则，鼓励农村商贸流通企业、供销合作社整合分散的货源，外包物流业务。引导物流企业与超市、农产品产地市场、农资配送中心、专业大户、农村合作社建立稳定业务关系，逐步发展产运销一体化的物流供应链服务。结合农产品现代流通体系建设的新要求，加快探索适应农批对接、农超对接、农社对接、直供直销等物流服务新模式。

（三）大力培育农村物流市场主体。一是培育龙头骨干企业。鼓励、支持省内外规模较大、基础较好的第三方物流企业，延伸农村经营服务网络，推动农产品物流企业向产供销一体化方向发展。培育一批区域性农村物流企业和县域型农村物流企业，实现企业规模化、集约化发展，提升服务能力和市场竞争能力。二是引导支持小企业联盟发展。鼓励中小商贸流通、物流企业采取联盟、合作等方式，实现资源整合与共享。支持农村物流骨干企业以品牌为纽带，采用特许加盟等方式，整合微小农村物流经营业户，改善农村物流市场主体过散、过弱的局面。培育扶持一批外向型的农业中介组织，促进信息资源共享，充分发挥农业产前、产中和产后的服务作用，实现农村物流货源和运力信息的及时汇集与匹配。三是推进诚信体系建设。建立农村物流经营服务规范和信用考核办法，健全信用评价工作体系。定期开展信用认证和考核评价，推进跨部门、跨行业诚信系统的有效对接和信息共享，支持建立统一的诚信监管信息平台。

（四）提升农村物流信息与装备水平。一是加强现有信息资源的开发利用。推动相关企业主动对接"快货运"等先进货运信息平台，积极对接电子商务，创新O2O服务。鼓励有条件的地区协调相关部门，将现有交通、商务、供销、邮政、工商、税务等部门可公开的信息进行整合并公开，增强服务质量，提高物流效率。二是加快各级农村物流信息平台的建设。整合相关部门信息资源，融合相关企业、中介信息系统，搭建县级农村物流平台。对村信息服务站、邮政"三农"服务站、村邮站、快递网点等信息资源进行整合、升级改造，加强县级农村物流信息平台与镇村农村物流信息点的有效对接、互联互通。三是推广先进实用的物流装备。大力推广适用于农村物流的厢式、冷藏等专业化车型，规范适宜乡村配送的电动三轮车，推广应用专业化物流设施设备。

（五）配套完善促进农村物流发展的政策措施。建议省政府研究出台相关政策意见，引导农村物流融合发展。在土地政策方面，优先安排涉及农村物流中心、重点物流企业项目建设用地，比照工业用地价格和程序保障农村物流用地。在车辆管理方面，落实完善鲜活农产品"绿色通道"政策，加快客运班车带货运输相关政策调整。在税收方面落实国家促进农村物流发展的政策，按照小型微利企业所得税优惠政策，对符合条件的农村物流企业给予优惠；统一农村物流增值税税率，探索增值税差额抵扣。在资金保障方面推进各方扶持政策融合，提升政策叠加效益。对站场设施建设、信息系统建设、组织模式创新等具有较强公益性的项目予以引导扶持，鼓励民间资本进入农村物流领域。

进一步发挥纪检派驻机构监督作用的实践与思考

中共湖北省纪委驻省交通运输厅纪检组　刘汉诚

湖北省纪委驻省交通运输厅纪检组作为全省派驻机构改革的参与者和实践者，入驻省交通运输厅两年以来，坚决贯彻改革精神，切实履行好派驻监督职能，牢记职责使命，聚焦主责主业，坚持学思践悟，不断探索监督执纪问责的工作方式与运行机制，为全省交通运输改革发展提供了强有力的纪律保障。

一、派驻机构履行监督职责的主要做法

（一）强化监督检查，维护政治纪律。把维护政治纪律的严肃性作为纪律检查的第一职责，坚决维护党中央权威，维护党的团结集中统一，对中央、省委决策部署在本单位的贯彻落实情况进行监督检查，确保政令畅通、令行禁止。一是监督主体责任落实。在驻在部门牢固树立"抓好党建是最大政绩"理念，督促驻在部门党组织落实全面从严治党主体责任，自觉把全面从严治党与推动交通运输改革发展统一起来，同部署、同分解、同落实、同督办。督促驻在部门党组出台《厅党组落实党风廉政建设主体责任清单》《党建工作主体责任清单》《党风廉政建设主体责任纪实管理办法》等，明确厅党组领导班子16项集体责任、厅党组书记12项第一责任、厅党组领导班子其他成员8项职责范围内的主体责任。每年制定出台驻厅纪检组年度纪检监察工作要点，配合组织落实党风廉政建设责任制情况检查考核。二是维护良好政治生态。利用厅党组学习会，及时向驻在部门传达中纪委、省纪委相关会议精神和工作要求，组织学习各类纪检监察情况通报，监督领导班子落实"三重一大"集体决策事项情况，督促制定完善《厅党组会议事规则》《厅党组集体领导和分工负责制度》等制度措施，强化履责程序，明确责任追究。紧盯"关键少数"，加强对党员领导干部的监督，督促驻在部门各级党组织严肃党内政治生活，让批评和自我批评成为党内生活的常态，重点解决党内政治生活庸俗化、随意化、平淡化等问题，并强化对《准则》、《条例》执行情况的监督检查。三是建立政治巡察机制。推动省交通运输厅系统全面从严治党向基层延伸，实现党内监督全覆盖，确保"用3年的时间，对厅直属单位全部巡察一遍"的目标任务顺利完成，重点对厅直单位领导班子及其成员在发挥党组织领导核心作用、落实全面从严治党主体责任，执行党的纪律、履行"一岗双责"、落实中央"八项规定"精神和省委"六条意见"、选人用人等方面存在的突出问题进行全面监督检查。

（二）强化执纪审查，保持高压态势。积极用好监督执纪"四种形态"，注重把握"树木"与"森林"的关系，在执纪审查中注重体现中央对当前党风廉政建设和反腐败斗争形势的判断和任务要求，准确研判反映问题线索和函询回复内容，综合考虑干部的问题性质、认错态度、现实表现等因素，依纪依规认真负责地作出恰当处理。一是坚持"红脸出汗"常态监督。针对可能引发腐败的苗头性、倾向性问题，坚持抓早抓小、动辄则咎，不断强化对厅系统党员干部日常的监督管理，对厅机关及厅直单位200余名处级党员干部开展廉洁谈话。坚持抓好提醒式的"咬耳扯袖"、约谈式的"红脸出汗"和通报式的"轻处分"，两年来累计对1人进行谈话提醒、对3人进行通报批评、对15人进行诫勉谈话、给予1人行政记大过，进一步增强了厅系统党员干部廉洁自律意识和落实党风廉政建设两个责任的自觉性。二是坚持开展专项纪律审查。按照"一事一授权，一次一授权"的要求，成立纪律审查协作组，重点围绕会议、培训、财务报销、改革后公车管理使用、基层违反群众纪律，以及项目资金的申请、下达、拨付、使用、监管等各个关键环节，充分运用授权式、点穴式、交叉式审查等形式来开展专项纪律审查。审查结束后，向厅党组报送专项纪律审查整改建议书，并转发厅直各单位及厅机关各处室，向部分厅直单位下发整改通知书，督促全部整改到位。三是坚持快办快结查处违纪。坚持利剑高悬，以"三种人"、"三个后"和巡视组交办问题、专项纪律审查发现的问题为重点，按照问题线索分类处置标准，迅速调查核实，提出处理意见，努力营造交通运输系统不敢腐的浓厚氛围。把《中国共产党纪律检查机关监督执纪工作规则》关于线索处置、谈话函询、初步核实、立案调查、移送审理、执纪到位等各环节的规定严格落实到执纪审查实际工作中去，两年来，累计对6人给予党内严重警告处分，对2人给予撤销党内职务处分，对1人给予留党察看处分。四是坚持严管与厚爱相结合。遵循惩前毖后、治病救人原则，树立查处违纪是成绩，澄清事实也是成绩的理念，把握政策界限，宽严相济、区别对待，依纪依规作出恰当处理，取得最佳的政治、纪律和社会效果；完善容错纠错机制，营造凝心聚力、干事创业的良好环境；加强对受处分党员干部的教育管理，被处分干部真心悔过、实绩突出的，在处分影响期满后，建议党委（党组）正常使用，释放监督执纪正能量。

（三）强化问责倒查，促进律化俗成。把问责作为全面从严治党的重要抓手，失责必问、问责必严，严格按照《中国共产党问责条例》和《湖北省实施〈中国共产党问责条例〉办法》，坚持问题导向，执行倒查制度，对涉嫌违纪违规问题，除追究直接责任人的责任外，还要倒查主体责任和监督责任。一是倒查作风不正问题。把作风建设摆在更加突出的位置，保持常抓的韧劲和长抓的耐心，始终紧绷作风建设这根弦，结合交通运输行业自身发展特点，驰而不息纠正"四风"。把节日反腐作为严肃党内政治生活和加强党内监督的重要方面，通过多种方式向党员干部发信号、打招呼、提要求，坚持在节假日前夕，向全系统领导干部印发廉洁过节通知，发送廉政短信。严惩顶风违纪问题，严肃查处厅直单位违反会议费管理办法、虚列会议套取财政资金、在会议费中违规支出等问题，并在全省通报了该单位落实党风廉政建设责任制不力问题责任追究情况；严肃查处节假日期间厅直单位发生的公车私用问题，不但给予本人组织处理、点名道姓通报曝光，还对相关负责人进行诫勉谈话、书面检查、在党支部作深刻检讨，对部分单位主要领导进行约谈，始终做到权责对等、责罚一致。二是倒查工作不实问题。重点倒查不履职、不担责、不作为、不担当、不学习、不钻研，推卸责任，失职渎职，得过且过，能力水平低下，业务不精，造成工作重大失误等问题，以落实党风廉政建设责任制检查考核中暴露的问题为重点，对个别厅直单位党政主要负责人进行了诫勉谈话，取消单位的评先评优资格，以问责倒逼主体责任的落实。同时，将开展廉政教育和倒查问责相结合，在省直机关单位中率先启动厅系统普纪教育，配合厅党组制定并印发《湖北省交通运输厅普纪教育三年工作计划(2017—2019年)》，让大家真正学纪懂纪，提振精气神，促进纪律内化于心，外化于行，形成交通干事创业的强大气场。三是倒查扶贫领域腐败问题。认真贯彻落实中央纪委和省纪委关于在扶贫领域开展监督执纪问责工作的要求，迅速完成对省交通运输厅脱贫攻坚工作和扶贫工作队工作开展基本情况的全面摸底，研究制定《关于加强全省交通扶贫领域监督执纪问责工作的方案》，厘清监督内容，加强交通扶贫项目在计划执行、资金使用、工程招投标、工程质量、统计质量等方面的监督力量，会同厅机关有关处室每年定期组织开展全省交通扶贫项目专项纪律检查。

(四)强化风险排查，坚持标本兼治。建立健全相关制度，从源头治理方面考虑机制制度问题，督促业务处室完善相关工作，各级纪检机构通过检查督办来推动治本，保证源头工作抓得更加扎实，更加有效。一是加强廉洁风险防控。坚持每年进行风险排查，督促厅直属单位和厅机关各处室对预警防控廉洁风险工作进行自查自纠"回头看"，要求针对重点部位、重点岗位、重点环节、重点人员，从思想道德风险、制度机制风险、岗位职责风险、干部作风风险、其他风险等五个方面，对照岗位职责，全面收集廉洁风险信息，重新进行分析、研判和评估，重新制定切实可行的廉洁风险防控措施，建立廉政风险点动态管理机制，编印完成《省交通运输厅机关及直属单位处级干部廉洁风险点预警防控资料汇编》。二是加强"廉政阳光交通"建设。针对交通系统200多项行政权力，紧紧围绕工程、审批、执法、服务和财务收支等重点部位、重要环节规范权力运行程序，重点抓好人、财、物管理，完善源头治理措施，不断完善监督办法，及时堵塞机制制度漏洞。加强对"廉政阳光交通"落实情况的监督检查，听取"廉政阳光交通"建设工作情况汇报，并对各牵头处室落实"廉政阳光交通"建设主体责任情况进行工作约谈，在工程招投标改革、网上审批、执法规范化建设和阳光服务等方面，推动形成"廉政阳光"行动自觉。三是加强制度防线构筑。推进"两学一做"学习教育常态化制度化，在厅系统印发了《关于推进"两学一做"学习教育常态化制度化的实施意见》。推动出台《关于进一步加强机关纪律作风建设的通知》、《关于加强厅直单位纪律作风督促检查工作的意见》，引导全体党员干部讲政治、守纪律、作表率，培育又严又实的良好作风。进一步要求驻在部门明确会议培训、公务外出、接待相关标准，强化财务部门津补贴发放的前置审核，切实做到有章可循、有规可依，形成贯彻落实中央八项规定精神的长效机制。

(五)强化内控自查，打造执纪铁军。不断深化"三转"，切实履行党章赋予的职责，积极在思维理念、方式方法等方面回归本职，聚焦监督执纪问责的主责主业。一是加强政治思想建设。坚持把讲政治贯穿到党性锻炼的全过程，牢固树立"四个意识"，发挥支部书记的示范带头作用，将忠诚干净担当落实到具体行动中，不断提高党内政治生活质量。始终坚持"三会一课"制度、组织生活会制度、谈心谈话制度，认真对支部党员进行民主评议，积极开展每月一次的支部主题党日活动，扎实推进"两学一做"学习教育常态化制度化，始终保持抓纪检业务工作和党建工作的力度统一。二是加强作风建设。坚持打铁还需自身硬，研究建立内控自查机制，经常自查纪检干部自身在守纪律、讲规矩，履行监督执纪问责职责等方面存在的问题。每年组织开展厅直单位纪委书记年度述职述廉，指出述职述廉对象存在的问题和不足、提出意见和建议，及时传导履职尽责压力。定期组织召开厅直单位纪委书记学习会，将中纪委、省纪委有关纪检干部违纪违规典型案例的通报及时向厅直单位纪委书记进行传达，收到了较好的震慑和警示效果。三是加强能力建设。组织厅系统纪检干部集中学习《中国共产党纪律检查机关监督执纪工作规则》，以及省纪委印发的关于监督执纪问责相关工作的七项制度，要求紧扣监督执纪工作流程，不断强化自我监督意识，并将制度执行情况作为交通系统对监督执纪问责工作进行目标考核的主要指标。严格执行纪委书记报告班子成员廉洁情况和"三重一大"集体决策事项专题报告制度，积极指导基层纪委落实好监督执纪问责责任。派员参加省纪委举办的铁军训练营，以及中纪委、省纪委举办的各类执纪审查纪检业务培训，不定期向省纪委选派人员参加协助办案工作，每年组织抽调基层纪检干部参与交通系统专项纪律审查工作,不断在实践中锤炼监督执纪的看家本领。四是加强制度建设。坚持用制度规范约束纪检组干部的行为,在纪检组内提出了"八条纪律要求"和"八不准规定"。依照省委《关于加强省纪委派驻机构建设的意见》以及省纪委相关文件精神,并结合自身实际,制定了纪检组会议议事、学习培训、干部日常管理、财务管理、保密管理、印章管理、公文收发管理等制度,并印发了《信访举报工作规程》《线索管理和查办案件工作规程》《关于统计报送纪律审查等相关情况的通知》《执纪审查安全工作规定(试行)》等文件,进一步落实立规明矩、以上率下,确保内部流程运转实现权力的制约与平衡,从制度设计上构建"防火墙",防止"灯下黑"。

二、进一步发挥派驻机构监督作用的举措

随着派驻机构改革不断深化,我组在派驻监督方面取得了一定的工作成效,但仍然存在一些困惑和障碍:思想认识不能持续同频共振、党内监督的强化措施不够扎实、履行监督责任的能力和水平有待进一步提高等。为持续巩固反腐败斗争压倒性态势,让驻在部门干部职工和群众切实感受到正风肃纪和反腐败的力量,享受更多的获得感和幸福感,结合我组工作实践,我们认为要进一步发挥派驻机构监督作用,还要重点做好以下四个方面:

(一)注重提高政治站位。纪检干部是党的忠诚卫士,肩负神圣使命,既要看全局,又要省自身,深刻认识新形势下提高政治能力的极端重要性,使自己的政治站位与监督执纪问责的职责使命相匹配,为身边党员干部树立标杆。一要强化"四个意识",提高政治水平。纪检机关是政治机关,政治性是纪检机关的本质属性。纪检干部忠诚履职,必须坚定理想信念,坚定"四个自信",坚持党的领导,增强"四个意识",严格遵守政治纪律和政治规矩,在政治立场、政治方向、政治原则、政治道路上、必须同以习近平同志为核心的党中央保持高度一致,要从政治和全局的高度把握形势、分析问题、谋划工作。要深入学习习近平总书记"7.26"重要讲话中提出的一系列新思想新观点新判断新举措,更好地用讲话精神武装头脑、指导实践、推动工作,自觉投身"两学一做"学习教育,强化学思践悟、融会贯通,提升监督执纪的政策水平和政治效果。二要把讲政治贯穿到监督执纪问责之中。在派驻监督中突出讲政治,不仅仅是监督检查驻在部门坚持守纪律的底线,而是督促驻在部门始终以讲政治来统领各项工作。通过融入驻在部门的履职管理活动过程,不断研究探索其权力运行规律和特点,找出可能存在的廉政风险点、关键岗位、重点领域,有针对性地开展监督,实现抓早抓小,而不是等不良苗头倾向形成一定情节后果或演化成违纪违规事件,再去开展监督执纪问责。三要把维护政治纪律作为首要任务。切实把严明政治纪律放在第一位,加强监督政治纪律的遵守和执行,督促全体党员干部当政治上的"清醒人""明白人",在大是大非、利益诱惑面前守底线、讲原则、不出格。要以习近平总书记提出的"五个必须""五个绝不允许"为遵循,维护党中央权威,维护党的团结集中统一,站稳政治立场,不瞎说、不乱做、不乱传,遵循组织程序,服从组织决定,管好亲属和身边的工作人员,保障中央和省委决策部署和大政方针得到有效贯彻落实。

(二)注重营造良好政治生态。政治生态是一个地方、一个领域政治生活现状以及政治发展环境的集中反映,驻在部门是否拥有积极向上、干事创业、风清气正的良好政治生态,直接反映出派驻纪检组的监督作用是否真正发挥。一要发挥党内监督的制度优势。新出台的《中国共产党党内监督条例》为加强和规范党内监督提供了基本遵循,将自上而下监督、同级监督、自下而上监督有机结合起来,通过整合监督资源,使各种监督方式之间能够有效补充和支撑,健全监督体系,形成监督合力。纪检机关在党内监督体系中负责专责监督,派驻纪检组在驻在部门必须专司监督之责,严格按照条例规定履行其监督职责,彻底打破不愿监督、不敢监督、监督执行不力的思想藩篱。二要深入持久促进作风建设。作风建设在营造良好政治生态中起着关键作用,派驻纪检组要充分发挥"驻"的优势,更加贴近驻在部门党员干部的日常工作和生活,以纠正"四风"为改进作风的突破口,在管住管好"四风"老问题的同时,注意补齐短板,防止"四风"问题反弹回潮,突出抓好违规公车私用、违规收受礼品礼金、违规公款吃喝、违规公款报销等顽固"四风"问题的隐形变异,重点抓好扶贫领域贪污挪用、截留私分、优亲厚友、虚报冒领、雁过拔毛、强占掠夺等问题。三要充分释放纪律的震慑力量。充分发挥警示教育针对性强的优势,利用身边事教育身边人,对于本单位、本部门、本系统发生的顶风违纪违规案件,要加大通报曝光和违纪惩处力度。通过以案明纪,持续在党员干部身边敲响警钟,让纪律警示教育做到党组织、党员全覆盖,力求党员干部知其然知其所以然,引导党员干部从中汲取深刻教训,推动党员干部举一反三、引以为戒,真正在思想上警醒、行动上自觉。

(三)注重强化执纪审查。执纪审查是派驻机构的重要职能,强化执纪审查工作,对于发挥派驻机构监督作用,加强党内监督,推动全面从严治党向纵深发展具有重要意义。一要围绕中心服务大局。派驻机构开展执纪审查工作要紧紧围绕党风廉政建设和反腐败工作这个中心,聚焦全面从严治党,其根本目的是发现问题,形成震慑,推动改革,促进发展。在执纪审查过程中,既要保持相对独立性,也要取得驻在部门的尊重和理解,更要紧紧依靠驻在部门党组织和广大干部群众来开展工作,通过提供强有力的纪律保障,在驻在部门营造好的干事创业环境,激发干部职工干事创业热情,敢于担当,善于担当,体现担当。二要主动适应执纪审查工作形势。坚持把纪律和规矩挺在前面,保持正风肃纪高压态势,力度不减、节奏不变、勇气不泄、尺度不松,积极践行监督执纪"四种形态",坚持抓早抓小、抓常抓长,多运用教育提醒、诫勉谈话、组织处理、党纪轻处分等方式方法开展监督执纪问责。结合全省交通系统实际,重点关注驻在部门容易引发腐败现象的易发多发区域,紧紧围绕工程、审批、执法、服务和财务收支等重点部位、重要环节规范权力运行程序,完善源头治理措施,不断完善监督办法,从体制机制制度上铲除滋生腐败的土壤和条件。三要强化监督执纪规则意识。严格落实监督执纪工作规则,真正把自己摆进去,掌握规则要求,在思想和行动上不折不扣贯彻好监督执纪工作规则,要弄清自己的职责权限,凡是超出自身职责权限的事项必须严格执行请示报告制度,不搞变通、不打擦边球、不擅自行事,对自己职责权限范围内的事要与共同办案人员集体研究,在每个环节形成相互制约,工作过程要留痕存档备查,防止执纪审查权力被滥用。

(四)注重锤炼忠诚干净担当品质。打铁必须自身硬,做到思想过硬、政治过硬、业务过硬、廉洁过硬、作风过硬、纪律过硬,经常性开展自查,对发现的问题要及时查处,清理门户,防止"灯下黑"。一要做对党忠诚的标杆。纪检干部是党的纪律的忠诚捍卫者和执行者,是党风廉政建设和反腐败斗争的主力军,要把对党绝对忠诚作为第一位的政治要求,切实增强政治敏锐性和政治鉴别力,坚守政治信仰,站稳政治立场,把准政治方向,严守政治纪律和政治规矩,带头遵守党章党纪党规,切实捍卫党纪的严肃性和权威性。二要做严格自律的标杆。纪检机关不是保险箱,纪检干部不是生活在真空里,对腐败也不具有天生的免疫力。要加强对纪检干部的日常教育和监督管理,严格执行监督执纪工作规则,恪守权力边界,始终保持权力在阳光下运行,坚守正道,敬畏权力,时刻提醒自己要耐得住寂寞、忍得住孤独,慎独慎微慎友,始终做到不放纵、不越轨、不逾矩。三要做履职尽责的标杆。纪检干部要聚焦主责主业,定好位、履好职、尽好责,主动适应全面从严治党的新形势、新要求,牢固树立终身学习的理念,在工作实践中不断提升业务能力,提高运用法治思维和法治方式开展工作的能力,推进反腐败治理能力现代化,树立高度负责、知难而进的态度,拿出敢抓敢管的气魄,善始善终、善作善成、久久为功,为全面从严治党、推进党风廉政建设和反腐败斗争贡献自己的力量。

多元投资主体下的高速公路安全管理思考

湖北省交通运输厅 谢 强

随着我省高速公路的发展全面进入多元化投资模式，高速公路不断建成和投入运营，高速公路管理研究也随之应运而生，其主要内容之一就是高速公路安全管理。尽管高速公路相对于普通公路而言具有有效减少交通干扰和冲突、安全系数高等优点，但高速公路仍然是交通运输重特大事故的多发地段，面对日趋严峻的交通安全现状，全面提高高速公路管理系统效益、降低事故发生率和死亡率已刻不容缓，也是有关部门需要探讨的永恒课题。

一、湖北高速公路"一体化管理"模式是破解"多元化投资"下高路安全管理难题的重要抓手。

（一）"投资多元化"是湖北高速公路事业在目前发展阶段的必然产物

高速公路是湖北社会经济发展的重要基础设施，随高速公路通达而兴起的经济带、工业园区遍布沿线，高速公路对湖北社会经济的发展具有举足轻重的作用。但是，高速公路工程建设投资巨大、建设周期长、配套设施多，每公里造价动辄几千万元，一条规划建设的高速公路往往要花费数十亿资金，在财政资金紧缺，尤其是目前地根、银根紧缩的情况下，单纯依靠国家建设资金不足以建设拉动社会经济发展的高速公路网，需要社会民营资本的大量进驻，采取BOT等模式推进高速公路建设，客观造成鄂东高速公路建设投资多元的局面。

（二）"管理一体化"是湖北高速公路事业在现阶段和未来发展的必然要求

截至2017年8月，我国高速公路里程达到13.1万公里，湖北省已建和在建高速公路里程达7193公里。越来越长的高速公路使得传统的"一路一公司"的管理模式严重阻碍了高速公路的全面协调可持续发展。为了提升高速公路网通行效率，整合优化高速公路资源，理顺高速公路管理体制，实现高效集中一体化管理，湖北省机构编制委员会办公室以"鄂编办法〔2008〕80号"文件批复湖北省交通运输厅关于高速公路区域一体化管理的请示，成立黄黄、京珠、汉十、随岳、武黄、鄂西6个事业性高速公路管理处，对全省高速公路实行区域一体化管理，拉开了湖北省高速公路一体化管理的序幕。

（三）"管理一体化"模式是湖北高速公路事业加强安全管理的必要措施

湖北高速公路在各大管理处成立之前采取的是"一路一公司"的管理体制，这种管理方法使得管理机构和人员较多，每条路段都要投入大量的人力、物力和财力，这种重复的投资使高速公路有限的资源造成了一定的浪费；在应对突发事件时，"一路一公司"的管理体制使得各路段条块分割、自成体系，往往在应对重大突发事件中难以形成合力；每个管理单位过分追求经济效益，一切以经济指标为工作的出发点，漠视社会效益，造成司乘人员和社会各界不满等一系列问题。而"投资多元化、管理一体化"模式确保了高速公路最大限度地服务社会，服务司乘，集中高效利用资源，对高速公路提高应急救援效率，是加强高速公路安全管理的重要举措。

二、"一体化管理"模式在"多元化投资"下高速公路安全管理实践中的应用

（一）加强联动机制建立，实现应急救援一体化

应急联动、应急一体化是根本。在省交通运输厅的带领下，各大管理处进一步完善湖北高速公路网的应急处置联动机制，畅通路段间的联动响应渠道，各路段之间实现信息互通，形成了联系畅通、资源共享、协同有力、互帮互信的路网联动长效机制，增强湖北路网整体应急合力，形成应急一体化管理理念。

在完善内部应急处置联动机制基础上，省交通运输厅在"警路共建，联合治理"上与省公安厅达成共识，各管理处积极与高速交警部门联合开展警路共建活动，实行"联合路面管理、联合便民服务、联合应急处置、联合施工管理、联合普法宣传"，并设立多处警路执法服务大厅，实行"一张表值班、一台车巡逻、一个窗口服务、一张卡承诺、一个方案培训"，共同应对突发事件，大大提高应急救援效率。

（二）完善信息报送制度，实现信息整理一体化

信息报送工作是安全应急管理运行机制的重要环节，为实现对全省高速公路信息报送工作的集中、统一、高效管理，省交通运输厅决定以厅安监处为领导管理核心，建立应急值班室，负责全省交通安全突发事件应急信息的收集、分析、整理和报送工作，大大提高了全省高速公路安全应急管理工作效率。

同时，省交通运输厅不断完善信息报送制度，要求各高速公路管理机构一是完善信息报送工作制度，实行24小时值班，值班员接受突发事件信息后，第一时间按要求处理，确保信息的及时性。二是完善信息报送管理制度，提高信息报送质量和效率，解决突发事件情况漏报、报告要素不完整和没有及时续报等问题，确保信息的准确性；三是完善信息报送责任追究制度，对漏报、迟报、瞒报、谎报的，要查找原因，提出整改措施，责令限期改正；造成严重损失或制度影响的，依照有关法律、规定追究责任。

（三）加强交流学习，实现教育培训一体化

省交通运输厅每年统一组织安全管理业务技能、交通应急反恐等教育

培训班，对交通安全管理人员进行统一、高效、针对性强的培训；同时，通过每年的集中培训，加强各高速管理机构安全管理人员之间相互交流学习、经验分享，提高全省交通安全管理人员业务水平、分析判断和紧急情况处理能力。

三、强化高速公路安全管理"一体化管理"的进一步措施

高速公路交通安全是一个由人、车、路组成的系统问题这三个因素相互协调、相互作用任何因素出现问题都将影响到交通安全。因此，建立高速公路安全一体化管理体系，要从人、车、路三个因素着眼，统筹规划。

（一）加强对人的管理

1. 加强业务培训，规范行业管理，提高交通参与者与管理者的行为能力。随着车辆的逐年增加和大批新手驾驶员的上路，给交通带来了很大的挑战，驾驶员作为交通行为的主体，其行为能力高低与交通行为的质量直接相关。因此，严格把好培训关，规范驾驶员报考条件，增加心理、生理、高速公路基本知识、安全行车知识、驾驶技能等培训和考试内容，提高驾驶员的素质。同时，由于大部分管理者是通过考试录取上岗的，虽然学历和综合素质较高，但由于所学专业知识的限制，加强管理者的业务培训也显得尤为重要。

2. 大力开展宣传教育。通过各种新闻媒体和社会力量普及高速公路安全知识，提高沿线居民和用路人的现代交通安全知识、法制意识，通过教育，杜绝沿线居民跨越、横穿高速公路的违法行为。

3. 严格执法程序，提高执法水平。目前，伴随着法律法规的逐步完善、人员素质的逐步提高、社会选人用人机制的完善，我国交通执法队伍的执法水平也在逐步提高，执法程序逐步完善，正在建立一种执法与服务并重、执法寓与服务之中的理念，因此，建立一支业务精、技术硬、作风良、严格执法、热情服务的交通执法队伍尤为重要。

（二）加强对车的管理

1. 加强车辆技术性能的检测与管理。针对高速公路运输的特性，对于经常通行高速公路的车辆，驾驶员要按照国家法律法规按期到公安交通部门对车辆进行安全性能检测，对检测结果符合要求的车辆做出允许通行高速公路的许可，对性能不佳的车辆，告知驾驶员不得行驶高速公路。

2. 严格执法，坚决杜超限运输车辆驶入高速公路。近几年来，随着经济的发展，运输行业成本不断提高，部分货车驾驶员为提高收入，进行超限运输，造成严重的安全隐患。因此，路政执法人员一旦疏忽，此种车很有可能就驶入高速公路，加强此类车辆的管理尤为重要。

3. 加强违停车辆的监管。在高速公路行进过程中，因疲劳、车辆故障等原因，随意停靠的车辆屡禁不止，高速公路巡查人员在发现违停车辆时，应及时做好或提醒驾乘做好后方警戒工作，同时加大对违停车辆驾乘人员的教育指导工作，减少违停行为的发生。

（三）加强对道路的管理

1. 加强高速公路日常养护质量。加强路况及道路设施的巡视，及时更新、更换标志标线，发现不符合养护规程要求的，要第一时间修复，保持高速公路经常性完好，在养护过程中尽可能采用新材料、新技术、新工艺，这样就延长了养护周期，缩短养护封闭期间，可以有效提高通行能力，减少事故发生。

2. 强化对事故多发路段的监督。高速公路交通管理部门要根据事故多发路段的特点进行认真分析，及时总结，查清该路段事故发生的原因，督促高速公路管理、设计等部门及时对该路段缺陷进行改造，使其限行等工程技术指标满足高速行车需要，从而降低事故发生率。

3. 提高交通应急救援效率，降低二次事故的发生，最大限度降低人员和财产损失，快速恢复交通秩序。在平时工作中，各单位之间要加强应急演练，定期召开联席会议，共同研究和部署事故处置应急预案，完善管理制度，提高事故相应处置能力。

弘扬务实重行工作作风　当好供给侧结构性改革先行者

湖北省交通运输厅　王本举

推进供给侧结构性改革，是党的十八大以来党中央着眼我国经济发展全局提出的重大战略思想和作出的重大决策部署，也是适应和引领经济发展新常态、解决供需结构矛盾、促进经济平稳健康发展的必然选择。交通运输作为基础性、先导性、服务性行业，是基础设施重点领域和连接生产和消费、提升供需匹配效率的重要环节，必须在深化供给侧结构性改革中当好先行、彰显"交通担当"。

一、进一步统一和提高对深化供给侧结构性改革的认识，切实增强深化供给侧结构性改革的责任感、使命感和紧迫感。

一是深刻领会推进供给侧结构性改革的丰富内涵。习近平总书记多次就供给侧结构性改革发表重要论述，深刻阐述了供给侧结构性改革的现实依据、重大意义、科学内涵、目标要求、主要任务、推进路径及政策措施，强调推进供给侧结构性改革的"十个更加注重""五大政策支柱""五大重点任务"等精神实质和丰富内涵，明确了未来相当长一个时期我国经济发展的大政方针和工作主线。2017年是供给侧结构性改革深化之年，围绕落实落地党中央关于供给侧结构性改革的各项部署，省委先后召开十届八次全会暨全省经济工作会议、全省深化供给侧结构性改革动员会，进一步明确了深化供给侧结构性改革的目标任务、指导原则、主攻方向、重点措施、工作方法、纪律要求。我们要认真学习、深刻领会，准确把握深化供给侧结构性改革的丰富内涵和精神实质，切实把思想和行动统一到党中央和省委省政府的决策部署上来，在思想上行动上与以习近平总书记为核心的党中央保持高度一致。

二是深刻理解供给侧结构性改革对交通运输的具体要求。交通基础设施建设投资是拉动内需的重点领域，运输服务效率直接影响经济运行成本，交通运输的供给质量和效率与经济供给侧紧密相连，交通运输在供给侧结构性改革中大有可为，也应有大作为。习近平总书记，在2015年中央经济工作会议上部署"五大重点任务"时，在降低物流成本和扩大有效供给等方面对交通运输工作提出了明确要求；2016年9月，习近平总书记对交通运输工作作出"七个重点、四项要求"的重要指示，在建好"四好农村路"、促进物流业"降本增效"、积极服务"三大战略"等方面对交通运输工作提出了明确要求。省委省政府也强调，我省在公共服务供给、扶贫攻坚、基础设施等方面还存在短板，仍需扩大有效供给，增加和激活有效需求，坚定不移推进和深化供给侧结构性改革。王晓东省长在调研湖北省交通运输厅时强调指出，交通运输领域供给侧结构性改革不仅是交通运输行业发展的需要，也是支撑其他领域供给侧结构性改革的需要，也为整个经济社会发展提供强有力的支撑，要求在扩大有效供给、提升供给效率、优化供给品质方面走在前列，当好先行者。这为交通运输领域推进供给侧结构性改革指明了工作方向和重点。

三是深刻把握交通运输深化供给侧结构性改革的主攻方向。习近平总书记指出，供给侧结构性改革的重点，是解放和发展生产力，用改革的办法推进结构调整，减少无效和低端供给。省委省政府强调，供给侧结构性改革要坚持以满足需求为最终目的，以提高供给质量、改善供给结构为主攻方向，以深化改革为根本途径。落实到交通运输领域，就是要坚持把办人民满意交通作为出发点和落脚点，解决交通运输发展不平衡、运输方式衔接不顺畅、农村和贫困地区基础设施薄弱、运输服务体系不完善等问题，持续提升交通运输公共服务均等化水平和城乡交通一体化水平，推动交通运输朝更高质量、更有效率、更加公平、更可持续的方向发展；就是要用深化改革的办法实现精准施策，加快构建有利于综合交通运输发展的组织管理、工作运行、综合协调体系，促进各种运输方式高效衔接、深度融合，强绿色智慧交通建设，提供优质高效公共服务产品，满足中高端和个性化运输需求，更好适应经济社会发展和人民群众需求结构的新变化。

二、始终围绕落实"五大任务"这条主线，不断深化交通运输供给侧结构性改革。

一是完善基础设施网络，扩大交通有效供给。习近平总书记指出，"十三五"是坚持新发展理念，实现全面建成小康，推进供给侧结构性改革的关键时期，也是交通运输基础设施发展、服务水平提高和转型发展的黄金时期。发展是硬道理，交通是硬支撑，要充分发挥交通运输供给侧结构性改革对整个经济发展的重要支撑作用，关键在于落实"重点项目开工年"要求，全面提速湖北交通基础设施建设，加快建设和完善交通基础设施网络，扩大交通有效供给。积极服务国家"三大战略"和省"一元多层次"战略体系，统筹各种运输方式发展，重点推进、谋划、储备一批重大工程、重大项目，优先推进交通基础设施的互联互通，优先构建综合物流大通道，优先打造国际型综合交通枢纽，积极完善"五纵四横"综合运输大通道，扎实推进"两中心两枢纽一基地"建设，构建安全便捷、畅通高效、绿色智能的现代综合交通运输体系，更好服务保障经济社会平稳健康发展，为湖北率先在中部地区全面建成小康社会、"建成支点、走在前列"提供有力支撑。

二是降低综合运输成本，提升交通供给效率。降低综合运输成本是当前供给侧结构性改革对交通运输最直接、最紧迫的要求。积极抢抓"一带一路"、长江经济带、长江中游城市群、湖北自贸区等系列战略多重叠加重大机遇，开展多式联运试点示范，加快物流大通道建设，加强货运枢纽（物流园区）和集疏运体系建设。支持物流龙头企业做强、做实，积极发挥甩挂运输联盟作用。支持"互联网+"交通运输物流新业态，深入推进道路货运无车承运试点，引导支持平台型物流企业和企业联盟发展。稳步推进货运车型、船型及多式联运等装备设施标准化。严格落实通行费减免政策，加强ETC车道建设，加大ETC推广应用力度，提高ETC覆盖率，增加电子支付客服网点，积极发展电子支付用户，延续对ETC客车用户5%和通衢卡电子支付货车用户10%优惠政策，降低运输成本。

三是增强公共服务能力，优化交通供给品质。服务是交通运输的本质属性。交通运输供给侧结构性改革的根本，就是推进交通运输结构调整，不断提升交通运输服务品质，减少无效和低端服务。必须按照习近平总书记提出的"以更大的决心、更明确的思路、更精准的举措、超常规的力度"的指示要求，举全行业之力打好交通运输扶贫脱贫攻坚战，更好满足贫困地区出行和运输需求。深入落实公交优先发展战略，加快推进轨道交通和BRT快速公交建设步伐，持续推进城市公交进社区、小区、城市新区活动，提升公共交通出行分担率。推动传统出租车与网约车融合发展、完善多层次城市客运服务系统，大力推进各种运输方式"零距离"换乘和"无缝化"衔接、提升联程联运的比例和效率，大力巩固"村村通客车"成果、加快农村客运公交化进程，为社会公众提供高品质、多样化的运输服务。坚持把绿色发展作为深化供给侧结构性改革的内在要求，积极推进交通运输结构性、技术性和管理性节能减排，大力推进资源全面节约和高效利用。

三、突出纪律作风建设这个根本，以严实的作风推进工作见到实效。

一是严明政治纪律，强化政治担当。各级交通运输部门必须自觉增强政治意识、大局意识、核心意识、看齐意识，提高政治站位，充分认识深化供给侧结构性改革是中央和省委部署的重大政治任务，必须不折不扣落地落实，决不许搞变通、打折扣、弄虚作假。各级领导干部要以身作则，主动把自己摆进去，自觉把责任扛起来，认真贯彻落实全省深化供给侧结构性改革、加强纪律作风建设视频动员会精神，坚决端正把深化供给侧结构性改革简单化的思想、畏难和厌战思想、急功近利的思想、与稳增长对立起来的思想，系统谋划、统筹推进"五大任务"，落细落小落实各项工作，做到项目化、阶段化、具体化，确保中央和省委经济决策部署在交通运输落地生根，真正做到守土有责、守土负责、守土尽责。

二是严实工作作风，提升治理能力。深化交通运输供给侧结构性改革，必须进一步优化工作作风，依靠全面深化改革，持续提升政府治理能力，激发市场活力和消费潜力，增添发展动力。要纵深推进"放管服"改革，主动协调发改、环保等部门加快交通建设项目审批，缩减审批环节，提高审批效率，确保审批质量，有效推动交通项目建设进度。加大简政放权力度，扩大客运企业在班线运力投放、班次增减和途经站点等方面的自主权。全面清理非行政许可审批，减少工商登记前置审批，清理规范中介服务，消除不合理涉企行政事业性收费，推行"双随机一公开"，强化事中事后监管。深化投融资体制改革，做好交通运输财政事权和支出责任划分改革，规范推广交通基础设施PPP、特许经营等模式。进一步完善交通运输综合行政执法改革、农村公路养护管理体制改革、事业单位分类改革等重点改革，加快提升行业现代治理能力。

三是严格考核评价，确保落地落实。要注重发挥考核指挥棒的导向作用，以供给侧结构性改革的实效作为检验政治意识、宗旨意识强不强的重要标准，纳入党组织班子及党员领导干部履职尽责、创优评先的重要内容，强化考核评价，促使各级领导班子和广大干部聚精会神深化供给侧结构性改革。要深入学习贯彻习近平总书记提出的"三个区分开来"等重要思想，加大正向激励，旗帜鲜明地为担当者担当、为负责者负责，最大限度地调动广大干部深化供给侧结构性改革的积极性、主动性、创造性。要把严格考核评价与履职尽责问责督责融会贯通起来，聚焦不担当、不负责、不作为、乱作为等问题，不仅要追究主体责任和监督责任，还要追究领导责任。

全省交通运输系统要切实增强深化交通运输供给侧结构性改革的使命感、责任感、紧迫感，进一步严明政治纪律，弘扬务实重行的作风，撸起袖子加油干，在深化供给侧结构性改革中当好先行，以优异的成绩迎接党的十九大和省十一届党代会胜利召开。

创新监管模式　打造品质工程

湖北省交通运输厅　姜友生

随着社会经济的迅速发展，公众对交通工程质量的要求也越来越高，交通建设工程质量问题日益显著，不仅增大了监管的困难与压力，还严重制约了交通运输行业的发展。为进一步提升交通基础设施工程质量，交通运输部在2016年全国交通运输工作会议提出打造"品质工程"的要求。

要打造交通建设"品质工程"，首先要完善交通工程质量各责任主体的质量保证体系、以社会监理和风险管理为代表的社会监督保证体系以及公路工程质量政府监管体系，其中交通工程质量政府监管是质量监管体系的最高层次，是保证质量监督管理工作有效性的驱动力，是推动整体监督管理三个体系良性运作的根本动力。交通工程质量政府监督，对于保证公路工程质量、维护公众和国家利益至关重要。要提高交通工程质量政府监督的效能，需要对监督管理模式不断创新。

一、完善监督管理法规和标准

质量监管法规和标准是工程质量管理的依据，不断完善建设工程项目的质量监管法规和标准对于提高质量监管的工作效率是关键的。根据交通工程建设领域的市场发展不断完善质量监管的相关法规和标准，为建设工程项目的质量监管工作提供必要的法律支撑，从强化法制建设、组织质量标准编制和审定以及制定违法相关质量规定的处罚等三个方面着手，使交通工程建设项目的质量监管工作制度化和标准化。

关于交通工程建设质量监管的法律有许多，交通主管部门可以在严格遵循其内容的情况下，将其与交通建设工程实际质量监管工作进行有效的融合。具体来说就是将法律作为一种衡量与判断的标准，对交通建设工程质量监管机制进行合理的创新，这样一来，不仅能够提升工程质量监管工作效率，还能够为监管机制提供更高的可操作性。

二、明确质量监管机构职责

质监机构作为交通行政主管部门的"眼睛"，工程质量监管的"纪检"部门，必须从管理体制上进行相应调整，赋予相应身份才能更好地履行职责。明确交通工程质监机构的职责范围，是当前质量监管亟须解决的问题。完善工程质量监管的政策和规范，对工程项目质量监管的各级机构的工作范围、程序、依据标准等进行明确，提高交通工程建设项目质量监管工作的效率。

三、转变监督管理方式和重点

（一）从单纯技术监督向监督执法方式转变：质监机构是代表政府履行行业监管的执法机构，从法制的角度分析，政府是以执法手段实现对企业的约束，这个角色定位确定了质监机构应当如何管理企业、提高企业生产质量安全的事务，交由企业自身解决，而不能由质监机构通过抽查检测等技术监督手段发现问题，然后提出解决办法的方式包办。所以监督机构应转向执法监督，将技术监督中的一些具体事务交由建设参与单位如业主、施工、监理、检测机构、招投标服务机构等负责，而质监机构则将更多的精力集中在行政执法职能上，如规范业主、施工、监理、检测、招投标服务机构等单位的工作职责、工作标准并核查其工作成效等。质监机构在日常的监督抽检、巡检等方式中，发现建设市场各参建单位存在的共性问题，提出解决问题的时间要求和质量要求，对达不到标准的企业进行通报，必要时采取罚款、降低信用等级、清退等行政处罚措施予以惩戒。通过建立起一套"预控、预报、预警"的保障机制，逐步实现监督管理政府角色归位，企业质量管理到位。当然，要实现这一目标，首先是监督机构要完成自身的执法身份转换和执法权限的取得。

（二）从微观监督向宏观监督方式转变：目前，我们的质量监督工作范围过窄，主要表现是对具体的工序和实体质量上的问题研究得多，对整个地区宏观上的质量形势掌握不够、分析不透彻；在监督对象上，对施工、监理单位监督检查多，而对业主、设计、招投标服务机构监督偏少。在监督方式上，派驻现场监督多，面上综合巡查少。面临当前建设规模不断增大的形势，逼迫我们必须改变原有的监督方式，将质量监督范围增大到项目全程、全参与单位，确保工程质量全过程受控。质监工作首先应从设计文件审查开始介入，其次要抓好招投标阶段的监管，确保形成公开、公平、公正的市场秩序，使好的项目参建队伍进入市场，再次要督促各参建单位建立和健全各种质量、安全保障制度。最后才是加强施工过程中的跟踪督查和相应处罚。同时还应进一步发挥市场监管职能，完善监理、检测机构信用评价制度并逐步延伸到施工、设计、招投标中介服务等机构；强化不良记录管理，定期公示工程建设各责任主体的违法违规质量行为，充分体现巡查的效果和权威性；健全市场准入和清退制度，依靠强有力的行政手段构筑工程质量的宏观保障体系。

（三）由单一部门监督向社会监督方式的转变：目前相对于庞大的交通建设规模，质监机构人手短缺现象比较突出，受机构级别低、编制少、经费缺的因素制约，短期内，质监机构迅速引进高素质管理人才的局面难以形成，而质监工作又时不我待。因此，实现由单一的部门监督向社会监督方式的转变，应该是一个值得探索的尝试。质监机构可以通过监督公示、网站公示等方式，公布质量、安全举报投诉电话、信箱，建立健全工程质量、安全投诉举报查处制度，鼓励和支持广大交通建设工程参与者行使监督职责，使之成为质监机构的"千里眼"和"顺风耳"。充分发挥社会监督的力量，既有助于缓解质监人员短缺的困难，也有利于营造质量监督无处不在、全员共同关注工程质量、安全的良好氛围。

（四）实现从项目实体质量监督到项目责任主体监督的转变：将质监工作主要目标调整为以项目法人为主要对象，以法律法规、强制性标准的执行情况为主要内容，实现监督重点由工程实体质量向项目管理责任主体质量安全管理行为的转变。日常的质量督查从过多偏重于实体质量抽查转变为主要检查项目业主在质量管理上所做的工作，抽检部分实体质量的作用则主要用来反映业主质量管理工作成效。项目责任主体监督方式的转变，将彻底消除部分业主单位高高在上，把监督等同于监理的错误思想，改变以往业主单位游离于监督之外的错误局面，促进业主单位进一步树立责任主体意识，切实履行起自身的质量安全管理责任。

四、全力推进标准化建设

大力推行"四个标准化""三个集中"，严格督促参建单位按照工地建设标准化和工艺工法标准化的要求进行驻地建设和组织施工，在项目开工之初，要严格标准化建设的验收工作，项目实施过程中推行标准化建设考评机制，来推动标准化的正常运行，从而全面推进交通工程建设向规范化方向健康发展。

督促各参建单位做好施工质量标准化的实施工作，在岗的一线人员，必须要熟悉标准化，吃透标准化。质监机构通过检查和抽查，促使一线人员对标准化的内容和要求加深理解和自觉执行，通过完善制度，规范管理行为，把质量管理工作做深、做精、做细。

五、运用信息化手段进行监管

在科学技术高速发展的今天，推行建设工程质量监管工作的信息化建设，对于有效提高建设工程项目的质量监管工作质量透明度、实现动态管理具有重要的作用。在交通工程质量监管工作中大力推动互联网+、大数据等技术、远程监控的运用，加强项目规划准入源头监管，进一步增强政府监督能力。实施工程项目信息化管理，构建信息化管理系统，实现施工现场和关键施工参数远程管控，提升交通建设工程质量管控能力，推动工程品质进一步提升。

（一）借助BIM系统提升全寿命周期质量管理水平

结合交通工程建设模式，建设单位采用现代化管理手段，立足于管理创新，深入探索BIM+PM的应用实践，积极打造本项目全寿命周期管理平台。通过定制开发基于BIM的项目管理系统，进行进度、质量、安全等关键要素的信息集成管理。通过精准、实时的进度信息管理，达到节约工期；通过4D施工模拟，优化施工方案；通过质量等信息的跨平台传递，以直线沟通方式提高沟通效率；通过投资信息管理缩短核算周期，减少工程量审核、申报工作量等。

通过BIM管理系统技术，一是可以全面掌握现场的建设情况，实现远距离多工作面实时传递管理信息；二是可以提升项目管理信息化水平，降低管理成本；三是能保证信息的及时传递，保障施工质量和安全；四是全生命周期的BIM应用，将设计信息、施工信息带入到运营管理，实现全寿命周期信息传递和共享，最终实现对本项目的全寿命周期管理。

（二）信息化系统监控质量控制全过程

运用计算机网络技术，开发及应用试验和砼拌制数据实时上传系统，利用数据同步传输监控系统，加强施工过程的质量监控，实现项目管理网络化。

试验室信息化管理系统：施工、监理单位中心试验室设置压力机、万能试验机数据同步传输监控系统。系统从机制上解决了检验不及时或者不做的现象，保障了检验频次的及时性和数据真实性，从源头上把关原材料质量。

混凝土拌和站信息化管理系统：混凝土搅拌站设置拌和数据回传检测监控系统。一是传统拌和站数据管理采用纸质文件保存，查询追溯困难，数据容易丢失。而拌和站信息化管理系统将所以生产信息和数据存储在远程服务器中，相关部门可随时登陆项目管理系统查询任意时间段的历史数据，质量追溯更加便捷高效。二是拌和站生产通过信息化系统有效的实时过程控制，生产信息实时采集并发送到服务器上，在系统平台上可同步对拌和时间材料用量实时监控，有效验证了混凝土配合比执行情况。

六、发挥信用评价功能作用

深入开展信用评价工作，一是搭建共用的信息平台，加强从业人员的动态管理。通过专项治理、资质管理、奖惩机制等手段，提高企业讲信誉、守信誉、重品牌、诚信经营的意识，加强行业自律。二是探索在自管模式下提高项目管理水平的措施和办法，推动现代工程管理理念落到实处。三是强化信用评价成果的运用。加强交通建设不良行为记录公示办法的实施，不断完善工程招投标办法，建立奖优罚劣的市场进出机制。

七、创新利用经济体制监管

在交通建设工程质量监管工作中，政府具有关键性作用，因此，其应当在充分了解交通建设工程实际运行情况的基础上，运用信贷以及税费等一系列经济体制，为工程质量监管工作提供一定的帮助。

近年来，随着交通建设工程的迅速发展，其质量保险获得了十分广泛的应用，为质量监管机制的创新提供了新的方向与目标，具体如下：工程施工单位作为质量保险投保人，因缺乏质量监督的经验，再加上监督机制的不完善，无法对工程施工过程中存在的潜在风险进行准确的预测。此情况下，如果工程转变为质量事故之后，投保人通常会获得相应的经济赔偿。而保险公司作为工程质量保险的保险人，在正式签约之前，应当对交通建设工程施工基础情况进行详细的分析与了解，并以此来依据，制定合理的承保事宜。此外，一旦签约成功，保险公司必须严格依据合同内同与要求进行相关工作，并且还要协助监督机构对交通建设工程质量进行全面的、细致的监督。由此可知，交通建设工程质量保险具有一定的双向性，能够对工程建设风险进行一定的控制，因此，在进行交通建设工程质量安全监督机制创新工作中，可充分利用经济体制的风险控制作用，以确保工程质量。

八、充分发挥业主主导作用

目前交通工程建设实行政府监督、法人管理、社会监理、企业自检的四级工程质量保证体系，项目业主作为质量监管体系中重要一环，要保证工程质量，需要充分发挥业主在建设过程中的主导作用，作为政府监管的有力补充。

（一）依靠合同约束进行监管

建设单位应制定质量相关管理办法、质量管理程序和质量标准，作为合同文件的重要组成部分，在工程实施过程中，任何人不能降低质量标准或简化质量管理程序，否则须承担相应的违约责任。项目建设过程中，项目公司按照投标文件，通过履约检查、联合巡检、专项检查、定期检查等方式加强对技术、质量等管理部门的人员设施检查，对不按承诺进场人员设备的单位进行处罚，并限期整改。关键抓好确保质量检测的主要手段即工地试验室的检查落实，施工单位须建立自己的工地试验室并通过业主和交通主管部门的验收、认可。

（二）加强全流程质量管控

坚持质量管理程序、严把质量关口。将质量管控贯穿于前期规划、项目建设实施、后期运营管理的全过程，每个阶段的工作都系统规划、科学实施：一是加强了内业管理工作，严格审核工序资料，邀请行业专家针对内业资料管理对全线各单位进行了深入细致的指导，提高了全线内业资料的规范性；二是深入施工现场，强化施工过程管理，严控实体工程质量，结合日常管理中针对全线质量的检查、整改等系列工作的落实，使全线总体工程实体质量做到良好可控；三是严管试验检测工作，加强了对试验检测人员的管理，严格《试验检测大纲》的执行；四是推行"痕迹化管理"，要求驻地办针对整个施工过程中的关键工序和隐蔽工程按照标准化要求做好记录，留下影像资料，使各类工作考核有章可循、有据可依、有迹可查，确保施工质量管控步步到位。

（三）加强科技研发与人才培养

一是科技研发服务工程建设，工程建设支撑科技研发。在工程建设过程中的同时，紧密依靠国内高等院校和科研院所的技术力量，组织实施一系列的科技研发计划，力争工程建设、科技研发以及人才培养互相促进、互为依靠。二是开展质量技术培训，强化管理人员素质。定期开展各类培训，从管理技术、施工技术、职业道德等方面全面提高管理人员综合素质。

浅谈如何完善交通重点项目建设督办考核机制

湖北省交通运输厅 高进华

党的十八大以来，党中央以踏石留印、抓铁有痕的作风抓落实，对督促检查工作提出了一系列新要求，中心工作、重点任务的督办考核机制逐步完善。2017年，党中央、省委先后就加强新形势下党的督促检查工作明确意见，省政府更是以前所未有的力度围绕省委、省政府中心工作开展了系列督查。交通补短板项目作为精准扩大有效投资的重要内容纳入省政府综合督查，有力地促进了交通建设目标的落实。现结合交通补短板督查有关情况，就完善交通重点项目建设督办考核机制谈谈体会和想法。

一、新时代对督办考核工作提出的新要求

党中央、国务院历来高度重视加强督促检查、督办落实。2014年，国务院针对"一些地方和部门对抓工作落实认识有偏差、作风不够扎实；重布置、轻落实，有令不行、有禁不止，推诿扯皮，敷衍塞责；选择性执行、象征性落实"等问题，出台了《关于进一步加强政府督促检查工作的意见》，要求各地区、各部门把对党中央、国务院重大决策和重要工作部署贯彻落实情况的督促检查作为重点，保证件件有落实、事事有回音；要求明确责任、合理分工、规范程序、创新方式，完善常态化的督促检查工作机制；要求建立流程式工作规范、无缝式责任分工、目标式跟踪落实的工作制度，提高督促检查工作的规范化、科学化水平。

当前，随着全面建成小康社会进入决胜阶段，全面深化改革进入攻坚期和深水区，全面依法治国和全面从严治党纵深推进，抓落实的任务更重、要求更高。6月，中共中央印发《关于加强新形势下党的督促检查工作的意见》，要求各级党组织切实增强"一分部署、九分落实"意识，紧紧围绕党和国家一个时期的中心任务和重点工作开展督促检查工作，既督任务、督进度、督成效，又查认识、查责任、查作风，确保党中央决策部署不折不扣贯彻落实；要求将督促检查结果纳入组织人事部门对领导班子、领导干部的综合考核评价内容，纳入绩效考核部门的年度考核内容。中央意见出台后，省委出台关于加强新形势下党的督促检查工作的实施意见，提出了更加具体的工作要求。

2017年，省政府出台《省人民政府关于进一步加强全省政府系统督促检查工作的实施意见》，下发系列督查通知，对涉及全省中心工作、重要目标的五大方面、17个专题的贯彻落实情况进行综合督查，形成了全省政府督查的大声势、大力度。交通补短板项目作为精准扩大有效投资的重要内容纳入了省政府的大督查范畴。按照省政府的统一安排，根据省政府大督查工作安排，省交通运输厅派出13位同志对全省17个市州交通补短板情况进行了专题督查。督查重点包括高速公路、武汉长江航运中心、农村公路建设及"455"安防工程等三大类15个分项。

二、我省交通重点项目建设管理体制及考核机制

（一）我省交通重点项目建设管理体制

根据省政府明确的工作职责，省交通运输厅负责全省公路、水运交通运输行业管理。随着交通运输改革的逐步深化，省交通运输厅实现了从具体交通重点项目的建设管理到行业管理的转变。其中，普通公路建设一直以来由地方政府负责实施，高速公路建设自"十二五"以来进行了建设主体和投融资体制改革，由"以省为主"转向"以市州为主"，个别水运重点项目由省厅直属的省港航海事局承担建设。

目前，我省交通重点项目建设呈现的是省交通运输厅行业管理、地方政府招商引资、企业融资建设的三方共同推进的发展局面。省交通运输厅、地方政府、投资企业认真贯彻落实国家及省委省政府出台的系列稳增长、促改革、调结构、惠民生重大决策部署，将交通重点项目建设作为应对经济下行、促进转型升级的关键，坚持适度超前、先行引领的发展理念，营造各方支持、合力推进的干事氛围。在全省重点项目建设中，省交通运输厅认真履行行业管理职责，坚持规划引领，深入推进行政审批改革，省级审批事项同比全国最少；多渠道争取国家补助资金，发挥补助资金杠杆作用；实施精准督导，加力检查督办，专人专班的重点项目督办管理和协调服务实现了常态化。市州政府在组织领导、项目招商、筹资融资、建设管理、协调服务和环境保障方面给予了大力支持，形成了厅市共建、多元共建的合力推进项目建设的干事创业氛围。省交投集团、省联投集团等省级平台及其他企业投资人通过银行贷款、企业债等多渠道筹集了交通重点项目建设资金，发挥了交通重点项目建设的主力军作用。

（二）我省交通重点项目建设督办及目标考核机制

在督办检查方面，省交通运输厅领导分片包保的督办管理和协调服务实现了常态化，坚持定向督导、精准督导、跟踪督导，实行清单管理，已经形成领导联系、巡查督办、专题会商、分析通报、发函约谈等制度化检查督办方式。同时，积极争取省政府督查室的重大事项专项督查，配合省委组织部考核办对市州重点项目落实情况的专项督查考核。

在目标考核方面，省交通运输厅

作为省直部门每年接受省政府的年度目标责任考核。目标包括重要职能工作目标、共性工作目标。重要职能工作目标主要包括：省委、省政府年初确定的若干重要工作责任分工方案下达给本单位的具体任务、省委、省政府主要领导交办的重要工作、分管省领导决定要抓的大事、厅党组集体决定抓的大事。共性工作目标根据省委、省政府重大部署和物质文明、政治文明、精神文明、生态文明建设要求提出。每年的重要职能工作目标包括固定资产投资、高速公路建设、普通公路建设、内河航运建设、物流站场建设等方面。

在高速公路投融资体制改革前，省厅承担具体的高速公路建设或招商引资任务，高速公路投资及建设目标责任由省厅负责落实。普通公路建设虽然列为省厅重要职能工作目标，但具体由各市州政府的交通主管部门负责具体落实，省委省政府也将普通公路建设目标纳入了对市州党政领导班子年度考核评价范围，压实了属地管理责任。"十二五"以来，我省进行了高速公路投融资体制改革，原先由省交通运输厅承担的政府还贷高速公路项目融资和建设工作移交给省交投集团，经营性高速公路的特许经营权协议均由省政府授权地方政府与投资人签订，高速公路由"省管项目"转变为"市管项目"。目前，高速公路建设任务未纳入对市州政府的目标考核，省级融资平台由省国资委对其进行经营指标、利润指标等进行考核，对其高速公路投资目标没有明确下达任务和考核，由省级融资平台自行安排。

三、存在的主要问题

从近年来湖北交通重点项目目标责任落实情况来看，普通公路由于责任明确每年均超额完成目标任务，而高速公路全面完成目标任务存在一定压力。现有的目标考核机制下，高速公路建设督办考核方面的问题显得尤为突出。主要体现在以下方面：

1. 省交通运输厅行业监管的督促检查效果不明显。为确保每年目标任务的落实，省交通运输厅每年由厅领导带队深入相关市州和工程建设一线进行检查督办。但是，仍有部分项目由于投资方与市州政府在利益方面未达成一致，地方政府或投资人积极性不高、主动性不够延误项目正常推进；少量项目施工组织计划与规划目标和年度建设任务不相符，导致规划（或计划）建设任务落实不力。

2. 交通重点项目建设考核奖惩机制不够健全。近年来，省厅在督办中发现，部分项目由于投资人筹融资不到位、股东内部纠纷等原因推进滞后，部分项目由于地方政府在征地拆迁、电力迁移等环境保障上不积极推进艰难。但由于高速公路项目投资建设相关协议是投资人与地方政府之间签订，协议约定的责任和义务与省交通运输厅没有直接关联。对个别严重违约的投资人，省交通运输厅有意采取强硬措施，但缺乏相应的手段。对部分环境保障不力的市州缺乏制约手段，对完成任务好考核排名靠前的市州实质性的正向激励措施还不足。

3. 高速公路建设主体责任未能压实。我省高速公路投融资体制改革后，招商引资的主体转变为市州政府，政府还贷项目融资和建设工作移交给省交投公司，经营性高速公路的特许经营权协议均由省政府授权市州政府与投资人签订。2014年省政府出台的《关于支持省重点项目建设的意见》(鄂政发〔2014〕4号) 提出省重点项目实行分级负责制，各市(州)、县(市、区)政府是本地区省重点项目推进工作的责任主体。但是，对市州党政领导班子考核评价体系中高速公路建设没有一点分值体现，对省级融资平台没有明确下达任务和考核，致使高速公路建设主体责任未能压实，目标考核的压力没能传导至相关责任单位。

四、有关措施及建议

面对国家和省委、省政府大力抓督促检查、抓目标落实的新形势，我们应该通过改革创新，不断完善交通重点项目建设的督办考核机制。

1. 深化思想认识，积极适应目标责任督查考核的新要求。中央和国家狠抓督查考核工作，主要目的是推动党的决策落实、促进党的决策、改进党的作风。省委、省政府加强督查工作，是通过督查检查各单位、各地市有没有在具体落实上搞变通、打折扣，打通决策落实"最后一公里"。省委、省政府强化督查约谈问责，是要通过追责问责倒逼各地各部门改进作风，务实重行，真抓实干，推动各地各部门落实主体责任。各市、各部门需要充分认识其政治性和深刻内涵，适应新要求，解决交通补短板存在的问题，推动交通建设再上新台阶。

2. 完善督查方式，全面落实交通重点项目建设目标任务。交通基础设施补短板工程在深化供给侧结构性改革中发挥着重要作用，作为落实省委、省政府重要决策部署的措施纳入省政府督查考核范畴。2017年省政府已形成省政府办公厅牵头、政府部门联动的督查机制，督查内容、督查方式、督查通报、督办整改、表彰奖励、追责问责方面有明确要求。省厅以省政府督查为契机，创新目标责任落实情况的检查、督办、考核、通报方式，督查结果与奖惩挂钩，完善交通补短板督查正向激励和反向惩罚措施，逐步形成常态化、制度化的机制，促进交通重点项目建设目标任务的落实。

3. 明确事权责任，压实高速公路项目建设目标责任。目标任务的实现关键在落实，完成目标任务需要将压力传导至相关责任单位，需要建立与目标责任相匹配的考核机制，将项目推进效果与干部履职尽责相结合。针对高速公路投融资体制改革的实际情况，争取省委、省政府将重点项目建设列入市州政府领导班子履职尽责常态化的考核内容，建议完善省级筹融资平台履职尽责考核，建议各市州政府将高速公路建设纳入地方政府目标管理范畴，压强化考核结果的运用，引导和营造干事创业的良好氛围。

撸起袖子筑牢安全生命线 以改革发展铺就平安公路

湖北省交通运输厅公路管理局 熊友山

提高公路安全生产水平是践行以人民为中心、服务民生、保障民生的基本要求，也是实现湖北公路事业健康发展的前提和基础。没有安全底线，发展就会失去前行的保障；没有安全基础，人民群众生命财产就会受到威胁。抓好安全生产，保障行业平安，是各级公路部门的政治责任、法定义务、行业职责和发展目的。党的十八大以来，以习近平同志为核心的党中央高度重视安全生产工作，习近平总书记多次就安全生产工作发表重要讲话，作出重要指示，反复强调要坚守"发展绝不能以牺牲安全为代价"这条红线，反复叮嘱要抓好安全生产责任体系、法治建设、基础建设等各项工作。全省公路系统一定要提高政治站位，增强看齐意识，充分认识安全生产工作的极端重要性，坚决贯彻落实部省安排部署和省厅工作要求，坚持安全发展理念，牢固树立红线意识，压实企业主体责任，巩固和发展平安公路创建的良好态势，不断开创湖北公路黄金时期安全生产工作新局面。

一、安全生产之弦必须时刻绷紧

安全生产事关人民群众的生命安全，事关千家万户的幸福安康，事关行业改革发展稳定大局。当前，我省普通公路安全形势总体平稳，但危桥危隧危险路段存量较大、安全基础设施建设比较滞后、应急防范处置保障能力不足、违法超限运输行为难以根除等问题仍未得到根本改变，形势依然复杂严峻。各地对公路安全生产工作重视程度不够，"说起来重要、做起来次要、忙起来不要"现象仍然不同程度存在。全省公路系统要深入贯彻习近平总书记系列重要讲话精神和治国理政新理念新思想新战略，准确掌握安全生产新形势新变化新要求，坚持"三个必须"和"党政同责、一岗双责"，突出安全生产责任担当和责任落实，做到前移问责关口、倒逼源头履责。正确处理安全生产与公路发展的关系，坚决克服麻痹思想和侥幸心理，牢牢把握安全生产工作主动权，扎实开展公路基础设施、工程建设、路政治超、渡运费收等行业重点领域的"大建设、大排查、大整治"专项治理，围绕安全责任、安全基础、隐患治理等重点环节，全力推进安全基础规范化、风险防控体系化、路网运行监测信息化、应急保障专业化建设，不断构筑职责明确、全面覆盖、失职追责的安全监管防线，以更高的要求、更大的力度、更实的举措坚决防范遏制重特大安全责任事故。

二、安全隐患整治必须坚决有力

牢固树立"隐患就是事故"、"隐患不整改视同事故问责"的理念，以防事故、除隐患、保畅通为目标，积极构建风险分级管控和隐患排查治理双重预防机制，把隐患排查治理作为安全生产大检查和专项整治的重中之重，强化对重大风险场所、环节、部位的隐患排查，落实隐患整改责任、措施、资金、时限和预案，确保安全生产隐患及时整改到位。按照"一个理念"、"两从要求"、"三如心态"、"四防并举"的要求，大力实施公路安全生命防护"455"工程，今年完成急弯陡坡、临水临崖、事故多发等危险路段2万公里的公路安防工程建设。严格落实桥梁安全运行"十项制度"，加快推进以G107贺站桥为代表的公铁立交桥、S212厥水二桥等危桥加固改造和G318利川段、S312兴山段等地质灾害防治工程实施，继续做好G107、G207、G316、G318等四条国道"畅安舒美"示范公路创建工作。加强路网运行监测，及时发布公路路况信息，做好各类突发情况下的公路抢通保通工作。突出工程安全生产风险管理和重大事故隐患清单管理，实现施工现场安全防护标准化、场容场貌规范化、安全管理程序化，以典型引导推动"平安工地"建设。以《湖北省公路路政管理条例》颁布实施为契机，建立联合治超、规范治超、源头治超的公路超限运输管理机制，基本消除国省干线公路违法超限超载运输行为，确保治超执法人员自身安全、管理对象安全和交通秩序安全。加强公路渡口渡运安全监管，做好收费站节假日7座以下小型客车免费通行保障工作。抓好公路汛期安全生产工作，加强养护站、超限站、收费站、专业渡口和施工驻地及作业现场等人员密集场所安全隐患排查，确保安全度汛。各级公路部门对监督检查过程中发现的隐患，做到有记录、有隐患整改通知，属于安全生产违法违规行为的有惩戒、有整改过程的跟踪督办、有整改到位的确认，确保各类问题隐患的闭环管理。

三、安全主体责任必须落细落实

安全生产的主体责任是法律赋予企业的责任和义务，也是企业自身生存发展的内在要求，落实企业安全生产主体责任，除了靠政府监管和行业指导督促外，关键要企业充分认识落实安全生产主体责任的重要意义，从保障企业安全生产的实际出发，建立健全各项安全体系，采取多种安全措施，切实担负起安全生产的主体责任。我省经济社会发展进入新常态后，公路部门及所属企业在安全基础设施装备、设计施工技术标准、基层管理人员素质等方面有诸多不适应，部分公路企业重效益、轻安全，安全观念淡薄，隐患排查治理不及时、不彻底，不严格执行安全生产规定，安全教育培训和技术交底不到位，"三违"现象仍不同程度存在，一些"散、小、弱"企业安全保障落实不力的问题显得较为突出。这些问题的本质是企业的主体责任意识不强,落实安全生产责任制的自觉性和主动性不够。没有出问题不等于没有问题,现在没有出问题也不等于以后不会出问题。必须始终绷紧安全生产这根弦,深刻吸取鄂州"12·2"重大道路交通事故教训,举一反三,把主体责任扛在肩上,进一步增强做好安全生产工作的思想自觉和行动自觉,认真贯彻落实《中共中央国务院关于推进安全生产领域改革发展的意见》,把安全生产贯穿于企业生产经营全过程,把安全生产责任落实到每个环节、每个岗位、每个职工,建立健全一级对一级负责的层级负责制和岗位责任制,着力构建企业安全生产保障体系,严格落实企业安全生产"五落实五到位"规定,严格执行公路工程安全生产规范标准,着力推进企业安全生产标准化建设,实现安全管理、操作行为、设施设备和作业环境的标准化。

四、安全文化氛围必须丰富拓展

良好的行业氛围、社会氛围、舆论氛围是做好安全生产工作的基础和前提。通过各种渠道,切实把安全生产领域改革发展的意见精神转化为完善工作思路、强化工作措施的自觉行动。加大双重预防机制建设重要性和相关理念的宣传,引导各级公路部门和企业把安全风险管控和隐患排查治理作为转变安全生产方式、提升行业安全管理水平、预防重特大事故发生的有效抓手,营造推动安全工作的良好氛围。通过学习教育、岗前培训、技能演练等方式,着力提高公路从业人员特别是安全管理人员、操作人员、一线员工的安全技能和安全意识,实施从业人员安全素质提升工程,督促企业严格落实安全教育培训制度,按照"看得出问题、找得出原因、抓得住重点、提得出措施、落得到实处"的要求,打造一支具有"铁一般纪律、铁一般担当"的安全应急队伍,全面提升公路安全管理水平和治理能力。加大对安全生产基础知识的普及力度,依托"安全生产月"、"宣传咨询日"、"安全文化下基层"等活动载体,推动安全生产宣传工作进企业、进学校、进机关、进社区、进农村、进家庭、进公共场所,弘扬安全文化,强化全民安全意识。发挥各类媒体的宣传作用,综合运用传统媒体和新兴媒体,宣传安全常识,剖析典型事故,加强警示教育,注重因案说法,引导教育人人关注、人人参与、人人支持安全生产,大力营造"关注安全、关爱生命"的浓厚氛围,加强安全生产公益宣传和社会监督,公开并畅通社会公众投诉举报渠道,提高人民群众对公路安全生产工作知晓度和覆盖率。

今年下半年即将召开党的十九大,当前正值省第十一次党代会召开期间,做好公路安全生产工作,意义更为深远,责任更为重大。全省公路系统要从讲政治、促发展、保安全的大局出发,把安全生产作为事关全局的大事,在思想上高度清醒、警钟长鸣,始终保持"如履薄冰"的危机感和"抓铁有痕"的使命感,撸起袖子加油干,众志成城同心干,持之以恒抓好安全生产工作,促进全省公路安全形势持续稳定向好,为加快公路行业转型升级步伐,迎接党的十九大胜利召开,营造良好的安全生产环境。

总结公交示范城市经验　带动公交行业跨越发展

湖北省交通运输厅道路运输管理局　陶维号

经过近3年时间的公交示范城市创建工作，湖北省评选出6个一类示范城市、5个二类示范城市。示范城市创建工作作为落实公交优先发展战略的重要载体，以点带面，典型引领，创新发展，有效地促进了全省公交整体发展水平的提高。

一、湖北省公交示范城市创建工作成绩显著

"十二五"期间，是湖北省城市公共交通发展的黄金期，公交优先发展环境不断优化，服务能力不断提高，行业形象不断提升。这5年全省城市公交有了大跨越、大发展，主要表现在3个方面：一是全省公交政策法规最多的5年。省政府前后3次为公交优先发展出台文件，武汉、荆州、随州、宜昌、赤壁等城市人民政府相继出台了支持公交优先发展的政策性文件和关心公交优先发展的政策性措施，省交通运输厅、省公路运输管理局也为落实公交优先发展出台了一些文件，此外还主编、参编了多项国家、行业标准。二是全省公交行业全面履职的5年。全省交通运输部门从2010年全面履行公交管理职能，公交管理部门从无到有，发展到有84家管理机构。管理部门积极推动公交规划编制、市场监管、提高从业人员素质、城乡一体化发展。三是全省公交行业快速发展的5年。全省80个县实现了县县通公交，营运线路达到1545条，公交年运营里程从11.84亿公里发展到14.25亿公里，公交年客运总量从28亿人·次发展到34.5亿人·次，公交营运线路总长度由1.43万公里发展到2.33万公里，公交营运车辆从1.69万辆发展到2.12万辆。公交一卡通有序推进，全省一卡通发卡量达2500万张。

在全省公交大发展过程中，公交都市和公交示范城市发挥了突出的作用，总结近3年创建工作，主要表现在6个方面。

1. 优先发展理念进一步提升

通过公交示范城市创建，公共交通的公益性定位进一步确立，城市公交优先发展理念深入人心。各示范城市将推动公交优先发展确立为市长工程、民心工程、民生工程，积极发挥了城市人民政府的创建主体作用，建立了市领导牵头负责、多个部门共同参与的组织领导机构，形成了完善的工作机制。部分城市市政府成立了省级公交示范城市建设工作领导小组，建立了部门联席会议制度，通过各部门联动，形成加速城市公交发展的工作合力，保障创建目标顺利完成。在不少城市，市委书记、市长到公交企业现场办公，亲自乘坐公交车。十堰市委把城市公交列入了十堰市"五大民生"问题给予重点解决和扶持；宜昌市在规划上明确公交发展目标，落实保障措施，服务宜昌现代化特大城市建设。仙桃、老河口等市把公交示范城市创建列为年度政府工作报告内容，定为市长工程。

2. 政策保障能力进一步加强

各地以省级公交示范城市创建为抓手，促进各地公交优先政策的落地生根，结合各自实际，积极探索，以文件和会议纪要的形式，出台了很多内容实在、含金量高的政策意见，有效保障了创建工作的顺利推进，特别是在资金保障上荆州市、随州市都以政府文件加以固化。在场站建设、车辆购置、政府性补贴等方面都形成了政策保障机制，正在突破"一事一议"的传统模式。宜昌、荆州、十堰、仙桃等城市对公交的补贴都超过了财政预算收入的1%。恩施市作为国家级贫困县，在财力有限的情况下，2015年对公交的投入接近2000万元，超过了财政预算收入的0.9%。

3. 设施建设投入进一步加大

在创建工作中，各公交示范城市通过加大财政投入、引进社会资本等方式，加快推进城市公交基础设施建设和车辆更新，取得显著成效。初步统计，仅去年一年11家示范城市的公交场站建设投资达2.4亿元，划拨土地近1700亩，运营车辆共有5500辆，财政补贴补偿4.9亿元，政府投入2.2亿元。宜昌市2015年采购BRT车辆200辆，购车资金1.38亿元，全部由财政全额负担。十堰市先后划拨200亩土地，建成了6个公交场站全部已投入使用，同时划拨3座公交专用加气站、4座充电桩建设用地指标；荆州市鼓励对通过协议转让或划拨获得的公交设施用地实施综合开发，综合开发的收益用于城市公共交通基础设施和弥补公交企业亏损。潜江市通过PPP方式融资4亿元并实现财政保底回报，预计每年财政缺口补贴1600万元。老河口将黄金地段148亩地以零地价无偿划拨给企业作为站场建设，地面附着物拆迁赔偿及供水供电1000余万元全部政府出资。

4. 服务质量水平进一步提高

各示范城市积极创新服务方式，提高服务品质，公交智能化普遍得到推广运用，电子站牌、手机APP、公交微信公众号等实时信息服务广泛使用，定制公交、旅游专线、校车服务等特色公共交通服务遍地开花。全省已开通微循环公交线路130余条、定制公交82条，公交线路不断向周边延伸。公交"进三区"活动持续深入，黄石、襄阳、十堰等城市基本构建了城际、城市、通乡、镇村"四级"客运网络，着力发展多层次、差异化、多元化出行服务。武汉市公交换乘优惠每天的换成量达到80多万人·次，30分钟内换乘占50.84%，二次换乘的约占1.57%，对客流的吸引效果逐渐

显现，线网优化也实现了经济效益和社会效益的双丰收。宜昌、赤壁等城市聘请第三方和社会公众开展服务质量测评，使测评结果更公平公证。仙桃市将智能公交的建设纳入智能城市建设的范畴，让市民充分享受互联网+的成果。随州市通过开展驾驶员星级服务活动和除陋习活动，充分调动了公交从业人员争创文明、安全、优质的工作积极性，促进了公交整体服务水平的提升。

5. 改革创新步伐进一步加快

各公交示范城市积极探索推进公交管理和经营模式创新，公车公营的比率大幅度提升。黄石、襄阳、十堰等城市在城乡客运线路公交化改造过程中，充分发挥政府主导作用，采用多种方式实施兼并、收购，襄阳市由政府承担50%的改造资金和线路运营亏损补贴，这3个城市公车公营比率均达95%以上。黄石市及时调整公交运价，合理使用价格杠杆。荆州、十堰等城市大部分公交企业都做到了"主业精、副业兴"，在通勤车、校车、公务车、充电桩、驾校等业务领域开辟新的市场，襄阳市公交仅通勤班车就达到200余台，年增收3000余万元。特别是在新能源车推广中，示范城市更是大踏步走在前列。恩施、宜昌、襄阳、荆州等城市绿色车辆占比达到90%以上。潜江市2016年投入1.5亿元，一次性新购电动公交车150辆。随州市新能源车车辆数已达到60%，赤壁市还争取政府减免了新能源车用电使用费。

6. 示范效应进一步显现

在创建城市的示范和带动下，湖北省公交行业掀起新一轮发展高潮。据初步统计，2015年全省各级政府投入公交达到25亿元，其中车辆购置投入达到9.1亿元，公交补贴补偿达到20.7亿元，政府支持场站用地达3670亩，空调车比率接近70%，年IC卡刷卡金额达到20亿元，开通公交的行政村达到2500个。宜昌市在BRT项目中的先进经验和突出成就获得国际上的肯定，客运走廊吸引客流达到59%，夺得"2016年世界可持续交通奖"，今年还成功召开了世界可持续交通研讨会。文明创建也取得了丰硕成果，以张兵、宋俊明、刘念为代表的公交模范人物不断涌现，多家企业和个人获得国家、省、市五一劳动奖（状）章，多条线路获得工人先锋号。

回顾公交示范城市创建工作，湖北省培树了可借鉴、可复制、可推广的5种典范发展模式：一是宜昌市快速公交主导发展模式。通过BRT大建设，开展线网大优化，争取政府大投入，引领城市大发展。二是襄阳市智慧公交引领发展模式。通过智能交通系统建设，扩展到出租车、公务车，提高企业效益，方便市民出行。三是荆州市多元化公交发展模式。通过主打公交品牌，一业为主，多元服务，助推企业做大做强。四是老河口市一体化公交发展模式。通过区域一家公司，主导城乡客运统筹发展，优化资源配置，促进协同发展。五是赤壁市县级品牌公交整体发展模式。通过争取政府支持，内强素质，外树形象，全面打造县域公交发展典范。

二、准确把握"十三五"公交发展机遇

通过各示范城市近3年的创建实践，公交示范城市已成为推进落实公交优先发展战略的重要抓手，成为凝聚城市公交改革发展共识的重要平台，成为落实服务为民的重大举措，应当继续坚持、不断创新。公交示范城市建设的主要成效体现在3个转变上。

1. 从"部门为主"向"政府主导"转变

即公交发展从过去"就公交谈公交"的部门行为上升为政府主导的市长工程，形成政府搭台，多部门密切协作、相互配合、统筹推进的新格局。

2. 从"单一项目"向"综合推进"转变

即从过去公交发展注重于单一项目建设，转变为公交投资、用地、智能等全方位、多方式实施优先战略。

3. 从"单一出行"向"多元发展"转变

即从过去公交服务被动地以人的出行为第一需求，转变为通过打造公交走廊、信息导向，主动引导市民舒适和便捷出行。

在肯定成绩的同时，也要清醒地认识到，与新形势新要求相比，与人民群众的出行需求相比，公交示范城市创建仍存在一些不容忽视的困难和问题：一是部分城市创建方案未真正落到实处，特别是规划的落实以及财政政策的支持与先进城市比有明显的差距。二是公交主体地位有待进一步确立。城市公交机动化出行分担率普遍不足60%，一些城市未充分利用法规、行政、经济手段落实公交优先政策，公交定价调价机制和补贴补偿制度不健全，公交设施用地综合开发不足。三是公交服务品质有待进一步提升。一些城市公交服务质量不高、吸引力不强，公交基础设施不足，城市公交枢纽场站、公交专用道等设施建设滞后。

"十三五"期，是我国全面建成小康社会、加快推进新型新镇化的关键时期，也是城市公交发展的机遇期和攻坚期。经济发展进入新常态，要求城市公交发展有新状态、新作为。城市公交需要按照十八届五中全会提出的"创新、协调、绿色、开放、共享"的五大发展理念，发挥好导向作用、主体作用和带动作用。交通运输部2016年7月印发了《城市公共交通"十三五"发展纲要》，强调到2020年，初步建成适应全面建成小康社会需求的现代化城市公交体系，再次明确城市公共交通是满足人民群众出行的社会公益性事业，是政府应当提供的基本公共服务和重大的民生工程，要充分发挥城市交通的基本属性和基础作用。这为城市公共交通发展指明了方向和道路，是今后各城市人民政府和公共交通系统推动城市公共交通发展的纲领性文件，宗旨是要群众出行满意。

三、克难攻坚，确保示范城市创建工作取得实效

党的十八届六中全会把"四个全面"战略布局更加系统地提升到新的高度。地方政府一切工作的出发点和落脚点，归根结底都是为人民谋福祉，

让百姓过上好日子，有更多获得感。2016年10月19日，刘小明副部长在全国中心城市交通改革与发展研讨会上指出，"供给侧改革要突出解决有效供给、中高端供给，公交优先战略是城市交通供给侧结构性改革的重要途径之一。解决城市交通问题，尤其是特大城市交通拥堵问题，最终还得要靠发展公共交通。"刘小明在提到当前媒体热炒的网约车管理时强调，网约车效用不能和公交相比，最终得有效发展公共交通，并提出"改革创新和技术创新将是城市交通供给侧结构性改革新阶段的新动能"。

实施公交优先战略是推动供给侧改革、促进社会经济全面协调可持续发展的必然要求，是改善民生的重要举措。优先发展公共交通，服务是根本，优先是前提，保障是关键。一定要以方便人民群众出行作为根本出发点，把群众满不满意作为衡量工作成效的唯一标准，克难攻坚，确保示范城市创建工作取得实效。

1．统一思想，加强领导，实现创建目标

公交示范城市确立为市长工程、民生工程、民心工程，创建工作对于推动湖北省落实公交优先战略落实起到引导作用。下一步，试点城市公交管理部门和公交企业，在城市人民政府的领导下，继续做到统一领导、分工协作、共同推进，要带头示范，积极探索、积累总结先进经验和做法，确保示范城市创建顺利实施。各示范城市要对照创建方案，认真梳理、查漏补缺，保证各项考核指标达到创建标准。

交通运输部将开展第3批公交都市创建，对入选的城市交通运输部主要给予场站建设的资金支持。2016年11月9日，国家11部委下发了《关于稳步推进城乡交通运输一体化提升公共服务水平的指导意见》，交通运输部办公厅同时下发了贯彻有关事项的通知。"十三五"期间，将在全国县（区）评选100个典型县（市）开展城乡交通一体化交通典型示范，2017年初将开展第一批50个左右示范县的遴选，湖北省5个二类公交示范城市要积极参与申报。

2．政府支持，加大投入，完善基础设施

公共交通的发展离不开政府的支持，没有公共财政的支持就没有公共的发展。要加快建立以政府投入为主的公交发展政策，设立城市公共交通发展专项资金，拓宽融资渠道，建立成本监审制度，积极探索政府购买公共服务机制，使公交企业长效持续发展，落实好、利用好国家各项优惠政策，特别是要配合税务机关，做好车购税免税工作。

在基础建设方面，重点加快公交枢纽和首末站建设，纳入城市控制规划内，将公交场站纳入城市旧城改造和新城建设，充分对场站设施用地综合开发，相关收益专项用于公交基础设施建设和弥补运营亏损。强化枢纽衔接，实现多种运输方式的无缝衔接，落实国家和省的公交路权优先政策，加快公交专用道和优先通行信号系统建设，强化监督管理，进一步提高公交车辆营运速度。

3．科技引领，绿色发展，建设智慧公交

2016年湖北省公路运输管理局下发了《关于在公交示范创建城市推进智能化应用工程建设的通知》。要求各示范城市以现代信息技术为支撑，以打造"智慧公交"为目标，以建设公众出行信息系统为重点，不断提高城市公共交通服务能力和服务品质，推动公交示范城市创建迈上新台阶，真正发挥公交示范城市在建设、运营、管理、服务等方面的示范引领作用。通知明确了4项重点建设任务，一是推进智能调度系统建设，建立完善企业运营信息管理、运行动态监控、调度计划与动态排班、智能调度管理等系统。二是推进出行信息服务系统建设，稳步推进基于网络信息技术平台的出行信息化、智能化服务。三是推进公交企业信息化管理，充分发挥信息技术在企业经营管理中的作用。四是推进公交一卡通互联互通，逐步使用交通运输部编制的技术规范和密钥。

当前，要以建设公众出行信息系统为重点，不断提高城市公共交通服务能力和服务品质，真正发挥公交示范城市在建设、运营、管理、服务等方面的示范引领作用，实施互联网与城市公交深度融合。按交通运输部的要求，2017年地级以上的城市全部要实现公交卡的互联互通。目前，湖北省荆门、黄石、潜江、咸宁、随州、黄冈等城市已领取交通运输部密钥，2016年底实现与交通运输部联网。尚未完成对接的城市，要加快工作进程，力争2017年实现与交通运输部的互联互通。

在推动公交绿色发展方面，继续加大纯电动、混合动力等节能环保源车辆，各示范城市要按照三部委联合下发的《关于完善城市公交车成品油价格补助政策加快新能源汽车推广应用的通知》要求，确保车辆新增和更新比例达到国家要求。在公共交通领域推广应用力度，完善充气充电配套设施。

4．加强监管，提升服务，满足出行需求

管理部门要继续发挥公交规划的引领作用，对已编制的公交规划要确保落地，与城市综合交通规划、土地利用总体规划等相衔接；同时，要适时进行修编，并可编制场站、线网等专项规划。行业管理部门要加大监管力度，推广公交线路运营合同，开展满意度测评和服务质量考评，完善群众对创建成效的评价机制，让群众感受和共享创建成效；督促公交企业贯彻执行《公共气电车客运服务规范》标准，开展岗前培训、继续教育和岗位练兵，提升从业人员综合素质和服务水平。

不断优化公交线网，建立与城市发展相适应的公交网络，合理引导城市公交线网向城市郊区、乡镇延伸，不断提升公交覆盖面；建立多层次、多方式、多元化的公交出行服务体系，满足人民群众差别化的出行需求；合理设置公交线路和站点，改善乘车条件，改进公交运输组织，提升公交运行速度，缩短乘客出行时间，提高公交吸引力，让公共交通成为人民群众出行的首选。

5.优化环境，培树品牌，推进创新发展

没有公交优秀就没有公交优先。作为创建主体，公交企业要按照现代企业制度规范法人治理结构，加强内部管理和成本控制，积极探索适合本地公交发展的经营模式，适度开展与运输服务主业相关的其他经营业务，增强企业发展活力。综合考虑城市居民生活水平、公共财政能力等因素，确定合理的城市公交票制和执行票价，提升企业可持续发展的内生动力。公交驾驶员作为公交行业的主人，企业要在工作和生活上主动关爱公交驾乘人员，建立和完善职工权益保障制度和工资收入正常增长机制，保障驾乘人员休息和休假权益，稳定行业队伍。

充分发挥水运优势
加快推进交通运输行业供给侧结构性改革

湖北省交通运输厅港航管理局 王阳红

湖北省委、省政府切实贯彻党中央、国务院推进供给侧结构性改革的战略决策，提出"十三五"时期将加强供给侧结构性改革，提高供给体系质量、效率和竞争力。交通运输是国民经济的基础性、先导性、服务性行业，是基础设施重点领域和连接生产、消费的重要环节。充分发挥湖北得天独厚的水运优势，加快推进水运供给侧结构性改革，对于全面推进全省交通运输业供给侧结构性改革，构建"祖国立交桥"具有重要意义。

一、水运是湖北交通运输行业供给侧结构性改革的重要领域

交通运输业供给侧结构性改革对全省供给侧结构性改革具有支撑和引领作用，而水运行业是湖北交通运输业供给侧结构性改革的重要领域，应该充分发挥水运固有优势，共同推进交通运输行业供给侧改革。

（一）水运供给侧结构性改革是湖北"建成支点、走在前列"和"挺起长江经济带脊梁"的必然要求。长江经济带、"一带一路"、长江中游城市群等重大战略，为长江黄金水道建设提供了更多的历史发展机遇和更为广阔的发展舞台。湖北是"水运大省"，拥有得天独厚的水运优势。因此，要进一步提高内河航运基础设施建设规模和水平，着力消除水运短板，加强多式联运建设，完善综合交通运输体系。

（二）水运供给侧结构性改革是挖掘湖北资源优势和区位优势、优化运输结构的必然选择。湖北地处"一带一路"的联结地带，长江经济带、长江黄金水道中游城市群的核心区域，具有承东启西、联南接北、通江达海的交通优势，是贯彻落实和推进实施国家战略的重要省份。同时，省内的大型城镇以及钢铁、汽车、化工等支柱产业也主要分布在沿长江、汉江地带。湖北应充分发挥内河航运对沿江城镇布局、产业集聚、经济社会发展中的支撑和引导作用。

（三）水运供给侧结构性改革是促进湖北物流业降本增效、提升湖北经济竞争力的重要着力点。水运具有运距长、运量大、成本低、占地少、节能环保等明显优势。目前，湖北省铁路运费为0.2元/吨·公里，公路为0.25元，长江水运价格大约为0.014元，汉江为0.05元，水运价格优势明显。水运依托天然江河运输，与公路、铁路相比，占地面积小。船舶运能大，一艘5000吨级船舶的运力，相当于100节火车皮、250辆20吨货车的运能。同时，水运对环境的影响最小，单位周转量的一氧化碳排放约是铁路的1/3、公路的1/10。不断深化水运供给侧结构性改革，可以极大缓解湖北环境压力、土地压力、交通压力，有利于促进湖北物流业降本增效。

（四）水运供给侧结构性改革是满足群众日益升级多样化出行需求的重要途径。与铁路、公路客运相比，发展水运客运具有几个方面的优势：一是水运票价低，受中低收入人群的欢迎；二是乘轮船平稳舒适，适合中老年人出行旅游。此外，随着生活水平和旅游消费意愿的提高，人们对邮轮游艇的需求也日益增加，交通运输部《深入推进水运供给侧结构性改革行动方案(2017—2020年)》指出要加快邮轮游艇运输发展。深化水运供给侧结构性改革，加快水路客运发展，可减轻公路、铁路运输压力，具有满足大众日益升级和多样化的出行需求的重要现实意义。

二、湖北水运供给侧结构性改革已经具备良好基础

"十二五"以来，湖北水运抢抓国家"长江经济带开放开发""促进内河水运发展""武汉长江中游航运中心建设"等战略机遇，加快发展步伐，成为新中国成立以来投资规模最大、建设项目最多、发展速度最快、经济社会效益最好的时期。

（一）水运建设投资超预期完成。"十二五"期末，多项目标值均超额甚至是大幅度超额完成，尤其完成水运投资总额342亿元，为规划目标的163%，相当于"十一五"时期的3.2倍。同时，全省航道通航里程8898公里，居全国第六位；三级以上高等级航道1738.4公里，居长江沿线第一位。汉江航道整治成效明显，江汉运河建成通航，形成长江—汉江—江汉运河810公里"高等级航道圈"。完工港口项目超过70个，新增泊位数超过100个，净增港口货物通过能力和集装箱通过能力8000万吨、250万标箱，分别达到3.2亿吨、433万标箱，长江、汉江沿线每个县市均至少有一个装卸效率较高的直立式码头建成或在建，港口、工业园和物流园同步建设、互动发展的"一港双园"模式成功启动并迅速推广。

2016年全省共完成港航建设投资66.5亿元，超年度计划33%，新增三级以上高等级航道110公里，超过全国其他区域新增高等级航道总里程的20%。2017年上半年，全省航道项目由于雅口枢纽、蕲河及陆水航道整治工程等重点项目的顺利实施，完成投资额为上年同期的279.36%，增幅十分明显。

（二）水路运输服务能力稳步提升。"十二五"期间，湖北省水路运输克服全球国际金融危机、长江特殊枯洪水、三峡船闸完建期碍航等不利

因素影响，依然实现了货物运输的稳定增长。至2015年底，湖北省水路货运量达到3.26亿吨，所占比重超过全社会货物运输量的20%，年均增长率15%；货物周转量达到2446亿吨公里，所占比重超过全社会货物运输量的41%，年均增长率18%；港口吞吐量达到3.29亿吨，年均增长率12%；港口集装箱吞吐量达到132.2万标箱，年均增长率12%，武汉港迈入世界内河集装箱港口"第一方阵"，宜昌港、荆州港相继突破10万TEU。

湖北省船舶标准化、大型化、专业化发展趋势明显，至2015年底，湖北省船舶总运力达到771万载重吨，货船平均吨位达到1750吨。水路运输组织进一步优化，三峡库区滚装运输创造巨大社会效益，武汉至洋山"江海直达"、泸汉台集装箱快班、21世纪海上丝绸之路武汉至东盟四国等航线运行良好。运输企业数量及规模逐步增加，运力规模超过万吨的大型航运企业运力，占全省总运力的3/4以上。

2017年上半年，湖北省共完成水路货运量17272万吨、货物周转量1323亿吨公里，同比分别增长7.9%和10.1%。完成港口吞吐量17892万吨，同比增长8.6%；其中集装箱80.4万标箱，同比增长24.3%；商品滚装车34.9万辆，同比增长45%。

（三）治理体系现代化逐渐推进。"十二五"期间，湖北省已经建成"省局—市局—县所—站点"四级体系为主的水运交通专用网络。围绕"打造高效、便捷的业务处理手段，保障湖北水运安全"中心目标，建成由"一个平台、四大业务信息系统"构成的湖北省水上搜救应急管理系统，完成湖北省办公自动化平台、湖北省船舶焊工管理系统、湖北省水运建设市场信用信息系统、湖北省港口危险货物安全监管基础信息系统等行业管理信息平台的开发和运用。

三、湖北水运供给侧结构性改革面临的问题和机遇

经过近几年的建设与发展，湖北从"水运大省"向"水运强省"跨越之路向前迈出了坚实一步。但是面对改变交通运输发展方式、构建综合运输体系的要求，湖北水运仍然存在一些问题。

（一）基础设施建设不能满足航运需求的发展

长江部分河段通航能力较低，三峡枢纽通航能力不足，成为长江干线航运瓶颈；汉江航运梯级开发进展滞后，部分河段未达到规划标准，制约了汉江航运的发展；其他支流航道建设航道网建设进展缓慢。随着航道治理的推进，航道水深等条件的改善和船舶大型化发展的趋势，港口码头停靠的船舶吨位越来越大，远超码头设计停靠能力，安全管理和风险问题逐渐显现。以港口为节点的综合运输枢纽"最后一公里"问题没有得到根本解决。

（二）港口一体化发展不足。作为武汉长江中游航运中心的核心港区，阳逻港一体化发展等尤为滞后。阳逻港一期由民营企业控制；二、三期则是国营的武汉港集装箱有限公司、武汉新港投国际集装箱有限公司控股，这两家国企均已被武汉港航发展集团公司控制，基本实现了一体化运营。但一期位于二、三期作业区之间，将二者分隔开来。同时，海关、国检在阳逻港一、二期已有两套人马，阳逻港三期未设海关监管区，只能做内贸集装箱。一、二、三期自成体系，无法实现资源共享、信息共享。

（三）航运在水资源综合利用中仍处于相对弱势地位。湖北虽为水资源大省，但围绕防洪、灌溉、供水、发电、养殖和航运等水资源综合利用方面，涉及的行业和部门众多，"九龙治水、九龙争水"的利益格局仍然存在。在实际运营中，由于各枢纽隶属不同的建设和管理主体，航运与发电的矛盾依然突出，部分枢纽为了多蓄水、多发电、多创造直接的经济效益，在水资源调度和船闸调度上并未充分考虑航运用水实际需求，尽可能向发电倾斜，尽量减少开闸频次，减少对下游的下泄流量，影响船舶通行效率和通航安全。

（四）水运管理协调体制急需理顺。内河航运涉及水路基础设施、水路运输、水上交通安全和防污染等方面，相关部门包括港政、运政、航道、海事、船检等，门类众多，还涉及环保、水利等多个部门，体系复杂，在分工精细化的同时客观上也造成管理上的"割裂"，难以形成水上交通合力，影响管理效果。如汉江梯级枢纽开发存在不同主体，通航设施的建设及调度管理统一协调难度大。市县港航部门人员编制依然是1991年确定的2570人的标准，而近年来湖北水运发展迅速，且从2012年起新增港区内危化品安全监管，人员编制严重不足现象日趋明显。

（五）水运行业服务有待加强。货运方面，我省船舶向大吨位、标准化、专业化方向发展，船舶运力逐年增加。此外，外省籍船舶进入我省长江干线从事运输的数量大幅增加，造成运力过剩，同质化严重、差异化不足，运行艰难，急需走出传统的运输模式和发展方式。客运方面，受"东方之星"事故影响，长江旅游客运旅客数量急剧减少，一批水路客运企业停运或倒闭。

（六）现代化管理水平偏低。长江干线信息传输能基本满足搜救、安全通航的要求，汉江信息化建设处于起步阶段，综合信息服务平台正在逐步完善，但是其他支流航道、码头、渡口监控现代化程度不高，渡船GPS(北斗)应用率低，对渡船中途违规上下客、违规、超载等安全隐患监管手段仍然落后。

在认识到问题的同时，我们也要紧跟形势，把握当前的最新机遇。一是给侧结构性改革新机遇。在中央确定的供给侧结构性改革的"五大任务"中，"降成本、补短板"与湖北水运业发展关系最密切，也是指导湖北水运发展的方向，即深入研究市场变化，在充分了解客户和社会的现实需求和潜在需求基础上，推出品种更丰富、质量更优、性价比更具竞争力的产品满足需求。在供给侧结构性改革的背景下，湖北省水运发展应该发挥与其他运输方式的比较优势和组合效率，促进大宗非短时货运从公路运输向成

本更低的水路运输回归，提升货物换装转运效率和运输链综合效率，以更小的经济和时间成本更大限度地满足运输需求。二是长江经济带开放开发新机遇。党中央国务院相继提出"一带一路"、长江经济带等重要战略构想，特别是"依托黄金水道，建设长江经济带"的战略和构建长江中游城市群对湖北省水运发展提出更高目标。而湖北在长江经济带建设中有着非常重要的优势去把握这一机遇。第一，流程长范围广。长江干流经经8市州，全长1062公里，占长江干线通航里程的1/3左右；湖北长江沿线的人口和经济总量占全省60%左右，在长江经济带建设中有独特优势和地位。第二，战略地位重要。湖北位于长江黄金水道中游，具有承东启西、联南接北、通江达海的交通优势。同时高效众多，具有充足的人力资源优势。第三，管理资源占优。长江水利委员会、长江航务管理局、中外运长江航运集团等一批长江流域管理机构和骨干水运企业的总部都设在武汉。

四、加快水运服务供给侧结构性改革的对策建议

加快推进湖北水运供给侧结构性改革，要坚持问题导向，紧跟形势，把握机遇，从全流域水运供给能力提升、全过程水运服务水平提高、全方位水运优势发挥着手，统筹推进。

（一）补齐水运短板。一是加快高等级航道建设。按照"深长江、畅汉江、通清江、连支流"原则，加快建设"一主三江一网四支"长江中游高等级航道体系，为武汉长江中游航运中心的集聚和辐射功能向纵深发展提供条件。抓紧推进长江"645"深水航道整治工程；加快研究解决三峡枢纽通过能力不足问题；加快推进汉江梯级枢纽建设和改造，消除汉江通航"瓶颈"，实施江汉运河航道电子航道建设。推进唐河唐白河、松西河等省际水运通道建设；推进清江、三峡库区及其他库区旅游航道建设。尽早启动江汉运河第二船闸的规划，主动应对快速增长的水运量，避免成为第二个"三峡瓶颈"。二是建立以武汉长江中游航运中心为核心的枢纽港口。建设一批多用途港口、建设一批货运枢纽物流中心、集散中心。完善集疏运通道体系，建设"铁水公"互联互通的武汉、宜昌、荆州、黄石、襄阳五大枢纽港口。三是加快重点港口集疏港铁路、公路建设。完善多式联运体系，基本形成"铁水公空管"互联互通的港口集群，构建无缝衔接的综合交通运输枢纽。

（二）降低水运成本。一是进一步降税减费。以问题为导向，进一步加大对中欧（武汉）国际铁水联运项目和黄石棋盘洲港铁水联运培育项目的支持力度，推动相关市政府出台财政、土地、税收政策。积极引进大型海运企业，积极培育多式联运经营人，鼓励企业联盟合作经营，促进传统运输、货运代理企业转型升级。加快推进综合运输服务平台建设，充分利用铁、水、公、空各种运输资源，减少空驶，提高综合运输效率。二是积极优化联运体系。加快铁路、高等级公路、普通公路与重要港区的连接线建设，发展铁水、公水等多式联运，提升货物中转能力和效率，更好地发挥水运在大宗货运中的比较优势，大力发展多式联运，发挥好综合交通运输的组合效率，降低运输成本。三是推进物流信息资源共享。大力推进"互联网+"高效物流，推动水路运输信息服务平台发展。对我省现有的武汉物流交易所、黄金水道网、E船网等水运物流信息服务平台加以宣传推广，推动将各管理部门之间、各种运输方式之间、各物流园区（站场）之间以及各物流企业之间的网络系统联通，形成湖北特色的水运信息服务平台，共享物流信息。

（三）优化水运供给结构。一是加快小散水运企业集中发展。积极引导、支持中小航运企业通过多种形式参与航运市场的竞争，增强航运市场活力，提高航运企业竞争力。鼓励企业拓展经济腹地，积极捕捉更多的市场机遇，改革创新合作模式，提升企业服务质量。研究出台"散改集、杂改集"鼓励政策，规范"散改集、杂改集"行为。二是加快邮轮游艇运输发展。完善邮轮始发港、访问港等港口体系布局，有序推进邮轮码头建设，鼓励通过老港区功能调整、改造现有设施以满足邮轮靠泊要求。推进邮轮运输发展，支持企业拓展国际国内邮轮航线。推动行业从被动适应型向主动引领型转变。三是淘汰水运落后产能。运用法治手段和环保标准，对通航船舶的运输量、抗风能力、防污能力进行清理，对不符合要求的拆解退市。争取政府专项资金，推进过闸船舶标准化。研发推广新能源动力船舶。培育水运服务业和水运服务企业发展壮大。

（四）提升水运供给服务。一是提升水运服务质量效率。鼓励港口企业走出去发展新货源，扩大港口腹地，促进运输企业转型升级，从重效率轻服务向既重效率又重服务转变。鼓励实力强的优质航运企业，组建跨地区、跨行业、跨所有制的水运集团。鼓励引导客运企业开展水运旅游业务。二是加强生态水运建设。借助长江经济带发展机遇，积极打造生态水运。航道整治工程设计要尊重自然规律，推行环保驱鱼、生态护坡等技术，最小程度影响和最大限度恢复生态环境。打造低碳港口，推动码头靠港船舶使用岸电。协同推进船舶与港口污染物岸上接收设施建设，并做好与城市公共转运、处置设施的衔接，推动多部门联合监管。优化危化品船舶锚地和洗舱站布局，开展干散货码头粉尘专项治理，推进水运行业推广应用液化天然气和原油成品油码头油气回收工作。鼓励老旧船舶标准化改造，严禁新增不达标船舶进入运营市场。三是加大安全、司法、保险、金融等保障体系建设力度。进一步建立健全与气象、环保、公安、水利、旅游等部门的协调机制，建立联席会商制和信息通报制，初步建立起省级网络与数据安全保障体系，建立健全"分类管理、分级负责、条块结合、属地为主"的水上搜救应急体系。推进"互联网+航道畅通保障及服务"建设。探索将水运企业诚信评价与融资贷款结合，引导港航企业拓宽融资渠道，促成金融保险机构提供船舶抵押贷款。积极

促进政府与金融机构合作，促成船舶抵押贷款、在建船舶抵押贷款、租赁贷款等融资方式，积极解决水运企业融资难问题。积极构建具有投融资产品发布、航运资信评价、投融资供需撮合、投融资管理功能，线上线下业务有机融合的航运综合服务平台。积极探索新型航运保险，培育航运再保险市场。四是发展高端航运服务。积极引入国际国内高端航运服务企业，借用其先进的管理理念和现代管理技术，大力拓展航运金融、船舶交易、航运经纪、信息咨询等服务产业链，支持沿江港口城市培育航运服务聚集区，拓展区港联动功能，实现从传统航运企业向现代物流业转型。五是做好航道通航管理和养护。探索航道养护机制改革，变事后养护为事前养护。探索应急疏浚新模式，寻求符合要求的事前应急疏浚资金审核和结算的新方法，及时疏浚，保障航道畅通。同时理顺地方航道养护部门的职责及经费使用，确保经费使用法制化、规范化。注重支流航道上信号基站的建设，尽早实现全省航道的航行船舶监控全覆盖。

（五）培育水运发展新动能。一是新业态培育。开展智慧港口示范工程建设，推进港口物流信息平台等信息化建设。推动大数据、物联网等技术在水运业的应用，支持"互联网+"水运新业态，引导水运企业和互联网企业联盟发展。二是新技术应用。大力推进水路运输系统智能化，运用先进的传感识别、通信网络、智能计算、信息控制等高新技术，对船舶、客货、航道、港口等水运要素进行智能感知、实时跟踪、动态监控，构建高效、安全、环保以及客货运输信息服务一体化的水路运输系统。三是新模式推广。创新商业模式，充分利用现有平台经济、共享经济、"互联网+"等思维创造新型商业模式，延伸产业链，提升价值链。如采用PPP模式建设的内河水运码头等。四是新产业发展。积极推进水上巴士、游艇等，完善内河水上客运体系，促进水路客运的规模化、个性化发展；提升水上旅游客运服务，做好旅游特色航线开发，实现水运与旅游的深度融合。

关于交通精准扶贫工作情况的调研报告

湖北省交通运输厅 研究室

精准扶贫脱贫是党中央的重大决策部署，是我们党向全社会作出的庄严承诺，事关群众切身利益，事关全面建成小康社会目标实现，是各级党委政府的重大政治责任和头等民生大事。为深入了解交通运输精准扶贫脱贫工作开展情况，查找存在的困难，把握今后的着力点，充分发挥交通运输在脱贫攻坚中的基础性、先导性的作用，为全面建成小康社会提供强有力的交通运输保障，厅研究室认真调研，现将情况报告如下。

一、我省交通精准扶贫取得的成效和主要做法

"十二五"以来，全省交通运输系统以集中连片特困地区为主战场，以推进交通运输基本公共服务均等化为主攻方向，全力推动贫困地区交通运输快速发展，取得了显著成效。省厅编制印发了《湖北省集中连片特困地区交通建设扶贫"十二五"规划》和《湖北省集中连片特困地区特色公路规划》，打响全方位交通扶贫攻坚战，基本建成大别山"红色旅游路"、秦巴山"生态环库路"、武陵山"清江画廊路"和幕阜山"特色香泉路"四条特色路主线，实现100%建制村通沥青水泥路，村村通客车。主要做法是：

（一）以"五大理念"为引领，构建交通脱贫攻坚工作格局。一是坚持创新发展。推动"交通+资源开发及旅游"扶贫，在37个贫困县市实施资源旅游路工程；结合我省实际，实施"交通+产业"扶贫，安排一定规模的农村产业路建设，覆盖全省4821个贫困村，重点改善农村产业基地、园区的对外交通条件；在已完成交通扶贫脱贫底性任务的基础上，实施规模以上自然村通畅工程，进一步改善农民群众的出行条件。制定差异化的投资补助标准，优先安排扶贫项目，优先保证扶贫项金。促进交通与地方经济社会、新农村建设、新型城镇化等"一元多层次"协调发展，同步推进。二是坚持协调发展。将交通扶贫放在"十三五"综合交通发展的框架中，统筹点与面、内与外、城与乡发展，补齐贫困地区交通短板。统筹建养管运协调发展，实施"四好"示范路试点工程。三是坚持绿色发展。充分考虑贫困地区的自然环境、发展需求和建设难度，指导和引导地方政府树立绿色发展理念，科学决策，最大限度减少对自然的破坏、占用耕地、林地。四是坚持开放发展。加强贫困地区对外高速公路、普通国省道等通道建设，形成对内对外高效互联互通的骨干交通网络，方便贫困地区参与区域经济合作。五是坚持共享发展。推动交通运输公共服务向贫困人口全覆盖，让人民群众共享交通发展成果。"十三五"交通扶贫规划覆盖范围包括52个贫困县（市区）、全省4821个贫困村，贯彻落实《关于巩固村村通客车成果建立农村客运发展长效机制的意见》，确保贫困地区通村客车开得通，留得住。

（二）以"三个支持"为重点，强化交通脱贫攻坚政策落实。按照"交通发展带动扶贫开发"的基本思路，我省在规划、资金、项目上不断加大倾斜力度，努力走出了一条有交通特色的扶贫开发道路。一是加大资金支持。自交通扶贫攻坚工作启动以来，针对贫困地区地方财政能力薄弱、建设资金不足的难题，省厅积极争取部省补助资金向贫困地区交通项目重点倾斜，大幅提高了贫困地区投资补助标准。贫困地区凡纳入规划、计划的项目，补助标准均高于全省平均水平，如贫困地区农村公路补助标准为其他一般地区的1.5倍以上，客运站场建设方面，新改建县级客运站在争取部补助（400万）基础上，省配套补助400万元。进入"十三五"以来，为进一步加大贫困地区投资政策精准力度，省厅组织开展了"十三五"全省贫困地区公路水路投资政策研究，根据贫困地区经济社会和交通基础设施发展水平的差异，合理制定差异化的投资补助政策，按西部地区、国家级老少穷县、省级贫困县分类制定补助标准，补助标准高于全省其他一般地区。二是加大项目支持。我省坚持把项目建设作为着力推进贫困地区精准扶贫的重要抓手，努力夯实交通扶贫发展大底盘。按照"外通内联、通村畅乡、班车到村、安全便捷"的目标要求，交通扶贫重点实施干线路网、农村路网、农村客货运站点建设。凡纳入规划的贫困地区交通基础建设项目，在年度计划上予以优先安排；扶贫项目资金优先保证；涉及规划、政策调整时，优先考虑贫困地区发展需要，优先对接；支持地方政府争取"两行"资金优先用于扶贫项目建设。三是加大政府政策支持。省政府先后出台了促进普通公路发展、加强农村公路交通安全的文件，以及农村公路养护管理工作的意见，对扶贫公路建养管理提供了政策依据。省厅相应编制了进一步规范交通扶贫项目实施管理的相关文件。地方政府也不断加大对扶贫建设的政策支持力度，如郧县政府优先保证扶贫公路建设用地，动迁电力、通讯等构筑物由权属单位迁移并承担所需费用，交通建设所需的砂、石料场由交通部门提出申请，县政府划定范围并无偿提供使用权。

（三）以"三个精准"为着力点，确保脱贫攻坚"精确制导"。一是精准规划绘蓝图。"十二五"以来，省厅抢抓中央集中连片特困地区扶贫开发机遇，制定出台了涵盖全省4片区共33个县市区的《湖北省集中连片特困地区交通建设扶贫"十二五"规划》，转发了交通运输部《集中连片特困地

区交通建设扶贫规划》，注重与省一元多层次发展战略体系的衔接，用规划引领和指导交通扶贫工作，明确了片区各县市交通扶贫任务和阶段性目标。结合区域发展特点，省厅组织编制了《湖北省集中连片特困地区特色公路规划》和建设大别山"红色旅游路"、秦巴山"环库生态路"、武陵山"清江画廊路"和幕阜山"特色香泉路"等4条特色扶贫路，加快促进沿线旅游资源开发和经济社会发展。为全面落实省委省政府在新时期关于全力推进精准扶贫精准脱贫的重大战略部署，省厅成立工作专班，编制《湖北省"十三五"交通扶贫规划》，将37个省定精准扶贫县（市、区）、国家确定的15个大别山革命老区县（市、区），共计52个贫困县（市、区）和4821个贫困村纳入规划范围，以全面建成"外通内联、通村畅乡、班车到村、安全便捷"的交通运输网络、确保主要建设任务提前一年完成为总体目标，确定八大重点任务，制定了"十三五"全省交通扶贫工作的"总攻略"和"行军图"。二是精准投入强支撑。一方面积极争取省财政资金向片区交通项目重点倾斜，加大对贫困地区的投资比重。同时积极争取补助资金标准向片区倾斜，凡纳入规划、计划的项目，补助标准均高于全省平均水平。为加快农村客运市场发展，2015年在省政府领导下全省大力开展"村村通客车"工程，省厅在资金十分困难的情况下投入10亿资金，支持农村客运车辆发展、农村客运站场建设以及安保工程和错车道建设，同时带动其他部门合力推进"村村通客车"工作，省财政厅、农业厅等部门从正在实施的涉农项目资金中整合筹措17.5亿元用于"三万"活动，并积极向村村通客车工作倾斜。另一方面鼓励和引导地方加大交通扶贫投入。积极鼓励推动各贫困县市坚持以政府主导，创新思路，加大交通建设地方配套资金投入。引导各地交通部门争取地方政府支持，不断加大财政专项资金用于交通基础设施建设，同时统筹整合其他部门资金用于交通项目建设。三是精准政策抓落实。依据规划及年度建设目标，省厅坚持把项目建设作为推进贫困地区交通建设的重要抓手，努力夯实交通扶贫发展大底盘。省厅成立了扶贫项目前期工作领导小组，下设3个前期专班和扶贫工作专班，全力推进片区扶贫规划项目前期工作，并逐步建立了"规划一批，论证一批，在建一批，储备一批"的良性循环机制。按照"市州主导、县抓落实"的总体要求，省厅组织片区县市政府和交通运输部门签订了省市三年扶贫攻坚协议，就项目规划、实施序列、投资政策等进行了全面对接，对扶贫项目实行"一项目、一台账"的动态管理、狠抓项目落地，全力落实扶贫开发各级领导责任，建立完善了厅市合力的交通扶贫工作机制。

（四）以"便民惠民"为导向，带动贫困地区地方经济发展。积极履责开展对口帮扶建机制，省厅高度重视对口帮扶工作，积极贯彻落实"新农村建设"、"脱贫奔小康"、"616"工程等省委、省政府重大扶贫发展战略，将干部驻村和定点帮扶等工作作为本部门年度工作要点。依托厅扶贫开发工作领导小组和扶贫工作办公室，组建工作专班，建立健全工作机制，积极整合各方资源、加大支持力度。依据相关规划，每年年初制定年度交通扶贫定点帮扶工作方案，将帮扶措施细化落实到具体项目中，为定点帮扶工作稳步开展打下了坚实基础。将农村交通发展作为交通精准扶贫工作重点，狠抓强农惠农富农等民生政策有效落实。一方面加快贫困地区农村公路建设，积极争取国家补助政策，对贫困地区县乡道和通村公路建设给予倾斜支持，优先启动实施贫困地区撤并村通畅工程。"十二五"支持贫困地区4226公里具有旅游路、资源路、产业路性质的重要县乡道改造及2.9万公里通村公路建设，实现100%的行政村通沥青（水泥）路，带动了当地旅游、矿产等资源开发和产业发展，增强了贫困地区自我发展能力。另一方面实施"村村通客车"工程。省厅按照省委省政府部署，明确了包括所有贫困地区在内的全省100%行政村"村村通客车"目标。2015年集中开展专项建设大会战，成立了督导组密集培训督办，着力于改善贫困地区农村交通条件，加快实施农村公路达标改造和农村客运站场设施建设。贫困地区已通客车行政村覆盖率已达到100%，农村交通面貌进一步改观。

二、存在的主要问题

"十二五"我省交通脱贫攻坚战取得了显著成效，但仍然存在一些问题，亟待研究解决。

一是地方财政资金投入不足。当前，我省贫困地区交通仍处在大建设、大发展时期，建设任务繁重，资金需求量大，而贫困地区财力有限，配套资金往往不能及时到位，对项目实施造成不利影响。

二是农村地区交通基础设施相对落后。全省整个农村地区基础设施相对薄弱，交通设施建设明显滞后，还未实现县县通高速，交通成为精准扶贫工作的重要短板之一。特别是恩施等贫困山区，交通不便，农产品销不出去。农村公路还存在宽度不够、档次不高，发展不充分、建设不充分，未互联互通等问题。

三是农村公路养护管理机制有待完善。按照"统一领导、分级管理、权责统一"原则，我省成立了省、市、县三级农村公路管理体系，农村公路规划、建设、养护与管理责任主体是县级人民政府。但在实行过程中，地方政府责任主体作用没有充分发挥，地方农村公路管养机构不健全、覆盖面不广、专业技术人员不足；地方财政安排的养管资金缺乏保障，难以满足日常管理工作和农村公路日常养护的需要，存在挤占用于养护工程的省补资金的现象。

四是交通扶贫监督检查机制尚待健全。"十二五"期交通扶贫规划执行的监督检查机制尚不完善，交通扶贫项目事中、事后监督检查不足；对地方配套资金的落实情况评估不足，对地方政府是否落实好交通扶贫政策和有关管理规定缺乏足够的约束手段。

三、有关对策和建议

深入贯彻落实党的十八届五中全

会和中央及省扶贫开发工作会议精神，进一步明确湖北交通扶贫目标、重点任务和政策措施，加快推进贫困地区交通运输发展，全面提升交通运输基本公共服务水平，为湖北在中部地区率先全面建成小康社会提供强有力的交通运输保障。

（一）畅通贫困地区对外运输通道。强化贫困地区内部交通连接，促进贫困地区内外互联互通，构建区域发展和脱贫攻坚的"康庄大道"。继续推进贫困地区高速公路建设，重点建设银北、宜张等国家高速公路省际衔接路段，畅通贫困地区对外运输通道；重点建设保康至神农架、宜昌至来凤等地方高速公路，加快实现县县通高速。继续推进集中连片特困地区特色公路建设，全面建成秦巴山"生态环库路"、武陵山"清江画廊路"和幕阜山"特色香泉路"，进一步推进大别山"红色旅游路"建设。加快贫困地区国省干线升级改造，提高干线公路服务能力和保障水平，加快实现所有具备条件的乡镇通二级以上公路。促进贫困地区综合运输协调发展，积极推进国省道网与高速公路进出口、主要港口重点港区、重要站场、4A以上旅游景区连接线等衔接性公路建设。争取贫困地区主要港口重点港区、重要站场、高速公路进出口、以公路为主通道的4A以上旅游景区实现二级及以上公路连接。

（二）大力推动农村公路通村畅乡。着力构建贫困地区精准脱贫"幸福小康路"。重点推进撤并村通畅工程建设，积极推进农村公路向规模以上自然村延伸，支持贫困地区所有撤并村及20户以上自然村通沥青水泥路。继续支持贫困地区重要县乡道升级改造工程，按不低于三级公路标准（特殊困难路段不低于四级公路双车道标准）进行改扩建。继续支持贫困地区农村公路桥梁建设。

（三）努力提升农村公路安全能力。一是支持贫困地区县、乡道及通建制村村道上的生命安全防护工程建设，对急弯陡坡、临水临崖等安全隐患重点路段，因地制宜的设置防护设施；改造县乡道上亟待改造的危桥以及建制村村道中桥以上四、五类危桥。二是因地制宜、分类推进建制村优选通达路线中不能满足安全通客车要求（路基宽度小于等于4.5米、路面宽度小于等于3.5米）的窄路基路面公路拓宽改造，为建制村安全通客车提供保障。

（四）积极推广"交通+特色产业"扶贫。创新发展"特色致富路"，加快推进具有资源路、旅游路性质的县乡公路改造及产业路、园区路性质的村道硬化工程建设，促进贫困地区旅游、特色加工、矿产资源开发、绿色生态等产业落地、发展、壮大，增强贫困地区内生发展能力，加快贫困地区开发式脱贫致富。

（五）改造完善运输站场。支持贫困地区县级公路客运站改造建设，改善县级公路客运站的服务条件和服务能力，争取到2020年实现所有县城建有二级及以上公路客运站。继续推进具有农村客运（或城乡公交）始发班线的乡镇客运站（或城乡公交首末站）和农村客运候车亭、招呼站建设，改善农村地区的候车条件。支持主要乡镇建设集客运、物流、商贸、邮政、快递、供销等多种服务功能于一体的综合服务站。

（六）大力改善水运基础条件。一是加强具备条件区域的对外水运通道建设，改善贫困地区重要航道和库区湖区水运基础设施条件，推进内河港口集约化、规模化发展，更好适应区域经济社会发展需要。二是开展旅游渡运码头示范工程建设，对秦巴山区、武陵山区、大别山区、幕阜山区4个片区具有较好旅游资源的贫困地区建设旅游与渡运相结合的码头设施给予示范支持，以促进当地旅游发展，方便群众渡运出行，增强贫困地区造血功能。

（七）狠抓公路管养效能提高。进一步完善权责一致的公路管养责任体系，建立健全管养工作制度，保障管养资金供给，健全农村公路管养考核评价机制，提高管养效能。一是强化干线公路养护。重视和加强日常养护，保持良好的通行环境和技术状态；继续强化大中修工程养护，及时恢复提升设施使用性能。二是按照全寿命周期养护成本最小化理念，全面开展预防性养护，实现公路养护由被动防治向主动预防转变。三是切实加强农村公路养护。完善"县为主体、行业指导、部门协作、社会参与"的农村公路养护工作机制，全面落实县级人民政府的主体责任，切实做到农村公路管养机构、人员、资金三落实，充分发挥乡镇人民政府、村委会和村民参与作用。四是发挥好中央和省级资金的引导与激励作用，加快建立以政府公共财政投入为主，多渠道筹措为辅的农村公路养护资金保障体制。五是推动将农村公路养护纳入各级地方政府经济社会发展考核指标体系，进一步健全农村公路管养考核评价机制，定期对管养目标完成情况、工程质量及实施效果等进行综合督查，并建立考核结果与农村公路资金分配挂钩的机制，强化制度激励效果。

（八）着力提升交通运输服务保障。着力提高贫困地区基本客货运输服务的能力和水平，更好地服务贫困地区经济社会发展和人民群众安全便捷出行。一是建立和完善农村客运长效发展机制，实现村村通客车通保率达到100%。二是统筹城乡客运资源，进一步加快城乡客运一体化、农村客运公交化进程，鼓励城市公交向城市周边延伸覆盖，对居民出行密度较大地区实行农村客运公交化改造，努力扩大公交服务的广度，增加服务深度。三是推进"交通+电商快递"扶贫工程，整合交通、供销、商贸、电商、邮政、快递等资源，构建县、乡、村三级农村物流配送网络，完善农村生产生活资料和农副产品物流服务体系，提高农村物流服务能力和水平。

专题资料

省人民政府关于加快武汉长江中游航运中心建设的实施意见

(鄂政发〔2016〕27号)

各市、州、县人民政府,省政府各部门:

建设武汉长江中游航运中心,是贯彻落实国家"一带一路"、长江经济带和长江中游城市群发展战略的重要举措。"十二五"期间尤其是《武汉长江中游航运中心总体规划纲要》实施以来,湖北综合交通快速发展,武汉长江中游航运中心的保障支撑作用进一步凸显。为充分发挥湖北长江黄金水道、综合交通枢纽、产业集群优势,加快打造长江中游生态文明示范带和产业转型升级支撑带,切实担负起打造长江经济带"脊梁"的重任,现就加快武汉长江中游航运中心建设提出如下实施意见:

一、明确目标定位

(一)总体定位。深入贯彻党中央、国务院关于推动长江经济带发展的部署要求,认真实施《长江经济带发展规划纲要》,通过强化武汉长江中游航运中心核心功能区的支撑和带动作用,加快建设长江中游"六中心、两体系"即综合交通运输中心、多式联运中心、高端航运服务中心、航运金融中心、对外开放中心、产业集聚中心、绿色航运体系和应急救助体系,把武汉长江中游航运中心打造成通江达海、辐射中部、面向全国,具有国际影响力的现代化、规范化内河智能航运中心,初步形成资源高度集聚、服务功能齐全、市场环境优良、现代物流便捷高效的内河航运体系,带动沿江经济带开放开发,为沿江产业优化布局和转型升级提供强有力支撑。

(二)具体目标。到2020年,基本形成2000公里的"一主三江一网四支"长江中游高等级航道网、5500公里的"五纵三横"铁路网、7500公里的"九纵五横三环"高速公路网,构建"五纵四横"综合运输大通道。完善多式联运体系,基本形成"铁水公空管"互联互通的武汉新港、宜昌港、荆州港、黄石港、襄阳港"一核心四枢纽"港口集群,构建"铁水公空管"无缝衔接的港口综合交通运输枢纽。长江中游干线航道船舶总运力达到1000万载重吨,万吨级货轮常年通达武汉;港口年吞吐能力突破4亿吨,集装箱年吞吐能力突破500万标箱。基本建成以集装箱港区、临港综合保税园区、航运交易所为主要依托的武汉长江中游航运中心核心功能区,阳逻集装箱港区成为长江中上游最大集装箱港,武汉新港空港综合保税区阳逻园区成为港口、物流等国际化贸易服务区,武汉航运交易所成为提供航运交易、人才培养、融资租赁、保险等高端服务的中心。

二、落实重点任务

(三)建设以长江黄金水道为主轴、港口为核心的综合交通运输中心。加快"铁水公空管"大通道建设,不断延伸武汉长江中游航运中心腹地范围。按照"深长江、畅汉江、通支流"的要求,抓紧推进长江中游"645"深水航道整治工程、汉江五级枢纽项目和唐河唐白河、松虎航线等省际南北向水运通道建设,开展汉江丹江口枢纽、王甫洲枢纽、清江隔河岩、高坝洲枢纽通航设施升级改造研究论证工作,支持配合三峡枢纽第二船闸改造工程,加强汉江、江汉运河各枢纽通航设施统一调度。构建以武汉新港为龙头,宜昌、荆州、黄石、襄阳为区域中心的港口集群,重点建设武汉新港阳逻、金口、汉南、白浒山、三江港区,宜昌茅坪、云池、白洋港区,荆州郝穴港区、白螺过驳基地、松滋车阳河港区,黄石棋盘洲港区,襄阳小河港区,荆门钟祥石牌港区,加快现有港口的资源整合。加快重要港口的连接线建设,实现铁路、一级公路、武汉高速公路与主要港口集装箱、大型煤炭港区连接,二级公路与重点港区连接。推动武汉江北铁路、宜昌紫云铁路、长江三峡水铁联运铁路、荆州煤炭储配港区至蒙华铁路连接线、黄石山南铁路等港口集疏运铁路和沿江高铁等客运专线建设,构建快速高效铁路运输网;加密武汉至东南方向和北向高速公路,加快推进沿江、垂江公路通道建设,启动武汉新港高速公路规划研究并尽快开展前期工作;建设湖北国际物流核心枢纽,续建武汉天河机场三期工程;推进西气东输三线等国家骨干天然气运输管道与枢纽港口的连接。

(四)建设以铁水联运、江海直达为核心的多式联运中心。大力发展铁水、陆水、管水、空水、水水等多式联运,提升货物中转能力和效率。武汉阳逻、鄂州三江、宜昌云池、荆州盐卡、黄石棋盘洲等港区重点发展集装箱铁水联运,荆州郝穴、襄阳小河等港区重点发展煤炭铁水联运,宜昌秭归、武汉沌口等港区重点发展载货汽车、商品汽车滚装陆水联运,在武汉、鄂州等重要机场布局城市发展空水联运,在黄冈、鄂州等西气东输、气化长江的重要节点城市发展石油天然气管水联运。大力支持沪—汉—蓉集装箱铁水联运发展,全面推动中欧(武汉)班列与阳逻港铁水联运,打造"一带一路"无缝对接的闭合运输环线;推动干支联通、江海直达、江洋直达发展,巩固武汉至上海"天天班"、"泸—汉—台"、武汉至东盟四国等既有的外贸集装箱品牌航线;支持发展汉江、江汉运河沿线港口至阳逻港集装箱支线快班;推动开通武汉至宁波舟山近海航线,拓展武汉至东南亚、日韩等国集装箱近洋航线;推动发展岳阳—武汉—九江长江中三角航线。支持海关多式联运物流信息化平台建设，为企业提供优质的外贸物流服务，实现对多式联运物流的有效监控。

（五）建设以航运交易、科技研发、人才培训、信息交流为核心的高端航运服务中心。拓展武汉航运交易所功能，完善运行机制，力争湖北省域内80%以上的航运交易进入武汉航运交易所交易，逐步提升对全流域的服务能力。加快建设武汉航运交易综合信息服务平台，构建长江流域航运交易大市场，为航运企业、港口企业、代理企业、物流公司提供航运信息服务。积极推动武汉新港公共物流信息平台建设，逐步实现与上海、重庆两大航运中心信息互通互联。推动"互联网＋航运"建设，提升EDI数据交换系统功能，建设电子口岸平台，集中海关、检验检疫、边防等相关业务部门，提供货物通关、海事海商服务和结算业务，为航运企业提供一站式服务。编制发布长江中游航运运价指数，开展金融、人才交流等服务。

（六）建设以投融资、保险为核心的航运金融中心。加强金融机构和航运业务体系建设，积极稳妥发展航运金融服务和多种融资方式。推动设立航运融资担保机构，建立多层次、多方位的投融资渠道，构建具有投融资产品发布、航运资信评价、投融资供需撮合、投融资管理功能，线上线下业务有机融合的航运综合金融服务平台。支持符合条件的航运企业与长江经济带产业基金合作。支持大型航运企业设立金融租赁公司、大型船舶制造企业参与组建租赁公司。大力发展船舶金融、海上货物险等传统保险业务，积极探索新型航运保险业务，培育航运再保险市场。

（七）建设以综合保税区、国际航线为核心的对外开放中心。推动武汉综合保税区建设和宜昌、荆州、黄石等地的综合保税区申报工作，重点发展武汉新港空港综合保税区阳逻园区，发挥阳逻港区港口设施、水运口岸、航线网络等功能优势，扩大启运港退税试点成果。引导航运、代理、报关、船舶供应、航运结算等企业聚集，吸引国内外物流、航运、贸易、加工企业入驻。加强长江经济带口岸区域通关合作，推动我省与沿海、沿边地区口岸海关的协作。全面实行"一次申报、一次查验、一次放行"通关模式，推动国际贸易"单一窗口"建设，加快推进"三互"大通关建设，提高贸易便利化水平，打造集港口作业、航运服务、口岸通关、保税物流、保税加工、贸易等功能于一体的武汉长江中游航运中心核心功能区，建成对外开放的重要门户。

（八）建设以沿江生产、加工为核心的产业集聚中心。大力实施《中国制造2025湖北行动纲要》，以长江和汉江为纽带，以武汉为中心，依托港口优势，以制造业为重点，加快临港产业发展。以产业链为纽带、以产业园区为平台和载体，集聚资源要素，突出园区产业特色，发挥园区的集聚效应和辐射效应，推动沿江产业集约集聚集群发展。围绕装备、石化、船舶、汽车、电子信息、钢铁等重点产业，推进一批"互联网＋制造"示范项目，推动沿江制造业网络化、智能化发展。大力发展循环经济和绿色经济，重点抓好宜昌磷化工、武汉循环型化工、黄石铜及铜材加工等重化行业的国家级新型工业化示范基地建设，构建循环型工业体系，促进沿江工业绿色转型。依托武汉、宜昌、黄冈、荆州、鄂州等地船舶与海洋工程装备产业基地，打造我国高端海工船舶及海洋平台建造基地、船舶配套设备及海洋工程装备通用设备制造基地、海洋工程装备专用设备制造基地、海洋核能装备研制基地、船舶与海洋工程装备研发中心。积极争取长江经济带产业基金对相关产业项目的支持。

（九）打造以生态航道、绿色港口、低碳船舶为重点的绿色航运体系。打造集航运通道、绿化通道、景观通道、人文通道于一体的生态航道。航道整治工程设计要尊重自然规律，推行环保驱鱼、生态护坡等新技术，最小程度影响和最大限度恢复生态环境；利用电子航道图等技术提高船舶配载、航路设计的科学性，实现航道向数字化、智能化方向转变；加快太阳能一体化航标灯等设施设备的推广应用，促进航道设施节能减排技术改造。打造集绿色装备、清洁能源、节能环保、智慧信息、资源循环利用于一体的绿色港口。推广集装箱门式起重机"油改电"技术，研究推广港口装卸机械使用LNG清洁能源，推动码头靠港船舶使用岸电；推进港口设备节能改造，实现港口绿色照明；加快港口信息化建设，实现港口运营组织与作业工艺创新，建设具备物流作业、电子政务、信息服务等复合功能的智慧港口。加快发展干支直达、江海直达和以新能源技术为代表的绿色船舶。大力支持水上LNG加气站建设，加快推广LNG动力示范船；研究发展江汉运河、江海直达船型；加快推进运输船舶标准化。建立和完善码头、装卸站和船舶修造厂垃圾接收、转运及处理处置体系，推进船舶生活污水处理装置改造工作；鼓励老旧运输船舶提前报废更新，依法强制报废超过使用年限船舶，限期淘汰不能达标排放船舶，严禁新增不达标船舶进入运输市场；禁止单壳化学品船舶和600载重吨以上的单壳油船进入长江干线、汉江干线和江汉运河水域航行。

（十）完善覆盖全面、保障有力、监管直通的应急救助体系。加快建成湖北省水上搜救协调中心、市州分中心，加强基层水上交通安全监管、执法、应急、救援装备建设，建立健全分类管理、分级负责、条块结合、属地为主的水上搜救应急体系。推动长江和地方航运通信、海事、信息资源、安全监管及救助力量的整合，形成覆盖全省通航水域的快速反应及搜救系统。认真落实《省人民政府关于进一步加强危险化学品安全生产工作的意见》（鄂政发〔2016〕19号），严格港区危险化学品安全监管，提升应急反应能力。加快视频监控、船舶自动识别、电子巡航、甚高频通信等信息技术应用，实现所有危险品码头、集装箱码头、客运码头、客运量较大渡口的视频监控全覆盖，长江、江汉运河、汉江兴隆以下远程甚高频通信全覆盖。

实施以奖代补，全面完成船龄10年以上农村老旧渡船更新改造，严格落实渡口渡船日常运行、维护保养和安全管理责任。

三、强化保障措施

（十一）着力加强组织保障。省人民政府成立武汉长江中游航运中心建设协调领导小组，办公室设在省交通运输厅，负责编制《武汉长江中游航运中心总体规划》，统筹协调航运中心建设。武汉市人民政府负责组织编制《武汉长江中游航运中心核心功能区规划》及其实施方案，明确建设时序，出台支持政策，推进任务落实；襄阳市、宜昌市要充分发挥汉江航运、三峡中转枢纽节点城市的作用，建设支撑武汉长江中游航运中心的重要支点；沿江各市州、直管市要加快基础设施建设，推进临港产业发展。省直有关部门、各有关单位要主动参与武汉长江中游航运中心建设，积极争取国家有关部委和长江航务管理局、长江海事局等单位的支持；武汉市人民政府、武汉海关及省直有关部门要积极争取国家设立武汉新港海关，加强和完善花山、金口等港口的监管；武汉新港管委会要充分发挥职能作用，做好武汉新港各港口发展的协调服务工作。

（十二）加大财税支持力度。省政府"十三五"期间继续安排长江港航建设专项资金，按照需求和财力相统筹、财力与事权相匹配的原则，优化相关交通专项资金支出结构，促进全省港口、航道、锚地和支持保障项目建设。省级财政每年从地方政府债券中安排一定额度，转贷武汉市支持武汉长江中游航运中心建设。省交通运输厅要将重点港口疏港公路建设纳入全省路网建设规划，按照同等标准给予资金补助。沿江地方政府要加大港口、航道、锚地和支持保障系统的资金投入力度，将港口、航道、水上交通安全管理经费列入地方财政预算，协调城建、交通、移民、园区等各级建设资金在港口集疏运通道上的合理使用。武汉市财政每年安排一定额度资金，用于武汉长江中游航运中心核心功能区建设。在武汉新港空港综合保税区阳逻港园区内注册的纳税人从事内河航运、货物运输、仓储装卸搬运、内河航运保险、航运金融、融资租赁、大宗商品交易等业务缴纳的增值税，符合条件的按照国家政策规定，享受有关税费减免或财政补助优惠政策。相关地方政府要实施铁水联运集装箱财政补贴政策。

（十三）做好用地保障工作。对符合发展规划和土地利用总体规划的港口物流园区、物流中心、配送中心以及重点物流企业项目建设所需用地，优先安排年度用地计划指标。对于水运工程建设用地，相关地方政府可以参照高速公路建设用地优惠政策执行，可以委托港口企业对港口、航道与周边的土地进行统一开发，开发收益的一部分用于水运建设。

（十四）充分发挥市场作用。积极推进简政放权、放管结合、优化服务改革工作，使市场在武汉长江中游航运中心建设的资源配置中起决定性作用，不断激发航运市场活力。支持武汉港航发展集团发挥在武汉长江中游航运中心建设中的龙头企业作用，进一步深化资源整合、统筹岸线资源及后方陆域开发利用，全面参与武汉长江中游航运中心相关基础设施及其他实体项目的建设及运营。培植1~2家有全国性影响力的集装箱运输企业和危化品运输领军型企业，2~3家运力规模超过50万载重吨的航运企业。支持港口企业与航运公司合资合作，以港口为核心向两端延伸物流链，拓展增值物流服务和供应链全过程服务。支持荆州、宜昌等地的水运物流企业开展专业化经营和差异化服务。支持中远海运、招商局集团等中央企业与我省企业合作发展集装箱铁水联运。

（十五）强化人才政策支撑。依托在鄂高等院校及职业技术院校，加强现代航运人才培养，重点推进航运金融、保险、仲裁、结算、物流、电子商务等高端专业人才和船员等技能人才培养。支持航运人才培训、就业培训和岗位技能提升培训工作，按规定给予职业培训补贴和职业技能鉴定补贴。推进船员培训和船员租赁国际化合作。支持武汉航运交易所开展航运人才服务，积极引进航运业紧缺人才，建立航运人才诚信体系，促进航运人才有序流动，为武汉长江中游航运中心的建设与发展提供智力保障。

2016年6月27日

省委财经办（省委农办）、省交通运输厅
关于巩固"村村通客车"成果建立农村客运长效发展机制的意见

（鄂办发〔2016〕6号）

为巩固全省第五轮"三万"活动成果，进一步改善农村群众出行条件，确保农村"村村通客车"长期稳定运行，现就巩固"村村通客车"成果、建立农村客运发展长效机制提出如下意见。

一、充分认识推进农村客运持续稳定发展的重大意义

推进农村客运持续稳定发展是社会主义新农村建设的重要内容，对于加快农村经济社会发展、改善农村民生、促进农民安居乐业，具有十分重要的意义。近年来，省委、省政府认

真贯彻落实党中央、国务院的重要部署，不断加大农村客运发展的推进力度。2014年，在全省启动"村村通客车"工程试点工作，农村客运进入快速发展期。2015年，将"村村通客车"作为全省第五轮"三万"活动的重要内容大力推进，活动结束时，97.6%的行政村实现了通客车。2015年年底，我省率先在全国实现农村客运全覆盖，农村地区通行条件大为改善，农村群众出行难问题得到基本解决。但是，当前我省农村客运发展仍然存在着一些不容忽视的问题，如部分地区农村道路基础设施不配套，农村客运通行条件较差，通行质量和水平不高；农村客运安全监管体制不健全，客运安全隐患较多；部分农村新开通线路客车运行不稳定等。巩固"村村通客车"成果，从根本上解决农村群众出行难、出行不安全问题，是一项长期和艰巨的任务。各地各部门要充分认识推进农村客运持续稳定发展的紧迫性和艰巨性，把建立和完善"村村通客车"长效机制作为巩固党的群众路线教育实践活动、"三严三实"专题教育成果的重要内容和做好"三农"工作的重要任务，认真做好"村村通客车"的基础设施完善工作，建立健全农村客运发展长效机制，确保农村客运"开得通、留得住、管长远"，真正把"村村通客车"工程建设成为一项民生工程、民心工程，为实现全面建成小康社会目标奠定坚实基础。

二、明确农村客运持续稳定发展的主要目标

到2020年底，力争通往农村行政村、重要居民聚居区、产业园区的公路形成区域循环，完成通客运的行政村道路升级改造，公路设施完善；农村客运全面覆盖乡镇和行政村，保持运行稳定，有条件的地区实现城乡客运一体化、农村交通公交化；建立完善"路、站、运、管、安"五位一体的农村客运长效发展机制，建立与农村公路发展相适应、与城市公交协调发展的农村客运网络；创建一批农村客运示范品牌，城乡一体化的便民客运服务水平明显提高，客运服务质量和水平走在全国前列。

三、推进农村客运持续稳定发展的主要任务

（一）制定和完善农村客运发展规划。各地要围绕本地农村客运发展目标，以提高城乡公交化覆盖率、提升农村客运服务水平为重点，突出农村公路和客运站场设施建设、完善农村客运网络布局、配足农村客运车辆、探索农村客运发展模式、建立农村客运发展保障机制等工作，制定和完善农村客运发展中长期规划，稳步推进城乡客运一体化、农村交通公交化。

（二）完善农村交通基础设施建设和养护管理机制。县级人民政府是农村交通基础设施建设和养护管理的主体，要依法履行管理职责，加强农村公路养护，建立事权与责任相适应的农村公路建设养护管理体制。农村客运站点建设以政府性投入为主导，积极引入社会资金投资。乡镇五级站、招呼站、候车亭的日常维护在不改变其产权和服务功能的前提下，可通过招标、委托管理、以商养站等方式进行。推进农村客运站与物流站点等多站合一模式。建立农村公路专业养护与群众养护相结合、日常养护与养护工程相结合、政府投入与社会参与相结合的养护运行机制，完善适应本地实际的农村公路养护模式，推行农村公路养护管理与养护生产分离的制度，制定农村公路养护管理办法，加强监督考核。

（三）建立和完善农村客运长效运营机制。遵循市场经济规律、客运发展规律以及农民群众出行规律，坚持政府扶持与市场主导相结合，因地制宜地推行以班车客运为基础，公交化运营、区域经营、周末班线、早晚班车、赶集班车、专线班车、电话预约、水陆接驳等灵活应用、互相补充的方式，发展农村客运经营，以满足群众基本出行需求。实行"四鼓励一退出"政策，大力培育农村客运市场，即鼓励和支持现有的规模化、集约化、信誉好的道路客运企业、公交客运企业开拓农村客运市场；鼓励和支持农村客运经营主体联合重组，通过收购、兼并或入股等方式，扩大经营规模；鼓励和引导社会资本和民营企业投入农村客运经营；鼓励现有农村客运经营主体实施规范的公司化改造，要求新进入市场的企业实行公司化经营；对于服务质量低、经营行为不规范、不履行普遍服务责任、存在重大安全隐患的农村客运企业实行退出机制。按照国家和地方标准因地制宜地选配农村客运安全适用车型，建立稳定的合作基础和渠道，鼓励省内汽车生产企业开发适用车型，支持农村客运发展。合理确定客运票价，采取冷热线搭配、干支线搭配、长短线搭配、线路延伸、车辆运营调配、政策性补贴等方式，保障农村客运经营者合理收益。严格落实市场准入制度，规范农村客运市场秩序，制定农村客运经营行为规范，督促农村客运经营者遵守相关法律、法规，履行普遍、连续服务义务，不断提高服务质量。支持农村客运经营者与邮政、供销、快递物流企业合作，利用通村客车开展邮政物品、小件包裹及部分生产资料的配送等业务，建立和完善农村物流配送网络，促进农村经济发展，带动农民群众增收。

（四）完善农村客运安全管理体制。要进一步落实"县管、乡包、村落实"工作机制，建立完善安全隐患排查治理等各项安全管理制度，建立和完善委托乡镇监管执法机制，强化对农村客运市场秩序监管。对新增途经单车道四级公路的农村道路旅客运输班线的申请许可事项，由县级人民政府组织有关部门对通行条件进行联合审查，县级交通运管机构根据联合审查意见办理相关许可手续。鼓励采取北斗卫星动态监控等科技手段加强农村客运车辆的管理。加强农村交通安全监管力量，完善农村客运经营者教育培训制度，提高农村客运管理水平。

四、强化农村客运发展的保障措施

（一）加强组织领导。各级党委、政府要高度重视农村客运发展工作，将"村村通客车"工作纳入重要议事日程，落实工作责任，强化政策措施，切实加大推进力度。市州要加强统筹协调、指导督办。县级党委、政府是发展农村客运的责任主体,要切实加强领导,认真履行职责,抓好工作落实。乡镇、村(社区)要建立监督机制,支持乡镇、村(社区)与客运企业签订服务协议。各有关服务管理部门要加强协作,各负其责、齐抓共管、形成合力。交通运输部门要加强组织协调,落实管理和监督责任。

(二)加强政策支持。

1. 加大对农村客运发展资金支持力度。省级财政在安排省级交通专项资金时,要综合考虑农村客运车辆数量、行政村数量、地貌特征等因素,通过转移支付方式对县一级农村客运发展给予支持。市州人民政府应安排一定财政资金支持农村客运发展。县级人民政府要将农村客运发展资金纳入财政预算,尽量满足农村客运发展需要。各级农村客运发展资金主要用于农村客运运营补助。补助范围主要是,农村客运车辆保险、部分农村客流量零少线路的营运亏损补贴、农村客运车辆动态监控系统管理维护、公交化改造、农村客运站点运行维护、从业人员再教育、行业管理工作经费等。

2. 统筹用好农村交通基础设施维护专项资金。统筹安排省级财政交通专项资金,支持农村公路新改建、危桥改造、安保工程等交通项目建设。县级人民政府要建立以县级政府投入为主、乡镇村组投入为辅、国家和省给予补助、社会共同参与的农村公路养护管理资金筹集机制,并将农村公路养护管理资金列入财政预算,与省级定额补助资金集中使用,确保养护管理资金足额到位。

3. 落实农村客运成品油价格补助政策。各级财政要按照《城乡客运成品油价格补助专项资金管理暂行办法》(财建〔2009〕1008号),及时下拨中央财政燃油价格补助资金,足额发放农村客运油补资金。

(三)加强对农村客运工作的检查和考核。建立农村客运发展考核通报机制。市(州)、县(市、区)应结合本地实际,制定农村客运发展考核办法,定期组织检查考核。各级交通运输部门要建立农村客运企业考核评价制度,可引入社会中介评价机构,对农村客运企业安全运营、出勤率、服务质量等进行评价考核,并将考核结果与补助资金发放相挂钩。

2016年2月5日

湖北省公路水路交通运输"十三五"发展规划纲要

(鄂交综〔2016〕484号)

交通运输是国民经济重要的基础性、先导性、战略性产业和服务性行业。加快公路水路交通运输发展,建设现代综合交通运输体系,是湖北率先全面建成小康社会,加快"建成支点、走在前列"的客观要求。根据《湖北省国民经济和社会发展第十三个五年规划纲要》和《湖北省综合交通运输"十三五"发展规划纲要》等文件,制订本规划。

一、发展现状

"十二五"以来,在省委、省政府的坚强领导和交通运输部的大力支持下,全省交通运输系统紧紧围绕省委省政府提出的"一元多层次"战略体系,抢抓长江经济带、集中连片特困地区扶贫开发等重大机遇,全面加快交通基础设施建设,努力提升运输服务水平,着力推进信息化建设,提高交通科技水平,不断强化节能减排和环境保护,大力加强安全监管和应急处置能力建设,积极推进体制机制改革,圆满完成了湖北省公路水路交通运输发展"十二五"规划提出的各项目标任务,为"建成支点、走在前列"提供了强有力的交通支撑保障。

1. 基础设施建设实现历史性跨越

——交通固定资产投资创历史新高。全省公路水路交通固定资产投资达到4279亿元,为"十二五"规划目标的140%,相当于中华人民共和国成立后60年完成投资总和的1.4倍。交通投资结构进一步优化 内河水运和交通枢纽站场投资占公路水路交通总投资比重较"十一五"期分别提高2.3和3个百分点。

——港航建设提档加速。长江中游航道整治规划目标提前实现;汉江兴隆至汉川段航道整治、引江济汉通航工程等重点项目顺利建成,形成了长江、汉江、江汉运河810公里"高等级航道圈"。长江、汉江沿线每个县市均至少有一个装卸效率较高的直立式码头建成或在建,"一港双园"模式的推广使沿江主要港口的枢纽功能不断增强。截至"十二五"末,全省高等级航道里程达到1738公里,港口货物通过能力达到3.1亿吨,集装箱通过能力达到433万标箱,均位居长江中上游前列。

——公路网规模及等级大幅提高。截至"十二五"末,全省公路总里程达到25.3万公里,较"十一五"末增加4.7万公里,其中高速公路里程达到6204公里,二级及以上公路里程达到3.3万公里,均位居全国前列。省域内国家高速公路网基本建成,普通国道二级及以上公路比重达到89%。实现除神农架、鹤峰以外所有县市通高速公路,99%的县级以上城市通一级及以上公路,98%的建制乡镇通二级及以上公路,100%的行政村通沥青(水泥)路。

——枢纽站场建设快速推进。"十二五"期,全省建成综合客运枢纽站场项目8个,7个国家公路运输枢纽城市均建有或在建综合客运枢纽;截至"十二五"末,全省共有在营等级汽车客运站场808个,其中一级站

29个、二级站80个、三级站50个，所有县市基本建有或在建二级及以上客运站，90%的乡镇建有等级客运站。全省建成货运枢纽(物流园区)项目61个，实现全省所有市州都建有货运枢纽(物流园区)。

——设施养护水平显著提升。颁布了《湖北省高速公路养护管理办法》、《湖北省农村公路安保工程建设实施方案》，进一步完善了普通公路养护管理制度。建立了普通公路日常养护、应急处置和路政管理"三位一体"的新机制，养护管理日益完善，专业化、机械化养护水平明显提高，公路技术状况显著提升。长江、汉江及重要支流航道实现列养，汉江航道养护模式逐步向市场化运作转变。

2. 交通运输服务呈现转型升级新态势

——交通运输生产能力稳步提升。客车高档化、舒适化趋势明显，货车逐步向大型化、专业化调整，内河船舶标准化、大型化、专业化进程明显加快。截至"十二五"末，全省营运客货运输车辆达42.9万辆，公路营运载货汽车平均吨位达6.6吨/辆，道路客、货运日运送能力达4050万人次和280万吨；船舶运力总规模达到771万载重吨，货船平均吨位达到1750吨。全省公路水路交通运输生产能力稳步提升，有效支撑了经济社会发展。

——公路客运服务日益完善。率先在中部地区实现"村村通客车"，基本形成以县市城区为中心、连接乡镇、辐射村庄的农村客运网，农村客运条件大幅改善。在宜都、黄陂、老河口、鄂州等市县开展的城乡客运一体化试点工作成效明显，推进了"农村班车进城，公交客车下乡"的新模式。适应个性化、多样化客运需求的运输服务产品逐步推广，创新推出了城际约租客运模式。机场直通班线实现天河机场与周边主要城市一站式接驳。

——城市客运服务水平明显提高。武汉"公交都市"和11个省级公交示范城市创建工作稳步推进。全省所有市县开通城市公交线路，29个市县建立了城市公交补贴补偿制度；武汉、黄石、鄂州、荆州等地开通微循环公交线路近100条，公共交通成为人民群众出行的首要选择。推广出租车电召服务模式，有效提高出租车服务水平和车辆运行效率，中心城市"打的难"问题得到初步缓解。

——运输组织化水平进一步提高。三峡库区滚装运输、武汉至洋山"江海直达"、泸汉台集装箱快班、武汉至东盟四国等航线持续、常态运营，运输组织化水平进一步提高。相继成立了华中甩挂运输联盟、华中大道快运联盟、华中道路客运小件快运联盟，多家物流企业纳入国家甩挂运输试点，多式联运、甩挂运输等先进运输组织方式得到有效推广。积极推进交邮、交商、交供、交农等共建模式发展农村物流，新改建352个农村综合运输服务站，有效保障农村运输与物流发展。

3. 交通连片扶贫开发取得丰硕成果

——出台相关规划并强化落实。编制了《湖北省集中连片特困地区交通建设扶贫"十二五"规划》和《湖北省集中连片特困地区特色公路规划》。调动各方积极性，突破资金、土地、环境等资源要素制约，加强规划引导，强化协调督办，确保交通扶贫开发目标、责任、成效"三落实"。

——创新体制机制促脱贫。在支持政策上，争取部和地方政府的支持，做到补助资金向片区倾斜；在项目安排上，提高农村公路的建设规模和补助标准，突出解决片区内乡镇之间、村与村之间的连通问题；在发展重点上，优先支持资源路、旅游路及特色产业路和促进新型城镇化的交通项目，注重提升片区内在的发展能力；在工作方式上，加强与周边省份沟通、对接，与省直相关部门建立了扶贫共建机制，在土地、审批等环节给予大力支持，优化了项目建设环境。

——交通扶贫攻坚成效显著。大别山"红色旅游路"、秦巴山"环库生态路"、武陵山"清江画廊路"和幕阜山"休闲旅游路"四条特色路主线基本建成，南水北调丹江口库区、脱贫奔小康试点、竹房城镇带等地区交通建设步伐加快，贫困地区交通服务水平大幅提高，农民群众行路难、乘车难、过渡难问题得到根本改观。

4. 交通科技创新和信息化建设拓展了新的应用空间

——科技创新成果应用广泛。公路路面、长大桥梁隧道和航道建设养护技术研究获得新成果，"四新"技术、节能技术、检测技术和信息化技术的应用日益广泛。《复杂地形地质条件下山区高速公路建设成套技术》获国家科学技术进步二等奖，并成功应用于三峡翻坝高速公路、宜巴高速公路等一系列工程。

——信息化建设加速推进。全国高速公路信息通信系统联网工程湖北段与交通运输部实现了互联互通，成立了湖北省高速公路联网收费中心，全部高速公路纳入联网收费，高速公路电子不停车收费系统实现与全国联网。湖北省交通运输厅政务专网、湖北省道路客运联网售票系统、湖北省水上搜救应急管理系统等投入应用，湖北省交通运输厅数据中心建设有序推进，推动了"大数据、云计算、物联网"等新一代信息技术在交通领域的集成应用和融合发展。

5. 交通适应"两型"社会建设作出了积极的贡献

——节能减排成效显著。全面推进"'车、船、路、港'千家企业低碳交通运输专项行动"，积极推进武汉、十堰开展低碳交通运输体系建设试点工作。积极探索绿色低碳试点示范新机制，确定了8家低碳交通运输推广基地和20家节能减排示范企业。丹江口库区和梁子湖绿色航运示范区建设取得积极进展。积极引导发展节油环保、高效低耗的运输车船，公交车、出租车使用清洁能源和新能源的比例逐步提高，公路水路运输碳排放进一步下降。

——环境保护取得实效。湖北省交通运输环境监测网络建设试点工程、黄黄高速公路二里湖服务区清洁能源和水资源循环利用改造试点工程顺利实施，推广应用路面材料循环利用、粉煤灰和矿渣等工业废料综合利用等技术，多条高速公路应用太阳能等清洁能源技术，推动了全省交通行业绿色、生态和可持续发展。土地和岸线资源集约利用水平进一步提高。

6. 安全监管和应急处置形成制度化规范化保障体系

——交通安全监管能力进一步提高。水上交通安全管理制度逐步完善，安全网格化管理卓有成效，安全责任进一步落实，齐抓共管安全的局面逐步形成。高速公路和国省干线重要路段、特大桥梁、长大隧道、大型客货运枢纽、重点水域、航道、港口以及"两客一危"车辆（从事旅游的包车、三类以上班线客车和运输危险化学品、烟花爆竹、民用爆炸物品的道路专用车辆）、"四客一危"船舶（客渡船、客滚船、高速客船、旅游船和危险品运输船）的动态监测进一步加强。建成了全国首家内河水上搜救综合训练基地，全省水上搜救应急管理系统进一步完善；湖北省高速公路应急指挥中心投入运营，湖北省交通运输应急指挥中心建设积极推进。

——交通运输应急处置体系进一步完善。先后发布了公路交通突发事件应急预案、道路运输应急保障预案、水路交通突发事件应急预案、公路水运工程安全生产事故应急预案等。与周边省市签署了建立高速公路突发事件处置路网应急联动机制的协议，"六省一市"协同处置高速公路突发事件。成功组织承办了2012年度全国公路交通联合应急演练，组织开展移动应急通信指挥演练活动，交通突发事件应急通信保障能力明显提高。

7. 交通运输筹融资创新机制新渠道新纪录

——国家补助资金创历史新高。"十二五"公路水路交通累计争取中央车购税资金502亿元，高于全国平均水平，是"十一五"期（210亿元）的2.4倍，为我省公路水路交通发展提供了资金保障。

——普通公路建设形成融资新机制。《省人民政府办公厅关于促进全省普通公路持续健康发展的意见》正式出台，明确燃油税增量资金等交通专项资金专款专用。省厅出台了《关于加强普通公路建设筹融资工作的指导意见》，指导地方以财政投入、平台融资、土地捆绑和资源开发等方式，落实地方配套资金。完成取消政府还贷二级公路收费省级债务重组，指导各市县稳步推进地方债务化解工作。

——高速公路市场化拓宽融资新渠道。充分发挥省管功能型国有资产投资运营公司和民营公司投融资的平台作用，通过银行贷款、企业债、资产证券化等方式多渠道筹集建设资金。进一步开放高速公路建设市场，鼓励市州建立项目收益补偿机制，引进社会资本投资建设高速公路。

——港航和枢纽站场建设形成融资新机制。《省人民政府关于加快推进湖北水运业跨越式发展的意见》《省人民政府办公厅关于促进全省物流业健康发展政策措施的意见》正式出台，引入财政资金竞争性分配机制，加大港航建设资金、物流发展资金等政策性资金引导力度，鼓励社会资本投资建设港口、枢纽站场。建立"以电养航、滚动发展"模式，以崔家营航电枢纽发展收入等为还款来源，筹集银行贷款资金完成了引江济汉通航工程建设。

8. 交通行业建设取得显著成绩

——交通运输改革取得新突破。积极争取成为全国首批综合交通改革试点省份，大交通体制机制改革进一步深化，出台了《湖北省交通运输厅关于全面深化交通运输改革的若干意见》，在交通行政审批运行机制、交通运输综合执法、普通公路养护体制等方面的改革取得了新成绩。成立了全国首个综合交通公共信息联盟，建立健全了综合交通运输的运行机制。积极探索"负面清单、准入清单、权力清单"式管理，打造省级交通最少权力清单。

——交通法治建设全面推进。《湖北省水路交通条例》《湖北省公路超限运输管理办法》《湖北省城市公共交通发展与管理办法》相继出台，交通地方性法规、政府规章总数分别达到13部和14部，初步建立起具有湖北特色的交通法律法规体系。推进了交通运输行政审批"四减五制三集中"改革，开展了"三基三化"（推进基层执法队伍职业化建设、推进基层执法站所标准化建设、推进基础管理制度规范化建设），显著提高了依法行政效率和能力。

——行业规划顶层设计全面加强。制定了《湖北省公路水路交通规划管理办法》，进一步规范了全省公路水路交通规划管理程序；省政府印发了《湖北省省道网规划纲要（2011—2030年）》等；编制完成了《"建设祖国立交桥"综合交通战略规划》等，全面加强完善了湖北交通发展的顶层设计，为全省"建设支点、走在前列"创造了争取主动、抢占先机的基础条件。

——精神文明建设塑造新的典型群体。"三零"驾驶员张兵、见义勇为路政员陈红涛等被评为全国劳模（先进工作者）；"十行百佳"评选活动深入开展，并向铁水公空邮大交通拓展延伸；"最美的哥的姐"纳入"湖北好人"评选序列；群众路线教育活动深入开展；湖北青春交通等官方微信、微博公众平台正式开通，行业文化亮点纷呈，成果丰硕，交通精神文明建设不断深化。

——"人才强交"战略形成长效机制。成立了湖北交通职业教育集团，湖北省交通职业技术学院建成交通运输部和湖北省"双示范"高职院校，成为湖北省十大职教品牌建设单位之一。不断加强人才资源开发与管理，大力增加人才总量、改善人才结构、提升人才素质，逐步建立了一支总量规模、人才结构和整体素质基本适应行业发展需要的人才队伍。

纵观"十二五"期的建设与发展，湖北公路水路交通发展成效显著，总体适应全省经济社会发展和人民群众生产生活需要。但面对新时期国家实施新战略的新要求和人民群众对交通发展的新期待，全省公路水路交通运输仍存在一定差距，主要表现在以下五个方面：

一是交通基础设施总体供给能力

有待提高。"十三五"期湖北交通基础设施建设任务依然艰巨，部分高速公路(如京港澳等)的通行能力日趋紧张，部分公路通道仍未贯通，制约了公路网整体能力和功能的有效发挥；主要干线、重要城镇出口路能力紧张状态逐步显现，常态化拥堵与局部时段紧张并存；普通公路二级及以上里程占公路总里程比重仍然偏低，农村公路等级低、安保及桥涵设施不完善等问题仍较为突出。内河高等级航道网有待进一步完善、长江中游"肠梗阻"、三峡"卡脖子"现象日益突出，汉江梯级枢纽建设相对滞后，部分重点港口集疏运通道建设滞后于港口吞吐量的需求。交通枢纽建设仍需加快，各交通方式衔接需进一步加强。交通基础设施规模总量有待进一步提升，结构有待进一步完善。

二是交通运输服务水平有待提升。农村公路客运发展仍然不够，城乡客运一体化进程需要加快，城市公共交通占机动化出行比例较低加剧了城市污染和交通拥堵，"最后一公里"问题降低了城市公交的服务水平，旅游客运服务的综合化和特色化水平仍需提升。多式联运、甩挂运输等先进的运输组织方式发展滞后于市场需求，运输费用在物流成本中的比例依然较高，城乡物流体系和快递物流需要进一步加快。

三是交通可持续发展能力有待增强。能源、土地及岸线资源日趋紧张，交通建养资金压力日益突出，交通建设和运营的节能减排、环境保护的责任不断加重，交通科技创新水平亟待提升，交通行业转型升级步伐有待进一步加快。

四是交通安全保障体系仍待健全。交通运输安全管理底子薄、任务重、要求高，安全监管机制和手段尚不完备，应急处置的软硬件建设滞后，应急指挥体系尚待完善，部门间、区域间信息适时共享的局面尚未形成，安全事故协调处理能力需要进一步提升。

五是综合交通运输体制机制改革有待深化。综合交通运输体制机制改革的障碍仍然存在，真正的大部门制交通管理格局尚未形成；行业事权划分和支出责任改革相对滞后，省市县各级部门间权责划分亟待优化调整；养护管理、投融资、建设管理、执法等领域改革还需进一步深化。

二、形势需求

1. 面临的形势

"十三五"时期，国际环境酝酿新变化，国内经济发展进入新常态，经济发展方式加快转变，新的增长动力正在孕育形成，经济长期向好的基本面没有变，有利于我省分享整体良好环境，利用各方面有利条件加快发展。我省作为中部重要省份，国家层次战略机遇累积，宏观层面全局使命叠加，省域发展战略明确，发展目标清晰，发展环境优化，发展气场强大，在全国发展格局中的战略地位更加突出。特别是国家实施长江经济带发展战略和中部崛起新十年规划，推进长江中游城市群建设，有利于我省抢抓机遇，发挥各方面优势实现经济社会和交通跨越式发展。

"十三五"时期，为深入贯彻习近平总书记"湖北要建成支点、走在前列"、李克强总理"湖北要挺起长江经济带的脊梁"等指示要求，省委省政府提出，湖北要率先在中部地区全面建成小康社会，力争在全国发展方阵中总量进位、质量升级，为实现第二个百年奋斗目标奠定坚实基础，这均要求湖北以推进交通行业转型升级为主线，以促进综合交通一体化发展为主攻方向，继续推进公路水路交通基础设施建设，重点提高交通运输服务水平，着力促进交通可持续发展，全面深化交通改革创新，努力为湖北经济社会发展当好先行。

2. 需求分析

"十三五"时期，公路、水路交通运输方式将进一步发挥各自的比较优势。从客运看，在铁路、民航快速发展的影响下，部分区域公路中长途客运及城际班线客运将出现下滑；随着小汽车逐渐普及，个性化多样化消费需求渐成主流，旅游、休闲客运尤其是自驾游需求将更加旺盛，内河水运高品质旅游需求逐步增多。从货运看，受产业结构升级和重大产业布局调整的影响，公路大宗货物运输需求增速逐渐趋缓，但多频次、小批量、时效性高的货物运输，尤其是公路集装箱、零担、冷链等运输需求将快速增长；随着国家严格控制过剩产能，大宗能源、原材料水运运输需求增速总体放缓，集装箱运输保持稳定增长。

"十三五"时期，湖北交通需要进一步发挥基础性、先导性和服务性作用，遵循交通行业自身发展的规律，主动适应新常态，大力推进交通运输供给侧结构性改革，引领和带动经济社会可持续发展，满足人民群众多元化的出行需要和对出行品质的更高要求，使交通真正成为经济社会发展的先行官。

一是要加快推进交通基础设施互联互通。服务长江经济带、"一带一路"等国家重大战略，加快完善对外交通运输体系，提高省际运输大通道供给能力，加快打造建设高效快捷的沿长江黄金水道的综合交通运输主轴，构建完善对内连接重点城市，与城镇发展轴、重要产业带有机衔接，对外沟通周边城市群和各大经济区、联通国际，分层次、大能力的"五纵四横"综合运输通道，为湖北发展成为内陆对外开放高地提供有力支撑。

二是要加快实现交通运输基本公共服务均等化。支撑湖北率先全面建成小康社会，加快推进交通精准扶贫，着力提高农村地区和贫困地区的交通发展质量和水平，加快实现交通运输基本公共服务均等化，让老百姓共享交通发展成果。

三是要加快促进综合交通运输体系建设。立足综合交通一体化发展要求，主动将公路水路基础设施对接铁路、民航枢纽，强化一体化衔接集散体系建设，发挥各交通方式比较优势和整体效能。服务新型城镇化建设，加快提升城市群之间及城市群内部交通运输服务能力，充分发挥交通在新型城镇化建设中的先行引领作用。

四是要加快提高综合运输服务效率与水平。主动适应经济新常态，加快构建完善的交通物流网络，大力推动多式联运发展，着力降低社会物流成本，为湖北经济发展提供新动力；突出服务和改善民生，重点完善城际、城乡、城市客运体系，不断适应人民群众不断增长的出行需求和不断提高的品质要求。

五是要加快公路水路交通行业转型升级。加快动能转换，突出注重科技创新和信息化对交通发展的促进作用，建设智慧交通；努力提高安全保障能力，强化安全监督管理；树立绿色、低碳的发展理念，节约集约利用资源，强化节能减排，加快构建低碳交通运输体系。

六是要加快实现交通运输治理体系和治理能力现代化。落实全面深化改革要求，继续深化重点领域、关键环节的改革，着力解决交通行业面临的全局性、关键性问题；落实依法治国要求，着力转变政府职能，推进行业依法行政和依法管理。

总体判断，"十三五"期是湖北加快完善综合交通运输体系、强化综合交通枢纽地位的发展机遇期，是加快转变发展方式、调整综合交通运输结构的转型关键期，是强化基本公共服务、提升运输服务品质和效率的重要成长期，是全面深化改革、促进交通可持续发展的攻坚突破期。

三、发展思路

1. 指导思想

全面贯彻党的十八大和十八届三中、四中、五中全会精神，以邓小平理论、"三个代表"重要思想和科学发展观为指导，深入贯彻习近平总书记系列重要讲话精神，围绕中央"四个全面"战略布局湖北实施和"建成支点、走在前列"总体要求，全面落实"创新、协调、绿色、开放、共享"发展理念，全面深化交通运输改革开放，实施创新驱动激发交通发展活力，转型升级提升交通服务水平，奋力推进综合、民生、智慧、绿色、平安交通建设，全力当好发展先行官，建成"祖国立交桥"，为湖北省"率先、进位、升级、奠基"目标的加快实现提供有力支撑。

2. 基本原则

适度超前、先行引领。把发展作为第一要务，继续保持一定的发展速度，按照"建成支点、走在前列"的要求，努力实现公路水路交通基础设施和运输服务能力适度超前配置，在经济社会发展、产业布局、新型城镇化发展、区域协调发展中发挥先行引领作用。

深化改革，创新驱动。坚持把改革创新摆在突出位置，全面深化交通运输重点领域和关键环节改革。正确处理政府和市场的关系，发挥市场在交通运输领域配置资源的决定性作用，建设法治政府部门，全面增强行业内生动力。加强交通科技创新，加快现代信息技术的集成创新与应用，引领和推动交通行业转型升级。

统筹兼顾，协调发展。强化公路水路交通与其他交通方式的紧密衔接，发挥综合交通组合优势和整体效能。重点优化交通网络结构，加快推进普通国省干线、内河高等级航道等建设，补足发展短板。提升交通管养水平，提高公路水路基础设施的使用效率和服务水平。充分发挥公路水路交通比较优势，重点推进运输一体化发展。

服务民生，共享发展。围绕全面建成小康社会目标，重点推进交通精准扶贫脱贫，进一步提高交通网络的覆盖率和辐射能力，加快城乡交通一体化进程，让老百姓共享交通发展成果。突出服务属性，坚持以人为本，构建广覆盖、多层次的城市、城际交通运输体系，不断满足公众对交通出行的新需求和新要求。

绿色环保，安全优质。坚持可持续发展理念，节约集约利用资源，强化节能减排，促进资源循环利用，加强生态、环境保护，促进交通与资源环境和谐发展。把安全发展的理念贯彻于交通各领域、全过程，重点加强交通工程建设和运营领域安全监管，完善交通应急救援体系，确保交通行业安全形势平稳可控。

3. 发展目标

"十三五"期，湖北公路水路交通将通过实施"十大工程"、创新五大机制，完成"四个转变"，实现"五个领先"，建成"祖国立交桥"，提前实现全面建成小康社会交通发展目标。到2020年，全省公路水路交通总体上达到中部领先、全国先进水平，基本建成武汉长江中游航运中心、全国高速公路网重要枢纽和全国重要物流基地，为湖北"两中心两枢纽一基地"建设提供有力支撑。依托空间布局合理、结构层次清晰、能力负荷充分、功能衔接顺畅的公路水路交通运输体系，助推武汉建设成为全国性综合交通枢纽、襄阳建设成为汉江流域综合交通枢纽、宜昌建设成为长江中上游重要综合交通枢纽，形成立足湖北、辐射中部、沟通各大重要经济区、联通国际的网络化、标准化、智能化的立体交通走廊，实现湖北交通运输由"九省通衢"向"九州通衢"跨越。

专栏1 实施路径及发展目标

1. 十大工程

航道通畅升级工程、普通公路网络升级工程、高速公路网络完善工程、运输枢纽协同发展工程、客运服务提升工程、货运与现代物流培育工程、科技信息创新引领工程、绿色交通示范工程、交通安全应急保障工程、行业治理能力提升工程。

2. 五大创新

创新政府与社会资本合作建设交通基础设施新机制；创新高速公路"互联网+智能化服务"发展新机制；创新交通精准扶贫以路带业规模化连片开发新机制；创新公交优先和城乡客运一体化发展新机制；创新港口城市园区联动开发新机制。

3. 四个转变

从各交通方式独立发展向融合发展转变，从注重基础设施建设向建管养运并重转变，从追求规模增长向提升交通可持续发展能力转变，从依靠传统管理模式向构建现代治理体系转变。

4. 五个领先

（1）交通基础设施整体水平中部领先

到2020年，全省高速公路里程达到7500公里，二级及以上公路里程达到3.6万公里，高等级航道里程达到2000公里，全省港口通过能力达到4亿吨，集装箱通过能力达到500万标箱。实现所有县市通高速公路，所有建制乡镇通二级及以上公路，普通国道二级及以上公路比例达到97%，普通国省道二级及以上公路比例达到80%以上，100%行政村（含撤并村）、规模以上自然村通沥青水泥路；所有市州均建有综合客货运枢纽，所有沿长江、汉江县市均有高等级航道覆盖，所有沿江重要港口均建有现代化码头。主要港口、重要场站、高速公路出口、以公路为主通道的4A及以上景区实现二级及以上公路通达。

（2）交通运输整体服务水平中部领先

实现城区常住人口100万以上城市建成区公共交通站点500米全覆盖，客运服务覆盖所有行政村。航运服务覆盖沿江沿海近洋重要地区，武汉航交所、阳逻保税港区建成营运，武汉长江中游航运中心初步形成；主要江海直达航线常态化运行，多式联运取得突破。中高级客车占营运客车比例达到70%，公路营运货车里程利用率达到70%，长江、汉江干线内河船型标准化率达到80%。

（3）交通转型升级整体成效中部领先

一是投资结构调整，水路和站场投资占公路水路投资比重明显上升；二是运输结构调整，水路货运周转量在综合运输体系中的比重明显上升；三是交通与信息融合发展，高速公路ETC覆盖率达到100%，内河主要港口EDI系统覆盖率达到100%，城市公共交通一卡通地级以上城市覆盖率达到100%，县市区三级及以上汽车客运站实现联网售票；四是绿色低碳发展成效显著，营运客车和货车单位运输周转量能耗、二氧化碳排放分别下降2.1%、2.6%和6.8%、8%，营运船舶单位运输周转量能耗、二氧化碳排放分别下降6%、7%。

（4）交通安全保障能力中部领先

一是安全监管方面，力争实现重要高速公路和国省干线、重点水域、重要公路客运站和重点港区监控覆盖率达到100%，所有旅游客运、长途班线客运和农村客运运输车辆，旅游包车、危险品运输实现在线管理、实时监督监察，客渡船、危化品船、500吨级以上营业性船舶动态监控覆盖率均位居前列；二是应急救助方面，国省道一般灾害情况下应急救援到达时间、抢通时间分别小于2小时、24小时，中心港区和重要客流区、内河干线重要航段、一般通航水域应急救援到达时间不超过30分钟、45分钟和90分钟。

（5）交通行业治理能力中部领先

基本形成大交通管理格局，交通行政审批重点突破，实现同级交通部门"一站式"集中办理、省市县三级网上审批"全覆盖"，交通法制建设成效明显。交通精神文明创建活动覆盖交通各行业，交通人才素质得到全面提升。

"十三五"时期，全省公路水路交通投资规模为4500亿元，其中高速公路1500亿元，普通公路1750亿元，港航工程800亿元（其中含长江航道400亿元，港口后方物流园、产业园100亿元），道路运输与物流工程450亿元。

全省公路水路交通运输"十三五"发展主要指标包括基础设施、运输服务、科技与信息化、绿色交通、安全应急等五大类共21项指标，上述指标完成后，将超额完成交通运输部提出的"三通、三覆盖、两降、两提升"全面建成小康社会的交通发展目标。

四、主要任务

服务"一带一路"、长江经济带等国家重大战略，围绕我省"两圈两带一群""一主两副多极"等战略布局，立足湖北交通运输发展的阶段特征和经济社会发展需求，重点打造以下十大工程。

1.航道畅通升级工程

以建成干支相通、江海直达的内河航道体系为目标，大力实施航道畅通升级工程。按照"深长江、畅汉江、联豫湘、通清江"的总体思路，加快完善湖北干线航道体系。至2020年，全省高等级航道里程达到2000公里。

（1）提升长江主通道功能。重点推进长江航道"645工程"，打通长江中游肠梗阻；配合国家开展三峡枢纽水运新通道和葛洲坝枢纽船闸扩能等相关工作，通过翻坝公路和坝上坝下港区建设，加快完善三峡综合运输体系，提高三峡枢纽的通过能力；推动开展荆汉新水道工程研究，探索提升黄金水道航运功能。

（2）畅通汉江水运主通道。继续实施汉江蔡甸至河口段、碾盘山至兴隆段等航道整治工程，加快推进汉江雅口、碾盘山等梯级枢纽建设，积极推进部分既有枢纽过船设施扩能改造，消除汉江通航"瓶颈"，畅通襄阳至丹江口1000吨级航道。

（3）构建干支网络。加快推进唐白河、松虎航线等航道整治，力争早日形成有效沟通中原地区、江汉平原和洞庭湖地区的南北向水运新通道。积极推进清江航道标准化工程，提升清江航运能力。积极推进江汉平原航道网、长江三峡库区支流、鄂东南长江支流等"一网多支"支线航道体系建设，提升水运主通道的辐射能力。

（4）提升航道养护管理水平。加强航道分类养护，强化长江、汉江等运量较大、跨省的高等级航道养护，兼顾一般航道的养护。加强内河安全监管设施建设。加强港口航道引航装备建设，加快推进配套锚地建设。

专栏2 航道重点项目

长江：开工建设武汉至安庆段6米水深航道整治工程，积极推进武汉至宜昌段4.5米水深航道整治工程相关重点项目前期工作并争取开工。配合国家开展三峡水运新通道相关工作，推动开展荆汉新水道工程研究。

汉江：建成夹河、孤山、新集、雅口、碾盘山等枢纽工程，建成汉江蔡甸至河口段、碾盘山至兴隆段等航道整治工程，积极推动王甫洲、丹江口枢纽过船设施扩能改造工程的实施。

其他航道：建成蕲河河口至西河驿航道开发工程、陆水航道整治二期工程，加快推进唐白河（唐河）航运开发工程、松虎航线航道整治工程；积极推进长江三峡库区支流、长江中游骨干支流、丹江库区支流、鄂东南长江支流资源型航道治理工程，建设清江翻坝运输体系和实施清江库区航标工程。

2.普通公路网络升级工程

以形成覆盖广泛、畅安舒美的普通公路网为目标，创新交通精准扶贫以路带业规模化连片开发新机制，大力实施普通公路网络升级工程。重点扩容主通道、建设断头路、畅通出口路、完善衔接路，推进普通国省干线升级改造，进一步完善农村公路网，提升公路养护管理水平。新增一级公路2000公里、新改建二级公路4000公里，至2020年，全省普通国省干线二级及以上公路比重达到80%以上。

(1) 加快推进普通国省干线升级改造。重点推进沿长江、汉江、京广、襄荆宜等城镇发展轴带内G318、G347、G316、G107、G207等国省干线的升级改造，形成支撑全省城镇化发展、与高速公路互补的复合型通道；重点建设新调增国省干线公路网中的断头路和等外路，提升国省干线路网通畅水平；积极推进国省干线省际出口路段建设，提高国省道网的省际联通度，实现所有省际国省干线公路基本达到二级及以上公路标准。积极推进高速公路进出口、4A以上旅游景区与普通国省道间衔接性公路建设，高速公路进出口、以公路为主通道的4A以上旅游景区实现二级及以上公路连接。

(2) 进一步完善农村公路网。围绕"湖北率先在中部地区全面建成小康社会"和交通精准扶贫的目标要求，继续提高农村公路通畅水平。实施县乡公路改造工程，改善重要县乡道通行条件，畅通农村公路主动脉；积极推进资源路、旅游路、产业路建设，促进贫困地区的资源优势转化为经济优势，为特色农业和特色产业发展提供交通支撑；结合村镇调整，重点实施撤并村通畅工程，积极推进农村公路向规模以上自然村延伸，进一步提升公路通达深度；因地制宜、分类推进农村客运线路中不能满足安全通客车要求的窄路基路面公路拓宽改造，为建制村通客车提供安全保障。

(3) 重点推进普通公路过江通道建设。加快推进香溪、赤壁、仙桃等普通公路跨长江、汉江过江通道的建设，促进沿江两岸区域间、城市间以及城市组团间便捷顺畅连接，形成功能完善、安全可靠的过江通道系统。

(4) 提升普通公路养护管理水平。建立健全普通国省干线养护管理制度，加大养护工程的实施力度、加强高风险路段治理、完善服务配套设施，积极推广养护新技术、新材料、新设备和新工艺应用，全面提升普通公路养护管理水平。按照交通运输部提出的"普通国省道预防性养护平均每年实施里程比重分别达到5%以上，普通国省道当年新发现次差路次年实施养护工程比例不低于85%"的要求，每年安排一批国省干线公路重点路段进行综合改造，加强小修保养及管养设施建设，提升公路运输服务水平。建立农村公路管养长效机制，全面落实县、乡、村三级管理养护责任，推进农村公路养护规范化、标准化、常态化，加大农村公路路政管理力度。

专栏3　普通公路重点项目

1.普通公路

改扩建G106、G107、G207、G209、G220、G230、G234、G240、G241、G242、G316、G318、G328、G346、G347、G348、G350、G351、G353等普通国道相关路段，积极推进省道相关路段新改建工程。

2.普通公路桥梁

长江桥梁：建成香溪、赤壁等普通公路过江桥梁。

汉江桥梁：建成G316河谷汉江大桥、G346宜城汉江二桥、G347钟祥汉江二桥、G348沙洋汉江二桥、S247潜江汉江大桥、S450郧西兰滩口汉江大桥、仙桃汉江二桥等，积极推进郧阳汉江四桥、钟祥丰乐汉江大桥等项目前期工作，力争尽早开工建设。

3.高速公路网络完善工程

以形成互联互通、衔接顺畅的高速公路网为目标，优化高速公路布局，大力实施高速公路网络完善工程，建成全国高速公路网重要枢纽。以"建成国高网、加密地高网、扩容拥堵路、建设过江通道"为重点，建设"九纵五横三环"高速公路网。至2020年，全省高速公路里程达到7500公里。

(1) 加快推进国家高速公路建设。重点建设武汉至深圳高速嘉鱼北段、呼和浩特至北海高速五峰（渔洋关）至鄂湘界段、麻城至竹溪高速大悟段和麻城东段等项目，全面建成我省国家高速公路网，服务国家区域发展战略，促进主要经济区便捷沟通。加快实施京港澳高速湖北北段等改扩建工程，缓解主要公路通道通行能力紧张问题。

(2) 稳步推进地方高速公路建设。建设保康至神农架、宜昌至来凤等高速公路，全面实现"县县通高速"；积极协调相邻省份同步推进省际高速公路通道的建设，进一步完善省际高速公路布局，重点建设武汉至大悟、武汉至阳新、枣阳至潜江等项目，为区域新型城镇化建设提供支撑。

(3) 重点推进高速公路过江通道建设。全力加快沌口、嘉鱼、白洋等一批长江大桥项目的建设，积极推进李埠等长江公路大桥的实施进程，密切长江两岸的交通联系，服务长江两岸的互动开发。

(4) 提升高速公路养护管理水平。制定和完善高速公路养护管理制度，强化高速公路养护，全面开展预防性养护，加强行业监管，保持高速公路良好的通行环境和技术状况。高速公路（单车道里程）预防性养护平均每年实施里程比重达到8%以上。

专栏4　高速公路重点项目

国家高速公路：建成安来高速建始（陇里）至恩施段、鄂渝界至建始（陇里）段，麻竹高速大悟段、麻城东段，武深高速嘉鱼北段，呼北高速五峰（渔洋关）至鄂湘界段、恩施来凤至咸丰高速等；启动实施武汉市四环线与绕城高速公路共线段、京港澳高速湖北省北段改扩建工程。

地方高速公路：建成宜来高速鹤峰（容美）至宣恩（当阳坪）段、保康至神农架、洪湖至监利、老河口至谷城、硚口至孝感、武汉市四环线、城市圈环线高速公路、沙市至公安高速公路观音垱至杨家厂段、棋盘洲长江公路大桥连接线、枣阳至潜江高速福银以南段、襄阳绕城高速公路南段、鄂州至咸宁高速公路等；力争建成宜昌太平溪至张家口、蕲春至太湖高速蕲春西段、枣阳至潜江高速襄阳北段、武汉至大悟高速麻竹以南段、沙市至公安高速南段、武汉至阳新高速、宜来高速宜昌段和鹤峰东段、武汉机场东线通道、襄阳绕城高速东南段延长线等；积极推进通山至武宁高速湖北段、十巫高速鲍峡至溢水段、武汉至大悟高速麻竹以北段、蕲春至太湖高速蕲春东段、咸宁桂花至汀泗、利川至咸丰、兴山至长阳、江北高速东延段、武汉新港高速（新洲至华容）、十堰至淅川等高速公路项目前期工作，力争尽早开工建设；开展洪湖经赤壁至崇阳、随州至信阳等高速公路的规划研究，适时启动项目前期工作。

高速公路桥梁：建成公安、白洋、石首、嘉鱼、沌口、青山、棋盘洲、武穴等过江桥梁；积极推进李埠等长江公路大桥前期工作，争取尽早开工建设；开展监利、枝江百里洲等过长江通道的规划研究，适时启动项目前期工作。

4. 运输枢纽协同发展工程

以实现客运零距离换乘、货运无缝衔接为目标，大力实施运输枢纽协同发展工程，推进武汉建设成为全国性综合交通枢纽、襄阳建设成为汉江流域综合交通枢纽、宜昌建设成为长江中上游重要综合交通枢纽。积极推进港口建设，创新港口城市园区联动开发新机制，形成以主要港口核心港区为枢纽、铁水公空有机衔接的多式联运体系；积极主动与机场、铁路站场对接，加快推进客运枢纽建设，促进多种运输方式的高效换乘；积极引导货运枢纽（物流园区）建设，服务区域经济发展；加强重要港区、机场、重要枢纽和物流园区的集疏运通道建设，有效解决"最后一公里"问题。

(1) 重点打造武汉长江中游航运中心。继续推进港口集群建设，重点建设武汉、宜昌、荆州、黄石、襄阳五大港口，稳步推进其他港口重要港区的建设，将武汉新港打造成辐射中西部地区、连接国际航运市场的区域性集装箱和大宗散货枢纽港口，将宜昌港打造成以三峡翻坝为特色、货物翻坝转运和旅游客运集散为核心的三峡现代物流中心，将荆州港、襄阳港建设成为全省重要铁水联运中心，将黄石港建成服务省内、辐射赣北与皖西的物流枢纽。统筹港口规划布局，强化港口分工协作，通过强化武汉长江中游航运中心核心功能区的支撑和带动作用，加快建设长江中游"六中心、两体系"即综合交通运输中心、多式联运中心、高端航运服务中心、航运金融中心、对外开放中心、产业集聚中心、绿色航运体系和应急救助体系，初步形成资源高度集聚、服务功能齐全、市场环境优良、现代物流便捷高效的内河航运体系，加快推进湖北从水运大省向水运强省跨越。

(2) 加快推进客运枢纽建设。服务武汉国家中心城市建设，结合天河机场三期工程、高速铁路、城际铁路、城市轨道交通等建设，加快建设武汉天河机场交通中心、武汉西客运枢纽等一批集多种运输方式于一体的综合客运枢纽，全面提升综合客运枢纽的服务能力和水平；服务区域协调发展，依托高速铁路、机场、城际铁路等，积极推进襄阳市东津客运换乘中心、十堰客运换乘中心等项目的建设，加快打造一批临铁、临空综合客运枢纽，促进多种运输方式的高效换乘；服务县域经济发展，加强地级市普通客运站、县城客运站和重点乡镇客运站点建设，加强老旧客运站改造，形成城乡一体的出行换乘体系。

(3) 积极引导货运枢纽（物流园区）建设。重点推进国家物流园区布局城市武汉、宜昌、襄阳的货运枢纽（物流园区）建设，积极推进黄石、十堰、荆州、恩施等地区物流园区（中心）实施，依托港口、铁路场站、机场等，加快建设武汉集装箱公路中转中心、宜昌白洋物流园、襄阳国际陆港物流园、湖北国际物流核心枢纽等一批临港、临铁、临空的货运枢纽（物流园区），优先支持具有多式联运功能的货运枢纽建设。鼓励传统货运场站向物流园区转型升级，支持快递分拨中心和仓配中心建设，全面提升物流基础设施水平。

(4) 着力完善枢纽集疏运体系。重点加强机场、高铁站场、大型公路客运枢纽与外部干线公路之间集疏运通道建设；着力推进重要港区与外部干线公路之间的集疏运公路建设，实现二级及以上公路高效连通；完善物流园区、大型产业园区集疏运体系，有效解决"最后一公里"问题。

专栏5 枢纽站场重点项目

港口：建成武汉新港阳逻港区三作业区一期后续工程、白浒山花山码头二期工程、三江港区综合码头一期工程、唐家渡港区钟家湾综合码头，荆州港江陵港区煤炭储配基地一期工程、盐卡港区四期综合码头工程，宜昌港主城港区云池作业区三期工程、宜昌港三峡游客中心客运码头改扩建工程、黄石港棋盘洲港区二期工程、阳新港区阳新富池综合码头工程、襄阳港陈埠港区、小河港区一期工程等，积极推进武汉新港阳逻港区三作业区二期工程、宜昌港主城港区白洋作业区二期工程、黄石港棋盘洲三期工程、荆州港松滋港区车阳河综合码头工程等项目前期工作，力争尽早开工建设；稳步推进其他港口重要港区的建设。

客运枢纽：建成武汉天河机场交通中心、汉口客运中心、武汉西客运枢纽、武昌航海（武昌火车站）客运换乘枢纽、光谷客运枢纽、宜昌点军客运枢纽、襄阳东津客运换乘中心、随州客运中心站、十堰客运换乘中心、黄石团城山客运枢纽、鄂州综合客运枢纽、荆州城东客运站、孝感东城综合客运枢纽、黄冈东站综合客运枢纽等。

货运枢纽（物流园区）：积极推进湖北国际物流核心枢纽建设，努力建成武汉集装箱公路中转中心、武汉物流交易所、汉口北国际多式联运物流港、宜昌白洋物流园、三峡坝区（茅坪）货运中心、襄阳国际陆港货运中心、襄阳新发地百应物流园、鄂州华中智慧物流园、黄石棋盘洲物流园，湖北长江现代物流产业集聚展示区（物流园区），荆州盐卡临港综合物流园，孝感新都市物流产业园等。

集疏运项目：完善武汉阳逻、黄石棋盘洲、宜昌白洋、荆州江陵、襄阳小河等重点港区的公路集疏运通道。配套建设武西高铁、郑万高铁等高铁枢纽的公路集疏运通道，积极推进武汉天河机场、湖北国际物流核心枢纽等重要枢纽的集疏运通道建设。

5. 客运服务提升工程

以便民、利民、惠民作为根本出发点，紧紧围绕人民群众对交通运输服务的新需求新期待，创新公交优先和城乡客运一体化发展新机制，大力实施客运服务提升工程。积极引导客运装备水平提升，推进道路客运差异化发展，大力推进城乡客运一体化发展，推进城市公共客运多元化发展，着力构建多层次的区域客运服务系统，方便公众出行，保障社会公平，增进人民福祉，全面提升公共客运服务均等化水平。

（1）积极引导客运装备水平提升。鼓励发展中、高级公路营运客车，发展适合农村客运安全、实用、经济型客车和客货兼用型运营车辆。

（2）推进城际道路客运差异化发展。科学发展班线客运，积极发展长途接驳和节点运输，鼓励发展短途城际公交，推动城际客运公交化改造，探索推进长江中游城市群毗邻地区公交改造试点；对接铁路、航空枢纽，规划、开行客运专线，加强多种运输方式衔接；发展运游一体化，满足游客高品质、个性化运输需求，打造旅游客运精品线路；探索发展网络型汽车租赁业，鼓励连锁经营，扩大服务网络；深化道路客运市场化改革，推进实施客运线路服务质量招投标制度，扩大企业在站点变更、班次增减、车辆更新等方面的经营自主权。

（3）推进城乡客运一体化。有条件的地区鼓励将城市轨道交通、城市公交向城市周边延伸覆盖，对城镇化水平较高和居民出行密度较大地区实行农村客运公交化改造，努力提高公交服务的广度和深度。充分发挥市场作用，因地制宜发展农村客运，探索多样化农村客运发展模式，将农村公路客运向新社区、新园区、新城区、新产业区延伸，推进城乡客运一体化，提升农村客运服务能力。优化农村客运发展环境，建立以城带乡、干支互补、以热补冷的资源配置机制，完善农村客运发展机制，基本实现出行服务均等化。

（4）推进城市交通多元化发展。全面推进公交优先战略，分类推进城市公共交通发展，发展循环公交线路，开通定制公交、高峰通勤巴士、公交旅游专线、校区直达线等特色公交服务；统筹建设以公共汽电车、轨道交通、快速公交等为主体的公共交通体系，重点推进与城市综合客运枢纽配套公交场站和换乘设施建设，鼓励轨道交通线路外围站点配套建设停车场(P+R)，提升公共交通吸引力。进一步加强干线公路与城市道路有效衔接，缓解进出城市交通拥堵。加快发展智能公交，提高城市公交管理水平。强化出租车管理，合理调控城市出租汽车规模，引导城市出租汽车行业规范有序发展。鼓励新生市场差异化经营。鼓励发展多样化约租车服务，健全行业管理，规范相关车辆经营行为，加强监管，维护市场秩序。

6. 货运与现代物流培育工程

以现代物流发展需求为导向，推动交通运输与现代物流融合发展，大力实施货运与现代物流培育工程，建成全国重要物流基地；积极引导货运装备优化升级，大力发展先进运输组织方式，培育物流龙头骨干企业；推进城乡物流发展，有效提升物流效率，降低物流成本；推动产业转型升级，提升区域经济竞争力，促进物流业健康发展。

（1）积极引导货运提升装备技术水平。推进公路货车车型向大型化、专业化方向发展，大力发展集装箱、冷链、危化品等专业运输车辆；引导企业研发和推广大型化、专业化转运设施装备，运用标准化、集装化装卸机具；继续推广长江、三峡标准化船舶标准应用，探索加强全省其他河流运输船舶技术标准与干线航道运输船舶标准的衔接；大力发展经济高效、节能环保船舶。

（2）推广应用先进运输组织方式。积极争取国家支持，在武汉、黄石、宜昌、荆州、襄阳、鄂州及恩施等地开展多式联运示范项目，重点打造一批江海直达运输、内外贸铁公水班列、散改集联运、零担铁公空联运等多个方面的试点示范工程；加快发展甩挂运输，督促省内甩挂项目加快试点工作进程，发挥示范作用；加强与重庆有关方面合作，创造条件组织开展川江载货汽车滚装运输，巩固提升服务水平，扩大长江商品汽车滚装运输辐射和服务范围。

（3）培育市场主体，打造品牌线路。继续引进高端物流企业在湖北设立总部或区域中心，支持本土运输、港口企业做大做强；推进长江公水甩挂运输等联盟成立。继续发展江海联运，壮大至沿海港口以及中国台湾、韩国、日本等地近洋航线，打造多式联运品牌线路，形成沟通长江经济带、连接新丝绸之路经济带的物流通道。

（4）推进城乡物流发展。服务城市发展及人民群众的需求，推进城市绿色货运配送体系建设，支持城市发展冷链配送，鼓励节能环保车辆在城市配送中的推广应用。大力推进"一点多能、多站合一、一网多用、深度融合"的一体化农村综合运输服务站建设，推广交邮共建等跨业融合发展的农村物流运作新模式，拓展农村客运站点和班线服务功能，推进农村电子商务，促进农村冷链物流发展。

（5）完善物流信息服务系统。制定

"互联网+"交通物流行动计划,加快交通运输行业物流信息化建设,完善物流信息服务体系。鼓励企业加快推进信息化建设,构建集信息发布、电子商务、电子政务等功能于一体的交通运输物流公共信息服务平台,促进企业平台、政府平台以及其他区域平台实现无缝对接,增强公共平台服务功能。

7.科技信息创新引领工程

以实现交通运输信息资源互通共享、科技成果推广应用为目标,大力实施科技信息创新引领工程。强化科技创新和应用,完善科技创新体系,增强创新能力;强化交通运输信息化建设,提高信息化水平,形成创新应用、深度融合的"互联网+交通"发展平台,促进全省交通资源大融合,加快推进智慧交通建设进程。

(1) 强化科技创新及应用。加快解决一批制约交通发展的技术难题,推动交通运输各领域协同开展工程建设与养护、运输装备与运输组织、安全应急等技术的研发攻关和应用推广。积极开展前瞻性和共性关键技术研究,突破全寿命周期成本设计关键技术,延长基础设施使用寿命,提高基础设施的安全性,降低全寿命周期成本;强化技术成果的转化和应用,积极采用新技术、新工艺、新材料和新设备;开展基础设施工程质量检测与评估、设施运行状态监控与评价、维修与养护等的研发与应用,重点开展公路、航道养护示范工程,实现养护作业现代化;进一步加大标准化建设力度,全面推广工程建设硬件设施、工艺工法、质量安全监督标准化,编制完善工程建设质量安全地方标准体系,推进现代工程管理,提高工程质量安全水平;深入开展多式联运、甩挂运输等先进运输组织模式研究,推动内河船型和货运车辆标准化,加快运输装备的技术升级;建立支撑安全发展的技术体系,全面提升交通运输安全发展的科技支撑保障能力。

(2) 大力推动信息化发展。制定交通行业"互联网+"行动计划,积极促进云计算、大数据、物联网等与交通运输行业的深度融合,推广应用北斗导航,加快道路和航道运行监测、数字航道、营运车辆联网联控、项目建设管理等信息化工程建设。构建高效、集约、安全的交通运输云平台,重点建设基于云架构的省交通运输云数据中心,搭建能够动态满足交通运输信息化发展的基础云平台环境。建设综合运输信息共享和业务协同体系,重点改造升级省交通运输通信信息网络,打造升级联动、部门协同、信息共享、互为支撑的道路运输服务管理信息系统。进一步完善交通运输公共信息服务系统,重点建设"互联网+"出行服务系统,加快建设智能公交系统,实施城市公共交通"一卡通",推动武汉城市ETC与高速公路ETC互联互通;探索跨省域的道路客运联网售票服务系统及应用服务平台建设。构造以信息化为依托的交通运输治理体系,重点建设"互联网+"行业管理决策系统等。

专栏6 信息化重点项目

湖北省交通运输云数据中心、湖北省交通运输通信信息网络升级改造、"互联网+"出行服务系统、"互联网+"行业管理决策系统等。

8.绿色交通示范工程

以交通可持续发展为目标,大力实施绿色交通示范工程。着力推进结构性、管理性、技术性节能减排,加强环保监管,集约节约高效利用资源,推动绿色生态港航、公路、枢纽等建设,努力建设资源节约型、环境友好型行业,促进交通运输低碳绿色可持续发展。

(1) 强化节能减排。建立健全完善的交通运输节能减排标准、制度体系,做好节能减排监测和评估工作。积极引导运输企业采用节能环保型营运车辆,实施节能与新能源汽车示范推广工程,进一步推广使用混合动力、天然气动力和电动车等节能环保型城市公交车、出租汽车;积极推广LNG等清洁能源在运营船舶中的应用。围绕公路规划、设计、建设、运营、管理等过程,开展绿色公路试点工程,推广利用节能减排新材料、新技术、新工艺;借助长江经济带发展战略的机遇,实施绿色航道工程和绿色港口工程;以武汉创建国家"公交都市"试点为示范,加快宜昌等城市开展省内公交优先示范城市建设,鼓励有条件的城市申报国家"公交都市"试点。

(2) 加强资源集约利用和生态环境保护。依托机场、铁路站场,加强综合交通枢纽用地综合立体开发;节约集约利用交通通道线位资源,优先考虑公路、铁路、城市交通共用过江通道;提高港口岸线资源利用效率。积极探索资源回收和废弃物综合利用有效途径,重点实施温拌沥青铺路和交通建设材料循环利用技术等工程。完善环保监管体系,严格执行交通规划和建设项目环境影响评价、环境保护"三同时"制度、建设项目水土保持方案编制制度,加强交通基础设施建设、养护和运营过程中的污染物处理和噪声防治。

专栏7 绿色交通重点项目

绿色航运:丹江口航运发展示范区、梁子湖航运发展示范区。

绿色公路:G318"长江经济带"畅安舒美示范公路等。

绿色车船:营运车船燃料消耗准入与退出试点工程、环保与新能源车船示范推广工程、G-BOS智慧客车运营系统推广工程等。

9.交通安全应急保障工程

牢固树立以人为本,安全第一的理念,大力实施交通安全应急保障工程。加强交通安全基础设施建设,强化交通运输安全监管,完善安全监管和应急保障体系,切实增强交通运输应对自然灾害、突发事件的反应能力,打造监管全面、应急迅速的交通运输安全的长效机制,发挥平安交通的基础保障作用。

(1) 完善交通安全基础设施。大力实施公路安全生命防护工程,加大危桥改造力度,完善标识、标线、护栏等交通管理设施,基本完成乡道及以上行政等级公路安全隐患治理。进一步完善航标设置等航道安全设施。重点加强新改建公路治超检测站建设,将治超站点作为公路附属设施与公路建设项目主体工程同设计、同建设、同交付,积极推进安检站、救助站等基层站所的建设,进一步完善交通安全基础设施。

(2) 强化交通运输安全监管。重点抓好客运站、水上旅客、高速公路、危险货物、限超限载、重点工程等隐患排查治理与专项治理,全面加强重点领域、重点时段、重点区域的安全监管,推进重点桥隧、港站、船舶、营运车辆和高速公路监测预警系统建设,确保安全形势稳定。会同有关部门落实企业的安全生产主体责任和政府的安全监管责任,建立重大隐患排查、重大危险源监控制度和预警、预报、预防制度。

(3) 提高应急处置能力。充分发挥省高速公路应急指挥中心信息流转中枢的作用,积极推动湖北省交通运输应急指挥中心建设,加强与武警、公安、宣传、安监、卫生、气象等相关单位部门的协调合作,缩短应急响应时间。重点建设全省公路应急物资储备库、高速公路应急救援中心、应急保畅基地、湖北省路网监测与应急处置系统等,提高公路交通应急处置能力;分级建设水上搜救协调中心,加强巡航救助站点建设,推进巡航、监管、搜救、应急管理一体化建设,加强综合监管搜救基地、站点和船艇建设,提高水路交通应急处置能力。

10. 行业治理能力提升工程

紧紧围绕"四个全面"的战略布局,大力实施行业治理能力提升工程。通过体制机制的深化改革,加强法治建设,强化人才保障,加强党风廉政和行业文明建设,进一步提升行业治理能力,努力推动交通运输重要领域和关键环节改革取得突破性成果,发挥综合交通运输改革试点省在全国的示范先行作用,提升交通行业治理能力。

(1) 全面深化体制机制改革。进一步推进综合交通运输改革试点工作,逐步构建完善省、市、县三级"大交通"管理体制,建立健全综合交通运输管理与协调机制,完善综合交通运输规划与发展机制,统筹推进综合交通运输大通道建设,强化综合客货运枢纽规划建设管理,提升综合运输服务水平,推动综合交通运输信息共享,形成高效运行、相互衔接、协调发展的综合交通运输管理新格局;进一步深化行政审批制度改革,清理规范全省交通运输行政权力,推行建立权力清单、责任清单、负面清单制度,简化行政审批事项程序,实行行政审批"一站式"服务,加强事中事后监管;推动全省公路、水运建养体制改革,探索公路管养分离和养护市场化改革。

(2) 加强法治交通建设。制定完善交通运输发展的法规体系,积极争取出台《湖北省高速公路服务区管理办法》,加快修订《湖北省公路路政管理条例》,推进《湖北省高速公路联网收费管理办法》等立法进程,强化法治交通建设保障;进一步加强公路、港航、运管、质监行业体系建设,强化市县基层行业监管职能,重点建设基层执法服务站和治超站点,建立警路联合、各方联动的执法网络,实现市县行业监管机构全覆盖;深入开展"三基三化"建设,整合交通运输行业执法资源,减少多层次执法、多头执法、重复执法,进一步规范交通运输执法,积极推进交通领域综合执法;加快转变政府职能,做好交通运输政务公开、建立有效的权力运行制约和监督体系,深入推进交通运输依法行政,加快建设法制政府部门。

(3) 落实"人才强交"战略。适应综合交通发展新要求,加强领导班子和干部队伍建设;依托湖北省交通职业技术学院,加强高层次科技人才、高技能实用人才、高素质管理人才的培养,优化交通行业人才队伍;加强执法队伍建设,进一步规范全省交通执法行为,切实做到依法行政、规范执法、文明执法;统筹推进各类人才队伍建设,建立交通人才智库,为交通运输又好又快发展提供坚强的人才保障和广泛的智力支持。

(4) 加强党风廉政和行业文明建设。全面推进两个责任落实,深入贯彻《中国共产党廉洁自律准则》、《中国共产党纪律处分条例》,完善权力运行监督制约机制,有效防治腐败。扎实做好党建工作,不断提升党建工作科学化、制度化、规范化水平。大力开展行业文明建设,深入开展"十行百佳"活动,深化"两赛一创"工作,培树一批引领行业风尚的先进集体和典型人物。加强新闻宣传工作,提升交通运输热点问题舆情研判和舆论引导工作水平。

五、保障措施

1. 加强组织领导。按照统筹协调、分级管理、合力共建的原则,明确省交通运输厅与各级交通主管部门的责任分工,明晰权责,建立完善分工协作机制。各级交通主管部门要紧密结合实际,细化落实规划确定的主要目标和重点任务,在党委政府领导下,强化与发改、财政、国土、规划、环保等部门的协调,确保规划确定的各项目标和任务有序推进。

2. 加强政策引导。建立完善与事权相匹配的支出责任体系和管理制度,明确各级政府的支出责任。改进对地方资金补助项目的遴选、审批与监管机制,切实有效发挥部省资金的引导和调控作用。实行地区差异化的补助政策,在资金安排方面继续向贫困地区倾斜。支持有利于综合交通衔接、多式联运、城乡区域交通一体化的重大项目,加大对公益性较强的交通项目的政策支持力度。

3. 强化资金保障。积极争取国家资金支持,加大各级财政性资金及地方一般和专项债券对交通发展的投入,争取国内外金融机构的支持,充分发挥各级交通投融资平台的作用,强化公路水路交通发展的资金保障。继续推动社会办交通,促进交通投资主体、投资渠道与投资方式的多元化,在试点示范的基础上,加快推动政府与社会资本合作(PPP)模式在交通运输领域的应用。探索交通沿线土地综合开发、城市交通枢纽综合开发等投融资模式。

4. 强化规划执行。增强规划执行力与约束力,按照"规划一批、建设一批、储备一批"的原则,加大项目前期工作力度,加强项目计划管理,重点抓好重大项目、重大工程、重大政策的落实。加强对规划实施情况的跟踪分析和监督检查,组织开展对规划执行情况的全面评估,适时调整规划和相关政策,确保规划落到实处。完善规划执行考评管理机制,将省级层面对规划项目、前期工作及政策方面的支持与各地区规划执行情况挂钩,保障规划项目的顺利实施。

2016年9月18日

湖北省"十三五"交通扶贫规划

(鄂交综〔2016〕475号)

消除贫困、改善民生、逐步实现共同富裕,是社会主义的本质要求,是我们党的重要使命。"十三五"是湖北在中部地区率先全面建成小康社会的决胜时期,省委省政府按照"精准扶贫、不落一人"的总要求,提出到2019年,实现全省590万人建档立卡贫困人口全部脱贫销号、4821个贫困村全部脱贫出列、37个贫困县全部脱贫"摘帽"。

交通运输是扶贫开发的基础性和先导性条件。"十二五"期,省交通运输厅编制印发了《湖北省集中连片特困地区交通建设扶贫"十二五"规划》和《湖北省集中连片特困地区特色公路规划》,以集中连片特困地区为主战场,打响全方位交通扶贫攻坚战,基本建成大别山"红色旅游路"、秦巴山"生态环库路"、武陵山"清江画廊路"和幕阜山"特色香泉路"四条特色路主线,实现100%建制村通沥青(水泥)路、村村通客车,交通扶贫攻坚成效显著。为深入贯彻落实党的十八届五中全会和中央及省扶贫开发工作会议精神,进一步做好精准扶贫、精准脱贫,根据《中共湖北省委 湖北省人民政府关于全力推进精准扶贫精准脱贫的决定》和交通运输部《"十三五"交通扶贫规划》,省交通运输厅组织编制了《湖北省"十三五"交通扶贫规划》,进一步明确"十三五"湖北交通扶贫目标、重点任务和政策措施,加快推进贫困地区交通运输发展,全面提升交通运输基本公共服务水平,为湖北在中部地区率先全面建成小康社会提供强有力的交通运输保障。

规划范围包括52个贫困县(市、区)和4821个贫困村。其中52个贫困县(市、区)是指37个省定精准扶贫县(市、区)以及此范围之外国家确定的15个大别山革命老区县(市、区),具体包括黄冈市下辖的11个县(市、区)、十堰市下辖的8个县(市、区)、恩施自治州下辖的8个县(市)、随州市下辖的3个县(市、区),神农架林区,以及武汉市的黄陂区、新洲区,黄石市的阳新县,宜昌市的秭归县、五峰县、长阳县、远安县、兴山县,襄阳市的保康县、南漳县、谷城县、枣阳市,孝感市的孝南区、孝昌县、大悟县、云梦县、应城市、安陆市,咸宁市的通山县、通城县、崇阳县等。

规划期限为2016—2020年。

一、"十二五"交通扶贫工作总结

(一)主要成绩

"十二五"以来,全省交通运输系统在省委省政府的坚强领导和交通运输部的大力支持下,以集中连片特困地区为主战场,以推进交通运输基本公共服务均等化为主攻方向,全力推动贫困地区交通运输快速发展,顺利完成了"十二五"规划目标。

——投资支持力度前所未有。"十二五"期,省厅积极争取国家和省支持,大幅提高了集中连片特困地区交通投资补助标准。贫困地区凡纳入规划、计划的项目,补助标准均高于全省平均水平,贫困地区农村公路补助标准为其他一般地区的1.5倍以上,新改建县级客运站补助标准为其他一般地区的1.3倍以上。"十二五"以来,37个贫困县完成交通建设投资达1631亿元,约占全省投资总额的38%;安排补助资金逾300亿元,占全省补助资金的比例超过60%。

——公路基础设施建设成效显著。按照"外通内联、通村畅乡"的总体要求,加快高速公路、普通国省道和农村公路建设,集中连片特困地区公路网规模显著扩大,技术等级明显提升。"十二五"期,支持贫困地区新改建4379公里普通国省道,改造4226公里具有旅游路、资源路、产业路性质的重要县乡道,以及2.9万公里通村公路建设,片区公路网密度由"十一五"末的91公里/百平方公里提升至114公里/百平方公里,增幅达25%,高于全省增幅平均水平,实现了100%建制村通沥青(水泥)路,改善了农村出行条件,带动了当地旅游、矿产等资源开发和产业发展,增强了贫困地区自我发展能力。

——内河水运基础设施不断改善。"十二五"期集中连片特困地区加强了汉江、蕲河等航道改造建设,新增丹江库区、清江水布垭库区、三峡库区支流等千吨级航道,四级及以上航道总里程达到398公里,占全省四级及以上航道总里程的18%;新建港口泊位26个,新增港口通过能力近1000万吨,改善了库、湖区航运条件。"十二五"期还全力推动老旧渡船更新改造,报废更新老旧渡船近500艘,农村水网地区的渡运安全保障能力明显增强。

——农村客货运输服务水平明显提高。"十二五"期集中连片特困地区改造建成21个县级客运站、319个乡镇综合服务站和6198个农村候车亭,县城建有二级及以上客运站比例达到95%,具有农村客运始发班线的乡镇建有客运站比例达到96%，有效改善了群众出行的候车条件及交通出行安全。投入5.2亿元支持农村客运车辆配置、农村公路安保工程和错车台建设，在中部地区率先实现100%建制村通客车。同时，按照交通运输部、农业部、供销合作总社、国家邮政局《关于推进农村物流发展的若干意见》，积极推动交通、农业、供销、邮政等农村物流资源整合，加快农村物流发展。

——交通扶贫工作机制逐步完善。"十二五"期，省厅专门成立了扶贫开发工作领导小组和办公室，统筹协调交通扶贫工作。按照"省负总责、市州主导、县抓落实"的总体要求，在签订省部共建协议基础上，组织片区县市政府和交通运输部门签订了省市三年扶贫攻坚协议，明确了各级政府交通扶贫工作的责任分工和任务分解，有效保障了交通扶贫规划的顺利实施。

经过"十二五"期的集中攻坚和合力推进，贫困地区公路水路交通条件明显改善，客货运输服务水平明显提高，对比交通运输部《"十三五"交通扶贫规划》中提出的"到2020年，贫困地区县城通二级及以上公路比例达到95%，乡镇、建制村通硬化路比例达到100%，乡镇、建制村通客车率达到100%，县城建有二级及以上客运站比例达到80%，具有农村客运始发班线的乡镇建有客运站比例达到100%"的目标要求，我省贫困地区除"具有农村客运始发班线的乡镇建有客运站比例"略低于目标要求外，其余目标均已提前实现，为我省在中部地区率先全面建成小康社会奠定了坚实基础。

（二）主要问题

"十二五"期交通扶贫工作主要存在以下问题：

——地方财政资金投入不足。当前，我省贫困地区交通仍处在大建设、大发展时期，建设任务繁重，资金需求量大，而贫困地区财力有限，配套资金往往不能及时到位，对项目实施造成不利影响。

——农村公路养护管理机制有待完善。按照"统一领导、分级管理、权责统一"原则，我省成立了省、市、县三级农村公路管理体系，农村公路规划、建设、养护与管理责任主体是县级人民政府。但在实行过程中，地方政府责任主体作用没有充分发挥，地方农村公路管养机构不健全、覆盖面不广、专业技术人员不足；地方财政安排的养管资金缺乏保障，难以满足日常管理工作和农村公路日常养护的需要，存在挤占用于养护工程的省补资金的现象。

——交通扶贫监督检查机制尚待健全。"十二五"期交通扶贫规划执行的监督检查机制尚不完善，交通扶贫项目事中、事后监督检查不足；对地方配套资金的落实情况评估不足，对地方政府是否落实好交通扶贫政策和有关管理规定缺乏足够的约束手段。

二、"十三五"形势要求和主要特征

（一）形势要求

党的十八大提出"确保到2020年全面建成小康社会"宏伟目标以来，以习近平同志为总书记的新一届中央领导集体将扶贫开发作为关乎党和国家政治方向、根本制度和发展道路的大事，作为"四个全面"战略布局和实现第一个百年奋斗目标的重要工作和最艰巨的任务，提升到新的战略高度，提出了一系列新思想、新论断、新要求。为贯彻落实习总书记关于扶贫开发的重要讲话精神和中央关于扶贫开发的决策部署，省委省政府作出了全力推进精准扶贫精准脱贫的决定，提出了在中部地区率先全面建成小康社会的目标要求。面对新形势新要求，交通运输行业要主动作为、积极应对，切实打好交通扶贫攻坚战。

1. 打赢扶贫攻坚战是"十三五"必须完成的任务，要求把交通扶贫作为工作的重中之重

十八届五中全会强调，"十三五"规划作为全面建成小康社会的收官规划，必须紧紧扭住全面建成小康社会存在的短板，特别是要在补齐扶贫开发这块突出"短板"上多用力。我省贫困地区大多位于交通基础设施落后的地方，既是交通运输发展的"短板"，也是扶贫攻坚的重点和难点，交通运输的基础性、先导性、服务性地位，决定了扶贫攻坚必须交通先行，将其作为扶贫攻坚的基本保障。加快贫困地区交通基础设施建设，提高路网通达深度和服务能力，有利于尽快改变贫困地区落后面貌，提高自我发展能力，引导其改善空间布局、调整产业结构、扎实推进城镇化进程；有利于增强贫困地区承接产业转移的能力，促进资源优势转化为经济优势，为破解发展困局、释放发展潜力、发挥后发优势奠定基础；有利于推进基本公共服务均等化，保障和改善民生，让贫困人口共享发展成果，促进社会和谐稳定。全省交通运输行业要进一步提高认识，增强责任感和使命感，把交通扶贫作为工作的重中之重，按照适度超前的原则，打好基础、做好先行，为如期实现脱贫目标创造条件。

2. 扶贫攻坚时间紧、任务重，要求交通扶贫采取得力措施

省委省政府提出，到2019年要确保实现590万人建档立卡扶贫对象全部脱贫、4821个贫困村全部出列、37个贫困县全部"摘帽"。要完成590万人脱贫任务，平均每年要减贫118万人，比"十二五"期每年减贫人数要增加1倍，而我省的贫困地区主要分布在武陵山、大别山、秦巴山、幕阜山等深山区、边远山区、高寒山区、革命老区和少数民族聚居区，扶贫工作时间异常紧迫、任务异常艰巨，已经到了啃硬骨头、攻坚拔寨的冲刺阶段。我省贫困地区的交通发展基础差、底子薄，交通建设特别是农村公路建设任务重、推进难度大，而且贫困地区又是经济社会发展较为滞后的地区，地方财力有限，地方政府筹资困难，交通建设配套资金难以跟上，要全面建成"外通内连、通村畅乡、班车到村、安全快捷"的交通运输网络，需要采取超常规的措施，解决好扶贫过程中的诸多问题。

3. 实施精准扶贫、精准脱贫，要求提高交通扶贫的精准度

精准扶贫、精准脱贫是新时期扶贫开发工作的总体要求。习近平总书

记指出,扶贫开发贵在精准、重在精准,成败之举在于精准。省委十届六次全会要求,全力推进精准扶贫精准脱贫,必须牢牢把握"精准"两字,全力破解扶贫攻坚难题,有的放矢,精准发力。要着力破解对象识别难题,实现扶持对象精准;着力破解"造血功能"不足难题,实现项目安排精准;着力破解"大水漫灌"难题,实现资金使用精准;着力破解规划落地难题,实现规划措施精准;着力破解机制不畅难题,为精准扶贫精准发力提供有力支撑。我省贫困地区范围广、地区之间差异较大,经济社会和交通基础设施发展水平不同,扶贫工作重点各异,要求交通扶贫工作根据贫困地区的实际情况,创新"交通+扶贫"模式,科学谋划交通扶贫项目,合理制定投资补助政策,因地制宜、精准施策。

(二)新时期交通扶贫特征

1. 加快基础设施建设仍是交通扶贫的首要任务

虽然经过近些年的建设,我省贫困地区交通取得了长足发展,但离全面建成小康社会的要求、离实现公共服务均等化的目标还有一定差距。贫困地区高速公路网络不完善,神农架林区、恩施州鹤峰县尚未通高速公路,宜张、银北等国家高速公路省际出口路段尚未建成;新调增的普通国省干线公路技术等级较低,全省未通二级以上公路的乡镇共有23个,其中21个在贫困地区;52个贫困县还有6613个撤并村没有通沥青(水泥)路;早期建成的农村公路建设标准低、路面宽度不足,安保设施、防护工程欠账较多,满足不了农村客车安全通行要求等等问题,制约了贫困地区经济社会的发展。加快贫困地区交通基础设施建设,改善贫困地区交通出行条件,仍然是"十三五"期交通扶贫的首要任务。

2. 提升运输服务水平是交通扶贫的落脚点

"十二五"末,我省已实现"村村通客车",贫困地区群众出行难问题得到有效缓解,但要实现"村村通客车"常态化运营还存在政策配套、规范管理、跟踪落实等方面的问题。随着贫困地区工业化、城镇化进程不断加快,经济社会加快发展和人民群众生活水平稳步提高,在基本出行和运输条件得到改善的基础上,社会公众对交通运输服务水平、质量和效率要求将不断提高。客运方面,要充分尊重出行规律,积极探索和发展既满足农民出行需求、又有效整合利用社会资源的运输组织方式,建立健全长效发展机制,实现"开得通、留得住、管长远"的更高水平的村村通客车。货运物流方面,要在互联网及电商快递快速发展的新形势下,进一步整合交通、邮政、商务、供销等农村物流资源,提高农村物流水平。推进"路、站、运"一体化发展,扩大客货运输服务范围,提高客货运输服务能力、效率和水平,将是"十三五"期交通扶贫的主要落脚点。

3. 推动可持续发展是交通扶贫的迫切要求

长期以来受地方责任主体不到位、体制机制不完善、"重建轻养"思想普遍、养护资金不足等多种因素影响,相当数量农村公路处于失养状态,农村公路"油返砂"、"畅返不畅"现象日益显现,影响了贫困地区交通的可持续发展。"十三五"期需按照事权改革和财税体制改革的要求,进一步深化农村公路管养体制改革,构建责任明确、运转高效的管养体制和运行机制,从注重连通向提高质量安全水平转变,从以建设为主向建管养运协调发展转变,切实推动贫困地区交通运输提质增效和可持续发展。

三、指导思想、原则和目标

(一)指导思想

以党的十八大和十八届三中、四中、五中全会精神为指导,深入贯彻落实中央扶贫开发工作会议精神和习近平总书记关于扶贫开发和农村公路发展的系列重要指示精神,围绕全面建成小康社会的总体目标,全面落实"创新、协调、绿色、开放、共享"发展理念,按照省委省政府"精准扶贫、不落一人"的总要求,进一步加强贫困地区交通基础设施建设,大力提升运输服务能力和水平,着力强化安全保障能力和管理养护效能,坚决打赢交通扶贫攻坚战,为我省在中部地区率先全面建成小康社会提供强有力的交通运输保障。

(二)基本原则

1. 统筹兼顾,协调发展。加强贫困地区交通运输发展与经济社会、产业发展、新型城镇化及新农村建设相衔接协调。将交通扶贫放在全省综合运输体系的大框架中,统筹"点"与"面"、"内"与"外"、"城"与"乡"交通运输协调发展。统筹交通建、管、养、运协调发展,推动路、站、运一体化发展。

2. 兜住底线,共享发展。坚守底线,推动交通运输基本公共服务向贫困人口全覆盖。提升贫困地区公路通达深度和服务能力,加快构建和完善"外通内联、通村畅乡"的交通运输网络。提升交通运输服务水平和基础设施管养效能,全面提高贫困地区交通运输基本公共服务的共享水平。

3. 精准施策,创新发展。针对贫困地区的发展实际,尽力而为,量力而行,合理确定交通扶贫目标和重点。制定更加细化、精准的投入支持政策和保障措施,确保交通扶贫目标落到实处。创新交通扶贫理念,加快推动"交通+资源开发及旅游"、"交通+产业"扶贫新模式,突出交通扶贫支撑特色产业发展。

4. 因地制宜,绿色发展。充分考虑贫困地区生态环境特点和交通需求特征,因地制宜,合理确定建设方案和技术标准。集约节约利用资源,减少大填大挖,注重生态和环境保护,最大限度减少对自然环境的破坏,实现交通运输发展与自然环境和谐统一。

5. 政府主导,合力攻坚。坚持政府主导,各方推动,紧紧围绕交通扶贫规划目标和建设任务,按照"省负总责、市州主导、县抓落实"的要求,明确地方政府的责任主体地位,各司其职,各负其责,形成交通扶贫攻坚的强大合力,狠抓落实,务求实效,共同推进交通扶贫目标实现。

(三)规划目标

到2020年,贫困地区全面建成"外

通内联、通村畅乡、班车到村、安全便捷"的交通运输网络。所有县(市)通高速公路，所有建制乡镇通二级及以上公路，所有建制村(含撤并村)及20户以上自然村通沥青(水泥)路，村村通客车通保率达100%，水运条件显著改善，形成对外衔接畅通、广泛覆盖乡镇和村庄的干线公路网、农村公路网、客运服务网络和农村物流网络，城乡客货运输服务水平、交通安全及应急保障能力、公路管养效能明显提升，为我省在中部地区率先全面建成小康社会提供强有力的交通运输保障。

——干线公路网全面形成。建成一级公路880公里，二级公路2800公里。实现所有县(市)通高速公路，所有建制乡镇通二级及以上公路。

——农村公路通畅水平全面提升。在"十二五"末已实现所有建制村通沥青(水泥)路的基础上，实现所有撤并村通沥青(水泥)路，支持20户以上自然村通沥青(水泥)路。

——客货运输服务水平显著提高。所有县城建有二级及以上公路客运站，所有具有农村客运始发班线的乡镇建有等级客运站或城乡公交首末站，主要乡镇建有客运综合服务站，建制村根据需求建设农村客运候车亭和招呼站。建立健全农村客运发展长效机制，建制村通客车通保率达100%。

——公路安全水平和应急保障能力显著提高。完成县乡道、通客运线路村道上的安全生命防护工程和现有危桥改造，保障建制村至少拥有一条安全可靠、顺畅通行农村客车的硬化路；国省干线公路安全监管和应急保障能力显著增强。

四、主要任务

"十三五"期交通扶贫着力实施"八大任务"：

1. 干线公路外通内联

畅通贫困地区对外运输通道，强化贫困地区内部交通连接，促进贫困地区内外互连互通，构建区域发展和脱贫攻坚的"康庄大道"。继续推进贫困地区高速公路建设，重点建设安康至来凤、呼和浩特至北海等国家高

"十三五"期贫困地区公路交通主要发展指标

指　　标	2015年	2020年	指标类型
县县通高速公路比例(%)	96	100	约束性
建成一级公路里程(公里)	—	880	预期性
建成二级公路里程(公里)	—	2800	预期性
乡镇通二级及以上公路比例(%)	96	100	约束性
建制村(撤并村)通沥青(水泥)路比例(%)	—	100	约束性
20户以上自然村通沥青(水泥)路比例(%)	—	100	预期性
县城建有二级及以上客运站比例(%)	95	100	预期性
具有农村客运始发班线的乡镇建有客运站比例(%)	96	100	预期性
建制村通客车通保率	100	100	约束性

速公路省际衔接路段，畅通贫困地区对外运输通道；重点建设保康至神农架、宜昌至来凤等地方高速公路，加快实现县县通高速。继续推进集中连片特困地区特色公路建设，全面建成秦巴山"生态环库路"、武陵山"清江画廊路"和幕阜山"特色香泉路"，进一步推进大别山"红色旅游路"建设。加快贫困地区国省干线升级改造，提高干线公路服务能力和保障水平，实现所有建制乡镇通二级及以上公路。促进贫困地区综合运输协调发展，积极推进高速公路、主要港口、重要站场、4A以上旅游景区与普通国省道间衔接性公路建设。到2020年建成一级公路880公里，二级公路2800公里，贫困地区主要港口重点港区、重要站场、高速公路进出口、以公路为主通道的4A以上旅游景区实现二级及以上公路连接。

2. 农村公路通村畅乡

着力构建贫困地区精准脱贫"幸福小康路"。重点推进撤并村通畅工程建设，积极推进农村公路向规模以上自然村延伸，支持贫困地区所有撤并村及20户以上自然村通沥青(水泥)路，建设里程约2万公里。继续支持贫困地区县乡道升级改造工程，对重要县乡道按不低于三级公路标准(特殊困难路段不低于四级公路双车道标准)进行改扩建。继续支持贫困地区农村公路桥梁建设，建设农村公路桥梁3万延米。

3. 农村公路安全能力提升

在完成县乡道公路安全隐患治理任务的基础上，支持贫困地区通客运线路村道上的生命安全防护工程建设，对急弯陡坡、临水临崖等安全隐患重点路段，因地制宜的设置防护设施；改造通客运线路村道上的现有危桥，为建制村通客运提供安全保障。"十三五"期，支持贫困地区建设村道安保设施约0.7万公里；支持贫困地区改造村道危桥899座。因地制宜、分类推进农村客运线路中不能满足安全通客车要求的窄路基路面公路加宽改造，为建制村安全通客车提供保障。"十三五"期，支持贫困地区对1.2万公里窄路基路面农村公路进行加宽改造。

4. "交通+特色产业"扶贫

创新发展"特色致富路"，加快实施一批具有资源路、旅游路、产业开发路性质的公路改造建设，促进贫困地区旅游、特色加工、矿产资源开发、绿色生态等产业落地、发展、壮大，增强贫困地区内生发展能力，加快贫困地区开发式脱贫致富。"十三五"期，支持贫困地区1110公里资源路、旅游路建设；支持贫困地区3700公里村级产业路建设，其中支持52个贫困县2989公里村级产业路建设，支持其他地区纳入省定扶贫范围的每个贫困村0.5公里共计711公里村级产业路建设。

5. 运输站场改造完善

支持贫困地区县级公路客运站改造建设，改善县级公路客运站的服务条件和服务能力，到2020年实现所有县城建有二级及以上公路客运站。继续推进具有农村客运(或城乡公交)始

发班线的乡镇客运站（或城乡公交首末站）和农村客运候车亭、招呼站建设，改善农村地区的候车条件。支持主要乡镇建设集客运、物流、商贸、邮政、快递、供销等多种服务功能于一体的综合服务站。"十三五"期，支持贫困地区新改建6个二级公路客运站和60个乡镇客运站。

6.水运基础条件改善

一是加强具备条件区域的对外水运通道建设，改善贫困地区重要航道和库区湖区水运基础设施条件，推进内河港口集约化、规模化发展，更好适应区域经济社会发展需要。"十三五"期，贫困地区规划建设及改善航道里程100公里，规划建设50个码头泊位。二是开展旅游渡运码头示范工程建设，对秦巴山区、武陵山区、大别山区、幕阜山区4个片区具有较好旅游资源的贫困地区建设旅游与渡运相结合的码头设施给予示范支持，以促进当地旅游发展，方便群众渡运出行，增强贫困地区造血功能。

7.公路管养效能提高

进一步完善权责一致的公路管养责任体系，建立健全管养工作制度，保障管养资金供给，健全农村公路管养考核评价机制，提高管养效能。一是强化干线公路养护。重视和加强日常养护，保持良好的通行环境和技术状态；继续强化大中修工程养护，及时恢复提升设施使用性能。二是按照全寿命周期养护成本最小化理念，全面开展预防性养护，实现公路养护由被动防治向主动预防转变。三是切实加强农村公路养护。完善"县为主体、行业指导、部门协作、社会参与"的农村公路养护工作机制，全面落实县级人民政府的主体责任，切实做到农村公路管养机构、人员、资金三落实，充分发挥乡镇人民政府、村委会和村民参与作用。四是发挥好中央和省级资金的引导与激励作用，加快建立以政府公共财政投入为主，多渠道筹措为辅的农村公路养护资金保障体制。五是推动将农村公路养护纳入各级地方政府经济社会发展考核指标体系，进一步健全农村公路管养考核评价机制，定期对管养目标完成情况、工程质量及实施效果等进行综合督查，并建立考核结果与农村公路资金分配挂钩的机制，强化制度激励效果。

8.运输服务保障提升

着力提高贫困地区基本客货运输服务的能力和水平，更好的服务贫困地区经济社会发展和人民群众安全便捷出行。一是建立和完善农村客运长效发展机制，实现村村通客车通保率达到100%。二是统筹城乡客运资源，进一步加快城乡客运一体化、农村客运公交化进程，鼓励城市公交向城市周边延伸覆盖，对居民出行密度较大地区实行农村客运公交化改造，努力扩大公交服务的广度，增加服务深度。三是推进"交通+电商快递"扶贫工程，整合交通、供销、商贸、电商、邮政、快递等资源，构建县、乡、村三级农村物流配送网络，完善农村生产生活资料和农副产品物流服务体系，提高农村物流服务能力和水平。四是实施"互联网+交通"扶贫工程，构建与全国联网统一运行的综合交通运行监测与应急处置平台，公众出行信息服务平台，以及运输市场信用管理与服务系统，加强与有内在需求的城市群间公共交通一卡通系统的互联互通。

五、投资政策

"十三五"期交通扶贫投资政策应根据地区发展差异因地制宜、精准施策。

（一）干线公路

高速公路：国家高速公路按部标准争取中央补助，其中恩施州享受国家西部标准，按总投资的30%争取国家补助，其他地区按总投资的28%争取国家补助。地方高速公路通过市场融资解决。

普通国道：以二级公路新改建项目为基准，恩施州按600万元/公里安排补助资金，其他地区按550万元/公里安排补助资金；一级公路新改建项目按二级公路标准的2倍执行。

省道：一级公路按同地区国道补助标准的70%安排补助资金，二级公路按500万元/公里安排补助资金。

其他：对于纳入部规划范围的项目，按照部补助标准安排补助资金；对集疏运公路等有利于促进"五个交通"的其他项目，参照相关政策、用一事一议的方法，确定具体补助标准。

（二）农村公路

农村公路采用以公共财政为主导的资金供给模式，具体补助标准如下。

（三）农村客运站点

县城二级及以上客运站建设，按每个1000万元安排补助资金，主要用于候车室、安全监控、票务用房、邮政快递等建设；乡镇客运站建设，按每个60万元安排补助资金，主要用于候车室、邮政快递、物流仓储设施等建设。

（四）内河水运

贫困地区内河水运基础设施建设，执行省定水运基础设施建设相应的投资补助标准。贫困地区旅游渡运码头示范工程建设，采用竞争性分配和先建后补原则，按码头工程建安费的50%给予补助，且每个项目补助资金不超过500万元。

综合匡算，"十三五"期我省贫困地区高速公路、干线公路、农村公路和县乡客运站场建设部省投资预计将突破350亿元，约占全省部省补助资金的65%。

六、保障措施

1.加强组织领导。深入贯彻中央和省委省政府关于扶贫工作的相关文件精神，按照"省负总责、市州主导、

"十三五"期贫困地区干线公路建设投资补助标准

类 别		补助标准（万元/公里）	
		恩施州	其他贫困地区
一级公路	普通国道	1200	1100
	省道	840	770
二级公路	普通国道	600	550
	省道	500	500

"十三五"期贫困地区农村公路投资补助标准

项　目		老少边穷县	其他贫困地区
一级公路（万元/公里）		400	400
撤并村硬化路（万元/公里）		40	25
自然村硬化路（万元/公里）		省定精准扶贫县30，其他20	
县乡道升级改造（万元/公里）		省定精准扶贫县70，其他50	
农村公路桥隧（万元/延米）		1.5	1.5
农村公路安全生命防护工程（万元/公里）		10	
危桥改造（元/平方米）	加固	按项目造价85%且每平方米不超过1600元	按项目造价60%且每平方米不超过1200元
	重建	按项目造价85%且每平方米不超过3800元	按项目造价60%且每平方米不超过2800元
窄路面改造（万元/公里）		13	10
资源旅游公路（万元/公里）		160（不含市辖区）	
通村园区路产业路		20	20

注：老少边穷县市指交通运输部确定的43个县市（包括三个集中连片特困地区、国贫县和大别山革命老区县），其他贫困地区是指上述范围外的9个省定精准扶贫县（市、区）。

县抓落实"的总体要求，全面落实扶贫开发领导责任，建立完善交通扶贫工作机制，明确分工、加强沟通、加强协作。省交通主管部门负责抓好政策制定、项目规划、部省资金补助、考核评价等工作，做好与部扶贫规划的衔接，加强与发改、财政等相关部门的协调；市州交通主管部门要做好上下衔接、域内协调、督促检查工作；县级交通主管部门要承担主体责任，做好进度安排、项目落地、资金使用、人力调配、推进实施等工作，确保交通扶贫各项政策措施落实到位。

2. 强化项目实施。各级交通主管部门要将交通扶贫目标任务纳入"十三五"交通运输发展规划，优先安排扶贫项目，优先保证扶贫项目资金。省厅按"项目法"将国省道建设项目逐一分解到县（市）、按"目标任务法"将农村公路建设规模和资金切块下达到县（市），同时会同有关部门加强监督、评估、考核、奖惩；县（市）作为交通扶贫实施主体抓紧组织开展项目前期工作、建立农村公路项目库、落实配套资金、保证交通扶贫项目实施进度和质量。市县交通主管部门要尽快制定任务台账，明确时间表和路线图，实施挂图作战，有计划有步骤扎实推进，确保如期完成建设任务。

3. 加强资金保障。省厅将积极争取国家资金对贫困地区交通的投入，加大省级财政资金、地方政府债券资金向贫困地区交通项目倾斜。县市政府作为农村公路的责任主体，要主动作为，积极出台支持政策，加大地方财政性资金对农村公路建设、管理养护的投入力度，并纳入同级财政预算；要积极整合以工代赈资金、财政专项扶贫资金、国土、农林、水利、移民专项资金、烟草专项资金等部门专项用于农村扶贫的专项资金用于农村公路建设。要拓宽融资渠道，积极争取国家开发银行、农业发展银行等政策性金融机构贷款用于农村公路建设，探索交通扶贫财政投入与信贷资金有机结合的新模式，发挥政策性金融和商业性金融的互补作用，利用好信贷资金放大交通扶贫财政投入的效用。

4. 加强监督管理。建立健全监督检查、考核评估、责任追究制度，完善交通扶贫长效机制。加强扶贫项目建设进度监管，将交通扶贫项目建设纳入专项统计监测范围，实行定期通报制度；将年度投资计划安排与交通扶贫项目的建设进度挂钩，实现"奖补结合"、"奖优罚劣"。加强交通扶贫资金使用监管，强化对交通扶贫项目建设资金使用管理和监督检查，确保中央和省级补助资金精准使用在对应交通项目上。加强工程质量和安全监督，严格落实工程质量终身责任追究制度和质量保证体系，自觉接受社会监督和行业监督，确保施工质量。加强对规划实施情况的跟踪分析，及时把握工作过程中的新情况、新问题，适时调整规划和相关政策，进一步增强规划的实效。

2016年9月9日

湖北省普通国省道接养和移交办法

（鄂交计〔2016〕300号）

第一章　总　则

第一条　为加强全省普通国省道养护管理，保证全省普通国省道接养和移交工作规范、有序推进，保障《国家公路网规划（2013—2030年）》《湖北省省道网规划纲要（2011—2030年）》（以下简称国省道网规划）顺利实施，根据《中华人民共和国公路法》《湖北省农村公路条例》《湖北省人民政府办公厅关于促进全省普通公路持续健康发展的意见》（鄂政办发〔2012〕9号）等法律、法规、规定，结合本省实际，制定本办法。

第二条　本省行政区域内非收费性普通国省道以及普通国省道中收费

公路收费期满后管养权的接养、移交及其监督管理，适用本办法。

第三条 本办法所指普通国省道的接养和移交包括：

（一）国省道网规划中由农村公路或者专用公路提升为普通国省道，或者新建和改建的普通国省道，需要办理公路管养权移交（以下简称接养）。

（二）因国省道网规划调整或者改建的原有普通国省道，已不具备普通国省道功能，调整为农村公路或者城市道路、专用公路的，需要办理公路管养权移交（以下简称移交）。

第四条 省交通运输厅主管全省普通国省道接养和移交工作。

省公路管理局具体负责全省普通国省道接养和移交工作。

市（州）交通运输主管部门主管本行政区域内普通国省道接养和移交工作。

市（州）公路管理机构具体负责本行政区域内普通国省道接养和移交工作。

县（市、区）交通运输主管部门负责本行政区域内普通国省道接养和移交的组织协调工作。

县（市、区）公路管理机构具体负责办理本行政区域内普通国省道接养和移交手续。

第五条 普通国省道与城市道路的分界应当合理认定划分，由所在地人民政府组织相关部门确定。

原有普通国省道废弃的，应当报省公路管理局批准。

第六条 办理接养和移交手续时，公路（含公路桥梁、隧道及其附属设施，下同）以及有关的公路基础资料应当一并移交和接收。公路基础资料应当包括建设、养护、管理等相关基础数据资料。

公路管理机构应当建立移交和接养的数据库，并在门户网站公示普通国省道的接养和移交情况。

第二章 公路接养

第七条 在本办法颁布实施前已建成的二级及以上公路，必须通过工程竣（交）工验收后，公路管理机构方可办理接养。

（一）已建成通过竣工验收合格的二级及以上公路，接养条件为：

1. 路面使用性能指数（PQI）在70（含70）以上；

2. 沿线桥隧技术状况评定等级均为三类及以上，桥头无明显跳车，公路沿线安全设施处于完好状态；

3. 基础资料基本齐全。

（二）已建成通过交工验收且试运营期满两年以上的二级及以上公路，接养条件为：

1. 每公里路面使用性能指数（PQI）均在85（含85）以上，且全路段路面损坏状况指数（PCI）及路面行驶质量指数（RQI）优良路率不得低于90%（其中，一级公路PCI、RQI平均值不低于85；二级公路PCI、RQI平均值不低于80）；

2. 沿线桥隧技术状况评定等级均为二类及以上，桥头无明显跳车，公路沿线安全设施处于完好状态；

3. 公路沿线附属设施按照国家及省有关规范要求设置到位；

4. 施工设计图齐全，建设管理、施工和监理工程资料完整。

（三）已建成的三级及以下公路，接养条件为：

1. 路面使用性能指数（PQI）在70（含70）以上；

2. 沿线中桥及以上桥梁、隧道技术状况评定等级为三类及以上，公路沿线设施处于完好状态；

3. 基础资料基本齐全。

第八条 对于国省道网规划中已经建成，尚未办理接养手续的普通国省道，按照以下程序办理：

（一）由原管养单位向县（市、区）公路管理机构提交普通国省道接养审批申请表，并由县（市、区）公路管理机构对照本办法规定的接养条件进行检查确认后，上报市（州）公路管理机构，市（州）公路管理机构审核后，上报省公路管理局。

（二）省公路管理局收到普通国省道接养审批申请表后，可以委托具有相关资质的检测单位对重要技术状况指标进行抽查。抽查路段达不到接养条件的，由市（州）公路管理机构督促原管养单位及时整改。经整改符合接养条件的，由原管养单位重新办理接养手续；

（三）省公路管理局可以根据具体情况，以县（市、区）为单位，组织正式接养前的专项验收；

（四）经省公路管理局批准后，县（市、区）公路管理机构与原管养单位办理接养手续，管养权由原管养单位正式移交县（市、区）公路管理机构，纳入普通国省道管养。

第九条 在本办法颁布实施后新建或者改建的普通国省道，必须通过竣工验收后方可办理接养手续。

第三章 公路移交

第十条 移交的公路应当符合以下条件：

（一）路面使用性能指数（PQI）在70（含70）以上；

（二）沿线桥隧技术状况评定等级均为三类及以上，公路沿线设施处于完好状态；

（三）基础资料基本齐全。

第十一条 移交按照以下程序办理：

（一）县（市、区）交通运输主管部门组织交通工程质量监督机构、公路管理机构、项目建设单位或者原管养单位、接养单位对移交的公路进行评定。移交的公路技术状况应当依据上年度路况检测数据或委托具有相关资质的检测单位进行评定；

（二）经评定符合移交条件的公路，由县（市、区）交通运输主管部门会同接养单位将相关的移交材料报送市（州）公路管理机构审查、市（州）交通运输主管部门审批，并报省公路管理局备案；

（三）经审批同意后，该公路不再纳入普通国省道管养范围，由县（市、区）公路管理机构与接养单位办理具体移交手续；

（四）应当移交但不符合移交技术状况条件的公路应当由原管养单位及时维修，待满足移交条件后，再办理移交手续。

第十二条 原有的普通国省道调整为农村公路的，按照有关程序移交公路所在地人民政府确定的农村公路管理机构管养；调整为城市道路的，移交公路所在地人民政府确定的城市道路管理部门管养；调整为专用公路的，移交使用方管养。

第十三条　对于因国省道网规划调整引起的公路移交，应当在本办法实施之日起一年内完成公路管养权的移交；对于因普通国省道新建或改建引起的公路移交，应当在竣（交）工验收合格后办理原有公路管养权的移交。

第四章　监督管理

第十四条　市（州）交通运输主管部门、公路管理机构应加强本行政区域内普通国省道接养和移交工作的监督管理，并督促未完成竣工验收工作的各项目建设单位继续完成后续工作。

市（州）公路管理机构应将当年接养和移交公路的相关情况上报省公路管理局审批和备案。

第十五条　省公路管理局应加强全省普通国省道接养和移交工作的监督管理，并将当年接养和移交公路的相关情况上报省交通运输厅备案。

第十六条　对于公路未能按时移交的，省交通运输厅可以暂停拨付公路所在地养护、建设资金，并视情况暂停其普通国省道新增项目计划安排。

第五章　附　则

第十七条　未纳入国省道网规划的原列养公路的管养权，参照本办法移交给公路所在地县级人民政府确定的农村公路管理部门（机构）。

第十八条　高速公路连接线接养和移交工作执行湖北省交通运输厅《关于做好湖北省高速公路连接线移交工作的通知》（鄂交计〔2014〕640号）文件有关规定。

第十九条　本办法自2016年6月1日起施行。

第二十条　本办法日常解释和管理工作由省公路管理局负责。

2016年6月6日

关于推进"四好农村路"建设的实施方案

（鄂交农〔2016〕21号）

为深入贯彻落实党中央、国务院对"三农"工作部署和习近平总书记对农村公路的重要指示精神，"建好、管好、护好、运营好"农村公路（以下简称"四好农村路"），加快推进农村公路建管养运协调可持续发展，根据《交通运输部关于推进"四好农村路"建设的意见》（交公路发〔2015〕73号），省厅制定如下实施方案。

一、工作思路

以习近平总书记重要批示"把农村公路建好、管好、护好、运营好"为总目标，以完善农村公路管理服务体系和公路交通设施为基础，着力从"会战式"建设向集中攻坚转变，从注重连通向提升质量安全水平转变，从以建设为主向建管养运协调发展转变，从适应发展向引领发展转变，推进"四好农村路"建设。通过转变发展思路和发展方式，实现农村公路路网结构明显优化，质量明显提升，养护全面加强，真正做到有路必养，路产路权得到有效保护，路域环境优美整洁，农村客运和物流服务体系健全完善，城乡交通一体化格局基本形成，适应全面建成小康社会和新型城镇化要求。

二、工作目标和任务

（一）工作目标

到2020年，乡镇和建制村通等级公路，新改建农村公路一次交工验收合格率达到98%以上。县级农村公路管理机构设置率达到100%，农村公路管理规章制度基本健全，爱路护路的乡规民约制定率达到100%，基本建立路产路权保护队伍。农村公路列养率达到100%，优、良、中等路的比例不低于75%，路面技术状况指数（PQI）逐年上升。具备条件的建制村通客车比例达到100%，城乡道路客运一体化发展水平AAA级及以上的县超过60%，基本建成覆盖县、乡、村三级的农村物流网络。

（二）工作任务

1.以质量为核心建设好农村公路。

（1）完成撤并村和规模以上自然村通硬化路，有序推进农村公路改造、延伸和联网工程建设，基本完成通客车道路升级改造。促进具备建设条件的内河渡口实施撤渡建桥，加大农村公路安保工程和危桥改造力度，完成县乡道安全隐患治理，农村公路危桥总数逐年下降。

（2）新改建农村公路应充分考虑农村经济发展条件和通农村客运班车需求，合理确定技术标准。通客车路段宜采用双车道四级公路标准，交通量小或困难路段可采用单车道，受地形、地质等自然条件限制的村道局部路段，除路基路面宽度外可适当降低技术指标。同步建设交通安全设施、排水防护设施和单车道路段错车道设置，改造危（窄）桥，确保"建成一条、达标一条"。

（3）切实履行建设各方职责，强化"政府监督、专业抽检、群众参与、施工自检"的工程质量机制，推行"七公开"制度，发挥群众监督作用。推行水泥混凝土强制搅拌、桥梁构件标准化集中预制等工艺和成熟施工技术，确保工程质量和使用寿命。

（4）加强安全管理，有效遏制较大及以上安全责任事故发生，一般事故明显下降。

2.以深化体制改革为重点管理好农村公路。

（1）按照建立事权与支出责任相适应的财税体制改革要求，县级人民政府主体责任得到全面落实，以公共财政投入为主的资金保障机制全面建立。各县(市、区)建立农村公路管理机构、构建"县管、乡包、村落实"的农村公路管理和议事机制,乡镇农村公路管理站和建制村村道管理议事机制。农村公路管理机构经费纳入县级财政预算,乡镇政府、村委会要落实必要的管养人员和经费。

(2) 贯彻执行《湖北省农村公路条例》,各市州、县市建立健全农村公路管理办法和制度。

(3) 加强农村公路法制和执法机构能力建设,规范执法行为,不断提高执法水平。大力推广县统一执法、乡村协助执法的工作方式,基本建立县有路政员、乡有监管员、村有护路员的路产路权保护队伍。

(4) 完善农村公路保护设施,努力防止、及时制止和查处违法超限运输及其他各类破坏、损坏农村公路设施等行为。

(5) 大力整治农村公路路域环境,加强绿化美化,路面常年保持整洁、无杂物,边沟排水通畅,无淤积、堵塞。具备条件的农村公路全部实现路田分家、路宅分家,打造畅安舒美的通行环境。

3. 以有路必养为目标养护好农村公路。

落实《省人民政府办公厅关于进一步加强全省农村公路养护管理工作的意见》,促进全省农村公路养护管理工作持续健康发展。

(1) 建立健全"县为主体、行业指导、部门协作、社会参与"的养护工作机制,全面落实县级人民政府的主体责任,充分发挥乡镇人民政府、村委会和村民的作用。养护经费全部纳入财政预算,并建立稳定的增长机制,基本满足养护需求,将日常养护经费和人员作为"有路必养"的重要考核指标,真正实现有路必养。

(2) 以养护质量为重点,完善并落实养护质量考核办法,建立养护质量与计量支付相挂钩的工作机制。

(3) 推行"专业养护与群众养护相结合、日常养护与养护工程相结合、政府投入与社会参与相结合"的农村公路养护管理运行机制。

(4) 以因地制宜、经济实用、绿色环保、安全耐久为原则,建立健全适应本地特点的农村公路养护技术规范体系。

(5) 加快农村公路养护管理信息化步伐,加强路况检测和人员培训,科学确定和实施养护计划,努力提升养护质量和资金使用效益。

4. 以服务"三农"发展为根本运营好农村公路。

坚持"城乡统筹、以城带乡、城乡一体、客货并举、运邮结合"总体思路,加快完善农村公路运输服务网络。

(1) 全面实现全省建制村村村通客车,按照农民出行规律、市场规律、客运经营规律,因地制宜地发展农村客运经营模式,在城镇化水平较高地区推进农村客运公交化,鼓励有条件的地区在镇域内发展镇村公交。

(2) 巩固村村通客车成果,提高服务质量,完善配套政策措施,保障稳定运行。

(3) 严格落实市场准入制度,规范农村客运市场秩序,督促农村客运经营者规范经营,强化驾乘人员的安全培训和教育,提高从业人员素质。

(4) 基本建成覆盖县、乡、村三级的农村物流网络,更好地服务"三农"发展。推进县、乡、村三级物流站场设施和信息系统建设,按照"多站合一、资源共享"的模式,推广货运班线、客运班车代运邮件等农村物流组织模式,大力发展适用于农村物流的专业化车型。

三、实施步骤

"四好农村路"建设总体分两阶段实施,三年建设,三年完善。第一阶段2015—2017年夯实基础,探索经验,全面铺开,基本达标;第二阶段2018—2020年重点攻坚,好中择优,典型示范,持续发展。

(一) 第一阶段。在2015年省委省政府开展以"村村通客车"为主题的"万名干部进万村惠万民"活动基础上,强化县级人民政府主体责任,大力实施农村公路及客运基础设施改造,全面实现村村通客车,夯实"四好农村路"基础。将农村公路养护县级资金到位率、行政村通客车率等指标纳入到对县级人民政府年度考核内容,同时督促县级人民政府对相关职能部门、乡镇政府考核中纳入"四好农村路"内容。2016、2017年继续巩固和稳定村村通客车,分山区、平原县培树一批"四好农村路"建设典型,召开"四好农村路"建设现场会,总结经验;完成县乡道安全隐患排查;着手农村客运线路加宽改造,同步增设安全防护设施和实施危桥改造;推进市州成立农村公路管理机构,设置率达到75%,管理经费纳入县级财政预算;适应财税体制改革形势,督促市州、县市修编法规、制度和考核办法。完善"四好农村路"建设标准和考核体系,研究完善"四好农村路"示范县支持政策,在2016年年底前推出首批"四好农村路"示范县。

(二) 第二阶段。2018—2020年,每年推出一批"四好农村路"示范县,总结分析"四好农村路"建设成效,精准对点帮扶、督导后进县市,全面完成"四好农村路"建设目标任务,完善"四好农村路"建设经验、标准、政策、制度,持续健康地推进湖北农村公路发展。到2020年底,完成通客车建制村道路路面改造升级,全省农村公路联网成片,结构优化,等级达标;完成县乡道隐患路段和村道重点隐患路段治理;基本完成县乡道和通客运班线村道危桥改造。全省所有县市均设有县级农村公路管理机构,农村公路管理体系完善,管理队伍及水平不断提高,管理经费纳入县级财政预算;农村公路管理法规基本健全,爱路护路成为农民群众自发自觉行为,基本建立路产路权保护队伍。农村公路养护和农村客运物流发展长效机制基本建立,管理规范有序,市场不断壮大。

四、保障措施

(一) 加强组织领导。省交通运输厅成立"四好农村路"建设领导小组。领导小组负责统筹协调和组织指导"四好农村路"建设工作,领导小组办公室设在厅农村公路处,各市州交通运输主管部门应当成立相应的组织机构,制订工作方案，抓好组织落实。各县级人民政府要成立以政府负责人为组长的领导小组，制订切实可行、符合本地区实际的实施方案，做到任务清晰、责任明确、落实有力。同时，各地要高度重视新闻宣传和舆论引导，大力宣传"四好农村路"建设的好经验、好做法以及涌现出的先进集体和先进个人，解决好农民群众反映的突出问题，维护好农民群众的合法权益，为农村公路发展创造良好环境。

（二）夯实工作责任。各级交通运输主管部门要积极落实《湖北省农村公路条例》《省人民政府办公厅关于进一步加快全省农村公路养护管理工作的意见》《省人民政府关于加快农村客运发展的若干意见》等文件精神，并结合地方实际，积极争取以政府名义出台推进农村公路建管养运协调发展的政策措施，争取将"四好农村路"建设工作纳入政府年度考核范围，为工作开展创造良好的政策环境。同时，要落实工作责任，分解工作任务，细化建设目标，充实工作力量，落实资金、机构、人员和保障措施，确保顺利实现"四好农村路"建设各项目标，让老百姓看到实效、得到实惠。

（三）开展示范县创建活动。按照"好中选好、优中选优"和"经验突出、可推广、可复制"的原则，省厅将在2016年年底前推出首批"四好农村路"示范县，之后每年推出一批示范县，全面营造比学赶超氛围。省厅将及时总结推广各地经验，通报表扬先进集体和先进个人，择时召开"四好农村路"建设现场会，通报各地工作开展情况。"四好农村路"示范县标准、申报程序和激励政策另行制定。

（四）加强监督考核。各级交通运输主管部门要加强监督考核工作，重点对责任落实、建设质量、工作进度、资金到位等情况进行检查指导，及时发现和解决存在的问题。要按照"四好农村路"建设的各项工作目标和任务，强化上级交通运输主管部门对下级交通运输主管部门的考核，建立健全考核结果与投资挂钩的奖惩机制。县级交通运输主管部门要加强对乡政府、村委会的督导，充分发挥基层政府和组织在农村公路发展中的作用。

（五）加强资金保障。要加快建立以公共财政分级投入为主，多渠道筹措为辅的农村公路建设资金筹措机制。发挥好"一事一议"在农村公路发展中的作用。加强资金使用情况监督检查，提高资金使用效益。继续鼓励企业和个人捐款，以及利用道路冠名权、路边资源开发权、绿化权等多种方式筹集社会资金用于农村公路发展。

2016年1月11日

湖北省水运工程设计企业和施工企业信用评价实施细则

（鄂交建〔2016〕39号）

第一条　为加强水运建设市场管理，维护公平有序的市场秩序，规范水运工程设计企业和施工企业信用评价工作，根据国家的有关法律法规和规定，制定本细则。

第二条　本细则所称信用评价是指交通运输主管部门及其设置的管理机构依据有关法律法规、标准规范、合同文件等，对水运工程设计企业和施工企业在湖北水运建设市场中从业行为进行的信用评价。

第三条　本细则所称水运工程设计企业是指具有水运行业设计资质及参与水运工程设计活动并具有工程设计综合资质的企业，水运工程施工企业是指具有港口与航道工程施工总承包资质或相关专业承包资质的企业。从业行为是指企业参与湖北省内依法招标水运工程建设项目的投标、履约等市场行为。

第四条　水运工程设计企业和施工企业信用评价应遵循公平、公正、公开、科学、有效的原则。

第五条　水运工程设计企业和施工企业信用评价工作实行统一管理、分级负责。

第六条　省交通运输厅负责本行政区域内水运工程设计企业和施工企业信用评价的管理工作。主要职责是：

（一）制定本行政区域水运工程设计企业和施工企业信用评价实施管理的有关规定；

（二）指导、组织全省水运工程建设项目设计企业和施工企业信用评价工作；

（三）对省管重点水运工程建设项目建设单位上报的初步评价进行审核，组织有关单位代表及专家对水运设计企业和施工企业的投标行为和履约行为进行审查，对其信用行为进行评价；

（四）组织省级信用评价，并将国务院有关部门许可资质的水运工程设计企业和施工企业的评价结果上报交通运输部。

第七条　省港航局协助省交通运输厅进行本行政区域内水运工程设计企业和施工企业信用评价的实施工作。主要职责是：

（一）协助省交通运输厅组织实施水运工程建设项目的水运工程设计企业和施工企业信用评价工作；

（二）对除省管重点水运工程建设项目以外建设项目的水运设计企业和施工企业投标行为和履约行为的初步评价结果进行汇总审核，并将审核结果上报省交通运输厅；

（三）指导市州交通运输主管部门对水运工程设计企业和施工企业开展信用评价工作。

第八条　市州交通运输主管部门

主要职责是：

（一）负责监督管理辖区内的水运工程设计企业和施工企业信用行为，监督检查建设单位初步评价工作；

（二）对建设单位上报的水运工程设计企业和施工企业投标行为和履约行为的初步评价结果进行初审；

（三）参与对水运工程设计企业和施工企业的其他信用行为评价和省级综合评价。

第九条 招标人（项目法人或建设单位）的主要职责是：

（一）负责其建设项目中设计企业和施工企业的投标行为、履约行为的初步评价，并按照项目管理权限将初步评价结果上报交通运输主管部门；

（二）负责项目的信用信息管理，建立信用管理台账，对从业单位和从业人员的有关信用行为进行记录，并按照项目管理权限在规定的时间内报有关交通运输主管部门。

第十条 水运工程设计企业和施工企业信用评价工作实行定期评价和动态管理相结合的方式。

定期评价周期为1年，评价期为每年1月1日至12月31日。

对存在严重失信行为、按规定直接进行定级的企业实行动态管理。

第十一条 水运工程设计企业和施工企业信用评价内容包括投标行为、履约行为和其他信用行为。

第十二条 水运工程设计企业和施工企业信用评价采用综合评分制，总分为100分。

对企业失信行为按照《水运工程设计企业信用行为评定标准》《水运工程施工企业信用行为评定标准》（以下简称《评定标准》）进行扣分。

对在抢险救灾、应急保障、国防战备等任务中受到省部级以上行政机关表彰的企业，以及承担的水运工程建设项目获得国家科技进步奖（二等奖以上）、国家优质工程奖、詹天佑奖、鲁班奖的企业，给予1分/次的加分奖励；对于获得省部级以上表彰的，给予1分/次的加分奖励。加分累计不超过3分，加分后总分不得超过100分，由水运工程设计企业或施工企业直接向省交通运输厅报送相关证明材料。

水运工程设计企业和施工企业信用评价评分计算按照《水运工程设计企业和施工企业信用评价评分计算方法》（以下简称《计算方法》）执行。

第十三条 水运工程设计企业和施工企业信用评价等级分为AA、A、B、C、D五个等级，各信用等级对应的企业综合评分X分别为：

AA级：95分≤X≤100分，信用好；

A级：85分≤X＜95分，信用较好；

B级：75分≤X＜85分，信用一般；

C级：60分≤X＜75分，信用较差；

D级：X＜60分，信用差。

信用评价结果实行告知和公示制度。信用评价结果在省交通运输厅网站上公开。

第十四条 水运工程设计企业和施工企业信用行为评分的依据为：

（一）交通运输主管部门及其设置的管理机构的督查、检查结果或通报、决定等；

（二）招标人（项目法人或建设单位）、监理单位等管理工作中形成的文件；

（三）举报、投诉或质量、安全事故调查处理结果；

（四）司法判决、裁定、认定及审计意见等；

（五）省级以上水运工程建设市场信用信息管理系统发布的信息；

（六）其他有关信用信息。

第十五条 投标行为由招标人进行初步评价；履约行为由项目法人（建设单位）进行初步评价，对于通过招标方式选定的特许经营项目投资人依法自行提供设计企业和施工企业的，其履约行为由特许经营权出让人或委托机构进行初步评价；其他信用行为由省交通运输厅组织有关单位代表及专家进行评价。

各评价人对相应的评价结果负责，并应将评价结果告知被评价人。被评价人对评价结果有异议的，可在收到评价结果后的10个工作日内向评价人申诉；对申诉处理结果仍有异议的，可按照职责分工向交通运输主管部门申诉。

第十六条 水运工程设计企业和施工企业信用评价程序与分工：

（一）投标行为评价。招标人应在签订承包合同后的15个工作日内对参与投标且存在失信行为的水运工程设计企业和施工企业按照《评定标准》和《计算方法》进行初步评价，并按职责分工报市州交通运输主管部门。市州交通运输主管部门初步审核完成后，上报省交通运输厅或省港航局，省交通运输厅组织有关单位代表及专家对投标行为初步评价结果进行专家审查，并按照初步评价占80%，专家审查占20%的权重进行得分计算。

联合体有投标失信行为的，其各方均按同一标准进行信息收集。

（二）履约行为评价。项目法人（建设单位）结合建设管理工作，对水运工程设计企业和施工企业按照《评定标准》和《计算方法》进行初步评价，并于每年的1月31日前将上一年度的评价结果报市州交通运输主管部门。初步审核完成后，上报省交通运输厅，省交通运输厅组织相关单位及专家对履约行为初步评价结果进行专家审查，并按照初步评价占80%，专家审查占20%的权重进行得分计算。

审核部门根据职责分工，对项目法人（建设单位）作出的履约行为评价进行审核确认，如有调整，必须对调整内容进行说明。对当年组织交工验收的工程项目，项目法人（建设单位）应在交工验收完成后一个月内完成履约行为评价。

联合体有不良履约行为的，其各方均按同一标准进行评价。

（三）其他信用行为评价。省交通运输厅组织省港航局等部门及专家按照《评定标准》进行评价。

（四）省级综合评价。省交通运输厅根据投标行为、履约行为以及其他信用行为的评价结果，按照《评定标准》和《计算方法》进行综合评价，并将评价结果进行公示、公告。公示期不少于10个工作日。

省交通运输厅于每年的3月31日前完成上一年度省级综合评价工作，并于4月15日前将国务院有关部门许可资质的水运工程设计企业和施工企业的评价结果报交通运输部。

第十七条　省交通运输厅按照《评定标准》，将发生严重失信行为的水运工程设计企业和施工企业直接定为D级，并自确定信用等级之日起15个工作日内将评价结果报交通运输部。

对受到行政处罚的企业，其定为D级的时限不得低于行政处罚期限。

第十八条　水运工程设计企业和施工企业对综合评价结果有异议的，可在公示期限内向公示部门提出申诉或举报。公示部门收到申诉或举报后，应及时组织核查，在30个工作日内将处理结果告知申诉人或举报人。

第十九条　水运工程设计企业和施工企业信用评价结果有效期1年，下一年度无信用评价结果的，信用评价等级可延续1年。延续不得超过二次。延续二次后仍无信用评价信息的，按照初次进入本省的情形确定信用等级，但不得高于其原有信用评价等级的上一等级。

第二十条　省级综合评价结果应用于本省行政区域内。

水运工程设计企业和施工企业初次进入湖北省从业时，其信用等级按照全国汇总评价结果确定。无全国汇总评价结果，且在其他省份或部属单位无严重失信行为的企业，信用等级可按A级对待；若有严重失信行为的，可参照相关省份或部属单位信用评价结果确定其信用等级。

第二十一条　省交通运输厅对评为AA级和连续两年评为A级的水运工程设计企业、施工企业，可在投标、履约保证金、质量保证金等方面给予一定的优惠；对信用评价等级为C级或D级的企业，要加强投标资格审查，并对其履约行为进行重点监管。

第二十二条　水运工程设计企业和施工企业应按规定及时在水运工程建设市场信用信息系统录入和更新企业基本信息，对于未按规定填报、变更信用信息，或填报、变更信用信息存在造假行为的企业，将按照《评定标准》进行扣分。

第二十三条　各级交通运输部门应建立健全信用评价工作管理和监督制度，建立信用信息档案，加强对信用评价工作的监督检查。对发现的违规行为，应当责令相关当事人限期改正。

交通运输部门有关工作人员在信用评价工作中不得徇私舞弊、以权谋私或弄虚作假。存在违规行为的，将按有关规定进行处理

第二十四条　本细则自发布之日起施行。

2016年1月19日

湖北省交通运输安全应急"十三五"发展纲要

（鄂交安〔2016〕261号）

为推进湖北交通运输安全与应急工作科学、持续、有效发展，满足全面建设小康社会需要，适应全面依法治国要求，实现"平安交通"建设总目标，确保全省交通运输事业安全发展，制定本纲要。

一、发展现状和发展形势

"十二五"期，全省大力推进交通运输安全应急体系建设，不断强化基层基础工作，交通运输安全生产综合保障能力得到提升，但也存在着亟待解决的问题和短板，"十三五"期，仍将面临诸多风险和挑战。

（一）发展现状

1.生产安全事故持续下降。"十二五"期，全省运输船舶发生水上交通事故6.2起，死亡5人，比"十一五"期分别下降41%、55%；道路运输行业发生交通事故494起，死亡430人，比"十一五"期分别下降2.5%、1.4%；公路水运重点工程建设项目发生施工生产安全事故12起，死亡23人，与"十一五"相比，分别减少了52%、36%。尤其是近三年，全省交通运输行业未发生重大及以上生产安全事故，保持了安全生产形势持续稳定。

2.体制机制建设不断加强。"十二五"期，强化安全责任体系建设，省厅单独成立了安全监督处，健全了省、市、县三级交通运输安全监管网络，构建了涵盖交通运输全领域、多层级的安全应急管理组织体系；认真贯彻落实安全生产"党政同责、一岗双责、失职追责"和"三个必须"的要求，及时调整完善各级安全委员会，明确安全职责，层层签订安全目标责任书，严格考核与奖惩，安全工作的组织领导和责任落实不断加强。

3.法规制度和应急预案不断完善。"十二五"期，注重安全法规制度建设，先后制定完善了交通运输安全生产隐患排查、约谈通报、挂牌督办、明察暗访及目标管理等相关制度体系；颁布实施了《湖北省水路交通条例》，制定出台了交通运输突发事件应急管理、渡口渡船安全监管、重点营运车辆联网联控、公路水运重点工程"平安工地"考核等安全管理措施办法；修订完善了交通运输各行业突发事件应急处置综合预案和桥梁隧道、极端天气、工程施工、道路水上交通事故等各类专项应急预案，安全应急工作法规制度基本健全，预案体系逐步完善。

4.安全基础保障建设不断加强。"十二五"期，全省共实施危桥改造1805座，农村公路安保工程的建设4.6万公里，地质灾害路段整治413公里，

完成渡口渡船改造升级，报废更新老旧渡船2158艘；为基层新建了37艘海事趸船、购配了63艘海巡艇、118辆海事执法车；投入3000多万元以奖代补资金用于基层运管部门安全应急装备设施建设，全省二级及以上客运站均配置了自动行包检测仪，全省交通运输安全应急物质保障基础不断加强。

5.安全隐患排查整治常态化开展。每年坚持组织开展"安全生产月"、"打非治违"、安全生产大检查、安全隐患专项整治等综合或专项行动，重点加强对公路桥隧、"两客一危"运输企业、汽车客运站、危化品港口码头及渡口渡船、交通重点工程等行业领域的隐患排查治理，建立隐患台账，落实隐患整改挂牌督办和销号制度。"十二五"期，全省交通运输行业共整改完成省政府挂牌督办的重大隐患43个，自行排查治理各类安全隐患近60万个，促使一大批老大难的隐患和问题得到有效整改。

6.安全科技信息化建设不断加强。"十二五"期，启动了省公路水路安全畅通与应急处置工程建设，基本建成水上搜救应急管理系统，初步实现了重点航道和水域视频监控；加强省高速公路应急指挥中心和各区域路网路段监控分中心建设、普通公路省市两级路网运行监测指挥中心建设，初步实现了高速公路和普通公路重点路段实时监控监测管理；加强道路运输"两客一危"车辆、半挂牵引车及重型载货汽车(总质量为12吨及以上的普通货运车辆)动态监测系统和客运企业、汽车客运站监控平台建设，实现了重点运行车辆可视化监控。全省交通运输安全应急综合信息平台和各类行业信息平台建设力度不断加大，步伐不断加快，功能不断完善，效用不断显现。

7.应急防范和处置能力不断增强。"十二五"期，依托路政、运政、海事等监管执法人员和客货驾驶员、公路养护等从业人员，加强了专兼职常态化应急队伍建设；开展了交通应急资源信息普查，建立公路应急资源信息库，加强安全应急保障基地建设、应急机械设备配备、应急物资储备和安全应急专项资金的保障，安全应急装备设施不断完善，基地覆盖范围和布局密度不断加大，同时，各级各类安全应急综合演练和专项演练不断加大，安全应急能力明显提升。

"十二五"期，全省交通运输安全和应急体系建设取得了较大的成绩，但仍然存在一些问题，主要表现在：

1.安全责任落实依然不到位，责任体系建设有待加强。企业安全生产主体责任落实不到位，存在安全组织机构不健全，安全管理人员不足，安全教育培训和演练走过场，安全隐患整改不彻底等问题；公路和高速公路管理部门及港口危险货物管理安全机构仍不健全，交通运输行业与地方政府、相关部门以及生产经营方之间的安全管理职责界限仍有待进一步厘清；基层安全和应急管理工作力量和力度不均衡，存在层层衰减现象，"最后一公里"责任落实依然不到位；法规制度的具体实施细则和标准仍不健全、不系统，应急预案体系不全、操作性不强、预案编制与应用两张皮等问题依然存在。

2.安全监管能力仍不适应新的要求，安全应急保障基础有待加强。基层安全监管和应急队伍力量偏弱、素质偏低，专业技能和业务水平仍不满足要求；国省干线和农村公路安保工程不完善，公路隧道、危桥、隐患路段、灾害易发路段及农村渡口的监管及改造任务仍然艰巨；渡工年龄老化，港航海事机构和装备配置不足，危险化学品港口监管机构、队伍和经费缺乏，不能满足履职需要；应急救援基地的硬件配套设施不足，特别是大型的应急救援装备缺乏，应急救援的补偿办法尚未出台，应急动员保障能力不强。

3.隐患排查整改力度依然不足，科技兴安支撑作用有待加强。隐患排查整治难以实现全面覆盖和精准监测，全省桥隧多、危桥数量大、地质灾害路段多、安保工程任务量大，隐患排查与整治力度待加强；全省交通运输行业安全隐患排查标准体系和信息化平台尚未完全形成，规范高效的排查整治机制建设待加强。

(二)发展形势

1.经济社会全面快速发展，对交通运输安全与应急管理提出了新的挑战。随着经济社会快速发展，社会人流物流方式多样化、总量快速增长，对交通运输安全和应急工作提出了新的挑战，人民对于安全便捷的出行服务提出了新的更高的愿望和诉求。要求各级交通运输管理部门必须牢固树立"以人为本、安全发展"的理念，继续全面强化交通运输安全生产管理和应急保障能力，不断适应经济社会发展的新要求。

2.深入推进全面依法治国，对交通运输依法治安提出了新的要求。随着全面依法治国不断推进，各类法律法规和规章制度不断健全，预案体系不断完善，人们的法律意识逐步增强，人们对依法行政、文明监管、高效救援的诉求愈发强烈。要求各级交通运输管理部门必须牢固树立"依法行政、依法治安、文明监管"的理念，继续全面强化交通运输安全生与应急保障的法规制度和预案体系建设，认真贯彻落实安全生产各项法律规定和制度措施，适应全面依法治国、依法行政的根本要求。

3.信息化和新技术快速发展，为交通运输安全与应急管理提供了新的支撑保障。现代信息化技术的快速发展和广泛应用，现代新技术、新工艺、新装备快速迭代更新，对人们的生产生活和社会管理产生了重要影响，也为交通运输安全生产和安全监管提供了有效支撑。要求各级交通运输管理部门要不断适应新形势、应用新科技，加大新投入，创新安全监管与应急管理新方法新手段，建立隐患排查和安全预防体系，风险预测和应急响应机制，大力提升科技兴保安能力。

4.交通运输事业的快速发展，对交通运输安全与应急提出了新要求。随着全面建成小康社会的深入，交通运输客货运量增长、基础设施建设规模增大、安全应急职能增加，需要全面提供安全监管和应急保障的要求也不断增强。要求各级交通运输管理部门充分认清交通运输安全监管与应急工作职能增大、责任重大、难度加大,要强化责任意识、担当意识、红线意识,不断转变工作作风,提高管理效能,为交通运输事业科学发展安全发展保驾护航。

5.严峻的安全生产形势和非传统安全威胁,对交通运输行业积极应对和有效防控带来了新挑战。交通运输行业是生产安全事故多发易发行业,事故总量和伤亡基数仍较大,重特大事故或事件时有发生;恐怖主义和人为破坏威胁凸显,极端天气、地质灾害频现,交通运输公共安全风险不断加大。要求交通运输管理部门加强形势研判,积极应对,强化监管,做好风险预警预防和应急处置工作。

二、指导思想和基本原则

(一) 指导思想

深入贯彻落实党的十八大系列全会精神,坚持以人为本、安全发展,坚持预防为主、综合治理,坚持法治思维、依法监管,坚持红线意识、守住底线,按照"党政同责、一岗双责、齐抓共管"和"三个必须"的总要求,以开展"平安交通"建设为主线,大力推进交通运输安全与应急体系建设,有效落实企业主体责任和管理部门监管责任,强化基层基础基本功建设,重点整治顽疾隐患,解决瓶颈制约,持续推动全省交通运输科学发展安全发展。

(二) 基本原则

1.以人为本、服务民生。坚持以人为本、服务民生、生命至上原则,以有效防范和坚决遏制重特大安全事故发生为重点,通过完善安全监管与应急体系建设,推动安全生产监管能力和应急处置能力发展,确保人民群众安全便捷出行,确保人民群众生命财产安全。

2.安全第一、预防为主。牢固树立安全第一、预防为主的理念,真正把安全发展放在首要位置,做到关口前移、超前预控、有效防范、及时预警,依靠科技进步,提高物防技防水平。

3.重点推进、综合治理。注重目标导向、问题导向,以切实解决重点领域突出问题为着力点,通过运用现代管理思想和现代治理手段,动员并引导社会监督和社会参与,推进综合治理,标本兼治,确保重点工作推进更加有效。

4.创新监管、固强补弱。深化安全生产体制机制建设,构建完善责任网络,注重安全宣传教育培训,提高交通运输从业素质,加强设施装备建设,推进智慧化防控监管与应急科技应用,确保监管水平和保障实力同步提升。

5.资源共享、形成合力。以保障人民群众生命财产安全为首要目标,破除地区封锁和部门保护,对内优化全省交通运输安全应急体制机制,整合各部门资源;对外建立跨地区跨部门联动机制,实现各部门信息互通和资源共享,确保交通运输安全应急工作与社会经济协同发展。

三、总体目标和具体指标

(一) 总体目标

到2020年全面建成小康社会阶段,重特大事故得到根本遏制,较大以上事故得到有效控制,事故总量稳中下降,交通运输安全生产法规制度和预案体系基本健全,责任更加明晰落实,监督管理能力明显提升,从业人员综合素质整体提高,应急保障能力大幅提高,发展环境显著优化,保障基础更加坚实,交通运输安全与应急体系基本建成,"平安交通"的总目标基本实现,全面适应全省小康社会和现代交通运输事业的发展需求,有效保障经济社会发展和人民群众安全便捷出行。

(二) 具体指标

1.事故指标。到2020年,船舶安全面达到98%以上,运输船舶每万总吨死亡率控制在0.5人以内,船舶每载货吨直接经济损失控制在5元以内;遏制发生一次死亡10人以上运输船舶水上交通安全重特大责任事故和重大船舶污染水域责任事故,港口营运亿吨吞吐量事故件数、死亡人数下降5%;较大以上等级道路运输行车事故死亡人数下降20%,营运车辆万车事故件数和死亡人数下降3%,遏制道路运输企业一次死亡10人以上的重大责任事故;交通运输工程建设百亿元投资事故件数、死亡人数平均下降4%;遏制交通工程施工一次死亡失踪10人以上的重大责任事故。

2.安全管理指标。重大隐患挂牌督办率达到100%,辨识确定的安全生产重大风险源管控率100%,规模以上企业安全生产标准化达标率100%,规模以上企业安全生产诚信等级评定率达到95%;乡道及以上行政等级公路安全隐患路段处整治率达到100%,高速公路重点路段运行监测覆盖率达到100%,国省干线公路重点路段监测覆盖率达到100%;汽车客运站、客港口码头、综合客运枢纽、危险品运输存储区域等重点部位视频监控覆盖率100%,三级以上汽车客运站和长江干线客运码头三品检测设备配备率达到100%;危险品运输、存储监测管控信息化率达到100%。重点营运车辆联网联控系统车辆入网率、上线率达到95%和90%以上。

3.应急管理指标。水上人命救助成功率不低于90%,一般自然灾害和事故灾害造成的航道破坏、堵塞修复抢通时间不超过48小时,水上应急搜救应急反应达到"15·40·90"目标(接到报警后,中心港区内应急反应时间不超过15分钟,重点航段应急救反应时间不超过40分钟,其他水域应急救援反应时间不超过90分钟);一般灾害情况下,受灾干线公路路段抢通平均时间不超过12小时 公路应急抢通到达能力达到"30·90·120"目标(接到公路抢通指令后,应急抢通力量到达时间高速公路不超过30分钟,平原普通公路不超过90分钟,山区普通公路不超过120分钟)。

省级应急队伍集结能力达到"百、千、万"目标(24小时内,可以在全省范围内集结应急船舶运力100艘,应急车辆运力1000辆,应急队伍10000人以上)。

四、目标任务和重点工作

(一) 深化安全体制机制建设

1.明晰管理职能。加快设立省市

(州)两级专门的港口危化品安全监管机构，增加安全监管队伍编制；加快推进高速公路安全应急管理机构建设和专职人员配置，明确安全应急管理职能。按照"依法行政、职责明晰、权责一致"的原则，进一步明确和细化交通运输各部门的安全监管职能，明确界定行业监管、专业监管与综合监管责任。按照"分级负责、属地为主"的原则，进一步厘清各级交通运输部门与各级地方政府、公安交管、安监及其他相关部门、交通运输企业的职责，明晰监管边界，重点明确危险品港口码头、乡镇渡口渡船、高速公路应急处置、农村公路安保和普通公路建设等安全管理责任。到2020年，全省建立并有效落实交通运输安全工作责任规范、责任清单和督查清单。

2.强化管理责任。加大"党政同责、一岗双责、失职追责"和安全生产"一票否决"等实行力度，进一步完善和强化安全生产目标责任管理与考核；建立完善安全生产事故和重大隐患的问责追责机制，严格事故调查处理，依法严肃追究责任单位和相关责任人责任；推进实施对危险物品港口储存、建设施工、道路运输等单位的主要负责人和安全生产管理人员进行安全生产知识和能力考核，对特种作业人员进行安全资格认证，开展主要负责人安全生产工作述职。到2020年，交通运输主管部门和管理机构的安全生产监督管理层级责任链条完善，责任边界明晰，监督管理责任有效落实。

3.健全管理制度。对照《安全生产法》规定要求，结合行业监管实际，加快交通运输安全生产和安全监管法规制度修订完善，重点完善和落实"党政同责、一岗双责"、安全生产行政执法、违法失信曝光与惩戒、培训教育、风险管理、安全督查、挂牌督办、约谈通报、黑名单制、从业人员资格管理、运输车船动态监管等规章制度；积极推进湖北省水上交通管理、水上搜寻救助、交通工程质量安全监管、高速公路超限运输处罚等地方性交通运输安全法规规章的立项、修订、编制和出台工作。到2020年，实现省级交通运输安全与应急法规制度体系基本完善。

4.形成管理合力。推进组建各级水路交通综合执法机构，整合港口、航道、水运、海事等水上行政执法、安全督查职能和应急资源，探索建立全省水上交通安全应急力量综合指挥调度体系；探索建立与交警、安监、环保、气象、水利等部门的协调合作机制，在交通运输打非治违、隐患整治、超限超载治理、信息资源共享和应急演练与处置联动等方面形成合力。到2020年，基本建成涵盖交通运输全领域、多关部门、多层级的安全协同监管与应急处置体系。

(二)强化企业主体责任

1.健全企业安全生产管理体系。督促全省交通运输企业建立健全安全生产管理体系，依法依规设置安全生产管理机构，明确职能部门、各级管理人员和全体员工的安全生产职责，足额配备适任的安全生产管理人员；依法开展从业人员教育培训，强化安全生产意识、知识和技能培训，提升安全管理人员综合素质；建立健全覆盖企业生产经营各岗位、各环节的安全生产规章制度、岗位职责及操作规程，严格落实各项安全生产管理制度；深入推进企业安全生产标准化建设和达标创建工作，提高企业本质安全水平。到2020年，全省交通运输企业主要负责人和管理机构的安全生产责任全面落实，"两客一危"和规模以上企业安全生产标准化建设全面达标，企业安全生产管理体系基本完善，管理水平显著提升。

2.建立企业隐患排查治理体系。扎实推进安全生产隐患排查治理"标准化、数字化"体系建设，健全企业内部安全隐患排查治理管理机构和管理制度，制定完善交通运输隐患排查治理规范标准，严格落实隐患排查治理制度及相关操作规程；加强隐患排查跟踪督办，分类分级加强事故隐患管理，实行自查自纠、检查督办及责任追究的闭合管理，实现隐患排查治理制度化、规范化和常态化。到2020年，达到交通运输企业隐患排查治理体系全覆盖，重大事故隐患基本完成治理，重大安全生产风险源全部实现监测监控。

3.改善企业安全生产条件。督促企业按规定足额提取安全生产费用，依法依规缴纳企业安全生产风险抵押金，积极推行企业安全生产责任险，建立安全生产费用使用监督管理机制，保障安全生产经费专款专用，依法依规改善必要的安全生产条件，保证安全生产条件达到相关国家标准或行业标准规定的要求；强化应用卫星定位和视频监控系统，配备满足安全生产的检测装备和监控监管信息系统，2019年前建成危险货物港站现场生产作业视频监控监管信息系统。加强安全设施设备的维护和保养，提高运输工具、装备设施安全水平，杜绝不符合安全技术标准要求、报废淘汰的运输工具和装备设施参与生产。到2020年，全省交通运输重点行业领域企业达到安全生产经费专项资金足额保障、安全生产装备设施配置齐全且性能良好，从本质上保证企业安全生产。

(三)提高安全管理水平

1.深入推进"平安交通"建设。建立科学完善的"平安交通"建设考核评价体系，明确"平安公路""平安车""平安船""平安港""平安工地"等建设项目考核评价指标，学习推广"平安交通"建设试点示范工作经验，广泛开展"平安交通"创建活动，认真组织"平安交通"建设考核评价和表彰奖励，形成长效机制。到2020年，全省"平安交通"建设考核评价体系形成，"平安交通"创建活动深入开展，交通运输安全生产基层基础进一步夯实。

2.加强安全风险管理。加快建立隐患排查治理和安全风险管理体系，分层级、分部门、分专业编制各类风险辨识手册，全面全过程开展隐患排查和危险源辨识、安全风险评价，重点强化"两客一危"运输、"四类重点舰船"、城市轨道交通、港口危化品罐区、重要桥梁隧道和重点控制性工程建设等的风险源辨识、评估和管控，建立危险源和隐患排查治理清单，落实安全生产重大隐患、重大风险源报备和挂牌督办；建设安全风险管理信息系统，实现交通运输安全风险的监测预警、科学评价、统计分析、分级管理和动态管控，形成持续改进机制。到2020年，基本建成企业负责、政府监管、社会监督、运行有效的安全生产隐患排查治理和风险管控体系，重要目标全面实施安全风险管理。

3. 积极推进诚信管理。探索推进交通运输企业安全生产诚信体系建设，加快建立和完善安全生产违法违规行为信息库，及时采集、记录交通运输企业和从业人员违法违规行为信息，实现与交通运输信用体系相对接；建立交通运输企业和从业人员黑名单制度、失信行为通报和公开曝光制度，设立媒体曝光台，及时向社会公告交通运输失信企业、失信人员的信用信息，及时曝光非法违法企业、安全生产事故频发单位、社会影响恶劣的交通运输安全生产事件等；完善建立完善安全生产和监督管理投诉举报制度和程序，畅通社会公众投诉举报渠道。到2020年，诚信体系基本建成，实现跨地区、跨行业多部门信用信息的互通共享与奖惩联动机制，达到失信惩戒、刚性约束，促进企业和从业人员自律。

4. 加强安全文化建设。推进交通运输安全文化体系建设，强化交通运输安全生产法律法规和安全常识的公益宣传和教育引导，采取网络、报刊、广播、电视、展板等多种形式，尤其要发挥新媒体在交通运输安全生产公益宣传教育中的引领普及作用，建立交通运输各行业安全生产微信公众号，充分利用官方网站、微信微博、移动客户端、手机短信等平台，推动安全生产宣传工作进企业、进社区、进农村、进学校、进家庭，持续开展"安全生产宣传月"活动，通过开展多种形式安全意识教育、安全法规讲解、安全知识学习和典型事故警示，传播安全价值观和理念，动员社会、企业和从业人员共同参与交通运输安全防范，营造"我要安全"的良好社会氛围。到2020年，交通运输管理部门、行业企业、主要生产施工作业现场、客运车船都设有安全文化展示窗口，社会公众基本具备一定的交通运输安全生产知识和自我保护意识。

（四）夯实安全保障基础

1. 加强安全与应急队伍建设。加强安全生产监督管理队伍建设，重点推进基层监督管理执法队伍建设，进一步完善机构、加强力量配备，推动落实有通航水域或农村公路通营运车辆的乡镇按规定配备专(兼)职安全监督管理人员，高速公路管理部门和经营单位独立设置安全与应急管理部门和专职人员；加强应急队伍建设，明确应急组织和人员，整合各地区、各行业应急队伍资源，构建以专业队伍为骨干、其他交通组织和社会力量参与的安全应急队伍体系，深化应急专业培训，建设并优化应急人才专家库；加强应急预案体系建设，明确交通运输综合和专项应急预案目录，加快未有应急预案的编制，修订完善已有各类预案，建立预案库，加强预案演练和动态管理，省级交通运输管理部门每年有计划地组织一次行业综合应急演练，交通运输基层管理部门和从业单位针对性开展发生重大道路水路运输事故、道路(桥梁)损毁阻断、隧道火灾事故、工程建设事故，以及其他突发事件等专项应急演练活动，提高应急救援队伍的专业化水平。到2020年，全省交通运输安全与应急队伍建设基本达到组织健全、队伍精干、能力适应、作风优良的目标。

2. 加强安全与应急信息化建设。充分利用现代科技成果和信息化技术强化科技兴安作用，提升安全与应急管理工作效能。加快公路水路安全畅通与应急处置系统工程省级数据信息中心和指挥平台建设，实现省厅、省局和市局三级应急指挥平台融合对接与信息共享；推进隐患排查治理与风险管理系统、企业安全生产标准化管理系统、高速公路监测与应急处置系统、营运车辆船舶卫星定位联网联控系统、汽车客运站安全管理系统及联网视频监控系统、省应急资源和应急物资装备管理信息系统等信息化管理系统和平台的建设与推广应用；加强渡运安全信息管理系统的完善和使用，加快建设水上电子巡航系统，在汉江、江汉运河以及"一江十六湖"中的重点水域、重点航段，加强CCTV、GPS(北斗)等海事信息化建设，强化对重要航道、船舶及港口码头的安全监控；加大公路高精度三维电子地图的研发应用，建立全省重点公路地理信息数据库，加快推进公路隧道、桥梁及国省道重点干线监测预警预控系统和通行服务信息发布平台建设，整合资源，强化整体路网的运行监测和应急联动指挥调度；积极推广应用交通运输行业和地方相关诚信管理与信用评价信息系统、教育培训与考试考评网络信息系统，增强行业安全管理效能。到2020年，全省各级各行业交通运输安全与应急管理应用系统及平台基本建成运营，行业安全监管和企业安全管理信息系统基本实现互联互通，安全监管与应急指挥调度基本实现信息化、网络化、智慧化，科技与信息化支撑作用更加突出，安全应急管理效率全面提高。

3. 加强安全基础设施和装备建设。全面推进安全与应急基础设施建设，继续实施安全生命防护工程，加大农村公路安保工程、公路隧道隐患整治、危桥改造和渡口改造、渡改桥工程建设力度，大力整治公路水路安全隐患，提升公路水路基础设施安全水平；推动高速公路和国省干道超限检查站建设，健全完善公路安全执法保障基础；加强重点航道疏浚与维护、重点路段维修与养护，提高公路水路安全畅通条件。完善安全与应急装备设施建设，加快老旧趸船和海巡艇的维修、改造和更新，加大水上安全监管和巡航救助基地站房、泵船、船艇配备，加强以水上监视监测和应急处置能力为主的船舶防污染能力建设，加快船员实操考试模拟器考场、船员培训基地和考试中心建设；增加公路应急抢险装备设施的数量和种类，加强路政、运政、水运执法所必需的通讯、取证设备以及安全防护装备的配备更新，全面提升公路水路安全保障和应急处置能力。

到2020年，全省公路水路安保工程基本完成、基础设施基本完备，安全应急设施装备种类齐全、先进实用、满足需要。

4. 加强应急保障基地和物资储备建设。推进高速公路鄂东、鄂西、鄂南、鄂北、鄂东北、鄂西北等区域性综合救援基地建设，加强应急物资储备和管理，各区域建设2~3个标准化清障施救服务站点；加强普通公路应急物资储备基地建设，形成以孝感市省级应急物资储备中心为主和十堰、黄冈、宜昌三市地区性物资储备中心为辅的"一主三辅"应急物资储备格局，推进各县市区公路养护应急中心建设全面完成，健全全省普通公路应急物资装备综合保障体系；加快建成汉江和江汉运河以及清江船舶溢油应急设备库，控制清除溢油能力均达到50吨，加强水上应急搜救中心和巡航救助基地的建设，基本建成武汉、宜昌、荆州、襄阳四大区域搜救协调基地和其他各市（州）水上搜救分基地；不断提高水上应急救援保障能力。到2020年，实现对各类应急物资实时监管、快速调度和区域间、部门间的协作联动，应急基地布局合理，物资储备充足实用，调运顺畅高效、应急保障得力。

五、保障措施

（一）加强组织领导

本纲要实施过程中，各部门、各单位要加强组织领导，明确实施的责任部门，对照纲要细化目标、分解任务，明确各项目标任务推进落实的进度计划和措施办法。加强与相关部门的沟通协调，强化本纲要涉及的重点任务和重点项目建设与本地区、本单位十三五发展纲要和其他专项规划的衔接，力求纳入其他规划纲要同步推进落实。

（二）加大建设投入

各部门、各单位要按照事权划分原则，积极争取地方财政资金、企业资金和其他来源资金投入交通运输安全应急体系的建设，将交通运输安全应急基础设施装备建设、信息化建设以及安全应急方面的工程建设、运行维护、培训演练、应急补偿和目标考核奖励等所需资金纳入各级政府财政预算和企业的专项支出，纳入交通运输基础设施建设总体和年度规划预算；加大燃油税返还资金投入交通运输安全应急体系建设的力度，确保交通运输安全应急建设资金的足额投入和有效使用。

（三）强化监督落实

各部门、各单位要将纲要实施作为年度工作目标考核重要内容，加强纲要实施过程的跟踪督办、调研协调和绩效评估，对纲要中要求的机构增配、制度预案建立、硬件基础建设和信息化项目等实施落地，要重点谋划、重点保障、重点督办，确保纲要目标任务的顺利完成。

2016年5月17日

省交通运输厅关于公路水路交通运输"十三五"信息化建设发展的指导意见

（鄂交科教〔2016〕592号）

各市州交通运输局（委）、厅直各单位、厅机关各处室：

"十二五"期全省交通运输信息化以"智慧交通"建设为主线，以改革创新为动力，以开放共享为手段，充分运用互联网思维，初步建成湖北交通运输云数据中心，建设完成全国高速公路信息通信系统联网工程（湖北段）、行业业务应用专网，交通运输信息化基础设施不断完善；建成公路路政养护信息综合管理系统、物流公共信息平台、道路运政港政信息管理系统、城市公共交通智能化平台等应用系统，行业应用管理水平进一步提升；建成公路路网运行监测与应急指挥系统、水上搜救应急管理平台、重点营运车辆公共服务平台等应急管理系统，行业安全应急协同能力进一步提高；建成高速公路电子不停车收费系统、道路客运联网售票系统、交通运输网上行政审批服务平台、省厅政府门户网站等服务信息系统，行业为社会公众服务的方式更加便捷。"十二五"交通运输信息化的建设发展，为湖北交通运输"打ావழ展大底盘，建设祖国立交桥"提供了有力支撑。

"十三五"期是湖北省全面建成小康社会的决战时期，也是全省交通运输行业全面深化改革，加快转变发展方式的攻坚时期。为全面统筹"十三五"全省交通运输信息化建设发展，进一步发挥信息技术对交通运输发展的引领作用，更好地支撑湖北省构建以"综合交通、民生交通、智慧交通、绿色交通、平安交通"为特征的现代综合交通运输体系，构建惠民便民交通运输服务体系，实现行业治理体系和治理能力现代化，推动行业转型升级和模式创新，特制定此指导意见。

一、总体思路

（一）指导思想

深入贯彻党的十八大及十八届三中、四中、五中、六中全会精神，按照部、省总体部署，全面落实"创新、协调、绿色、开放、共享"的发展理念，按照加快推进湖北省"五个交通"建设的总体要求，坚持统筹、协同、共享、服务的总体部署，以支撑行业管理与公共服务为核心，强化互联网思维理念，充分利用现代信息技术，着力整合数据资源，推动综合运输体系的构建；着力加强交通运输核心业务应用，推动政府职能转变和行政效能、市场监管、公共服务水平的提高；着力推进信息服务市场化发展，构建交通运输信息化可持续发展模式；着力保障网络和信息安全，提升行业信息化发展质量和整体效能，推动湖北交通运输健康、可持续发展，为湖北交通"当好发展先行官、建成祖国立交桥"提供强力支撑和保障。

(二) 基本原则

统筹发展，条块联动——行业信息化指导意见与部信息化规划、业务专项规划的目标、任务、重点项目、投资安排等有机对接，实现协调发展。市州交通运输主管部门、业务管理部门要加强合作，紧密配合，积极推进全省交通运输信息化建设。

需求为本、四位一体——以行业发展需求为导向，建立理念、管理、技术、服务四位一体的发展模式。强化行业服务与管理并重理念，规范信息化建设和运营管理，深化现代信息技术与行业融合应用，提升行业信息化服务品质。

资源整合、业务协同——坚持整合共享的信息化建设理念，充分利用交通信息资源，统一技术标准，搭建基础应用平台，降低信息化建设成本，加强信息资源的整合与共享，推进行业管理部门业务协同，提高信息化建设的整体效能。

技术融合，保障安全——积极推动大数据、云计算、物联网、移动互联网等现代信息技术在交通运输领域的深度应用，落实国家信息安全管理制度，强化网络和信息安全管理，保障智慧交通的运行安全。

(三) 发展目标

总体目标：到2020年，全省交通运输信息化水平大幅提高，对行业监管、服务和运营组织的支撑水平显著增强，信息服务质量明显改善，综合交通运输信息互联互通取得实质突破，形成政府与市场分工协作、共同推进信息化统筹发展的新局面，全面带动行业转型升级，实现信息基础设施集约化、公共信息服务精准化、行业监督管理精细化、综合分析决策科学化。

具体目标：

1. 实现信息基础设施集约化

——建成全省交通运输云数据中心，基本实现全省公路、水路交通运输基础数据聚集于云数据中心。

——初步建立行业政府大数据开放与管理机制，数据应用水平明显提高。

——进一步提高交通运输行业信息专网的稳定性和可靠度。

2. 实现公共信息服务精准化

——交通运输行政许可主要事项在线办理覆盖省市县三级。

——公交、长途客运、铁路、水路、民航等运输方式的出行服务实现信息共享。

——全省客运联网售票平台覆盖所有市(县)以上行政区。

——高速公路ETC站点覆盖率达到100%。

——公交一卡通发卡量累积达到1800万张。

3. 实现行业监督管理精细化

——重点路段、桥梁、隧道、服务区、船闸、港口、客货运场站等基础设施、重点建设工程关键点实现实时监测。

——旅游客车、包车客车、三类以上班线客车和危险货物运输车辆、半挂牵引车及重型载货汽车(总质量为12吨及以上的普通货运车辆)实现联网联控全覆盖，渡船卫星定位终端覆盖率达到100%。

——港口智能监管及内河航道海事实现信息化管理，主要港口应用EDI系统。

——公路水路建设与运输市场信用信息覆盖全省交通运输建设市场和运输市场主体。

——省际间交通运输行政执法信息实现互联互认，网上业务办理和执法案件卷宗电子化覆盖率达90%以上。

4. 实现综合分析决策科学化

——建成大数据决策分析平台。

——建设完善交通运输统计分析监测和投资计划管理信息系统，形成"用数据说话、用数据决策、用数据管理、用数据创新"的决策模式。

——健全信息系统运行维护、绩效考核等管理机制。

二、主要任务

(一) 强化交通运输信息化发展基础

积极探索创新信息化建设和运营模式，实现全省交通运输信息化基础设施集约化。完善交通运输基础骨干网，升级和扩容省厅云数据中心，适时推动数据灾备中心建设。开展智慧交通数据标准和信息资源目录体系建设，梳理和完善交通基础数据库和业务数据库，推进交通运输数据资源整合，强化业务数据资源应用管理和交换共享能力。综合利用铁路、民航、城市轨道交通、公安、气象、旅游等数据，制定完善数据资源管理办法、服务规则、技术协议，加强数据质量控制，探索数据交易和资源互换的模式，利用互联网服务平台数据等社会化资源，建立市场化的交通运输信息服务现代化运行机制。

(二) 提升交通运输公共信息服务品质

以民生交通为理念，推进互联网技术在出行服务、交通物流和汽车服务等方面的应用。开展跨区域交通出行信息共享和移动出行信息服务。积极推动高速公路ETC和智慧服务区建设，鼓励开展客运联程联网和电子客票服务，推动公路、水路、铁路、民航等客运一体化运输服务。依托公交都市建设，推进城市公交智能化建设和跨区域"一卡通"示范应用，提高公交运营信息服务水平。应用现代信息技术，创新客货运输企业组织和商业模式，大力推动物流行业实现运力、线路、货源等资源的整合，加大交通运输物流公共信息服务、城市配送综合信息服务、农村物流信息服务力度。引导港口企业开展智慧港口建设，推进主要港口EDI系统应用。推动汽车电子健康档案系统和驾培监督服务系统建设，增强维修企业、检测站、驾培机构与运输管理部门信息的互联互通。加强行业政府网站集约化建设，完善交通行政许可、行政执法网上办事平台，实现行政许可在线办理和移动办理，提升政务信息服务和网上办事服务的便捷性、透明度和满意度。

（三）提升交通运输治理现代化能力

应用现代信息技术，促进智能交通发展，推进行业管理和服务创新。重点围绕公路管理、水路管理、道路运输及工程质监等核心业务，优化整合交通运输信息服务资源，搭建综合性业务管理平台，实现行业智能化管理能力提升和现代化治理体系构建。积极推进公路建设、管理、养护信息管理一体化，逐步增加路网数据采集、公路检测、移动执法等终端应用设备，推进非现场执法和区域联动执法。开展高等级智慧航道建设，推进电子巡航、移动报港、便捷过闸等在内河航运管理中的应用。积极推进智慧运输服务，重点开展道路政政、运输企业和从业人员等运输市场主体信用信息的采集和应用。建立行业建设市场主体信用信息服务体系，实现工程监督科学、信用公开透明。

（四）提升安全应急及协同处置能力

进一步完善省市县三级路网运行监测体系，综合应用新一代智能感知技术，加强公路水路交通基础设施和运行环境的实时监测和预警，强化重点运载工具运行状态的实时监管，实现危险品运输的电子运单全面覆盖。加强交通运输安全生产动态监管，实现重点工程施工过程关键数据监控与分析。构建城市综合交通应急指挥体系，提高城市客货运突发事件预警和应急处置能力。

（五）提升宏观分析决策科学化水平

运用大数据关联、融合和挖掘技术，分析行业产生的管理数据、交通基础设施的监测数据、运载工具运行的动态数据、跨部门交换数据、社会互联网数据等各类资源，为交通运输行业经济运行态势预测、规划编制、政策制定和评估、重大基础设施布局、养护管理、安全监管和应急处置等提供决策依据，为基础设施和运载装备健康监测、出行信息服务、城市公共交通、交通物流等行业服务提供技术支持。

（六）健全网络和信息安全保障体系

加强网络和信息安全基础设施建设，强化网络安全检测和信息系统的第三方测评，建立健全交通运输网络与信息安全保障机制，落实网络与信息安全情况报送和通报制度，贯彻信息系统安全等级保护要求，提升信息系统安全预警和防护能力，强化国产密码推广应用，保证重要信息系统数据存储和传输安全，为交通运输信息化发展提供信息安全保障。

三、重点工程

"十三五"期间，结合湖北省交通运输信息化发展实际需求，继续实施"十二五"行业信息化重大工程，重点开展"三大基础设施提升、三大行业应用推进、三大重点示范引领"的信息化工程。

（一）信息化基础设施提升工程

整合完善现有网络、存储和计算资源，提升信息化基础设施保障能力，搭建能够动态满足交通运输信息化发展的优良环境。

1. 云数据中心

——升级完善省级交通运输信息化基础云平台。按照虚拟化的总体架构，升级扩容省级交通运输云数据中心，适时推进异地灾备中心的建设。建立基于运维服务的省级交通运输云数据中心管理维护体系，提供集约、安全、灵活的软硬件资源管理和调度服务，为省级交通运输应用系统的协同和创新应用、数据资源存储和开发利用等提供基础支撑。

——开展数据资源整合工程。加强数据资源梳理，建设数据资源目录体系，制定数据管理制度，强化数据资源质量管控，确保基础数据"一数一源"。公路管理、水路管理、道路运输等各行业管理部门依照数据资源目录体系做好数据整合和向云数据中心迁移等工作。在充分考虑数据安全和隐私保护的基础上，探索数据开放策略，培育交通运输数据交易市场。

——部省共同建设行业数据资源交换共享与开放应用平台。积极参加交通运输行业跨区域信息资源共享合作，建立省级交通运输云数据中心与交通运输部数据中心、省政府"楚天云"以及市级数据中心之间的数据资源共享机制，实现垂直畅通、水平联动的数据交换共享，增强跨部门、跨区域的业务协同能力，实现与部级交通运输行业数据资源交换共享与开放应用平台对接。

——建设全省"一张图"。建成交通地理信息数据库，整合全省公路、高速公路、桥梁、站场、航道、港口、城市道路等交通基础设施的空间信息和属性信息。开发公共服务应用接口，制定接口规范，为各类应用提供地理信息数据服务。基于内河电子航道图相关标准，逐步推进内河高等级航道的数字化，实现包括丹江口库区内的汉江483公里千吨级航道，江汉运河等全省内河重点高等级航道数字化。

——建设大数据应用平台。加强大数据在行政许可、行政执法、信用管理、安全应急领域的应用创新，充分发挥大数据在经济运行分析、出行需求预测、运输特征分析等领域的创新作用，对接部级综合交通运输服务大数据平台，提高行业运行监测、综合研判、交通诱导、决策支持的能力。

2. 通信信息网络

升级和完善全省高速公路光纤数字传输网，构建湖北省交通运输行业通信信息骨干网，并实现与省级电子政务外网的联通。省级行业管理部门、市州交通运输局可通过租用或自建等方式，接入骨干网，并作为骨干网的主要汇聚节点。市州级行业管理部门、县级交通运输局通过各市州交通运输局节点接入骨干网。进一步提高湖北省交通运输行业信息专网的稳定性和可靠度，建立健全运维保障机制，提升行业通信信息网络服务能力。

3. 网络与信息安全保障体系

——推动建设省市两级行业网络与信息安全监测与管理平台。优化配置行业安全防护资源，提升信息安全预警能力和防护能力。开展云数据中心等级保护建设，以及重点系统、重要数据安全测评工作，制定信息安全应急预案，加强网络与信息安全情况报送和通报，确保行业网络基础设施、重要信息系统的安全可靠运行。

——推进重要业务领域国产密码应用。根据交通运输行业密钥管理和证书认证服务的要求，部省共同组织开展高速公路电子不停车收费（ETC）等重要信息系统的国产密码算法迁移和应用工作，完成省级密钥管理、身份认证、授权管理、电子签章等国产密码基础设施建设与升级改造。

——加强厅机关政务内网建设。根据省政府政务内网建设要求，加强厅机关政务内网建设，厅直单位接入厅机关政务内网，确保办公业务应用系统的稳定可靠运行。

（二）信息化行业应用推进工程

1. 信息服务

积极推动大数据、云计算、物联网、移动互联等技术在便捷交通、高效物流、综合运输服务领域的推广应用，促进公路、水路、铁路、民航、邮政多种运输方式信息服务资源的整合和系统互联互通，不断提高运输效率和集约效益。

（1）"互联网+"出行服务

——建设"畅行湖北"出行服务平台。结合移动互联技术，以多种形式提供城市公交、长途客运线路、出行规划信息、公交换乘信息、车辆预计行程时间及到站时间等交通信息服务，实现客运枢纽内轨道、公交、出租、长途客运、民航等不同交通方式的信息共享和协同运转。

——完善和推广湖北省道路客联网售票平台应用，实现全省客运联网售票，并与全国道路客运信息的互联互通。充分发挥市场的资源配置作用，提供多元化售票服务，开展客票实名制和电子客票建设，推动公路、铁路、水路、民航的客运"一票制"联程服务。

——推动交通一卡通平台的建设。开展武汉城市圈（武汉、鄂州、孝感、咸宁、黄冈、黄石等城市）交通一卡通互通示范工作，实现综合交通出行方式"一卡通行"，逐步扩展至出租车、城际轨道交通、道路客运及轮渡等。

——合理布置ETC客服网点，提供多种充值方式，积极推动武汉市路桥ETC和高速公路ETC业务融合，提高ETC用户数和使用率，开展智慧服务区和交通智能诱导系统建设，提升服务满意度。

——继续推进行业服务监督12328热线建设，覆盖全部市级交通运输管理部门，提供行业统一的服务监督、投诉举报、咨询服务等，业务领域覆盖道路运输、公路、水路等行业。

（2）"互联网+"交通物流

——以长江经济带多式联运区域合作试点以及武汉、荆州、宜昌等一批多式联运试点工程为依托，基于标准化电子运单，开展以数据交换为核心的多式联运信息平台建设，实现货运"一单制"，推进先进货运组织方式的发展。

——引导货运枢纽、物流园区、货运企业等提高信息化水平，建设企业生产作业系统，接入湖北省交通运输物流公共信息平台，对接省公路水路建设与运输市场信用信息服务系统和国家交通物流公共信息平台。稳步推进农村物流信息服务平台、甩挂运输信息管理系统建设。利用互联网平台，整合市场零散运输资源，为现代物流业的发展提供信息技术支撑。

——推动武汉航运中心信息服务平台建设，实现与水运政务类信息系统、湖北省地方电子口岸、港口EDI系统、港口企业作业系统、航运交易所航运信息平台、大型港口航运企业电子商务系统互联互通。

（3）"互联网+"汽车服务

——完善湖北省机动车维修行业监管平台，增强维修企业、检测站、驾培机构与道路运输行业管理部门信息的互联互通。构建汽车电子健康档案，面向行业管理、企业经营和社会公众提供汽车检测、维修信息查询查证服务，为促进维修服务质量监督、汽车配件追溯、二手车公平交易和缺陷车召回提供有效信息化手段。

——推动驾驶员培训监管系统建设并完善驾驶员培训计时管理系统，推广驾校多媒体教学设备、汽车驾驶模拟器的应用范围，应用网上或手机预约培训模式，提供教练员状态查询和课程考试预定，为提高培训质量和教学水平提供技术支撑。

（4）"互联网+"电子政务

——开展交通运输网站集约化建设，升级改版省厅政府门户网站，加强重点领域政府信息公开，拓宽行业公共互动渠道，不断推进政民互动，开展行业政府网站绩效考核工作。

——完善湖北省交通运输审批服务系统，所有行政审批业务实现网上受理，主要审批事项在线办理覆盖省市县三级，完善电子监察功能，在跨省、跨市县异地并联审批方面取得突破。

2. 管理决策

在"互联网+"交通运输传统行业基础上，充分发挥信息化在综合交通运输体系建设中作用，搭建综合性行业运行监管、协同执法、决策分析、政务管理服务平台，提升行业智能化管理能力，构建现代化治理体系。

（1）行业运行监管

——建设公路运行管理与服务系统。完善视频、桥梁健康状况检测、隧道监测、轴载检测等外场设备，整合各业务管理系统，实现公路运行管理数据的汇集和综合统计分析；建设公路综合养护管理和隧道管理系统，实现省市县三级公路养护、隧道管理业务可视化管理；建设路政管理平台，集成超限管理系统、公路行政处罚与路赔处理信息管理系统、路政综合信息系统，实现数据共享和统计分析。

——建设高速公路运行管理与服务系统。建立并完善路网监测及指挥调度体系与路网运行数据采集、整理、分析体系，完善路网监测数据交互平台与路网信息发布及服务平台；进一步建设国家干线公路交通流量调查站，对接国家级公路网交通调查情况站点监测系统，开展交通量数据分析应用；升级路政信息管理系统，提升路政巡查车辆、执法场所信息化水平。

——建设覆盖全省道路运输四级协同管理与服务信息系统。通过建设运政管理基础数据平台，实现信息交换与共享，形成覆盖全省客货运输、公交出租运营、维修检测等运政业务协同办理与公共信息服务体系；实现全省 IC 卡道路运输证管理、运输行业信用管理与诚信考核；推进与道路运输车辆卫星定位监管服务平台及全国道路运政管理系统的互联互通。

——建设内河港航海事管理与服务系统。基于电子航道图，实现航道、港口、船闸等基础设施、通航要素和船舶运行状态数据的可视化展示。建设覆盖全省重点航道的 AIS 基站网络。加强电子巡航、船舶交通量动态监测、便捷过闸、船闸统一调度、船检系统等系统的推广应用。推动长江中游区域内河航运的业务协同管理和航运信息服务。

(2) 行业协同执法

——建设交通运输综合执法系统，完善行政权力公开目录，推动行政执法案件电子化，实现行政执法过程的实时监控和全程监督。实现道路运政、国省干线和高速公路路政、水路运政、航道港口行政执法业务协同和数据资源共享，推广执法移动终端的普及应用，推动与全国交通运输行政执法综合管理信息系统联网运行，实现与湖北省监察系统、公安交通管理系统、安监系统对接；开展执法大数据挖掘分析和应用，预判行业风险，优化执法方式，提高执法效能。

——建设全省综合治超管理系统，推广快速检测系统应用和治超站所视频监控联网，实现超限车辆自动取证和非现场执法，实现公路路政治超、运管源头治超、公安交警治超业务协同和数据资源共享，为全省道路运输市场综合整治和外围环境优化提供支持，实现与全国治超联网管理信息系统对接。

(3) 行业决策分析

——依托省级交通运输统计分析监测和投资计划管理信息系统，建设省级综合交通统计信息决策支持系统，运用大数据分析技术，加强行业数据资源关联分析和融合利用，充分挖掘政府公共数据价值。开展交通运输经济运行分析、政策实施效果评价、交通发展趋势研判等分析工作，提高交通运输宏观掌控能力，对接部级综合交通统计信息决策支持系统。

——建设全省联网收费运行监测系统，对全省高速公路联网收费系统运行情况进行实时监测，利用大数据技术实现对网络、收费设备、应用系统、数据库、ETC 通行状况进行实时监测以及综合运行分析。

——制定全省统一的公路工程材料编码标准和公路工程量编制规范，做好省内公路材料价格信息的采集和共享，实现造价数据全流程的一体化管理，基于电子地图提供可视化展示，利用大数据技术实现历史造价数据的校核和新建项目的估价预测。

(4) 政务管理服务

——开展厅办公内网管理系统升级改造工程，完善内网办公管理、公文流转、干部人事、财务资产、信访、档案等政务内网信息管理系统。

——建设交通运输图文档案信息系统，实现档案资源统一管理与共享；建设数字化交通教育培训系统和绿色智慧校园系统，整合教学资源，搭建交通运输开放式资源共享与学习平台。

3. 安全应急

(1) 省级综合交通运输运行协调和应急指挥

部省共同建设省级综合交通运输运行协调和应急指挥平台，覆盖公路、水路、城市客运、民航、铁路、邮政多种方式，实现日常运行监测与协调管理、重点运行指标动态监测分析、预测预警和科学决策、突发事件应急处置一体化，实现与部级系统联网。

(2) 路网运行监测与应急处置

建设省市县三级路网运行监测与应急处置系统、国省干线公路养护应急中心，形成省市县三级联动的大路网运行管理体系；升级重点营运车辆联网联控平台，实现全省干线公路、大型桥梁、隧道及道路运输车辆的监控数据接入、联网联控动态监管，逐步将村村通客车、出租汽车等运输车辆监控数据纳入平台，提高实时监控管理能力，提升安全运行水平，强化行业应急能力。

(3) 危险货物道路运输安全监管

部省共同建设危险货物道路运输安全监管系统。实现电子运单管理、资质核查、安全监督、风险评估等功能，与全国危险货物道路运输安全监管系统对接；开展与部、省、市州运管机构以及县级运管机构等的数据对接，实现道路运政、"两客一危"监控以及货运车辆监控等信息的四级共享。

(4) 水上交通安全应急处置

——建设水上交通安全应急处置平台。融合 CCTV、AIS、VTS 等动态监管数据，实现航道、港口、船闸、渡口等基础设施的实时监测以及船舶运行动态监测，为水上交通安全预警、应急指挥、船舶污染防治等提供信息支撑。

——建设港口智能安全监管系统。加强危险品船舶的动态定位跟踪，以及危险品码头装卸作业区视频监控；配合港口安全监管体系建设，加强港口企业管理与数据统计分析，建立健全港口"一企一档"，有效提升港口建设与经营信息化水平。

(5) 交通建设工程安全生产监管

依托在建重点公路工程项目，建设完善湖北省交通建设工程安全生产监管系统。扩充重点工程施工过程关键数据监控与分析、施工企业考评、信用评估等功能，有针对性地采集重点工序中的重要数据和关键指标，实现远程数据超限超标报警、数据跟踪查询及质量监督。

(6) 城市综合客运枢纽应急处置

建设城市综合客运枢纽应急处置系统。整合客运枢纽、场站、公共汽车、出租汽车、轨道交通等视频监控和运行状态信息，开发车辆调度系统、智能站务管理系统、应急指挥系统等，实现应急资源管理、应急预案和案例库管理、突发事件监测、安全疏散信息提示、协同管理与联动支持等功能。

(三) 信息化重点示范引领工程

1. 智慧公路应用示范

选取重点区域公路项目或路段，实施智慧公路应用示范，加强路网的全面感知能力，实现对重要路段、长大桥梁、长大隧道等重点目标的监测、养护、预警及评估，开展车路协同、路网协同管理、出行信息服务等智能应用，提升路网基础设施建设、管理和服务的智慧化水平。

2. 城市公共交通智能化应用示范

推动有条件的市州开展城市公共交通智能化应用示范，升级完善车载终端和信息服务终端，建设城市公共交通综合信息管理和服务平台，实现智能化公共交通调度管理、枢纽场站信息服务、客流量检测等，以多元化形式提供出租汽车智能召车、公交车辆到站预测、停车诱导等信息服务。

3. 城市交通综合运行协调与应急指挥中心示范

推动有条件的市州建设城市交通综合运行协调与应急指挥中心，整合市州级层面行业数据资源，强化城市交通运输大数据应用，逐步实现城市公交、轨道交通、出租汽车、交通枢纽等领域的全面监测、动态监管、协调联动、统筹决策，实现交通运行状况监测预警和多种交通方式的运行协调。

四、保障措施

（一）加强组织管理和总体设计

在省厅网络安全和信息化工作领导小组领导下，切实发挥各级交通运输主管部门信息化领导机构的作用，建立健全工作机制，确保全省交通运输信息化工作有序开展。加强湖北省交通运输信息化总体设计，发挥云数据中心数据资源共享和业务协同的推动效能，保障湖北省交通信息化有序发展。进一步推动市州、县交通运输信息化执行机构建设，各级政府交通运输主管部门、行业管理部门、交通运输企业要加强联系，及时沟通，紧密配合，形成上下、条块联动的统筹协调机制。

（二）加强政策支持和制度实施

研究制订全省交通运输信息化相关政策，做好相关政策、法规、规章制度的贯彻执行。各级交通运输主管部门和行业管理部门要明确责任、强化职能，加强对信息化建设项目论证、立项、招投标、采购实施、质量监督、验收、后评价等全过程的监管。加强信息安全制度建设，严格按照国家信息系统安全等级保护的相关要求，做好信息系统的定级备案和安全防护工作。建立信息安全应急预案和安全培训机制，对从业人员开展安全教育和培训，为交通运输信息化提供安全保障。

（三）注重标准建设和贯彻执行

各级政府交通运输主管部门要重视交通运输信息化标准的建设、宣贯和执行，加强行业信息系统第三方测评工作，促进行业标准编制和应用有效衔接；加强对信息化项目的管理和监督，将标准规范管理纳入信息化项目管理过程，确保信息化建设过程中贯彻落实各项技术标准。

（四）强化智力支持和人才培养

制定积极的人才政策，健全信息化人才培养和引进机制，创造有利于优秀人才脱颖而出的良好环境，建立科学合理的人才结构体系，努力打造一批具有影响力的信息化文化品牌，建设一批技术创新工作室，培养一批既掌握现代信息技术、又熟悉交通运输业务的复合型专业队伍，为全省交通运输信息化工作提供有力的人才保障。

（五）加强技术融合和政企合作

加强与信息技术企业、高等院校、科研机构的战略合作，积极推动交通运输信息技术领域的产学研用，逐步形成行业信息科技创新体系。加强物联网、云计算、大数据、北斗卫星导航、高分遥感在交通运行状态动态数据采集、综合交通出行信息服务等领域的应用研究；加强与国际和国内其他地区的技术交流，根据实际需求合理引进先进技术；创造良好的政策环境和畅通的信息传播渠道，积极推进成熟技术的推广应用。

（六）推动绩效评估和模式创新

建立信息化工作绩效考核制度，做好中期评估。充分调动社会各方的积极性，发挥市场对信息资源配置的决定性作用，多渠道筹措交通运输信息化建设和运维资金，以市场化方式规范、引导和推进交通运输信息化发展。引导社会力量广泛参与到交通运输信息化的建设与运营中，在交通运输公共信息服务领域进行市场化建设与运营模式的探索和实践，积极推动交通运输信息化建设与运营逐步走向社会化，形成交通运输信息化可持续发展模式。

2016年11月23日

全省交通运输系统领导名录

厅领导及厅机关处（室）负责人名单

厅领导

厅　　长：尤习贵（—2016.03）
　　　　　何光中（2016.03—）
党组书记：尤习贵（—2016.01）
　　　　　何光中（2016.02—）
驻厅纪检组长、党组成员：刘汉诚
副厅长、党组成员：
　　　　　马立军（—2016.05）
　　　　　谢　强
　　　　　程　武（—2016.11）
　　　　　王本举（2016.11—）
　　　　　石先平（—2016.01）
总工程师、党组成员：姜友生
党组成员、省交通重点建设领导小组
　办公室主任：高进华
副厅级干部：石先平（2016.01—）
巡视员：高玉玲（—2016.01）
副巡视员：刘立生　阮云旻

厅机关处（室）负责人

办公室

主　　任：王　炜
副 主 任：何军梅
　　　　　丁红林（—2016.04）
调 研 员：吕思齐
副调研员：戚　媛　范　建
　　　　　李永胜（2016.04—）

研究室

主　　任：徐海洋

政策法规处

处　　长：冯学斌
副 处 长：胡小松
调 研 员：张　宏

行政审批办公室

主任（调研员）：周佑林

综合交通处

处　　长：徐文学
副 处 长：王　勇（—2016.04）
调 研 员：谢圣松　廖向东

计划处（交通战备办公室）

处　　长：施载玲（—2016.12）
交通战备办专职副主任（正处级）：
　　　　　曹　翙
副 处 长：宋征难
调 研 员：罗红燕

农村公路管理处

处　　长：陈光斌
调 研 员：谭宏斌

建设管理处

处　　长：陈　飚
调 研 员：周炎新
副调研员：彭建光

财务处

处　　长：周拥军
副 处 长：万小芳

审计办公室

主任（调研员）：桂永胜
副 主 任：胡　敏
调 研 员：包楚林（2016.12—）

运输处

处　　长：沈雪香
副 处 长：杨建萍
调 研 员：黄　钟
副调研员：李庆九　彭　刚
正团职军转干部：孙　军

安全监督处（应急办公室）

副 处 长：李裕民
调 研 员：孙春红　冯泽刚
副调研员：李永胜（—2016.04）

人事劳动处

处　　长：洪文革
副 处 长：鲁　撰
调 研 员：方　敏

科技教育处

处　　长：余建平
调 研 员：徐小文　周建勋
副调研员：刘传文

机关党委

专职副书记、办公室主任（正处级）：
　　　　　覃万兵
调 研 员：马万里　胡树江

交通运输工会工作委员会

调 研 员：尹寿林
副调研员：江　飞

离退休干部处

副 处 长：黄　凌

厅直属单位领导名单

湖北省交通运输厅公路管理局

局　　长、党委书记：熊友山
副 巡 视 员：刘　畅(2016.01—)
纪委书记、党委委员：段　洁
副局长、党委委员：谢俊杰　蒋明星
监 督 长：王　庆
调 研 员：陈光新　陈太平

湖北省交通运输厅道路运输管理局
湖北省交通运输厅物流发展局
（湖北省交通运输厅客运出租车管理办公室）

局　　长、党委书记：陶维号
副 巡 视 员：何雄伟(2016.01—)
纪委书记、党委委员：王义华
副局长、党委委员：闫　力　邵　迈
　　　　　　　　　邓其春　王　泉(—2016.01)
监 督 长：颜博文
调 研 员：秦介飞
　　　　　魏友元(—2016.12)
　　　　　胡建明

湖北省交通运输厅港航管理局
湖北省地方海事局
（湖北省船舶检验局）

局　　长、党委书记：王阳红
副 巡 视 员：王伯禹
纪委书记、党委委员：张　洁
副局长、党委委员：
　　　　王　伟　罗　毅　田红旗
监 督 长：王耀惠
调 研 员：罗　进　徐大福

湖北省交通运输厅高速公路管理局
（湖北省交通运输厅高速公路路政执法总队）

局　　长、党委书记：张　磊
副 巡 视 员：陈　缅

纪委书记、党委委员：
　　　　黄　辉(—2016.02)
副局长、党委委员：
　　　　何雄伟(—2016.01)
　　　　韩宏伟　苏　敏
调 研 员：朱书文　林景飞

湖北省交通运输厅工程质量监督局

局　　长、党委委员：章征春
党 委 书 记：胡焰华
副局长、党委委员、调研员：冯光乐
副局长、党委委员：李长民
总工程师、党委委员：卢　柯
副 调 研 员：官　为
　　　　　　盛正豪(—2016.03)

湖北交通职业技术学院

院　　长、党委副书记：陈方晔
党 委 书 记：戴光驰
副院长、党委副书记：李　全
纪委书记、党委委员：
　　　　严若仪(正处级)(—2016.09)
　　　　齐建模(2016.11—)
副院长、党委委员：谢　彤　王孝斌
工会主席、党委委员：李红艳
调 研 员：叶道清(—2016.06)
　　　　　余建平
副 调 研 员：王树荣

湖北省交通基本建设造价管理站

站　　长：姚　沅(—2016.12)
党支部书记：曹传林
副 站 长：付红勇

湖北省交通运输厅规划研究室

主　　任：张昌伟
副 主 任：余厚振　邓国清

湖北省交通运输厅机关后勤服务中心

主　　任：沈　晖
党支部书记：姜清浩(—2016.12)
副 主 任：李四新(—2016.12)
　　　　　明　杨

湖北省交通运输厅
世界银行贷款项目办公室
（湖北省交通运输厅援外办公室、
湖北省交通运输厅职业资格中心）

主　　任：夏智勇(—2016.12)
党支部书记：向　阳
副 主 任：刘　江　万　帆　张　岚

湖北省交通运输厅宣传中心
（中国交通报湖北站）

主　　任：石　斌
副 主 任：潘庆芳
副处级干部：刘智明　甘惠萍

湖北省交通重点建设领导小组办公室

副 主 任：方晓睿(正处级)　徐建明

湖北省交通运输厅通信信息中心

主　　任：周文卫
副 主 任：杨厚新　朱　严　郑　红

湖北省交通运输厅
京珠高速公路管理处

处　　长、党委委员：王凡昌
党 委 书 记：郑　建(—2016.09)
纪委书记、党委委员：白亚子
路政支队长、党委委员：
　　　　简海云(正处级)
副处长、党委委员：
　　　　舒鄂南　夏　敏　唐红伟

总工程师、党委委员：李远军
工会主席、党委委员：王云波

湖北省交通运输厅汉十高速公路管理处

处长、党委委员：周宇红
党委书记：周爱民
纪委书记、党委委员：曹公霞
副处长、党委委员：
　　李　方　陈长江　彭　坚
总工程师、党委委员：廖卫东
工会主席、党委委员：
　　欧阳亮 (—2016.12)
路政支队长、党委委员：丁进军
党委委员、路政第二支队长：游　峰

湖北省交通运输厅鄂西高速公路管理处

处长、党委委员：周大华
党委书记：钱　兵
纪委书记、党委委员：黄建国
副处长、党委委员：刘华北　陈骞臻
　　　　　　　　张剑彪　张付松
总工程师、党委委员：聂品荔
工会主席、党委委员：曹　玲
路政支队长、党委委员：刘群峰

湖北省交通运输厅随岳高速公路管理处

处长、党委委员：乔　亮

党委书记：曹慧娟
纪委书记、党委委员：王和龙
副处长、党委委员：
　　康　喆　汪利军　胡道政
总工程师、党委委员：李满来
工会主席、党委委员：赵曙晖
路政支队长、党委委员：
　　李新明 (—2016.05)

湖北省交通运输厅黄黄高速公路管理处

处长、党委委员：李　敢
党委书记：王同庆
纪委书记、党委委员：申　燕
正处级：范汉清
副处长、党委委员：
　　朱书武　程　慧　杨孟林
总工程师、党委委员：赵华耕
工会主席、党委委员：徐明华
路政支队长、党委委员：汪忠胜

湖北省交通运输厅武黄高速公路管理处

处长、党委委员：田晓彬
党委书记：周秀汉 (—2016.10)
纪委书记、党委委员：杨天富
副处长、党委委员：
　　李厚海　周永生　吴勇勤

齐建模（兼总工程师）
　　(—2016.11)
工会主席、党委委员：周亚明
路政支队长、党委委员：汪家声
副处级干部：陈元华

湖北省汉江崔家营航电枢纽管理处

处长、党委委员：童奇峰 (—2016.11)
党委书记：尹武东
副处长、党委委员：
　　王小峰 (—2016.07)
　　刘惠玲
总工程师、党委委员：谢　红

湖北省江汉运河管理处

处　长：邵爱军
纪委书记：陈方先
副处长：邓定优　程世勇
总工程师：周召纯

湖北省汉江雅口航运枢纽建设管理处（筹）(2016.08—)

处　长：童奇峰 (2016.11—)

湖北省高速公路联网收费中心

主　任：林　浩
副主任：李　辉　刘小燕

市（州）交通运输局（委）、县（市）交通运输局领导名单

武汉市交通运输委员会

主任、党组书记：余世平
纪检组长、党组成员：郭万水
副主任、党组成员：陈佑湘 孙 江
　　　　　　　　夏焕运 涂平晖
总工程师：贺 敏
副巡视员：刘志强
副局级干部：陈国安

江岸区经济和信息化局

局长、党委副书记：姜冬生
党委书记：夏军勇
党委副书记：李向阳
副 局 长：甘迎九 王 辉 施加耀
总经济师：王耀帮

江汉区城市管理委员会（交通运输局）

主任、党委副书记：黄万能
党委书记：孙 昕
纪委书记、党委副书记：时文利
副 主 任：邓年红 (2016.03—2016.06)
　　　　　李保松 (2016.03—)
　　　　　杜泽生 黄先春
调 研 员：邓年红 (2016.07—)
总工程师：沈秋玲

硚口区城市管理委员会（交通运输局）

主任(局长)、党委副书记：
　　　　　姚碧波 (2016.03—)
党委书记：蔡先成
副主任(副局长)、党委委员：
　　　　　戴淑珍 舒宝祥
　　　　　王爱书 张 波
　　　　　代 彦 翁宝贵
副主任(副局长)：
　　　　　孙泰屹 (2016.09—)

总工程师：张 宁

汉阳区城市管理委员会（交通运输局）

主 任：阮祥耀
党委书记：李 执
纪委书记、党委副书记：王兰芬
副 主 任：陈 康 李乐义
　　　　　谢汉生 张明强
副主任、总工程师：邱永忠
副调研员：李华清 韩守田

武昌区城市管理委员会（交通运输局）

主 任：陈 彤 (2016.12—)
党委书记：张 琳 (2016.12—)
纪检组长：代先珍
副 主 任：张 军 李 军
调 研 员：陈 斌
副调研员：董来兴 吴世峰

青山区城市管理委员会（交通运输局）

主任、党委副书记：刘子舟
党委书记：周京京
党委副书记：吴 彦 曾凡刚
副主任(副局长)：刘 青 肖国新
　　　　　郑德喜 罗 锋
　　　　　何兴迁 (—2016.08)
总工程师：王文军

洪山区城市管理委员会（交通运输局）

主任(局长)：赵 扬
党委书记：谈华宇
副主任(副局长)：魏世和 张金艳
　　　　　陈志荣 严庆平 郑 锋

　　　　　杨士启 袁运松
副调研员：宋玉玲

蔡甸区交通运输局

局长、党委书记：
　　　　　邓世刚 (—2016.12)
　　　　　胡昌林 (2016.12—)
副 局 长：赵祥林 陈国桥
纪委书记：李旺生
党委委员：戴玉桥 (2016.04—)
副调研员：刘 红 (2016.04—)

江夏区交通运输局

局 长：徐先成
党委书记：倪立松
党委副书记：张忠敏
纪委书记：王承驰
副 局 长：路 江
调 研 员：刘 芳
党委委员、副调研员：吴 边
党委委员：汤中华 刘 军 杜 湘
副调研员：黄朝进 万兴良
总工程师：许应礼

东西湖区交通运输局

局 长：赵 运 (—2016.10)
　　　　　刘锦刚 (2016.10—)
纪委书记、副局长：王文全
副 局 长：李克银
总工程师：刘怀军
调 研 员：王云进

武汉经济技术开发区（汉南区）城乡建设局

局长、党委书记：余仕伟
党委副书记(正处级)：刘又喜
纪委书记、党委副书记：杨 军

副局长、党委委员：饶清和　蔡尚仁
　　　　　　　　　王新乐　胡继业
副　局　长：赵　勤

黄陂区交通运输局

局长、党委书记：柳育青
党委副书记：祁建文
纪委书记、党委成员：范良俊
副局长、党委成员：
　　　　江海明 (—2016.12)
　　　　李华松
总工程师、党委成员：蔡崇华
党委成员：胡　鸿　黄宏华
调 研 员：李　伟

新洲区交通运输局

局长、党组书记：夏西学
副局长、党组副书记：桂旺华
纪检组长、党组成员：余春梅
副局长、党组成员：胡先进　张建义
　　　　　　　　　夏正求　兰永康
总工程师、党组成员：汪亚峰
党组成员：廖志斌

黄石市交通运输局

局长、党委书记：黄荆国
纪检组长、党委委员：余章君
党委副书记：李红卫
副局长、党委委员：
　　　　吴建春　石大发　伊仕宏
总工程师、党委委员：潘拥军
党委委员：王之天
调 研 员：吴素英
副调研员：刘庭华　张陶然　伍安国

大冶市交通运输局

局长、党委书记：
　　　　张　松 (—2016.11)
　　　　刘国兴 (2016.11—)
副局长、党委委员：李冬晨
　　　　吴金玲 (—2016.06)
　　　　冯江华 (2016.06—)
　　　　陈敬乾 (2016.06—)
党委委员：李灿华 (2016.07—)
　　　　袁　松
工会主席、党委委员：柯庆敏
副 局 长：王少伟 (—2016.03)
总会计师：石　红

阳新县交通运输局

局长、党委副书记：欧阳才华
党委书记：成家强
党委副书记：柯昌水
副局长、党委委员：童德铭　刘合松
　　　　　　　　　徐为大　王义森
党委委员：赵建斌　乐庸兴
　　　　　李祥柏　钟江宏
总工程师、党委委员：余云名

十堰市交通运输局

局　　长：沈明云 (2016.06—)
党组书记：沈明云 (2016.05—)
纪委书记、党组成员：徐　涛
副局长、党组成员：卫　真　汪来富
　　　　　　　　　郭　婕 (—2016.09)
　　　　　　　　　张申清
总工程师：余世根
工会主席：李　军

丹江口市交通运输局

局长、党委书记：陈　钧
副局长、党委副书记：张吉喆
党委副书记：杨　琴　张正强
党委委员：李成均
副局长、党委委员：王瑞华　陈永红
工会主席、党委委员：侯建平
总工程师、党委委员：王爱军

郧阳区交通运输局

局长、党委副书记：
　　　　韩高虎 (—2016.03)
　　　　孙民安 (2016.03—)
党委书记：尹明章 (—2016.09)
　　　　　孙民安 (2016.10—)
副局长、党委副书记：罗书贵
副局长、党委委员：
　　　　李美清 (—2016.10)
　　　　李建军 (—2016.09)
　　　　卢光华　刘秀英　康正权
　　　　金元鹏 (—2016.10)
　　　　孙晏一 (—2016.03)
工会主席、党委委员：田　勇
总工程师、党委委员：赵国林
党委委员：杜德海
　　　　　李　宏 (2016.10—)

郧西县交通运输局

局长、党组书记：冯有炎
党委书记：李宪斌
副局长、党委委员：
　　　　李作祥　王成国　刘诗成
副 局 长：吴功余
总工程师：周俊波

房县交通运输局

局长、党委副书记：王德洲
党委书记：谢祥全
副 局 长：邓青国　付　强　郑绪庆
工会主席：童　芳

竹山县交通运输局

局长、党组书记：沈　军
党组副书记：章　磊
副 局 长：冯　勇　全　波　杨光斌
工会主席：周治鹏

竹溪县交通运输局

局长、党委书记：
　　　　王　林 (—2016.06)
　　　　蒋垂明 (2016.06—)
党支部书记：李新华
副 局 长：严玉根　周益斌　胡智力
　　　　　杨　波　吴立祥
党委副书记：徐晓琴
工会主席：张　波
总工程师：谢　明

茅箭区交通运输局

局　　长：郑勤忠
党支部书记：刘青山
副 局 长：陈其兵　孙秋生　李勇进

张湾区交通运输局

局　　长：王书贵
副 局 长：梁正平　舒　伟

武当山特区交通运输局

局长、党总支书记：韩春丽
副 局 长：张　玲　潘小军

襄阳市交通运输局

局长、党委书记：张丛玉
纪检组长、党委委员：
　　　武常林（—2016.06）
　　　张永仕（2016.06—）
副局长、党委委员：
　　　朱云地（—2016.08）
　　　李四清　金国联　彭祥森
　　　宫世成（邮政局局长）
总工程师、党委委员：姜　舰

枣阳市交通运输局

局长、党组副书记：
　　　张继跃（—2016.03）
局　　长：姚光文（2016.05—）
党组书记：文斌武（—2016.08）
　　　姚光文（2016.08—）
副局长、党组副书记：赵广合
　　　田德常（—2016.08）
纪检组长、党组成员：习心锋
副局长、党组成员：
　　　王昌建　李德才　杨　帆

宜城市交通运输局

局　　长：尚显合（—2016.07）
　　　温红卫（2016.07—）
党组书记：尚显合（—2016.06）
　　　温红卫（2016.07—）
纪检组长、党组成员：李兰州
副局长、党组成员：龚家川　陈国荣
　　　黄章友　李青建
党组成员：王维平

南漳县交通运输局

局长、党组书记：齐贤林
副局长、党组副书记：
　　　万林芳（—2016.05）
副局长、党组成员：
　　　冯祖军（—2016.05）
　　　刘先华
党组成员：别川银
总工程师：张天俊

保康县交通运输局

局长、党组书记：王凤鸣
副局长、党组副书记、工会主任：
　　　陈远圣
副局长、党组成员：梁万久
党组成员：刘　涛
总工程师、党组成员：雷　芳

谷城县交通运输局

局长、党委书记：
　　　张国富（—2016.12）
副局长、党委副书记：张汉东
党委副书记：张光辉
副局长、党委成员：卢光文　王文平
副 局 长：王　欢

老河口市交通运输局

局长、党组书记：
　　　王山宏（—2016.10）
　　　范　炜（2016.12—）
副局长、党组副书记：张清顺
　　　武文立（2016.10—）
副局长、党组成员：陈大伟
纪检组长、党组成员：
　　　陈富军（—2016.04）
　　　刘世炜（2016.04—）
总工程师：杨立新

襄州区交通运输局

局长、党组书记：彭少华
副局长、党组副书记：宋少林
副局长、党组成员：
　　　张志荣　谢远余　董　峰
总工程师、党组成员：赵　华

襄城区交通运输分局

局　　长：王定柱

樊城区交通运输分局

局　　长：何宗贵

宜昌市交通运输局

局长、党组书记：马宏彦
纪检组长、党组成员：
　　　李德宏（—2016.09）
　　　谢　民（2016.09—）
副局长、党组成员：胡开德　程家振
　　　　　　　　　李中华　周江洪
工会主任、党组成员：张德义
总工程师、党组成员：唐云伟
副调研员：张天一

宜都市交通运输局

局长、党组书记：
　　　李德金（—2016.03）
　　　谭龙飞（2016.06—）
副局长、党组副书记：刘仁华
副局长、党组成员：许建军　黄治兵
　　　黄德松（2016.10—）
总工程师、党组成员：
　　　万尧方（—2016.10）
　　　江晓临
工会主席、党组成员：周玉明
党组成员：李　刚
　　　筍永刚（—2016.10）

枝江市交通运输局

局长、党组书记：杜勇进（2016.01—）
副局长、党组成员：
　　　王家春　李志刚　胡庆红
工会主席、党组成员：袁　平
总工程师、党组成员：周　明

当阳市交通运输局

局长、党组书记：杨兴中
副局长、党组副书记：鲁永发
副局长、党组成员：林万清　雷　华

工会主任、党组成员：彭红斌
总工程师、党组成员：杨　勇

远安县交通运输局

局长、党组书记：刘志国
党组副书记：杨春芳（—2016.04）
　　　　　　王光华（2016.12—）
副局长、党组成员：
　　奂德智（—2016.11）
　　苏先科
　　刘艳丽（2016.06—）
总工程师、党组成员：
　　奂德智（2016.12—）
工会主席：陈　红

兴山县交通运输局

局长、党委书记：余宏珊
副局长、党委委员：
　　李　涛（—2016.07）
　　陈行达　王恩君
工会主席、党委委员：彭业勋
总工程师、党委委员：
　　李明泽（—2016.03）
　　田　龙（2016.06—）

秭归县交通运输局

局长、党组书记：谭健康
副局长、党组成员：
　　李祖顶　郑　琼　黄文清
　　余先忠　梅云友　胡学林
总工程师、党组成员：
　　王建华（2016.04—）

长阳土家族自治县交通运输局

局长、党组书记：
　　覃　红（—2016.10）
　　汤清林（2016.10—）
纪检组长、党组成员：秦　晴
副局长、党组成员：
　　覃迎蓝（—2016.09）
　　胡　卫　王春成
工会主席、党组成员：赵宗翠
党组成员：钟和平（—2016.10）
　　　　　刘小红（2016.10—）

总工程师：赵　来

五峰土家族自治县交通运输局

局　　长：唐守疆（—2016.02）
　　　　　龚大林（2016.02—）
党组书记：黄家兵（2016.01—）
副局长、党组成员：
　　胡学虎（—2016.10）
　　邓阳峰
　　杨继平（2016.10—）
工会主席、党组成员：冯士菊

夷陵区交通运输局

局长、党组书记：
　　赵学军（—2016.12）
　　陈　立（2016.12—）
副局长、党组成员：孙朝刚　周学海
　　陈先冬（—2016.08）
　　周　卫（2016.09—）
工会主席、党组成员：
　　周　卫（—2016.09）
　　刘　娟（2016.10—）

西陵区交通局

局长、党支部书记：周忠来
副局长：夏　立　易国芝

伍家岗区交通局

局长、党组书记：利清山
副局长、党组成员：冯彦林
副局长：黄　鸥　石　勇

点军区交通运输局

局长、党组书记：
　　李　波（—2016.09）
　　祁　明（2016.09—）
副局长、党组成员：张建新　汪　军
副局长：尹　青（2016.10—）

猇亭区交通运输局

局长、党组书记：钟家权
副局长、党组成员：刘学军
　　孙劲松（2016.07—）

荆州市交通运输局

局长、党组书记：
　　郑道柏（—2016.04）
　　范本源（2016.04—）
副局长、党组副书记：卢有志
纪检组长、党组成员：万正祥
副局长、党组成员：徐柏才　彭　进
　　　　　　　　　张黎明　闫正斌
工会主席、党组成员：邹国欣
总工程师、党组成员：许开平

荆州区交通运输局

局长、党委书记：
　　秦富明（—2016.11）
　　夏刚祥（2016.11—）
副局长、党委委员：贺光斌
副局长、工会主席、党委委员：
　　胡华钧
总工程师、党委委员：隋士发

沙市区交通运输局

局长、党委书记：吴　迪
党委副书记：杨德祥（2016.10—）
副局长、党委委员：何才联
　　张正德（—2016.10）
　　毛　颖（2016.07—）
工会主席、党委委员：
　　钟玉平（2016.10—）
党委委员：刘昌清（2016.10—）

江陵县交通运输局

局长、党委书记：何永明
副局长、党委副书记：曾白珩
副局长、党委委员：
　　朱贤格　何文平　赵行权
总工程师、党委委员：张向静
纪委书记、党委委员：袁丹眉

松滋市交通运输局

局长、党组书记：
　　吴林文（—2016.07）
　　黄　瑾（2016.07—）
副局长、党组成员：
　　印保华（—2016.11）

熊　艺（—2016.11）
许建国（2016.11—）
邬小兵（2016.11—）
工会主席、党组成员：
　　刘志刚（—2016.11）
　　熊　芳（2016.11—）
总工程师、党组成员：苟中华
党组成员：郑章军（—2016.05）
　　　　　周　斌（2016.11—）

公安县交通运输局

局长、党组书记：孙家军
副局长、党组成员：李　健　董延平
工会主席、党组成员：王政平
党组成员：陈爱国（—2016.07）
　　　　　管云丽
总工程师：周常平（—2016.07）

石首市交通运输局

局长、党委书记：
　　田道锋（—2016.07）
　　王冰清（2016.09—）
副局长、党委副书记：严若军
副局长、党委委员：
　　周继红（—2016.07）
　　顿耀山（—2016.07）
　　雷运宏（—2016.12）
总工程师、党委委员：王中武
工会主任、党委委员：
　　杨洪斌（—2016.07）

监利县交通运输局

局　长：邹建成（2016.02—）
党组书记：邹建成
副局长、党组副书记：
　　李家位（—2016.10）
副局长、党组成员：
　　廖昌华　刘　斌　王少云
党组成员：胡超胜
　　　　　曾德智（—2016.05）
　　　　　肖友谊（—2016.05）
　　　　　钟明志（—2016.05）
　　　　　李爱平（—2016.05）
　　　　　徐燕子（—2016.05）
　　　　　张汉平（—2016.05）

洪湖市交通运输局

局长、党组书记：杨元俊
副局长、党组成员：
　　徐开南（—2016.05）
　　杨思友（—2016.05）
　　陈安法（—2016.05）
　　卢天举（—2016.05）
　　雷艳舞
　　王彦武（2016.05—）
总工程师、党组成员：史玉峰
工会主席、党组成员：
　　赵守鹏（2016.09—）

荆州开发区交通局

局　　长：张丰立

荆门市交通运输局

局　　长：伍应彪（—2016.02）
　　　　　刘启华（2016.02—）
党组书记：伍应彪（—2016.01）
　　　　　刘启华（2016.01—）
党组副书记：张德宏（—2016.06）
　　　　　　常北方（2016.06—）
纪检组长：宋慧琼（—2016.06）
副局长、党组成员：
　　杨小明（—2016.07）
　　罗楚平　高宏林　黄祥清
工会主席、党组成员：陈立新
总工程师、党组成员：何新龙
党组成员：宋慧琼
　　　　　赵吉美（—2016.08）

京山县交通运输局

局长、党组书记：雷云安
副局长、党组副书记：徐　彬
副局长、党组成员：
　　丁金武　曾祥宏　许文华
工会主席、党组成员：赵金山
党组成员：徐利兵　董烈泽

沙洋县交通运输局

局长、党组书记：吴传斌
党组副书记：杨　波
副局长、党组副书记：乔宝林

副局长、党组成员：王幸辉
　　　　　　　　　肖华锋（—2016.05）
　　　　　　　　　王华清（2016.12—）
工会主席、党组成员：杨后军
总工程师、党组成员：周为华
党组成员：罗金华
　　　　　韩志刚（—2016.11）

钟祥市交通运输局

局长、党组书记：蒋方贵
党组副书记：吴学斌　胡　敏
副局长、党组成员：张星海　刘从东
工会主任：孔长春
总工程师：王晓明
党组成员：杨学清　高良华　黄贻斌
　　　　　陈　勇（2016.11—）

东宝区交通运输局

局长、党组书记：付正佳
副局长、党组副书记：苏克家
纪检组长、党组成员：高　杰
副局长、党组成员：赵学刚
工会主席、党组成员：
　　马琳波（2016.04—）
总工程师、党组成员：杨小国
党组成员：张德美

掇刀区交通运输局

局长、党组书记：何　帆
副　局　长：蔡道斌　龙　云
党组成员：李宝静
总工程师：张　浩
工会主席：王桂明（2016.01—）

漳河新区交通运输局

局　　长：胡维亮
副　局　长：张金华

屈家岭交通运输分局

局　　长：熊建宏（—2016.12）
　　　　　黄　斌（2016.12—）
党组书记：熊建宏
副　局　长：刘　胜　景向阳

　　　　高兴华（—2016.12）

鄂州市交通运输局

局长、党组书记：
　　　　黄立楣（—2016.02）
　　　　杜昌奕（2016.02—）
纪检组长、党组成员：王德友
副局长、党组成员：任　东　朱　进
　　　　王红山（—2016.10）
　　　　胡晓炎（2016.10—）
总工程师、党组成员：董进行
调 研 员：张劲松
副调研员：刘有兴　柯艳敏

鄂城区交通运输局

局　　长：徐祖民

华容区交通运输局

局　　长：朱延平

梁子湖区交通运输局
（梁子湖区工业经济和交通工作领导小组办公室）

局　　长：陈　浪

孝感市交通运输局

局长、党组书记：李清华
副局长、党组成员：
　　　　简明云　胡艳和　朱光辉
总工程师、党组成员：左振中
副调研员：周新元

孝南区交通运输局

局长、党组书记：陈　靖
副局长、党组副书记：
　　　　黎春林（—2016.04）
纪检组长、党组成员：李敬明
副局长、党组成员：
　　　　岳　军（—2016.10）
　　　　秦儒平（—2016.12）
　　　　王　斌　万峰凌
工会主席、党组成员：张承文

汉川市交通运输局

局长、党组书记：赵炎华
纪检组长、党组成员：胡圣涛
副局长、党组成员：李金战　何正喜
　　　　李文明（—2016.09）
党组成员：张鸿彬　王卫东　田世鹏
总工程师：李洪才

应城市交通运输局

局长、党组书记：
　　　　韩想宗（—2016.10）
党组书记：程想法（2016.10—）
副局长、党组成员：
　　　　范志虹　谢天超　王雄鹰
工会主席、党组成员：杨洪山
党组成员：丁国雄（—2016.11）

云梦县交通运输局

局长、党组书记：
　　　　张　颖（—2016.11）
　　　　王炳辉（2016.11—）
副局长、党组成员：
　　　　汪兰清　游喜安　邓　刚
　　　　汤三毛（2016.11—）
总工程师、党组成员：彭　斌
工会主席、党组成员：叶　波
党组成员：褚智泉

安陆市交通运输局

局长、党组书记：吴以安
纪检组长、党组成员：余祥军
副局长、党组成员：
　　　　罗光涛　胡定超　侯国平
总工程师、党组成员：余幼成

大悟县交通运输局

局长、党组书记：刘海华
纪检组长、党组成员：陈忠诚
副局长、党组成员：
　　　　刘洪文　程保社　张　健
总工程师、党组成员：邓传友
党组成员：熊爱池（2016.12—）

　　　　熊国辉（2016.12—）

孝昌县交通运输局

局长、党组书记：易　昕
副局长、党组副书记：何有为
副局长、党组成员：田俊军　舒胜华
工会主席：罗跃文
总工程师：汪鹏兴

黄冈市交通运输局

局长、党组书记：周银芝
党组副书记：杜光荣（—2016.09）
纪检组长、党组成员：
　　　　吴秀梅（—2016.06）
　　　　万焱元（2016.06—）
副局长、党组成员：
　　　　江　明（—2016.12）
　　　　王正高　郑志武
　　　　黄文浩（—2016.07）
　　　　鲍克宏（2016.10—）
　　　　陈学元（邮政局局长）
工会主任、党组成员：邵百坤
总工程师、党组成员：柯平飞
副调研员：李林新
铁路办主任：张　阳

黄州区交通运输局

局　　长：吴　丹
党委书记：丰　群
副 局 长：何裕聪　吕仁斌　王宇兵

团风县交通运输局

局长、党委书记：周建平
纪检组长、党委委员：方学坤
副局长、党委委员：
　　　　袁　远　何国才　余东平
党委委员：张　琼
总工程师：王国清

红安县交通运输局

局长、党组书记：王辉军
副局长、党组副书记：许顺清
党组副书记：戴立世

纪检组长、党组成员：
　　梅宇红（2016.06—）
副局长、党组成员：赵全松
　　金汉春（2016.04—）
党组成员：戴松林　王　玲　秦　遥
工会主席：林更凯
总工程师：许跃鹏（2016.04—）

麻城市交通运输局

局长、党委书记：崔利新
副局长、党委副书记：余仲华
纪检组长、党委委员：来　亮
副局长、党委委员：史克勤　章德馨
工会主席、党委委员：戴福正
总工程师、党委委员：
　　刘兴旺（—2016.09）

罗田县交通运输局

局长、党组书记：郑　耿
纪检组长、党组成员：方　圆
副局长、党组成员：
　　方丛富　丁利军　陈海军
党组成员：李　强
总工程师、党组成员：汪先峰
工会主任、党组成员：史继云

英山县交通运输局

局长、党组书记：余　勇
副局长、党组副书记：王　勇
纪检组长：黄　辉
副局长：袁建国　查耀坤
工会主任：余胜球
总工程师：王　欣

浠水县交通运输局

局长、党委副书记：夏志坚
纪检组长、党委委员：
　　邱　钢（—2016.01）
　　陈新雁（2016.01—）
副局长、党委委员：郭春风　郁金桥
　　张成彬（—2016.01）
　　刘　剑（—2016.01）
　　吴　辉（2016.01—）
　　蔡昌远

总工程师、党委委员：熊昌华
工会主任、党委委员：陈金桥

蕲春县交通运输局

局长、党委副书记：陈中华
党委书记：陈　军（—2016.12）
纪检组长、党委委员：陈君屏
副局长、党委委员：
　　叶仕祥　甘应安　康小阳
党委副书记：李先明
工会主任、党委委员：文玉生
总工程师、党委委员：余　清
党委委员：王贤德

武穴市交通运输局

局长、党组书记：刘志勇
党组副书记：周少红　陈瑞山
纪检组长、党组成员：张慧平
副局长、党组成员：刘　川
党组成员：项国盛　吕灿华　李志方
　　胡筱武　徐　瑜
总工程师：曾志勇
工会主席：邱加胜

黄梅县交通运输局

局　长：鲁　峰
党组书记：卢胜民
纪检组长：汪亚明
副局长：张亚良　石建中
　　桂国发　聂时新
工会主任：乐正二
总工程师：赵　丽

龙感湖交通运输分局

局长、党总支书记：徐先军
纪检组长、副局长：张海平
总工程师：陈　刚

咸宁市交通运输局

局长、党组书记：陈跃明
副局长、党组副书记：王永红
纪检组长、党组成员：刘志坚
副局长、党组成员：
　　雷伟民　阮仕林　杨正合

工会主任、党组成员：余　智
党组成员：胡　斌　柯翔兵
总工程师：吴　翚
副调研员：汪　毅

咸安区交通运输局

局长、党组书记：田海湖
副局长、党组副书记：刘顺清
纪检组长、党组成员：陆青山
副局长、党组成员：
　　陈　清　王　刚　章建国
党组成员：余晓林
工会主席：陈次一
总工程师：姜　庆

嘉鱼县交通运输局

局长、党组书记：孙昌勇
纪检组长、党组成员：彭　涛
副局长、党组成员：鲁万清　周高清
　　陈小丹　周万勇
工会主席：张盆发

赤壁市交通运输局

局长、党组书记：谢　华
纪检组长、党组成员：肖少华
副局长、党组成员：卢小年　陈　功
　　沈志宏（2016.08—）
　　宋孟洲（—2016.08）
工会主席：江欣生
总工程师、党组成员：李建国

通城县交通运输局

局长、党组书记：
　　戴有才（—2016.11）
　　周益斌（2016.12—）
纪检组组长、党组成员：张华平
副局长、党组成员：
　　雷晨光　黎俊丽　李学军
党组成员：何国斌

崇阳县交通运输局

局长、党委书记：周国香
副局长、党委副书记：甘邦豪

纪检组长、党委委员：晏继平
副局长、党委委员：熊细明　饶广清
　　　　　　　　余金刚　谭初华　石雄军
党委委员、工会主任：黄　斌

通山县交通运输局

局长、党组书记：曹可贤
副局长、党组成员：
　　　　　　张治修　邵　陌　朱江华
工会主任、党组成员：夏淑芳
总工程师、党组成员：徐飞翔
党组成员：郑晓东

随州市交通运输局

局长、党组书记：朱　军
党组副书记：刘宇宙 (2016.04—)
纪检组长：周新民 (2016.06—)
副 局 长：刘宇宙　万晓熙
　　　　　孙志友　沈新燕
　　　　　张　焜 (邮政局局长)
总工程师：赵克银
工会主任：田　彪

随州市交通运输局曾都分局

局长、党委书记：李运举
副 局 长：孙建国
　　　　　王文海 (2016.07—)
党委委员：侯长文 (—2016.05)

广水市交通运输局

党组书记：李双庆
副 局 长：余元福　徐晓春
　　　　　罗永明　孙章勇
工会主席：邓真珍
总工程师：喻　斌
党组成员：黄小华　吴穆田

随县交通运输局

局长、党组书记：
　　　　　汪家强 (—2016.11)
副局长、党组副书记：张　涛
副 局 长：黄启斌　张自炳
工会主席：胡学刚 (—2016.09)

总工程师：龚传刚

随州市交通运输局
大洪山风景名胜区分局

局　　长：杨培义 (2016.11—)
副 局 长：杨培义 (—2016.11)

恩施土家族苗族自治州交通运输局

局长、党组书记：
　　　　　龙世奎 (—2016.08)
　　　　　杨盛僚 (2016.11—)
纪检组长、党组成员：
　　　　　洪克敏 (—2016.07)
　　　　　李玉剑 (2016.07—)
副局长、党组成员：
　　　　　宋杰成 (—2016.03)
　　　　　杨国卫　王　勇　黄秀武
　　　　　谭忠厚 (邮政局局长)
　　　　　 (—2016.08)
党组成员：朱克清　谭明威
党组成员、州高路办副主任：
　　　　　张志奇 (—2016.08)
总工程师：敖建华
州人大专职常委、州交通运输局正县级
　干部：冷亚军
正县级干部：李　义　王和群
副调研员：郭　英　杨　穆

恩施市交通运输局

局长、党组书记：
　　　　　黄贵森 (—2016.05)
　　　　　董晓明 (2016.09—)
副局长、党组副书记：李剑锋
副局长、党组成员：
　　　　　张　生　朱爱平　赖家龙
总工程师、党组成员：廖兆锡
党组成员：李章奎 (2016.04—)
　　　　　王　强 (2016.01—)
　　　　　申　琼　夏　斌

利川市交通运输局

局长、党组书记：
　　　　　谭忠友 (—2016.12)

副局长、党组成员：
　　　　　周银娣 (—2016.07)
　　　　　刘学平　郎远才　冯　梅
党组成员：陶仁魁　郭德亮
　　　　　牟春华 (2016.09—)
总工程师：周汉生

建始县交通运输局

局长、党组书记：
　　　　　谭　明 (—2016.10)
副局长、党组成员：
　　　　　胡传宗 (—2016.11)
　　　　　李兴平 (2016.10—)
　　　　　冉再民 (2016.10—)
　　　　　冯双鸣 (2016.03—)
总工程师、党组成员：
　　　　　易平锋 (2016.03—)
党组成员：马建宇　吕宗鲁

巴东县交通运输局

局长、党组书记：饶光明
副局长、党组副书记：向会东
副局长、党组成员：柯中焕　郑开顺
　　　　　宋建国 (—2016.11)
党组成员：田　维
总工程师：宋子云

宣恩县交通运输局

局　　长：姚　敏
党组书记：洪学文 (—2016.11)
党组副书记：姚　敏 (—2016.11)
副局长、党组成员：
　　　　　杨友国 (—2016.11)
　　　　　余志成　谭家庆
　　　　　谢应富 (2016.06—)
党组成员：李立发 (—2016.11)
　　　　　屈代慧 (—2016.11)
　　　　　黄明仕 (2016.11—)
　　　　　田永成 (2016.07—)
总工程师：李艳生

咸丰县交通运输局

局长、党组书记：申金桥

副局长、党组成员：李军成　覃龙敏
　　　　　　　　　魏　东（—2016.02）
总工程师、党组成员：鲁邦国
党组成员：秦绍国
　　　　　刘兴华（—2016.11）
　　　　　刘少峰（—2016.09）
　　　　　罗朝远（2016.11—）

来凤县交通运输局

局长、党组书记：周　涛
副局长、党组成员：曹洪佑　林义兵
　　　　　　　　　李兴国　李凌峰
副局长、总工程师、党组成员：
　　　　　谭贤忠
党组成员：杨万杰　李　毅

鹤峰县交通运输局

局长、党组书记：周昌华
副局长、党组成员：罗　斐　何翠屏
党组成员：向诗兵（2016.01—）
　　　　　杨　华（—2016.04）
　　　　　戈文志（2016.04—）
总工程师：何世明

仙桃市交通运输局

局长、党组书记：张克非
副局长、党组副书记：秦前荣
副局长、党组成员：李水祥　李飞雄
　　　　　　　　　韦团聚　刘　俊
　　　　　　　　　彭少章（—2016.03）
　　　　　　　　　程　栋（2016.03—）
党组成员、武装部长：别　异
总工程师、党组成员：
　　　　　秦前荣（—2016.03）
　　　　　伍　云（2016.03—）
工会主席、党组成员：
　　　　　杨祥林（—2016.03）
　　　　　邹　冲（2016.03—）
党组成员：严庆九　朱　军
　　　　　肖松柏（—2016.09）

天门市交通运输局

局长、党组书记：
　　　　　杨铁柱（—2016.02）
　　　　　黄　罡（2016.02—）
副局长、党组成员：
　　　　　赵　杰（—2016.05）
　　　　　黄国祥　周亚辉
　　　　　石仁鑫（—2016.05）
　　　　　王华山（—2016.05）
党组成员：赵　杰（2016.05—）
　　　　　石仁鑫（2016.05—）
　　　　　王华山（2016.05—）
　　　　　张成顺
总工程师、党组成员：王　刚

潜江市交通运输局

局长、党组书记：舒中雄
副局长、党组副书记：赵仕安
副局长、党组成员：从孝君　詹登振
党组成员：陈铁良
总工程师、党组成员：吴启华
工会主席：张昌义（2016.01—）

神农架林区交通运输局

局长、党组书记：戴光明
副局长、党组成员：
　　　　　袁发才　袁玉福　李　涛
总工程师、党组成员：杨健琳
党组成员：宋德玺
　　　　　杨　权（—2016.07）

获奖名录

全国五一劳动奖章、全国工人先锋号
（中华全国总工会，总工发〔2016〕5号）

1. 全国五一劳动奖章

许湘秦（女） 武黄高速公路管理处通山管理所所长助理

2. 全国工人先锋号

十堰市城市公交集团有限公司城市客运第三分公司4路女子品牌线路

全国模范职工之家、全国模范职工小家、全国优秀工会工作者
（中华全国总工会，总工发〔2015〕38号）

1. 全国模范职工之家

宜昌长江大桥总公司（管理处）工会委员会

郧县天鸿汽车运输有限公司工会委员会

湖北省交通运输厅随岳高速公路管理处工会委员会

2. 全国模范职工小家

黄石市城市公交集团有限公司通利公司工会分会

荆州市公共交通总公司四分公司工会分会

随州市曾都公路管理局㳍河治超检测站工会小组

仙桃市公路管理局副河中心管理站工会小组

湖北省交通运输厅京珠高速公路管理处凤凰山工会小组

湖北省交通运输厅黄黄高速公路管理处蕲春工会分会

3. 全国优秀工会工作者

宜昌公交集团有限责任公司党委副书记、纪委书记、工会主席 彭 芳（女）

湖北省交通运输厅鄂西高速公路管理处工会主席 曹 玲（女）

2014—2015年度全国"安康杯"竞赛优胜集体、优胜班组
（中华全国总工会、国家安全生产监督管理总局，总工发〔2016〕12号）

1. 优胜单位

湖北省汉江崔家营航电枢纽管理处

武黄高速公路管理处

湖北省交通运输厅工程质量监督局

2. 优胜班组

襄阳市公共交通总公司518路

2016年中国技能大赛—第八届全国交通运输行业职业技能大赛优胜单位和个人
（交通运输部，交人教发〔2016〕225号）

1. 筑路机械操作工职业技能竞赛团体奖第一名

湖北省交通运输厅

2. 筑路机械操作工职业技能竞赛个人项目

(1) 装载机项目

一等奖 陈泽宇 湖北省咸宁市咸安区天立路桥公路公司

二等奖 胡钦锐 湖北省咸宁市咸安区天立路桥公路公司

(2) 挖掘机项目

一等奖 胡德顺 湖北省沙市区公路局恒通路桥公司

三等奖 刘 卫 湖北省宜昌市夷陵区公路局

3. 轨道列车司机（学生组）职业技能竞赛团体奖

第十名 湖北铁道运输职业学院

4. 轨道列车司机（行业组）职业技能竞赛团体奖

第八名 湖北省交通运输厅

2016年全国工会职工书屋示范点
（中华全国总工会，工宣字〔2016〕13号）

十堰市城市公交集团有限公司

武黄高速公路管理处通山管理所

黄黄高速公路管理处总路咀管理所

随岳高速公路管理处

湖北五一劳动奖状（章）、湖北省工人先锋号
（湖北省总工会，鄂工发〔2016〕13号）

1. 湖北五一劳动奖章

尹少荣 黄黄高速公路管理处武英养护站副主任工程师

尚 云（女） 十堰市路纬交通勘察设计有限公司副经理

2. 湖北省工人先锋号

随岳高速公路管理处荆岳大桥管理所

湖北五一劳动奖章
（湖北省总工会，鄂工发〔2015〕38号）

1. 全省公路管理系统"公路养护补坑槽工"第一名

刘 静 荆州市公路管理局

2. 城市公交驾驶员 第一名

周 凯 武汉市公交集团558路

3. 村村通客运车辆驾驶员第一名

赵 胜 湖北武当山旅游开发有限公司

4. 航标工（航道养护）第一名

彭国华 天门市江汉航道管理段

5. 高速公路养护工第一名

张 超 武黄高速公路管理处

2015年度劳动竞赛先进集体和先进个人湖北五一劳动奖状（章）、湖北省工人先锋号
（湖北省总工会，鄂工发〔2016〕10号）

1. 湖北五一劳动奖状

仙桃市四达公路建设有限公司

武汉西四环线高速公路建设管理有限公司

2. 湖北五一劳动奖章

李作洪　仙桃市公共交通总公司驾驶员

黄学良　天门市交通工程公司高级工程师

王爱民　武汉交通工程建设投资集团有限公司总工程师

3. 湖北省工人先锋号

仙桃市安通公路工程监理有限公司318国道监理驻地办公室

湖北省汉江碾盘山至兴隆段航道整治工程建设指挥部综合办公室

2016年省职工职业技能竞赛先进个人

（湖北省总工会，鄂工发〔2016〕30号）

湖北五一劳动奖章：

胡钦锐　咸宁市公路管理局

刘远松　荆州市安远驾驶员培训有限公司

谭　辉　宜昌市港航海事局

程　蓉　湖北楚天高速公路股份有限公司

2015年湖北省职工（劳模）创新工作室

（湖北省总工会，鄂工发〔2015〕39号）

王静创新工作室　武汉公交集团

许湘秦工作室　武黄高速公路管理处

2016年湖北省职工（劳模）创新工作室

（湖北省总工会，鄂工发〔2016〕29号）

刘彩军劳模创新工作室　安捷公路养护公司毛嘴管理站

杨丽创新工作室　京珠高速公路管理处

2015年度"湖北五一巾帼奖""湖北省女职工建功立业标兵岗""湖北省女职工建功立业标兵"

（湖北省总工会，鄂工发〔2016〕4号）

1. 湖北五一巾帼奖（集体）

襄阳市公共交通总公司营运生产部

湖北省交通运输厅武黄高速公路管理处"印象武东工作室"

2. 湖北省女职工建功立业标兵岗

黄石市汽车客运中心站售票班

湖北省高速公路联网收费中心公众出行服务中心

3. 湖北省女职工建功立业标兵

陈　莹　随州市道路运输管理局曾都运管所干部

2015年度全省"安康杯"竞赛活动优胜单位

（湖北省总工会，鄂工发〔2016〕8号）

随岳高速公路管理处

湖北省汉江碾盘山至兴隆段航道整治工程建设指挥部

湖北省交通运输厅工程质量监督局

全省工会示范职工服务中心

（湖北省总工会，鄂工发〔2015〕36号）

武黄高速公路管理处鄂东南管理所职工服务工心（站）

统计资料

2016年主要指标表

指标名称	计算单位	2016年	2015年	指标名称	计算单位	2016年	2015年
一、全省公路里程	公里	260179	252980	长度	延米	2678588	2657899
1.按技术等级分				其中：特大桥 数量	座	308	309
(1)等级公路	公里	249819	240936	长度	延米	601970	602114
高速公路	公里	6204	6204	大桥 数量	座	4488	4436
一级公路	公里	5460	5231	长度	延米	1223663	1210276
二级公路	公里	22005	21555	2.公路隧道 数量	处	983	979
三级公路	公里	10707	10812	长度	米	963587	962537
四级公路	公里	205443	197134	3.公路渡口	处	157	162
(2)等外公路	公里	10360	12044	其中：机动渡口	处	127	132
等级公路占总里程比重	%	96.02	95.24	三、公路密度及通达情况			
其中：二级及以上公路	%	12.94	13.04	公路密度	公里/百平方公里	139.96	136.08
2.按路面等级分				乡镇通达率	%	100	100
(1)有铺装路面里程	公里	214454	204468	乡镇通沥青(水泥)路率	%	100	100
其中：沥青混凝土路面	公里	24299	23641	行政村通达率	%	100	100
水泥混凝土路面	公里	190155	180827	行政村通沥青(水泥)路率	%	100	100
(2)简易铺装路面里程	公里	15334	15486	四、全省内河航道通航里程	公里	8638.0	8638.0
(3)未铺装路面里程	公里	30391	33026	1.等级航道	公里	6137.3	6137.3
铺装路面(含简易)里程占总里程比重	%	88.32	86.95	一级	公里	269.4	269.4
3.按行政等级分				二级	公里	768.5	768.5
国道公路	公里	14078	6916	三级	公里	841.6	729.9
省道公路	公里	19269	13221	四级	公里	385.0	418.5
县道公路	公里	10506	20159	五级	公里	850.9	929.1
乡道公路	公里	61334	63872	六级	公里	1810.9	1810.9
专用公路	公里	743	785	七级	公里	1210.9	1210.9
村道公路	公里	154248	148026	2.等外航道	公里	2500.7	2500.7
二、全省公路桥梁、隧道、渡口				等级航道占内河航道通航总里程比重	%	71.1	71.1
1.公路桥梁 数量	座	40668	40279	其中：三级及以上航道所占比重	%	21.8	20.5

续上表

指 标 名 称	计算单位	2016年	2015年	指 标 名 称	计算单位	2016年	2015年
五、全省内河港口码头泊位	个	1904	2031	干散货	万吨	26134	24910.97
生产用码头泊位个数	个	1826	1950	件杂货	万吨	4151	3282.67
非生产用码头泊位个数	个	78	81	集装箱	万标箱	141.6	132.21
六、营运汽车拥有量					万吨	1979	1935.34
载货汽车	辆	382806	389352	滚装汽车	万辆	72.2	66.51
	吨位	2730258	2567141		万吨	1839	2083.74
载客汽车	辆	37832	39479	十、交通固定资产投资总额	亿元	1009.95	1107.64
	客位	840159	858228	1. 公路建设	亿元	810.93	988.89
七、全省水路运输船舶拥有量				其中：重点工程	亿元	382.33	434.46
1. 机动船　艘数	艘	3857	4155	2. 港航建设	亿元	66.46	76.56
净载重量	吨位	7307685.21	7391699	3. 站场建设	亿元	132.56	42.19
载客量	客位	45012	42647	十一、水上安全			
集装箱位	标箱	3717	20869	水上交通事故	件	6	1.7
功率	千瓦	1849301	1913117	死亡人数	人	6	1
2. 驳船　艘数	艘	153	202	沉没或全损船舶	艘	0	0
净载重量	吨位	250300	318926	事故直接经济损失	万元	32.49	4.59
八、公路、水路运输量				十二、其他			
1. 公路客运量	万人	88221	87953	1. 地区生产总值(按当年价格计算)	亿元	32297.91	29550
公路旅客周转量	亿人公里	487.33	489.30	第一产业	亿元	3499.3	3310
2. 公路货运量	万吨	122656	115801	第二产业	亿元	14375.13	13504
公路货物周转量	亿吨公里	2506.86	2380.60	第三产业	亿元	14423.48	12737
3. 水路客运量	万人	571.80	574	2. 全社会固定资产投资额	亿元	29503.88	28250.48
水路旅客周转量	亿人公里	3.34	3.32	3. 社会消费品零售总额	亿元	15649.22	13978.05
4. 水路货运量	万吨	35668.90	33968	4. 对外贸易总额	亿元	2600.1	2838.8
水路货物周转量	亿吨公里	2666.60	2530.91	其中：进口	亿元	880	1021.7
九、全省内河港口货物吞吐量	万吨	35191	32949.51	出口	亿元	1720.1	1817.1
其中：液体散货	万吨	1087	736.79				

注：1. 自2006年全国农村公路通达情况专项调查后，公路里程和通达率按专项调查统计标准进行统计。
2. 2016年全省经济指标来源于《湖北省2016年国民经济和社会发展统计公报》。
3. 机动船集装箱箱位：原统计口径是仅算集装箱船箱位，从2014年起统计口径是按2013年专项调查船舶口径，将多用途船能装集装箱船舶箱位均计算。

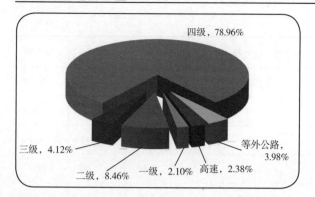

2016年公路技术等级情况图

里程单位：公里

技术等级	总计	高速	一级	二级	三级	四级	等外公路
里程	260179	6204	5460	22005	10707	205443	10360

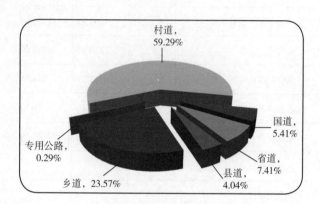

2016年公路行政等级情况图

里程单位：公里

行政等级	总计	国道	省道	县道	乡道	专用公路	村道
里程	260179	14078	19269	10506	61334	743	154248

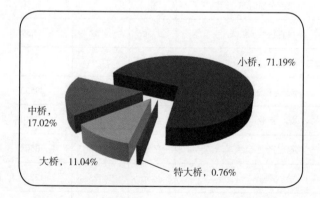

2016年公路桥梁数量比重图（按跨径分）

公路桥梁	总计	特大桥	大桥	中桥	小桥
座	40668	308	4488	6921	28951

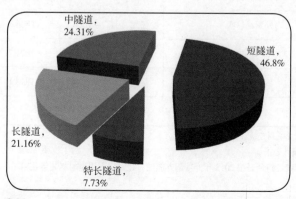

2016年公路隧道数量情况图

公路隧道	总计	特长隧道	长隧道	中隧道	短隧道
道	983	76	208	239	460

2016年中部六省公路基本情况排名(一)

名次	总里程		高速公路里程		二级及以上里程		二级及以上比例	
	省份	公里	省份	公里	省份	公里	省份	%
	总计	1267456	总计	34434	总计	152073	总计	13.02
1	河南	267441	河南	6448	河南	35693	山西	16.36
2	湖北	260179	湖北	6204	湖北	33669	河南	13.35
3	湖南	238273	湖南	6080	山西	23239	湖北	12.94
4	安徽	197588	江西	5894	湖南	21214	江西	11.83
5	江西	161909	山西	5265	江西	19156	安徽	9.67
6	山西	142066	安徽	4543	安徽	19102	湖南	8.90

2016年中部六省公路基本情况排名(二)

名次	国省干线中二级及以上比例		国省干线水泥、沥青路面铺装率		等级公路里程		等级公路比例	
	省份	%	省份	%	省份	公里	省份	%
	总计	—	总计	—	总计	1163282	总计	—
1	安徽	92.18	安徽	100.00	湖北	249819	安徽	98.25
2	山西	89.39	山西	99.96	河南	230288	山西	97.92
3	湖北	80.92	江西	99.21	湖南	215904	湖北	96.02
4	江西	71.71	湖北	98.94	安徽	194136	湖南	90.61
5	河南	71.42	河南	98.63	山西	139110	河南	86.11
6	湖南	49.57	湖南	97.34	江西	134025	江西	82.78

2016年中部六省公路基本情况排名(三)

名次	水泥、沥青路面里程		水泥、沥青路面铺装率		公路密度			
					以国土面积计算		以人口计算	
	省份	公里	省份	%	省份	公里/百平方公里	省份	公里/万人
	总计	1031323	总计	—	总计	—	总计	—
1	湖北	229788	湖北	88.32	河南	160.14	湖北	44.43
2	河南	220248	山西	87.84	安徽	151.99	山西	38.77
3	湖南	178937	河南	82.35	湖北	139.96	江西	35.46
4	安徽	149996	江西	78.79	湖南	112.50	湖南	35.13
5	江西	127562	安徽	75.91	江西	97.01	安徽	28.43
6	山西	124792	湖南	75.10	山西	90.89	河南	24.79

2016年中部六省公路基本情况排名(四)

名次	乡镇通达率		乡镇通畅率		建制村通达率		建制村通畅率	
	省份	%	省份	%	省份	%	省份	%
	总计	—	总计	—	总计	—	总计	—
1	湖北	100.00	湖北	100.00	湖北	100.00	湖北	100.00
2	安徽	100.00	安徽	100.00	河南	100.00	河南	100.00
3	江西	100.00	江西	100.00	江西	100.00	江西	100.00
4	河南	100.00	河南	100.00	安徽	99.99	安徽	99.99
5	山西	100.00	湖南	100.00	湖南	99.97	湖南	99.94
6	湖南	100.00	山西	100.00	山西	99.93	山西	99.54

2016年全国公路基本情况排名（一）

里程单位：公里

名次	总里程 省份	总里程 里程	高速公路里程 省份	高速公路里程 里程	二级及以上里程 省份	二级及以上里程 里程	二级及以上比例 省份	二级及以上比例 %
	总计	4696263	总计	130973	总计	601226	总计	12.80
1	四川	324138	广东	7683	江苏	40666	上海	36.44
2	河南	267441	四川	6523	山东	40212	天津	33.63
3	山东	265720	河北	6502	广东	38215	北京	26.51
4	湖北	260179	河南	6448	河南	35693	江苏	25.85
5	湖南	238273	湖北	6204	湖北	33669	辽宁	21.70
6	云南	238052	湖南	6080	河北	31964	宁夏	20.72
7	广东	218085	江西	5894	内蒙古	28748	广东	17.52
8	安徽	197588	山东	5710	辽宁	26171	浙江	17.29
9	内蒙古	196061	贵州	5434	四川	24661	河北	16.96
10	贵州	191626	山西	5265	山西	23239	山西	16.36
11	河北	188431	陕西	5181	新疆	21390	山东	15.13
12	新疆	182085	内蒙古	5153	湖南	21214	福建	14.91
13	陕西	172471	福建	4831	浙江	20584	广西	14.86
14	黑龙江	164502	甘肃	4827	江西	19156	内蒙古	14.66
15	江西	161909	江苏	4657	安徽	19102	吉林	14.27
16	江苏	157304	广西	4603	黑龙江	18295	青海	13.44
17	甘肃	143039	安徽	4543	广西	17910	河南	13.35
18	重庆	142921	新疆	4395	云南	17082	湖北	12.94
19	山西	142066	黑龙江	4350	福建	15917	江西	11.83
20	辽宁	120613	辽宁	4195	陕西	15751	新疆	11.75
21	广西	120547	云南	4134	吉林	14626	黑龙江	11.12
22	浙江	119053	浙江	4062	甘肃	14544	海南	10.30
23	福建	106757	吉林	3113	贵州	13254	甘肃	10.17
24	吉林	102484	青海	2878	重庆	11009	安徽	9.67
25	西藏	82096	重庆	2817	青海	10559	陕西	9.13
26	青海	78585	宁夏	1609	宁夏	7031	湖南	8.90
27	宁夏	33940	天津	1208	北京	5838	重庆	7.70
28	海南	28217	北京	1013	天津	5637	四川	7.61
29	北京	22026	上海	825	上海	4844	云南	7.18
30	天津	16764	海南	795	海南	2906	贵州	6.92
31	上海	13292	西藏	38	西藏	1340	西藏	1.63

2016年全国公路基本情况排名（二）

里程单位：公里

名次	国道		省道		国省干线中二级及以上比例		等级公路里程		等级公路比例	
	省份	里程	省份	里程	省份	%	省份	里程	省份	%
	总计	354849	总计	313324	总计	66.10	总计	4226543	总计	90.00
1	四川	22059	湖南	23757	江苏	99.05	四川	279200	北京	100.00
2	内蒙古	20753	云南	23731	上海	98.33	山东	264752	天津	100.00
3	云南	18848	河南	23142	山东	96.82	湖北	249819	上海	100.00
4	新疆	17474	贵州	19980	天津	96.24	河南	230288	山东	99.64
5	河北	15305	湖北	19269	安徽	92.18	湖南	215904	宁夏	99.49
6	黑龙江	14752	内蒙古	17170	辽宁	91.95	广东	204614	海南	98.28
7	广东	14349	甘肃	16686	浙江	90.77	云南	200898	安徽	98.25
8	广西	14199	西藏	15163	北京	90.74	安徽	194136	浙江	98.17
9	湖北	14078	黑龙江	12968	河北	89.50	内蒙古	188340	江苏	98.16
10	河南	13925	江西	12615	山西	89.39	河北	182626	山西	97.92
11	甘肃	13664	山东	12547	广东	88.16	陕西	156844	河北	96.92
12	湖南	13509	广东	11056	湖北	80.92	江苏	154405	内蒙古	96.06
13	西藏	13399	新疆	10523	吉林	80.85	新疆	144113	湖北	96.02
14	陕西	13385	辽宁	10447	福建	79.11	山西	139110	吉林	94.80
15	青海	12849	广西	10081	海南	77.46	黑龙江	138512	广东	93.82
16	山东	12661	重庆	10008	陕西	72.78	江西	134025	陕西	90.94
17	江西	11827	河北	9779	江西	71.71	贵州	132264	湖南	90.61
18	贵州	11620	江苏	7105	河南	71.42	甘肃	125085	广西	90.38
19	山西	11096	山西	6701	四川	69.13	浙江	116869	辽宁	89.51
20	安徽	10900	福建	5196	宁夏	68.03	重庆	115955	青海	89.02
21	辽宁	10549	吉林	4737	广西	66.93	广西	108947	甘肃	87.45
22	福建	10404	四川	4695	新疆	63.28	辽宁	107959	西藏	86.92
23	吉林	9771	浙江	4563	内蒙古	60.15	吉林	97158	四川	86.14
24	江苏	8285	安徽	4461	青海	60.12	福建	89829	河南	86.11
25	重庆	7888	青海	4187	黑龙江	59.06	西藏	71356	云南	84.39
26	浙江	7262	陕西	3352	重庆	54.86	青海	69956	黑龙江	84.20
27	宁夏	3753	宁夏	2836	湖南	49.57	宁夏	33767	福建	84.14
28	海南	2159	天津	2252	甘肃	45.05	海南	27732	江西	82.78
29	北京	1883	北京	1895	贵州	40.40	北京	22026	重庆	81.13
30	天津	1528	海南	1399	云南	37.29	天津	16764	新疆	79.15
31	上海	715	上海	1 023	西藏	4.67	上海	13292	贵州	69.02

2016年全国公路基本情况排名（三）

里程单位：公里

名次	水泥、沥青路面		水泥、沥青路面铺装率		桥梁数量		公路密度			
							以国土面积计算		以人口计算	
	省份	里程	省份	%	省份	座	省份	公里/百平方公里	省份	公里/万人
	总计	3564367	总计	75.90	总计	805291	总计	48.92	总计	33.96
1	山东	249612	天津	100.00	江苏	69823	上海	209.63	西藏	253.38
2	湖北	229788	上海	100.00	浙江	49129	重庆	173.45	青海	136.92
3	四川	227381	浙江	98.55	山东	49046	山东	169.57	新疆	80.43
4	河南	220248	北京	97.94	河南	48576	河南	160.14	内蒙古	79.28
5	湖南	178937	海南	97.84	广东	46485	江苏	153.32	甘肃	55.23
6	河北	168983	江苏	97.66	辽宁	45532	安徽	151.99	贵州	54.60
7	广东	161506	山东	93.94	河北	41143	天津	140.87	宁夏	51.31
8	江苏	153621	河北	89.68	湖北	40668	湖北	139.96	云南	50.20
9	安徽	149996	湖北	88.32	四川	40354	北京	134.21	重庆	49.37
10	内蒙古	141777	山西	87.84	湖南	38117	广东	122.59	陕西	45.69
11	陕西	131727	宁夏	83.83	安徽	37469	浙江	116.95	湖北	44.43
12	江西	127562	福建	83.43	江西	27605	湖南	112.50	黑龙江	42.91
13	山西	124792	河南	82.35	福建	26923	贵州	108.82	山西	38.77
14	新疆	123929	吉林	81.65	云南	26020	河北	100.39	吉林	38.50
15	云南	121109	江西	78.79	陕西	25429	江西	97.01	四川	35.60
16	黑龙江	118013	广西	77.96	黑龙江	22734	山西	90.89	江西	35.46
17	浙江	117332	陕西	76.38	贵州	20640	福建	87.94	湖南	35.13
18	贵州	107779	安徽	75.91	内蒙古	18410	陕西	83.89	海南	31.09
19	甘肃	100011	湖南	75.10	广西	17797	海南	83.24	辽宁	28.52
20	重庆	96645	广东	74.06	吉林	16041	辽宁	82.67	安徽	28.43
21	广西	93973	内蒙古	72.31	山西	14661	四川	66.48	福建	27.81
22	福建	89071	黑龙江	71.74	新疆	13853	云南	60.42	山东	27.72
23	吉林	83683	四川	70.15	上海	11266	吉林	54.69	河北	25.20
24	辽宁	82175	甘肃	69.92	甘肃	11251	宁夏	51.12	河南	24.79
25	青海	38653	辽宁	68.13	重庆	11101	广西	50.93	浙江	24.43
26	宁夏	28454	新疆	68.06	西藏	9191	黑龙江	36.23	广西	21.85
27	海南	27607	重庆	67.62	北京	6485	甘肃	31.48	广东	20.10
28	北京	21571	贵州	56.24	海南	6034	内蒙古	16.57	江苏	19.76
29	西藏	18378	云南	50.88	青海	5894	新疆	10.97	北京	10.91
30	天津	16764	青海	49.19	宁夏	4692	青海	10.90	天津	10.84
31	上海	13292	西藏	22.39	天津	2922	西藏	6.68	上海	5.50

2016年全国公路基本情况排名（四）

名次	乡镇通达率 省份	%	乡镇通畅率 省份	%	建制村通达率 省份	%	建制村通畅率 省份	%
	总计	99.99	总计	99.00	总计	99.94	总计	96.69
1	北京	100.00	北京	100.00	北京	100.00	北京	100.00
2	天津	100.00	天津	100.00	天津	100.00	天津	100.00
3	河北	100.00	河北	100.00	河北	100.00	河北	100.00
4	山西	100.00	山西	100.00	辽宁	100.00	辽宁	100.00
5	内蒙古	100.00	内蒙古	100.00	吉林	100.00	吉林	100.00
6	辽宁	100.00	辽宁	100.00	黑龙江	100.00	上海	100.00
7	吉林	100.00	吉林	100.00	上海	100.00	江苏	100.00
8	黑龙江	100.00	黑龙江	100.00	江苏	100.00	福建	100.00
9	上海	100.00	上海	100.00	福建	100.00	江西	100.00
10	江苏	100.00	江苏	100.00	江西	100.00	河南	100.00
11	浙江	100.00	浙江	100.00	山东	100.00	湖北	100.00
12	安徽	100.00	安徽	100.00	河南	100.00	广东	100.00
13	福建	100.00	福建	100.00	湖北	100.00	山东	100.00
14	江西	100.00	江西	100.00	广东	100.00	安徽	99.99
15	山东	100.00	山东	100.00	重庆	100.00	黑龙江	99.96
16	河南	100.00	河南	100.00	贵州	100.00	湖南	99.94
17	湖北	100.00	湖北	100.00	陕西	100.00	海南	99.91
18	湖南	100.00	湖南	100.00	甘肃	100.00	浙江	99.81
19	广东	100.00	广东	100.00	青海	100.00	山西	99.54
20	广西	100.00	广西	100.00	宁夏	100.00	新疆	96.63
21	海南	100.00	海南	100.00	安徽	99.99	内蒙古	96.02
22	重庆	100.00	重庆	100.00	内蒙古	99.98	广西	95.77
23	四川	100.00	贵州	100.00	广西	99.97	宁夏	95.16
24	贵州	100.00	云南	100.00	海南	99.97	陕西	92.39
25	云南	100.00	陕西	100.00	湖南	99.97	青海	92.14
26	陕西	100.00	甘肃	100.00	山西	99.93	四川	91.85
27	甘肃	100.00	宁夏	100.00	云南	99.89	云南	89.59
28	青海	100.00	新疆	99.40	浙江	99.81	甘肃	86.91
29	宁夏	100.00	青海	98.57	四川	99.74	重庆	84.29
30	新疆	100.00	四川	97.19	西藏	99.34	贵州	81.31
31	西藏	99.71	西藏	66.19	新疆	99.04	西藏	34.97

注：建制村通水泥、沥青路面比重指标按报交通运输部数值进行排名。